Joachim Kaiser

Beethovens 32 Klaviersonaten und ihre Interpreten

S. Fischer

© S. Fischer Verlag GmbH, Frankfurt am Main
Die Notenbeispiele aus den 32 Sonaten sind der
Urtext-Edition, herausgegeben von B. A. Wallner,
im G. Henle Verlag, entnommen.
Das Register wurde von Claudia Pabel zusammengestellt.
Umschlagentwurf Eberhard Marhold
Satz und Druck Georg Wagner, Nördlingen
Einband G. Lachenmaier, Reutlingen
Printed in Germany 1976
ISBN 3 10 038601 9

Inhalt

Strukturen, Dissoziationen und Zartheiten –
komplexe Ansprüche des Spätwerks

Carl Dahlhaus und Rudolf Stephan,
den Freunden aus alten Göttinger Tagen,
in herzlicher Verbundenheit

Hinweise für Benutzer

Worte und Noten

Wer dieses *Buch* lesen, benutzen und etwas von ihm haben möchte, muß nicht auch *Noten* lesen können. Die hier mitgeteilten Gedankengänge über Sonaten und Interpreten wollen ohne wissenschaftliches Rüstzeug (Harmonielehre, Kontrapunkt) verstehbar sein. Was die zahlreichen Notenbeispiele betrifft, so sind die meisten von ihnen Zusätze. Sie dienen dazu, das Gesagte auch nachprüfbar zu machen, zu fixieren.

Geht es um Sonaten oder Sonatensätze in ihrer Gesamtheit, dann reichen allgemeine Hinweise aus: »Die« Pathétique, der Kopfsatz von Opus 90, das Rondo der Waldstein-Sonate. Solche Hinweise genügen nicht, wenn Einzelheiten diskutiert werden sollen. Aber auch wer nicht ganz genau weiß, was ein kleiner Nonen-Akkord ist (und die meisten Beethoven-Hörer, die meisten Musikfreunde wissen es nicht, brauchen es keineswegs unbedingt zu wissen), dürfte doch imstande sein, nachzuzählen und sich ungefähr klarzumachen, was gemeint ist, wenn es bei der Betrachtung des langsamen Satzes der 1. Sonate heißt, der *sechste* Takt im hier mitgeteilten Notenbeispiel 6 sei neu, sei von Beethoven zehn Jahre nach der Komposition der fraglichen Melodie hinzugefügt worden.

Andererseits kennt kaum ein Musiker die Sonaten so genau, daß er solche Einzelheiten auch ohne Erinnerungsstütze parat hätte. Und wer blättert schon während der Lektüre eines nicht streng wissenschaftlich abgefaßten Musikbuches bei irgendwelchen Anspielungen jedesmal in den Noten nach? Man liest weiter und hofft, so ungefähr zu wissen, welche Stelle der Autor gerade meint. Aber diese Hoffnung trügt oft. Und selbst vorbildlich eifrige Leser, die sich bei jedem Hinweis genau vergewissern wollen, kommen in Schwierigkeiten, falls sie nur ältere Ausgaben besitzen oder die Breitkopf & Härtel Urtext-Edition (Lea Pocket Scores) zu Rate ziehen. Denn die meisten Beethoven-Ausgaben bieten die Takte nicht durchgezählt. Was aber hilft dann der Hinweis: Waldstein-Sonate, Kopfsatz, Takt 200 ff.? Darum die Notenbeispiele.

Mit freundlicher Genehmigung von Herrn Dr. Günter Henle wird hier die im Henle-Verlag erschienene (bei jeder neuen Auflage weiter korrigierte) Urtext-Ausgabe des Henle-Verlages, München, zugrundegelegt und zitiert. Eine absolut und zweifellos gültige Ausgabe kann es nicht geben. Klaus Wolters beschreibt in seinem ›Handbuch der Klavierliteratur‹ (Atlantis-Verlag, S. 298 ff.) die Urtext-Problematik ausführlich und vergleichend. Neben der Henle-Ausgabe habe ich die Urtext-Ausgabe der Universal-Edition zu Rate gezogen, die kleine LP Scores Urtext-Edition, sowie die von Artur Schnabel kommentierte Ausgabe und die berühmte Cotta-Ausgabe, wo sich ab Opus 53 Kommentare aus Hans von Bülows Hand finden.

Dieses Buch bezieht sich auf zahllose Sonatenabende, Konzerte, Rezensionen, Erinnerungen, Aufsätze. Es möchte mehr bieten als eine vergleichende Würdigung alter und neuer Schallplatten. Alle hier analysierten Schallplatten sind im Schallplattenverzeichnis aufgeführt. Dabei standen mir zur Verfügung die Gesamt-Einspielungen von Claudio Arrau, Wilhelm Backhaus, Paul Badura-Skoda, Daniel Barenboim, Alfred Brendel, Friedrich Gulda, Wilhelm Kempff, Yves Nat, Artur Schnabel, Dieter Zechlin. Falls von diesen Interpreten mehrere Gesamteinspielungen existieren, sind – wenn nicht ausdrücklich anders vermerkt – immer die jeweils letzten Interpretationen gemeint. Bei den Pianisten, die einzelne Sonaten eingespielt haben, beziehe ich mich, falls diese Künstler bestimmte Sonaten mehrfach aufgenommen haben (wie Elly Ney oder Vladimir Horowitz), wenn nicht ausdrücklich anders vermerkt, ebenso auf die jeweils letzte Aufnahme.

Gliederung und Sekundärliteratur

Um dem Leser unnötiges Suchen zu ersparen, sind die Sonaten hier in der üblichen (chronologisch nicht ganz exakten) Reihenfolge der Opuszahlen behandelt. Die kleinen Sonaten Opus 49 erscheinen also, wie auch in allen Ausgaben, als Sonate Nr. 19 und 20, obwohl sie nicht zwischen der Es-Dur-Sonate Opus 31 Nr. 3 und der Waldstein-Sonate Opus 53 entstanden sind. Soweit ich mich auf andere Autoren bezogen habe, nenne und zitiere ich während des laufenden Textes. Auf diese Weise sind Fußnoten und ein umfangreicher »Apparat« vermieden; die jeweilige Quelle wird im laufenden Text zitiert und erwähnt, manchmal auch mehrfach. Autoren, deren Analysen sämtlicher Beethoven-Sonaten ich durchgehend benutze, sind: Czerny, Nagel, Marx, Riemann, Rosenberg, Tovey, Uhde, Volbach.

Umschreibungen und Wertungen

Wenn man nicht nur bestimmte Strukturen zu beschreiben versucht, sondern Interpretationshaltungen, dann kommt man um ausschmückende, um »poetisierende« Wortparaphrasen schwerlich herum. Die Gefahr enthusiastischer oder gefühlsseliger Ausschmückung muß dabei in Kauf genommen werden. Persongebundene Interpretationshaltungen lassen sich nicht so leicht auf objektive Formeln bringen wie manche analytischen Befunde. Gefährlicher als die Verführung zur Schwärmerei oder Schönrednerei ist die Verlockung, extremen Deutungen den Vorzug zu geben gegenüber den notengetreu dienenden. Denn Exzentrik, soweit sie nur einigermaßen seriös bleibt, wirkt natürlich immer viel spektakulärer, effektvoller und leichter beschreibbar als alle verantwortliche, ehrliche, zurückhaltende Richtigkeit. Glenn Gould zieht eher Aufmerksamkeit auf sich als Arrau oder Backhaus.
Als ich mit dem Buch begann, nahm ich an, die Freiheiten und Funde der Interpreten würden bei den späten Sonaten immer größer und bemerkenswerter werden. Das war ein Irrtum. Die Sonaten ab Opus 90 sind so genau bezeichnet und sind, schlicht gesagt, so »schwer«, daß die Interpreten alle Hände voll zu tun haben, Beethovens Anweisungen auch nur annähernd nachzukommen. Das Allegretto aus Opus 14 Nr. 1 oder auch das Finale aus der Sturm-Sonate Opus 31 Nr. 2 läßt weit größeren Spielraum für gegensätzlichere Auffassungen als die Fuge der Hammerklaviersonate oder die Arietta-Variationen aus Opus 111. Bei den letzten Sonaten müssen die Pianisten heilfroh sein, wenn sie Beethovens Forderungen halbwegs zu erfüllen vermögen, bei den mittleren und frühen hat ihre Spontaneität ein freieres Feld ...
In diesem Buch werden Kämpfe um Beethoven beschrieben. Aber doch keine Wettkämpfe. Das heißt, wenn ich bestimmte Funde eines Artur Schnabel, eines Edwin Fischer, eines Frederic Lamond oder Friedrich Gulda hervorhebe, dann soll und kann damit nicht gesagt sein, nur dieser einzige Pianist mache es so, und alle anderen hätten keine Ahnung davon. Gemeint ist jedoch: bei diesem Interpreten war die betreffende Einzelheit am intensivsten zu erfahren, zu studieren.
Während der Jahre, die ich an diesem Buch schrieb, fürchtete ich mich

manchmal davor, die hier analysierten Interpreten könnten, wenn ich ihnen in Klavierabenden begegnete oder neue Platten von ihnen abhörte, doch vielleicht plötzlich alles »ganz anders« machen. Aber gerade die großen Pianisten bleiben erstaunlich konstant ihrem Typus treu, selbst wenn sie ein neues Tempo oder eine neue Nuance ausprobieren... Ohnehin ist die Gefahr, daß jede neue Interpretation, jeder neue Beethoven-Abend, jede neu erscheinende Platte die hier beschriebenen Sachverhalte total verändert, leider nicht allzu groß. Denn die originelle, neuartige, tatsächlich etwas »entdeckende« Darstellung einer Beethoven-Sonate gehört zu den Ausnahmen unseres Musikbetriebs. Es kommt sehr viel häufiger vor, daß man – mehr oder weniger zuständig vorgetragen, mal perfekt, mal konventionell – dem Immergleichen begegnet.

Denn die Wunder, die Entdeckungen, die wahrhaften Umwertungen ohne Krampf sind nicht die Regel, sondern ganz und gar das Besondere. Um so mehr Respekt und Bewunderung verdienen diejenigen, die imstande sind, *uns zitternd* oder sicher *einen neuen Griff*, ein neues Begreifen zu zeigen.

München, im Juni 1975   J. K.

Auch die Musik besteht nicht zur Zerstreuung von Nichtstuern und ist nicht etwas für ›Liebhaber‹, von dieser Vorstellung mache man sich frei. Die Musik ist unerläßlich für unser Leben, für das Leben von allen, und noch nie haben wir ihrer so sehr bedurft.

Michel Butor

Über Pianisten, Professoren und Sonaten

I

Dieses Buch will zwei Fragen beantworten. Erstens: Was enthalten die Klaviersonaten Beethovens, welche musikalisch-dramatische Physiognomie lassen sie erkennen, und zweitens: Was haben die großen Pianisten etwa der vergangenen fünfzig Jahre aus diesen Sonaten herausgeholt, in sie hineingelesen, was haben sie entdeckt, und was ist ihnen vielleicht entgangen? Welche Rätsel sind bis auf den heutigen Tag noch ungelöst? Dafür gleich ein Beispiel: den ersten Satz der vielgespielten und vielgeliebten Waldstein-Sonate hat noch kein Interpret ohne Verlust bewältigen können. Offenbar läßt sich Beethovens Forderung nach hochdifferenzierter Pianissimo-Mystik und stürmischem Allegro con brio Tempo zwar erfühlen, aber nicht erfüllen.

Natürlich existieren über die Geschichte der Sonate, der vorbeethovenschen, Beethovenschen und nachbeethovenschen Sonate, mannigfache und grundgelehrte Werke, auf die ich im einzelnen dankbar oder seufzend zurückkommen werde. Gerade die Beethovenschen Klaviersonaten haben immer wieder von Takt zu Takt voranschreitende Analysen herausgefordert, haben den Scharfsinn und die Belesenheit von Forschern und Schriftstellern in Bewegung gesetzt. Aber sie alle, ob Willibald Nagel, Hugo Riemann, Heinrich Schenker, Paul Bekker, Donald Francis Tovey, Romain Rolland, Walter Riezler und viele andere, beziehen sich ausnahmslos immer mit größter Aufmerksamkeit einerseits auf die Noten, die – oft Takt für Takt – analysiert oder auch nur nacherzählt werden, andererseits auf die Analysen anderer Forscher, mit denen man sich auseinandersetzt. Riemann beschimpft Nagel, Schenker wütet gegen Riemann, Riezler lobt und tadelt Schenker. Das ist in der Ordnung, oft lehrreich, manchmal amüsant, gelegentlich zänkisch.

Vor allem aber ist es einseitig. Bücher über Beethovens Sonaten gehen, wie an einer zufälligen, gleichgültigen Nebensache, an dem Umstand vorbei, daß diese Sonaten gespielt werden. Und zwar nicht nur irgendwie heruntergespielt, sondern von kunsterfahrenen, verantwortungsbewußten Künstlern unter Einsatz leidenschaftlicher und lebenslanger Erfahrungen. Man braucht bloß das Register irgendeines Buches über Beethoven durchzusehen – man wird da so gut wie nie den Hinweis auf eine bedeutende Interpretation oder auf einen bedeutenden Interpreten finden, der diese oder jene Beethoven-Wahrheit dargestellt oder verfehlt habe. Hat ein richtiger Professor von Musikanten wie Schnabel, Furtwängler, Solomon, Kempff, Gould, Gulda nichts zu lernen?

Ich halte das für eine Unterlassungssünde. Gewiß, die Beethoven-Literatur bietet bedeutende Einsichten. Ganz abgesehen von den großen Standardwerken zwischen Riemann und Rosenberg: Schenker hat den Arietta-Satz der Opus 111 hellsichtig und hilfreich analysiert, Romain Rolland großartig über den ersten Satz der Sonate Opus 31 Nr. 2, Ludwig Finscher einleuchtend über die historisierende Haltung von Opus 31 Nr. 3 geschrieben, Tovey hat das Adagio der Hammerklaviersonate überlegen verständlich gemacht, und die wenigen Bemerkungen Adornos über die Les Adieux-Sonate sind produktiv-erhellend. Gleichwohl wäre es absurd, nicht einzugestehen, daß die Hör-Erfahrungen, die jeder empfängliche Mensch in Konzertsälen oder mit Schallplatten machen kann, mindestens so gewichtig sind wie alles das, was einem beim Studium der Noten oder der Sekundärliteratur aufgeht. Artur Schnabel zum Beispiel war doch nicht »dümmer« als irgendein Musikologe: wo nimmt jemand, der über Beethoven schreibt oder nachdenkt, nun das Recht her, die Ergebnisse leidenschaftlicher, künstlerischer Beschäftigung mit den Sonaten, wie Schnabel sie sehr wohl geleistet, editorisch und vor allem auf Schallplatten fixiert hat, einfach zu ignorieren? Was das Allegretto aus Opus 2 Nr. 1 verbirgt, das entdeckte Schnabel; warum der erste Satz von Opus 22 keine Coda hat, macht Svjatoslav Richter überraschend klar; Gulda stellt die motorische Kraft und Wahrheit des Finales der Mondschein-Sonate dar; Solomon erläutert das Spätwerk; Harold Bauer zeigt, wie expressionistisch der erste Satz der Appassionata verstanden werden kann; Gieseking erhellt die Farben des Beethovenschen Klaviersatzes; Barenboim braucht im Konzert für die ersten beiden nachkomponierten Oktaven des Adagios der Hammerklaviersonate 20 Sekunden, wodurch ihre Bedeutung sich unvergeßlich einprägt.

Wie war es eigentlich möglich, daß man im Beethoven-Schrifttum an den Leistungen der Interpreten so beharrlich vorbeigegangen ist? Dafür bieten sich mehrere Erklärungen an. Zunächst liegt es ja nahe, anzunehmen, der Notentext allein sei entscheidend, sei objektiv gegeben – und was hinzukomme, stelle nichts anderes dar als entweder sklavische Nachzeichnung (die keiner weiteren Beachtung bedarf) oder subjektive Zutat (die keiner weiteren Beachtung würdig ist).

Eine solche Annahme ist naiv positivistisch. Man könnte nämlich auch die These wagen, Beethovens Sonaten-Texte seien geradezu auf ein mit aller Seelen- und Herzenskraft interpretierendes Subjekt hin entworfen, sie seien nicht vollständig, wenn nicht der große Interpret sie erfüllt, mit Leben und Innigkeit begabt. Aber selbst wenn jemand diese These als zu interpretationsgläubig zurückweisen sollte: in dem Augenblick, da ein Beethoven-Forscher seine analytischen Akzente setzt, seine Meinung zu einem Satz oder einer Sonate sagt, in dem Augenblick »interpretiert« er ja nicht weniger persönlich-verbindlich als irgendein Pianist, der seine wohlerwogenen Tempi spielt. Die »Subjektivität« pianistischer Interpretation wäre also kein Gegenargument.

Die Errungenschaften der großen Beethoven-Spieler gehören zur lebendigen und geschichtlichen Existenz der Beethoven-Sonaten. Daß man die Leistungen und Einsichten künstlerischer Beethoven-Interpretation jedoch bisher nicht systematisch in die Analyse der Sonaten und Sonaten-Texte miteinbezog, hängt wahrscheinlich nicht in erster Linie mit grundsätzlichen Erwägungen zusammen. Schuld daran dürfte die unfixierbare, ungegenständliche Flüchtigkeit von Hörerfahrungen sein. Natürlich gibt es zahllose Bemerkungen – meist von Schülern der betreffenden »Meister« – wie ein Chopin oder ein Liszt oder ein Eugen d'Albert Beethoven gespielt hätten. Und es gibt Musikkritiken aus alter und neuer Zeit. Diese Bemerkungen und Kritiken werden freilich selten so konkret, daß man ihnen etwas Hilfreiches entnehmen kann. Erst die Schallplatten, die Omnipräsenz von Rundfunk und Fernsehen haben die Voraussetzungen dafür geschaffen, auch Interpretationsleistungen ernsthaft miteinzubeziehen. Wer, über Beethovens Klaviersonaten schreibend, an diesen Interpretationsleistungen vorbeigeht, indem er die Erfahrungen unterdrückt, die etwa ein Arrau, ein Kempff, ein Serkin vermitteln, der muß heute – so scheint mir – die Beweislast auf sich nehmen, warum er sich um alles das nicht kümmern will. Der aggressive Hinweis, daß Pianisten in der Regel wenig Brauchbares zu sagen haben, wenn sie über Beethoven schreiben, wenn sie ihr Beethoven-Bild in Worten zu formulieren versuchen, trifft, aber er sticht nicht: Pianisten sollen ja nicht Schreiber, sondern Spieler ihrer Einsichten sein. Nicht Edwin Fischers Beethoven-Buch ist seine Hauptleistung! Noch unsinniger wäre die (natürlich nie geäußerte, aber vielleicht gedachte) hochmütige Meinung, daß von Interpreten sowieso nicht viel zu lernen sei, weil diese meist ohnehin nicht recht wissen, was sie tun. Ganz abgesehen davon, daß viele Interpreten, zum Beispiel ein Alfred Brendel, sich sehr sorgfältige und profunde Gedanken machen, dürfte der Umstand, daß Laurence Olivier möglicherweise kein aufschlußreiches ›Hamlet‹-Buch schreiben könnte, bestimmt nichts darüber besagen, ob seine Hamlet-Interpretation, etwa der Duellszene im fünften Akt – auf der Bühne und im Film – nicht doch aufschlußreich ist.

Daniel Barenboim, ich gebe es zu, äußert im Fernsehen manchmal gnadenlos platte Einführungsharmlosigkeiten über Beethovensche Werke: aber er spielt sie nicht harmlos. Wie er den ersten Satz der e-Moll-Sonate Opus 90 oder das rätselhafte Adagio grazioso aus der G-Dur-Sonate Opus 31 Nr. 1 zu interpretieren weiß, das hat wahrhaftig den Wert und die Würde einer klaren originellen Erläuterung.

Doch die Ansicht, daß Interpretationen im Konzertsaal oder auf Platten sozusagen für die Erkenntnis, gar für die wissenschaftliche, nicht recht in Betracht kommen, scheint nach wie vor verbreitet. Als der gelehrte Pianist Charles Rosen sein Buch ›The Classical Style‹ (Faber and Faber, London 1971), in dem achtzig interessante Seiten Beethoven gewidmet sind, schrieb, da verdrängte sogar dieser glänzende und seriöse Künstler in aller Bescheidenheit den Umstand, daß er Klavier spielen kann. Auch er ging bei seiner Analyse des ersten Satzes der Hammerklaviersonate nicht einmal in einer Fußnote darauf ein, welche Lösungen da etwa ein Solomon oder ein Schnabel oder ein Serkin oder ein Arrau für richtig gehalten haben. Er sprach auch kaum von seinen eigenen Pianistenerfahrungen, sondern zitierte den gewiß sehr bedeutenden und berühmten britischen Musikologen Sir Donald Francis Tovey. Auf Spielprobleme kommt Rosen – und das ist typisch – höchstens im Zusammenhang mit Tempo-Fragen zu sprechen. Die Richtigkeit oder Möglichkeit eines Tempos, einer Metronomangabe läßt sich offenkundig nur im Hinblick auf die Darstellung eines Musikstücks diskutieren. Wer Noten liest und analysiert, braucht sich ja nicht unbedingt konkrete Tempovorstellungen zu machen. Damit Musik jedoch in spezifischer Zeit sei, muß sie auch in bestimmter Zeit entfaltet, das heißt: gespielt werden. Nur wenn es um mögliche, unmögliche oder »richtige« Tempi geht, blicken die Forscher kurz hin zu den Spielenden. Sonst genügen ihnen, im allgemeinen, die Noten. Was jedoch alles verlorengeht, weil Musikologen es so selten wagen, ihre Höreindrücke zu fixieren und zu beschreiben, wie große Interpreten sich der großen Werke annehmen, das ermißt man, wenn man in August Halms ›Beethoven‹ (Max Hesse, Berlin 1927, S. 237) faszinierend und erhellend geschildert findet, wie Joseph Joachim und wie Pablo de Sarasate den Beginn der Beethovenschen Kreutzer-Sonate gespielt hätten. Gewiß, die Gefahr des subjektiven Hörirrtums und mehr noch die Gefahr des Forcierens (beim verdeutlichenden Übertreiben des darzustellenden Kontrastes) müssen vom Leser einkalkuliert werden. Aber lehrt nicht August Halms Schilderung der Interpretationsweisen zweier großer Geiger gleichwohl mehr und Wichtigeres als so mancher Beethoven-Essay? Bei Halm heißt es:

»Ich hörte einmal von Joachim, einmal von Sarasate Beethovens Kreutzersonate. Jener, allgemein anerkannt als der Großsiegelbewahrer deutscher klassischer Kunst und vor allem der Kunst Beethovens, begann das erste akkordliche Solo mit einem etwas ostentativen Forte, und setzte dann nach einer kleinen Luftpause mit der melodischen Zweistimmigkeit ein. Sarasate, berühmt als Virtuose, dabei aber (von den Deutschen) ein wenig mißachtet und über die Achsel angesehen als Seiltänzer und Bluffer, jedenfalls aber als des deutschen Geistes nicht teilhaftig und der deutschen Tiefe verständnislos fremd: Sarasate begann mit einem bescheidenen, aber klangschönen und vollen Forte. Da war nichts von einem gewaltsamen Riß, nichts von der übertreibenden Kraft, welche die Geige, und das namentlich gegenüber von größeren Instrumenten, erst recht und überhaupt erst hilflos erscheinen lassen; dieses maßvolle, überlegene Forte ließ sowohl den ersten Akkord wie auch die Geige selbst gleich im ersten Augenblick einen Triumph feiern, den ihr der solenne spätere Einsatz des Klaviers nicht rauben noch schmälern konnte — wogegen sonst in dieser Introduktion das Klavier stets der überlegene Rivale zu sein pflegt. Das Schönste aber war das unmittelbare Herauswachsen der Zweistimmigkeit aus dem ersten Akkord, das völlig lückenlose Sich-anschließen des ersten Piano-Strichs an das Forte, das vorher auch nicht das kleinste Decrescendo erlitt. Das habe ich nie mehr und hatte es nie vorher so gehört, und ich glaube durchaus, daß ich damit auch am meisten das gehört habe, was Beethoven hier gewollt hat...«

II

Den Autoren, die bei der Betrachtung der Beethovenschen Sonaten ihre Hör-Erfahrungen, ihre Hör-Erlebnisse ausschlossen, soll hier keineswegs unterstellt werden, sie hätten solche Erfahrungen gar nicht gemacht. Viele Beethoven-Forscher haben ja als Musikkritiker oft jahrelang Tuchfühlung mit der Konzertpraxis gehabt. Trotzdem beziehen sie sich beim Schreiben kaum darauf. Höchstens beim Anekdotenerzählen...

Allerdings gibt es wohl auch den Musikologen-Typus, der kaum je ein Konzert besucht, der selten eine Platte hört, der keinerlei Kontakt mit lebendiger Musik-Interpretation hat. So wie Musikkritiker oder Konzertenthusiasten, die vor lauter Hören gar nicht zum Nachdenken kommen, das Kantsche Urteil verifizieren, demzufolge Anschauung ohne Begriff blind ist, so ließe sich von jenen Musik-Analytikern, die immer nur Notentexte und Sekundärliteratur, nie aber Notenklänge oder gar Interpretationsleistungen zur Kenntnis nehmen, sagen, daß Begriffe ohne Anschauung leer bleiben.

Wenn jemand über Beethoven schreibt, als ob es keine Geschichte der praktischen Beethoven-Interpretation gäbe, dann möchte er wahrscheinlich einen Unsicherheitsfaktor ausschließen. Öffentliche Konzerte lassen sich ja nicht mit wissenschaftlicher Akribie *nachprüfbar* und *zuverlässig* objektivieren. Und außerdem: Schallplatten täuschen. Schallplatten-Interpretationen sind bekanntlich oft genug elektro-akustisch verzerrt, mit allen möglichen Tricks verbessert, entsprechen also keiner realen Interpretation, lassen keinen vernünftigen Schluß zu.

Was die Warnung vor den manipulierten Schallplatten betrifft: meine Bedenken gegen die Authentizität von Schallplatten-Einspielungen zielen in eine andere Richtung. Mich stört die vielberufene, unmenschliche, übermenschliche Perfektion mancher Platten gar nicht so sehr, weil ich weiß, daß sich manuelle Perfektion erstaunlicherweise doch kaum überzeugend »erschwindeln« läßt. Nach erstklassigen Aufnahmen zweitklassiger Künstler kann man nämlich lange suchen; die sind sehr viel seltener als zweitklassige Aufnahmen erstklassiger Künstler. Etwas anderes scheint mir viel schlimmer: die wegen des Konkurrenzdrucks angestrebte Fehlerlosigkeit — lauter kleine, exakt gelungene Teile werden zusammengehängt — zerstört die »Spannung«, die organische Einheitlichkeit, den großen Bogen indirekt und zugleich nachhaltig. Mittelmäßige Pianisten, selbst wenn sie mit allen möglichen elektro-akustischen Schikanen arbeiten, bringen auf diese Weise schwerlich gute und erfüllte Aufnahmen zustande, während das branchenübliche Perfektionsideal selbst die erstklassigen Künstler ruinieren kann. Bedenklich ist die in manchen Aufnahmen mitklingende Tendenz, maßvoll Verbindliches bieten zu müssen. Die Interpreten vergessen eben nicht, daß sie sich »für alle Ewigkeit«, zumindest für Jahrzehnte, festlegen. Wer aber Beethovens Sonaten in dem Bewußtsein einspielt, dies sei nun für die nächsten zehn oder dreißig Jahre »sein« Dokument, wenn nicht Testament, der wird wahrscheinlich allen Extravaganzen, allen Zuspitzungen, allen emotionalen Risiken ausweichen, womit er nur eben das keineswegs geringfügige Risiko eines mittleren, beschränkten, ordentlichen, gemäßigten Beethoven-Spiels eingeht. Einem Schnabel kam es auf falsche Töne, auf (für ihn) unerreichbare Tempi – Finale von Opus 101! – nicht an; als hingegen Gilels mit Szell die Klavierkonzerte einspielte, fehlten Glanz und Schwung Gilelsscher Leibhaftigkeit; als Gulda sämtliche Beethoven-Sonaten einspielte, mied sogar er manchmal die Extreme und mithin auch die Wahrheit der Extreme. Oft sind darum Konzert-Interpretationen oder Rundfunkaufnahmen, an denen nicht soviel getüftelt wurde, oder Fernseh-Einspielungen, bei denen die phantastischen Komplikations-Umstände des Aufnahme-Prozesses von allzu sterilem pianistischem Perfektionismus ablenkten, besser. Darum reichen Pianisten mit so vorzüglicher Technik wie Gulda oder der phänomenale Maurizio Pollini auf Platten nicht immer an ihre eigentlichen Möglichkeiten und Fähigkeiten heran.

Das alles erlaubt aber doch nur eine Konsequenz: genauso wenig, wie es statthaft wäre, von den Interpretationen bedeutender Beethoven-Spieler einfach abzusehen, den Blick starr auf die Noten gerichtet, genauso wenig genügt es natürlich, nur Platten zu vergleichen. Damit man Schallplatten-Einspielungen angemessen hören und »situieren« kann, muß man, wenn irgend möglich, von den betreffenden, wie auch von den übrigen bedeutenden konzertierenden Künstlern immer wieder auch reale Konzerte in realer Umgebung hören! Man wird gegenüber der Platte gerechter, wenn man die Konzert-Wirklichkeit kennt, und gegenüber der spontanen Konzert-Wirklichkeit dankbarer, wenn man sich auf Platten eingelassen hat.

Was hier über Beethoven-Sonaten mitgeteilt wird, gründet sich keineswegs nur auf meine mehr oder weniger wohlerworbenen, wohlerwogenen Ansichten und Einsichten, sondern ist Ergebnis eines ungewöhnlichen teamwork: es haben mir sowohl die gelehrten Autoren geholfen, als auch – und zwar noch mehr, noch nachhaltiger, noch eindringlicher – die Pianisten. Ich verbalisiere, was sie auf Platten und in Konzerten über Beethovens Sonaten vorzubringen hatten. Das ist nicht ungefährlich. Bedenkenloses Vergleichen und »Gegen-einander-Ausspielen« kann einen unangebracht sportiven Charakter annehmen: wer ist der Schnellste, der Lauteste, der Langsamste, der Hellste, der Dunkelste? Es kann auch ein Total-Relativismus dabei herauskommen, weil natürlich für jeden Beethoven-Takt zwei bis zweihundert Interpretationsversionen auftreibbar sein mögen, wenn man nur fleißig in Konzerte eilt und Schallplatten hortet. Zum Schluß scheint dann nichts mehr undenkbar und nichts ohne irgendeine plausible Antithese. Erlaubt ist dann alles, was gelingt, geschieht, gefällt... Doch dieser Relativismus ist nur ein Gespenst. Schrecken einjagen kann dieses Gespenst höchstens im schönen Abstraktionsnebel, beim Bedenken, Bezweifeln, Bereden. Hart am Notentext wirkt die Frage nach Wahrheit, Plausibilität und Konsequenz gleich viel weniger nebulos: wenn man nur präzise fragt, wenn man nur die Forderungen der Sache ermißt, dann gibt es durchaus ein »richtig« oder »falsch«, »besser« oder »schlechter«. Dann stellen sich durchaus Rangordnungen her, dann lassen sich Entscheidungen fällen. Der DDR-Professor Dieter Zechlin spielt halt den Anfang der As-Dur-Sonate Opus 110 in jeder Weise blasser, gestaltenärmer, unmotivierter und unerfüllter, kurz: *schlechter* als Barenboim; die Pointe des fürchterlich schweren Trios aus dem marschartigen, scherzohaften zweiten Satz dieser Sonate bringen nur sehr wenige Pianisten heraus und sehr viele nicht. Das kann man hören! Auch die guten Pianisten machen keineswegs alles gleich, und niemand ist bei allem gleich gut.

Doch dieses Buch heißt »Beethovens 32 Klaviersonaten – und ihre Interpreten«. Es will sich also nicht nur um mehr oder weniger aufschlußreiche Interpretationen kümmern, sondern zunächst um die Sonaten selber. Und zwar schlicht auch deshalb, weil man »Interpretationen« ja überhaupt erst zur Kenntnis nehmen, unterscheiden und würdigen kann, wenn man ein Bild vom Interpretations-Objekt hat, ein selbstgewonnenes, nicht allzusehr okkupierendes, aber doch existentes Bild. Ein Bild, das im Falle einer ganz anderslautenden Interpretation kein alleingültiges »Muster« sein darf, dem die Musterhaften nun folgsam nahezukommen haben, sondern eher ein Bild, das wie ein »Widerstand« wirkt; begründet, aber widerlegbar. Für die Methode dieses Buches bedeutet das: die 32 Sonaten Beethovens sollen jeweils in wenigen, vorangestellten, die Physiognomie umreißenden porträtierenden Zeilen charakterisiert werden. Danach mischt sich die Interpretations-Analyse mit ausführlicherer Sonaten-Beschreibung. So möchte ich sichtbar machen, vergleichen und kritisieren, wie große Pianisten auf Schallplatten, in Rundfunkaufnahmen und in Konzertsälen die einzelnen Sätze und Sonaten enträtselten. Dabei werden, so hoffe ich, nicht nur die Beethoven-Sonaten erkennbar werden in ihrer nach wie vor überwältigenden, rührenden, zugleich entmutigenden und unaustilgbar Hoffnung spendenden Fülle, sondern auch die Wege und Umwege, die Pianisten des 20. Jahrhunderts gehen, wenn sie sich Beethoven nähern.

III

Aber was ist das eigentlich, eine Beethoven-Sonate? Warum werden Beethoven-Sonaten geliebt und gespielt, obwohl sie doch, laut Gulda (der sie bewunderungswürdig beherrscht), »nicht die Probleme des heutigen Menschen haben«? Obwohl sie in einer traditionellen Tonsprache zu uns reden, obwohl sie in jedem, auch im bedenklichen, abschreckenden Sinne »klassisch« sind und vergangen: ein auf interpretatorische Belebung angewiesenes Museum großer Kunst, großer Gefühle... Was für unangenehme, müßige Fragen. *Unangenehm*, weil es darauf schwerlich eine Antwort gibt, die auch denjenigen überzeugt, der die Sonaten nicht oder kaum kennt, dem sie nichts sagen, der sie für eine Ablenkung – für holde Kunst, die »in eine bess're Welt entrückt« – des gebildeten Bürgertums vergangener Zeiten von den eigentlichen Widersprüchen des Daseins hält. Für einen unverbindlichen Trost, für einen wohllautenden oder auch aufgeplusterten, grell-tragischen Kenner-Luxus.

Müßig, weil diejenigen, die mit diesen Sonaten bewundernd, ehrfürchtig, spielend und vergnügt umgehen, wie mit etwas Großem, Lebenswürdigem und Liebenswürdigem, weil diese »Beethovenianer« genauso wenig wie Shakespeare-Bewunderer oder Michelangelo-Verehrer lange und breite Begründungen benötigen, inwiefern sie berechtigt oder gar vom Geist des 20. Jahrhunderts legitimiert seien, sich in diese Sonaten zu versenken. So wenig ein Pianist erst ausführlich darüber zu schwafeln braucht, warum er eine Beethoven-Sonate spielt – sein einziges Argument ist die Qualität seiner Interpretation –, so wenig erwartet der Beethoven-Enthusiast von einem Beethoven-Buch die nachgelieferte Erlaubnis zum Enthusiasmus. Daß die Beethoven-Sonaten äußerster Bemühung wert sind, setzen diejenigen, die sie lieben, voraus. Und dann beginnen sie über die Frage zu diskutieren, ob denn der Beginn des Finales der Waldstein-Sonate ganz und gar ins Pedal genommen werden sollte (wie Beethoven es vorschrieb) oder ob ein ominöser Ton des Kopfsatzes der Hammerklaviersonate nun a oder ais heißt, worüber Beethoven-Bedenker mindestens so bewegt gestritten haben wie die Shakespeare-Bewunderer über die Herkunft der »dunklen Dame« der Sonette.

Zugegeben: es wäre einfacher, jetzt gleich mit der »kleinen« f-Moll-Sonate anzufangen, statt den doch unvermeidbar phrasenhaft ausfallenden Versuch zu wagen, hier zu erläutern, warum sehr viele musikalische Menschen diese Sonaten in ihr Leben, Fühlen, Musizieren, Nachdenken und immer wieder Hören- oder Spielen-Wollen hineingenommen haben.

Es ist schon so: über ganz elementare Hinwendungen und Bedürfnisse legt man nicht gern Rechenschaft ab – das setzt man lieber voraus und wendet sich aufatmend der Sache zu.

Doch in diesem Buch werden die Beethoven-Sonaten so offenkundig absolut gesetzt, so wenig nur als Gewesenes, als historische Stufe verstanden, als Epoche der Musikentwicklung, als geschichtlich bedingte Entfaltung des musikalisch-klassisch-dialektischen Weltgeistes zwischen 1795 und 1825, daß die Begründung dieser isolierenden Darstellungsweise weniger um der Sonaten willen (die es nicht nötig haben) als vielmehr um unseres Vorhabens willen ein Gebot geistigen Anstands ist.

Am pauschalsten beantwortet man die Frage nach dem »Warum« mit dem Hinweis auf Beethovens zentrale Stellung in der Geschichte der Musik, auf die ungeheuerlichen Errungenschaften, die sich in seinen Werken speichern, auf die phantastische Weite seiner technischen und emotionalen Entwicklung. Doch ließen sich derartige Qualitäten nicht auch bei Berlioz oder, in anderen Künsten, bei dem Dramatiker Friedrich Hebbel und bei dem Maler Hans von Marées nachweisen? Trotzdem ist die Behauptung kaum gewagt, daß Beethoven viel reiner, unmittelbarer und gewaltiger zu uns spricht.

Die Klaviersonaten zumal, dieser intime und abenteuerliche Weg von c zu c – Opus 2 Nr. 1 beginnt mit dem Ton c, die c-Moll-Sonate Opus 111 schließt mit c – diese immer wieder gespielten 32 Werke bilden einen unüberschaubar reichen, gleichwohl als Totalität zusammenhängenden Kosmos. Um es paradox zu sagen: Wirkt es nicht *geschichtlich vermittelt,* daß wir uns den 32 Sonaten ohne langwierige *geschichtliche Vermittlung* nähern dürfen? Seit der Mitte des 19. Jahrhunderts sind Beethoven-Sonaten selbstverständlicher, lebendiger, das heißt auch: modisch-zeitbedingten Schwankungen ausgesetzter Mittelpunkt alles privaten und öffentlichen Musizierens. Der Bezirk, den diese Sonaten umkreisen, ist umfänglicher als der einer jeden anderen von irgendeinem Komponisten geschaffenen Instrumental-Gattung. Die Fülle der Formen und Rätsel ist größer als selbst bei den Haydnschen Streichquartetten (denen Beethovens Sonaten an emotionaler Exzentrik und Dringlichkeit überlegen scheinen), oder den Bachschen Orgelkompositionen, die zwar den Vergleich mit allem von Menschenhand Geschaffenen spielend aushalten, aber doch nicht so viele und so verschiedenartige, kontrastreiche Dramen eines zugleich subjektiven und transsubjektiven Gefühls bergen wie die Beethoven-Sonaten. Für jeden halbwegs musikalischen Mitteleuropäer sind die Beethoven-Sonaten Mischung aus Jugendeindruck und unverwandter, sich ständig wandelnder Bewunderung, aus Reiz und Überdruß, aus musikalischem Indianerspiel mit Pathétique oder Sturm-Sonate und mystischer Sehnsucht: einmal möchte man den letzten Satz der Opus 111, die Fuge der Hammerklaviersonate, die Spiritualität der Les Adieux-Sonate ohne Rest begriffen haben, vom »Spielen-Können« ganz zu schweigen... Georges Auric drückte das 1927 versnobt negativ aus:

»Beethoven hatte eine große, wenn man will, edle, aber durchaus vage Konzeption von Musik, und in diesem Sinne ist er wirklich musikalisch. Es ist deshalb kein Widerspruch, wenn ich sage, daß Kinder und ganz junge Musikschüler vor allem seine Sonaten spielen sollen, so wie wir alle einmal wundervolle Indianerbücher – und zwar mit guter Wirkung für uns – gelesen haben.«

Die Sonaten sind ein Werkkosmos im Beethovenschen Gesamtkosmos, ein intimes Laboratorium reiner Produktivität. So wie Chopins Mazurken sich als »Journal intime« begreifen lassen, begleiten die Klaviersonaten Beethovens irdischen Weg: nur, daß Beethoven seine Bekenntnisse allmählich zu ungeheuren, über alle subjektive Empfindsamkeit hinausgreifenden Appellen, zu Tragödien und riesigen Bereicherungen einer Form, zu expressionistischen, klassizistischen, historisierenden, weit vorausgreifenden und bewußt rückwärts gewandten Unternehmungen steigerte. Beethovens geniale Unfähigkeit, sich zu wiederholen, seine nur mit Bewunderung zu konstatierende Fähigkeit, Zartes, Zärtliches, Einsilbiges, Wildes immer ganz neu zu sagen: das alles muß für ihn ein elementares Nicht-anders-Können gewesen sein. Die Ausbrüche, die seine Zeitgenossen erschreckten, waren nur eine Seite dieser Sache, waren keineswegs »kühner« als die scheinbar harmonische Coda des ersten Satzes der As-Dur-Sonate Opus 110.

Gibt es nun die »Idee«, die Besonderheit »der« Beethovenschen Klaviersonate schlechthin? Handelt es sich wirklich um durchgeformte Organismen, um logische Prozesse, um Musik von dialektischer und synthetischer Kraft? Der Organismus-Gedanke, demzufolge das Ganze mehr ist als die Summe seiner Teile, drängt sich gegenüber den so offenbar und bewußt durchgeformten Sonaten-Szenarien Beethovens auf. Zunächst verrät natürlich die Tonartenfolge innerhalb der einzelnen Sonaten durchweg eine klare Beziehung zwischen Kopfsatz und Finale, in der Sonate Opus 101 steht vor Beginn des Finales sogar eine Reminiszenz an das Hauptthema des ersten Satzes (wenn auch nicht so programmatisch wie zu Beginn des Finales der 9. Symphonie, wo sämtliche Themen logisch Revue passieren müssen), und man hat zu Recht darauf hingewiesen, daß etwa eine so verhaltene Sonate wie die E-Dur-Sonate Opus 14 Nr. 1 eben kein monu-mentales Adagio, sondern ein elegisch-zartes Allegretto als Mittelsatz biete, während die kleine c-Moll-Sonate Opus 10 Nr. 1 offenkundig affekt-exzentrisch organisiert ist, anders wiederum als die stürmisch-theatralische, großflächige Pathétique. Mit dem Aufweis solcher Orga-nismus-Beziehungen könnte man fortfahren. Es dürfte gebildet-musika-lischer »Einfühlung« nicht allzu schwerfallen, zu beweisen, daß die Sonaten tatsächlich so sein müssen, wie sie sind.

Trotzdem überzeugen (mich) diese liebevollen und befriedigenden Bestä-tigungen eines jeweils meisterhaften und eindeutigen Architektur-Struk-turalismus nicht. Einerseits darf man doch nicht unterschlagen, daß Beethoven bei zwei berühmten Werken die organische Struktur später-hin geändert hat: den Mittelsatz der Waldstein-Sonate hat er herausge-löst und statt dessen eine schöne langsame Introduzione zum Finale eingefügt. Auch das Finale des B-Dur-Quartetts Opus 130 komponierte er neu, das »eigentliche« Finale wurde dann die ›Große Fuge‹ Opus 133. (Den ursprünglichen langsamen Satz der Waldstein-Sonate kennen wir als ›Andante favori‹.) Und ganz zweifelsfrei ist immer noch nicht bewiesen, daß Beethoven Opus 111 tatsächlich nur als zweisätziges Stück dispo-niert hatte: alle gewichtigen Spätwerke seit der Hammerklaviersonate tendieren doch eher zur Vielsätzigkeit. Wäre die Organismus-Idee so durchdringend, ja so »mechanisch« zu verstehen, wie es auf den ersten Blick scheint, dann müßten alle diese Veränderungen doch eine Schwä-chung der betreffenden Werke bewirken – was aber weder bei Opus 53 (Waldstein-Sonate) noch bei Opus 111 der Fall scheint; und was sogar beim großen B-Dur-Quartett, dessen elegantes, nachkomponiertes Finale nun versöhnlich überrascht, sichtlich nicht der Fall ist.

Demnach wären die Sonaten also *keine* strikt und konsequent durchge-formten Organismen? Nun, diese Umkehrung verfehlt den Sachverhalt auch. Warum? Es ist gewiß mehr als nur eine sentimentale Vorgabe, wenn man den langsamen Satz und dann das Finale der Appassionata durchaus als erweiternde Konsequenz des f-Moll-Kopfsatzes erfühlt und begreift, wenn man jede der drei Sonaten Opus 31 einer spezifischen, programmatischen Idee zuordnet, wenn man die beiden so weit vonein-ander entfernten A-Dur-Sonaten Opus 2 Nr. 2 (aus dem Jahre 1795) und Opus 101 (aus dem Jahre 1816) zwar – was den virtuosen, glanz-vollen »Ton« betrifft – einander überraschend ähnlich findet, dabei aber auch die völlig radikale Verschiedenheit der jeweiligen Organismen kon-statiert.

Der Organismus-Begriff behauptet doch, daß das Ganze mehr sei als die

Summe seiner Teile. Gut. Organischer Zusammenhang als sogenannte »Werk-Idee« müßte demnach bedeuten, daß eine zwingende Relation zwischen dem einzelnen Satz und der ganzen Sonatengestalt besteht. Auch gut. Diese »zwingende« Relation wenn schon nicht beweisen, so doch plausibel machen zu können, ist der Ehrgeiz vieler Beethoven-Interpreten. Sehr selten stößt man bei einer Betrachtung der Sonaten (in Büchern, Kritiken, Begleitheften zu Schallplatten-Kassetten, Würdigungen und so weiter) auf die Behauptung, der und der Satz passe »eigentlich« nicht zu der und der Sonate. Einzige Ausnahme, wenn ich recht sehe: der letzte Satz der As-Dur-Sonate Opus 26, ein hurtiges, kontrapunktisch elegant verspieltes Perpetuum mobile-Finale direkt nach dem Trauermarsch. Da tun sich die Deuter und die Pianisten recht schwer – Alfred Brendel spielt dieses Allegro auch lieber wie ein zart aufblühendes Andantino, um es, wie auch Edwin Fischer forderte, psychologisch dem Trauermarsch anzupassen. Auffällig genug: oft sind es die eindeutig programmatischen »Trauermärsche«, die die Organismus-Propheten in Verlegenheit bringen. So wurde ja auch allen Ernstes der Vorschlag gemacht, gegen Beethovens Vorschrift in der Eroica das virtuose Jagd-Scherzo lieber vor den Tod des Helden, also vor den Trauermarsch zu setzen. So rätselt man immer noch daran herum, was eigentlich das etüdige Unisono-Finale der Chopinschen b-Moll-Sonate direkt nach dem Trauermarsch bedeute. (*Windhauch über den Gräbern?* Es gleiche »eher einem Spott als irgend Musik«, schrieb Robert Schumann darüber ebenso verlegen wie ehrlich. Offenbar hatte er eine geziemende Vorstellung davon, wie ein solches Finale »eigentlich« als Musik beschaffen sein müsse. Da Chopins Trauermarsch-Sonate dieser Vorstellung nicht entsprach, fühlte Schumann sich verspottet.)

Zurück zu Beethoven. Zu unserer Frage danach, was ein (klassischer) Sonaten-Organismus sei. Die Versuchung ist groß, einen Idealtypus zu entwerfen: das schöne Bild vom in sich geschlossenen Werk, vom perfekten Beziehungszusammenhang, vom Bezugssystem, das keinen Rest kennt, höchstens einen Überschuß, der ja auch den Organismus auf seine Weise bestätigen würde. Gebannt von der verführerischen Organismus-Idee wird man dann freilich zum mehr oder weniger geschmeidigen Advokaten vorhandener Texte, indem man liebevoll oder beflissen zu beweisen versucht, daß sein muß, was ist. Auf diese Weise hätte man sich vorsichtig hinter Beethoven versteckt. Aber es wäre unvermeidlich auch ein wenig Synthetisierungs-Mogelei im Spiele, im Denkspiele.
Die Leit-Idee vom nachweisbar in sich geschlossenen, nur so und nicht

anders sein könnenden Beethovenschen Sonaten-Organismus ist jedoch, mag sie auch noch so verehrungsvoll geäußert werden, sowohl zu eng als auch zu statisch. Eine Sonate, selbst eine von einem ungeheuersten Gehirn der Musikgeschichte komponierte, ist keine Gleichung, die auf dem Papier steht, stimmt und dankbar nachvollzogen werden muß. Was an einer Sonate organisch sein mag, das läßt sich nicht so einfach »feststellen«: mit Hilfe des Notentextes und im Zusammenhang mit einem idealtypischen Bilde vom geschlossenen Werk-Organismus, der eben als »Objekt« vor mir liegt, wobei ich die unanfechtbare Position eines analysierenden Subjektes innehabe, welches objektive Sachverhalte durchschaut, ohne sich subjektiv exponieren zu müssen. Aber eine Beethoven-Sonate *ist* kein eindeutiger, einsinniger Organismus, sondern sie *wird* dazu. Damit man die Ganzheitsfrage, die der Sonaten-Organismus stellt, ohne Willkür zu beantworten vermag, muß man selbstverständlich vom Notentext ausgehen. Doch auch vom Betrachtenden, vom Interpreten, dem sich die Fragen des Textes stellen und dem sie Antworten abzwingen! Nur im Zusammenhang mit diesen beiden einander keineswegs »relativierenden« oder unangebrachtem Psychologismus Vorschub leistenden Haltungen läßt sich begründen, warum Beethovens Sonaten mehr sind als bloß irgendwelche großen Denkmäler vergangenen Komponierens, abgelebter Gefühle, Freuden, Schmerzen, Verspieltheiten ... Bereits die erwähnten Änderungen, die Beethoven vorgenommen hat, legen den Schluß nahe, daß es offenkundig nicht immer nur eine unbedingt und zweifelsfrei und fabelhaft interpretierbare, schöne Sonaten-Lösung gibt – auch wenn motivische Zusammenhänge, durchgehaltene Tonarten, genau aufeinander abgestimmte Dimensionen des Empfindens in den einzelnen Sonaten oft zwingend zueinander zu passen scheinen. Es existieren freilich auch Motivkerne, die über viele, höchst verschiedene Werke Beethovens verstreut sind: das Klopfmotiv aus der 5. Symphonie läßt sich in der »kleinen« c-Moll-Sonate Opus 10 Nr. 1, in der Appassionata und im G-Dur-Klavierkonzert auffinden. Doch unbeweisbar scheint nach alledem die Annahme, es gäbe immer nur *eine* »absolute« Organismus-Verwirklichung. Genauso irrig wäre aber der Rückschluß, daß es einen evidenten zwingenden organischen Zusammenhang mithin *nicht* gäbe – weil Beethoven ja manchmal auch Alternativen komponierte.

Jetzt könnte beethovenfromm eingewandt werden, Beethoven sei vielleicht gerade bei diesen Änderungen, etwa in der Waldstein-Sonate, seinem organisierenden Instinkt oder Kunstverstand gefolgt. Jean Paul

28

hat darauf hingewiesen, daß keineswegs nur der erste Einfall auf »Inspiration« beruhe, sondern daß die Korrektur gleichfalls elementar inspiriert sein könne. Wer so argumentiert, hat sich nicht von jener falschen Antithetik freimachen können, derzufolge ein Sonaten-Organismus entweder aus lauter reinen und unaustauschbaren und in jeder Weise zueinander passenden Teilen bestehen muß oder aber überhaupt kein Organismus sei, so daß man dann die Sonaten, ohne über ihr So- oder auch Anders-sein-Können zu grübeln, ohne weiteres als verbindlich-unverbindliche Folgen rascher, langsamer, scherzohafter und abschließender Sätze verstehen darf, die halt sind, wie sie sind – aber darum nicht unbedingt auch so sein müssen oder gar einer verpflichtenden Idee gehorchen. Beim Formulieren einer so krassen Gegenthese wird deutlich, daß sie zwar positivistisch-phänomenologisch begründbar sein mag, aber doch auch ihrerseits unangemessen, stur, ja künstlich versimpelt ist. Muß man sich nicht wirklich dazu zwingen, Beethoven-Sonaten als fast beliebige Suiten, als nicht im mindesten einer jeweils gemeinsamen Idee (Stimmung, Folge, Prozeßhaftigkeit) verpflichtete Musikstücke zu nehmen, hinzunehmen? Es ist ein unbefriedigendes, krampfhaftes Denkspiel, die Maestoso-Einleitung der c-Moll-Sonate Opus 111 auch bei der As-Dur-Sonate Opus 110 für möglich zu halten... Selbst wenn die absolut und alternativelos durchgeführte Konstruktion der Sonaten nicht vorausgesetzt oder logisch bewiesen werden kann, so leuchtet doch die resignierende Konsequenz genauso wenig ein, es handele sich um spielerische, suitenhafte Folgen tonartengleicher Stücke, die dann eben zu Sonaten werden. Tertium non datur?

Tertium datur. Es gibt eine dritte Denkmöglichkeit. Sie hängt nicht nur mit der (im strengen Sinne wohl unbeweisbaren, wenn auch oft höchst plausiblen) organischen Konstruktion der meisten Sonaten selber zusammen, sondern auch mit ihrer »emotionellen Reichweite« (D. F. Tovey). Also mit der Dringlichkeit, mit dem etwas besagenden, über sich hinausweisenden, irgend etwas verbergenden, dem Ablauf der Musiksprache zwar folgenden, ihn »aushörenden« (den Tönen dabei aber immer wieder energisch ins Wort fallenden) Charakter dieser Musiksprache. Das soll heißen: wenn der erste Satz der Mondschein-Sonate vorbei ist, dann verklang eben nicht nur ein schwermütiges Nocturne mit langsamen Akkord-Brechungen. Da geschah mehr, unabweisbar mehr, auch wenn es nicht ohne weiteres verbal begrifflich dingfest zu machen ist: es wurde eine Idee in Musik verwandelt, ein Rätsel in Melancholie, ein Trauerrhythmus in einen Vorgang. So ist die Feststellung gemeint, dieser Satz »weise über sich hinaus« – wie fast jeder Beethovensche Kopfsatz...

Wenn Musik einen solchen Grad von Dringlichkeit, von Musiksprachlichkeit erreicht – ab Opus 26 ist es bei Beethoven Regel –, dann interpoliert, dann stiftet unser affiziertes Gefühl und Bewußtsein unvermeidlich Zusammenhänge zwischen den einander folgenden Satz-Charakteren. So geht es bei aller großen Kunst, die nicht dem artifiziellen Formalismus reinen Spielens gehorcht, sondern der Formsprache ihre Energiesprache entgegenstellt. Beethovens Musik wirkt vor allem in den Kopfsätzen der Sonaten eminent dringlich. Sie will immer irgendwohin, sie »will« schlechthin etwas. Sie ist zwar ganz genug, ganz erfüllt, aber eben doch nicht nur Unterhaltung ewiger Harmonie mit sich selbst, sondern sie scheint etwas zu beteuern oder zu verschweigen oder zu ersehnen. Zumindest: sie begnügt sich nicht mit seligem Ruhen in sich selbst, mit reiner Heiterkeit und Noblesse. Wenn dann aber auf einen solchen dramatischen Akt ein weiterer, wiederum anders fragender, »sprechender«, klagender oder auch choralhafter Akt (Appassionata) folgt, *dann interpoliert unser Bewußtsein über Beethovens organisierende Disposition hinaus noch Zusammenhänge, Folgen, manchmal sogar Entwicklungs- und Seelen-Romane!* Das ist Beethovens Eigentümlichkeit. Sie schließt nicht unbedingt ein Werturteil ein. Denn daß die Finali mancher Mozartscher Klavierkonzerte möglicherweise auswechselbar sind, daß Pianisten ungestraft die Originalkadenzen Mozartscher Konzerte vertauschen konnten, daß man beim ›Wohltemperierten Klavier‹ Bachs doch nur mühsam und kaum mit zwingender Evidenz Zusammengehörigkeit von Präludien und Fugen belegen kann: alles das täte ja, selbst wenn es so wäre, dem Rang dieser Werke keinerlei Abbruch.
Bei Beethoven kommt hinzu, daß er zwar die Musiksprache so rein und integer spricht wie nur irgendein ganz Großer zwischen Bach und Brahms, daß er jedoch seinen Willen gleichwohl, ob schroff oder zärtlich, mit ins »Spiel« zu mischen scheint. Darum hören wir nicht nur Musik, originäre Musiksprache, sondern zugleich das Sprechende dieser Sprache. Und in dem Moment, da wir uns dieser Sprechqualität aussetzen, erleben wir den zweiten Satz, wie immer er sei, in einem unausweichlichen Zusammenhang mit dem ersten Satz; interpolieren wir den dritten Satz dazu, kommen wir nicht umhin, schließlich als Ganzes enträtseln zu wollen, was als über sich hinausweisende Sonaten-Idee auf uns einwirkt. Wenn aus dem Kopfsatz eine Thesen-Tendenz sprang, dann muß der zweite Satz sich als eine Antithese zu erkennen geben. Darum sind Beethovens Werke nicht nur kraft ihrer Organisation, sondern auch kraft ihrer musiksprachlichen Dringlichkeit »Konfigurationen von Ideen«. Die einzelnen Sätze der Sonaten ergeben als Sonaten-

Zusammenhänge gewiß nicht nur »Sternbilder«, die wie einzelne Himmelskörper vom hinschauenden und ordnenden Bewußtsein äußerlich ›zusammengefügt‹ werden. Das wäre zu wenig. Doch die Sonaten sind auch nicht eindeutige, programmatische Tondramen, deren Akte einzig und allein ihre Geschichte erzählen. Es handelt sich hier vielmehr um große Zusammenhänge: und zwar um so reich, so locker, vieldeutig, dringlich und zwingend gefügte Zusammenhänge, daß man sich schwerlich auf sie einlassen kann, ohne ihnen ihre Wahrheit, ihre Idee, ihr Sosein-Müssen entreißen zu wollen. Beethovens Klaviersonaten sind (wahrscheinlich *an sich,* auf jeden Fall *für uns*) Organismen und mehr als Organismen. Sie bedrängen, sie pochen auf Enträtselung, auf interpretierende Feststellung. Es ist wie bei den großen Dramen Becketts: die Konfiguration der Szenen erzwingt jenes dauernde Interpretieren-Müssen, dem Becketts Texte sich scheinbar so streng verschließen. Wer nicht empfinden und herausfinden will, warum der erste Satz der Appassionata so fahl und verbrannt aufhört, der zweite Satz so choralhaft beginnt (nachdem im ersten Satz schon entsprechende Anspielungen vorzukommen schienen), warum dann der dritte Satz kaum mehr »subjektiv« artikuliert und mit einem von wüsten Hornrufen durchtosten Springtanz-Presto endet, der hat die Noten dieser Sonate nicht einmal streng positivistisch zur Kenntnis genommen. Wer aber das alles findet und empfindet, der will, ja muß es auch enträtseln und sich einen Reim darauf machen wollen. Indem jeder Satz Rätsel ist, wird er dem bewundernden und erregten Bewußtsein zur Antwort auf die These des vorigen: organisch wäre demnach der musikalische, tonartliche, vielleicht auch der dringlich charakteristische und kontrastreiche Schicksals-Zusammenhang des Werkes.

IV

Wer Musik hört, braucht sich – im Gegensatz zum Literaten – nicht vorzusagen, vorzuhalten, vorzumachen, daß es zumindest irgendwie und indirekt doch um politische Entscheidungen gehe, um Vorbereitung, Beruhigung, Aufklärung, Änderung. Sonaten ändern nichts. Gewiß, Beethovens Freiheits-Idee war keineswegs nur ein privates Gefühl. Gebildet, sehr literarisch, politisch wachsam, wohl mehr die »Menschheit« als die Einzelmenschen oder die »Massen« liebend, in seine Einsamkeit vergraben, auf ein fachkundiges Elitepublikum zählend und angewiesen, war Beethoven nicht nur für Shakespeare und Goethe entflammt, sondern auch tief beeindruckt von Napoleons heroischer Individualität (die er auf seine Weise reflektierte) und infiziert von der Idee der Revolution. ›Fidelio‹ handelt ja nicht nur von Gattenliebe, sondern auch von der schmählichen Absetzung eines Tyrannen.

Doch wie »politisch«, wie gesellschaftlich definiert man derartige Voraussetzungen auch begreifen möchte: mit den Sonaten haben sie unmittelbar nichts zu tun. Viel mehr damit, daß sich hier ein Einzelner die Freiheit zu nehmen wagte, seine exzentrischsten Hoffnungen und Verzweiflungen darzustellen. Indem diese Seele sich »selbstbewußt« ihre Form schuf, riskierte sie Indiskretion, was nichts mit Formzertrümmern zu tun hat, eher mit einem weltbewegenden Appellieren.

Beethoven war davon durchdrungen, daß er erst in seinen späten Jahren wirklich zu komponieren gelernt habe. (Zur Zeit der Hammerklaviersonate Opus 106 darauf angesprochen, wie schön sein Septett Opus 20 sei, antwortete er: »Ich wußte in jenen Tagen nicht zu komponieren. Jetzt, denke ich, weiß ich es.«) Bei alledem war er ein altmeisterlicher Musiksprachen-Perfektionist wie höchstens noch Bach, Domenico Scarlatti, Haydn und Mozart vor ihm. Dabei verwendete er in den Sonaten seine Musik-*Mittel*, ohne sie zu entstellen oder populär zu manipulieren, zu einem Ausdrucks-Zweck, einem subjektiven, überprivaten, aber weder liturgisch dienenden noch spielerisch unterhaltenden Ausdrucks-Zweck. Beethovens jäh und rücksichtslos verfügender »Wille«, die Sforzato-Einbrüche, die Energien und Spannungen: alle diese Freiheitsmomente finden ihre Grenzen nur in der Logik der Sache, nie in einem Gefälligkeitszwang. Dieses alles Musikalische in Spannung, auch in Überspannung versetzende, so beispiellos wahrhaftige »Selbstbewußtsein« Beethovenschen Komponierens provozierte pathetische Redensarten, die man heutzutage nicht ohne Schaudern hören kann: Beethoven galt ein Jahrhundert lang als »Titan«, als heroischer Subjektivist, als Sänger höchster Freiheit, als Mischung aus äußerster Dämonie und äußerster, reinster Klassizität. Hans Heinrich Eggebrecht hat diese wechselvolle »Geschichte der Beethoven-Rezeption« eindringlich, aber für alle Späteren auch beängstigend beschrieben. Ich verstehe gut, daß man manche Phrasen für unerträglich hält und zurückweisen möchte.

Aber mit diesen Phrasen verwirft unser aufgeklärtes Bewußtsein dann auch alle Beteuerungen, die darauf hinauslaufen, daß Beethoven »ewigmenschliche« Gefühle, elementar-unveränderliche Gegebenheiten, sogenannte »absolute« Haltungen empfunden, fixiert und vertont habe. Die Wahrheit, so lautet ein plausibles Dogma, sei nun einmal nicht vage, nicht zeitlos, sondern immer konkret.

32

Demnach gäbe es keine Gefühle »an sich«, keine geschichtslosen, unbedingten »Affekte«, keine seelischen oder sonstigen Gebärden, die nicht aus einer ganz bestimmten, definierbaren, gesellschaftlich-historischen Situation ihre Wahrheit und ihre Glaubwürdigkeit bezögen. Doch so leicht sich behaupten ließe, daß wir Kunstwerke nicht mehr verstehen und erfühlen können, deren historische Voraussetzungen wir nicht mehr verstehen und deren Intentionen uns gleichgültig oder gar unzutreffend, unglaubhaft scheinen – so offensichtlich lehrt doch die (noch nicht ganz abgestumpfte) Erfahrung das Gegenteil. Sonst wäre der Prinz von Homburg tatsächlich ein gleichgültiger Krautjunker mit überholten Ehrproblemen, und J. S. Bach ein gottseliger Fasler mit polyphonen Fähigkeiten. Solchen banausischen Urteilen – die übrigens tatsächlich manchmal geäußert werden – widerspricht einfacher Augen- und Ohrenschein. Zweifellos existieren menschliche Verhaltensweisen und Empfindungen, die von Genies in dauerhafte, zumindest relativ dauerhafte, in *dauerhaftere*, Sicherheit gebracht wurden und werden. Brecht, kein ahistorischer Idealist, behandelte in seinem ›Arbeitsjournal‹ diesen Sachverhalt als gegebenes Faktum. Er versuchte, ihn am 3. 3. 48 folgendermaßen zu erklären: »zur frage, warum kunstwerke, entstanden in vergangenen gesellschaftsstrukturen, immer noch wirkungen auf uns ausüben: noch die klassenlose gesellschaft wird vermutlich die grundzüge der wesentlichen historischen strukturen im doppelsinn ›aufgehoben‹ haben. (wie der menschliche fötus die niedrigeren phasen durchläuft und aufhebt ...) die hauptwirkungen scheinen sich zu konservieren, wo die hauptwendungen, entscheidungen, umwälzungen, katastrophen stattgefunden haben.« Es gibt also, laut Brecht, bleibende, entscheidungsträchtige Grundzüge. Und wie, wenn Beethoven genau diese anthropologischen Grundzüge nicht etwa vage allgemeinverbindlich niedergeschrieben, sondern einem geschichtlich vermittelten, von Beethovens Subjektivität geformten, spezifischen Tonmaterial aufgeprägt hätte – mit der Verbindlichkeit des richtigen, historisch entscheidungsträchtigen Augenblicks? Was aber verbürgt die fortdauernde Wirkung dieser Tonsprache? Dazu gehört, daß die Sprache nicht zu fremd, aber auch nicht zu abgenützt ist, von stärkeren Effekten nicht allzu sehr verharmlost, aber auch nicht durch bewußtlose Wiederholung ausgelaugt.
Es gibt Werke von Beethoven, wo die elementare Kraft der Tonsprache sich kaum mehr nachvollziehen läßt, weil die betreffende Musik zu einer wohlfeilen zweiten (Geräusch)-Natur geworden ist. Die 5. Symphonie und die Violinromanze in F-Dur dürften kaum mehr angemessen zu hören, hörbar zu machen sein. Zu retten vermögen sie nur Aufführun-

gen, die mit notgedrungen inadäquaten (oder genialischen) interpretatorischen Künsten diese fast zu Tode gespielten Stücke, die trotzdem übrigens keineswegs wirklich gut bekannt oder gar durchschaut sind, »interessant« verfremden.

Die »Errungenschaften« der Klaviersonaten machte Beethoven übrigens nur sehr zurückhaltend für Quartette und Symphonien nutzbar – eher bereicherte er den Klaviersatz mit Streichquartetthaftem und Symphonischem. Nicht einmal das 4. und 5. Klavierkonzert haben viel von den Sonaten profitiert, gehen über ein paar pianistische Assoziationen zur Appassionata und zur Les Adieux-Sonate hinaus.

Alles in allem bilden die Klaviersonaten einen integren, abgeschlossenen, unversehrten Bezirk. Die körnige, persönliche und völlig gemeisterte, »konkrete« Tonsprache bewahrt Essenzen aus Ausdruck und Musik, seelischer Substanz, tönender Kraft und unaustilgbarer »Bedeutung«. Wenn auch das Largo aus der D-Dur-Sonate Opus 10 Nr. 3, laut Beethoven, »den Seelenzustand eines Melancholikers« umschreibt, so gibt es in diesem Satz eben nicht nur die Vorstellung der eng in sich kreisenden Melancholie »als solcher«, sondern grelle Sforzati erinnern an das zugleich auffahrende und gefangene bürgerliche Individuum des »Sturm und Drangs«; der F-Dur-›Trauermarsch‹ dieses Largos gerät zum verzweifelten, hier anti-konventionellen!, Kondukt, näher an Mahler als an Händel, und das in sich zusammenbrechende, keuchende, leise zerfallende Thema transponiert coriolanische Theatralik in die mürbe, individualistische Vereinzelung eines unglücklichen Bewußtseins. Konkreter festgemacht an den Augenblick und an gegenwärtige Kunstmittel kann Musik nicht sein: die Ewigkeit der melancholischen Erstarrung ahnt etwas von der Ewigkeit psychischen Elends – und solange Huxleys Tranquilizer-Utopie der ›Brave New World‹ wirklich nur Utopie bleibt, werden alle Menschen, die sich das Vermögen, untröstlich zu sein, nicht abkaufen oder wegheilen ließen, von der Schönheit und Wahrhaftigkeit dieses Largo-Monologs berührt werden. Darum liebt man Beethoven.

V

Sonaten hängen nicht in Museen. Was in den Notenbänden schlummert, sind Vorschriften. Sonaten brauchen Mitarbeit, Partnerschaft. Sie ändern sich in dem Maße, in dem sich die Menschen ändern, die sie spielen oder hören oder lesen. Schon darum gibt es keine ein für allemal gültige, absolut richtige Darstellung Beethovenscher Sonaten. Kein Pia-

34

nist dieser Welt ist Beethoven ganz gewachsen. Das hängt nicht nur mit den Grenzen unserer Pianisten zusammen, sondern mit der Grenzenlosigkeit der Werke.

Was fehlt selbst den allerfrömmsten Priestern dieses Neuen Testaments unserer Klaviermusik – soweit ein einzelner es mit Hilfe von sorgfältigem Schallplatten-Studium und jahrzehntelanger Konzert-Hörerfahrung zu beurteilen vermag? Artur Schnabel mangelte es manchmal an architektonischer und pianistischer Kraft, einem Wilhelm Kempff fehlte es manchmal an Härte und Konsequenz, Backhaus stand der Fülle und Vitalität des frühen Beethoven allzu ruhig gegenüber. Dem großen britischen Beethoven-Spieler Solomon gerät der mittlere Beethoven zu karg, zu golemhaft. Alfred Brendels allzu früh eingespielte Aufnahmen der 32 Sonaten blieben manchmal zu brillant und unbedroht (im Gegensatz zu einigen seiner späteren Interpretationen). Friedrich Gulda überspielt oft die Seitengedanken motorisch und deklamiert in den langsamen Sätzen zu wenig. Barenboim verweichlicht manches. Bei Claudio Arrau fehlt manchmal die große phantasievolle Freiheit.

Nur wenige Pianisten wagen es, alle Sonaten zu spielen. Der alte Rubinstein hat zwar wunderschön über die »traurigen Pausen« im langsamen Satz der Hammerklaviersonate gesprochen, aber gespielt hat er sie nicht; Serkin bevorzugt das Spätwerk, Glenn Gould rast genialisch, manieriert gegen den Strich, Svjatoslav Richter neigt zu entfesselter Hysterie, bei Emil Gilels fehlt es mitunter an herber Innenspannung, und Arturo Benedetti-Michelangeli ist versucht, Beethoven in einen überlebensgroßen, apollinischen Scarlatti zu verwandeln.

VI

Sonaten stehen meist in Tonarten, sind numeriert, werden mit Opuszahlen oder Köchelverzeichnis-Nummern behängt. Alles das reizt zur Verwechslung, zum Druckfehler, zur Konfusion. Wer hat schon Lust, die Opuszahlen der vier Beethovenschen G-Dur-Klaviersonaten auswendig zu lernen? Und welcher Setzer oder Redakteur dieser Welt vermag sich klarzumachen, daß es nicht ganz dasselbe ist, ob eine Sonate als Opus 58 Nr. 3 angekündigt wird, oder als Sonate Nr. 3, Opus 58! Da nehmen sie sich alle gern die Freiheit des Lyrikers Gottfried Benn, der in der Erstfassung seines Gedichts ›Nachtcafé‹ schrieb: »h-Moll: die 35. Sonate... Spritzt nicht das Blut von Chopin in den Saal« – wobei er im Blutrausch souverän so ziemlich alles verwechselte, was da überhaupt zu verwechseln ist. (Schön wär's ja, wenn der zarte Chopin statt seiner zweiten Sonate in b-Moll, Opus 35, gleich 35 Sonaten geschrieben hätte. Die zitierte Sonate in h-Moll ist übrigens Opus 58.)

Aber man merkt sich seine Freunde doch nicht so: »Brückenstraße 207, 3. Stock, meist melancholisch.« Man nimmt den anderen nicht als Nummer, sondern als jemanden, den man kennt und mag; Adresse, Etage und Gestimmtheit stellen sich beim Namen-Nennen dann schon ein (oder auch nicht). Bei Sonaten verhält es sich nicht anders.

Wer mit Sonaten lebt, macht sich für gewöhnlich nicht klar, wie kurz sie sind. Sonaten, über die man spricht oder nachdenkt wie über Schauspiele oder Romane, dauern oft nur 12 oder 18 oder — und das ist schon viel — 28 Minuten! Da herrscht ein anderer Zeit- und Intimitätsbegriff. Die Exposition des Finales der Les Adieux-Sonate oder die berühmte Durchführung des Kopfsatzes der Opus 10 Nr. 3 dauern jeweils nur 60 Sekunden. Sonaten, im Konzert von ergriffenen Frackträgern vor beflissenen Abendanzügen und Abendkleidern gespielt, mit Beifall und kritischen Würdigungen bedacht, sind, wenn nicht übermäßig viel falsche Töne passieren, was ja auch nicht der Zweck der Übung ist, etwas Feines. Etwas allzu Feines. Man spricht gedämpft, hat alles schon mal gehört, auf Platten hat man's auch, und die weniger Feinen, draußen, die haben das alles nicht.

Diesem lähmenden Eindruck kann aber nicht mit brutalem Pedalgebrauch entgegengetreten werden, sondern nur mit sorgfältigem Kennenlernen. Mit dem Kennenlernen etwa der Beethovenschen Handschriften. Dann erfährt man: an den Stücken klebt Blut. Sie sind von einem Menschen gemacht, sind Laboratorien! Da sieht man Durchgestrichenes, Flecken von Tränen oder Tinte oder Fett oder Regenwasser, Spuren monomaner Formulier- und Vollendungswut.

VII

Fünfundzwanzigjährig, 1795 also, trat Beethoven souverän mit drei Klaviersonaten, ohne jedes kompositorische Tasten, auf den Plan. Zwischen 1795 und 1803 komponierte er 18 Klaviersonaten, stellte er die Möglichkeiten dessen fest, was Sonaten sein, besagen, was sie erfüllen und als Organismen bedeuten können. Unsere Zeit nennt sich schnellebig. Aber in welcher Kunst-Gattung wurden während der vergangenen sieben Jahre Fortschritte gemacht wie zwischen 1795 und 1803 bei Beethoven, wie bei Mozart zwischen 1781 und 1788, wie bei Wagner

zwischen 1853 und 1860?... Selbst wenn man an Boulez, Beckett, Henze, Grass, Stockhausen, Bacon denkt – kamen sie in sieben Jahren schneller voran? Das ist kein Vorwurf, soll nur das gedankenlose Gerede von unserer fabelhaften Schnellebigkeit zum Schweigen bringen.
Gipfelpunkte der Gattung Klaviersonate entstanden zwischen 1803 und 1805. Jetzt werden die zeitlichen und stilistischen Zwischenräume zwischen den einzelnen Sonaten immer größer. Die letzten fünf Sonaten – Spätwerke intimsten, gewaltigsten und gewalttätigsten Stils – reichen bis in die Zeit völliger Ertaubung. Opus 111 komponierte ein zweiundfünfzigjähriger Einsamer.

VIII

Es ist wohl kaum sinnvoll, hier zum tausendsten Male zu beschreiben, was eine Sonate ideal-typisch ist. Also: viersätzig – Schnell, Langsam, Menuett/Scherzo, Finale. Auszuführen wäre, inwiefern die Exposition aus mehreren Themengruppen gefügt ist, die in einem bestimmten, spannungsvollen Tonarten-Verhältnis zueinander stehen können, worauf dann ein Durchführungsteil folgt, danach eine tonartlich etwas anders organisierte »Reprise« und schließlich, im Kopfsatz bei Beethoven fast immer, eine zusammenfassende und steigernde Coda. Es wäre genauso wenig sinnvoll, nun gleichfalls zum tausendsten Male zu betonen, daß dieser »Ideal-Typ« wirklich nur ein Ideal-Typ ist, also kaum »rein« anzutreffen. Das alles braucht nicht mehr breitgetreten zu werden. Erklärende Werke: Konzertführer, Formenlehren, die Beispielsammlungen ›Das Musikwerk‹ (Arno-Volk-Verlag, Köln), wo Franz Giegling die ›Solo-Sonate‹ und Kurt Stephenson die ›Musikalische Klassik‹ vorführt, Rudolf Stephans treffliches Fischer-Lexikon ›Musik‹ und mannigfache hilfreiche, die Sonate erläuternde Publikationen stehen, leicht zugänglich, zur Verfügung. Wir wollen Form-Fragen immer dort behandeln, wo sie konkret auftauchen: also etwa die verschiedenen Typen der Durchführung im Zusammenhang mit dem Kopfsatz von Opus 10 Nr. 1. Ohnehin ist es wahrscheinlich gar nicht sehr sinnvoll, hier kurzentschlossen mit Hilfe eines Benennungsaktes entscheiden zu wollen, seit wann in der Geschichte der Musik Gebilde, die sich »Sonate« nennen, tatsächlich Sonaten sind. (Carl Dahlhaus hat in seinen Wagner-Interpretationen bereits darauf aufmerksam gemacht, wie unergiebig es ist, darüber zu streiten, seit wann zwischen Monteverdi, Carl Maria von Weber und Richard Wagner Leitmotive tatsächlich als »Leitmotive« angesprochen werden dürfen.)

Dieses Buch will auch so etwas wie ein Sonaten-Kompendium sein. Ich möchte nicht nacherzählen, was musikalisch oder modulatorisch geschieht, sondern ich versuche, soweit mein Gedächtnis, meine Hörerfahrungen, meine Platten und Bänder es mir ermöglichen, die Physiognomie einer jeden Sonate in Worte zu übersetzen, die Herausforderung jedes einzelnen Satzes zu beschreiben und die Interpretations-Haltungen darzustellen, mit denen große oder doch einfallsreiche Pianisten etwa während der letzten fünfzig Jahre auf Beethovens Texte antworteten.

Ich wünsche mir Leser, die irgendwann einmal von einer Beethoven-Sonate berührt, ergriffen worden sind und die nun über den Gegenstand ihrer Rührung, ihrer Ergriffenheit, ihres Interesses oder Studiums noch mehr erfahren wollen – um danach vielleicht noch empfänglicher, engagierter und bewußter mit den Sonaten zu leben.

Jähe Meisterschaft
und demonstrative Sicherheit —
empfindsame Erkundungen
einer Form

DIE SONATEN NR. 1 BIS 11
(OPUS 2 BIS OPUS 22)

1. SONATE

Sonate Opus 2 Nr. 1 f-Moll (1795)

Allegro
Adagio
Menuetto *Allegretto*
Prestissimo

Die »kleine f-Moll«. Trotzig, knapp, willensbetont. »Du mußt es dreimal sagen« als Prinzip auskomponierter Dringlichkeit im ersten Satz.
Danach: grandioser Balanceakt zwischen erweitertem Bonner Traum,
verunsichertem Menuett und exzentrischem Ausbruch.

Als fünfundzwanzigjähriger, genial »fertiger« junger Künstler stellte
Beethoven sich in Wien mit den drei — ihrer technisch pianistischen
Ausdrucksmittel vollkommen sicheren — Sonaten Opus 2 vor. Nicht
etwa, um in der damals ersten Musikstadt der Welt das Fürchten zu
lernen, sondern um das Fürchten, aber auch Erschütterung und Bewunderung zu lehren. Wir mögen heute noch imstande sein, Erschütterung
und Bewunderung nachzuempfinden, wenn wir diese Sonaten studieren
oder angemessen interpretiert hören. Was wir nicht mehr fertig bringen,
ist das Staunen: das Staunen über soviel kompositorische Sicherheit und
seelische Selbstsicherheit. Denn wir können die Stücke ja nicht mehr wie
»zum erstenmal« hören, oder gar als überhaupt erste Arbeiten begreifen,
mit denen ein junger Mann, ohne jedes Tasten, ohne die bei »frühen«
Werken oft so unmäßige Weitschweifigkeit und Redseligkeit, sogleich
etwas für die Unsterblichkeit tat. Zwar blickte Beethoven damals bereits
auf gut zwölf Jahre Kompositionserfahrung zurück, aber der Umstand,
daß der junge Künstler erst diese drei Sonaten (nach den drei Klaviertrios Opus 1) einer Opuszahl würdigte, weist doch darauf hin, daß er
genau wußte, wann es mit ihm und seiner Kunst so weit war: nämlich
jetzt, in diesem Augenblick. Präzise Selbsteinschätzung als Ausdruck
früher Reife. Seine Selbstkritik, sein Qualitäts-Instinkt, sein Schönheits-
Sinn funktionierten präzis, ja unfehlbar. Dafür bietet Opus 2 Nr. 1 ein
ungemein instruktives Beispiel: Die achttaktige Melodie des langsamen
Satzes ist dem C-Dur-Klavierquartett entnommen, das Beethoven

1785, also als Fünfzehnjähriger, in Bonn komponiert hatte. Von den acht Takten zitiert Beethoven in der Sonate nur die ersten fünf. Die letzten drei Takte sind hier jedoch neu – und wenn irgend jemand die Kategorie »Qualität« jemals relativierend bestreiten wollte, dann brauchte man zum Beweis des Gegenteils nur den alles verändernden Schluß dieser Melodie mit dem (harmloseren, nichtssagenderen, unverbindlicheren) Schluß der Melodie des Fünfzehnjährigen zu vergleichen, um den »qualitativen Sprung«, die reine Meisterschaft des Fünfundzwanzigjährigen zu erkennen. Sinnfällig wird hier die Differenz zwischen harmloser Gefälligkeit der Schülerarbeit und klarer Schönheit im Adagio von Opus 2 Nr. 1. Daß so selbstverständlich wirkt, was uns so selbstverständlich dünkt, verstand sich auch für einen Beethoven keineswegs von selbst. Aber nun, ab Opus 2, ist diese staunenswerte Sicherheit des Formulierungsvermögens da.

Die Form der vier Sätze wirkt übersichtlich, scheinbar unangefochten. Als ein Moment des Archaisierenden, an »Sturm und Drang«-Kompositionen Gemahnenden ließe sich begreifen, daß Beethoven in dieser ersten Sonate (ganz im Gegensatz zu den nächsten beiden Sonaten, aber auch zu den Klaviertrios Opus 1) auf die für Haydn, Mozart und Clementi so typischen, galanten, verbindlichen, spielerischen Sechzehntel-Passagen verzichtet hat. Achtel-Noten im »Allabreve« (also in »halben« Takteinheiten statt in »Vierteln«) sind etwas charakteristisch Anderes, weniger »Flüssiges«, Verspieltes... Nur im langsamen Satz erscheinen gelegentlich Verzierungs-Sechzehntel; aber sogar das Finale kommt mit Achtel-Triolen aus. Die Sonate verzichtet auf konzertante, virtuose Passagen, sie hat dafür etwas Dringliches, ja im ersten Satz sogar Lakonisches. Was das Fehlen der Sechzehntel in den Ecksätzen betrifft, so erinnert Opus 2 Nr. 1 an jene große c-Moll-Sonate KV 457, die Mozart achtundzwanzigjährig, 1784 komponierte. Möglicherweise hat sich der junge Beethoven von Mozarts reiferem, depressiverem und bedeutenderem Werk beeinflussen lassen.

Überhaupt ließe sich diese erste Sonate ohne Mühe noch ganz »aus der Tradition« erklären. Sie beginnt mit einem aufsteigenden Dreiklangsmotiv, das man damals, im Hinblick auf die Mannheimer Schule, »Mannheimer Rakete« nannte, sie bedient sich in der Durchführung des ersten Satzes barockisierender Sequenzen. Es wären ohne weiteres mannigfache Analogien aufzutreiben, ob man nun das Hauptmotiv des Finales aus Mozarts später g-Moll-Symphonie als Vorbild für den Beginn des Beethovenschen Kopfsatzes reklamieren oder beim Menuett an Haydns auch in der Emotionskurve ganz ähnlich verlaufendes ›Menuetto‹ aus der cis-Moll-Sonate (erschienen 1780) denken wollte. Aber solche »gebildeten« und gleichwohl wenig über Originalität oder Konventionalität besagende Assoziationen werden erst in dem Augenblick wichtig – und gefährlich! –, da sie zu einer Vorentscheidung über die Interpretation der Sonate führen. Gerade weil lakonische Zurückhaltung diese Sonate zu charakterisieren scheint – eine auf den ersten Blick »traditionalistische« Zurückhaltung, die sich sogar der Symmetrie der banalen Begleitfiguren des Prestissimo-Finales anmerken läßt –, gerade darum liegt es nahe, diese Mischung aus Lakonik und Ekstatik als konventionell-traditionalistisch zu verstehen und dem Werk eine gewisse Barock-Festigkeit zu belassen, es zwischen den Stilen anzusiedeln: Zwischen Mannheimer Crescendo-Ausbrüchen, Beethovenschen willensbetonten Aufschwüngen und den Freiheiten der Bach-Söhne...

Friedrich Gulda spielt die Sonate auch so historisierend. Zurückhaltend im Ausdruck, dabei motorisch drängend. Seine Interpretation hat etwas ungemein Stilbewußtes, Abgezirkeltes, ja Akademisches – das gilt besonders für Guldas sehr verhaltene Einspielung aus den fünfziger Jahren – die sich von Guldas fünfzehn Jahre später produzierter Gesamteinspielung wie auch von Guldas weit exzentrischerer Darbietung dieser Sonate in öffentlichen Konzerten abhebt. Viele Interpretationen der f-Moll-Sonate sind geprägt von Tendenzen zum Historismus: zum Historismus weniger im Begreifen der Komposition als beim Angreifen des Flügels. Diese frühe Beethoven-Sonate wird offenbar gerade von verantwortungsbewußten und rationalen Künstlern (Gulda, Kempff) so vorgetragen, wie manche modernen Interpreten zwischen Geza Anda und Emil Gilels Mozart spielen: zwar durchaus auf einem Steinway-Flügel oder einem entsprechend tonstarken Instrument, aber doch so, daß dabei ein Klang-Äquivalent für das Mozart-Klavier entsteht. Auf einem stilbewußt gedrosselten Konzert-Flügel sozusagen. Diese Drosselung teilt sich dann gleichfalls dem meist verhältnismäßig zurückhaltenden Tempo mit und der alle Kraßheiten meidenden Artikulation.

Kempff, Gulda und im ersten Satz auch Daniel Barenboim spielen die »kleine« f-Moll-Sonate ausdrücklich im Geiste des 18. Jahrhunderts, aus dem sie, was die Entstehungszeit betrifft, ja nachweislich auch (gerade noch) kommt: Vorklassik, kurz vor der Explosion. So kann man den differenziertesten Satz der Sonate, nämlich den ersten, gewiß verstehen: und wenn man ihn gar zu gut so versteht, dann spielt man dabei – wie Kempff es tut – auch noch die eigene Überlegenheit mit. Dann wird aus der »kleinen« f-Moll-Sonate nicht nur keine kleine Appassionata, sondern geradezu eine »Anti-Appassionata«. Anstrengungslose Überlegenheit artet aus in lächelnde Souveränität, Souveränität führt zu selbstgefällig stilbewußter, verfügender Koketterie: zum »gewußt, was und wie«. An die Stelle des Jugendüberschwangs tritt mithin eine heitere, altherrenhafte Dispositions-Ironie, die alles klar, zu klar, zu überschaubar macht. Ein Pianist hat dann einem Werk wissend Akzente aufgesetzt, statt sich ihm auszusetzen.

Artur Schnabel spielt die insgesamt 152 Takte des ersten Satzes fast eine Minute rascher als Wilhelm Kempff. Wer je ermessen hat, wie wenig Zeit man »gewinnt« oder »verliert«, wenn man ein Allegro viel langsamer oder viel schneller zu spielen meint, der weiß, daß diese Zeitdifferenz nicht nur »groß«, sondern unglaubhaft, fast grotesk ist. Es kann sich bei solchen Unterschieden eigentlich nicht mehr um dasselbe Stück handeln. Und es handelt sich auch nicht mehr um dasselbe. Denn von Stilzitaten, von Abgeklärtheit und Delikatesse will Artur Schnabel nichts wissen. Alles klingt wild, feurig und rasch. Expressionistische Bekenntnismusik, wo im Rausch wilden Wirbels Unterschiede zwischen Fortissimo und Piano freilich auch mal verlorengehen. Und fürs getragene »Espressivo« hat der enthemmte Expressionist schon gar keine Zeit mehr. Schnabel zielt im ersten Satz auf Beethovens »neuen Ton«, aber er trifft ihn nicht, macht ihn nicht plausibel.

Der »neue Ton«? Als der wunderkindhaft geniale Autor zweier glühend-leidenschaftlicher Romane, Raymond Radiguet, zwanzigjährig einem Typhus erlegen war, schrieb Romain Rolland an Jean Cocteau: »Wie kann man sich sterben lassen, nachdem man einen solchen Prankenhieb in das Leben getan hat.«

Prankenhiebe ins Leben – das sind die Ecksätze unserer f-Moll-Sonate wahrlich, wenn sie interpretiert werden wie von Artur Schnabel oder von dem Briten Solomon. Doch alle diese vagen Ausdrücke wie »Prankenhiebe«, »Dringlichkeit«, »Lakonik« bedürfen konkretisierender Erläuterung. Was geschieht in Opus 2 Nr. 1 spezifisch-musikalisch, und warum spielen viele daran vorbei? Nun, die Noten zeigen es, und Claudio Arrau, der immer unbestechlich genau »liest« – wenn er hier auch im Grundtempo zu behäbig, zu ruhig bleibt –, demonstriert es gleichfalls: im Kopfsatz herrscht das Ausdrucksprinzip einer redenden, einer beteuernden, einer mit immer stärkerer Emphase wiederholenden »Du mußt es dreimal sagen«-Dringlichkeit.

In einem Vortrag (März 1969) über ›Form und Psychologie in Beethovens Klaviersonaten‹ nannte der Pianist Alfred Brendel, der Beethovens kleine f-Moll-Sonate intelligent und leidenschaftlich, wenn wohl auch etwas zu obertonreich-klirrend brillant einspielte, als Charakteristikum dieses ersten (und manches anderen) Beethovensatzes das Prinzip der Verkürzung oder Verdichtung. Er ging von der Beobachtung aus, daß bei Beethoven gegebenes Material prinzipiell wiederholt und dabei notwendig verändert, nämlich verkürzt wird. In dieser Beobachtung Brendels steckt eine Wahrheit, aber nur eine halbe. Denn vom nicht eindeutig interpretierbaren Anfang abgesehen, scheint doch der erste Satz von Opus 2 Nr. 1 mit einer fast manischen Konsequenz auf steigernde, also gerade nicht verkürzende, sondern bereichernde, vergrößernde, hinzufügende Wiederholung hin konstruiert! Wem dieses Prinzip erst einmal aufging, der wird hier bald gleichsam das Gras im Dreier-Rhythmus wachsen hören ... Unser erster Beleg wirkt vielleicht noch zufällig. Nach den vier Anfangstakten der »Mannheimer Rakete« erscheinen drei heftige Akzente nacheinander: eine Sforzato-Sext, eine spannungsvollere Sforzato-Septime, dann, als Drittes, ein Fortissimo-Akkord.

Beispiel 1

Das kann Zufall sein. Doch was die Takte 15–19 (Notenbeispiel 2) enthalten, ist wiederum nach dem Prinzip dreimaliger Steigerung und immer reicherer harmonischer Ausfüllung komponiert. Sinnlos, da von »entwickelnder Variation« zu reden. Dazu wird der Inhalt des Taktes 15 – 1. Takt des Notenbeispiels 2, eine synkopierte Kadenzbewegung – zu entschieden, zu wild, zu verbissen wiederholt. Beim ersten Mal wird das zwei Ganztonschritte und einen Halbtonschritt umfassende, absteigende »Argument« vorgeführt. Beim zweiten Mal (im Notenbeispiel 2) erscheint dieses Argument noch um zwei Töne erweitert. Die linke Hand untermauert diese verstärkte Wiederholung mit Terzen statt Einzeltönen. Beim dritten Mal schließlich – 4. und 5. Takt des Notenbeispiels 2 – wird diese Erweiterung, damit sie noch mehr Nachdruck hat, oktaviert und im Forte gebracht!

Beispiel 2

45

Zufall? Und wenn gleich darauf die Motiv-Linie fes-es-des-b-g-fes, drei-mal nacheinander absteigt, wenn die etwas später folgenden synkopi-schen Sforzati der linken Hand einander wiederum in dreifacher Wiederholung entsprechen, während die Achtel-Passagen darüber abstürzen – alles Wiederholungszwang-Zufall?

Nein, der ganze Satz gleicht einem Plädoyer, ist mit forcierter, eindeuti-ger, unnachgiebiger Konsequenz aufs Prinzip der dreifachen und bereits dadurch gesteigerten Wiederholung hin komponiert. Statt vieler mögli-cher Beispiele wähle ich die Coda, jenes Nachwort, das dem unaufhalt-samen Verlauf des Stückes gleichsam seufzend Einhalt zu gebieten scheint. Beethoven hat hier zum ersten Mal gefordert: »con espressione«. Dieselbe Bewegung wiederholt sich auch hier dreimal: beim dritten Mal – 5. Takt des Notenbeispiels 3 – freilich eine Oktave höher mit einem Vorschlag vor dem as, gesteigert zum Fortissimo!

Beispiel 3

Dieses unübersehbare, aber auch unüberhörbare Prinzip des »Du mußt es dreimal sagen« ist offenkundig genau das Gegenteil von mechanischer Wiederholung: nämlich sprechende, keuchende, den selbstverständlich flüssigen Ablauf umprägende Steigerung. (Da wir bei der Betrachtung Beethovenscher Sonaten diesem Prinzip der dreimaligen Wiederholung noch oft begegnen werden, kann ich hier den Hinweis auf eine gewiß nichts »beweisende«, aber doch merkwürdige, aufregende literarische Analogie nicht unterdrücken. Wer den ›Hamlet‹-Text genau studiert, wird feststellen, daß die Schlegel-Tieck-Übersetzung ungenau überträgt: Polonius möchte seinen Abschied von Hamlet nehmen; Hamlet, boshaft-verzweifelt, antwortet im deutschen Text: »Ihr könnt nichts von mir nehmen, Herr, das ich lieber fahren ließe – bis auf mein Leben, bis auf mein Leben.« So zumindest lautet die Stelle bei A. W. Schlegel. Im Original aber wird das hier zweimal vorkommende »bis auf mein Leben« dreimal hintereinander ausgesprochen: »except my life, except my life, except my life«. Diese Trinität scheint höchste Erregtheit und Dringlichkeit zu bedeuten, auch hier. Sie wiederholt sich, wenn Hamlet dreimal »Mutter, Mutter, Mutter« sagt (III., 4) und sie war schon vorher da, als der Geist sich mit einem dreifachen »Adieu, adieu, adieu! remember me« verabschiedete. Falls dreifache Wiederholung etwas Besonderes anzeigt, dann deutet sie darauf hin, daß die Mutter, der Lebensekel und die Wiederkunft des Geistes Prinz Hamlets Seele mehr bedrängen als anderes.)

Zurück zum Allegro aus Opus 2 Nr. 1. Das Tempo muß, der Wildheit und Dringlichkeit des Kopfsatzes entsprechend, rasch sein. Es ist jedoch zu rasch, wenn dabei alle die Neuansätze, jene Momente, da sich die Stimme hebt und steigert, gleichsam überrollt werden. Maßlose Wildheit verfehlt die Beethovensche Artikulation ebenso wie lockere Eleganz, die dem Werk nicht seine gespannten Nerven, seine hervortretenden Adern, seinen musikalischen Ingrimm glauben möchte.

Unsere mikroskopische Analyse macht erkennbar, wie spannungsvoll die ungeheuerliche Energie flammend durchartikulierter Einzelheiten der souveränen und traditionalistischen Sicherheit des Ganzen korrespondiert.

Selbst ein Solomon wird diesem fesselnd nervösen Trinitäts-Prinzip nicht völlig gerecht, wenn er den Höhepunkt der Durchführung, eine machtvolle Sequenz, zu massiv blockhaft interpretiert, so als käme es nur auf die Sforzato-Synkopen im Baß an!

Beispiel 4

Ganz zweifellos sind die rein technischen, manuellen Schwierigkeiten des dritten und vor allem des vierten Satzes dieser Sonate größer als diejenigen des Anfangs-Allegros. Aber das Schluß-Prestissimo meistern Gulda, Barenboim und Schnabel auf jeweils verschiedene Weise ohne Rest. Die eigentümliche Mischung aus Lakonik und Überschwang, Gedrängtheit und Wiederholungstrieb, nervös atmender Artikulation und stilistischer Rückwärtsgewandtheit hingegen, wie der erste Satz sie fordert, ist offenbar viel schwerer zu treffen.

Diesem ersten Satz scheint eine allzu besonnene, souveräne, sorgfältig distanzierte Interpretation denkbar unangemessen. Aber bereits das Adagio führt Verklärung vor: nicht nur Innigkeit schlechthin, sondern eine gleichsam geträumte Innigkeit, eine Erinnerungsinnigkeit. So kompliziert und gesucht diese Formulierungen klingen, alles das läßt sich belegen. Und zwar, wie bereits angedeutet, mit Hilfe eines Vergleiches. Die ersten 8 Takte des »Adagio con espressione« aus dem C-Dur-Klavierquartett des fünfzehnjährigen Beethoven lauten:

Beispiel 5

Demgegenüber beginnt unser zehn Jahre später komponiertes Klaviersonaten-Adagio folgendermaßen:

Beispiel 6

Wenn man diese beiden Erscheinungsformen der gleichen Melodie miteinander vergleicht, zeigt sich, abgesehen von beiläufigeren Differenzen, die mit dem Unterschied zwischen Klavierquartett und Klaviersonate erklärt werden könnten, folgendes. Die Melodie besteht aus zwei Hälften. Beide Teile beginnen mit dem gleichen Motiv; der Takt 5 wiederholt ziemlich getreulich den Takt 1. Nur endet die zweite Hälfte mit einem Ganzschluß, einer regelrechten F-Dur-Kadenz. In allen diesen Punkten ähneln sich das Klavierquartett des Fünfzehn- und die Sonate des Fünfundzwanzigjährigen.

Es gibt aber zwei charakteristische Unterschiede: der fünfzehnjährige Beethoven hatte den Auftakt der Wiederholung noch dramatisch und naiv Note für Note mit Gegensätzen *pfpf* ausstaffiert: diesen etwas aufgesetzten Effekt, zumal in einem Adagio, glättete der fünfundzwanzigjährige Meister, indem er die Vortragsbezeichnungen einfach wegstrich. Jetzt aber die Hauptsache: wenn man die Klavierquartett-Fassung spielt oder hört, dann klingt die Melodie noch sanft banal. Denn der fünfzehnjährige Beethoven hatte noch nicht jenen Einfall gehabt, der die verträumte Melodie erst zum Gedicht erhebt, nämlich den ruhigen, akkordisch erfüllten, wunderbar sonoren Takt 6, der ein Moment choralhafter Steigerung ins Thema bringt, als dessen Höhepunkt und erhabenster Augenblick. Wir können uns dieses Adagio-Thema gar nicht mehr vorstellen ohne die »Elevation«, ohne den unvergleichlich Beethovenschen, zugleich überschwenglichen und keuschen Aufschwung dieses neu hinzugefügten Taktes.

Diese Veredelung verändert aber nicht nur die zweite Wiederholung, sondern rückwirkend – zumindest im Bewußtsein des Spielers und des Hörers – die ganze Melodie. Jetzt erst ist sie zu sich selbst gekommen.

Bereits dieses frühe Beispiel sollte mißtrauisch machen gegenüber dem Gerede von handgreiflicher, analysierbarer musikalischer Logik. »Logisch« wirkte die trivialere Fassung des fünfzehnjährigen Beethoven ja auch. Die lebendige Logik großer Musik besteht nämlich gerade nicht darin, daß Vorhersehbares eintritt. Sie ergibt sich, weil Dinge, die eigentlich nicht logisch auf einander folgen, plötzlich doch zwingend auf einander bezogen sind, sich steigern und bekräftigen. Indem solche Momente nahe und plausibel zusammenrücken, entsteht die Logik der verknappten Gestalt.

Kurzer Exkurs: Nirgendwo wird das klarer als bei einer Betrachtung der 2. und 3. Leonoren-Ouvertüre. Die »Zweite« Leonore ist ja nicht nur länger, sondern sie führt die Sequenzen, die einander folgenden Schritte, viel plausibler, logischer und einsichtiger vor. Erst beim Vergleich mit der 2. Leonoren-Ouvertüre merkt man, welche vermeintlich diskursiv »logischen« Schritte die doch als so ungeheuer »logisch« geltende 3. Leonore übersprungen hat: Stellen, die in der 2. Leonoren-Ouvertüre pedantisch ausführlich miteinander verbunden waren, passen in der 3., verkürzten Leonoren-Ouvertüre gleichwohl bruchlos zusammen. Translogische Elemente fügen sich zum ebenso überraschenden wie zwingendevidenten Kontext.

Zurück zu Opus 2 Nr. 1. Was dem fünfzehnjährigen Jungen nicht einfiel, aber beim fünfundzwanzigjährigen Mann klingt, als könnt's nicht anders sein, das setzt nun beim Interpreten eine Haltung voraus, die Daniel Barenboim besonders zart plausibel zu machen versteht: die Melodie erinnert sich gleichsam an sich selbst. Der Sonaten-Komponist holt in die Gegenwart, was er einst, fünfzehnjährig, geträumt hat. Wie kann das verdeutlicht werden?

Nicht nur mittels schwärmerisch langsamer Verklärung einer ruhig schönen Melodie. Daniel Barenboim findet einen ebenso simplen wie überraschenden Weg, die Erinnerungsqualität mitzuspielen: er nimmt das kurze zweite c des Anfangs (siehe Notenbeispiel 6, Auftakt), nicht als ein scharfes Sechzehntel nach punktiertem Achtel, sondern wie ein verhallendes Echo des ersten Tones! Sogleich ist die Dimension der Zeit, der Erinnerung, der Spiegelung gegeben, und damit auch die Dimension träumerisch jünglingshafter Versenkung, die diesen Satz prägt. (In den Figurationen wäre übrigens wiederum das den Kopfsatz prägende Prinzip bereichernder Steigerung nachweisbar.)

Der dritte Satz ist »Menuetto« überschrieben. Die Sonate Opus 2 Nr. 2 führt dann bereits den Typus des Scherzos vor, und in der Sonate Opus 2 Nr. 3 entspricht das Scherzo mit seiner ausführlichen, psychologisch-dramatisch abschließenden Coda dann noch mehr dem durchführenden Impetus des Sonaten-Typus. Offensichtlich ging es Beethoven darum, das Menuett, diese entwicklungsgeschichtlich letzte Verbindung der Sonate mit der Suite (die eine Folge von Tanzsätzen war) nun auch eindeutig in diese modernere Sonatenwelt hineinzufügen, zumindest: es verfügbar zu machen. In Opus 22, mehr noch in Opus 31 Nr. 3, werden wir bestätigt finden, was sich in den Quartetten Opus 18 schon ankündigt: daß nämlich Beethoven mit dem historisierenden Moment des »Menuetts« auch spielt, es ausspielt. Am Schluß der Diabelli-Variationen ist dann der historisierende, der Zitat-Charakter verklärter Rokokohaftigkeit ja ganz und gar unüberhörbar. Aber so weit sind wir noch nicht und ist Beethoven noch nicht. Die »kleine« f-Moll-Sonate beharrt, trotz der drei Scherzi aus den Klaviertrios Opus 1, noch auf ihrem Menuett. Unter Alfred Brendels Händen klingt dieses Menuett trotzig-behäbig wie ein melancholisch pointierter Tanz. Wenn man in die Noten schaut und einige Wendungen mit entsprechenden Gesten aus dem Menuett der Haydnschen cis-Moll-Klaviersonate (entstanden vor 1780) vergleicht – das Cis-Dur-Trio dieses Menuetts gehört übrigens zu Haydns lautersten Eingebungen –, dann sind die Ähnlichkeiten schlagend. Zuerst Beethoven:

Beispiel 7a

dann ein Zitat aus Haydn:

Beispiel 7b

Das innere Gesetz dieses Beethoven-Menuetts, an dessen Geheimnis viele Pianisten immer noch vorbeiperlen, hat Artur Schnabel entdeckt. So wie diejenigen Interpreten, die den Fortissimo-Akzenten des ersten Satzes nicht recht trauen – weil sie da hochmütig irgendeine jugendliche Kraftmeierei wittern, statt demütig erst einmal der Struktur nachzugehen –, den Kopfsatz nobel verfehlen, so verfehlen diejenigen das Wesen des Menuetts, die den plötzlich dazwischendonnernden Fortissimo-Lauf mit den sogleich folgenden, fünfmal hintereinander wiederkehrenden Sforzato-Akzenten für eine übermütige Marotte Beethovens halten, die niemand »wörtlich« nachzubuchstabieren braucht. Bei Schnabel begreift man, was man bei Brendel nicht versteht und was, nach Schnabels Vorbild, am entschiedensten der Franzose Yves Nat demonstriert (wobei es keineswegs eine Schande ist, einmal erreichte Einsichten und Interpretations-Standards zu übernehmen; schändlicher wäre es vielmehr, an mühsam errungenen Einsichten vorbeizuspielen, als gäbe es sie gar nicht): nämlich, daß dieses Menuett in Wahrheit eine exakt komponierte, zusammengesetzte Mischung aus Menuett-Typ und Scherzo-Typ darstellt. Schnabel nimmt den Anfang, die Moll-Sexten, fast schleppend, sehr langsam, zopfig. Die »eigentlich« unmotivierte, bizarre Fortissimo-Passage versteht er dann als eine Art Grenze, Symmetrie-Achse, als entscheidenden Einwurf (siehe Beispiel 8, 3. bis 7. Takt), der den Frieden sprengt. Danach ist, unter Schnabels Händen und durchaus in Übereinstimmung mit den Beethovenschen Vorschriften, aus dem zierlichen Menuett ein zupackendes Scherzo geworden. Schnabel demonstriert eine, wenn man so will, formpsychologische Dimension.

Beispiel 8

Der junge Beethoven spielt also zunächst souverän mit dem Menuett; dann überspielt, überrollt er es zum Scherzo. Die kontrapunktische Eleganz des Trios – kulminierend in rauschenden Sexten-Passagen – bleibt in diesem Konflikt neutral, genau in der Mitte zwischen dem behäbigen Trio aus Opus 2 Nr. 2 und dem ekstatisch virtuosen aus Opus 2 Nr. 3.

Im Finale der »kleinen« f-Moll-Sonate kommt brausend zum Ausbruch, was an Energien bereits im ersten und dritten Satz rumorte: es ist ein vorbehaltloses Prestissimo-Stück, eine Leidenschafts-Orgie, die nicht nur den alten Haydn, der seinen unbequem selbstbewußten Schüler Beethoven spöttisch »Großmogul« nannte, sondern auch die an dergleichen nicht gewohnten Wiener erschreckt haben dürfte. Ob man die pochenden Stakkato-Oktaven so intelligent federnd, ja mitten im Rausch bremsend zu begreifen hat, wie Friedrich Gulda sie spielt? Es wirkt großartig und stilbewußt!

Beispiel 9

Wer das Prestissimo zum mehr oder minder undifferenzierten Sturm-und-Drang-Ausbruch machen möchte, verfehlt es. Ekstatik ist sogar hier als Folge von Ökonomie zu erkennen: keine Forte-Fortissimo-Hochflächen sind auskomponiert, sondern ständige Kontraste zwischen leise und laut. Und gerade weil die Erregung in massiven Akkorden kulminiert, läßt Beethoven als Seitenthema im zweiten Komplex eine erregte und doch besänftigende Geste erscheinen. Große Eingebungen wie der Seitengedanke aus dem Presto der Mondschein-Sonate werfen hier ihre Schatten voraus. Daß hohe Pianisten-Intelligenz dort, wo andere nur Gleichartiges sehen, Entwicklungen aufspüren und zwingende Artikulationsfolgen erfühlen kann, belegt Solomons tiefsinnige Interpretation der Überleitungsentwicklung.

Beispiel 10

Solomon führt die machtvolle Bereicherung vor, die in diesen drei mal zwei Takten auskomponiert ist. Das »rollt« ja nicht nur rasch ab, sondern wird (3. und 4. Takt von Beispiel 10) zunächst als Bewegung verdoppelt, nämlich auf beide Hände verteilt, dann (die beiden folgenden Takte) entschieden gesteigert: die Sequenzen sind dissonanter auskomponiert, das hohe zweimalige As ist »Kraftpunkt«, die Linke sowohl zur Oktave geweitet als auch zur Hemiole (2:3-Bewegung) pointiert. Wenn ein Künstler wie Solomon diese auskomponierte Steigerung ohne jede Willkür, wohl aber mit Phantasie, artikuliert, dann verliert die Bewegungsgliederung alles bloß Mechanisch-Virtuose. Die Steigerung ist logisch und lebendig. Den Dur-Mittelteil unseres Prestissimos bildet eine – man darf das doch auch sagen? – ziemlich banale As-Dur-Melodie. Solche Einfälle ließ sich Beethoven später nicht mehr durchgehen. Da hilft nun Barenboim mit liebevollem Klangsinn nach. Er betont die Kantabilität ruhig und zwingend und führt dann vor, wie eine Melodie, die anfangs weit gespannt eine Oktave ausfüllt (Beispiel 11) alsbald harmonisch und zum rinsforzando gesteigert wird (Beispiel 12):

Beispiel 11

Beispiel 12

Aber nachdem sich die Staccato-Oktaven unheimlich wieder ins Spiel gemischt haben, muß sich diese As-Dur-Geste auf eine nur mehr leere Oktave reduzieren lassen! Es ist ein grandioser aufregender Vorgang.

Die überzeugende Kunst Barenboims liegt darin, daß er zeigt und hörbar macht, inwiefern die schließlich nur mit einem Mordent aufgefüllte Oktave tatsächlich eine Reduktion der so selbstsicher trivialen Anfangs-kantilene (Notenbeispiel 11) darstellt: also gleichsam eine dramatische Mini-Durchführung des Gesangsthemas:

Beispiel 13

Die erste Sonate ist, was die virtuosen Anforderungen betrifft, gewiß die leichteste aus Opus 2. Trotzdem habe ich, in öffentlichen Konzerten wie auf Schallplatten, noch keine Interpretation erlebt, die den lakonischen Artikulationsproblemen des ersten Satzes, der Träumerei des zweiten, der (verknappten) Mischform Menuett/Scherzo des dritten und der aus-komponiert-dialogischen Dramatik des Prestissimo gleichermaßen gerecht geworden wäre. Wahrscheinlich sind die Probleme dieser »klei-nen« f-Moll-Sonate viel weniger evident, viel weniger auffällig als die Aufgaben der späteren Sonaten, denen große Pianisten dann viel enga-gierter ihr Interesse zuwenden.

2. SONATE

Sonate Opus 2 Nr. 2 A-Dur (1795)

Allegro vivace
Largo appassionato
Scherzo *Allegretto*
Rondo *Grazioso*

Eine Expedition in die Höhen und Tiefen, in die genau ausgehörte klangliche Vieldimensionalität des Klaviers. »Lagenwechsel« als Mittel räumlicher, im Largo quasi-orchestraler Entfaltung. Horizontale (thematische) Fortspinnung und vertikale (räumliche) Vielschichtigkeit werden ausprobiert und ausgenützt. Geistreicher, virtuoser Überfluß erscheint im ersten, vor allem aber im letzten Satz als Stoff für improvisatorische Freiheit. Der Klaviersatz profitiert hier, zum ersten Male bei Beethoven, auch von transklavieristischer Anregung. Das Stück glänzt als witzige, unerschütterlich kraftvolle, brillant-kompositorische Selbstdarstellung. »Virtuose Wirkungen« verdanken sich der Wahrheit eines unangefochtenen Lebensgefühls.

Tonarten sind nicht allgemein charakteristisch. d-Moll hat bei Bach eine andere Funktion als bei Mozart, und bei Mozart wiederum eine andere als bei Beethoven. Doch innerhalb eines Œuvres scheinen sich – für *einen* Komponisten – mit bestimmten Tonarten auch bestimmte Akkord-Folgen, bestimmte Klang-Reize zu verbinden. Nicht als Regel, wohl aber als Tendenz.

Die Tonart A-Dur führt bei Beethoven oft zu einem Rausch der Helle, zu kraftvoll diesseitiger Virtuosität und optimistisch männlicher Selbstbehauptung. Das gilt für diese A-Dur-Sonate Opus 2 Nr. 2, für die 7. Symphonie (Opus 92), für die Kreutzer-Sonate (Opus 47), sogar für die heiklen, gleichwohl glänzend virtuosen Wirkungen der A-Dur-Fuge aus der Sonate Opus 101, für weite Strecken (nicht nur des Finales) der Cellosonate Opus 69. Es gilt nicht, oder nur eingeschränkt, für die A-Dur-Violinsonate Opus 30 Nr. 1 und für das Streichquartett in A-Dur Opus 18 Nr. 5. Man kann immerhin sagen, A-Dur verbinde sich bei

Beethoven mit der Tendenz zum Brillanten, Hellen, Konzertanten und Tänzerischen – obschon es kein A-Dur-Konzert aus Beethovens Feder gibt.

War die erste Sonate lakonisch und leidenschaftlich, das Werk eines jungen Jakobiners, der nebenher demonstriert, wie souverän er träumen und komponieren kann, so wirkt die A-Dur-Sonate Opus 2 Nr. 2 nicht nur glanzvoller, heiterer, verbindlicher, sondern auch konventioneller, unbedrohter, selbstverliebter und redseliger. Pracht und Eleganz, das pompös ruhige, leidenschaftliche, »affirmative« Schreiten des Largos, der Funke des Scherzos und die kontrastreiche Anmut des Rondo-Finales verraten das Bestreben des jungen Genies, sich in der 2. Klaviersonate von einer neuen Seite zu zeigen: nämlich zu bezaubern, mit pianistischen Anforderungen zu provozieren, den Jakobiner in Seide zu hüllen und den Wiener Salons des ausgehenden 18. Jahrhunderts zu imponieren, die ja vom napoleonischen Marschtritt noch nicht erschüttert waren.

»Hell«, »rasch«, »elegant«, »konventionell«, »bezaubernd«, »provokant« – verschleiern derartige Charakterisierungen nicht eine Art Schuldbewußtsein des Charakterisierenden? Wäre die Sonate nichts als das, so dürfte man sie »flach« oder »schwach« nennen: eine Sonate, in der Beethoven entweder nicht allzuviel zu sagen hat oder sagen will. Daß ihr im Gegensatz zu den allermeisten Sonaten-Kompositionen Beethovens (auch Quartetten, Trios, Symphonien) im Kopfsatz die Coda, die abschließende, krönende kurze Schlußdurchführung fehlt, könnte diesen Eindruck des Leichtgewichtigen (wenn auch keineswegs leicht Spielbaren) noch unterstreichen.

Doch auf solche Einschränkungen oder Beschönigungen verfällt man nur, wenn man diese 2. Sonate an der entschlossenen f-Moll-Sonate mißt. Hier geht es indessen um etwas anderes: nämlich um schwungvolle Eroberung des Klavierraumes, also aller jener späterhin von Beethoven, danach von Liszt, mit immer kühnerer Konsequenz ausgenutzten Lagen- und Lagenwechsel-Techniken des Klaviers. Den »Geist« dieser Sonate legt die Höhen-Tiefen-Kurve des ersten Satzes fest. Bereits die ersten acht Takte umspannen, wenn man die Distanz zwischen tiefstem und höchstem Ton betrachtet, drei Oktaven und eine Septime, also nahezu vier Oktaven, fast den ganzen überhaupt verfügbaren Raum. So geht es weiter: kaum irgendeine kurze Entwicklung, die nicht mindestens fünf Oktaven weit ausgreift; kaum eine zusammenhängende Passage, die nicht mindestens zwei Oktaven umfaßt. (Und das dürfte damals noch ambitionierter, noch ausgreifender gewirkt haben als heute, weil Beetho-

vens Instrumente zunächst nur fünfeinhalb bis sechs Oktaven Umfang
hatten.) Rasch, bevor wir uns darüber Gedanken machen, zwei charakteristische »Zitate« aus der Exposition, die diese »Verräumlichung« des
Klaviersatzes belegen. Man beachte, wie die Zweiunddreißigstel eine
Dimension tiefer ansetzen als die Oktaven:

Beispiel 14

Ein Klangspiel aus Oktavlagen bieten die dann folgenden großräumigen
Passagen-Fortspinnungen; und in der Schlußgruppe wird das Prinzip
fast zu Tode geritten.

Beispiel 15

Zunächst die Frage, natürlich und naheliegend: Ist das nicht wirklich
nur Virtuosität, Kraftmeierei, Könnens-Entfaltung? Hört man die Sonate von Arrau oder von Kempff gespielt, möchte man es schon annehm-
men. Kempff versteht den ersten Satz mit leichtem, silbrigem Ton, ganz
wie aus oder in Haydns Welt, Arrau bleibt auch hier exakt, ernst,
erstaunlich langsam übrigens, trotz der Vorschrift »Allegro vivace«.
Wenn man diese Sonate genauer anschaut, fällt ins Auge, wie zielgerich-
tet, wie pointiert auf einen Punkt zubrausend, fast schleudernd hier die
allermeisten Bewegungen verlaufen! Diese Tendenz, die Passagen als
potentielle Energien vorzuführen, die zu einem Kraft-, einem Entla-
dungspunkt streben, ist (siehe Beispiel 15) durchaus Strukturprinzip. Ob
es da in gebrochenen Oktaven herunter- oder heraufklirrt, jedesmal steht
ein Sforzato am Ende (3. und 4., beziehungsweise 6. und 7. Takt von
Beispiel 15). Noch charakteristischer ist, daß die Sechzehnteltriolen-Pas-
sagen (Takt 9 und 11 des Beispiels 15) jedesmal, wirklich ausnahmslos,

zu einem Sforzato, wenn nicht zu einem Fortissimo hinaufjagen. Übrigens gehört zum Charakter dieser Passagen, die eine Zwei-Oktaven-Distanz in kürzestmöglicher Zeit zu durcheilen haben, daß sie unregelmäßig gehalten sind. Beethoven läßt immer einen der sieben die Oktaven füllenden Töne aus (die Sekunde): auf diese Weise wird der Eindruck des unpedantischen Dahinstürmenden noch größer.

Wilhelm Kempff, der im langsamen und im letzten Satz der Sonate zu wunderbaren improvisatorischen Freiheiten hinfindet, spielt über diese ausgeschriebenen Einzelheiten hinweg. Den Unterschied zwischen Fortissimo und Piano ebnet er ein. Und obwohl Meister Kempff mit den manuellen Problemen der Schlußgruppe (Beispiel 15) durchaus fertig wird, scheint es ihm irgendwie peinlich, geradezu aufdringlich, unklassisch schroff, alle Passagen direkt und trivial auf ein »Sforzato« zurollen zu lassen. Darum unterläßt er es vornehm. Die Sonate wirkt dann natürlich viel heiterer, harmonischer, edelbeschwingter. Und daß unter Kempffs Händen bei den Passagen ein unangenehmes pedalisiertes Schleudern hörbar wird, welches die erstrebte Harmonie trübt, ist gewiß weniger Ausdrucksziel als Pianisten-Pech. Arrau beachtet Beethovens Vorschriften genauer als Kempff. Doch wegen seines allzu abgezirkelt zurückhaltenden Tempos stellt sich ein sausender Schwung von vornherein nicht her: die potentielle Energie bleibt zu mager, um den jeweiligen Kraftpunkt überhaupt rechtfertigen, plausibel machen zu können. Auch nimmt Arrau vor Beginn der zweiten Themengruppe, die auf einen breit ausgesponnenen Espressivo-Gedanken zuläuft, das große, von Beethoven vorgeschriebene, sechs Takte lange »rallentando« derart gewichtig, daß der erste Satz in eine sonore, bedeutungsträchtige, aber unangemessene Moderato-Nähe gerät.

Um den Kopfsatz der A-Dur-Sonate zu begreifen, muß man ihn von Pianisten hören, die Virtuosität hier nicht als lächelnde Überlegenheit, sondern als »Wagnis« einsetzen. Walter Gieseking kommt der Gefährlichkeit des Stückes näher, indem er ein außerordentlich rasches Tempo anschlägt. Auch Artur Schnabel riskiert viel mehr. Nur klingen bei ihm die Passagen forciert, fast gehudelt, und die gefürchtete halsbrecherische Sprungstelle in der Durchführung (Notenbeispiel 16) mißrät Schnabel zur Angstpartie. Am deutlichsten machen zwei Pianisten das Wesen und die Klang-Qualität dieses ersten Satzes klar, von denen der eine berühmt ist (Friedrich Gulda), der andere kaum bekannt (Kurt Appelbaum). Gulda nimmt von allen Interpreten das schärfste Tempo; Appelbaum spielt das Stück zwar fast genauso rasch wie Gulda (das heißt, durchaus schneller als Schnabel, Yves Nat, Kempff oder gar der steinerne Arrau), verfügt aber nicht über Guldas klare technische Sicherheit. Bei Kurt Appelbaum kommt darum, freilich noch viel verworrener als in Schnabels vehementer Disposition, die Überhitztheit dieses Sonatentextes heraus, den nur diejenigen für nichts als konventionell-liebenswürdig halten, die angenehmer Gemütsruhe halber einige dynamische Vorschriften Beethovens entweder übersehen oder nicht ernstnehmen oder einebnen oder als hysterische Marotte beiseite schieben wollen. Beethoven nutzt bewußt die verschiedenen Lagen des Flügels klanglich und architektonisch aus, in den Finali von Opus 22 und 57 fördert er das hier Erarbeitete noch weiter...

Die Durchführung des ersten Satzes von Opus 2 Nr. 2 handelt tatsächlich von nichts anderem. Innerhalb dieser Durchführung findet sich eine Stelle, die meist scheußlich, selten akzeptabel, noch seltener pointiert brillant – und eigentlich nie *schön* klingt. Beethoven hat da nämlich sehr schwierige Dezimenvorschläge mit fortwährend oktavversetzten Sechzehntel-Triolen verbunden.

Beispiel 16

Frage: Hat sich Beethoven, über die Durchführung der Oktavverschiebung hinaus, bei dieser Pianisten-Folter etwas gedacht, und wenn ja, was? Soviel scheint sicher: die mühseligen Dezimenvorschläge gehen nicht unabweisbar aus dem bisherigen Verlauf der Sonate hervor. Doch während man sonst neue Einfälle oder Wendungen gern gerührt als »Geschenk« bezeichnet, handelt es sich hier um eine eher unangenehme »Gabe«, »Aufgabe«, um ein Danaer-Geschenk also. Ungefähr zu der Zeit, da Beethoven an diesen Sonaten arbeitete, nämlich 1793/94, schrieb er an den guten Geist seiner Bonner Jugend, Eleonore von Breuning, über ein der Adressatin gewidmetes Variationswerk:

»P.S. Die Variationen werden etwas schwer zum Spielen sein, besonders die Triller im Coda. Das darf Sie aber nicht abschrecken. Es ist so veranstaltet, daß Sie nichts als den Triller zu machen brauchen, die übrigen Noten lassen Sie aus, ... Nie würde ich so etwas gesetzt haben; aber ich hatte schon öfter bemerkt, daß hier und da einer in Wien war, welcher meistens, wenn ich des Abends phantasiert hatte, des anderen Tages viele von meinen Eigenheiten aufschrieb und sich damit brüstete...

Eine andere Ursache war auch dabei, die hiesigen Klaviermeister in Verlegenheit zu setzen, nämlich: manche davon sind meine Todfeinde, und so wollte ich mich auf diese Art an ihnen rächen, weil ich voraus wußte, daß man ihnen die Variationen hier und da vorlegen würde, wo die Herren sich dann übel dabei produzieren würden.«

Ludwig van, fünfundzwanzigjährig, bedenkt die geliebten Kollegen (»Todfeinde«) mit schadenfroh ertüftelten Schwierigkeiten? Und wenn es so wäre, wäre es schlimm? Haben nicht zu allen Zeiten junge Genies ihren Spaß daran gehabt, den Zeitgenossen Ungelegenheiten zu bereiten? Beethovens Sonaten bewahren unübersehbar viele Spuren erlebten und erlittenen Lebens auf, Erfahrungen, Weisheiten, Einsamkeiten, Aufschwünge, Verzweiflungen: Wirkt es nicht geradezu richtig und angenehm irdisch und lustig, daß offensichtlich zumindest an dieser einen Stelle hineingearbeitet und für alle Zeiten fixiert worden ist, was die großen Musikanten zwischen Händel und Strawinsky eint: der überlegene Spott über die Stümper?

Übrigens scheinen die Stümper von damals gar nicht besonders unbegabt gewesen zu sein. Denn so oft ich dieser verrückten Stelle im Konzert — oder auch auf Platten, wo ihre Bewältigung das Produkt zahlreicher Wiederholungen und Schnitte sein kann — begegnet bin: »Mühe«, und zwar beträchtliche, macht sie den Pianisten auch heute. Daß es sich nicht nur um einen Drahtseilakt, sondern um einen temperamentvollen, zwischen artikuliertem Forte und leichtem Piano klar disponierten Ablauf handelt, vermag nur der französische Meisterpianist Yves Nat vorbildlich herauszustellen: er spielt ihn durchaus »dramatisch«. Auch Claudio Arrau meistert ihn zumindest exakt. Aber diese beiden Pianisten tendieren auch zu einem relativ verhaltenen Tempo (Kempff freilich verliert trotz eines noch langsameren die Nerven). Schnabel riskiert zwar einen irrsinnig raschen Ritt über diesen Bodensee — aber es stolpert dabei auch alles hübsch durcheinander. Gulda wird der Sache trotz enormer Geschwindigkeit pianistisch glanzvoll und musikalisch einigermaßen gerecht. Doch Klarheit scheint hier schon — Gulda, Arrau, Yves Nat, Brendel — das höchste der Gefühle zu sein; »schön« klingt es bei niemandem; einigermaßen in die Nähe des diabolischen Witzes dieser Pianistenprüfung kommen, wie gesagt, nur der hurtige Gulda und der kräftig artikulierende Yves Nat...

Die komponierten Effekte dieser Sonate legen das Lob nahe, Beethoven habe den Klaviersatz »bereichert«. Was heißt das eigentlich? Bedeutet es, Beethoven sei auf seine Weise der Eigenart des Instrumentes so nahegekommen wie später Chopin? Bedeutet es gar, Beethovens Passagen seien viel schwieriger, seine Anforderungen an Fingerfertigkeit viel größer als bei den Zeitgenossen, etwa bei Clementi, Dussek oder Cramer?

Falsch gefragt. Nicht die (manchmal beängstigenden) Virtuositätsanforderungen zwischen Opus 2 und der Les Adieux-Sonate (von Beethovens 4. und 5. Klavierkonzert ganz zu schweigen) schaffen die mühseligsten Probleme der Beethoven-Interpretation; schwerer ist mit dem Faktum fertigzuwerden, daß Beethoven auf einem Umweg zum Geist des Klaviers kam: in den frühen Sonaten – nämlich im Largo von Opus 2 Nr. 2, im Kopfsatz von Opus 2 Nr. 3, im großen Largo aus Opus 7 und in Opus 14 Nr. 1 – finden sich Stellen, die offenbar, und zwar manchmal bis zum pianistisch nicht mehr Darstellbaren hin, vom Orchester oder vom Streichquartett inspiriert sind! So ist es fast unmöglich, den langsam schreitenden Beginn des Largos aus der A-Dur-Sonate Opus 2 Nr. 2 nicht als eine Mischung aus gehaltenen (Bläser-)Akkorden und Pizzicato-Bässen zu begreifen und zu erwarten... Der Beginn wirkt desto ruhiger, zwingender, je langsamer ihn ein Pianist zu spielen (und zu erfüllen) versteht.

Was Beethoven hier vorschreibt, ist gewiß alles auf einem Flügel zu »machen«; im Gegensatz zu dem schlechthin unspielbaren, nur vortäuschbaren Crescendo im zweiten Satz von Opus 7 (siehe, später, Notenbeispiel 41) oder zu dem gleichfalls unspielbaren Crescendo im zweiten Satz von Opus 14 Nr. 1. Beethoven ließ sich nicht von den Möglichkeiten des Instruments gängeln. Pianistische Effekte wurden für den jungen kampflustig nach Wien gezogenen Virtuosen, der er ja auch war, niemals zum Fetisch. Er gab dem Klavier eine menschlichere, wärmere, sprechendere Stimme. Er bereicherte das Klavier auch, indem er es *über*forderte, oft genug an der Grenze des Spielbaren, ja manchmal jenseits dieser Grenze... Bezeugt nicht schon dieses vermeintliche Paradox, wie wenig es bei Kunst oberen Ranges um bloße Perfektion geht und wie sehr um produktive Überwindung von Widerständen?

Auch in dem feierlich schreitenden Largo liegt ein subtiler Kontrast beschlossen. Der feste, schwere Largo-Rhythmus, voller zarter und majestätischer Abläufe – Artur Schnabel spielt die neu errungene Wendung der Melodie in der Coda als ungeheuer expressive Krönung – dieser Largo-Rhythmus wird nämlich, wenn schon nicht unterbrochen, so doch empfindsam differenziert. Der Seitensatz – 4. Takt unseres folgenden Notenbeispiels 17 – beginnt mit einem kurzen, melancholischen Gedanken in h-Moll. Dieses Motiv hat ein Schicksal, dem man mit der Bezeichnung *entwickelnde* Variation wohl doch nicht angemessen beikommt.

Sonatensätze sind mehr als nur Hauptthemen, Seitenthemen, Überleitungsgruppen, Durchführungen. Was die einzelnen Takte miteinander verbindet, was zwischen ihnen vorgeht, daraus konstituiert sich Musik. Hier hat Beethoven eine elegische Affekt-Steigerung auskomponiert. Das Motiv, auf welches es im Notenbeispiel 17 ankommt, besteht aus sechs Achtelnoten. Es wird (zweite Hälfte des 4. Taktes und zweite Hälfte des 5. Taktes unseres Beispiels 17) in Sechzehntel aufgelöst, dann noch einmal wiederholt und zu einem fis-Moll-Schluß gebracht (7. Takt). Etwas erweitert erscheint das Achtel-Motiv nun im Baß, wird sogleich in Form von Sechzehnteln wiederholt. Jetzt aber gewinnt Beethoven daraus eine getragene Melodie (11. Takt unseres Beispiels, nicht G-Dur, sondern »Neapolitaner« von fis-Moll). In ausdrucksvoller Largo-Koloratur steigert sich der melodische Gedanke (Takt 13–14 des Beispiels 17). Erst nach einem Fortissimo-Septakkord erscheint wieder das Hauptthema: die schreitenden Bläser-Akkorde und die Pizzicato-Bässe.

Das ist eine sehr beredte, schöne, logische und schmerzliche Entwicklung, es ist Musik, die ganz selbstverständlich miterleben läßt, welche

Halbschatten und Heimlichkeiten sie zu beschwören vermag. Merkwürdiger-, rätselhafterweise scheint gerade der Augenblick, da regelmäßige Achtel-Akkorde (11. Takt unseres Beispiels) den gleichmäßig schreitenden Charakter beschwören, am weitesten vom Statuarischen des Anfangs entfernt. Man könnte sagen, der Schreit-Rhythmus werde in magischer, zart subjektivierter Perspektive wiederhergestellt. Aber man kann das nur sagen, weil Wilhelm Kempff es so gedeutet hat. Er verfügt über Farben und Nervositäten; er spielt hier Meditation und Irritation, wo ein Gulda nur Sonorität vorführt. Kempffs Nuancen drängen sich nicht willkürlich auf, sondern sie verraten verborgene Geheimnisse.

Das Scherzo geht den vom ersten Satz vorgeführten Möglichkeiten des »Lagenwechsels« mit verschmitzter Pedanterie nach. In nicht allzu scharfem Tempo, von eher pointierten als dramatisch bedeutsamen Fortissimo-Einwürfen unterbrochen, benutzt es die Freiheiten des souveränen Spiels mit dem Klavier.

Mag auch das Largo der Versuch gewesen sein, ein orchestrales Klangkonzept aufs Klavier zu übertragen, um dem Klavier auf diesem Wege neue Ausdrucksmöglichkeiten zu erschließen – der heiter entspannte Finalsatz schließlich gibt sich als rein pianistisches Effekt-Stück zu erkennen. Beethoven hat sich hier, großzügig und graziös, nahezu systematisch aller jener Wirkungen bedient, die das Pianoforte wegen seiner stark gespannten Saiten brillanter als die anderen Instrumente hervorbringen kann: Dreiklangsbrechungen, raketenartig in die Höhe schießende große Baß-Begleitfiguren, bei denen sich ein Streichinstrument sehr schwer tun würde, rauschende Chromatik. So beschrieben, scheint der Satz ein deftiges Stück für derbe Klavier-Athleten, was er aber nicht ist. Er bietet mehr: ins Großzügige gesteigerten Charme, konzertantes Grazioso, beschwingte Diesseitigkeit. Friedrich Gulda gelingt es, eine witzige motorische Pikanterie hinzuzufügen: Nichtssagende Takte scheinen in Pointen verwandelt, weil der Baß-Rhythmus sich musettenhaft verselbständigt.

Beispiel 18

Brendel wiederum führt die Passagen »empfindsam« aus, weil reine Brillanz hier nicht hinreicht, da man der immergleichen Perfektion rasch müde würde. Die Schwierigkeit des Finales liegt weniger in den dankbaren »Schwierigkeiten« beschlossen, die Virtuosen-Fleiß meistern kann und muß – sie liegt vielmehr in der Gleichförmigkeit aller dieser Schwierigkeiten. Jener gebrochene Akkord, der dreieinhalb Oktaven hoch zum dreigestrichenen e hinaufsaust, kommt ja ein gutes dutzendmal vor, zählt man die Abwandlungen noch hinzu, nahezu zwanzigmal! Wer so stur ist, das immer wieder monoton-perfekt hochzujubilieren, dann auf dem e immer wieder das gleiche Ritardando zu fabrizieren, der hat Stück und Hörer bald erschöpft. Merkwürdigerweise machen viele Pianisten von den Abwandlungsmöglichkeiten, die es gäbe, kaum Gebrauch: sie könnten da viel von Altmeister Kempff lernen, dem sie in Hinblick auf manuelle Kraft überlegen sein mögen, dessen gelegentliche poetische Höhenflüge aber die allermeisten offenbar nicht einmal zu imitieren imstande sind.

Denn diese pianistische Bombenrolle, diese – wenn die Formulierung gestattet ist – »Raketen-Rolle«, will mit Geist und Charme gespielt sein. Das Stück schließt bewußt nicht donnernd, sondern leichthin, mozartisch nebenher, als sei nichts gewesen. Kempff zeigt, wie die drei virtuosesten Versionen des Hauptthemas nach dem Mittelteil jedesmal mit anderer Farbe und anderem Ausdruck vorgetragen werden können. Zunächst rauschen die Zweiunddreißigstel im Pedal und Pastell herauf.

Beispiel 19

Dann, wegen der Begleitung, die im Pedal unschön verwischen würde, erscheinen die Zweiunddreißigstel bei Kempff in leichtestem non legato, ganz ohne ritardando auf den letzten beiden Achteln.

Beispiel 20

64

Und dann, nur auf genau diese beiden letzten Achtel *zielend:*

Beispiel 21

Effekt wird bei Kempff erkennbar als Kind nicht bloß der Fingerfertig-keit, sondern der Phantasie.

3. SONATE

Sonate Opus 2 Nr. 3 C-Dur (1795)

Allegro con brio
Adagio
Scherzo *Allegro*
Allegro assai

Erste große Konzert-Sonate Beethovens. In ungezwungenem Nebeneinander erscheinen: kammermusikalische Differenziertheit, klassizistisch helle Schärfe, C-Dur-Glanz und dunkel schweifende Seelenerkundung. Der langsame Satz, das Trio des Scherzos, aber auch die Kadenz des Kopfsatzes und die phantastisch modulierende Freiheit des zweiten Themas aus dem Finale offenbaren einen neuen Erfindungsreichtum. Die Lakonik von Opus 2 Nr. 1, die klavieristische Brillanz von Opus 2 Nr. 2 sind hier aufgehoben in leuchtender Rationalität und zarten Finsternissen. In allen Sätzen, auch im konzertant und keineswegs bruchlos zusammengesetzten ersten, erscheint das Formschema subjektiviert, zu einem musikalisch-psychologischen Ablauf gesteigert.

Die C-Dur-Sonate Opus 2 Nr. 3 ist das bekannteste Werk aus Opus 2; sie gehört überhaupt zu den meistgespielten Klaviersonaten Beethovens. Sieht man ab von den populären Sonaten, die einen Beinamen haben (Mondscheinsonate, Sturmsonate, Appassionata und so weiter), so kann man sie ohne weiteres der »élite anonyme« unter den Beethovenschen Klaviersonaten zurechnen. Unsere C-Dur-Sonate ist der D-Dur-Sonate Opus 10 Nr. 3 verwandt, als jugendliches Gegenstück zu Opus 78 und 109 darf man sie bewundern und lieben.
Opus 2 Nr. 3 wird auch von Pianisten aufs Programm gesetzt, die nie daran denken würden, sämtliche Beethoven-Sonaten im Zyklus vorzutragen oder als Schallplattenkassette vorzulegen: Arthur Rubinstein hat sie farbig, zart romantisierend gespielt, Arturo Benedetti-Michelangeli zurückhaltend, mozartisch pointiert, überwältigend süß und finessenreich in einer besonders schönen, freilich schwer auftreibbaren relativ frühen Beethoven-Aufnahme. Bruno Leonardo Gelber erfüllte die Sonate

empfindsam-konzertant, und Emil Gilels meisterte sie in den Fünfziger-
jahren mit pochendem faszinierendem, manchmal etwas zu unbefangenem donnerndem Zugriff.

Keiner dieser Interpretationen könnte man vorhalten, sie »verfehle« den
spezifischen Ton des Stückes: so groß ist die kontrastreiche Fülle der hier
mitgeteilten Gedanken und Entwicklungen. Das E-Dur-Adagio gehört
bereits zu jenen Sätzen Beethovens, deren Innigkeit, deren reiner
schmerzlicher Ausdruck jeder Relativierung trotzt. Diesem Satz wächst
– wenn ich es etwas zu großartig sagen darf – die sinnlich-sittliche
Qualität des Vollendeten zu. Da spricht sich ein empfindsamer, von
seiner Empfindung tief bewegter Komponist gedankenvoll aus. Er komponiert auf der Höhe der Musiksprache seiner Zeit, er hat sie sich zu
eigen, hat sie zu seiner Sprache gemacht, bringt sie natürlich und kunstvoll zum Ausdruck. Sinnlos wäre es, zu behaupten, der langsame Satz
etwa aus der Pathétique, aus der IV. Symphonie, aus dem Harfenquar-
tett sei doch noch schöner, gelungener, besser. Denn diesem E-Dur-
Adagio aus Opus 2 Nr. 3 haftet nichts Floskelhaft-Zufälliges, nichts
Unbetroffenes, nichts Unbeethovensches mehr an. Es ist die Meditation
eines fünfundzwanzigjährigen Genies. Gewiß, der taube, verbitterte
Schöpfer der Hammerklaviersonate meditierte später anders, abgründiger, untröstlicher. Doch hat nicht das schön und ernst dargestellte
Gefühl eines jungen Mannes ebensoviel Daseinsrecht?

Wenn man liest, was über die Sonate Opus 2 Nr. 3 analytisch
geschrieben worden ist, und wenn man sie dann von einem guten oder
gar großen Pianisten hört, macht man eine merkwürdige Erfahrung:
zwar läßt sich ohne weiteres beweisen, warum in dieser Sonate alles mit
allem zusammenhängt – aber beim Hören fällt doch eine gewisse Unein-
heitlichkeit gerade des ersten Satzes ins Ohr.

Armin Knab hat in seinem Aufsatz ›Die Einheit der Beethovenschen
Klaviersonate in As-Dur Opus 110‹ (der aus dem Jahre 1919 stammt,
jetzt in Knabs Gesammelten Aufsätzen über Musik: ›Denken und Tun‹,
Verlag Merseburger Berlin, 1959, zu finden ist) darauf hingewiesen, daß
so ziemlich sämtliche Themen der Sonate Opus 2 Nr. 3, auf die er da
einleitend zu sprechen kommt, dem Prinzip des Doppelschlages folgen.
Der »Doppelschlag« ist eine Verzierung, die Umkreisung einer Melodie-
Note. Richard Rosenberg (›Die Klaviersonaten Ludwig van Beethovens‹,
Urs Graf-Verlag, Olten und Lausanne, S. 43 ff.) und Jürgen Uhde haben
in ihren sorgfältigen Analysen der Beethovenschen Klaviersonaten (J.
Uhde bei Reclam, 1970, Bd. II, S. 77 ff.) Knabs Doppelschlag-Theorie
nachgeprüft. Sie trifft zu: der erste Satz beginnt mit dem trillerhaft

erweiterten Doppelschlag e-d-e-d-e-f; der zweite Satz beginnt mit gis-fis-gis-a; und falls man beim vierten Satz den Auftakt wegdenkt, stimmt's auch.

Aber handelt es sich dabei nicht weithin um Lesefrüchte? Das ist doch alles kaum hörbar, kaum indirekt charakteristisch: die Rhythmisierungen, die Schlüsse der Doppelschlag-Motive haben eigentlich nichts miteinander zu tun. Wären nun aber alle Themen des Kopfsatzes tatsächlich irgendwie vom »Doppelschlag« getroffen, könnte man dann die bequeme, unwiderlegbare Behauptung vorbringen, daß offensichtlich zumindest eine indirekte, subkutan wirksame Einheitlichkeit des motivischen Materials den ersten Satz unserer Sonate Opus 2 Nr. 3 zusammenhalte? Angenehm wäre es schon, so schließen zu dürfen, dann hätte mikroskopische Analyse auf alle Fälle ein schönes Daseinsrecht! Und an Hugo Riemanns hochmütigem Urteil über Wilhelm von Lenz wäre nichts zu korrigieren: »Die Verantwortung für Lenz' Zurücksetzung der C-Dur-Sonate Opus 2 Nr. 3 gegenüber der f-Moll Opus 2 Nr. 1 und der A-Dur Opus 2 Nr. 2, muß ich den Manen des so warmer Begeisterung fähigen, aber oft auch recht flachen Schwätzers überlassen.« Lenz hatte nämlich im ersten Satz die »Fusion des Klavierstils von Haydn und Mozart zu einem Cembalistenstück« entdeckt (H. Riemann: ›Analyse von Beethovens Klaviersonaten‹, Max Hesses Verlag, Berlin 1919, Bd. I, S. 175).

Wenn man den ersten Satz dieser Sonate nur ausführlich genug analysiert, dann finden sich gewiß – siehe Doppelschlag-Theorie – mannigfache Zusammenhänge. Auch als eine großangelegte Synthese aus Sonatenhaftem und Konzertantem läßt er sich deuten. Jürgen Uhde ist sogar so weit gegangen, in diesem ersten Satz typische Orchesterwendungen den rein pianistischen Anforderungen zu konfrontieren. Nahe liegt es natürlich, bei einem Sonatensatz, der eine regelrechte Kadenz vorführt, zu fragen, ob er gar ein verkapptes Klavierkonzert für Solo-Klavier wäre. Dafür gibt es Gegenstücke: Clementis C-Dur-Klaviersonate Opus 36 Nr. 3 baut am Ende des ersten Satzes eine ausführliche, auskomponierte »Cadenza« ein; in Clementis B-Dur-Sonate wiederum, deren Hauptmotiv Mozart zu Clementis bitterem Ärger für die ›Zauberflöten‹-Ouvertüre ent- oder verwendete, ist am Schluß des ersten Satzes auch »Cad. ad libitum« vorgeschrieben. Das Finale aus Mozarts B-Dur-Sonate KV 333 enthält bekanntlich eine großangelegte, majestätische »Cadenza in tempo«; in Beethovens G-Dur-Sonate Opus 31 Nr. 1 sowie im Finale der Waldsteinsonate werden wir noch auf kadenzartige, freie Phantasien stoßen. Dort freilich nicht in den Kopfsätzen. Weiter: Robert Schumanns

»Dritte große Sonate« trägt immerhin den Titel ›Concert sans Orchestre‹; Chopin komponiert in seinem ›Allegro de Concert‹ Opus 46 den Unterschied zwischen der quasi-orchestralen Exposition und dem dann folgenden Auftritt des Solisten.

Im ersten Satz der Sonate Opus 2 Nr. 3 findet sich also, durch kleineren Druck, einen Quartsext-Akkord und eine Fermate ganz deutlich gemacht, eine regelrecht auskomponierte kleine Kadenz. Um aber die Sache als eindeutige Klavierkonzert-Analogie zu verstehen, muß man imstande sein, zu übersehen und zu überhören, was sich kaum übersehen und überhören läßt: nämlich daß die frei und phantastisch aus dem trugschlußhaften As-Dur Akkord – Notenbeispiel 22, 2. Takt lange vor Kadenzbeginn! – herausgesponnenen Passagen viel improvisatorisch-kadenzierender wirken als die »Kadenz« selber. Orchestral, sozusagen Orchester-Vorbereitung des Solisten-Auftritts (wie etwa in Mozarts Sonate KV 333), ist diese chromatisierende Phantasie vor den kleingedruckten Kadenztakten (Beispiel 22) überhaupt nicht. Man kann ebenso lange wie fruchtlos darüber streiten, ob vielleicht der ganze Komplex als eine Coda zu bezeichnen sei, welche in »Phantasie« und »Cadenz« zerfalle, oder ob man sagen solle, die Kadenz beginne »eigentlich« im zweiten Takt unseres nun folgenden Notenbeispiels und hole ihren regelrechten Anfang fünfzehn Takte später nach.

Beispiel 22

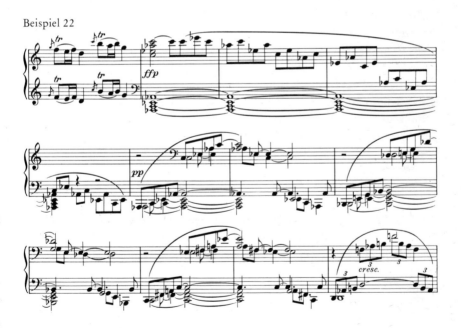

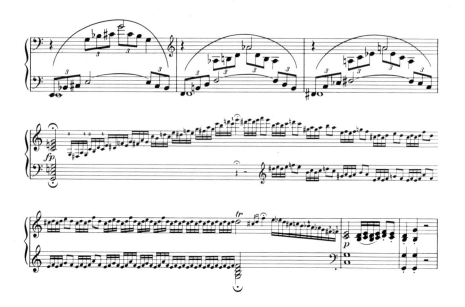

Beethoven hat offenbar nicht beabsichtigt, ein klares Konzertmodell zu
liefern. Um die aufgestaute virtuose und emotionale Energie, um diesen
spürbaren Kraftüberschuß zu binden, erfindet sich der erste Satz der C-
Dur-Sonate vielmehr gegen Schluß alle möglichen – man verzeihe den
Ausdruck – klaviersonaten-fernen *Widerstände*, bewältigt sie und
gemeindet sie ein. Damit hat kein guter Pianist Schwierigkeiten. Heikler
ist der Anfang, ist die Exposition und analog dazu die Reprise. Weder
mikroskopisch feine Hinweise auf Doppelschlag-Analogien noch die
großartige Behauptung, hier werde eine Synthese aus Sonaten- und
Konzert-Satz vorgeführt, vermögen da wirklich zu helfen.
Ähnlich geht es ja bei literarischen, philosophischen oder soziologischen
Untersuchungen, die einerseits winzige Einzeleinsichten und andererseits
riesige Folgerungen aufbieten, aber verlegen darauf verzichten, die vielen, entscheidenden vermittelnden Stufen zwischen Nuance und Totalität sichtbar zu machen. Die eigentliche Schwierigkeit dieses ersten Satzes
ist doch sehr konkret: wie will er gespielt sein, damit weder die mozart-
ähnliche Empfindsamkeit noch die donnernd konzertante Allüre unterschlagen werden? In den sieben Takten des Notenbeispiels 23 stößt das
alles beispielhaft zusammen: die Fortissimo-Passage, mit der die erste
Themengruppe schließt (dritter und vierter Takt), beendet einen stürmischen, virtuosen Kraftakt – das sogleich folgende Piano-Thema in der
Moll-Dominante ist hingegen von unmittelbar zärtlicher Zierlichkeit.

Beispiel 23

Ein Pianist wie Emil Gilels, von dem eine großartig souveräne (Tschaikowsky-Gedonner nicht scheuende, gleichwohl blitzsaubere) frühe Einspielung der Sonate existiert, überfährt diesen zärtlichen Seitensatz geradezu, nimmt ihn zu rasch, zu gestochen. Wilhelm Kempff wiederum legt die Joseph Haydn gewidmete Sonate durchgehend haydnsch-mozartisch an. Er belebt auf diese Weise zwar den Seitensatz entzückend, aber um dies nicht unmotiviert tun zu müssen, beendet er die Fortissimo-Passage — durchaus gegen die Vorschrift — viel zu leise und leicht.

Was tun? Kaum ein Interpret wird mit diesem Zwiespalt krampflos fertig. Bei Schnabel fehlt nicht der Furor, wohl aber der leuchtende Schwung der Passagen. Rubinstein meidet den harten Kontrast. Gibt es eine Lösung? Nun, der erste Satz von Opus 2 Nr. 3 gehört zu jenen Fällen, wo die Kenntnis der Entstehungsgeschichte wirklich hilfreiche Anhaltspunkte für die Interpretation vermittelt. Im langsamen Satz von Opus 2 Nr. 1 hatte Beethoven sich auf ein Thema aus seinem frühen C-Dur-Klavierquartett (1785, zehn Jahre vor der Komposition von Opus 2 entstanden) bezogen, aber dieses Thema für sein späteres Werk durchdringend verändert. Hier jedoch, in der — was den Klaviersatz betrifft — weit avancierteren Sonate Opus 2 Nr. 3 stehen mitten im brillanten Anfangs-Allegro kaum variiert noch mehrere Abschnitte aus dem »Allegro vivace« jenes frühen C-Dur-Klavierquartetts herum; vergessene oder kaum aufpolierte Requisiten aus einem anderen Stück, einem anderen Lebensalter ... Der g-Moll-Seitensatz ist eines dieser Requisiten.

Nun enthielt der erste Satz des Klavierquartetts gewiß auch zahllose Doppelschläge, Pralltriller, Triller und dergleichen, ohne daß man hätte sagen können, diese Doppelschläge seien in irgendeiner Weise strukturell eingebaut, formbestimmend. Sie gehörten halt konventionell (was kein Schimpfwort zu sein braucht) dazu. Doch der in Opus 2 Nr. 3 so abrupt auftauchende g-Moll-Seitensatz folgte im Klavierquartett des Fünfzehnjährigen weit organischer! Zwar war da auch eine kräftige Überlei-

tung vorhergegangen, aber deren letzte zwei Takte stehen im Klavierquartett; das Beispiel 24 zeigt es, im piano und erleichtern den Übergang:

Beispiel 24

Wir wollen hier nicht pedantisch genau der Umwandlung des frühen
Allegro vivace-Klavierquartett-Satzes in das Allegro con brio unserer
Sonate nachgehen. Es ließe sich zeigen, daß Beethoven gewisse Sforzati,
die im Klavierquartett von 1785 Violine und Bratsche auszuführen
haben, in der Sonate von 1795 der linken Hand des Klaviers überantwortet... Wichtig ist allein die mögliche Interpretations-Konsequenz aus
alledem: diejenigen Pianisten, die sich abmühen, alle offenbaren Unterschiede zwischen der Sprache des fünfzehn- und des fünfundzwanzigjährigen Beethoven einzuebnen, lassen sowohl den Jüngling wie den jungen
Mann im Stich. Der erste Satz von Opus 2 Nr. 3 greift nämlich abenteuerlich weit aus, und alles steht frei nebeneinander: da ist der völlig neue,
streichquartettähnliche Beginn, da ist die entwickelte Virtuosität, da finden sich die naiv wirkenden Rückgriffe auf das Bonner Klavierquartett,
da stößt man auf lyrische, meisterhaft unaufdringliche Kontrapunktik,
aber auch auf eine rauschhafte, phantastisch ausgreifende Durchführung, die sogar in eine Scheinreprise mündet! Donnernde Synkopen und
motivische Arbeit, eine freie Kadenz, ein Trugschluß und eine Fortissimo-Entladung werden am Ende miteinander verschmolzen. Ein solcher
Sonatensatz muß nun aber so bunt, so frei und phantasievoll wie
möglich gespielt werden – mit nur einem einzigen Tonfall kommt kein
Interpret alledem bei. In Opus 2 Nr. 3 versündigen sich mithin gerade
die allzu stilbeflissenen Pianisten an der großartig getürmten »Mischform« des Ganzen. (Wie sehr Beethoven das Moment einer mozartischen
Beredsamkeit und eines konzertanten C-Dur-Glanzes auch ohne jeden
Bruch darzustellen wußte, wenn er es darauf anlegte, zeigt der erste Satz
seines C-Dur-Klavierkonzertes Opus 15.)

Daß die »Wahrheit« dieses Satzes also in seiner Vielfalt und Kontrast-
breite liegt, in seiner, von Beethoven durch ritornellhaft wiederkehrende
Abschnitte gegliederten, Fülle: das kann man gewiß nicht »beweisen«.
Man kann es als Möglichkeit in Betracht ziehen. Dafür spricht, plausibel
und mindestens so überzeugend wie alle Deduktion, die freie, jünglings-
haft unbekümmerte, teils empfindsame, teils donnernde Interpretation
dieses Satzes, die Bruno Leonardo Gelber im Konzert gab, wo er alle
durchaus existierenden Gegensätze nicht verschmierte, sondern hervorhob. Auch Gelbers Schallplatteneinspielung hält zumindest einiges von
besagter frischer Unternehmungslust fest: so beim Eintritt des g-Moll-
Seitensatzes, beim unbekümmert konzertanten Gedonner, bei der
rauschhaften Durchführung, bei der improvisatorisch freien Kadenz.
Nur beim Fortissimo-Ende der Durchführung hat leider auch Gelber
Angst vor der eigenen Courage, und der Coda-Triumph will noch weit
mächtiger und entschiedener ausgespielt sein. Vielleicht muß ein wohl-
erzogener Pianist sich an solche Freiheiten innerhalb eines Sonaten-
Kopfsatzes erst gewöhnen – obschon sie tatsächlich im Allegro selber
stehen. Ist man erst einmal auf diese Fährte gekommen, dann beurteilt
man auch die aufnahmetechnisch sehr ungenügende Einspielung des in
Amerika einst so berühmten, dort mit Rachmaninow und d'Albert zum
großen Dreigestirn unübertrefflicher Virtuosen und Interpreten zählen-
den Josef Hofmann (1876-1957) anders. Hofmann verfügte über klassische Klarheit und romantische Eleganz. »Viele Kenner betrachteten ihn
als den untadeligsten Pianisten des Jahrhunderts und vielleicht als den
größten«, schrieb Harold C. Schonberg in seinem Buch über die ›Großen
Pianisten‹ (Scherz-Verlag, Bern und München, 1965).
Dieser auf Texttreue und Objektivität eingeschworene Künstler hat die
C-Dur-Sonate etwa vor einem halben Jahrhundert eingespielt. So offenkundig Hofmanns Kunst da nur sehr bedingt, ja entstellt hörbar wird:
die Relationen *innerhalb* der Aufnahme dürften doch einigermaßen
stimmen. Wenn nun Hofmann starke Tempo-Wechsel wagt, bei der »falschen« D-Dur-Reprise ein plötzlich sehr langsames Tempo nimmt (was
übrigens der zwei Generationen jüngere Glenn Gould bei der gleichfalls
»falschen« D-Dur-Reprise des ersten Satzes der F-Dur-Sonate Opus 10
Nr. 2 mittlerweile auch für richtig und nötig hält, damit der Überra-
schungseffekt, die harmonische Pointe herauskomme), dann ist man
beim ersten Hören versucht, derartige Eigenmächtigkeiten ärgerlich
zurückzuweisen. Werden indessen diese Willkürlichkeiten als – sich
selbst begründende, wohlkalkulierte – Freiheiten erkennbar, dann helfen
sie mit zur Erkenntnis dieses höchst merkwürdigen ersten Satzes von
Opus 2 Nr. 3.

Kaum ist diese brausend konzertante Sonaten-Phantasie mit ihren biographischen Einsprengseln verklungen, geschieht ein Wunder. Das E-Dur-Adagio setzt ein. Aber mit diesem Wunder geht es wie bei manchen Wundern: man muß wirklich dran glauben. Je mehr ein Pianist dem langsamen Gestus vertraut, je mehr Bedeutung jede Bewegung hat – die wogenden Zweiunddreißigstel sind keineswegs nur Begleitung, und das Thema erscheint in mannigfachen Perspektiven –, desto reicher gerät der Satz. Er ist ein sanfter Dialog von ins Unendliche strebenden, darum jedoch keineswegs bereits »unendlichen« Melodien. Dem liedhaft ruhigen, mittels unauffällig motivischer, synkopischer Arbeit entfalteten E-Dur des Hauptsatzes antwortet eine dunkel und frei wogende Kontrastgruppe, die wer weiß wohin zu schweifen scheint, sich aber gewinnt, indem sie sich verliert. In der Mitte und am Ende des Satzes erscheint, lyrisches Glück und lyrischer Fluchtpunkt zugleich, das E-Dur-Thema.

Die durchaus zupackende, dramatisierende Haltung, die in den zwanziger Jahren ein Josef Hofmann gegenüber dem ersten Satz einnahm, erweist sich gegenüber dem langsamen als ohnmächtig. Hofmann spielte ihn nicht gerade ungeduldig, aber doch forciert anti-sentimental. Auch Gieseking ließ sich eher auf die »Zeichnung«, also gleichsam auf den Linienverkauf des Adagios ein, als daß er sich in den Satz hineingehört, sich um seine empfindsame Gebärde gekümmert hätte.

Einige Pianisten der jüngeren Generation – Brendel, Gelber, Barenboim – fassen den Satz weit langsamer, adagiohafter, ja hohepriesterlicher auf als die eben erwähnten »Älteren«. Das geläufige Vorurteil über die Jungen, die sich angeblich keine Zeit nehmen, hält exakter Nachprüfung nicht stand. Dieses Vorurteil wird beispielsweise auch von zahlreichen Interpretationen des Schumann-Klavierkonzertes Lügen gestraft (Clara Haskil, Walter Gieseking oder auch Alfred Cortot spielten das Stück, zumindest der meßbaren Zeit nach, rascher als Friedrich Gulda oder Geza Anda).

Was das Adagio aus Opus 2 Nr. 3 betrifft, so ist die Langsamkeit vieler Jüngerer psychologisch verständlich – man muß wohl den Mut zu schwärmerischer Jugendlichkeit besitzen, um sich einem solchen Gefühlsausbruch hingeben zu können. Aber auch daraus darf natürlich keine Regel abgeleitet werden: ruhiger und gemessener als Arrau spielt wohl niemand dieses Adagio. (»So weist der langsame Satz der Sonate Nr. 3 schon ganz am Anfang von Beethovens musikalischer Entwicklung auf die leidenschaftlichen Tiefen der späten langsamen Sätze hin«, schrieb Arrau in einem Beethoven-Aufsatz zum Beethoven-Jahr 1970.)

Solomon, dem die Buntheit des ersten Satzes von Opus 2 Nr. 3 nicht eigentlich »liegt«, hat das Adagio mit großer, gliedernder Verhaltenheit interpretiert, als er die Sonate zu Beginn der fünfziger Jahre für den Rundfunk einspielte. Solomon geht nicht den Weg der Arrauschen »Verklärung«, er artikuliert weder so langsam noch auch so empfindsam wie Arrau oder Rubinstein. Aber Solomons starrer Ernst hat paradoxerweise gleichwohl eine romantisierende Folge! Solomon fügt, wie so oft, die einzelnen Takte zu größeren Einheiten zusammen: Licht und Schatten fallen darum bei ihm nicht auf bestimmte Töne, sondern auf große, hallende Bewegungen. So nimmt Solomon – die Spannung zerbricht trotz der Langsamkeit nicht! – die immer wiederkehrenden donnernden Fortissimo-Baß-Oktaven, ohne zu beschleunigen, als eine große Bewegung. Derartige Entwicklungen (Beispiel 25) hört man als zusammengefaßte Einheit, nicht als zwei aufeinanderfolgende Takte:

Beispiel 25

So wird die Bewegung größer, hallender, gewaltiger und zwingender. Solomon macht Richard Rosenbergs hellhörigen und minutiösen Vergleich zwischen Beethovens Adagio und dem zweiten Satz aus Schuberts »Unvollendeter« (in: ›Die Klaviersonaten Ludwig van Beethovens‹, S. 51 ff.) erst »wahr«: die Stelle antizipiert das Pathos der analogen Baß-Oktaven aus dem zweiten Satz von Schuberts »Unvollendeter«. Merkwürdigerweise führt hier Solomons Beethoven-Strenge zu einer Annäherung an Schuberts tragischen Fatalismus.
Doch was dieser Satz eigentlich enthält, das läßt sich mit Ernsthaftigkeit, purer Langsamkeit und Feierlichkeit natürlich auch nicht ohne weiteres beschwören. Auf so schematischem Wege ist Beethovens Adagio-Wahrheit nicht zu haben. Selbst Daniel Barenboim vermag den Satz genauso wenig in atmende Bewegung umzuwandeln wie der nur gemessen und ausgeglichen schön abtönende Friedrich Gulda. Im Vertrauen auf seine Musikalität, seinen blühenden Ton und sein suchendes Sich-versenken-Können beginnt Barenboim das Adagio so ruhig, daß die Phrasen sich isolieren. Die von Beethoven vorgeschriebenen Staccato-Punkte ignoriert Barenboim, er deutet sie nicht einmal an. Offenbar hält er – wie so viele Interpreten meist gerade der deutschen Klavierschule,

wie allerdings auch Svjatoslav Richter – jedes staccato für unfeierlich und nur das vornehme legato für expressiv.

Welche Dimensionen dieses E-Dur-Stück birgt, erfährt und erfühlt man doch erst, wenn man es von Arthur Rubinstein erlebt. Rubinstein beginnt – trotz der piano-Vorschrift – zwar kräftig und sonor, aber keineswegs robust oder laut. Nur eben nicht beflissen feierlich, sondern ernst, schön, unverzärtelt. Daß bei Rubinstein andere Dimensionen hörbar werden, ist übrigens durchaus wörtlich zu verstehen. Auch auf der Rubinstein-Platte (wo ein leichter Nachhall beim Wegnehmen des Pedals stört) kann man zumindest noch erahnen, was Rubinsteins Interpretation dieses Adagios im Konzert so unvergleichlich machte: wenn das Thema im 5. Takt auf einer Moll-Stufe erscheint, dann vermag Rubinstein da ohne jede sentimentale Nuancierung eine andere, zartere Farbe zu geben: der Abstand zwischen E-Dur und fis-Moll wird zum Dimensionsunterschied, ist keine bloße Sequenz mehr, sondern Beginn einer bewegten Geschichte:

Beispiel 26

Diese Bewegung teilt sich bei Rubinstein auch dem Seitensatz mit. Da unterscheiden die meisten Interpreten zwischen gewichtigen Bässen, einer Zweiunddreißigstel-Begleitung und einer Sopran-Melodie. Nicht Rubinstein: er berührt die Figuren mit dem Zauberstab seines Anschlags, seiner Phantasie, Klangphantasie, entlockt ihnen geheimes Leben, verborgene Melodik, läßt gesangliche Fülle entstehen, ohne gleich eine Hauptstimme aus den Zweiunddreißigsteln zu machen. Man könnte sagen, Rubinstein spielt – unforciert, aber auch ohne Angst – diesen Mittelteil in zarteste Schumann-Nähe, getreu seinem Ausspruch, Beethoven, nicht Chopin, sei für ihn »der größte Romantiker, weil er sich getraute, den strengen Klassizismus eines Haydn oder Mozart zu brechen...«

Dergleichen ist freilich nur möglich, wenn ein Künstler den Satz zwar nicht ausdrucks- oder gedankenlos beginnt, aber doch so männlich und ruhig, daß später noch ohne Sentimentalität tausend geheimnisvolle Differenzierungen möglich sind.

Und das Scherzo? Wenn man es im Gesamtzusammenhang der drei Sonaten des Opus 2 sieht, dann bildet es bereits eine Endstufe, über die Beethoven erst in den späteren großen Symphonien und in der A-Dur-Sonate für Cello und Klavier (Opus 69) hinauskam.

Opus 2 Nr. 1 bot noch ein Menuett mit verkapptem Scherzo-Charakter, in Opus 2 Nr. 2 fanden wir ein Scherzo, das die gegebene Form perfekt erfüllte (witzig-brillanter Hauptteil, neutral bewegtes Trio, Wiederholung des Hauptteils). Das Scherzo aus Opus 2 Nr. 3 geht in jeder Weise – formal, inhaltlich, auch im Hinblick auf die Virtuositäts-Ansprüche – darüber hinaus. Wilhelm Kempff versucht die Spiritualität des Satzes auf kapriziöse Weise darzustellen. Doch was bei Kempff harmlos-heiter-zufällig wirkt, das setzt sich bei Gulda um in lebendigste Präzision. Nicht nur die rhythmische Pointierung des mit zwingend logischer Phantasie abgewandelten und durchgeführten Hauptthemas verblüfft, sondern Gulda hat auch noch Zeit und Konzentrationskraft übrig für alle gehaltenen, bei ihm locker und geschmeidig angeschlagenen Akkorde, für die vehemente Vitalität des Ablaufs.

Wie Gulda das Scherzo spielt, ist es ein pianistisches Bravourstück: man hört, obwohl es ganztaktig »geschlagen«, empfunden und vorgetragen scheint, mit voller Klarheit die Einzelheiten und die Akzente. Von allen Pianisten dieser Welt vermag höchstens noch Emil Gilels das Scherzo so rasch und »richtig« zu meistern wie Gulda... Aber Gulda und Gilels, sicherlich die virtuosesten »Könner« unter den bisher genannten Beethoven-Spielern, meistern nur den Scherzo-Hauptteil, nicht das ganze Stück. Gulda bleibt im Mittelteil – im »Trio« – eisern bei seinem hinreißend hurtigen Wahnsinnstempo. Aber dieses Tempo führt dazu, daß er die Achteltriolen der Rechten nicht mehr auszuspielen vermag. Bei ihm siegt die Architektur der Linken über Beethovens Musik. Noch leichter macht es sich Emil Gilels, der im Trio einfach viel langsamer wird, obwohl der Aufbau des Satzes, die geschlossene und logische Entfaltung einer Scherzo-Bewegung, die am Ende erst in einer pianissimo-Coda verdämmert, solche Tempo-Änderungen verbietet. Also: bei Gulda rollten die tönenden Figuren der rechten Hand gleichgültig behende auf und ab; Gilels spielt zwar musikalischer, vergeht sich aber gegen die Einheit des Tempos. Wenn man im folgenden Notenbeispiel 27 – das den Übergang vom Scherzo zum Trio und die ersten acht Takte des Trios mitteilt

– Takt zwei und drei mit Takt vierzehn (aus dem Trio) vergleicht, dann sind Takt zwei und drei der rechten Hand den Abzügen der Linken in Takt vierzehn so ähnlich, daß Tempo-Änderungen wirklich unstatthaft scheinen.

Beispiel 27

Die großen phantastischen Kurven und die klingenden Sforzato-Spitzentöne, die im Verlauf des Trios erreicht werden müssen, machen deutlich, daß eine architektonische Schematisierung, wie Gulda sie unter Zeitdruck vornehmen muß (und wie sie, vernünftig angewendet, beim kontrapunktischen Trio aus dem Menuett von Opus 2 Nr. 1 oder beim bewußt eng kontrastierenden Trio aus dem Scherzo von Opus 2 Nr. 2 vielleicht noch einigermaßen zureichend wäre) hier trocken am Spezifischen vorbeirauscht.

Gieseking – im Scherzo und im Trio immerhin gleich rasch, wenn auch keineswegs so rasch wie Gulda – läßt wenigstens ahnen, daß Beethoven da auch mit der Rechten etwas im Sinn gehabt haben könnte: allerdings doch wohl nur eine Etüde. Aber nur eine Etüde ist dieses Trio, das Gulda nicht einmal deklamiert, und Gieseking zwar deklamiert, aber nicht musiziert, keineswegs. Sondern es ist, ganz im Sinne dieser kontrastreichen, so oft als bloß »virtuos« verkannten Sonate, ein Stück empfindsamer, aus der Schule der Geläufigkeit ausbrechender, zu entfesseltem Sturm und Drang anschwellender Musik. Diese Musik entdecken, ohne Konzession an ein allzu getragenes Gesamttempo, anscheinend am ehesten noch jene Pianisten, die nicht in erster Linie als Beethoven-Spieler gelten: nämlich Svjatoslav Richter (groß und packend) und Bruno Leonardo Gelber (blühend, feurig und rein).

Deutlicher als alle anderen empfindet Rubinstein die epische Bewegung dieses Scherzos nach. Aus dem Oktavsprung, mit dem der Scherzo-Hauptteil schließt – und den man bei einigem guten Willen auch aus dem Trio herausanalysieren könnte – entwickelt Beethoven noch ein kurzes, aber ungeheuerliches Nachspiel. In hochdramatischem Fortissimo nimmt ja die Coda zunächst jenen Oktavsprung auf, mit dem das Scherzo jäh schloß:

Beispiel 28a   Beispiel 28b

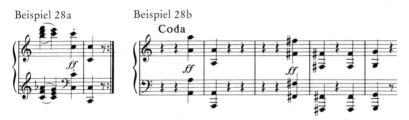

Wer denkt da nicht an die wilden Oktaven, die Beethoven später im scherzo-artigen Molto-Vivace-Satz der IX. Symphonie komponierte? Dort beherrschen sie von Anfang bis zum Schluß der Coda, das ganze Stück, dessen Anfangstakte in Liszts Klavierauszug lauten:

Beispiel 29

Rubinstein spielt nicht bloß die Wildheit dieses Scherzos aus Opus 2 Nr. 3, sondern auch, und zwar mit zurückhaltender atmender Musikalität, den zarten Widerruf dieses Ausbruchs. Unter seinen Händen findet der Satz hin zu einem geheimnisvollen Verdämmern. Eine Novelle, deren Inhalt kein Mensch zu verbalisieren wagen dürfte – kein Interpret und kein Beethoven-Monograph –, endet im Pianissimo und dann in der Stille einer Fermate.

So lebhaft ich hier bei den freien und freisinnigen frühen Kompositionen Beethovens, einer couragierten, anti-akademischen, stürmischen und drängenden Interpretations-Freiheit das Wort rede, so wichtig ist es, diesen Freiheitsspielraum zu definieren. Wenn ein Svjatoslav Richter,

ein Emil Gilels, ein Artur Schnabel manchmal vielleicht an die sogenannte »Grenze« (wer hat sie eigentlich festgelegt, diese Grenze?) des
Möglichen und Deutlichen kommen, dann nimmt man für die Grenzver-
letzter Partei, die zumindest fühlen, »bis wohin sie zu weit gehen
dürfen«. Was es mit dieser Grenze, mit Stil, Gehaltenheit, Verhaltenheit, Gewicht und Bedeutung wirklich auf sich hat, das wird erst deutlich, wenn ein Pianist diese »Grenze« eben leider überhaupt nicht — etwa
als zu überwindenden Widerstand — in sich hat, spürt. Der manuell
fabelhaft sichere, immer neue, unbekannte, spätromantische Klavierkonzerte abenteuerlustig belebende Pianist Michael Ponti ahnt von einer
Spannungsgrenze bei Beethoven offenbar nichts. Er spielt das Scherzo
und das Finale aus Opus 2 Nr. 3, als handele es sich dabei tatsächlich um
etwas salzlose, etwas naive, simple spätromantische Virtuosenmusik. Der
Mittelteil des Scherzos rollt wie ein zu leichter Czerny herauf und herunter, auch das Finale schnurrt nur so ab! Denn Ponti besitzt, trotz allen
pianistischen Raffinements, nicht die innere Waage, um wahrnehmen zu
können, welche Kraft und baumeisterliche Funktion einzelne Wendungen Beethovens haben, welche Entscheidungen fallen, wenn nur ein Ton
sich ändert, wenn eine Fortspinnung erweitert oder variiert wird. Er
macht aus Beethoven einen primitiven Vorläufer von Saint-Saëns, einen
redlich redseligen Komponisten, der nur leider noch nicht so recht süffig
für Klavier zu schreiben verstand...
Solomon hat auch für den Hauptteil des Scherzos das Ei des Kolumbus
gefunden, nämlich einmal mehr den (wenn man erst einmal darauf
gestoßen worden ist, unübersehbaren) Sachverhalt, daß Beethoven im
Scherzo doppeltaktig akzentuiert hat. Solomon faßt ohne Forciertheit
immer zwei Takte zu einer Betonungs-, zu einer Schlageinheit zusammen. Plötzlich wird der klare Hexachord-Charakter der jeweiligen
Sechston-Folgen über jeden Zweifel hinaus hörbar und sinnvoll, und
zwar am eindeutigsten anfangs in der Bewegung der linken Hand.

Beispiel 30

80

Josef Hofmann hat einmal gesagt, ein Menschenleben genüge nicht, alles herauszubringen, was diese Beethoven-Sonaten enthalten. Und weiter meinte er (zitiert nach dem 28. Kapitel von Harold C. Schonbergs ›Die großen Pianisten‹): »Ich wage es, jedem, der mir vorspielen will, zu beweisen – wenn es sich überhaupt lohnt, ihn zu hören –, daß er niemals mehr spielt, als geschrieben steht (was er vielleicht denkt), sondern tatsächlich eine ganze Menge weniger... Die richtige Interpretation eines Musikstücks hängt von dem richtigen Verständnis ab und dies wiederum von der peinlich genauen Lektüre... Wenn der Künstler vorsätzlich sich selbst produziert, durch willkürliche Hinzufügung... dann macht er sich einer Fälschung schuldig; bestenfalls spielt er für die Galerie und ist ein Scharlatan.«

Nun gibt es Pianisten, auf denen diese ungeheure Verantwortung wie ein Alpdruck lastet. Sie reagieren auf diese Last dann mit dem akribischen Ingrimm eines Claudio Arrau oder mit dem Perfektionismus eines Arturo Benedetti-Michelangeli, der jahrzehntelang an seinem Repertoire feilt (seine frühe Aufnahme der Sonate Opus 2 Nr. 3 ist im Hinblick auf den ersten, dritten und letzten Satz ein Wunder!). Manche Pianisten reagieren auf die Endlosigkeit der Interpretations-Aufgabe resignierend wie Hans Erich Riebensahm, der alle 32 Sonaten partiell wunderbar beherrschte, aber im Laufe der Zeit offenbar den Mut und die Freude an unbefangener Darstellung und Selbstdarstellung verlor, so daß man ihn kaum mehr hört und kennt...

Ohne frischen, wagemutigen, begeisterten und begeisternden Interpreten-Zugriff bleiben aber gerade die Finali der frühen Sonaten tot, langweilig, ledern, trocken. Und das sind sie wahrlich nicht, auch wenn sie, bis Opus 26, nicht ganz an die Kopfsätze und Adagios heranreichen.

Das Finale von Opus 2 Nr. 3 – geistvoll, spritzig, elegant und konzertant wie nur irgendein feuriger Kehraus zwischen Bachs ›Italienischem Konzert‹ und Carl Maria von Webers virtuosem Sonaten-Schlußsätzen – wäre jedenfalls verloren, wenn jemand an das Stück mit verschwitzten Fingern herangige, oder mit verschwitztem, lauter große Vorbilder halbherzig nachahmendem Geiste.

Beethovens Klavieransatz war von vornherein pompös, griffig, kräftig und virtuos. Im Finale der Sonate Opus 2 Nr. 3 lehrt das jeder Moment. Nicht nur die Sexten-Ketten der Rechten rauschen im staccato sonorer als bei Haydn und Mozart, auch die linke Hand ist weiträumiger – bis zur Dezime – geführt als bei Mozartschen Begleitfiguren und muß rasche Oktaven ausführen. Der Triller wiederum, dem später bei Beethoven die Funktion zuwächst, als Sekundreibung die Eindeutigkeit der Tonika zerstäubend in Frage zu stellen, will hier nicht nur das Ende eines Abschnitts markieren, sondern er hat darüber hinaus eine motivische – durch die Stimmen und Lagen wandernde – Funktion. Überdies erscheint er zum Doppel-, ja zum Terzentriller gesteigert. Übergangsstufen zwischen den prächtig ornamentalen Trillern des frühen Beethoven und dem, was in der Waldsteinsonate, in Opus 109 und in Opus 111 geschieht, stellen offenbar die bewußt ausladenden und trillerfreudigen Kadenzen dar, die Beethoven für seine Klavierkonzerte (besonders trillerfreudig die Kadenz zum ersten Satz des c-Moll-Konzertes Opus 37) schrieb. Man kann Schritt für Schritt verfolgen, wie Beethoven immer mehr aus dem Triller herauszuholen versucht, Dabei hat er bereits in Opus 2 mit Anforderungen begonnen, die Mozart und Haydn zeitlebens nicht zu stellen wagten, sondern unter den Vorgängern Beethovens höchstens noch der sogar noch von Brahms hoch respektierte Muzio Clementi. Der erste Satz von Clementis fast gleichzeitig entstandener C-Dur-Sonate Opus 36 Nr. 3 scheint ein Gegenstück zu sein. Daß Beethovens Themen und Fortspinnungen logischer, überraschender, selbstverständlicher, kurzweiliger und unkonventioneller fortschreiten als bei Clementi, ließe sich gewiß zeigen. Interessanter als die offenbaren Qualitätsunterschiede sind indessen die typologischen Ähnlichkeiten! Daß Clementi und Beethoven jeweils im ersten Satz eine Kadenz vorschreiben, wurde bereits erwähnt. Und das Druckbild zeigt, deutlicher noch als der Höreindruck (weil nämlich das Sexten-Motiv des Beethovenschen Finales schlagend prägnant schließt, während Clementi redselig bleibt), wie lebhaft sich Beethovens Finale von Clementis Kopfsatz hat anregen lassen.

Beispiel 31

Beethoven beginnt ähnlich, aber geschwinder, charakteristischer:

Beispiel 32

Für die Kadenz benutzt Clementi folgende Triller und Oktaven:

Beispiel 33

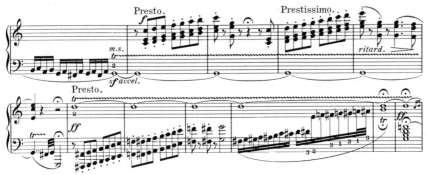

Diese Kunstgriffe Clementis eignet sich Beethoven an. Er macht sie zum Ausdruck seines artikulierenden Willens (man könnte sagen: er »spiritualisiert« sie, wenn das nicht so falsch beweihräuchernd klänge), er variiert und verwandelt sie bis zum dreifachen Triller am Ende des Finales seiner C-Dur-Sonate.

Hat man die gezielte Kühnheit der Beethovenschen Virtuosität erst einmal erfühlt, dann weiß man: es kann gar nicht rasch, pointiert, schwungvoll und couragiert genug zugehen in einem solchen Glanzfinale! Trotzdem verfehlen diejenigen Pianisten die leuchtende Selbstsicherheit der Sonate, die dieses Finale herunterhämmern, daß es klingt wie ein Vorwand für die Donnervirtuosität des mittleren 19. Jahrhunderts, wie eine Stahlkonstruktion, die nur eben bloß mit Figurationen der entwikkelten Wiener Klassik dekoriert ist, statt mit den entsprechend virtuosen Veranstaltungen aus Hummels oder gar Liszts Bereich. Derart falsch verstanden, verliert dieses Finale natürlich sofort jene Überzeugungskraft, die es durchaus besitzt, wenn man spürt, daß da ein Genie nicht mit Liszt konkurriert, sondern aus dem Bezirk von Haydn und Mozart ausbricht.

Der große Mittelteil – Hugo Riemann bezeichnet ihn als »Trio« – ist nicht nur ein choralhafter Gegensatz, sondern auch in sich kontrastierend aufgebaut. Wieder hat vor allem Rubinstein, trotz seines relativ schnellen Tempos (Rubinstein, Gulda und Gilels beginnen das Finale am raschesten und richtigsten; Brendel und Arrau nehmen es behäbiger) verständlich gemacht, inwiefern dieses von Symmetrien und Pointen erfüllte, virtuose Stück doch nicht allzu zielbewußt gespielt werden sollte, sondern, zumindest im Mittelteil, auch mit spontanen, improvisatorischen, sich in sich selbst verlierenden, fast brahmsischen Beleuchtungswechseln. Wie es zahlreiche Klangfarben gibt, so existieren auch viele Möglichkeiten, ja »Farben« der rhythmischen Entschiedenheit. Und wenn der Satz manche Pianisten (Gulda, Gilels) zu monotoner Motorik provoziert, so *variiert* Rubinstein den motorischen Gestus, ohne ihn je aufzuheben. Den Choral spielt Rubinstein wie eine weite, wunderbare Reise in ferne Tonarten; zugleich macht er darauf aufmerksam, daß die kurzen Achtelketten, die den Choralgestus immer wieder unterbrechen, sozusagen Mini-Kontraste innerhalb des kontrastierenden Choralteiles sind. Während des Mittelteils verschränken sich Choral-Episode und zwischenrufartige Staccato-Achtel. Rubinstein gewinnt der Modulationsfolge ebenso wie den auskomponierten Kontrasten, faszinierend verschiedene Charaktere und Stimmungen ab:

Beispiel 34

Rubinstein kann also die vermeintliche Virtuosen-Nummer zu einem Beethoven-Glanzstück umwandeln. Jeder Pianist, der an diesem von Rubinstein gesetzten Standard vorbeispielt, ohne begründen zu können, warum er es tut, begeht nunmehr eine Sünde: entweder die der Unkenntnis oder der Gedankenlosigkeit.

4. SONATE

Sonate Opus 7 Es-Dur (1796/97)

Allegro molto e con brio
Largo, con gran espressione
Allegro
Rondo *Poco Allegretto e grazioso*

Beethovens umfangreichste, am längsten dauernde Klaviersonate –
natürlich abgesehen von der in jeder Weise unvergleichlichen Hammerklaviersonate Opus 106. Kraftvolle, triumphale Darbietung baumeisterlicher Kunst. Sich selbst darstellende Sonatenform als leuchtend
heller Endzweck. Die ungemein klare, manchmal bis zur Überleitungs-
pedanterie vorangetriebene Musiksprache der kleinen und kleinsten
Übergänge läßt geheimnislose Demonstration allzu selbstsicheren und
selbstbewußten Komponieren-Könnens vermuten: nur bedeutende
Künstler vermögen diesen (naheliegenden) Irrtum zu berichtigen, indem sie demonstrieren, daß die von Beethoven selber hoch geschätzte
Sonate Opus 7 mehr als bloß beeindruckende »Meisterstückhaftig-
keit« enthält. Die reine, pulsierende Kraft des Zugriffs im ersten Satz,
das gewaltig rhetorische, unangefochtene C-Dur-Pathos des symphonisch mächtigen Largos und die Empfindsamkeit der letzten beiden
Sätze prunken mit bewältigtem Überfluß.

Dreiklänge, ruhiges Passagenwerk, klare, dynamische Gegensätze, synkopische Belebung, chromatisch heraufrauschende Aufschwünge, ein getragenes, verhaltenes, den Kontrast nicht forcierendes Seitenthema, deutliche Akzentuierung des Sonatenschemas: so ließe sich die Exposition des
ersten Satzes der Es-Dur-Sonate beschreiben – und es wäre möglich,
analysierend nachzuerzählen, was sich von Takt zu Takt begibt, so wie
ja auch manche Pianisten hier mehr oder weniger hurtig vortragen, was
die Noten an Oktaven, fließenden Achteln und sehr rasch brausenden
Sechzehnteln zu enthalten scheinen. (Beethoven verlangt hier erstmals
im Klaviersonatenkopfsatz ein so rasches Tempo wie Allegro molto e
con brio).
Nicht Unklarheit und zersplitterte Verworrenheit sind die Gefahren, die

unter Umständen drohen, sondern Überdeutlichkeit und geheimnisloser Akademismus. Darum wird die lange Sonate relativ selten im Konzert gespielt. Zwar kann man auch hier Beethovens kombinatorisches Genie bewundern, kann ableiten, daß die gehaltenen Akkorde der linken Hand, die schon im fünften Takt den Achtelbewegungen entgegengesetzt (siehe Beispiel 35) und dann kontrapunktisch ausgetauscht werden, bereits die Hauptbestandteile des Seitensatzes enthalten. Und so weiter . . . Aber solche Konstruktions-Finessen, gleichviel, ob sie offen zu Tage liegen oder versteckt wirken, bezeugen nur die »Dichte« der motivischen Arbeit; sie sind sozusagen noch keine stücktragenden Qualitäten. Für sich genommen stellen sie also weder absolut notwendige noch absolut zureichende Qualitäten dar.

Trotz aufrichtiger Bemühung um den ersten Satz der Es-Dur-Sonate Opus 7 dürfte mancher kritische, ehrliche Beethoven-Bewunderer hier einen geheimnislosen, wenn auch kraftvollen Akademismus wittern. Und selbst der subtilste Analytiker kann schwerlich darauf kommen, welche extrem verschiedenen Lösungsmöglichkeiten große Interpreten gerade für dieses anscheinend so offen daliegende Allegro fanden. Ehrlich hat Edwin Fischer die »Unbedeutendheit des ersten Themas« eingestanden und gleich noch festgestellt: »Die Durchführung ist etwas kalt« (in seinem Buch ›Ludwig van Beethovens Klaviersonaten‹, Insel-Verlag, Seite 32 ff.). Tatsächlich geht es im Kopfsatz (ob der Komponist das Stück nun, wie der Beiname »Der Verliebte« andeutet, im Zustande leidenschaftlicher Entflammtheit geschrieben hat oder nicht . . .) weniger um Stimmungen und Halbschatten als sonst bei Beethoven. Rhythmische, dynamische und kinetische Energien stellen sich hier selber dar. Welche Möglichkeiten, mit der anscheinend so »objektiven« Es-Dur-Natur dieses Satzes zurechtzukommen, haben nun die Interpreten gefunden?

Friedrich Guldas rhythmischer Sinn hält sich an die stürmische Motorik dieses Satzes. Das pulsierende Drängen des Grundtons in der linken Hand, die klare Zweistimmigkeit der Takte 5 und 6 unseres Beispiels 35 haben Gulda zu einem stürmischen Tempo animiert. Aus den Akkorden der Takte 5 und 6, linke Hand, entwickelt sich freilich später jener Seitengedanke, der bei Gulda nur ein Moment unter vielen bleibt. Guldas vehemente, durchaus fesselnde, lustbereitende Zielstrebigkeit, die auch den grifftechnischen Anforderungen der Coda gewachsen ist, rückt diesen Satz in die Nähe eines entschieden monothematischen Kraftausbruchs. Bei Gulda sind die Töne nicht als charakteristische oder charakterisie-

86

rende Gestalten wichtig, sondern als fast neutrale Katalysatoren einer rhythmisch gespannten, kräftigen Energie!

Beispiel 35

Demgegenüber – und darauf macht später Artur Schnabel aufmerksam – kommt dem keineswegs mit dem Beginn der Opus 7 vergleichbaren, sondern vielmehr orgelpunktähnlich wiederholten tiefen d zu Beginn und im Verlauf der Pastoral-Sonate D-Dur Opus 28 eine eher stimmungshafte, gerade nicht »treibende« Bedeutung zu:

Beispiel 36

Gulda versucht offenbar, den ersten Satz der Es-Dur-Sonate klar, feurig und lebendig motorisch darzustellen. Indem man als Hörer diese Bewegungsenergie erlebt, ersteht im Bewußtsein, virtuell, die Richtungs-Idee dieses Sonatensatzes. Denn ein Pianist, der das Stück so entschieden zum Bewegungsablauf macht, musiziert gleichsam vom ersten Augenblick an motorisch-zielbewußt. Daß dabei alles ausgespielt, klar entfaltet und vorgeführt wird, ist kein Widerspruch: im Gegenteil, die »Energie« selber würde sich verflüchtigen oder zur bloßen Raserei erstarren, wäre sie nicht am konkreten Widerstand jeder einzelnen Note, am Blitz eines jeden Sforzatos oder an jedem sorgfältig ausgeführten und abgetönten piano-Effekt festgemacht. Einen extremen Gegentyp zu Gulda stellt die kühne, mit Adjektiven wie »altmodisch« oder »modern-analytisch« sicherlich nicht erfaßbare Interpretation des russischen Pianisten und Komponisten Samuel Feinberg dar. Feinberg hat nämlich auf einer auch im Westen durchaus zugänglichen Platte den keineswegs unproblematischen Mut, Beethovens Sonatenkopfsatz gleichsam aufzubrechen und interpretierend nachzukomponieren. Das soll heißen: Samuel Feinberg nimmt die scheinbare Neutralität oder »Unbedeutendheit« des verarbeiteten Materials schlechthin nicht für gegeben. Er läßt sich auch von der Vorschrift »Allegro molto e con brio« nicht dazu bestimmen, eine schnelle Lückenlosigkeit herzustellen. Feinberg macht vielmehr auf Gegensätze, auf gleichsam von der Komposition zugedeckte, zukomponierte Kontraste oder Entwicklungen aufmerksam, die unterhalb der meisterlich gefügten Oberfläche liegen. Oder: sich verbergen. Oder: von Feinberg »hineingeheimnißt« werden. Feinberg opfert das durchgehende Tempo, er opfert, um seiner Einsichten willen, die Oberflächen-Brillanz des Ablaufs. Das führt zu erstaunlichen, aber keineswegs absurden Interpretations-Funden. Feinberg betont prinzipiell jeden selbstverständlich scheinenden Auftakt – nicht affektiert, aber eben doch über neutrale Selbstverständlichkeit hinausreichend! Ohne Sentimentalität, vielmehr um des Kontrastes und der architektonischen Sinnfälligkeit willen, wagt er es sodann, das Seitenthema herauszubrechen, abzusetzen und hymnisch zu verlangsamen. Feinberg versteht auch die Schlußgruppe gegen den Strich, indem er eine farbige, aber nie irritierend auskomponierte harmonische Entfaltung ganz gegen ihren bestätigenden Effekt phrasiert: er holt die verdunkelnden Abweichungen heraus, nicht die Orgelpunkt-Sicherheiten.

Beispiel 37

Solche Freiheiten haben bedenkliche, aber auch bedenkenswerte Konsequenzen. Feinberg macht sich nichts daraus, die sforzato-Vorschriften beinahe zu ignorieren, denn Feinbergs Interpretation läßt, indem sie die »romantische« Harmonisierung betont, ja nicht das Kraftrausch-Moment hervortreten, sondern das gleichsam verdeckte, aber auch vorhandene Traumpotential. Feinberg geht so weit, in der Coda zu zeigen, daß Beethoven da bereits, vielleicht ohne es selbst zu wissen, eine sogenannte »Adagio-Parodie« geboten hat, wie er sie später – schon im Finale von Opus 10 Nr. 1 – noch so oft komponierte. Feinberg spielt die chromatischen Überleitungstakte, die er bereits in der Durchführung sehr langsam artikulierte, nahezu als Adagio. Er übertreibt das Komponierte nicht nur, um es zu »erklären«, sondern um aufzuzeigen, was die Kompositionsoberfläche verdeckt.

Beispiel 38

Es gibt wenige Beispiele von seriöser (natürlich willkürbedrohter) Interpretation, die dem Spiel Feinbergs an erhellendem Wagemut gleichkommen. »Streng« genommen dürfte Feinbergs Darstellung des ersten Satzes unstatthaft sein. Denn wenn Beethoven eine so vielgestaltige, gebrochene Oberfläche wirklich hätte vorführen wollen, dann hätte er sie komponiert. Doch erwägt man die Probleme dieses Allegros (und den Umstand, daß dieser Satz ja fast immer mit mehr oder weniger Überzeugungskraft als ungebrochen affirmatives Es-Dur-Stück gespielt wird), dann hat Feinbergs alle *Abweichungen* unterstreichende *Abweichung* durchaus Sinn und Existenzberechtigung.

Einen dritten, wiederum völlig anderen Weg wählt Arturo Benedetti-Michelangeli: bei ihm geht es weder um drängendes Pulsieren noch um übertreibendes Nachkomponieren. Michelangeli behandelt die Akkorde, die Bewegungen, Motive und Formen dieses ersten Satzes nicht so, als zielten sie irgendwohin, als umschrieben sie ein verborgenes Gesetz. Sondern so, als seien sie, für sich genommen, statisch und schön. Michelangeli reduziert Beethoven auf das komponierte Material, dem er allen Schwung, alle Entwicklungs-Spannung, alle Vitalität entzieht. Stünde »moderato« statt »allegro molto e con brio« über den Noten, Michelangeli brauchte kein anderes Tempo zu wählen: jetzt spielt er dieses Allegro tatsächlich im betulichen Tempo der greisen Elly Ney (aber nicht, weil er es nötig hätte, sondern natürlich, weil er es für angemessen hält). Die wunderbare Reinheit der Melodiebildung und Tongebung, mit der Michelangeli im Konzert für seine Auffassung zu plädieren versteht (vor allem im dritten Satz!), kommt auf der Platte nicht gleichermaßen zwingend heraus. Unter Michelangelis schönheitssuchenden Händen ist darum Beethovens zweitlängste Sonate keineswegs auch die zweitbeste, sondern manchmal wohllautend langweilig. Interpretation als negatives Argument: klar wird zumindest, wieviel Clementi-Heiterkeit nicht in diesem Beethoven steckt. Die Sorgfalt, mit der Michelangeli jeden Phrasierungsbogen beachtet – am Ende der Durchführung gelingt das Ersterben vom piano zum pianissimo zart und beeindruckend –, verrät gewiß untadelige Akribie. Doch ein lateinisches Wunder ist der frühe Beethoven halt nicht; und wenn sich Michelangeli in dieser »nature morte« überreiner, agogischer und dynamischer Passivität, ja Sterilität dann plötzlich doch entschließt, irgendeiner lebhaft schönen Wendung empfindsam nachzugeben, dann geraten solche Stellen gleich seltsam süßlich-preziös.

Claudio Arrau bleibt hier zurückhaltend kraftvoll, diskret. Er macht nicht ständig »aufmerksam«, sondern dosiert seine interpretatorischen Nuancen. Von allen Pianisten gelingt es ihm als einzigem, deutlich hervorzuheben, daß jene melodiöse Bewegung, die vom zweiten Thema zur Schlußgruppe überleitet, eine elegische Durchführungsmelodie vorbereitet und vorwegnimmt. Viele spielen darüber hinweg, oder aber sie betonen derart viele Einzelheiten so nachdrücklich, daß die Gesamtheit, der Rhythmus und die folgenden drei Takte sich nicht wirklich einprägen können:

Beispiel 39

Arrau hebt indessen diese Wendung so eindringlich heraus, daß man – halb bewußt, halb unbewußt – sich ihrer erinnert, wenn es in der Durchführung heißt:

Beispiel 40

Falls für den ersten Satz der Es-Dur-Sonate Opus 7 tatsächlich Vokabeln wie »diesseitig«, »kraftvoll«, »energisch«, »unangefochten« angemessen wären, so läge es nun durchaus nahe, dem zweiten Satz, einem großen, vielgerühmten und vielgeliebten Largo, con gran espressione, Eigenschaften zuzusprechen, die sich von alledem deutlich abheben: also das Stück »eine Musik der Einsamkeit, eine ernste, stille Meditation, die durch Tiefen und Aufschwünge in die Ruhe des eigenen Selbst zurückführt«, zu nennen (Reclams ›Klaviermusik-Führer‹, Seite 645). Oder schwärmerisch festzustellen: »Weihevolle Würde und Hoheit der Empfindung sowie besänftigende Milde und feierlicher Ernst vereinigen sich in diesem Musikstück zu erhebender und beseligender Wirkung« (Jacques-Gabriel Prod'homme ›Die Klaviersonaten Beethovens‹, Wiesbaden 1948, Seite 59). Edwin Fischer fühlt sich an das »herrliche Bild einer Sommerlandschaft« erinnert. Paul Bekker (›Beethoven‹, bei Schuster und Löffler, Berlin 1912) indessen erspürt: »Ein Gesang, von so inniger Beredsamkeit, von so gewaltiger Steigerung aus erhabener Ruhe zu schneidend heftigen Affekten und wieder zurück zu tiefem, wunschlosen Frieden war selbst für Beethoven etwas durchaus Neues.«
Worte wie »Einsamkeit« und »Meditation« lassen sich schwerlich vermeiden, wenn man nicht bloß Harmoniefolgen klarstellen oder den Verlauf von Perioden bezeichnen will. Oder wäre »Einsamkeit« bereits darum (in unserem Sonatenzusammenhang) eine lächerliche, sinnlose Vokabel, weil sich das Wort einer handfesten Definition wahrscheinlich entwindet? Darf man da beim »geneigten« Leser nicht auf ein natürliches Vorverständnis bauen? Was mit einer klagenden, in sich verlorenen monologischen Musik gemeint ist, die aus »Einsamkeit« zu kommen scheint – und was etwa mit einer »gesellschaftlich-konzertanten Haltung« gemeint ist, die das steigernde, konversationshafte Miteinander durchaus in ihren Gestus einbezieht, darüber kann man sich doch gewiß verständigen oder zumindest sinnvoll streiten. Wenigstens so lange, bis jemand mit durchbohrendem Seminaristenblick verlangt: »Definiere gefälligst erst einmal!«
Dieser Exkurs wurde nötig, weil das große feierlich-orchestrale C-Dur-Largo aus der Es-Dur-Sonate sich mir je länger je mehr – und das ist nicht abwertend gemeint – als ein rhetorisches, durchaus extrovertiertes Affektstück darstellt. »Einsam«, »introvertiert« wäre viel mehr – um es mit Hilfe eines Gegenbeispiels zu verdeutlichen – das zugleich untröstliche und trostlose d-Moll-Largo e mesto aus der D-Dur-Sonate Opus 10 Nr. 3.
Aber unser Stück? Spürt man nicht, wie Beethoven da ungeheure sonore

Ruhe meisterhaft dargeboten hat? Spürt man nicht das stolze Selbstbewußtsein des reich instrumentierten, weit über die Orchesteranspielun-
gen aus dem Largo der A-Dur-Sonate Opus 2 Nr. 2 hinausgehenden
Mittelteils? Die Welt ist hier nicht nur Bühne, sondern Tribüne, Podium
für große, kontrastreiche Empfindungen, für Kolossales, Mildes, Pompö-
ses und Gewaltiges. »Wenn Beethoven gegen Schluß des Largos der
Sonate Opus 7 in einer piano-Phrase einen einzigen, noch dazu auf
einem unbetonten Taktteil erklingenden, harmonisch stark hervorgehobenen Baßton mit einem Fortissimo-Akzent versieht, so ist das zwar
äußerlich dem Verfahren Philipp Emanuels ähnlich, aber nicht wie bei
diesem aus der allgemeinen stilistischen Geltung zu erklären, wie schon
die Seltenheit derartiger Effekte bei Beethoven beweist: Hier ist es, wie
wenn sich plötzlich unter der feierlichen Ruhe ein Abgrund des Schrek-
kens öffnete«, schreibt Walter Riezler (›Beethoven‹, Atlantis-Verlag
Zürich, Seite 118).
Ich spüre, daß mein Versuch, die rhetorischen und klavieristisch-orche-
stral-experimentellen Tendenzen dieses Largos zu charakterisieren, einen
unguten Nebenton hat – so als sollte hier ein großes Musikstück entzau-
bert werden. Fragen wir also anders. Welche Stellung hat dieses Largo in
Beethovens Kosmos? Die Es-Dur-Sonate für Violine und Klavier, Opus
12 Nr. 3, kurz nach Opus 7 komponiert, prunkt auch mit einem feierlichen langsamen C-Dur-Satz »Adagio con molt'espressione« im ¾-Takt;
das noch etwas später entstandene Streichquartett Opus 18 Nr. 2 enthält
ein C-Dur-»Adagio cantabile«, gleichfalls im ¾-Takt, mit raschem Mittelteil allerdings. Alle diese Stücke sind erfüllt von einem hymnisch
hohen Ton. Vergleicht man sie mit dem Largo aus Opus 7, dann ist
dieser erste, große, langsame C-Dur-Satz Beethovens bei weitem der
reichste, spannungsvollste, rhythmisch und dynamisch variabelste. Auf
dem Klavier probierte Beethoven Wirkungen und Steigerungen aus, die
er freilich in anderen Gattungen selten und erst viel später anwandte:
man müßte schon die langsamen Sätze aus der II. und IV. Symphonie
oder das Largo aus dem dritten Klavierkonzert zitieren, wenn man ein
Gegenstück zu diesem machtvoll sonoren Dur-Adagio nennen wollte.
Ein großer, ruhiger, klarer Ton, wie ihn Gulda und Michelangeli
anschlagen, kommt dem bedeutungsvollen, ernsten Charakter des Largos entgegen. Aber diese Haltung der Zurückhaltung erklärt gerade
nicht, warum das Stück so weit über die bloß pianistischen Möglichkeiten des Klaviers hinausgreift. Das folgende Notenbeispiel 41 enthält
sowohl die typische Begleitung der tiefen Pizzicato-Streicher (Takt 1
bis 4) wie das donnernde Orchester Unisono (Takt 5), dem eine pianis-

simo-Flöte folgt. Danach, im 6. Takt, hat Beethoven ein auf dem Klavier schlechthin unausführbares Crescendo (Unisono mit anwachsendem Trommelwirbel?) verlangt. Die anschließende Darbietung des Themas in B-Dur bewußt zart, als Holzbläser-Lichtgestalt, fern: alles das offenbart einen Reichtum an Farben, Gestalten, wechselnden Rhythmen, Längen und Effekten, wie ihn nur ein ungeheuerliches Expressions-Bedürfnis produzieren kann. Man muß die einzigartige Stelle, ihre Fülle, ihren Tiefsinn und ihre extrovertierte Größe von Arthur Schnabel gehört haben, um zu begreifen, daß hier auf dem Klavier eine fesselnde Orchester-Szene geboten wird – aber kein einsiedlerisch verhaltender Monolog!

Beispiel 41

»Orchester-Szene«, das ist natürlich auch nur ein verbaler Annäherungs-versuch, um die Fülle einander schroff entgegengesetzter, über den Bezirk des Klavier-Ausdrucks pathetisch hinausweisender Gestalten zu beschreiben. Man vergegenwärtige sich nur die über drei Oktaven hinab-tropfenden, ungeheuer sprechenden Sechzehntel-Staccatonoten im pia-no, denen dann eine tiefe wunderbare Kadenz-Kantilene (Takt 3–5 des Notenbeispiels 42) folgt; etwas gleichermaßen Erhabenes hat Beethoven erst wieder im ersten Satz der Appassionata (Notenbeispiel 331, letzte drei Takte) vor Beginn der Schlußgruppe komponiert, wo ein pianis-simo-Achtellauf über vier Oktaven gleichsam von Klippe zu Klippe herabstürzt!

Beispiel 42

Wenn man diese extrovertierten Gebärden aus Opus 7 mit der Haltung eines »normalen« Haydnschen, eines Mozartschen oder sogar auch Beethovenschen Adagios (aus Opus 2 Nr. 1, aus Opus 18, aus den frühen Klavierkonzerten) vergleicht, dann spürt man einen Wesensunterschied: hier ist alles in pathetische Geste, in expressive Farbe übersetzt. Das Stück lechzt nach Ausdrucksspannung, ja Überspannung. Ein Pianist, der es wagt, sich solchen Spannungen auch auszusetzen, zu »übertreiben«, und zwar die hymnisch feierliche Verhaltenheit des unendlich langsamen Beginns ebenso wie die Affekte der zahlreichen crescendo- oder rinsforzando-Takte, ein Pianist, der diese Largo-Rhetorik beim Wort nimmt und den Satz eben nicht klassisch besänftigt, sondern extrem steigert, dem muß die komponierte Affekt-Fülle des Largos aus Beethovens Opus 7 so zwingend-selbstverständlich zufallen, wie einem pathetisch-romantischen Orchesterdirigenten Wagner zufällt.

Erinnert man sich undeutlich an die Sonate Opus 7, dann meint man, sie habe ein Scherzo. Wer sie genauer im Ohr hat, glaubt eher, daß es sich um ein Menuett handelt. Wenn man das Werk studiert, stellt man fest, daß dieser dritte Satz weder ein Scherzo noch ein Menuett ist. Beethoven schrieb nur »Allegro« vor. Daraus, daß dem Es-Dur-Hauptsatz ein es-Moll-Minore-Teil folgt, folgt indessen nicht, daß der Satz ein Scherzo sei. Oder als Scherzo gespielt werden müsse.

Jene Pianisten, die den Satz mit Hilfe kurzer Abzüge zum Scherzo zu stilisieren versuchen, haben ihn nicht sorgfältig genug analysiert. So reißt zum Beispiel Elly Ney die abschließenden Viertelnoten in Takt 4, 5 und 6 des Beispiels 43 flott ab und wählt, trotz der »dolce«-Vorschrift, ein scherzohaft rasches Tempo: dadurch wird das vermeintliche Scherzo zum schlechten Scherzo, zum schlechten Scherz mit aufgewühltem Mittelteil.

Beispiel 43

Läßt man jedoch die beiden extremsten, extrem verschiedenen Interpretationen des Satzes, der unter gedankenlosen Pianisten-Händen oft langweilig und redselig klingt, auf sich wirken, dann spürt man das Neue: Beethovens Allegro zielt nicht in Richtung *Scherzo*, sondern in Richtung *Charakterstück*.

Beethoven hat nur eben nicht gewußt, daß er das eigentlich gar nicht

durfte. In Hans Joachim Mosers Musiklexikon (Hamburg 1955) steht:
»Charakterstück nennt man ein kürzeres Instrumentalstück von ›charakteristischer‹, d. h. in einem speziellen Ausdruck scharf profilierter Haltung, gewissermaßen auf halbem Wege zur Programmusik; es gibt nicht Handlung, sondern mehr das Zustandsbild des zu Schildernden und reicht von den altenglischen Klaviermeistern ... über Couperin und Ph. Em. Bach unter Überspringung der Klassiker zu Schumann und Reger«.

»Unter Überspringung der Klassiker ...« Aber wenn nun ein Samuel Feinberg und sogar ein Claudio Arrau den es-Moll-Mittelteil schlechthin »unklassisch« zu spielen wagen? Wir müssen demnach, falls sich zeigen läßt, inwiefern der dritte Satz tatsächlich etwas vom Charakterstück hat, annehmen, daß die Klassiker entweder doch Charakterstücke geschrieben haben, oder aber, daß Beethoven nicht immer und von vornherein »Klassiker« war.

Um Abzüge, Haltebögen, strenges und relatives Legato geht es im Es-Dur-Hauptteil dieses Allegros. Paul Mies zitiert in seinen ›Textkritischen Untersuchungen bei Beethoven‹ (Beethovenhaus Bonn, 1957) einen Brief des Heinrich Schenker-Schülers O. Jonas, in dem es sehr einleuchtend bereits über die Bögen der ersten vier Takte des dritten Satzes von Opus 7 – es finden sich in diesen vier Takten immerhin sechs Bögen, die sich weithin überschneiden – heißt: »Beethoven unterscheidet eben ein *legato*, das mit *ruhiger* Hand gespielt wird, wobei einzelnes nur durch eine leichte Bewegung des Gelenkes oder durch einen Fingerdruck hervorgehoben wird, und ein solches, wo der Beginn eines Teilchens deutliche Betonung verlangt ... In diesem Beispiel nun wird der *legato*-Effekt dadurch erzeugt, daß die Mittelstimme g (in der Wiederholung sogar auch b), liegengelassen wird, die dann noch den Zweck hat, die Oktaven vorzubereiten ...« In den Takten 25–30, fährt Jonas fort, »schreibt Beethoven für die Brechungen in der linken Hand unterteilte Bögen, in der Rechten hingegen einen durchgehenden«. (Siehe unser Notenbeispiel 49) »Das soll ›Flüchtigkeit‹ sein? Nein! Hier führt eben die linke Hand – die Imitation geht in der Rechten nur leicht darüber, bis sie in Takt 31 die Viertel der linken Hand übernimmt.« Beethovens Bögen seien, schließt Paul Mies aus diesen Beobachtungen von Jonas, eben mehr als nur »Spielanweisungen«.

Wenn nun ein Pianist wie Arturo Benedetti-Michelangeli den Es-Dur-Hauptteil dieses dritten Satzes einerseits, wie man so schön und ungenau sagen könnte, »ganz aus dem Klang« spielt, dann heißt das aber nicht nur, daß er die dolce-Vorschrift beachtet, samt der zweimaligen Tendenz, ein verhauchendes pianissimo darzustellen (»mancando«, also »verschwindend«), sondern Michelangeli führt über die bei ihm selbstverständliche Phrasierungs-Akribie hinaus vor, wie dieser Allegro-Teil aus einer – von Pausen, Zärtlichkeiten, Wiederholungen unterbrochenen – gar nicht ohne weiteres hörbaren motivischen Arbeit besteht. Dem Satz haftet insofern etwas sanft Paradoxes an, als er seine Logik nicht etwa lakonisch pointiert, aufdringlich, geballt und unüberhörbar, sondern anfangs heiter, dann verträumt, erst am Schluß massiv und unzweideutig. Michelangeli und Arrau demonstrieren, wie Beethoven in diesem Allegro eine gegebene, harmlos kadenzierende Wendung durch rhythmische und harmonische Varianten abwandelt und erweitert.

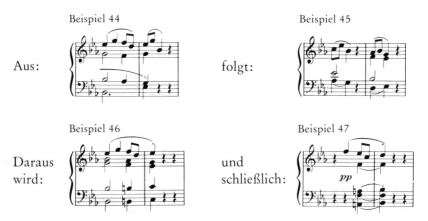

was mit eigensinniger Wiederholungs-Konsequenz und assoziationsfreudig, dann so weiterläuft:

Diese Zusammenhänge lassen sich hörbar machen. Wer das Stück im wilden Scherzo-Allegro-molto-Tempo spielt, muß darüber hinwegsausen. Doch bei Michelangeli und Arrau wird das Spiel der Abwandlungen, die neckische und schwärmerische Komponente dieser reizend doppelsinnigen Musik klar. Alles das bildet möglicherweise noch keinen zwingenden Beweis für »Charakterstückhaftigkeit«, obwohl die Meisterschaft Beethovens, aus Pausen, Wiederholungen, scheinbar zugleich vorwärts- und rückwärtsgewandten Phrasen ein Vexier-Spiel zu veranstalten, zumindest manieristisch wirkt. Michelangeli ist es wiederum, der über alle offensichtlichen Beziehungen hinaus auch die kaum wahrnehmbaren und immer überspielten Beziehungen im zweiten Teil des Hauptsatzes verdeutlicht. Schon das kanonische Moment, mit dem es nach dem Wiederholungszeichen weitergeht, artikuliert Arturo Benedetti-Michelangeli deshalb so deutlich, weil er die Verschiedenheiten der Beethovenschen Bogen-Bezeichnung nicht nur nebenher andeutet, als wären sie bloße Marotte, sondern ganz genau ausführt. Man muß die Nuancen begreifen: Michelangeli zeigt, daß Rechte und Linke zwar die gleichen Noten spielen, diese aber — um der Deutlichkeit willen hat Beethoven es vorgeschrieben! — nicht gleichlautend phrasieren!

Beispiel 49

Und dann gelingt Michelangeli ein Wunder: er betont im dritten Takt des nun folgenden Beispiels 50 das Moll-ges als ausdrucksvolles Ritardando und hebt die Sopran-Linie ges-f-d-es deutlich hervor, spielt also auch den *melodischen* Ausdruck, wo die meisten anderen Pianisten sich auf den Harmonien ausruhen:

Beispiel 50

Das aber macht nicht bloß die Wendung

Beispiel 51

klar und geheimnisvoll zugleich, sondern man ist auch auf die wunderbare Tenor-Stimme der späteren Modulationstakte, die ja gleichfalls vom ges zum es und weiter fallen, vorbereitet. Michelangeli versteht es, solche Zusammenhänge mit Hilfe hochsensibler Artikulation und verdeutlichender Klangfarben aufzuweisen. Das Stück, das so leicht altväterlich, pedantisch und wiederholungssüchtig klingen kann, gewinnt so einen außerordentlichen Reiz. »Charakterstück«? Der es-Moll-Mittelteil beginnt folgendermaßen:

Beispiel 52

Wer diese Noten sieht – und vergegenwärtigt, daß sie im Allegro gespielt werden sollen –, wird unvorbereitet wahrscheinlich kaum auf folgenden Gedanken kommen: erstens, daß es sich um Beethoven handelt, und zweitens, daß kein Pianist auch nur den Versuch unternimmt, hier zu spielen, was unzweideutig dasteht. Was steht denn da? Nun: zwei Takte pianissimo-Triolen, dann ein kurzes, jähes fortissimo-piano, nach diesem fortissimo-piano keinerlei crescendo... Erst später, nach dem zweiten fortissimo-piano des Satzes ist ein crescendo vorgeschrieben, das bis zum piano wachsen soll, woraus sich entnehmen läßt, wie genau Beethoven das Leiserwerden nach dem fortissimo ausgeführt haben will.
Gegebener Tatbestand: Achteltriolen, die eine Melodie enthalten: ab und zu sticht ein besonders wichtiger Melodie-Ton heraus.
Anscheinend existieren zwei Möglichkeiten: man kann das Stück als Etüde spielen, wie zum Beispiel Alfred Brendel, der die Triolen hurtig trocken laufen läßt und das fortissimo-piano nach Möglichkeit (ganz gelingt es dem Künstler allerdings auch nicht) nur auf einen Schlag beschränkt. Die meisten anderen Pianisten übersehen hier einfachheitshalber Beethovens pianissimo-Vorschriften: sie verteilen Licht und Schatten in längeren Abständen. Gulda ist mit geheimnislosem Behende-Sein zufrieden, Schnabel mit eilig ausgespieltem Crescendo, Samuel Feinberg scheint diese Lösungen sämtlich für Notlösungen zu halten. Weil in den Triolen ganz offensichtlich eine Melodie verborgen ist, schließt er, daß in dem es-Moll-Minore ein romantischer Charakter-

stück-Ausbruch versteckt sei. Aus dem Auftakt macht er ein gewichtiges Ritardando, die Triolen spielt er majestätisch gesanglich langsam, die Akkorde verhallen geheimnisvoll.

Nun entsprach ja schon im virtuos triolenhaften a-Moll-Trio aus dem Scherzo der C-Dur-Sonate Opus 2 Nr. 3 die etüdenhafte Gleichmütigkeit und Gleichmäßigkeit offenbar nicht Beethovens Vorstellung. Aber was dort zumindest noch zweifelhaft gewesen sein mochte, ist hier eindeutig: in die Achtel-Triolen hat Beethoven eine Melodie gewoben, die nicht nur hin- und herwandert, sondern über krasse dynamische Gegensätze hinweg schließlich zu einem fortissimo-Schluß anschwillt. Auf diesen Schluß folgt eine elegisch beruhigende, einfache pianissimo-Melodie, dann völlige Stille: *ppp*. Und wenn danach das Es-Dur-Allegro wieder ertönt, wirkt es wie eine fragile Idylle nach einem rauschenden Alptraum.

Samuel Feinberg nimmt sich die Freiheit, aus den unrealisierbaren und zugleich so auffallend extremen dynamischen Vorschriften Beethovens zu erschließen, daß hier eine Musik auf die Welt drängt, die anscheinend selber noch nicht an die Möglichkeit derartiger Seelen-Ergüsse glaubt, gleichsam der eigenen Courage noch nicht traut. Feinberg exekutiert das Stück, als handele es sich um ein dreißig Jahre später entstandenes Charakterstück. Er betont die erste der drei Triolen-Noten und läßt die anderen beiden non-legato nachschwingen, er spielt eine Daumen-Kantilene, wie sie wenig später der hochbegabt komponierende Virtuose Sigismund Thalberg kultivierte; aber vor allem bringt er jenen Triolen-Furor heraus, der so manche Moll-Komposition Schuberts erfüllt.

Beispiel 53

Im Mai 1828 komponierte Schubert tatsächlich:

Beispiel 54

Mit dem Gespür und der Unbefangenheit eines schöpferischen Musikers, der sich nichts daraus macht, eines (evidenten) Stilbruchs geziehen zu werden – schließlich komponierte Beethoven selber ja beispielsweise den phantastischen »Stilbruch« seiner späten B-Dur-Kadenz für das ganz frühe B-Dur-Konzert Opus 19! –, donnert also Samuel Feinberg einen frühen Beethoven-Satz in Schubert-, wenn nicht Tschaikowsky-Nähe. Nur holt er eben, indem er das Charakterstück wagt und die Komposition nicht klassizistisch beschönigt, aus dem »Minore« jenen Sturm und jene zwingende Musik heraus, die manche stilsicheren Pianisten, deren Bildung keinen Spaß macht und keinen Spaß machen will, uns schuldig bleiben. Der Es-Dur-Satz jedenfalls wird nur zum ätherisch-schwung-vollen Traum, wenn der Mittelteil es auf sich nimmt, brausender Alptraum zu sein. Arrau deutet es an, Feinberg donnert es aus.

Bei solchen »Funden« drängt sich leicht ein außermusikalisches Kriterium ins Spekulieren über Interpretation: am »richtigsten« begreift demzufolge augenscheinlich immer derjenige eine Komposition, der am besten plausibel zu machen versteht, in welchem Maße sie »Zukunft in sich birgt« oder gar direkt in die Zukunft weist. Musikgeschichte wird so zur Fortschrittsgeschichte, und derjenige hätte sich bei unserem Es-Dur-Allegro samt seinem es-Moll-Minore am richtigsten aus der Affäre gezogen, der am zwingendsten plausibel macht, inwiefern der Satz schon das b-Moll-Triolen-Trio aus der Hammerklaviersonate, oder Schubert oder gar das es-Moll-Präludium Opus 28 Nr. 14 von Chopin antizipiert. Doch das Betonen des (vielleicht) in der Struktur wie im Ausdruck potentiell charakteristisch Angelegten auf Kosten des im Notentext unzweideutig Vorgeschriebenen darf immer nur ultima ratio sein, die sich desto näher legt, je weniger die korrekte Ausführung des vom

Komponisten Vorgeschriebenen befriedigend möglich ist. Sonaten sind keine Experimentierbühnen – aber so lange sie überhaupt noch ernstgenommen und für lebensvoll gehalten werden, müssen sie auch auf die Probe gestellt werden dürfen.

Romain Rolland hat für das Rondo der Es-Dur-Sonate – Poco Allegretto e grazioso – den graziösen Vergleich gefunden, es spiele »wie ein Kind, das einem zwischen den Beinen durchläuft« (›Beethovens Meisterjahre‹, Insel Verlag 1930). Beugt man ich jedoch gönnerhaft hinab, um nach dem reizenden Kleinen zu blicken, dann handelt es sich leider um ein schwer erziehbares Kind. Die Pianisten haben ihre liebe Not mit ihm.

Und warum? Weil zwischen dem, was die Noten an anmutiger Verspieltheit zu fordern scheinen und den zahlreichen, bewußt gesetzten dynamischen Vorzeichen ein schwer harmonisierbarer Gegensatz besteht. Dieser Gegensatz läßt sich bei einem verhältnismäßig behaglichen Tempo am leichtesten ausgleichen: da können die Kontraste zwischen forte und piano dann wirklich pointiert herauskommen, da kann auch der immer neue, geist- und gefühlvolle Klaviersatz, in dem das Hauptthema sich darstellt, sorgfältig ausgespielt werden. Doch bei einer solchen, auf Behaglichkeit und Subtilität zielenden, ruhig-heiteren Interpretation wird das Rondo gefährlich lang. Unter Claudio Arraus Händen dauert es fast 8 Minuten, bei Schnabel immerhin 6'17, Gulda wird mit dem Allegretto in 5'43 fertig.

Hier hilft also das normalerweise probateste, risikolose Mittel nicht: so gemäßigt und schön wie möglich spielen, was dasteht. Darum bemühen sich, sorgfältig phrasierend und mit viel Gefühl, Pianisten wie Dieter Zechlin oder der – im einzelnen interessanter artikulierende – Alfred Brendel. Aber selbst Brendel kann nicht verhindern, daß der Satz unter seinen Händen langatmig bleibt. So entgeht Brendel der Witz etwa einer solchen artifiziellen Kontraststelle völlig:

Beispiel 55

Elly Ney, die einen freien, beredten Ton für dieses Finale findet, ahnt wenigstens die Nähe einer Pointe. Große Mühe macht allen Pianisten der c-Moll-Mittelteil. So versucht Elly Ney gar nicht erst, darüber hinweg-

zumogeln, daß es ihr für die widerhaarigen c-Moll-Zweiunddreißigstel an technischer Souveränität fehlt. Wenn Elly Ney bei den Zweiunddreißigsteln rechts und links ins Stolpern kommt, könnte sie sich freilich darauf berufen, daß – allerdings bei schnellerem Tempo – auch ein Artur Schnabel in diesem Mittelteil ganz fürchterlich unsauber herumgewühlt hat, daß man sogar dem Perfektionisten Gulda die Mühe (und ein paar Übe-Minuten zu wenig) anmerkt, daß Arrau da tantenhaft vorsichtig bleibt. Nur Brendel geht mutig und erfolgreich aufs Ganze…
Samuel Feinberg, der für den ersten und dritten Satz der Es-Dur-Sonate interessante Lösungen bot, hat sich auch für das Finale Ungewöhnliches zurechtgelegt. Aber der Satz gerät ihm zu kompakt. Aus dem Beginn des Hauptthemas macht er jedesmal ein reinzvoll-langsames in Schwung-Kommen, so als wäre auf dem ersten Sechzehntel- Baßton der Linken eine Fermate, als gliche die Melodie einem Karussell, das immer von neuem in Drehbewegung versetzt werden muß. Es klingt schematisch. Das Rondo-Thema ist eine achttaktige Es-Dur-Melodie, der eine viertaktige Zwischensatz-Fortspinnung folgt, die entweder auf eine Fermate zuläuft oder auf ein lang ausgehaltenes zweitaktiges Unisono, oder auf eine Fermate samt Rückung nach E-Dur (in der Coda). Man kann den Fermaten-Stillstand, der jedesmal eintritt, wenn der Fortspinnungsteil nach dem Hauptthema genau vier Takte alt ist, geradezu als eine musikalische Mischung aus Ausrufungszeichen und Doppelpunkt bezeichnen: Halt! Wie soll es nun weitergehen…
Bei Beethoven sieht das am Anfang, und später wörtlich wiederholt, so aus:

Beispiel 56

Später geht es nach einem solchen Doppelpunkt auch anders weiter:

Beispiel 57

Oder ganz überraschend so:

Beispiel 58

Derartige Doppelpunkt-Effekte liebte auch Schubert sehr. Man erinnere sich nur an das Finale seines Forellenquintettes oder an den letzten Satz der nachgelassenen B-Dur-Sonate, die das Rondo-Thema mit einem gleichsam auf den Tisch gehauenen fortepiano-Unisono g beginnen läßt, es immer wieder zitiert und am Schluß sogar trist-pathologisch entstellt, was übrigens Rudolf Serkin herrlich fahl vorzuführen weiß.

Beispiel 59

Diese weder Schubert noch Beethoven, sondern vielmehr der Musiksprache gehörende Wendung ist nun im Finale von Opus 7 ganz ausführlich entfaltet – und eine Interpretation, die jedesmal nur auf den Anfang des Themas stark pointierendes Gewicht legt, wie es bei Feinberg geschieht, statt die Spannung des »Wie geht es nun weiter?« vorzubereiten, beruht deshalb auf einem Irrtum.

Der berühmte Pariser Pianist und Pädagoge Yves Nat versuchte auf andere Weise, mit diesem zärtlichen Riesen-Rondo fertig zu werden: er nimmt die Überschrift, die ja von allem Massiven wegstrebt (grazioso, allegretto) wichtiger als alle einzelnen crescendo- und descrescendo-, rinsforzando- und sforzato-Vorschriften. Er spielt den »Geist«, wie er ihn erkannt oder erfühlt zu haben glaubt, und nicht den Buchstaben. Das heißt: Yves Nat betrachtet die Noten, wie sie dastehen, als Stoff und versucht, sie elegant, schlank, durchsichtig und flüssig zu beleben. Das Resultat einer solchen – auf die Noten, aber nicht die vorgeschriebene Dynamik – abzielenden Darbietung ist zwingend, hat etwas von romantischem Witz und graziösem Gefühl. Man könnte zur Verteidigung der Freiheiten, die Nat sich nimmt, wenn er piano-Vorschriften einfach ignoriert oder mit lebendigster, für sich höchst logischer Eleganz die Beethovenschen sforzato-Akzente wegen des heiteren Parlando wegläßt, vielleicht vorbringen, der wüste c-Moll-Mittelteil, den Yves Nat durchaus wuchtig und seriös vorträgt, sei Kontrast genug. Aber eine solche (elegante) »Rettung«, die klüger sein will, als Beethoven es war – Nat fügt ja nicht möglicherweise Selbstverständliches oder vom Autor Vergessenes hinzu, sondern er läßt unzweideutig ausdrücklich Gefordertes weg! – liegt doch, im Namen eines allzu verbindlichen und konsequenten Grazioso-Effektes, reiner Willkür nahe. Irgendwelche Stützungsmaßnahmen halten bei diesem Rondo freilich die meisten Pianisten für unentbehrlich. Stören einerseits die vorgeschriebenen, nicht »organisch« wirkenden Laut-leise-Kontraste jenen Fluß, den die Klavierkünstler für erstrebenswert zu halten scheinen, so hat nun Beethoven auf der anderen Seite im Hinblick auf Verknüpfungslogik des Guten wohl wirklich zu viel getan. Es ist beängstigend, sich einmal sorgfältig vor Augen zu halten, wie pedantisch und logisch Beethoven hier vermittelt. Der Überleitungsprozeß von Es-Dur nach B-Dur hat etwas unfrei Mathematisches:

Beispiel 60

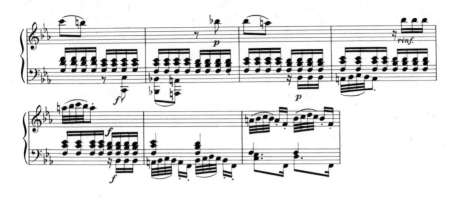

Wenn man Richard Wagner vorgeworfen hat, seine Figuren trauten sich
ohne Leitmotiv-Paß eigentlich gar nicht auf die Bühne, so könnte man
hier – und auch bei der Parallelstelle – Überleitungs-Pedanterie konsta-
tieren. Ein Takt lehnt sich geradezu süchtig-logisch an den anderen an.
Versuchen wir einmal, mit Worten die Logik der Musik nachzusprechen.
Zunächst läuft eine Baß-Passage (siehe Beispiel 60, 3. Takt), die man
übrigens bereits (Beispiel 56, 2. Takt) kennt!, auf die beiden Achtelnoten
es und d aus (Beispiel 60, 4. Takt). Der Sopran wiederholt das gehorsam,
kaum erweitert, es-es-d (Beispiel 60, 4. und 5. Takt). Beflissen wird dann
die Baß-Passage repetiert, nun aber umgekehrt d-d-es beantwortet (Beispiel 60, 6. und 7. Takt). Das setzt sich fort. Eine ähnliche Technik
wendet Beethoven auch bei den rhythmischen Verzierungen an. Aus den
Achteln werden Auftakt-Sechzehntel und -Zweiunddreißigstel (Beispiel
60, Takt 11 und 12), die Zweiunddreißigstel vermehren sich, und so
weiter. Da ist kein Schritt, der sich nicht bündig aus dem Vorhergehenden ableiten ließe. Nur Wilhelm Kempff kommt dieser heiteren
Pedanterie mit freier Ironie bei. Denn auch die forcierteste Logik ist im
Bereich der Musik immer noch Pseudo-Logik. Wohin die kleinsten und
allerkleinsten Übergänge der motivischen Arbeit tendieren, das ergibt
sich doch nicht absolut zwangsläufig. Wenn Beethoven hier, im stolzen
Bewußtsein des eigenen Könnens, die einzelnen Schritte so penibel
vorführt, entsteht eine unvermeidliche Ausführlichkeit, der nur Witz beikommt. In Musik *wirkt reine Logik oft nur pedantisch:* zusammenge-
raffte, verkürzte, sprunghafte *Reduktion indessen wirkt zwingend!* Wir
haben das im Zusammenhang mit dem Adagio aus Opus 2 Nr. 1 beim
Vergleich zwischen ausführlicher II. Leonoren-Ouvertüre und kürzerer,
um manche »logischen« Schritte reduzierter, gleichwohl zwingender
gebauter III. Leonoren-Ouvertüre bestätigt gefunden.
Theodor W. Adorno hat bei Alban Berg dieses aller großen Wiener

Musik immanente Schema des kontinuierlichen Übergangs folgendermaßen beschrieben (Th. W. Adorno ›Berg – Der Meister des kleinsten Übergangs‹, Verlag Elisabeth Lafite/Österreichischer Bundesverlag Wien
1968): »Berg's Musik kann, in allem üppigen Reichtum ihrer Mannig-
faltigkeit, den nackten Kontrast, das unvermittelte Aufeinanderprallen
der Gegensätze nicht ertragen – als ob die musikalische Behauptung des
Gegensätzlichen dem einzelnen Element bereits ein Sein zuspräche, das mit
der metaphysischen Bescheidenheit, dem zerbrechlichen Duktus aller
Bergschen musikalischen Gestalt unvereinbar ist. Man mag diese Berg-
sche Manier – Manier so groß gemeint wie im Manierismus – mit jenem
Kinderscherz verdeutlichen, der das Wort Kapuziner auseinandernimmt
und wieder zusammenfügt: Kapuziner – Apuziner – Puziner – Uziner
– Ziner – Iner – Ner – Er – R; R – Er – Ner – Iner – Ziner – Uziner –
Puziner – Apuziner – Kapuziner. So hat er komponiert, so spielt seine
ganze Musik in der Kapuzinergruft des Schalken...«
Dieses Moment des Pedantisch-Schalkhaften ist auch bei Beethoven, wo
die Überleitungsvernünftelei nicht aus Kontrastscheu, sondern eher aus
logisch rationalistischem Überschwang zu erklären wäre, durchaus mitzu-
zuhören. Sowohl die hier angeführte Stelle aus dem Rondo von Opus 7
wie auch die raffinierte Analogie aus dem berühmten (Mälzel-Metro-
nom)-Allegretto Scherzando der VIII. Symphonie präsentieren den Witz
geistreichen Überflusses: es ist, um ein Wort Goethes über Bach zu variieren, als ob das ewige kleine Einmaleins sich mit sich selber unterhielte.
In der VIII. Symphonie heißt es, zitiert nach Franz Liszts Klavierauszug,
fast parodistisch logisch, folgendermaßen:

Beispiel 61

Daß solche Logik witzig ist oder sein kann, lehren jene Interpretationen,
die, weil das melodisch konsequente Argument sich ohnehin von selbst
versteht, ganz auf Rhythmus, auf gespannte Selbständigkeit des Vor-
wärtsschreitens setzen! So spielt etwa Wilhelm Backhaus diese Überlei-
tungs-Orgie aus dem Finale Opus 7 bewußt etwas zügiger, so hat das
motorisch-lebhafte Zugreifen und Vorwärtsschreiten Guldas hier einen
hellen, heiteren Effekt. Man hört, ganz irdisch, wie etwas sich selbst

erzeugt, wie etwas »wird«, wie etwas sich entwickelt. Es ist eine pochende, spannende Unschuld mühelosen Werdens in dieser Musik.

Arturo Benedetti-Michelangeli mag auf dieses Moment produktiver Vitalität nicht setzen, unter seinen Händen klingt das Rondo statisch, langsam und schön. Der italienische Meisterpianist sucht – notgedrungen, aber auch bewußt ästhetizistisch – nach Subtilitäten. Und da gelingt es ihm, gegen Schluß des Rondo einen Durchgang:

Beispiel 62

so erlaucht zu phrasieren, daß man die chromatische Aufweichung der Tonalität miterlebt und bereits die später folgende, wunderbare Rückung nach E-Dur, die dann nur ein entschlossenes fortissimo-piano-»As« wieder »in Ordnung« bringen, zurückstoßen kann, ahnt. Wie Michelangeli die Mittelstimme, sie beginnt mit einem gis (viertes Achtel im 3. Takt des folgenden Beispiels), zugleich hervorheben und doch diskret abzutönen, wie er im letzten Takt dann mit dem zum as umgedeuteten gis die Es-Dur-Sphäre wiederherzustellen weiß, das ist Geheimnis und Wunder zugleich.

Beispiel 63

Claudio Arrau, der den Satz langsamer sogar als Elly Ney auffaßt, meidet alle Tricks, alle Umdeutungen, alle dynamischen Manipulationen und Veränderungen des Beethovenschen Willens. Er spielt das Stück nicht *als solches,* sondern wie eine Erinnerung an Naivität, an Kinderzeit. So kann Arrau jede Vorschrift »ernst« nehmen, jedes Sforzato, jedes Crescendo, und er braucht das Rondo grazioso gleichwohl nicht mit massiver Dramatik zu belasten. Er muß nur eben eine Klangkulisse, einen »Ton« herstellen, eine Mischung aus Zärtlichkeit und Ferne, Empfindsamkeit und graziöser Ironie, der auch über eine so lange und gemächliche Rondostrecke hinwegträgt. Anders ist die graziöse Allegretto-Ruhe dieses schweren Rondos kaum zu gewinnen.

5. SONATE

Sonate Opus 10 Nr. 1 c-Moll (1796/98)

Allegro molto e con brio
Adagio molto
Finale *Prestissimo*

Die sogenannte »kleine« c-Moll-Sonate – aber keineswegs klein oder leicht, sondern exzentrisch und an der Grenze zum Unspielbaren. Konventionelles Motivmaterial wird in jeder Weise »molto« behandelt: der erste Satz überfährt die Dreiklangsthematik samt Haydn-Anklängen zum erregten Sturm, der zweite balanciert extreme Ruhe mit zahlreichen Vierundsechzigstel-Noten (welche die Benutzung eines Rechenschiebers ratsam erscheinen lassen). Und im Prestissimo explodiert, was sich im Klaviertrio Opus 1 Nr. 3 vergleichsweise harmlos ankündigte. Dieses Finale nimmt bereits das Schicksalsmotiv der 5. Symphonie vorweg. Zugespitzter und stürmischer als die eindeutigere, selbstsicherere Pathétique, die c-Moll-Violinsonate Opus 30 Nr. 2 und das c-Moll-Streichquartett Opus 18 Nr. 4, ist die Sonate Opus 10 Nr. 1 ein ungeheuerlicher, stilistisch keineswegs »sauberer« Ausbruch für das Soloklavier.

Es mußte viel zusammenkommen – Pädagogenstumpfsinn, klassizistische Scheuklappen, besserwisserisches Nicht-Ernstnehmen der Beethovenschen Vorschriften und der relativ kurze Umfang des Stückes –, um die communis opinio zu ermöglichen, diese Sonate sei eine von den harmlosesten und spielbarsten. In den von Jacques Gabriel Prod'homme nebeneinandergestellten Schwierigkeitsskalen (›Die Klaviersonaten Beethovens‹, Wiesbaden 1948) – wo meist die Sonatinen Opus 49 als leichteste, Opus 111 und die Hammerklaviersonate als schwierigste Werke ausgegeben werden – rangiert die Sonate Opus 10 Nr. 1 tatsächlich unter den allereinfachsten Stücken: A. B. Marx, Damm, Volbach und Casella befinden sämtlich, sie sei weniger schwer als Opus 13, Opus 26 oder Opus 28. Ein wüst genialer Ausbruch wird Klavierschülern ausgeliefert, die kaum über Sonatinen hinaus sind. So spielt, kein Wunder, die c-Moll-Sonate Opus 10 Nr. 1 in den Klavierstunden eine große Rolle, wenn es darum geht, den Adepten mit Beethoven bekannt zu machen und doch nicht gleich zu überfordern. Die Ecksätze sind so angenehm kurz, das Adagio scheint so faßlich und melodisch: keine schlechte Brücke zu Beethoven. In Klavierabenden hört man das Werk darum auch seltener. Warum sollen ausgewachsene Pianisten ihre Kräfte an ein Schülerstück verschwenden? Die »kleine« c-Moll-Sonate hat ein ähnliches Schicksal wie Schuberts Schwalben-Impromptu, das längst zur Zugabenummer degradiert wurde, oder wie Mozarts scheinbar leichte Sonata facile KV 545, die man auch kaum je öffentlich hören würde, wenn nicht Friedrich Gulda gelegentlich demonstrieren wollte, welche phantastischen Verzierungen er hinzuzufügen weiß.

Wahrscheinlich gibt es keine zweite Beethoven-Sonate, die einen derart radikalen Lernprozeß notwendig macht oder zumindest nahelegt wie Opus 10 Nr. 1! Wenn man das Stück von den Meistern der alten deutschen Pianistenschule, also etwa von Wilhelm Backhaus oder Wilhelm Kempff »im Ohr« hat, wenn man es von Interpreten hört, die der deutschen Tradition nahezustehen scheinen, wie Claudio Arrau oder sogar Daniel Barenboim (der als Knabe Furtwängler in Salzburg begegnete und von diesem Erlebnis heute noch zehrt), dann – so wage ich zu behaupten – kennt man diese Sonate nicht. Auch Yves Nat (1890–1956) spielte sie noch ganz im edlen, heroisierenden Stil des 19. Jahrhunderts.

Nun wäre es gewiß absurd, hier einfach verfügen zu wollen, alle gegenwärtigen und zukünftigen Pianisten müßten sich anhören, wie Artur Schnabel oder gar Glenn Gould, wie Dieter Zechlin (zumindest den ersten Satz!) oder Friedrich Gulda Opus 10 Nr. 1 spielen – und es dann auch so oder ähnlich machen. Das aber darf gesagt werden: Wer dieses Stück studiert oder spielt, der muß sich zumindest darüber informiert haben, was die eben genannten vier Pianisten in dieser Sonate entdeckten. Möglicherweise werden künftige Interpreten Glenn Goulds beispiellos hysterische und schnelle Einspielung hohnlachend zurückweisen, Guldas Darbietung zu kalt, Schnabels Aufnahme zu ungleichmäßig finden und nach einer anderen, neueren, gemäßen Lösung suchen. Dies wäre eine ganz natürliche Entwicklung. Aber wenn jemand an Opus 10 Nr. 1 herangine, ohne sich mit Interpretationsergebnissen auseinanderzusetzen, die mittlerweile erarbeitet sind, dann käme das der (unerlaubten) Verweigerung eines Lernprozesses gleich ...

Warum provoziert gerade diese c-Moll-Sonate so grotesk unterschiedliche Deutungen? Der Antagonismus liegt gewiß auch in der Sache selbst. Wenn man etwa den Es-Dur-Seitengedanken aus dem ersten Satz isoliert, drängt sich der Eindruck harmlos traditionalistischer Frühklassik auf; Alberti-Bässe, eine konventionelle, konventionell verzierte Melodie:

Beispiel 64

Auch die Durchführung enthält einen harmlos elegischen, übrigens nur mühsam aus dem Vorhergehenden ableitbaren, simpel begleiteten f-Moll-Gedanken:

Beispiel 65

Im Adagio findet sich immerhin eine so einfache Kantilene wie:

Beispiel 66

Und das Finale bietet nach Durchführungsbeginn, geradezu süffig, hübsche Sequenzen. Schließt man von derartigen und analogen Stellen aufs Ganze, läßt man sich – wie der grundgelehrte und sorgfältige Pianist Paul Badura-Skoda – beeindrucken von einer Reihe mehr oder minder überzeugender Korrespondenzen zu der großen c-Moll-Sonate Mozarts (KV 457), akzeptiert man Edwin Fischers auch nicht gerade ein exzentrisches Tempo suggerierende Beobachtung, daß hier »fast alle Gedanken, so Haupt- oder Seitensatz, Dur oder Moll, mit einem Seufzer... enden« (Paul Badura-Skoda/Jörg Demus: ›Die Klaviersonaten von Ludwig van Beethoven‹, Wiesbaden 1970, S.. 48 ff.), dann weiß man, wie die gutartigen, veredelnden, niemanden aufregenden oder gar vor den Kopf stoßenden Interpretationen der Ecksätze zu erklären sind, die von Arrau, Barenboim, Backhaus und Kempff als schöne Tradition geboten werden. Indessen kann man den Notentext auch anders lesen. Eine dreifache spannungssteigernde Wiederholung – nach jenem Prinzip des »Du mußt es dreimal sagen!« komponiert, dem wir im ersten Satz von Opus 2 Nr. 1 begegnet sind – mag Zweifel nahelegen, ob da nun wirklich ein verhalten elegisches Allegro gemeint sei, wie Kempff es vorführt, und nicht doch ein willensbetont rasches.

Beispiel 67

Wenn man die schattenhafte und dramatische Fortsetzung, die sogleich folgt und keineswegs mit einem »Seufzer«, sondern mit einem donnernden c-Moll-Akkord endet, auf sich wirken läßt, wenn man die Pausen und die Bewegungs-Energie der Triolen ernstnimmt, dann wird offenkundig, daß Beethovens Tempo-Forderung »Allegro molto e con brio« gar nicht stürmisch genug befolgt werden kann. Auch die dreimal wiederholte Fortissimo-Vorschrift der letzten drei Takte des Beispiels 68 ist weder kraftmeierischer Zufall noch zahme Dekorationsandeutung, sondern ein durchaus zwingender Ausdrucksbefehl!

Beispiel 68

Eine der gewalttätigsten, ja wahrscheinlich sogar die gewalttätigste Beethoven-Sonaten-Aufnahme, die jemals eingespielt wurde, ist Glenn Goulds Darbietung der c-Moll-Sonate Opus 10 Nr. 1.
Ich will zugeben, daß ich beim ersten Hören dieser Platte dachte: »Oh,

welch ein edler Geist ist hier zerstört.« Denn was – besonders an Goulds Interpretation des ersten Satzes – aberwitzig ist, fällt sogleich ins Ohr: das unsinnig rasche Tempo, die unsinnige Hektik, die unsinnige Disziplinlosigkeit, alles das überlagert noch vom lauten, lärmenden Mitsingen und Mitheulen des völlig entfesselten Exzentrikkünstlers. Nun besitzt Glenn Gould (bei aller Bizarrerie) eine ungemein überredende, hinreißend fließende, schwungvolle, genialische Kunst, das Klavier zu behandeln. Man lacht ärgerlich über den ersten Satz, man bewundert die forcierte Beredsamkeit des Adagios, und man staunt über das beispiellos explosiv und virtuos hingedonnerte Prestissimo. Allein, je mehr man sich dann in gesündere, stilsicherere, edlere und kultiviertere Aufnahmen dieser c-Moll-Sonate vertieft hat, desto unwiderstehlicher meldet sich die lästige, unaustilgbare Frage, ob nicht doch an Glenn Goulds Verrücktheit etwas »dran« sei, ob hier nicht die Übertreibung zumindest einen Teil der Wahrheit ausmache. Wer weiß schon, wie »wild« der junge Beethoven wirklich war? Harold C. Schonberg hat daran erinnert: »Beethoven ruinierte mehr Klaviere als irgend jemand in Wien. Czerny... suchte ihn für die Zwischenfälle damit zu entschuldigen, daß die Klaviere jener Zeit – also 1795/96 – Beethovens Anforderungen noch nicht gewachsen waren« (›Die großen Pianisten‹, List-Taschenbuch, S. 75).

Nun spielt Glenn Gould den ersten Satz »Allegro molto e con brio« aber nicht nur absurd viel rascher als alle anderen Pianisten (er kommt mit 60 % der Zeit von Kempff, Barenboim, Nat aus!, er ist nicht nur beträchtlich schneller sogar als Schnabel oder Gulda oder Zechlin!), sondern er rast das Stück so herunter, daß man staunend-schaudernder Zeuge einer phänomenalen Geläufigkeit und Repetitions-Technik wird. So stellt sich natürlich nur der wilde »Geist« der Sache her; wer zählt da noch die einzelnen Crescendi, die Glenn Gould ausläßt, nennt da noch die *Tonhöhen*, die bei ihm nebensächlich werden – nicht etwa, weil Gould sich vergreift, sondern weil man bei einer so gezackten Stelle wie der folgenden (Notenbeispiel 69) wegen des enthemmten Achtel-Gerassels die Einzelunterschiede kaum mehr wahrzunehmen vermag.

Beispiel 69

Übertreibungswille weist darauf hin, was sich in dieser Sonate an Energiekurven verbirgt und wie erregt auch die konventionellen Motive oder Tonleitern im Zusammenhang rasender Expressivität herauskommen können. Opus 10 Nr. 1 ist viel reicher an spezifischen, ausdrucksvollen, eigentümlichen Entfaltungen, als es etwa noch das auch mit einem Prestissimo endende c-Moll-Klaviertrio Opus 1 Nr. 3 war. Bei Gould erspürt man die alle drei Sätze durch waltende Kraft zu extremer Wildheit, extremer Stille, extremem Ausdruck.

Der Anfang des ersten Satzes ist eben kein selbstsicher aufsteigender c-Moll-Dreiklang, sondern ein Energie-Ausbruch, wahrhaft eine »Rakete« in c-Moll. Und eine anscheinend nur aus »Seufzern« bestehende, wohllautende Überleitung darf nicht liebenswürdig-ruhig ertönen (Yves Nat), sondern kann so aggressiv sein, wie sie Dieter Zechlin darstellt.

Beispiel 70

Glenn Gould, Dieter Zechlin und Friedrich Gulda spielen mit aller Schärfe gegen das verbindlich-idealisierende Beethovenbild der deutschen Tradition an. Ein Backhaus, ein Kempff, ein Arrau – sie huldigen einem überlieferten, edlen Beethoven-Ton, sie spielen alles Fieberhafte, alle »unedle« Übertreibung nicht mit, weil dergleichen ihrer Ansicht, ihrem Gefühl nach nicht zum Geist der großen Musik paßt.

Dabei handelt es sich nicht eindeutig um ein Generationsproblem. Artur Schnabel, 1882 geboren (der als Wunderkind immerhin noch dem freilich uninteressiert weghörenden Brahms vorspielte), wählt ein meiner Ansicht nach richtigeres, grelleres, jagenderes Tempo als der hier viel zu sonor und getragen artikulierende, sechzig Jahre jüngere Daniel Barenboim.

Es geht also um eine aberwitzige Erregung, die sich sowohl den weitgreifenden, gezackten Passagen, den Akkord-Entwicklungen der Durchführung, den auf grelle Sforzati zusteuernden Achteln, wie auch den konventionellen Alberti-Bässen und den schweifenden Oktav-Kantilenen der Durchführung mitteilen müßte.

Unruhe, Erregung und Rastlosigkeit, die sich im beschwichtigenden Epilog beruhigen – das sind keine Fragen des »Tempos« an sich. Friedrich Gulda wählt auch ein recht scharfes Tempo, er spielt den Gegensatz zwischen den Forte-Aufschwüngen und gleichsam ängstlichem Sichkleiner-Machen im piano, wie er hier fürs Hauptthema durchgehend charakteristisch ist, genau aus. Nur ist er, fast möchte man sagen: »leider«, imstande, trotz raschen Tempos die Überleitungs-Episoden und Achtel-Entwicklungen so klar auszuformulieren, daß der Eindruck unbedrohten Parlierens sich trotzdem herstellt. Im Grunde handelt es sich in dieser Sonate darum, mit äußerster Courage die Grenze eines subjektiv gerade noch spielbaren, beherrschbaren Tempos – wahrhaft »molto e con brio« – anzusteuern. Natürlich müssen die Riesensprünge, die sich dann mit noch mehr synkopischer Energie aufladen, trotz des Tempos drängend entschieden herauskommen. Leider hat nur der sorgfältige Arrau – bei etwas ruhigerem Tempo – begriffen und artikuliert, daß die linke Hand unterhalb der Sprünge nicht nur irgendwelche Begleitfiguren liefert, sondern eine bös aufwärtsgerichtete Ostinato-Figur!

Beispiel 71

Der lakonische Schwung des Allegros scheint es nahezulegen, daß hier »alles aus wenigen, einfachen, thematischen Keimen entwickelt« ist, »jede Note ist von der klaren, zwingenden Idee des Ganzen diktiert« (Reclam, Klaviermusikführer, Bd. I, Seite 648).
Man braucht solchen Darlegungen nicht zu mißtrauen, nur ihrer Brauchbarkeit traue ich eigentlich immer weniger. Was hilft es schon, zu erkennen, daß im Rahmen einer gegebenen Tonsprache, einer erregten c-Moll- oder auch C-Dur- und Es-Dur-Bandbreite mit gewissen rhythmischen und harmonischen Prävalenzen sich natürlich vieles aufeinander bezieht, daß alles mit allem verwandt ist – oder doch sein könnte?
Dabei gehören die Sonaten Opus 10 Nr. 1 und Opus 10 Nr. 2 eher zu denjenigen, deren Durchführung gerade keine Steigerung der motivisch-dramatischen Arbeit anstrebt, sondern eine meditative Flucht aus solchen Begründungszusammenhängen... Einige große Beispiele (»Eroica«-Symphonie, Es-Dur-Klavierkonzert Opus 73) haben die Erfahrung vermittelt, daß in der klassischen Sonate oder Symphonie die sogenannte

Durchführung mit ihrer thematischen Arbeit, ihren schroffen Akzenten, ihren getürmten Engführungen und ihrem dezisionistischen Pointieren der zielstrebigste, der dramatischste Teil des Sonatenkosmos sei. Man hat daraus einen Durchführungs-Idealtyp abgeleitet. Aber bei Mozart und Beethoven stimmen alle diesbezüglichen Vorstellungen selten, sie stimmen – so paradox es klingt – häufiger bei Schubert, Schumann, Brahms oder dem geradezu verzweifelt logisch durchführenden Chopin! Denn wenn, ja gerade wenn bei Beethoven die Exposition entschlossen *zügig* verläuft, verhält sich die Durchführung eher *großzügig*. Wenn die Exposition genau weiß, was sie will, dann fängt ausgerechnet die vermeintlich dramatisch-rationale Durchführung, wie aus Selbsterhaltungstrieb, zu phantasieren an.

Die Sonaten Opus 2 und Opus 7 blieben noch souverän »regelmäßig«: das heißt, sie machten die Wiedererkennung des ideal-typischen Sonatensatz-Schemas relativ leicht. Wer Beethovens Sonaten spielt oder hört oder studiert, muß (und wird) dieses Schema kennen. Für den ersten Satz, den »Sonatensatz«, sieht es bekanntlich so aus: Kopfthema, Überleitungsgruppe, zweites Thema, meist gesanglicher und möglichst in der Dominante, dann die Schlußgruppe, meist bewegter gehalten. Darauf die Durchführung, die ein Thema entwickelt oder, noch ideal-typischer, Haupt- und Seitenthema gegeneinander setzt und aneinander steigert in dialogischer, dramatischer, sequenzierender Kombination. Diese Durchführung leitet zu einer Reprise, der manchmal eine »Scheinreprise« kurz, heiter und irritierend vorangeht. In Opus 10 Nr. 1 hat Beethoven zu solchen Scheinreprisen allerdings keine Zeit... In der Reprise wird, so verlangen es Regel und Logik, etwas weniger moduliert, damit die Haupttonart sich befestige. Eine Coda oder ein Nachspiel oder eine Kadenz führt dann den Schluß herbei, der freilich genauso gut auch direkt folgen kann.

Dieses Schema hat es nicht verdient, in ironischem Ton abgehandelt zu werden. Es ist keineswegs »falsch« oder grundsätzlich unzutreffend. Aus allen klassischen Sonaten, die nicht bewußt oder exaltiert von der Norm abweichen, kann man es gewiß herauslesen. Aber eben diese Möglichkeit, ein Schema wiederzuerkennen, lenkt manchmal von der Musik und ihrem eigentümlichen Verlauf ab. Natürlich läßt sich der erste Satz der IX. Symphonie, der d-Moll-Sonate Opus 31 Nr. 2 oder unserer c-Moll-Sonate Opus 10 Nr. 1 entsprechend analysieren. Aber man hat dann einen »Raster« unter die Musik gelegt, hat ihn in der Musik bestätigt gefunden. Man »erkennt« weniger, als daß man sich der Autorität eines Modells unterwirft. Wenn, wie im ersten Satz von Opus 2 Nr. 3, in der

zweiten Gruppe einander nicht weniger als sechs charakteristische Tongestalten folgen, dann ist es doch einfach pedantisch, große, keineswegs
beiläufige Partien als Nebengedanken oder Überleitungsmelodien oder
als was auch immer »abzubuchen«, nur weil es tatsächlich auch eine
Dominant-Melodie gibt. (Gäbe es sie nicht, würde prompt eine andere
Melodie zum zweiten Thema ernannt, das ginge schon…) Es ist
vernünftiger, sich nicht vom Sonaten-Schema paralysieren zu lassen,
sondern gelassen nach anderen Zusammenhängen zu fahnden. Donald
Francis Tovey hat übrigens in seinem von Takt zu Takt analysierenden
Buch ›A Companion to Beethoven's Pianoforte Sonatas‹ (London 1931,
Seite 10) den Unterschied zwischen »Thema« und »Gruppe« darge-
legt.
In seinen ›Kritischen Anmerkungen‹ zu Diether de la Mottes ›Musikalischen Analysen‹ (Bärenreiter-Verlag, 1968) schrieb Carl Dahlhaus im
Zusammenhang mit der Interpretation einer Sonate für Klavier und
Violine von Mozart: »Das Allegro vivace der C-Dur-Sonate von Mozart
(KV 296) ist einer der Sätze, über deren Struktur das Lehrbuchschema
der Sonatenform nichts oder nur Gleichgültiges besagt. Die Takte 22-42
als ›Überleitung‹ zu bezeichnen, wäre kaum sinnvoll. Zwar modulieren
sie zur Dominant-Tonart; aber sie sind melodisch prägnant und werden
als einzige Partie der Exposition in der Durchführung wieder aufgegrif-
fen, so daß man gerade ihnen, sofern unter einem ›Thema‹ der Gegenstand einer musikalischen ›Abhandlung‹ zu verstehen ist, thematische
Bedeutung konzedieren müßte… Ist also die feste Zuordnung der Merkmale – das Zusammentreffen von melodischer und tonaler Geschlossen-
heit mit thematischer Bedeutung einerseits und von modulierender Funktion mit nichtthematischer Melodik andererseits – überhaupt entscheidend für die Bestimmung der Sonatenform?«
Diese klug abwägenden Bemerkungen aus Carl Dahlhaus' Feder lassen
sich ohne weiteres auf die Gliederung Beethovenscher Sätze beziehen.
Auch über das Verhältnis zwischen Exposition und Durchführung
erklärt unser Lehrbuchschema wenig. Gewiß, die Annahme liegt nahe,
daß die Durchführung steigernd abhandelte, was die Exposition als ruhigere Themenstellung bot. Das gilt ebenso für Beethovens Eroica wie für
Tschaikowskys IV. Symphonie, erklärt aber kaum die Beethovensche
Streichquartett- oder die ganze Sonatenwirklichkeit. In Beethovens Klaviersonaten verläuft die Exposition im allgemeinen verhältnismäßig
zügig und geradlinig. Offenbar wird ein *Ziel* verfolgt: die »Aufstellung«
der Themen oder Gruppen. Die Exposition weiß gleichsam, was sie will.
Das aber kann man von bestimmten Beethovenschen Durchführungen

nicht ohne weiteres sagen. In jenem Durchführungstyp, den wir als *meditativen* bezeichnen wollen, wird das beruhigend rationale Sonatenschema für den Komponisten, Spieler und Hörer wesenlos. Da gibt es dann keinen Form- und Zugzwang mehr, sondern die Sonate macht sich frei; sie darf sich harmonisch verirren, in die Ferne schweifen. Und es sind dies oft die allerschönsten Augenblicke – bei Mozart im ersten Satz der D-Dur-Klaviersonate KV 576 oder bei Beethoven zu Beginn der Durchführung des Kopfsatzes vom G-Dur-Klavierkonzert Opus 58 –, wenn die Musik ihre Sonaten- und Tonartsküste auf dem Meer unendlich freier Entfaltung aus den Augen, aus dem Sinn verliert.

Allzu rasch trumpfen Analytiker, zumal bei Haydn und Beethoven, mit dem Wort »Logik« auf – nur weil es im nachhinein stets möglich ist, auch die improvisatorischsten Freiheiten zu begründen, da große Komponisten gar nicht trüb-willkürlich vorgehen können, sondern immer irgendeinem »Sinnzusammenhang« verpflichtet sind. Aber deshalb sind sie längst nicht so subaltern, stets nur gehorsam das Sonatenschema auszufüllen.

Nun ist in Beethovens c-Moll-Sonate Opus 10 Nr. 1 die weitgespannte, fast unendlich fortschreitende Melodie der Durchführung, die zuerst in f-Moll und in Oktaven erscheint, dann b-Moll- und Des-Dur-Stadien durchläuft, schließlich nur im Baß weiterwandert, während die rechte Hand schwere Akkorde, Sforzati und Synkopen türmt (man muß die rüstige Bewegung des Basses und die Dramatik der Oberstimmen mit der noch wilderen Steigerung aus dem Scherzo des Schubertschen C-Dur-Quintetts vergleichen, um sich einen Begriff vom artikulierten Reichtum dieser Musik zu machen!), nun ist dies alles nicht oder nur sehr gezwungen aus der Exposition abzuleiten. Die Melodie »sei wohl ein Derivatum des Themas der Periode IV, die Achtelbewegung indessen stamme von Periode V«, vermutet kleinlaut Hugo Riemann; dem Sonatenbedenker Wilibald Nagel scheint es »zunächst befremdlich, daß Beethoven die Durchführung nicht im wesentlichen auf das heroische Hauptmotiv basiert hat. Dieser Durchführungssatz hat unter allen am wenigsten spezifische Beethovensche, d. h. aktive Prägung«, tadelt er indigniert. Und dann erteilt Nagel auch gleich noch dem einst in Köln tätigen Analytiker Otto Klauwell eine Mängelrüge, weil dieser in seiner Sonatenbetrachtung eine unverständliche Beziehung zwischen Durchführung und Exposition behauptet habe.

»Unverständlich?« Was bedeutet diese freie, große, sich steigernde, ruhig beginnende und dann immer gewichtigere Durchführungsmelodie denn wirklich? Darauf gibt es zunächst keine eindeutige Antwort. Hört man die Durchführung jedoch von so verschiedenen Pianisten wie Alfred Brendel, Daniel Barenboim und Glenn Gould, dann legt sich folgende, allerdings schwerlich analytisch »dingfest« zu machende (nicht allzu wichtige) Vermutung nahe: diese Pianisten spielen in der Durchführung die f-Moll-Kantilene und was ihr folgt so, als wäre das alles gleichsam vor Beginn der Sonate archaisch und ruhig dagewesen. Wenn das c-Moll-Thema als Reprise auftaucht, dann hat man gleichsam seine Urgeschichte, seine Vorgeschichte erfahren – jene Materie, die »vor« dem Beginn des ersten Satzes existierte und aus welcher sich dieser erste Satz dann erhob. Der Beginn verlautet gewiß, eben als Beginn, notwendig aus dem »Nichts«. Vorher Schweigen, dann artikulierte Musik. In der Durchführung wird die Art dieses Schweigens, der dann ein wilder c-Moll-Entschluß folgt, sozusagen nachgeliefert. Aber, noch einmal sei es gesagt, das ist nur meine subjektive »Meditation« über eine meditative Durchführung ...

Bot der erste Satz ein Allegro in molto-Steigerung, so erscheint das Adagio in unendlicher Langsamkeitssteigerung. Das Thema belädt sich um so mehr mit Bedeutung und Schönheit, je starrer es interpretiert wird. Wenn nach den ersten acht Takten eine Begleitung in ruhigen Sechzehnteln erscheint, dann wirken diese Begleitnoten in dem Maße trivialer, in dem sie »ausdrucksvoller« vorgetragen werden: Barenboim zeigt, daß sie nur Symbol sind für Bewegung, daß sie nur die Erstarrung auflösen wollen, aber keineswegs – auch wenn es irgendwelche motivischen Beziehungen geben sollte – mit sonorem Cello-Schmalz hervortreten dürfen, was sie bei minderen Interpreten so oft tun. Die ungeheuerliche Langsamkeit dieses Satzes macht alle Bewegung, die sich virtuos aufplustern möchte, zum Fremdkörper. Wenn die folgende Pianissimo Koloratur gefordert ist:

Beispiel 72

dann müssen die Achtelnoten der linken Hand vollkommen ruhig und rhythmisch gleichmäßig tropfen, genauso schwerblütig wie vorher, als die Melodie noch unverziert und einsam (siehe Notenbeispiel 66) erschienen war. In dem Augenblick, da ein Interpret sich der ungemein schwierigen Aufgabe, ein ganz langsames Gleichmaß herzustellen, entziehen will, klingt diese Musik billig, mittel, uninspiriert – während starr langsame Ausdrucksgewalt ihr etwas unstillbar Sehnsüchtiges, Schönheitstrunkenes zukommen läßt. Und daß, bei zu bewegtem Tempo, bei zu unbefangener, frischer Kantabilität, eine punktierte Stelle wie die Sopran-Melodie des Beispiels 73, etwas hier albern Rossinihaftes annimmt (obwohl Rossini erst fünf Jahre alt war, als diese Sonate komponiert wurde!), macht hinreichend deutlich, wie entscheidend es auf eine an Starrheit grenzende Ruhe ankommt. Claudio Arrau führt das mit großer Reinheit vor.

Beispiel 73

Am Schluß des Adagio molto erscheint eine Coda: Mischung aus Apotheose und Geschenk. Musik solchen Zaubers, so sanfter Fülle, so hingegebenen Bereicherns und Verklingens hat Beethoven bis zu diesem Augenblick noch nicht komponiert – und auch später nicht mehr oft. Zunächst scheint es sich »nur« um das Thema zu handeln. Aber die Begleitung ist belebt von herrlich unruhigen, zärtlich drängenden Synkopen der Mittelstimme. Diese Belebung führt zu einer wahrhaft überwältigenden Erweiterung. Immer inniger steigert sich, im folgenden Beispiel 74, die Musik zur lebendigen Apotheose leuchtendster Poesie, ungeheuer zärtlichen Glücklichseins, pochend synkopischer Vielstimmigkeit. So »schön« das Thema auch vorher schon war: daß es solche Erweiterungen und Wendungen in sich bergen konnte, hat es verschwiegen. Poesie und Architektur durchdringen sich. »Der Dichter spricht«:

Beispiel 74

Wie das zu spielen, zu verstehen sei? Wilhelm Kempff ist eine unvergleichlich schöne Interpretationsart eingefallen: während die Melodie unendlich bereichert ihr Geheimnis ausspricht, spielt er sie noch ruhiger, noch verhaltener. Er tut nichts, unterstreicht nichts, läßt nur die Melodie walten, stellt nur die Nebenstimmen dar. Aber plötzliche Ruhe bedeutet hier mehr als alle Finessen. Artur Schnabel, der alte Expressionist, geht dem unruhigen Pochen erregt nach; er bleibt nicht poetisch verhalten, sondern er beschleunigt sogar manchmal. Glenn Gould betont entschieden alles Neue, Dissonierende (6. Takt: das e, die Mittelstimme b-des), spielt die Abweichungen und Synkopen stärker als die eigentliche Melodie.

Nach diesem auskomponierten Versinken in verhauchende Stille müßte in einer derart exzentrisch angelegten Sonate nun als Finale wieder etwas »Äußerstes« geschehen: und es geschieht. Das Schlußprestissimo – ohne Wiederholung der Exposition dauert es keine drei Minuten – stellt eine abenteuerliche Mischung aus präzisester, variabelster Artikulation und irrsinnigster Tempo-Forderung dar. Dieses Finale ist ohne weiteres auf »Sonatenform« festlegbar. Doch die Eigentümlichkeit des Satzes wäre gerade damit nicht beschrieben: sie beruht auf der Fülle von veränderten Wiederholungen. Das Tempo ist offenbar als so rasch anzunehmen, daß Beethoven die einzelnen, vorbeihuschenden Gestalten schon deshalb fast durchweg zweimal nacheinander bietet, damit sie überhaupt vernommen, akustisch »festgestellt« werden können. Doch hat der Komponist dabei jede genau symmetrische oder identische Wiederholung vermieden. Immer wird die Gestalt beim Wiederholen irgendwie abgewandelt, variiert, erweitert, harmonisch anders geführt, anders aufgelöst. Wählt ein Pianist hier ein behäbiges Tempo, dann wirkt dieser Reichtum an veränderter Wiederholung wie souveränes »Pointieren«: bei Daniel Barenboim und Wilhelm Kempff kommt gleichsam genüßlich und wohllautend heraus, wie meisterhaft sich der junge Beethoven auf die Kunst des Abwandelns versteht. In der Schlußgruppe heißt es zuerst:

Beispiel 75

dann sogleich:

Beispiel 76

Und die danach folgende, funkelnd brillant kadenzierende Entwicklung wird zunächst so geführt:

Beispiel 77

dann aber, mit *ff*-Trugschluß im 2. Takt, wieder abgewandelt:

Beispiel 78

Auch den Aufbau des Seitenthemas könnte man als Darbietung glanzvollen Variantenreichtums bezeichnen: es fängt jedesmal mit den gleichen sechs Noten an und geht dann immer anders weiter:

Beispiel 79   Beispiel 80   Dann:

Und schließlich: Beispiel 81

Werden diese Finessen — und es gibt noch zahlreiche Entsprechungen — tatsächlich nur als Finessen begriffen, dann wirkt der Satz brillant, artifiziell, gutgelaunt. Arrau, Kempff, Barenboim verstehen ihn so, unerschüttert. Glenn Gould ist dem atemlosen Tempo, das er hier riskiert, nicht völlig gewachsen. Aber darauf legt er offenbar auch gar keinen Wert. Weder kann er manche Synkopen überhaupt noch vernehmbar machen, noch beachtet er die Adagio-Vorschrift am Schluß hinreichend! Beethoven komponierte hier ja erstmals ausdrücklich, was man, ein wenig mißverständlich, als »Adagio-Parodie« bezeichnet hat: nämlich die langsame Adagio-Darbietung eines raschen Finalthemas in einer Klaviersonate. »Parodie« will besagen, daß die Adagio-Verlangsamung nicht unbedingt als tiefsinnige Verwandlung des betreffenden Themas verstanden werden sollte, sondern eher als »retardierendes Moment«, als vermeintlich ergriffenes Innehalten, dem dann um so schneller und überraschender der Schluß folgen kann ...

Wie dem auch sei, ob parodistisch langsam oder bedeutungsvoll langsam oder gar gemixt parodistisch-bedeutungsvoll: die billigste Lösung ist bestimmt, die Verlangsamungsvorschrift einfach »unter den Flügel« fallen zu lassen, wie Glenn Gould es fast tut. (Er hat ja auch am Ende der Durchführung des ersten Satzes ein vorgeschriebenes Decrescendo schlechthin überrollt ...) So bringt Glenn Gould, wie kein anderer Pianist, den rasenden, erregten Schwung dieses Prestissimo-Finales mit einzigartiger Kraft heraus, aber in der Durchführung vergißt er dann, die Erregtheitskonsequenzen zu ziehen, die symbolische, antizipierende Frucht dieses Satzes zu ernten: er donnert nämlich nicht hinreichend die trans-ästhetische Gewalt des Klopfmotivs, des »Schicksalsmotivs«, heraus, das immerhin fünfmal erscheint! Wir müssen bis zur Durchführung der Appassionata warten, um eine noch wildere, nämlich achtfache Wiederholung des Klopfmotivs zu erleben! Im Finale von Opus 10 Nr. 1 heißt es so:

Beispiel 82

Die getürmte Dramatik dieser Stelle (nachdem die Durchführung eben noch so beschwingt begonnen hatte) meistert vor allem Yves Nat mit pompöser Entschiedenheit, auch Arrau stellt sie energisch dar. Diejenigen

Pianisten jedoch, die den Satz durchgehend sehr rauh und wild genommen haben, geraten hier in Artikulationsschwierigkeiten, zumal wenn sie sich für die Fermate (letzter Takt des Beispiels 82) vor lauter Atemlosigkeit keine Zeit lassen.

Der Satz schließt, ohne Verlangsamung, in seltsamer dürrer C-Dur-Reduktion. Brendel, Schnabel, Gulda bieten ihr Äußerstes auf, um ihn zu bewältigen. Und wenn diese großen Pianisten dabei auch immer noch allzu »akademisch« bleiben sollten, eines müßten ihre eminenten Anstrengungen doch auf alle Fälle lehren: daß Opus 10 Nr. 1 nicht zu den harmlosesten und leichtesten Sonaten gehört, sondern zu den exzentrischsten.

6. SONATE

Sonate Opus 10 Nr. 2 F-Dur (1796/98)

Allegro
Allegretto
Presto

Verhält sich zu Opus 10 Nr. 1 wie die Pastorale zur Schicksalssymphonie: dem c-Moll folgt natürlich strömendes F-Dur. Doch dieser Mangel an Aggressivität und Finsternis schafft keine Harmlosigkeit, sondern erster und zweiter Satz sind erfüllt von sanft hallenden Echoeffekten, schweifend improvisatorischen Freiheiten. Trägt das Anfangsallegro noch den Kontrast zwischen Rokokohaftigkeit und naturmystisch gestimmter Echomagie aus, so überläßt sich der zweite, ein f-Moll-Allegretto, nach vermeintlich strengem Beginn einer frühromantischen, Schubertischen Innigkeit. Der dritte, Presto, ist dann wieder völlig irdisch und arbeitsam, glänzend, zupackend, geistvoll. Fast übermütig stellt diese zwischen Frühklassik und Frühromantik vermittelnde Sonate jene drei Sphären dar, die sieben Jahre später im ersten Satz der Waldstein-Sonate großartig dramatisch zusammengefaßt erscheinen werden. Die F-Dur-Sonate Opus 10 Nr. 2 ist ein Stück phantasievoll schwärmerischer, weltverliebter Musik.

»Wenn Beethoven wenig zu sagen hat (Opus 10 Nr. 2), dann hat auch Backhaus wenig zu sagen« – mit diesem zumindest ehrlichen Satz umschrieb einst der Münchner Musikkritiker Graf Wolf von Kalckreuth die Mischung aus Langeweile und Enttäuschung, die er in einem Beethoven-Abend von Wilhelm Backhaus während der F-Dur-Sonate durchlitt, bevor die großen Sonaten drankamen. Nun spielte Wilhelm Backhaus in seinen letzten Jahren einen »objektiven«, von mehr als nur von privat-individuellen Kümmernissen und Bewegtheiten handelnden Beethoven; darum war es kein Wunder, daß die frühen Sonaten unter Backhaus' Händen immer etwas harmlos wirkten. Brillanz, Passagenwesen, subtile Artikulationsvorschriften: das interessierte den alten Herrn nicht mehr sehr; er klappte ungeniert auseinander, und er neigte auch nach Art hochbetagter Pianisten dazu, die Probleme der Frühwerke von oben herab zu lösen: so schlimm wird's schon nicht gewesen sein, was den jungen Mann (und wenn es ein Beethoven war) bedrückt oder erregt hat...

Was, wieviel oder wie wenig, sagt nun die Sonate Opus 10 Nr. 2? Nicht Strenge und Zurückhaltung kommen diesem Werk bei, sondern vielmehr Jugend, Phantasie, der Mut oder der Übermut zum Schwärmen und zum hallenden Verschweigen... Alles verträgt nämlich diese F-Dur-Sonate eher als steife Seriosität, gemütliche Behäbigkeit, Gönnerhaftigkeit. Das kränkt sie, das verschließt ihr den Mund, macht sie nichtssagend, zipfel-mützig, elegisch und etüdig.

Aber es gibt kaum einen besseren Boden für späteren Enthusiasmus als ein negatives Vorurteil, beziehungsweise Nachurteil (nach gedankenar-men Interpretationen). Wer sich, mit einem solchen Vorurteil oder Nachurteil behaftet, auf die Opus 10 Nr. 2 kaum einlassen möchte, dem stehen – vor allem im ersten Satz – erstaunliche Entdeckungen bevor, wenn er Daniel Barenboim genau zuhört. Sehr schwer scheint der Anfang ja nicht zu sein, aber er kann Ungeahntes enthalten:

Beispiel 83

So interessant die Frage sein mag, ob es sich bei den ersten vier Takten dieses Sonatenanfangs um einen »Generalauftakt« handelt, in dem je-weils zwei Akkorde jambisch aufeinander bezogen sind, so sehr sich darüber streiten läßt, ob die Sechzehnteltriole stellvertretend für das Auftakt-Achtel fungiert, weil sie auch zu einem betonten Viertel führt (siehe Toveys ›Companion‹, a.a.O., S. 50) – rein analytisch kann hier über mögliche oder unmögliche Interpretationswege nicht hinreichend ent-schieden werden.

Wie verhalten sich die beiden ersten Akkorde zu einander? Claudio Arrau legt Wert darauf, die Achtel-Note als kürzeren Auftakt und den betonten Viertelnoten-Akkord als gewichtigere Hauptsache anzuschlagen: so plausibel sich eine solche Interpretationsbeschreibung vielleicht liest, so forciert, so atemlos überhastet klingt es merkwürdigerweise. Man hat das Gefühl eines gemachten Accelerandos: Arrau spielt den Anfang so, als gelte die spätere »rinf.«-Vorschrift (Takt 15, letzter Takt des Beispiels 83) bereits für die Takte 1, 3 und 12.

Logischer, das heißt rationaler, wirkt der Anfang bei Yves Nat. Er stellt die Relation zwischen unbetont und betont so präzise her, daß die verändernde Arbeit Beethovens klar erkennbar wird. Und das affektvolle, den Eindruck der Beschleunigung vermittelnde »rinforzando« spielt Nat wirklich erst da, wo es getreu der Beethovenschen Vorschrift den ersten Forte-Ausbruch vorzubereiten hat.

Freilich: Musik – also ein Geschehen, in dem auch die Pausen etwas zu besagen haben, in dem die Veränderungen als Lebendiges erscheinen und eine Dissonanz nicht nur folgt, weil sie halt komponiert ist, sondern weil sie spannungsvoller Kraftpunkt ist – Musik macht erst Wilhelm Kempff aus diesem Anfang. Bei Kempff wirkt das, was im dritten und vierten Takt vorgeschrieben ist, zugleich wie ein Echo auf das Vorhergegangene und wie ein sanft-intensiv vorbereitender, gedämpft weiterführender, der Auflösung bedürftiger Septakkord. Kempff stellt eine atmende Relation – nicht nur eine tote Wiederholung – her zwischen den Takten 1 und 2 sowie 3 und 4. Wenn aber ein solches »Leben«, ein solches Atmen der Musik erst einmal angefangen hat, dann wird auch das Folgende sinnvoll, dann versteht man alles als Antwort oder Kontrast oder Weiterführung, kurz: als lebendige Beziehung.

Noch erstaunlicher und schöner ist die Lösung, die Daniel Barenboim für den Anfang findet oder erfindet, und die unter seinen Händen dann für den ganzen ersten Satz, ja sogar für die ersten beiden Sätze der Sonate fruchtbar wird. Auch Barenboim belebt die ersten vier Takte, freilich nicht so entschieden wie Kempff. Ihm kommt es offenbar vor allem darauf an, daß der Ausdruck *der in zwei Richtungen auseinanderstrebende Ausdruck der Takte 5–12* sich strahlend entfalte. Darum vermeidet Barenboim den Affekt-Irrtum Arraus, die aufeinanderfolgenden Akkorde der Takte 1–2, 3–4, 12–13, 14–15 so zu spielen, als stünden sie unter einem Bogen. Barenboim spart seine volle Intensität für die Takte 5–12. Da spielt er die synkopisch reiche und anmutig verzierte (Takt 9 und 10) Melodie der rechten Hand leicht, süß, mit rokokohafter Grazie. Aber die Akkorde der Linken? Nun, man würde das naturmystische Gras wachsen hören, wenn man schon während der ersten Takte und Sekunden deutlich zu bemerken behauptete, Barenboim fasse die Akkorde der Takte 5–12 anders auf: nämlich getragener, wärmer, pastoraler... Etwa den bei ihm in wunderbarem, gemessenem Legato erklingenden zweiten Akkord des 7. Taktes. Trotzdem ist es so, auch wenn man zunächst nur undeutlich spürt, daß Melodieführung und Begleitstimme kontrastieren. Wenn sich jedoch im Verlauf der Sonate, vor allem bei der Wiederholung der Exposition, diese beiden auseinanderstrebenden Tendenzen (spitze Rokokohaftigkeit der Kantilene – romantische Naturhaftigkeit der harmonisch-melodiösen Legato-Mitte) verstärken, dann erfaßt man die Bipolarität immer sicherer. In der Variation XII der ›Händel-Variationen‹ hat später Brahms einen solchen Kontrast zwischen melodiöser Zopfigkeit und anderslautender Begleitung sorgfältig auskomponiert.

Beispiel 84

Wie Barenboim das pastorale, das »natürliche« Element herstellt, das mögen noch zwei weitere Hinweise erklären. Ein reich verzierter Seitengedanke der F-Dur-Sonate erscheint zunächst in Dur:

Beispiel 85

Und dann, fortissimo, in Moll:

Beispiel 86

128

Barenboim spielt nun sowohl die Verzierungen (Beispiel 85, erster Takt) wie auch die rauschende Fortissimo-Entladung (Beispiel 86) üppig aus. Überdies stellt er eine Dimension des Echohaften, Hallenden, Nachhallenden her (die letzten beiden Takte Beispiel 86). Das aber tut er nicht nur hier, sondern auch im zweiten Satz, dem f-Moll-Allegretto, dessen Mittelteil sich in mystische Fernen zu verlieren scheint. Bei Artur Schnabel, aber auch beim empfindsamen Barenboim weiß man da manchmal kaum mehr, ob man noch der Musik selber lauscht, wie sie sich gleichsam in ihre Substanz versenkt – oder nurmehr ihrem Echo!

Beispiel 87

Im Finale von Opus 10 Nr. 1 deuteten wir die zahlreichen veränderten Wiederholungen einzelner Motive und Motivkerne als bewußt variierte Abwandlungen, die eine komponierte und durchgehaltene Unruhe anzeigten. Worauf gründet sich nun der Eindruck, daß Wiederholungen und Nachhall-Effekte hier derart anders verstanden – und gespielt – werden können, ja sollen?

Um diese leichter zu hörenden als zu definierenden Differenzierungen zu verdeutlichen, möchte ich, bewußt übertreibend, an den Wesensunterschied zwischen einer klar fixierten Symmetrie und einem klar empfundenen »Echo« erinnern. Für die nähere Bestimmung eines Echos hält die deutsche Sprache ein seltsames Adjektiv bereit: etwas sei nur ein *totes Echo*. Das heißt vielleicht nicht unbedingt, es wären auch lebendige Echos denkbar, aber wir werden doch darauf hingewiesen, daß ein Echo mehr sein kann als leblose Korrespondenz. Nämlich: Nachhall, Verdämmern eines Tones, Weiterklingen. Kein vernünftiger Mensch wird behaupten, die schmetternden Horn-Akkorde, die sich im Scherzo der IV. Symphonie Bruckners verlieren wie von den Felswänden zurückgeworfene Echotöne mehrerer Jagdhörner im Gebirge, seien dasselbe wie der logische, aus Wiederholungen zusammengesetzte Aufbau etwa des Variationsthemas der Mozartschen A-Dur-Sonate (KV 331). Denn was beim Brucknerschen Echo, was mehr noch bei den ungeheuer tönenden, hallenden und verhallenden Echowirkungen im langsamen Satz der großen C-Dur-Symphonie Schuberts, die ich aus H. Ulrichs Klavierauszug zitiere, so fühlbar Klang wird, das ist die Dimension der zur Empfindung, zur Sehnsucht gewordenen Zeit.

Beispiel 88

Genau diese Dimension der »Zeit«, nämlich des Nachhallens, des Schwächer-Werdens, des Verhallens, des sehnsüchtigen Geheimnisses, spielt Barenboim in der Sonate Opus 10 Nr. 2 mit, wenn er – Notenbeispiel 85 – den letzten Akkord wie einen Nachhall bringt oder wenn er, noch viel deutlicher und überzeugend eindringlicher, einen sonst ja ganz funktionslosen Pianissimo-Akkord – Notenbeispiel 86, letzter Takt – ins Geheimnis taucht, aber nicht, indem er etwa ein vorsätzliches Ritardando einführt, sondern indem er die leichte Nachhall-Diffusität in Klang übersetzt. Hat man die Stelle (und die Sonate) erst einmal so begriffen, dann scheinen diejenigen Interpreten, die alles spielen, als handele es sich bloß um trocken gefügte Korrespondenzen, taub gegenüber diesen romantischen Freiheiten Beethovens. Ein Yves Nat, der das Werk mit funkelnder Logik interpretiert, ein Friedrich Gulda, der hier kein Verdämmern ahnt, ein Claudio Arrau, der sich derartige Freiheiten verbietet: sie alle legen das Stück auf einen frühklassisch zupackenden Stil fest, statt den Kontrast zweier Haltungen zuzulassen oder zu gestalten.
Hall, Nachhall, Echo und Verdämmern sind vielleicht keine »beweisbaren« Qualitäten. Es gehört aber umgekehrt ziemlich viel Stumpfsinn dazu, die Pastoral-Symphonie (den rührend empfindsamen Schluß der »Szene am Bach«!) so zu betrachten und zu spielen, als ob nicht der schubertisch-brucknersche Symphonie-Typus von solchen Vorbildern ableitbar wäre. Und es wäre entsprechend stur, dergleichen in Beethovens frühen Klaviersonaten für unmöglich zu halten. Daniel Barenboim jedenfalls weist spielend auf diese Tendenzen hin.

Dieses Stimmungshafte, diese hörbargemachte »Entfernung« und »Ferne« scheint aller ausgesprochenen *Kammermusik,* aller abgezirkelten, logisch konstruierten, gleichsam spielerisch weltlosen Kunst-Musik entgegengesetzt. Doch hört man nicht bei Beethoven – wenn der Ton des Echos, oder einer romantisch blühenden Natürlichkeit erklingt – anders zu als bei frühklassischer Musik? Nun ist der Terminus »Natur« – im Zusammenhang mit Sonate und Symphonie – doppeldeutig: bei Beethoven wird es sich dabei immer um ein »Kunst-Schönes«, um beseelte Natur handeln, nie aber um eine programmhörige Unterwerfung der Musik-*Form* unter einen äußerlich programmatischen Zeitablauf, der von transmusikalischen, anekdotischen Faktoren abhängt.

Aber es existiert eine große Tradition vor allem des österreichischen 19. Jahrhunderts – von Beethoven über Schubert und Bruckner bis zu Mahler und sogar Alban Berg – die auch in den Bereich großer, artifizieller Instrumentalmusik das Echo des Naturschönen hineinläßt. Carl Maria von Weber und mehr noch Robert Schumann, dessen Differenziertheit und Vergangenheitssüchtigkeit ohnehin manches von Gustav Mahler vorwegnimmt (»Stimme aus der Ferne« heißt eine Vorschrift in Schumanns großer fis-Moll-Novellette Opus 21 Nr. 8), gehören gleichfalls in diese Reihe. Sie alle können sich auf Beethoven berufen, der die beseelte Natur entschieden in den Bezirk seines Empfindens und Komponierens hineinholte. In welchem Maße Ansätze zu einer solchen, schlagworthaft gesagt: »romantischen« Erweiterung der Sonatenform bereits beim frühen Beethoven nicht nur analytisch herausgetiftelt, sondern mit zwingender Evidenz musikalisch-interpretatorisch herausgespielt werden können, das demonstrieren eben Daniel Barenboims Funde bei Opus 10 Nr. 2.

Hier wäre der Einwand denkbar, bei den soeben beschriebenen und vorher mit Notenbeispielen im einzelnen vorgeführten »Freiheiten« handele es sich eher um improvisatorische als um naturbeseelende, dem Naturschönen huldigende, pantheistische Anwandlungen. Doch dieser Einwand ließe sich, wenn auch nicht »widerlegen«, so doch modifizieren, zumindest entkräften mit dem Argument, daß die improvisatorische *Haltung* Beethovens gegebenenfalls auch eine Öffnung, eine Eingangsstelle für pastoral-naturmystische *Impulse* war.

Wie eng Improvisatorisches und Naturhaftes beieinanderliegen (können), lehrt der Beginn der Durchführung des Kopfsatzes von Opus 10 Nr. 2. Die Durchführung des ersten Satzes der F-Dur-Sonate ist ein Meisterstück, ein fast übermütiges Meisterstück witzig-meditativer Kunst. Beethoven hat sich – die Geschichte wird immer wieder erzählt –

bekanntlich einmal mit dem wackeren Komponisten und Virtuosen Daniel Steibelt im Wettspiel gemessen. (Oscar Bie, der die Anekdote in seinem Buch ›Das Klavier und seine Meister‹, München 1898, Seite 142, berichtet, nennt Steibelt »Eine Schande seiner Zeit... mit seinen Tingel-tangel-Kompositionen...«). Um den Steibelt nachhaltig zu demütigen, nahm Beethoven, nachdem man soeben ein Steibeltsches Klavierquintett exekutiert hatte, auf dem Weg zum Flügel die Cello-Stimme vom Noten-pult, stellte sie auf den Kopf, trommelte ein Thema aus dem verdrehten Cello-Part heraus und phantasierte sich darüber so ins Feuer, daß Steibelt beschämt und verletzt die Flucht ergriff...

Ob die Geschichte sehr oder nur ein bißchen wahr ist? Man darf sich ihrer erinnern, wenn man im ersten Satz von Opus 10 Nr. 2 miterlebt, wie Beethoven beginnt, mit drei Allerweltstönen zu spielen, zu phanta-sieren, sie zu steigern, zu bereichern, sie abzuwandeln.

Die Exposition schließt – irgendwie muß sie ja schließen – mit der nichtssagenden absteigenden Oktave c-g-c. Die Durchführung macht daraus die piano-Oktave a-e-a, diese Mollparallele erscheint wiederum in Achtelnoten. Über diese drei Töne (mit einer hinzugefügten Sechzehn-tel-, beziehungsweise einer Sechzehnteltriolen-Bewegung) gerät Beet-hovens Phantasie in Bewegung. Barenboim spielt bereits die piano-Okta-ven (5. und 6. Takt des folgenden Beispiels 89) wie ein Mollecho, und er gliedert dann (im Gegensatz etwa zu Friedrich Gulda, der so oft von »Improvisation« schwärmt, sie aber nur im Jazz, und manchmal bei Bach oder Mozart riskiert, während er bei Beethoven meist erstaunlich notenfromm, ja akademisch bleibt...) die bunt modulierenden Einfälle der Durchführung meisterhaft frei:

Beispiel 89

Diese ganz ungewöhnlich unternehmungslustige, modulierende Durch-führung endet, sozusagen verwirrt und verirrt, in einer D-Dur-Reprise. Abgesehen von der »falschen« Tonart wird man aber nur mittels kaum wahrnehmbarer Winzigkeiten darauf aufmerksam gemacht, daß »irgend etwas« nicht stimme. Was alles »unrichtig« war, kapiert man erst, wenn nach mehreren Takten offenbar suchenden Zögerns das liebe F-Dur wirklich wieder erreicht ist. Wie soll ein Interpret dergleichen hervorheben? Glenn Gould spielt die D-Dur-Stelle auffallend langsam. Er hat theoretisch begründet, warum er das tue. Beim mittleren Beethoven gebe es ein «rhythmisches Rückgrat«: nur Klangfarben und Tonfarben dürfen da, laut Glenn Gould, verändert, das »rhythmische Rückgrat« indessen solle überhaupt nicht verletzt werden. Beim späten Beethoven sei, laut Glenn Gould, dann wieder alles ganz anders. Als Beispiel für statthafte Tempo-Modifikation führt Gould die Reprise der F-Dur-Sonate Opus 10 Nr. 2 an. Er nennt es einen Geniestreich, daß Beethoven da statt F-Dur ein »falsches« D-Dur vorschreibt; diesen Geniestreich, diesen Kunstbetrug spiele er plötzlich sehr viel langsamer, damit auch alles ganz klar werde.

Verständlich ist Goulds Argumentation schon. Aber darum nicht auch schlüssig. Im ersten Satz von Opus 2 Nr. 3 landeten wir ja beim scheinbaren Reprisenbeginn auch zunächst in D-Dur. Bei Mozart lassen sich erst recht mannigfache »Unregelmäßigkeiten« und sensibel-nervöse Veränderungen metrischer Art nachweisen – ohne daß dergleichen immer dick herausgestrichen werden dürfte oder müßte. Im Gegenteil: Reiz und Spannung aller derartigen Abweichungen können wahrscheinlich doch erst herauskommen, wenn die Grundierung, auf der sich die Abweichung vollzieht, unverändert, wenn der Rahmen fest bleibt. Auf seiner, wohl einige Zeit vor der diesbezüglichen Fernsehansprache aufgenommenen Schallplatten-Einspielung von Opus 10 Nr. 2 wird Glenn Gould am Ende der Durchführung durchaus langsamer. Er spielt die D-Dur-Stelle ruhiger, gewiß. Aber daß etwas »Besonderes« oder gar besonders Geistvolles geschehe, spürt man als Hörer kaum. Außer: man besitzt ein absolutes Gehör, aber dann benötigt man Glenn Goulds Hilfestellung ja erst recht nicht. Nun folgt die Überleitung vom falschen D-Dur nach dem heimatlichen F-Dur (die letzten sechs Takte des folgenden Notenbeispiels 90), die Glenn Gould, auf Platten, sehr zögernd spielt. Aber wenn dann das F-Dur-Thema sozusagen die alte Ordnung wiederherzustellen hätte, nimmt Glenn Gould den tatsächlichen Reprisenbeginn im Rausch des Zelebrierens, erstaunlicher- und unlogischerweise noch viel langsamer!

Beispiel 90

Nun ist der Umweg kein Umweg mehr, sondern eine Verirrung, und Glenn Gould kommt gerade dann erst wieder in Tempo und Schwung, wenn in der Reprise später, als Erinnerung an die Moll-Exzesse der Durchführung, ein überraschend und sonor-poetisches f-Moll-Einschiebsel erscheint, das Gould im forte spielt, während der Komponist piano verlangt.

Beispiel 91

So kann ein forcierter Ansatz zu lauter forcierten und falschen Konsequenzen führen, falls sich ein Pianist seinen Impulsen so vorbehaltlos überläßt, wie Glenn Gould es tut! Alfred Brendel zeigt jedoch, daß der »langsam gefaßte Entschluß«, von der falschen in die richtige Tonart zu gelangen, viel logischer und kontrollierter dargeboten werden kann. Er spielt die Modulationstakte im Notenbeispiel 90 innerhalb des gegebenen Sonaten-Rahmens frei und klar aus. Wilhelm Backhaus wendet ein kühnes Mittel an, um die ungewöhnlichen Überleitungstakte darzubieten, sie gewissermaßen magisch aufzuladen: Backhaus nimmt die harmonisch entscheidenden Staccato-Viertel (6. und 8. Takt des Notenbeispiels 90) einfach einen Takt lang im Pedal, so als ob es sich um die Durchführungs-Rezitative aus dem ersten Satz der Sonate Opus 31 Nr. 2

handele, wo Beethoven ja eine derart kühne Pedalisierung vorgeschrieben hat. Hier gegen die Staccato-Vorschriften des Komponisten eine gewiß reizvolle Notlösung zu ersinnen, um das *Ungewöhnliche tatsächlich als ungewöhnlich erscheinen zu lassen,* das heißt doch wohl, aus einem zarten Rätsel ein Ei des Columbus machen – und dieses dann wie einen gordischen Knoten zerhauen...

In solchen Augenblicken triumphiert Wilhelm Kempffs Subtilität. Kempff macht fast nichts, er zaubert nur. Das heißt, er ändert die Klangfarben. Es triumphiert auch Arraus Ernsthaftigkeit: die sonore f-Moll-Rückung und was ihr folgt (Notenbeispiel 91) spielt Arrau mit größter Lauterkeit. Doch – das gilt sowohl für Arraus, wie für Barenboims Interpretation – wenn ein Künstler überhaupt erst einmal plausibel gemacht hat, welche Spannungen sich in diesem Satz verbergen, dann wirken auch die Fortissimo-Ausbrüche nicht »aufgesetzt«, sondern nur kontrastierend: dem Ernst oder der entdeckten Natur-Dimension entsprechen sie dann als quasi-symphonische Ballungen...

»Symphonisch«, nämlich wie ein Unisono tiefer Streicher, beginnt auch der zweite Satz. Aber sowie die Musik von der f-Moll-Sphäre des Anfangs nach As-Dur umgebogen ist, wird sie zu einer Mischung aus quasi-orchestraler Beethoven-Sonate und Schubertschem Moment musical. Im Mittelteil verblüfft die Ähnlichkeit zwischen ebenso empfindsamen wie herzbewegenden, harmonischen Entwicklungen dieses Beethoven-Satzes

Beispiel 92

und dem Mittelteil aus Schuberts As-Dur-Moment musical, Opus 94 Nr. 6.

Beispiel 93

Bemerkenswert im Beethoven-Allegretto (Notenbeispiel 92) ist der so orchestral wirkende Klaviersatz, wenn die hohe Flöte, synkopisch einsetzend, den mittleren und tiefen Streichern zu antworten scheint, während der gleiche Effekt, dramatisch gestaltet in der Presto-Durchführung des ersten Satzes von Opus 10 Nr. 3, wiederum ausgesprochen pianistisch wirkt:

Beispiel 94

Hat man die Echo-Wirkungen, die Mischungen aus Hall, Nachhall und Empfindung erfühlt, die in den ersten beiden Sätzen von Opus 10 Nr. 2 begriffen werden wollen, vermag man es, tief in die Akkorde des zweiten Satzes hineinzuhören, will man nicht wie Glenn Gould rhythmisch gegen den Strich spielen (wo es Beethoven auf entsprechende Wirkungen ankam, hat er sie ja gerade in diesem Allegretto-Satz mit seinen vielen Sforzato-Synkopen vorgeschrieben), dann gerät dieser nie verschwimmende und doch zart empfindsame Satz zu etwas ganze Einfachem, Selbstverständlichem, Unpathetischem, Unabgenutztem und Schönem.

Beim Finale, dessen Presto-Vitalität nicht zur Allegretto-Nettigkeit verblassen darf, kommt es auf Kraft, Technik, »rhythmisches Rückgrat« und dynamisches Selbstbewußtsein an. Da wird nicht verweilt, da wird keinen verklingenden Geheimnissen nachgehorcht, aber auch nicht gehetzt. Die Dämonen des Klopfmotivs sind fern, auch kein ekstatisches »Spute dich, Chronos« tönt mit wie im Wahnsinnstraum des Presto agitato der Mondschein-Sonate. Der Satz ist keine nächtlich schwarze Raserei, sondern ein heiter gespanntes Fest diesseitigen Vollbringens. Kein Wunder, daß das Thema zu einer arbeitsamen Polyphonie neigt, daß hier keinerlei lyrische oder abschweifende oder auch nur kontrastierende Seitengedanken geduldet werden. »Weiter geht's« mit immer neuem Schwung und neuer Vehemenz – doch was zur Schau gestellt wird, ist nicht die Energie des Ausführenden (dieser Presto-Satz ist kein Presto-Virtuosenstück wie das Finale der Kreutzersonate Opus 47), sondern die Energie der weiterbrausenden Musik selber. Nicht auf irgendwelche leisen Kontraste kommt es an, die zu retardierenden Empfindsamkeiten hochartikuliert werden müßten, sondern darauf, daß die Kraft während der schwungvollen Arbeit wächst, wenn es etwa nach dem C-Dur-Schluß des ersten Teils furios in Richtung As-Dur weiterstürmt. Artur Schnabel saust mitreißend davon, aber auch Gulda hat den Glanz dieses Weiterrauschens begriffen, macht ihn begreiflich.

Damit der Wirbel nicht in harmlose Geläufigkeit ausarte, hat Beethoven die Bewegung in der Mitte der Durchführung zwar keineswegs gedrosselt, sie aber den mächtig hineindonnernden Oktaven-Säulen kontrastiert:

Beispiel 96

Strawinsky erinnert im Zusammenhang mit diesen Takten an das Scherzo der 4. Symphonie Beethovens, wo es gleichlautend heißt: (Breitkopf & Härtel-Klavierauszug)

Beispiel 97

Dazu schreibt Strawinsky: »Weit mehr als in seinen anderen Kompositionen antizipiert (und manchmal sogar definiert) Beethoven in den Klaviersonaten die verschiedenen Stile einer Reihe zukünftiger Komponisten, einschließlich seiner selbst. Zum Beispiel in seinem eigenen Fall die bewußte oder unbewußte Ähnlichkeit der halben Noten in den Takten 51–62 des Presto der Sonate Opus 10 Nr. 2 und in den Takten 35–50 im Scherzo der 4. Symphonie.« (So Igor Strawinsky – wenn nicht Robert Craft?)

Es ist gut, sich zu vergegenwärtigen, wieviel symphonische Energie also in dieses Presto »hineinkatapultiert« wurde. (Auch das ist ein Ausdruck Strawinskys – im Gespräch sagte der alte Strawinsky vom ›Fidelio‹, das sei eine Oper, in die Beethoven neun Symphonien »hineinkatapultiert« habe...«.) Doch gerade weil der Glanz und die arbeitsfreudige, eindeutige Helle dieses Finales so außer Zweifel stehen, läßt sich schwer einsehen, warum immer nur die Themenwiederkehr, die reprisenartige Wiederholung des Hauptgedankens artikuliert wird – und nicht auch der Kraftüberschuß der Modulationen! Wenn Beethoven sich sicher im F-Dur aufhält:

Beispiel 98

dann steckt in dem nun folgenden Modulationstakt samt g-Moll-Konsequenz doch noch mehr Kühnheit und Glanz als im mittlerweile längst wohlbekannten Thema:

Beispiel 99

Aber alle Pianisten, mit halber Ausnahme Alfred Brendels, der den Satz etwas zu ruhig spielt, brausen über diese enorme Wendung wie über ein Nichts hinweg; und ein paar Takte später wiederholen sie dann – entweder aus Nachlässigkeit oder weil sie keine Zeit zum Artikulieren finden – den Fehler gleich noch einmal:

Beispiel 100

Derartige Stupiditäten, die ein stumpfes Heraushämmern des Identischen bedeuten und zu wenig Freude am Glanz des Überraschenden verraten, verwandeln ein realistisch handfestes Pracht- und Kraftstück

Beethovenscher Daseinsfreude in ein naives Donner-Exercitium. Dem Finale der F-Dur-Sonate brauchen keine Geheimnisse hinzugefügt zu werden. Aber ist es nicht geschmack- und geistlos, die leuchtende und harmonischreiche *Eindeutigkeit* des Satzes in *Einfältigkeit* umzufunktionieren, so als ob Beethoven in der »kleinen« F-Dur-Sonate tatsächlich »nicht viel zu sagen hat«?

7. SONATE

Sonate Opus 10 Nr. 3 D-Dur (1796/98)

Presto
Largo e mesto
Menuetto *Allegro*
Rondo *Allegro*

Mehr als ein großes, erfülltes, kühnes Musikstück, nämlich ein Werk mit unverwechselbarer Physiognomie, ein Drama aus Helligkeiten und Finsternissen, mit besänftigendem, witzig pointiertem Schluß, kurz: »die« D-Dur-Sonate.

Opus 10 Nr. 3 ist keine Sonate mit einer Nummer, sie ist, trotz mancher Mutwilligkeiten im Finale, ein lebendiges, unverwechselbares Stück Kunstwirklichkeit. Musikfreunde lieben sie, wie Theaterenthusiasten ›Romeo und Julia‹ lieben, wo die etwas sorglos motivierte Unglücksverkettung (ein Brief erreicht den Romeo zufällig nicht) der Tragödie selbst ja auch nichts anhaben kann.

Und warum wirkt die D-Dur-Sonate Opus 10 Nr. 3 so lebendig unverwechselbar? Vielleicht darum, weil der erste Satz keinerlei Differenz mehr erkennen läßt zwischen relativ neutralem, konventionellem Material und spezifisch Beethovenscher Gebärde. Prestoenergie und ein Einheit stiftendes Konstruktionsgeheimnis prägen den Kopfsatz. Das Largo e mesto ist große, schwarze Bekenntnismusik, ein manchmal melancholisch fahles, manchmal grell auffahrendes, zum Phantasietrauermarsch sich verdichtendes Stück, etwas Neues in der Geschichte der Sonate. Dem Menuett glückt es fast, die Largoverzweiflung in milde, flüchtig süße Empfindsamkeit zu transponieren. Menuett-Trio und das geistvoll mutwillig bunte Rondo setzen der expressiven Kraft der ersten beiden Sätze zarten, bizarr verspielten Esprit entgegen. Keine Apotheose.

Bewunderer dieser Sonate – sie gehört zu den originellsten der Klavierliteratur – verteidigen immerfort das Finale. »Der letzte Satz, ein Rondo, darf beim Vortrag in keiner Weise abfallen. Die Phantasie des Spielers muß sich das Fragen und Antworten ... lebhaft vorstellen«,

fordert Edwin Fischer in seinem Buch über ›Beethovens Klaviersonaten‹.
»Dem Largo an Stimmung und Charakter entgegengesetzt, aber ihm
gleich an Originalität der Erfindung, ist das Rondo« – behauptet
Reclams Klaviermusik-Führer. Der Pianist Alfred Brendel schrieb, dieses
Finale sei »ein geistreicher Spaß. Sein burlesker Fortgang wird nur
zweimal von Anwandlungen ernsthaften Zweifels angerührt.« Aber eine
»überwiegend chromatische Sechzehntelpassage« – am Ende des Finales
– lasse uns dann doch spüren, daß die Pein des langsamen Satzes
nachträglich gerechtfertigt ist, »daß sie nicht umsonst durchlitten
wurde«.
Was diese und zahlreiche andere »Verteidigungen« indirekt besagen, sei
ohne Umschweife ausgesprochen: das »Rondo Allegro« – kunstvoll, witzig, brillant, überraschend subtil – entspricht eben doch nicht dem überwältigenden Rang der ersten drei Sätze. Edwin Fischer: »Der Schlußsatz
ist voller Humor und erinnert daran, daß Beethoven Späße und Wort-
spiele liebte.« In der Tat: ein keckes Motiv, wie die B-Dur/g-Moll-
Entwicklung des zweiten Zwischensatzes (siehe Beispiel 101) im Rondo,
läßt sich weder mit dem spirituellen Glanz des ersten Satzes noch mit
dem Tiefsinn des Largos noch mit der innigen Zärtlichkeit des »Menuet-
tos« vergleichen. Das gibt sich mutwillig, witzig, pianistisch, barsch.
Doch man kann darüber meiner Ansicht nach nicht im gleichen Tone
sprechen (denn es spricht seinerseits nicht im gleichen Ton) wie von den
übrigen Sätzen dieser Sonate.

Beispiel 101

Das Rondo aus Opus 10 Nr. 3 so distanziert beurteilen heißt gleich zwei
unangenehme Vorwürfe in Kauf nehmen. Nämlich den der Respektlosig-
keit (gegenüber Beethoven) und den stumpfer Humorlosigkeit (gegen-
über einem bunt-bizarren Satze). Aber verrät es denn wirklichen
Respekt, sich verehrungsblind darüber hinwegzutäuschen, daß die D-
Dur-Sonate eben noch keine Final-Sonate ist, oder sein will? In Opus 10
Nr. 3 hängen die ersten drei Sätze zwanglos, aber zwingend miteinander
zusammen. Zum Abschluß komponierte Beethoven dann ein von zarter
Absurdität keineswegs verunsichertes, banales, sondern witziges Schluß-
Stück. Das war weder ein »Kunstfehler« noch ein »Versagen«, sondern

ein durchaus bewußter, gutgelaunter, bestimmt nicht apotheosenhafter Hinweis darauf, daß das Leben weitergeht. Kein majestätischer Fortinbras-Triumphmarsch. Dieser Schlußsatz, er dauert ohnehin nur etwa dreieinhalb Minuten, holt uns aus dem Bezirk höchster Musik zurück ins virtuose Klavier-Leben, das sich schon im Trio des Menuetts ebenso brillant wie vornehm gemeldet hatte, optimistisch und ernüchternd zugleich. Die Sonate endet also relativ leichtgewichtig und verwirrend. Auch das gehört zu ihrer Physiognomie, zu ihrer Jugendlichkeit. Später, in einer anderen D-Dur-Sonate ließ Beethoven nach einem vergleichbaren langsamen Satz immerhin ein zwar improvisatorisch beginnendes, aber dann störrisches und dichtes »Allegro fugato« folgen (Cello-Sonate Opus 102 Nr. 2). Der harmlose, noch nicht auf Sonaten-Ausgewogenheit bedachte Schluß von Opus 10 Nr. 3 indessen beabsichtigt kaum, »schwer« zu sein – er ist nur schwer zu spielen, klingt aber unbeschwert. Er setzt das Drama nicht fort, sondern die Hände (des Pianisten und der Klatschenden) in Bewegung. Zwischen ihm und den ersten Sätzen der Sonate existiert ein Abstand – trotz aller motivischen Beziehungen, die bei genügend scharfem Hinsehen bestimmt nachzuweisen wären (und auch nachgewiesen wurden).

Eine ungewöhnliche Spannung aus Evidenz und Geheimnis, aus Zahlen-Magie und Handgreiflichkeit hebt den ersten Satz weit hinaus über alle nur heitere, nur brillant pointierte, nur trocken buffoneske Musik, auf die man ihn – selbst Wilhelm Kempff tat es! – zuweilen hat festlegen wollen. Weil allzu viele motivische Zusammenhänge, allzu offensichtliche Elemente thematischer Arbeit, teils eindeutige, teils angedeutete, teils auch nur erahnbare Verwandtschaftsverhältnisse diesen ersten Satz durchziehen, bleibt das entscheidende Konstruktionsprinzip nur ein Moment unter vielen. Und dies, obwohl es keineswegs sehr verborgen oder gar verschleiert irgendwo in der Tiefe des Organismus herumwest, sondern durchaus nachweisbar, ja eindeutig die Großform beherrscht. Zugegeben, die »Vierton«-Reihe, der Tetrachord, also die Folge von vier Vierteln, ist das Baustein-Grundmaterial, aus dem dieser erste Satz besteht. Und wenn ein Analytiker unentwegt jubeln möchte, weil er beim Kratzen am Sonatensatz-Verputz unvermeidlich auf besagte Bausteine trifft, so kann ihn natürlich kein Mensch daran hindern. Doch darüber, wie der Satz zu verstehen, in welchem Tempo er zu nehmen und charakteristisch zu gestalten sei, besagt diese Vier-Ton-Weisheit nahezu nichts; man hat ja auch den Kopfsatz der 5. Symphonie nicht entschlüsselt, wenn man bemerkt, inwiefern Beethoven da immerfort das Klopfmotiv benutzt. Wie aber sieht das »zahlenmystische«, völlig offenbare Geheimnis des ersten Satzes der D-Dur-Sonate Opus 10 Nr. 3 aus? Das Presto kommt immer wieder zurück auf einen charakteristischen Raster, der erkannt, herausgehoben und bei jeder Wiederkehr aufs neue deutlich gemacht werden muß: vor allem dann, wenn dieses rhythmische Raster-Modell auf veränderte Melodie-Töne bezogen erscheint. Weil die Sonate im piano beginnt und viele Pianisten dazu neigen, bei einem leisen Anfang nicht straff zu artikulieren, wird sehr häufig an diesem Raster, der dem Presto gleichsam die »Verfassung« gibt, vorbeigespielt. Wie sehr sich die bestimmende Macht dieser rhythmischen Struktur auch denjenigen Künstlern, die sie möglicherweise gar nicht rational erkannt haben, mitteilt, beweist freilich der Umstand, daß fast alle – mögen sie auch noch so verschieden begonnen haben – sich später in der Reprise doch von dem eigentümlichen Gesetz der Sache ergreifen lassen. Um was es dabei geht, das hat am deutlichsten Edwin Fischer vorgeführt, dessen technische Mittel freilich nicht ganz dazu ausreichten, neben dem Raster-»Prinzip«, das er kraftvoll betont, auch die übrigen Forderungen Beethovens im Hinblick auf Stärkegrade und den motorischen Elan der Durchführung zu erfüllen. Artur Schnabel führt das Modell selber bestechend klar und konsequent vor, nur kommt er während einiger Episoden allzusehr vom Tempo ab; Dieter Zechlin spielt den Beginn der Exposition glanzvoll und vorbildlich, aber er artikuliert im Verlauf des ersten Satzes dann manches entweder zu empfindsam oder zu blaß. Glenn Gould hat zwar den fliegenden, wilden, phantastischen Atem für das »Ganze«, doch er wiederum neigt affektiert dazu, bei Höhepunkten und Kraftstellen leiser zu werden, um so – wie der »frühe« Kempff – das besonders Wichtige trotz aller nur denkbaren Crescendo-Vorschriften plötzlich ausgerechnet mit Hilfe eines schwärmerischen Ritardando-Decrescendo hervorzuheben... Andere Pianisten, wie Yves Nat und Solomon, spielen den ersten Satz unangemessen langsam in die Nähe einer trocken-heiteren Beschaulichkeit, in der er nichts zu suchen hat. Horowitz wiederum artikuliert anfangs nicht die Einzelheiten, sondern steuert rasch die Zielpunkte der Oktavketten an, wodurch der erste Satz vieles von seiner Aggressivität verliert. Ähnliches gilt für Friedrich Gulda, dem der rhythmisch durchartikulierte Kopfsatz der D-Dur-Sonate »eigentlich« liegen müßte, aber doch nicht voll gelingt, weil Gulda trotz Beethovens Presto und Allabreve-Vorschrift viel zu ruhig und ungerührt bleibt. So müssen wir die »Wahrheit« über diesen ersten Satz zusammensuchen aus mannigfachen Interpretationen, die alle nur einen Teil mitteilen: aus den Interpretationen der genannten Pianisten, aber auch aus vorliegenden analytischen Arbeiten. Wer wissen will, was sich im ersten Satz von Opus 10 Nr. 3 möglicherweise verbirgt, sollte nicht vorbeigehen an der Untersuchung ›Das angegriffene Material‹ (›Zur Gestaltung bei Beethoven‹) des Avantgarde-Komponisten Dieter Schnebel ›Denkbare Musik‹, DuMont Schauberg, Köln 1972, S. 130 ff.).

»Presto« heißt »schnell«. Der unwiderstehliche Glanz dieses über alle »Buffo-Heiterkeit« hinausdrängenden Satzes kommt nur heraus, wenn ein Interpret begreiflich macht, daß die Sonate nicht mit 3 mal 4 Tönen plus Auftakt und Zielton beginnt, sondern daß es sich da um eine konzise Folge von 14 Tönen handelt: also um vier Takte, bei denen stets das erste Viertel (der Logik, sowohl der Sache wie der Takteinteilung folgend) akzentuiert, artikuliert werden muß, damit ein gegliedertes Ganzes entsteht. Daß beim ersten Takt ein cis zu betonen wäre (d-cis), beim zweiten ein d (cis-d), beim dritten wieder ein d und dann die Dominante a, das verrät bereits, wie logisch und zwingend Beethoven die Abfolge komponiert hat. Dieter Schnebel zeigt in seinem erwähnten Aufsatz, daß die einander ablösenden D-Dur-Verläufe (Takt 1–22) höchst variantenreich durchgebildet sind.

Ausgangspunkt nicht nur für die durchführungsartige Entfaltung des mehrfach abgewandelten Beginns sind die ersten vier Takte, auf deren Modell Beethoven sich im Verlauf der Sonate immer wieder bezieht. Beethoven koordiniert dieses rhythmische Abfolge-Schema mehrfach mit deutlich wechselnden Tonfolgen. Es ist dasselbe – und ist es nicht. Hier wird nicht eine gegebene Melodie variiert, sondern ein rhythmischer Aufbau. Sowohl in der Schlußgruppe der Exposition wie auch in der fesselnden Durchführung – einer besonders konsequenten und stürmischen – wiederholt Beethoven das Raster-Schema der präzis gleichen Abfolge von 12 Vierteln plus Auftakt und Zielton, nur eben mit veränderten Tonhöhen, mit jeweils neuer melodischer Folge. Diejenigen Pianisten, die den Satz am vehementesten und raschesten spielen (Glenn Gould, Artur Schnabel, Edwin Fischer, Svjatoslav Richter, Dieter Zechlin und Friedrich Gulda), bringen diese großräumigen architektonischen Zusammenhänge zwischen dem Anfang (Beispiel 102, Teil a), der Schlußgruppe (Beispiel 102, Teil b) und den entsprechenden Passagen der Durchführung (Beispiel 102, Teil c und Teil d) am deutlichsten heraus:

Beispiel 102a

Beispiel 102b

Beispiel 102c

Beispiel 102d

Hat man dieses seltsame 14-Ton-Prinzip erst einmal wahrgenommen, dann entdeckt man es nicht nur schlechthin überall, wo überhaupt Viertelnoten einander folgen, sondern man weiß auch, daß ein Satz, der so entschieden auf ein rhythmisches Muster gegründet ist, mit großer und durchgehaltener rhythmischer Strenge zu spielen sei. Dieses Presto ist kein harmlos plätscherndes »Spiel«-Stück, in dem hübsche Tempo-Verschiebungen nach Lust und Laune angebracht werden könnten. Merkwürdiger- und anfechtbarerweise spielt Glenn Gould die sforzato-Oktave (Beispiel 102a, letzter Takt) auseinanderklappend langsamer und leiser. Er bringt auch die *ff*-Oktaven, mit denen die Darbietung des ersten Komplexes schließt, nicht hinreichend kraftvoll. Dadurch nimmt er sich nicht nur die Möglichkeit, vorzuführen, wie diese letzten Oktaven (Beispiel 103a) den Anfangskomplex aufbrechen, steigern und erweitern, sondern er zeigt auch nicht, wie die entsprechenden drei Oktaven in der Durchführung sich analog vergrößert an die Vierzehn-Ton-Reihe anschließen (103b):

Beispiel 103a

Beispiel 103b

Diesen kompakten Zusammenhang, den wegen des keineswegs kompakten Klaviersatzes kaum ein Pianist heraushebt (Schnabel, S. Richter, Arrau, selbst Solomon spielten an ihm vorbei; bei Edwin Fischer spürt man die Absicht, aber sie wird nicht klar verwirklicht), macht am zwingendsten und entschiedensten Vladimir Horowitz deutlich, dem bei einer solchen, fälschlich für nicht allzu schwer geltenden Stelle seine singuläre Technik und seine Intelligenz helfen. Auch Gulda und Barenboim stellen das Prinzip dieser Durchführung deutlich heraus.

Es läßt sich hier folgendes beobachten: einige große Pianisten, die aus irgendwelchen übervorsichtigen Erwägungen das Presto der D-Dur-Sonate zu bedächtig oder harmlos-langsam begonnen haben, werden bei der Wiederholung der Exposition wie von selbst rascher (am auffälligsten: Yves Nat und Gulda, aber auch Kempff und Solomon). Der schwungvolle Impuls der Musik erzwingt sich sein Tempo. Und in der Reprise, bei der Parallelstelle zu unserem Notenbeispiel 102b, sind Horowitz und Gulda mittlerweile entschieden rascher sogar als etwa ein S. Richter, der seinerseits viel furioser begonnen hatte. Derartige Vergleiche haben mit absoluter Interpretationsqualität nicht viel zu tun, aber sie gewähren doch Einblicke in die Psychologie des interpretatorischen Ablaufs... Gulda und Horowitz, die das Presto zunächst offenbar nicht »herunterrasen« wollten, haben dann doch das notwendige scharfe Tempo erreicht, während Schnabel, der im Verlauf des Satzes allzu frei das Tempo wechselte, oder auch ein S. Richter eher ruhiger geworden sind. Erst der in h-Moll beginnende Seitensatz (Beispiel 104) läßt das melodische Element zur Geltung kommen, nachdem das pointiert rhythmische Muster des Hauptsatzes vorbeigedonnert ist. Ganz klar wird das aber nur, wenn die Interpretation sich plötzlich weniger von der Bestätigung der Ganztaktigkeit als vom Verlauf der h-Moll-

146

Melodie leiten läßt. Doch nur Edwin Fischer bringt diese erlaubte (gefühlvolle, rubatohafte) Wirkung heraus, indem er den höchsten Melodieton, das fis, mit Nachdruck artikuliert (Takt 1 des Beispiels 104 auf »drei«) und nicht bloß streng dem d (Beginn von Takt 1 und 2 des Beispiels 104) Gewicht verleiht.

Beispiel 104

Diese »Kantilene«, die gewiß auch nicht verzärtelt herauskommen darf, stellt im Verlauf des Satzes durchaus so etwas wie eine Belcanto-Oase dar. Der Presto-Zusammenhang muß sonst, das lehrt die Analyse aller Interpretationen des Anfangs, in ganzen Takten gespielt, gefühlt werden. Darum trifft auch ein Wilhelm Backhaus, der weniger an die brillante Ausführung der wirbelnden Achtelnoten denkt, sondern die ganzen Noten klar heraushebt, den Geist des Satzes richtiger als Kempffs Geläufigkeit. An keiner Stelle hat Beethoven hier melancholisch-sentimentale Momente eingefügt. So stört es den Sinnzusammenhang empfindlich, wenn Interpreten wie Schnabel und der ohnehin zu langsame Daniel Barenboim sich bei einer bruchlos durchkonstruierten Episode (Notenbeispiel 105) lyrisch ausruhen wollen. Es handelt sich um die Moll-Wiederholung eines Seitensatzes. Dann folgen eineinviertel Takte Pause (Takt 6 und 7 des Notenbeispiels 105), und dann spielt wieder das vielanalysierte Tetrachord in der linken Hand eine wichtige Rolle.

Beispiel 105

Für die Interpretation dieser rätselhaften Stelle hat der Komponist Dieter Schnebel einen wichtigen Hinweis gegeben. »Die Terzumschreibung des ersten Motivs ist zugleich eine rhythmische Umbildung des

Tetrachords, mit dem das Stück beginnt; die Figur der linken Hand birgt übereinandergeschoben das gleiche Material . . . Indem also gleiche Materialien in verschiedenen Konfigurationen komponiert werden, sind quasi-Webernsche Kanon-Beziehungen in den Zusammenhang hineingeheimnißt . . . Indes wird diese Phase nicht zu einem geschlossenen Zusammenhang fortgeführt, sondern nach einem zweiten Ansatz in Moll abgebrochen – wie wenn's nach solch äußerster kompositorischer Verdichtung nicht mehr weitergehen könnte. Nach den verstandenen Terzen dieses Verlaufs scheint etwas Neues zu beginnen . . .« Schnebels kompositorische Analyse hat auch interpretatorische Konsequenzen. Die als Achtel notierten Vorschläge (Takt 1, 2 und 3 von Beispiel 105) müßten dann lang gespielt werden und nicht als kurze Vorschläge. Überdies wäre die »Verdichtung«, wie sie sich hier ergeben soll, als Ausdruck eines lyrischen Kontrastes mißverstanden, wenn die Stelle zum sentimentalen Intermezzo geriete. Analog wäre dann auch der Sinn der langen Pause (Takt 6 und 7 von Beispiel 105) zur empfindsam meditierenden Fermate verfälscht. Nach alledem hätte man völlig vergessen, sich noch in einem Beethoven-Presto zu befinden.

Wegen des erforderlichen scharfen Tempos spielen viele Pianisten über Beethovens Pianissimo-Vorschriften wie über etwas Unwichtiges hinweg. Erst Martha Argerich hat gezeigt, daß sogar scheinbar konventionelle Überleitungsbewegungen einen durchaus mittelbaren spezifischen Sinn haben können. Entscheidendes Intervall dieses von einer Viertonbewegung geprägten Satzes ist doch die Sekunde. Bei der Schluß-Überleitung vor Beginn der Durchführung (und der Coda) spielt Beethoven unauffällig mit einer Bewegung, die zwar im Baß Takt 5 ff. als – aus Sekunden bestehender – gewohntes Tetrachord erscheint, im Diskant jedoch mit einer Anfangs-Terz oder Quart witzig und sinnvoll auf diese Sekunden antwortet. Musik, artikulierte, psychologisch überzeugende, heitere und selbstverständliche Musik macht aus diesem zarten Gegensatz nur Martha Argerich. Von ihr ist zu lernen, wie schön und erfüllt selbst eine solche »Beiläufigkeit« klingen kann.

Beispiel 106

Alle diese Nuancen herauszubringen, ohne das Grundtempo des »Presto« zu opfern, ist bisher noch keinem Pianisten ganz gelungen. Der erste Satz der Sonate Opus 10 Nr. 3 gehört zu jenen seltenen Musikstücken, die nicht Leidenschaften darstellen oder Gefühle entfalten, sondern die mit dem Geheimnis der Zahl, der Energie und der hellen Spiritualität rhythmischer Bewegung verbunden sind. Der Geist dieses ersten Satzes schwebt wahrlich über den Wassern von irgendwelchen Moden, Selbstdarstellungen oder Anekdoten. Er will nur begriffen und in Musik verwandelt sein.

Wer spricht im Largo e mesto? Was spricht sich da aus? Ist es abstrakte Melancholie, oder ist es die ewig untröstliche Einsicht, der Zeitlichkeit unterworfen zu sein, sterben zu müssen? Ich weiß, so darf man nicht fragen. Das ist schlechtes 19. Jahrhundert. Spekulieren wir darum lieber über den geistesgeschichtlichen und kompositionsgeschichtlichen Augenblick, für den das Largo e mesto einzustehen scheint. Ein einzelner, berührt vom revolutionären Plan einer neueren, freiheitlicheren Welt, bereit, mit subjektivistischem Sturm und Drang-Elan »Ich« zu sagen, ahnt, erfährt die Grenzen dieses großen Gefühls. Es stößt an Schranken, die mit Geschöpflichkeit, mit Elend, mit der streng teilenden Mode zu tun haben. Eine Stimme spricht von uralten menschheitsgeschichtlichen Erfahrungen, die eben deshalb auch jeder Mensch versteht. Jeder, der sich nicht aus Angst, aus verklemmt antimusikalischem Trotz solchen Begegnungen mit der Unaustilgbarkeit animalisch-humaner Tristesse verweigert. Dieses Largo e mesto-Gefühl wird zu einer Tonsprache verdichtet, die J. S. Bachs Harmonien, Philipp Emanuel Bachs individualisierende Exzentrik, Mozarts nervöses Gleichmaß, Haydns empfindsme Noblesse aufbewahrt, aufhebt, weiterdenkt. Die Höhe des Augenblicks und die Tiefe eines menschheitlichen Alptraums sind verklammert zu einzigartiger Musik.

Und das vielleicht Ungeheuerlichste: wer diese Musik treffen will, der muß sie, zumindest anfangs, *nicht-musikalisch* spielen. Vornehmer ausgedrückt: der muß die transmusikalische Intention des Satzes ausdrücken können. Von Alfred Brendel gibt es zwei Aufnahmen der D-Dur-Sonate Opus 10 Nr. 3. Die eine wurde Anfang der sechziger im Rahmen der Gesamtaufnahme eingespielt, die andere Anfang der siebziger Jahre. Die frühere Aufnahme hält eine schöne, recht ausdrucksvoll musikalische Darbietung des »Largo e mesto« fest. Aber groß und wahrhaft verstörend gelang erst die spätere. Die tiefsinnige Eigentümlichkeit dieser späteren Interpretation beruht auf einer paradoxen Qualität: Brendel geht – aus Ausdruckswillen – dem Artikulations-Ausdruck, den die Noten nahelegen, nicht mehr nach. Die Abwesenheit von Artikulation wirkt plötzlich beredter als alle noch so differenzierte Betonungsstrategie. In den ersten sechs Takten des Largos stehen wenig dynamische Vorschriften. Es fängt mit d-cis an wie der erste Satz, mit dem das Largo nichts gemein hat, kreist im engen Raum zwischen cis und g, erreicht die Subdominante.

Beispiel 107

Wenn ein Pianist diesen Largo-Beginn vernünftig phrasieren wollte, dann müßte er natürlich die Wechsel-Note cis, die in den ersten beiden Takten viermal vorkommt, jenes cis, in dem sich der dritte Takt »festfrißt«, ausdrucksvoll betonen. (So Diether de la Motte in einer Takt-für-Takt-Analyse dieses Largos, unter dem Titel ›Musikalische Analyse‹, 1968 bei Bärenreiter erschienen und mit ungleich wertvolleren kritischen Anmerkungen von Carl Dahlhaus versehen; S. 49–59). Die musikalische Logik und Sinnfälligkeit scheint zurückhaltende Artikulation zu verlangen; die meisten Pianisten bieten sie unwillkürlich.

Brendel ist darüber hinaus. Er zeigt, inwiefern nun auch die schattenhafte Kantilene über alle Hübschheiten hinaus ist. Gegen alle Logik, alles »Atmen«, alles Gewohnte, bringt Brendel es fertig, die ersten sechzehn Oberstimmen-Töne dieses Largos starr gleichmäßig zu betonen. Da gibt es kein harmonisches Zielbewußtsein. Die Leittöne leiten sozusagen nicht mehr. Jede Note ist isoliert, wie allein auf der Welt. Dieses beispiellose, eisige Allein-Sein – »es ist gleichgültig, wo ich bin«, flüstert in Hamsuns großem Roman ›Gedämpftes Saitenspiel‹ der gebrochene Erzähler – wird in Brendels Interpretation um so zwingender hörbar, als Beethoven ja keineswegs ein Fragment, sondern eine im Grunde zunächst durchaus zusammenhängende, geschlossene Linie komponiert hat. Eine Entwicklung, an der nichts Besonderes, auch nichts besonders Vereinzeltes auffällt. Doch wenn diesem Kontext jeder musikalische Artikulations-Sinn verweigert wird, dann gerät die Sinnlosigkeit zum Sinnbild schwarzer, bei Lebzeiten erstorbener Melancholie.

Ein Pianist, der es wagen würde, hier so ausdrucksvoll und süffig-melancholisch zu phrasieren, wie es beim schönen, elegant traurigen Beginn des 3. Klavierkonzerts von Rachmaninow selbstverständlich geboten ist, hätte den Unterschied zwischen Beethoven und Rachmaninow schlicht verwischt. Bei Rachmaninow muß doch gewiß mit einem noblen, unaffektierten Akzent das schöne cis herausgehoben werden, sonst klingt's farblos und langweilig.

Beispiel 108

Solche Lichter dürfen in der sternlosen Nacht des Beethovenschen Largo-Beginns nicht gesetzt, aufgesetzt werden. Artur Schnabel geht einen Schritt weiter: er will die Kraftlosigkeit des Largo e mesto-Beginns auch dadurch deutlichmachen, daß er nach jedem der Anfangstakte eine unwägbare, aber unverkennbare Pause macht – so als könne die Musik nicht weiter. Daniel Barenboim glaubt an die Macht der Langsamkeit. Unter seinen Händen dauert der Satz tatsächlich zwölf Minuten, gut zwei Minuten länger als bei den langsamsten Kollegen, und viereinhalb Minuten länger als bei Friedrich Gulda! Doch Barenboims Ausdrucksmut reicht nicht an seine Tempo-Tat heran. Er spielt das Largo mit einem so wohllautenden, behüteten Legato, so rund und schön, daß Langsamkeit nichts mit Vereisung und Vereinzelung zu tun hat, sondern eher in empfindsames Schleppen ausartet. So ist Barenboim auch außerstande, die *ff*-Akzente Beethovens im Rahmen seiner Interpretation zu motivieren. Meist reduziert er sie darum zum mezzoforte.
Strenger Gegensatz zu Barenboims »kulinarischer« Reduktion ist Solomons Affekt-Reduktion. Solomon dämpft nicht um schöner Einzelwirkungen willen, sondern aus dem Gesetz des Ganzen. Darum hat bei Solomon der in F-Dur anhebende Mittelteil überhaupt nichts Tröstendes. So groß, so unwiderstehlich ist bei Solomon die Macht des keineswegs unbeteiligt »motorischen«, sondern vielmehr aus dem Geist der Entwicklungsnotwendigkeit gewonnenen, marschartigen Schreitens, daß wir einem strengen Kondukt beizuwohnen meinen, einem phantastischen Trauermarsch. Es gibt ja auch, zum Beispiel bei Händel, Trauermärsche

in Dur. Und Beethovens F-Dur-Anfang wird hier ohnehin rasch versehrt. Bei dieser Interpretation Solomons lassen sich nicht irgendwelche Stellen als besonders schön oder charakteristisch gelungen hervorheben. Groß ist erst das »Ganze«: die Schlußtakte wirken erschütternder und wahrer als das allermeiste Klavierspiel dieser Welt. Solomon versteht es, jedes Pianissimo, jeden Fortissimo-Aufschwung im Tone einer melancholischen und konzessionslos wahren Dämpfung vorzutragen. Einen kanonähnlichen Einsatz mit leerer Quinte im Baß, »schlecht« liegend, beschönigt Solomon nicht, sondern er stellt ihn hohl, leer und verhalten ingrimmig dar.

Beispiel 109

Ungeheuerlich bringt Solomon auch das Zerbrechen der von ihm so gleichmäßig und unaufhaltsam exponierten Kontinuität heraus. Die Stelle mit den wahrlich sprechenden, »von musikalischem Leben erfüllten« (Carl Dahlhaus) Pausen (Notenbeispiel 110), führt ja die Dissoziation einer musikalischen Gestalt vor, so wie am Ende der Beethovenschen ›Coriolan‹-Ouvertüre oder des Trauermarsches aus der ›Eroica‹ ein Thema gleichsam zerfällt. Aber im Zerfall wird eine neue Energie frei: was nicht mehr gleichmäßiger strenger Ablauf sein kann, hat die Ausdruckskraft eines (keuchenden) Rezitativs. Diesen großen Moment stellt kein Künstler eindringlicher dar als Artur Schnabel.

Beispiel 110

Jacques-Gabriel Prod'homme teilt in seinem Buch ›Die Klaviersonaten Beethovens‹ (Wiesbaden, 1948, S. 64) Skizzen zu Opus 10 Nr. 3 mit, die er, wie mir scheint, falsch deutet. Offenbar hat sich Beethoven vor der Komposition des Largos nicht etwa das »Thema« in es-Moll »notiert«, sondern die Abwandlung, die dieses Thema in der Coda erfährt! Da bereitet sich eine Vertiefung und ein Ausbruch sondergleichen vor. Beethoven skizzierte das ihm anscheinend wichtigere Modulationsschema, nicht nur das Thema. Am Ende dieser Coda hat Glenn Gould eine Cello-Melodie entdeckt. Er betont den jeweils obersten Ton der Füll-Akkorde der linken Hand. Dabei entsteht eine kadenzierend abfallende Melodie: a - g - e- (d).

Beispiel 111

Und was kann auf ein solches Largo folgen? Ein Kontrast, ein Ausschwingen, ein unbefangen fröhliches oder ein vehement aggressives Finale? Man nimmt das herzliche, keineswegs übermäßig empfindsame, sondern eher innig lächelnde Menuetto-Allegro, das dem Largo folgt, viel zu selbstverständlich hin — als könnt's nicht anders sein, bloß weil es eben so ist... Die gehaltenen Mittelstimmen schaffen am Anfang gleich eine »dolce«-Grundierung, die sforzato-Vorschriften antizipieren dann freilich schon einiges von der pointierten und brillant-empfindsamen Lebendigkeit, die im weiteren Verlauf des Scherzos und erst recht im virtuos dialogischen Trio folgen.

Bei diesem Menuetto kommt es nicht in erster Linie darauf an, ob die Pianisten (wie Solomon und Gulda es tun) tatsächlich ein fast unbefangenes Allegro-Tempo wählen — oder ob sie den verhalteneren »Menuett«-Charakter unterstreichen. Das Stück kann eine *lösende und geradezu erlösende Wirkung* haben, wenn man spürt, wie sich die Musik und der Interpret allmählich und unmerklich von der Umklammerung durch das Largo freimachen. Alfred Brendel und Svjatoslav Richter beginnen den dritten Satz noch wie im schmerzlichen Bann des zweiten. Aber schon bei der Wiederholung des ersten Menuett-Teils spielt Brendel ein wenig freier, die Betonungen des sforzato etwas massiver. Vom Menuett, das anfing wie ein trauriger Traum, gelangen wir unversehens zurück in eine Welt, in der herzliche und sanft scherzende Musik sein darf. So läßt sich auch ein Menuett-Beginn als psychologischer Ablauf darbieten! Psychologie schafft Logik: der dritte Satz schließt sich dann, ohne irgend

153

etwas zurückzunehmen, tröstlich, sanft und empfindsam heiter an den zweiten an, ist weder kalte Dusche noch Banalität – wenn Brendel oder Svjatoslav Richter sich seiner annehmen.

Über die Problematik des Finales haben wir uns schon Gedanken gemacht. Es entwickelt ein brillantes und kokettes Spiel aus Frage und Antwort. Die »Frage«, die Herausforderung, verändert sich kaum. Zuerst lautet sie so:

Beispiel 112

Dann wird die »Frage« entschiedener gestellt:

Beispiel 113

Beispiel 114

Sie kann aber auch im pianissimo ertönen:

Mitunter gibt es sogar zwei Antworten. Zum Beispiel, auf die zuletzt zitierte Frage. Einmal so:

Beispiel 115

Oder, erweitert und ausführlicher, so:

Beispiel 116

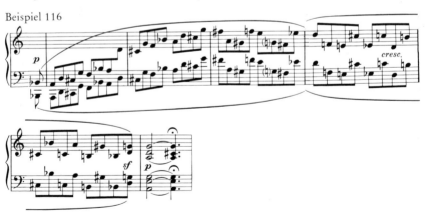

154

Beethoven spielt nicht nur übermütig, sondern auch harmonisch kühn, bizarr, improvisatorisch und variierend mit allen diesen Möglichkeiten, er ändert rhythmische Grundformen ab. Meist ist der zweite Ton der Frageform zu betonen, gelegentlich aber auch der erste ...

Hat ein Pianist Gefühl für diesen Aufbau und für die luxuriöse Melancholie, die den raffinierten Passagen dieses Satzes innewohnt, dann wird das Rondo zum kleinen Kehraus-Meisterwerk. Wie präzis es als Frage- und Antwort-Spiel durchorganisiert ist, das macht Friedrich Gulda und vielleicht noch mehr, noch übermütiger und eleganter, seine Schülerin Martha Argerich klar. Der Sinn des Rondos verwischt sich, wenn das Frage-Motiv, nur weil es oft wiederholt wird, allzusehr mit Bedeutung und Schmerz aufgeladen erscheint. Dann ist die noble Pointierung des Stückes unerkennbar, verqualmt oder auch falsch-seriös ausgetrocknet. Aber solche Mißverständnisse können nur entstehen, falls ein Interpret dieses Finale um jeden Preis in den Sonaten-Kosmos integrieren möchte. Hochintelligente Pianisten sind imstande, die Rondo-Sphinx leichthin und überraschungsreich zu spielen, damit aus dem letzten Satz eine kuriose Kostbarkeit wird, die Kopfschütteln verursacht. Trotzdem: dieses Rätsel-Rondo dürfte schuld daran sein, daß Beethovens D-Dur-Sonate, so sehr sie auch geliebt wird, im allgemeinen Bewußtsein nicht den Platz einnimmt, der ihr gebührt.

8. SONATE

Grande Sonate Pathétique
Opus 13 c-Moll (1798/99)

Grave — Allegro di molto e con brio
Adagio cantabile
Rondo *Allegro*

Beethovens populärste Sonate. Gewiß nicht bedeutender, »gültiger« als Opus 10 Nr. 3 – aber eben doch etwas bebend und selbstbewußt Neues: nämlich Musik mit Muskeln, mit gespannt hervortretenden Adern. Ein c-Moll-Ausbruch, der nicht als Ergebnis eines Prozesses, sondern von Anfang an, mit dem ersten, schwer fallenden Akkord, beeindrucken will. Am Ende des 18. Jahrhunderts entstanden, antizipiert und prägt die von Beethoven selbst so genannte »Pathétique« jenen im 19. Jahrhundert beliebten Typus »interessanter« Bekenntnismusik, der über Chopin (Trauermarschsonate), über Liszt und Wagner bis zur »Pathétique« Tschaikowskys reicht.

Die Grave-Einleitung, das synkopisch pointierte Allegro-Thema, die gestaltlos unheimlichen Pianissimofarbflecken der Durchführung und die Tremolobegleitung des ersten Satzes: das alles ist nicht nur zum »Spielen« da, ist nicht mehr nur Musik, aus deren Entfaltung sich ein Gehalt ablöst, sondern es prunkt mit dramatisch-rhetorischem Pathos. Unwiderstehlich selbstsicher präsentieren sich die opernhafte Duettszene des ersten Satzes, die weihevolle Adagio-Melodie, der schneidende Schluß des Rondos. Wahrscheinlich darum hat man die Pathétique als erste ganz eigentümliche Beethovensche Geniekundgebung begriffen, als erstes dämonisches Gewitter, welches die späteren Entladungen (Appassionata, 5. Symphonie, Sonate Opus 111) kraftvoll ankündige.

Doch die Welt dieser Pathétique ist ebenso leidenschaftlich wie heil, ebenso gestaltenreich wie überschaubar, zugleich ekstatisch und wirkungssicher theatralisch. In keinem anderen Werk Beethovens spielt sich das von Leidenschaft erfüllte »Ich« so flammend auf, kein anderes lud auch zu so hemmungslosem Mißbrauch ein...

Nennen wir das Pathétique-Unbehagen ruhig beim Namen. Wurde diese Sonate mit Recht zu Tode geritten, gedonnert? Ist sie vielleicht zu übersichtlich, zu theatralisch extrovertiert? Strömt die Gebärde zu effektvoll, der pathetische Ton zu ungebrochen? Wenn man die Pathétique zum hundertsten Mal hört: hemmungslos heruntergerast den ersten Satz, mit weihevollem Tränenblick zelebriert den zweiten, spitz und rasch abschnurrend das Rondo, dann ist man nicht, wie bei so manchen anderen Werken, in die man zunehmend empfänglich eindringt, reicher geworden – sondern eher undankbar, ungerecht. Fast geniert man sich, diese Sonate einst vorbehaltlos geliebt zu haben.

Daß Beethovens Pathétique und seine 5. Symphonie, daß auch Werke wie Schuberts »Unvollendete«, Mozarts ›Kleine Nachtmusik‹, Brahms' g-Moll-Rhapsodie, Wagners »Tannhäuser«-Ouvertüre, Debussys ›Claire de Lune‹ und Mahlers 2. Symphonie dem Abnutzungseffekt so besonders ausgesetzt scheinen, ist kein Zufall – und schon gar nicht Schuld der Hörer oder Interpreten. Offensichtlich besteht ein enger Zusammenhang zwischen stürmisch rascher Zuneigung und späterem Überdruß. Die meisten von Abnutzungsmalen besonders versehrten Stücke sind nämlich nicht nur höchst charakteristische Musik, sondern sie haben – in der Biographie der Hörer – eine verändernde, öffnende, rührende oder berührende Funktion gehabt: an der Pathétique, an der »Unvollendeten«, an der »Auferstehungssymphonie« ging (und geht) vielen Musikfreunden zum ersten Male auf, was das sei, eine Beethoven-Sonate, ein Schubert-Mysterium, eine Mahler-Symphonie. (»Das Werk, an dem wohl die meisten Mahler lieben lernten, die Zweite Symphonie, dürfte am raschesten verblassen«, schrieb Adorno in: ›Mahler‹, S. 179 ff., Suhrkamp Verlag 1960.)

Was so überredend, so umwerfend und zwingend zu beeindrucken vermag beim ersten Hören, das wirkt, entsprechend rasch, ein wenig »trivial«. Was an den betreffenden Stücken hinreißt, verabsolutiert sich zum »Reißer«. »Kleine Nachtmusik« oder Pathétique imponieren auch dem Unmusikalischen – dem korrespondiert der gebildete Überdruß, das blasierte Lächeln des »Kenners«. Folglich fühlen sich viele Interpreten dazu gehalten, mit diesen Werken etwas ganz Besonderes zu »machen«, das wohlbekannte Gericht unmäßig scharf oder zumindest irgendwie extrem zu würzen, damit es schmackhaft und interessant gerate. Weil aber die Pathétique ohnehin schon extrovertiert ihre Wirkungen ausspielt, verdoppeln forciert auftrumpfende Darbietungen nun genau jenen Abnutzungseffekt, gegen den sie sich aufzulehnen versuchen.

Hängen diese Schwierigkeiten vielleicht auch damit zusammen, daß wir mittlerweile ein (vielleicht lustvoll) schlechtes, unfreies Gewissen haben gegenüber dem »Pathos«, dem »Pathetischen«, dem ungebrochen Leidenschaftlichen? Eine solche Vermutung klingt plausibel, obwohl es auch im letzten Drittel des 20. Jahrhunderts an hysterischen Leidenschaftsausbrüchen vor allem im Bezirk politischer und sportlicher Entscheidungen nicht fehlt. Was irritiert eigentlich am Pathetischen? Der Begriff als solcher, mag er auch »obsolet« (das heißt »veraltet«) wirken, erklärt ja noch nichts. Romain Rolland, ein nobler und generöser Beethoven-Bewunderer, hat im Zusammenhang mit der Pathétique folgende Formel angeboten: »Die etwas zu glatte Lösung einer vom Theater hergenommenen Aufgabe. Die Schauspieler sind zu sichtbar.« (›Beethovens Meisterjahre‹, Insel Verlag 1930, S. 95)

Wie haben sich nun die Interpreten – und der Pianist müßte noch geboren werden, der nicht irgendwann einmal mit Leidenschaft über die Pathétique herfällt – gegenüber dieser »etwas zu glatten« Theaterlösung verhalten? An der Pathétique läßt sich so exakt wie an kaum einem anderen Musikstück Interpretationsgeschichte studieren. Diese Sonate ist als Herausforderung zu schneidend, zu exzentrisch, als daß irgendwelche freundlich-verbindlichen mittleren Antworten lohnten. Wer sich bei der Pathétique auf bloßes Unterspielen zurückzieht, der hat das Interpretationsproblem dieses Werkes nämlich keineswegs klug unterlaufen. Lahme Vorsicht schützt hier nicht vor der Strafe des Mißlingens …

Die von Beethoven selber hinzugefügte Charakterisierung »Grande Sonate *Pathétique*« gehört – wie immer sich der Begriff im Laufe der Jahrzehnte verändert oder diskreditiert haben mag – durchaus zur Sache. Nicht anders als eine *cantabile*- oder eine *dolce*-Vorschrift, die ja auch nicht eindeutig zwingend festlegt, *wie* da ein gesangvoller oder »süßer« Eindruck hervorgerufen werden soll, sondern eben nur, *daß* es zu geschehen habe. Beethovens Überschrift darf, sonst wäre sie ja überflüssig oder verlogen, nicht als nachträglich drangeklebte Zutat wegargumentiert, sie muß vielmehr als Forderung respektiert werden. Wäre das Wort »Pathétique« hier tatsächlich nichts als Zutat, dann dürfte auch kein unwiderstehlich dramatischer Schwung, keine Tendenz zu opernhaft erregter Tremolo-Begleitung die musikalischen Charaktere durchwirken. Hier werfen sowohl der schwerlich ganz dingfest zu machende »Geist« wie auch die komponierte buchstäbliche Einzelheit das Pathos-Problem auf: demgegenüber wäre es nicht etwa vorsichtig positivistisch, sondern einfach eine Fälschung, wenn man den Kopfsatz so verstände, als brauchte man sich um das alles nicht zu kümmern, als ließe sich auch dieses »Allegro di molto e con brio« wie eine Bach-Invention oder ein frühes Haydn-Rondo tönend bewegt herunterperlen. Übrigens, sogar ein solcher Irrtum wurde pianistisch kompetent gespielt: Walter Gieseking ging bei der Pathétique erstaunlich weit damit, Beethovens Pathos als glücklich-bewegtes Linienspiel darzubieten.

Aber das war ein sozusagen lichter Sonderfall. Die meisten Interpreten haben, und keineswegs nur in jüngster Zeit, den Begriff und die Funktion des Pathetischen zu differenzieren gesucht. Man kam nach dem Ersten Weltkrieg während der zwanziger Jahre offenbar darin überein, daß der statuenhaft, wenn nicht gipsbüstenhaft heroische »Feier«-Beethoven ein historisches Mißverständnis gewesen sein müsse. So wie in der deutschen Literatur mit dem Aufkommen des Realismus – also lange vor dem Ersten Weltkrieg – der pathetische Schiller-Ton verdächtig und verdächtigt wurde (in Gerhart Hauptmanns »Ratten«, 3. Akt, wird der Konflikt ganz konkret, als Betonungs- und Rezitationsproblem beim Schauspielunterricht ausgehandelt und thematisiert), so wandten sich etwas später auch die Musiker von Beethovens, heute würde man sagen, »affirmativem« Pathos ab, und zwar auffallenderweise ebenso die Wortführer der antiromantischen und antipathetischen »Neuen Sachlichkeit« (man denke nur an die Anti-Beethoven-Stimmung bei Strawinsky, Cocteau, auch bei Hindemith während der zwanziger Jahre!), wie die allen »sachlichen« Tendenzen gewiß fernen Angehörigen der (expressionismusnahen) Neuen Wiener Schule. Ein Rudolf Kolisch – Schönbergs Schüler und Schwager, Primarius des Kolisch-Quartetts, Autor des berühmten Aufsatzes ›Tempo and Character in Beethovens Music‹ aus ›The Musical Quarterly‹, Jahrgang 1943 – und ein Theodor W. Adorno, der als Berg-Schüler und Musikschriftsteller später repräsentativer Interpret der Neuen Wiener Schule werden sollte: sie beide stimmen mit dem von ihnen damals heftig bekämpften Strawinsky zumindest darin überein, daß man sich, um einen authentischen Beethoven zu gewinnen, an die sonst meist für irrig, für widersprüchlich, für unspielbar schnell, für bloße Richtungsbekundungen gehaltenen, extrem raschen Metronomangaben Beethovens halten müsse. Schönberg- und Strawinsky-Schule berührten sich also bemerkenswerterweise in der Überzeugung, Beethoven dürfe nicht schleppend, dröhnend, feierlich-verdrossen oder feierlich-erhaben vorgetragen werden.

Mithin wäre also rasche, schlanke oder auch gezackte Tempo-Gespanntheit ein Heilmittel gegen alles hohle, scheppernde Pathos? Ein marxistischer Philosoph, der seine Herkunft aus dem Expressionismus nicht verleugnet, nämlich Ernst Bloch (Tibor Kneif hat unter dem Titel ›Ernst Bloch und der musikalische Expressionismus‹ in ›Ernst Bloch zu ehren‹,

Suhrkamp Verlag 1965, S. 277–326, alles Notwendige ausgeführt), bot auf einem literarischen Umweg eine hilfreiche Therapie für das Pathos-Krankheitsbild. Besonders hilfreich vielleicht deshalb, weil Bloch an die Frage heranging, ohne von Beethovens Autorität verängstigt, zur Vorsicht bewogen zu sein. 1932, bevor der aufgedonnerte optimistische Kolossal-Stil der dreißiger Jahre mit seinen Geschmacklosigkeiten einsetzte, machte Bloch in dem Aufsatz ›Die Kunst, Schiller zu sprechen‹ (am leichtesten zugänglich in ›Literarische Aufsätze‹, Suhrkamp Verlag 1965, S. 91 ff.) einige Vorschläge, welche »Stile der Rettung« es gäbe, wenn die Gefahr der pathetischen Unglaubwürdigkeit drohe. »Nicht nur der volle Jambus macht Schiller schwierig, auch noch sein hohes Pathos aus Lebensferne, die Leidenschaft im abstrakt idealischen Gewand. Das ist bereits die objektive Schwierigkeit oder Unstimmigkeit in Schiller selber; die ›sachliche‹ Zeit von heute plaudert nur viel davon aus.« Wie aber sehen Blochs »Stile der Rettung« aus?

Während die an Beethovens Pathétique denkenden Leser nun höchstbegreiflicherweise fürchten, wir hätten unseren musikalischen Gegenstand bei diesen literarisch-philosophischen Pathos-Betrachtungen endgültig aus den Augen verloren, tauchen im Zusammenhang mit Blochs Typologie durchaus spezifisch musikinterpretatorische Verhaltensweisen wieder auf. Blochs erster Rettungsvorschlag entspricht dem, was Rudolf Kolisch und was Adorno (letzterer etwa in seiner Rezension der von René Leibowitz für Schallplatten dirigierten Beethoven-Symphonien, ›Beethoven im Geist der Moderne‹, ›Süddeutsche Zeitung‹ vom 22. 12. 1964) direkt forderten, nämlich: »sehr rasch«. Blochs zweiter Rettungsvorschlag lautet: »zerteilte Sprache, gewollte Pause«. Also Artikulation gegen den Fluß, gegen den Strich. Dazu tendierte, wie übrigens auch zum sehr raschen Allegro-Tempo, immerhin ganz ausgesprochen Artur Schnabel! Blochs dritter Vorschlag: »eine infantile, ja psychopathische Vortragsweise«. Ein Weg, auf dem Glenn Gould sich manchen heiklen Beethoven-Sätzen nähert. Vierter Vorschlag: Rettung durch barockisierendes Übertreiben. Neigte nicht Wilhelm Furtwängler dazu, wie auch, freilich weniger zwingend, die Pianistin Elly Ney? Als fünfte Rettungsmöglichkeit bietet Bloch an: exakt parallelisierende Logizität, die Betonung gleichsam der »Melodie der Logik«. Dahin zielt, kühl und schneidend logisch, Friedrich Gulda...

Wenn wir uns nun aber den Einzelheiten des Notentextes und ihrer »logischen« Bewältigung zuwenden, dann stoßen wir – und das gilt ebenso für die Funktion der Grave-Einleitung zum Ganzen, wie für das Verhältnis, welches erstes Thema, Seitensatz und Schlußgruppe zu einander haben — auf einen widersprüchlichen Sachverhalt, der sich mit dem Begriff »dialektisch« nur umschreiben, aber nicht wirklich erklären läßt. Pathos hat zwei einander anscheinend ausschließende Folgen. Einerseits prägt großes Pathos durchdringend und vereinheitlichend die Entwicklung eines Sonatensatzes. Andererseits führt es zu einer Steigerung der jeweils einzelnen Ausprägung, also zu einer ausgesprochenen Gegensätzlichkeit der jeweiligen Charaktere. Dieser hoffentlich nicht zu erklügelt wirkende Widerspruch hat praktische Konsequenzen. Zum Beispiel: Muß die Grave-Einleitung wiederholt werden? Beethovens diesbezügliche Angaben sind nicht eindeutig. Oder: ist entschiedener Tempowechsel zwischen synkopiertem, von Trommelwirbeltremolo begleitetem Hauptsatz und dialogisch freiem Seitensatz nicht nur gestattet, sondern geboten? Oder auch: muß motorisch drängende Vehemenz hier, eben um des zwingend-leidenschaftlichen Endeffektes willen, alle individuellen Verschiedenheiten wegglühen?

Erstaunlich, fast unglaublich scheint zunächst, daß selbst bei diesem beispiellos populären Stück keine Einigkeit über die weiß Gott nicht beiläufige, irgendwelche Druckfehler oder Lesarten philologisch ausspielende Frage herrscht, ob der *pathetischste* Teil der Pathétique, nämlich die gewaltige Grave-Einleitung, tatsächlich eine »Einleitung« ist. Also ein Portal, durch das man zum Bau des »Allegro di molto e con brio« gelangt. Oder gehören diese hochexpressiven zehn Takte als völlig integrierter Bestandteil zum Sonatensatz? Beethoven hat am Ende der Exposition des Allegro ein Wiederholungszeichen vorgeschrieben, aber es ist nicht eindeutig klar, ob nur das Allegro wiederholt werden soll oder auch das eröffnende Grave. Hugo Riemann schreibt in seiner ›Analyse von Beethovens Klaviersonaten‹, 2. Band, S. 1 ff.: »Daß das Grave aber keine Einleitung ist, sondern durch mehrmalige, wenn auch nur andeutungsweise Wiederkehr den ganzen Satz zusammenhält ›wie Mörtel die Steine‹, betont bereits Lenz sehr nachdrücklich... Meine Ausgabe der Beethovenschen Sonaten«, fährt Riemann fort, »fordert bei der Reprise im ersten Teil ›von Anfang‹. Der wichtigste Grund, das Grave bei der Reprise mit zu wiederholen, ist aber natürlich der, daß das Kopfmotiv desselben an der Spitze der Durchführung und noch einmal gegen Ende des Satzes wiederkehrt und auch in der Durchführung selbst gleich zu Anfang... verarbeitet wird...«

Natürlich? Weil Beethoven im Laufe des ersten Satzes seiner Pathétique mehrfach auf die zehn Grave-Takte zurückkommt? Hugo Riemanns Argument wäre nur dann zwingend, wenn sich beweisen ließe, was niemand beweisen kann: nämlich, daß der Grave-Beginn später, innerhalb des Allegro-Satzes, eine Funktion hat – und kein Zitat, kein zitierter Kontrast ist! Fungiert das Grave-Motiv hier genauso eindeutig als Sonatensatz-Baustein wie das Hauptthema des Allegros? Könnte man nicht ebenso plausibel sagen, dieses Grave erscheine als ausführlich hochpathetische Einleitung, auf die der erste Satz, wie auf eine große Erinnerung, sich an entscheidenden Stellen zurückbesinnt? Was als Riesenportal, als c-Moll-Urbild »vor« der Sonate war, das dürfte dann eben gerade nicht in den Formverlauf hineingenommen, wiederholbar und wiederholt erscheinen. Wenn dieses Grave zum Expositionskomplex gehören sollte, dann müßte es logischerweise vor der Reprise wiedererscheinen: da aber wird es nicht einmal kurz zitiert, geschweige denn als Zugehöriges vorgeführt.

Mit thematischen »Beziehungen« läßt sich hier, wie man sieht, allzu vieles – oder eben gar nichts – beweisen. Abstrakt und durchaus gegensätzlich ausdeutbar sind derartige Beziehungs- (Wahn-) Systeme ohnehin nur dann, wenn man sie nicht in Relation setzt zur klingenden Interpretation. Es ist keineswegs eindeutig »richtig« oder »falsch«, daß Rudolf Serkin tatsächlich – wie Hugo Riemann fordert – die Einleitung zum wiederholbaren Bestandteil der Sonatenform macht. Serkins Darbietung demonstriert, wie sich die Einleitung verändert, verändern *muß*, wenn ihr eine derart veränderte Funktion zuwächst. Serkin erlaubt sich und dem Grave keinerlei pathetisches Übermaß. Das Bewußtsein: es kommt noch mal, wirkt pathos-dämpfend. Bei der Wiederholung spielt Serkin die Einleitung naheliegenderweise sogar ein wenig rascher als am Anfang. Doch damit nicht genug. Er, der als einziger das exzentrische Grave in den Sonaten-Bezirk hineinholt und domestiziert, steht auch sonst dem pathetischen Tempo-Extremismus am fernsten! Er spielt den Satz keineswegs besonders langsam. Aber er spielt ihn gleichmäßiger als alle anderen, variiert das Tempo am wenigsten.

Die Allegro-Exposition der Pathétique ist 122 Takte lang. Deutlich heben sich die drei bestimmenden Teile voneinander ab. Von Takt 11–49 reicht die Aufstellung des ersten Themas. Dann folgt, nach zwei Überleitungstakten, von 51–88 der dialogisch gehaltene Seitensatz. Bei Takt 89 setzt dann die Schlußgruppe an. Die drei Teile sind weithin kongruent. Der erste Teil ist 38 Takte lang, der zweite Teil ist 38 Takte lang, der dritte, zum Ende der Exposition führende, 44 Takte. Dieser Umstand ermöglicht einen Vergleich, wie er sich sonst kaum je so zwanglos durchführen läßt, weil Hauptsatz und Seitensatz ja sehr selten tatsächlich genau gleich lang sind. Ist das aber der Fall, dann legt es sich doch nahe – wenn man schon das Wesen musikalischer Pathetik und die Arten seiner Bewältigung zu ergründen versucht –, einmal exakt zu prüfen, wie sich bei den einzelnen Interpreten Haupt- und Seitensatz zueinander verhalten. Wie lange dauern die ersten 38 Takte, wie lange die zweiten 38 Takte, und wie lange dauern von den 44 Takten der Schlußgruppe die ersten 38? Von den letzten sechs Takten sehen wir ab, um gleichlange Komplexe zu vergleichen.

Musik – muß es überhaupt ausgesprochen werden? – ist kein 100-Meter-Lauf. Die Stoppuhr besitzt keine Urteilskraft. Zahlen besagen wenig über gut oder schlecht. Immerhin: der Zeitvergleich (auch nur ein Hilfsmittel, Interpretationen auf den Grund zu kommen, weder das einzige noch auch ein völlig zuverlässiges) bietet exakte Größen. Ich habe also die Pathétique-Einspielungen von einigen großen, noch im 19. Jahrhundert geborenen Pianisten, die auf den ersten und auch zweiten Blick so verschieden sind wie Wilhelm Backhaus (Jahrgang 1884), Harold Bauer (1873), Frederick Lamond (1868), Arthur Rubinstein (1887) im Hinblick darauf verglichen, in welcher Tempo-Relation bei ihnen Hauptsatz, Seitensatz und Schlußgruppe zu einander stehen. Bei ihnen allen fällt eine erstaunlich große Differenz auf zwischen dem Hauptsatz, der folgendermaßen beginnt:

Beispiel 117

dem Seitensatz, der mit diesem Dialog anhebt:

Beispiel 118

und der Schlußgruppenbewegung:

Beispiel 119

Bei den noch vor 1890 geborenen Pianisten Wilhelm Backhaus, Harold Bauer, Frederick Lamond und Arthur Rubinstein ist die Differenz zwischen den drei Teilen, die die Exposition des Kopfsatzes der Pathétique ausmachen, stets größer als vier Sekunden, was im raschen Allegro con brio-Zusammenhang immerhin einer Tempo-Schwankung von 8-10 % entspricht. Andere, meist, aber keineswegs ausnahmslos, jüngere Pianisten (Barenboim, Gieseking, Gould, Gulda, Svjatoslav Richter, Schnabel, Serkin) spielen die drei Teile fast gleichmäßig, bei ihnen liegt der Unterschied, um den die drei Teile zu einander differieren, unter einer Sekunde, zwischen 1-3 %. Bei derart minimalen Tempounterschieden im Bereich von Zehntel-Sekunden darf man von Tempo-»Schwankungen« vernünftigerweise kaum mehr reden: es herrscht atmendes Gleichmaß.

Aufschlußreich ist der pathetische Kontrast in der Interpretation des einst sehr geschätzten angloamerikanischen Pianisten Harold Bauer. Bauer, 1873 geboren, studierte bei Paderewski, konzertierte seit 1893 in aller Welt, lebte später in Amerika, wurde Gründer der New Yorker Beethoven Association und so berühmt, daß Thornton Wilder ihn 1926 im Roman ›Die Cabbala‹ als Autorität vorkommen ließ... Harold Bauers Interpretation ist in jeder Weise extrem. Er wählt anfangs ein ungemein scharfes Tempo (rascher als Edwin Fischer, weit schneller als Arrau oder Horowitz), wird im Seitensatz dann sehr langsam, spielt die 38 Allegro-Takte des Hauptsatzes tatsächlich über fünf Sekunden schneller als die 38 Takte des Seitensatzes. Das bedeutet in einem Allegro molto schon einen grellen Kontrast, wie ihn, außer Harold Bauer, nur noch der für so unbedingt sachlich, ja »objektiv« geltende Wilhelm Backhaus (Jahrgang 1883!) wagte.

Diese auffallenden Unterschiede legen nun aber — was die Interpretationsgeschichte der Pathétique betrifft — einige Folgerungen nahe. Denn der Seitensatz des Allegro di molto ist kein irgendwie lyrisches oder kantables oder melodiöses »Gesangsthema«, das dolce oder espressivo gespielt werden müßte, was in manchen späteren Sonaten eine gewisse Tempo-Zurücknahme oft geradezu erzwingt, wie bei der Waldstein-Sonate.

In der Pathétique herrscht jedoch keinerlei lyrischer Zwang, beim melodischen Seitengedanken langsamer zu werden. Der Seitensatz könnte exakt im Tempo bleiben, und das tut er ja auch bei einigen Pianisten (Gieseking, Gulda, Anni Fischer, Schnabel, Serkin), die nicht im mindesten nachgeben. Die Stelle *erzwingt* also keine Verlangsamung. Schnabel riskiert sogar eine winzige Beschleunigung, weil er bei jedem »crescendo« des Dialogs auch das Tempo anzieht. Daß manche Interpreten gleichwohl außerordentliche Verlangsamungs-Kontraste für richtig halten, ja suchen, ist also in der Pathétique eine *freie* Entscheidung, um pathetische Artikulation oder pathetische Unterschiede zu bieten! Und zwar eine Entscheidung jener Pianisten, die im 19. Jahrhundert geboren wurden oder im Geiste des 19. Jahrhunderts spielen – was hier keineswegs diffamierend, sondern nur kritisch-unterscheidend gemeint ist: denn zu diesem 19. Jahrhundert gehört schließlich ein Großteil des Beethovenschen Lebenswerkes.

Lamond, Bauer, Backhaus, Rubinstein, Kempff (Jahrgang 1895) Yves Nat (1890) lassen es sämtlich auf große, nachweisbare, über 4 Sekunden dauernde Tempo-Unterschiede ankommen, die Gulda, Gould und Barenboim von den »Jüngeren« nicht in Kauf nehmen, andererseits auch Gieseking und Serkin nicht. Daß die russische Schule, selbst wenn es sich um jahrgangmäßig jüngere Pianisten handelt, eher dem älteren Typus nahekommt, verwundert nicht: schneidende motorische »Modernität« war noch nie Signum russischer Beethoven-Interpretation.

Folgende Konsequenz läßt sich daraus ziehen: Wer vor 1900 geboren wurde oder spielen lernte, faßt »Pathos« als Freiheit zum Tempo-Kontrast auf, wer in der Zeit um den (oder gar nach dem) Ersten Weltkrieg groß wurde, hält das gewählte Tempo strenger durch. Walter Gieseking (Jahrgang 1895, wirklich kein Beethoven-Interpret alter Art) und Artur Schnabel, der durchaus »modern« komponiert, wären demnach trotz ihres Geburtsjahrgangs, keine Pianisten der alten »pathetischen« Schule. Schnabel äußerte ja auch mehrfach, wie man in Irving Kolodins Essay über Schnabels Beethoven-Spiel (Beiheft zu Schnabels Beethoven-Kassette) nachlesen kann, er habe erst nach dem Ersten Weltkrieg den richtigen Weg gefunden, Beethoven zu spielen. So drängt sich zumindest der typologische Rückschluß auf, daß im Geist des 19. Jahrhunderts spielende Pianisten – *auch solche, die sonst keineswegs zu ausgreifenden Temposchwankungen neigen!* – bei Beethovens Pathétique riesengroße Kontraste für geboten halten, während Künstler, die entweder im Geist oder als Kinder des 20. Jahrhunderts musizieren, die Pathétique schlanker, kontrastärmer verstehen. In diesem Zusammenhang scheint nun sehr bezeichnend, daß der bedeutende Liszt-Schüler und Beethoven-Spezialist Frederick Lamond nicht nur in der Grave-Einleitung zum ersten Satz gewichtige Seufzer-Ritardandi wagt, es nicht nur im Allegro di molto auf heftige Tempo-Unterschiede ankommen läßt, sondern sogar im Adagio cantabile, wo viele Pianisten eine unbewegte, neutrale As-Dur-Weihe für richtig halten, die Seitengedanken als

Energien spielt, als drängende Impulse, die mit rubato-ähnlichem Akzent oder »Drücker« auf bestimmte Zieltöne hin sich entfalten. Die Adagio-Kantilenen wirken deshalb viel »lebendiger«, viel weniger »klassisch gezügelt«, als wenn sie so scheu zurückhaltend zelebriert werden, wie es heute üblich ist. Aber gerade über diesen Lamond, der die Pathétique so expressiv anpackte, schrieb im Jahre 1919 Walter Niemann in ›Meister des Klaviers‹ (Schuster & Loeffler, Berlin, S. 20 ff.): »Lamond hat den Mut, Beethoven wieder so schlicht, so sachlich zu spielen, wie wir ihn leider nicht mehr gewöhnt sind, zu hören.« Was uns also heute, im letzten Drittel des 20. Jahrhunderts, exaltiert vorkommt, erschien Niemann damals »bis zur Nüchternheit schmucklos«.

Der Begriff »Pathétique« – und darum wird die vielverlästerte Sonate vielgeliebt bleiben – schließt die Lizenz ein zum großen, bedenkenlosen Schwung. Weil Leidenschaft und Pathos mit penibler Vorsicht wirklich kaum vereinbar sind, wählt jeder Spieler das Tempo, das er für angemessen hält, selbst wenn er es nicht mit letzter Sicherheit bewältigt. Bei kaum einer anderen Sonate lassen es so viele Pianisten auf Mißgeschicke ankommen. Ein Rubinstein nimmt auf Platten, ein Gulda (zumindest im Konzert) in Kauf, daß die Pralltriller (Seitensatz des Allegro con brio) notfalls schiefgehen. Edwin Fischer, der das Pathos in beherrschten Klang zu übersetzen versuchte, statt es als direkten hysterischen Klavierausbruch darzustellen, läßt es in der Schlußgruppe ungerührt auf Dünnheiten und Schlampigkeiten ankommen. Mut zum Pathos ist oft Mut zum Tempo, zum Schwung, ja notfalls sogar zu falschen Tönen. Hier geht es wirklich um anderes als um biedere Richtigkeit. Nämlich, und zwar entscheidend, darum, mit welcher Härte die Tremolo-Oktaven durchgehalten, mit welcher Aggressivität die raschen Achtel-Passagen artikuliert werden, wobei übrigens die Schwierigkeit sich keineswegs mit der Steigerung des Tempos auch steigert. Die drei Sätze der Pathétique ziehen die Interpreten in einen (manchmal naiven) Extremismus hinein, der mit der hohen Naivität dieser Sonate etwas zu tun haben mag.

Die Grave-Einleitung nötigt, wie gesagt, vor allem anderen zur Entscheidung, ob sie wiederholt werden soll, oder gar muß. Aber es kommt nicht nur darauf an, die Frage zu beantworten, ob das Grave eine Funktion hat oder ob es im Verlauf des Satzes bloß »zitiert« wird. Edwin Fischer und Harold Bauer haben, darüberhinaus, einen verblüffenden Fund vorgeführt: Aus dem Umstand, daß kein Legato-Bogen die punktierten Dreiklänge der ersten drei Takte zusammenhält, ziehen sie eine überraschende Konsequenz. Fischer bindet, vor allem in Takt 1 des Notenbeispiels 120a, nur den zweiten an den dritten Akkord, dann

166

wieder den vierten an den fünften. Aber im Gegensatz zur Gewohnten unterbricht Fischer das Legato. Diese Zäsur hat eine klare Folge: man hört, einander parallelisiert, zwei Jamben.

Unbetont/betont. Dann wieder: Unbetont/betont. Es konstituiert sich mithin in deutliches jambisches Muster. Diesem Muster entspricht, Edwin Fischer macht es klar, ein sonst kaum zu Tage tretendes jambisches Muster auch im Aufbau des Allegro-Hauptthemas. Fischer betont da, ganz natürlich der rhythmischen und harmonischen Logik folgend, die guten Taktteile. So gewinnt er eine sinnvolle Entsprechung zwischen Einleitung und Hauptsatz. Darum erscheint die erste Synkope im Allegro besonders pointiert. Um die Analogie, die Fischer herstellt, ganz plausibel zu machen, denke man sich eine Zäsur nach dem dritten Akkord des Grave-Anfangs (Notenbeispiel 120a und stelle sich eine gleichermaßen logische Zäsur nach dem dritten Akkord des Allegro-Beginns (Notenbeispiel 120b) vor.

Beispiel 120a

Beispiel 120b

Darüber, daß die punktierten Rhythmen keinerlei vage verwaschene Interpretation vertragen, herrscht natürlich Einigkeit. Aber die Pianisten begreifen den Charakter der ersten Grave-Takte dennoch verschieden: bei Backhaus hat der Beginn etwas eher Geducktes, zumal ja anfangs nur ein mehrmaliges Fp und keinerlei crescendo vorgeschrieben ist. Um dem allzu offenen Pathos zu entgehen und auch kein allzu heftiges Tempo riskieren zu müssen, tönt Elly Ney den Beginn kammermusikalisch-elegisch ab. Sie spielt die Baßlinie ganz melancholisch aus (so wie einen elegischen Kontrapunkt zur pathetischen Stimmung!) – und kann darum, wenn das Grave vor Beginn der Durchführung wiederkehrt, eine sonst immer ziemlich neutrale, synkopische Baßbewegung, jenes h, das im Decrescendo zwei Oktaven tief in den Abgrund sinkt, wie einen traurigen Widerspruch artikulieren: wie eine träumerische Empfindsamkeits-Nuance im sonst so ungebrochen pathetischen Furor.

Artur Schnabel hingegen hebt bei seiner Interpretation der Einleitungs-Akkorde sehr deutlich und schneidend die (Tritonus-) Sprünge hervor. Schnabel akzentuiert aber nicht nur den Oktav-Auftakt der linken Hand zum zweiten Takt, der schwerlich zu übersehen und mißzuverstehen sein mag, sondern – und das verleiht dieser Einleitung sogleich etwas Finster-Spannendes – er stellt den Tritonus c-fis in der linken Hand so fesselnd dar, daß der verminderte Sept-Akkord nicht als Harmonie, sondern als Produkt von Bewegungen erscheint. (Siehe Beispiel 120a – Grave, Takt 1, viertletzter und drittletzter Baß-Ton.)

Was hier an Zweistimmigkeit bereits potentiell zum Ausbruch drängt, das entfaltet sich während des Verlaufs der Einleitung in den abwärts schreitenden Linien der Baß-Begleitung – zumindest dann, wenn die Interpreten so genau lesen wie Claudio Arrau. Arrau nimmt den Anfang selber sehr verhalten, wie ein Vorspiel zum Vorspiel, aber im Verlauf des Grave macht er aus dem Baß (Notenbeispiel 121) mehr als nur eine absteigende Linie, nämlich einen freien, psychologischen Kommentar zur pathetisch melodischen Geste. Harold Bauer beabsichtigt Ähnliches, aber er geht bedenkenlos willkürlich so weit, Beethovens Sechzehntel-Bässe, etwa im dritten Viertel des nun folgenden Grave-Taktes, zu punktieren!

Beispiel 121

Die Grave-Einleitung macht Interpretations-Entscheidungen unumgänglich: ob der Pianist »donnern«, ob er die unauffälligen Strukturen hervorheben oder das Dramatisch-Psychologische forcieren will. Bei den 64steln und 128steln der letzten Einleitungstakte scheinen Rubato-Freiheiten, wie ein Rubinstein sie sich nimmt, durchaus statthaft. Wenn man genau nachrechnet – Hugo Riemann hat es getan –, stellt sich sogar heraus: »es ist ein Takt ²/₄ durch die Notierung mit zu kurzen Noten verloren gegangen«. (Aber im Ernst macht sich ja kein Mensch daran, diese Folge von 64steln, 32steln und 128steln mit dem Rechenschieber durchzuaddieren.) Die meisten Interpretationen verstehen diese extrem kurzen Werte in extrem langsamem Tempo mehr als »Intentionen« denn als exakt mathematische Befehle. Dabei ist allerdings nicht auszuschließen, daß eine rhythmisch strengere Musik-Kultur sich allzu freie

168

Rubato-Mogeleien selbst im »Grave« irgendwann einmal nicht mehr gefallen lassen oder leisten wird.

So wie es am Schluß der Einleitung um die Spannung zwischen modifizierten Stakkato-Vorschriften, kleinsten Notenwerten und Artikulationsfreiheiten geht, so stellt das Allegro den Pianisten vor folgende Alternative: er muß sich entweder für ein willensbetont durchgehaltenes oder für ein pathetisch erregt aufgebrochenes (stürmisches) Grundtempo entscheiden. Rudolf Serkin, Svjatoslav Richter und Friedrich Gulda gelingt das Beinahe-Wunder, auch den Seitensatz und die Schlußgruppe mit einiger Aggressivität, dialogischen Klarheit und inneren Freiheit vorzutragen, ohne hier das – vom 19. Jahrhundert überlieferte – Hilfsmittel entschiedener Verlangsamung in Anspruch zu nehmen. Am Beginn des Seitensatzes macht Beethoven einen, wenn man so will, Beziehungswitz. Er vertauscht die Systeme. Die Noten der rechten Hand stehen im Baß-Schlüssel, sind also unter der Linken auszuführen.

Beispiel 122

Der Witz, wenn es wirklich einer ist, besteht nun darin, daß der Seitensatz mit genau denselben Noten beginnt, mit denen später das Rondo anheben wird (nur stehen dieselben Noten dort im Violinschlüssel). Unmißverständlicher kann eine Beziehung kaum vorgeführt werden. Aber offenbar ist es fast unmöglich, diese oft bemerkte Verwandtschaft zwischen Rondo und erstem Satz klingend darzubieten.

Beispiel 123

Kein Pianist hat es bisher vermocht, diesen Lese-Zusammenhang in einen klaren Hörzusammenhang zu verwandeln.

Möglich ist indessen, auch bei raschem Tempo, etwas anderes: nämlich die Darstellung des Seitensatzes als Dialog zwischen Baß und Sopran.

169

Backhaus, der sich hier eine heftige Verlangsamung gestattet, schließt aus den vielen Pralltrillern (7. und 8. Takt von Beispiel 122) auf eine gewisse Rokokohaftigkeit. Serkin verdeutlicht, daß die zunächst ja immer gleichen vier aufsteigenden Töne des Basses, denen eine an Spannung zunehmende Sopran-Phase korrespondiert, keineswegs nur ein Ostinato sind, dem der Sopran wie einem Grollen dann sozusagen melodisch antwortet. Serkin versucht, auch den Baß als freilich nervösen, »eigenen Text«, als artikulierten melodischen Verlauf verständlich zu machen. Dazu gehört aber nicht nur immense pianistische Geistesgegenwart, sondern auch Sinn für die Rhetorik dieses Moments. Dieser Rhetorik bleibt Solomon – zu eisig, zu undramatisch – einiges schuldig. Svjatoslav Richter indessen gewinnt aus der Ostinato-Ähnlichkeit eine auch durch Beethovens Vortragszeichen (*rf*) begründete fesselnde Deklamations-Freiheit. Und weil sich die entscheidende Sexte der Rechten in der Reprise sogar zur Oktave steigert, nimmt Svjatoslav Richter die Möglichkeit wahr, geradezu eine Belcanto-Analogie auszuspielen: auf dem hohen f verweilt er hemmungslos – wie eine Sopranistin, die sich selbstgefällig auf einem hohen Ton breitmacht: ohne erkennbare Absicht, diesen Spitzenton zu verlassen, mag der Duett-Partner unten noch so grollen! Auch solche Überraschungen stecken in der »Pathétique«.

Alles das muß sich aber, sonst wäre es undramatisch, in rascher Folge abspielen. Wie sehr scharfes Tempo normalerweise zur Kurzatmigkeit verführen kann, dazu, Töne zu verschlucken, lehrt die außerordentlich instruktive Interpretation der geistig und manuell brillanten Schnabel-Schülerin Lili Kraus. Denn Lili Kraus demonstriert, daß nicht nur die durch ein *sf* ausgezeichneten und einen Vorschlag bekräftigten Sexten des Soprans für die Melodie charakteristisch sind (3. und 4. Takt von Beispiel 122), sondern daß es ganz hübsch darauf ankommt, mit welchem Intervall und welchem Ton die melodische Phrase schließt! Ist es ein d – eine Sekunde – (4. bis 5. Takt von Beispiel 122) oder ein es und eine daran sich knüpfende Terz (12. bis 13. Takt)? Wenn dergleichen so genau herauskommt wie bei Lili Kraus, kann sogar die Beziehung zum Rondo-Thema zumindest ein wenig klarer werden. Leider hat Lili Kraus nicht die Kraft, im Zusammenhang mit diesen Artikulationsgewinnen der rechten Hand auch die Linke klarer durchzuartikulieren: der jeweils zweite Ton der von der rechten Hand auszuführenden Baß-Melodie, eine Quarte beziehungsweise Quinte (1. und 5. Takt in Beispiel 122), geht fast verloren.

Um den Zusammenhang dieses von Affekten geschüttelten ersten

Pathétique-Satzes hervorzuheben, haben Frederick Lamond und später Edwin Fischer sich eine Freiheit genommen, hinter deren Produktivität eigentlich kein Pianist mehr zurückbleiben dürfte. Trotz der »piano«-Vorschrift spielen nämlich Lamond und Edwin Fischer die zweimal auftauchenden Oktaven der Durchführung als eine Rückbesinnung auf

Beispiel 124

die Einleitungs-Takte des Grave (siehe Notenbeispiel 120, Takt 1). Ganz klar kann das aber nur herauskommen, wenn die halbe Note als kräftiger Forte-»Abzug« begriffen wird (Bogen im 5. Takt des Beispiels 124). Was aber sollte einen nicht ohne Grund erregten Pianisten daran hindern, diesen Abzug mit äußerster, die Einleitung förmlich beschwörender oder elegisch rekapitulierender Kraft auszuführen? Die Wirkung ist um so ungeheuerlicher, je gestaltloser, fahler die *pp*-Gesten späterhin ausfallen: Takte von einer anarchischen Kraft, wie Beethoven sie dem Klavier vorher noch nicht zugemutet, zugebilligt hatte. Man kann sich die Frage erschrockener Liebhaber des Jahres 1799 vorstellen, ob das »eigentlich« noch Musik sei. Artur Schnabel hat gezeigt, daß hier, paradox genug, Artikulation aus Nicht-Artikulation entsteht. Je gestaltloser, anonymer, ja unkenntlicher diese Takte bleiben, desto unwiderstehlicher stellt der Geist der Sache sich her:

Beispiel 125

Wenn solche *pp*-Ekstasen wie verhuschte Phantome vorbeigeflogen sind im Allegro molte e con brio der Durchführung, dann wirkt die 12taktige Choral-Sequenz der Reprise wie eine plötzliche, überraschende und faszinierende Erscheinung, wie eine zum Hymnus gesteigerte Akkord-Folge von immenser Wucht — ja fast wie eine Vorahnung großer symphonischer Choral-Augenblicke bei Bruckner oder Brahms, in dessen Erster Symphonie mitten im c-Moll der Durchführung ein Fortissimo-Choral triumphieren darf. So deutlich will es Beethoven hier nicht: aber die gleichmäßigen Halben und der schlichte vierstimmige Satz wirken (bläser)-choralhaft genug.

Beispiel 126

Nur eine wichtige Kleinigkeit trübt hier offenbar manchen Pianisten die muskulöse Choral-Pathos-Freude: die Beethovenschen Staccato-Punkte. Freilich bedeutet eine solche Staccato-Vorschrift leider keine ganz eindeutige Anweisung. Paul Mies hat in seinen ›Textkritischen Untersuchungen bei Beethoven‹ (Beethovenhaus, Bonn 1957) viel Material über die Problematik und Inkonsequenz mancher Beethovenschen Vortragsbezeichnungen zusammengetragen. »In der Originalausgabe der Sonate Opus 13 wechselt im ersten Satze der Stecher ohne erkennbares System zwischen Punkten und Strichen bis etwa Takt 110, d. h. bis gegen Ende der Exposition. Von da ab gebraucht er nur Punkte, so daß zahlreiche Parallelstellen in Exposition und Reprise verschiedene Zeichen erhalten.« (Mies, S. 89). Mies vertritt die Ansicht, Punkt, kürzerer oder längerer Strich seien nur »ein Zeichen ... für das normale Staccato« (S. 95).

Welche Folgerungen haben nun die Pianisten aus dem zarten, vielleicht scheinbaren Widerspruch zwischen Choralvision und Staccato-Buchstaben gezogen? Wilhelm Kempff interpretiert die Stelle buchstabengetreu: er versteht sie getupft und abgesetzt. Alfred Brendel hingegen stören die Staccato-Vorschriften, darum tut er, genauso wie Rubinstein, als gäbe es sie nicht und spielt die Choral-Aufwallung, als sei sie eine pathetische Mischung aus Pedal, Tremolo und Legato. Edwin Fischer, ausdrucksvoll und groß, Claudio Arrau, aber auch Horowitz bemühen sich wenigstens, die Akkorde non-legato von einander abzusetzen; sie wollen hier keinen

Posaunen-Choral vom nicht-existenten Turme blasen. Auf diese Weise schwingt die Erregung des Satzes weiter mit: die halben Noten tönen nicht unbedroht affirmativ. Walter Giesekings delikate Anschlagskunst, die sonst bei der Pathétique dazu führt, daß wir eher einen Kommentar zu den Klangproblemen der Sonate hören als diese selber, ermöglicht hier eine fesselnde Mixtur aus einem angedeuteten, sich erst im Bewußtsein des Zuhörers ergebenden, Legato – und punktuellem Non-Legato. Giesekings Finesse besteht darin, daß er eine überschwappende Pedal-Bindung vermeidet, daß er einerseits *mit der linken Hand* Zusammenhänge fingiert, andererseits mittels genau dosierter Beziehung zwischen den Akkorden *der rechten Hand* Detachiertheit produziert. (Der Drahtseilakt eines Anschlagskünstlers!)

Ein aberwitziges, rasches Tempo löst normalerweise keine Phrasierungs-Probleme, sondern verschleiert sie eher. Bei Glenn Gould ist das anders. Weil Glenn Gould hier ein unfaßbar rasendes Tempo gewählt hat und durchzuhalten vermag – niemand dürfte den Kopfsatz der Pathétique jemals schneller, dafür den Kopfsatz der Appassionata langsamer gespielt haben als er – darum fällt ihm hier folgende Ausdruckskonsequenz zu: bei einer so ungeheuerlichen Geschwindigkeit ist »Pathos«, als freie, gewaltsame, exzentrische Zutat, undenkbar, unmachbar. Es *stellt sich her* als Ergebnis des staunenerregenden Dahinjagens. Bei der Choralstelle drängt das Wahnsinnstempo nun ganz unvermeidlich die Akkorde aneinander. Sie gleichen verängstigten Impulsen, die allein sind und doch nicht allein, wie vom Sturm zusammengeblasen. Derartige Lösungen haben, was die Zuhörer betrifft, den Effekt aller ungeheuerlichen Übertreibungen. So »forciert« Glenn Gould den Satz darstellen mag – nach ihm klingt vieles andere, gewiß Richtigere, plötzlich allzu »brav«.

Die Flucht in ein scharfes, in ein gleichsam geduckt dahinsausendes, von zeitraubenden Riesenaffekten freies Tempo stellt im Allegro molto der Pathétique wahrscheinlich gar kein Ausweichen dar. Sie ist die einzige Form, dem Satz gerecht zu werden, wenn ein moderner Interpret nicht mehr so inständig an die pathetische Geste zu glauben vermag, daß er sie selbstbewußt theatralisch oder auch nur affektvoll vorführen kann. So sieht der erste jener »Stile der Rettung« aus, die Ernst Bloch entwickelte und von denen zu Beginn unserer Pathétique-Überlegungen die Rede war. Schlankes, rasendes, hartes Tempo hat freilich eine Konsequenz: wenn ein Interpret sich dafür entscheidet, kann er keine plötzlichen, gewaltigen, dynamischen Akzente mehr setzen. Diese Akzente wirken dann nämlich nicht wie »freier Ausdruck«, sondern wie »Willkür-Akte«.

173

Ob sich wegen solcher unvermeidbaren Konsequenzen die Lösungen der Pathétique-Aufgabe so außerordentlich von einander unterscheiden? Man darf nicht übersehen, daß es im ersten Satz der Sonate nur wenige Fortissimo-Vorschriften gibt, viel weniger als etwa in der »kleinen« c-Moll-Sonate Opus 10 Nr. 1. Pathos kann auch mit Tempo, mit der Legato-Härte der Passagen und mit der Kraft der Tremolo-Bässe zu tun haben.

So ungeheuer groß der Kontrast zwischen dem ersten Satz und dem Adagio der Pathétique wirkt: mit einiger Verblüffung stellt man nach langem Hineinfühlen und Hineinhören fest, daß die Probleme des Adagios – und die dargebotenen Lösungsversuche – nicht grundsätzlich von denen des ersten Satzes abweichen, sondern durchaus analog sind. Unterschieden sich die Interpreten im ersten Satz hauptsächlich daraufhin, ob sie die einzelnen Teile (Einleitung, Seitensatz, Choralthema) entweder dem Gesetz der erregten Raschheit und Härte unterordneten oder ob sie sich die Freiheit nahmen, Pathos als ein Aufbegehren gegen den selbstverständlichen und herrschenden Tempo-Strom darzustellen, so kann man auch in diesem singenden Adagio zwei einander entgegengesetzte Grundtypen aufweisen. Entweder werden die Kontraste innerhalb des Themas, und erst recht die beiden durchaus selbständigen, zunächst verschleiert (f-Moll-Seitensatz), dann offen (as-Moll-Seitensatz) dialogischen Couplets, mit expressiver Entschiedenheit ausgeführt. Oder aber die Affektkurve wird nicht direkt nachgezogen, sondern in die Ruhe eines sanften Gesetzes zurückgenommen. Mit dem banalen Kontrast »subjektiv« – »objektiv« hat das nichts zu tun, noch weniger mit dem ohnehin vagen Gegensatz zwischen »neutral« und »beteiligt«. Die pseudo-objektive, also bloß kalt, gar unbeteiligt nachzeichnende Wiedergabe dieses Beethoven-Adagios wäre keine Interpretation, sondern nur Ausdruck von Verlegenheit. Ein Trick. Versucht man, die ruhige, unsentimentale und verhaltene Darstellung dieses Adagios durch Solomon zu ergründen, dann zeigt sich, daß Solomon nicht antiexpressiv spielt, nicht nur marmorn oder passiv wohllautend. Solomon stellt vielmehr eine Hierarchie her: große, ruhige Melodie-Bögen und Harmonie-Folgen erscheinen den diskreteren Phrasierungs-Eingebungen des Interpreten streng übergeordnet. Diese diskreten »Eingebungen« – ein gefährlich hohes Wort, ich weiß, aber für Solomons reines Sich-einfühlen-Können gibt es kein treffenderes – bereichern unmerklich den Verlauf, das Thema und die Entfaltung der Adagio-Vision. Atmende, ernste Stille stellt sich her, ohne daß Weihe-Forciertheit belästigt. Solomons Geheimnis heißt: vollkommene Ruhe, Gleichmaß. Hierarchische Struk-

174

turen entstehen ohne hierarchische Starrheit. Zartheit und Empfindsamkeit werden nicht erdrückt, sondern nur relativiert vom Gewicht
übermächtiger, größerer Verläufe. So ergibt sich Schönheit, ohne sich als
Affekt oder als Interpretationseitelkeit an die Stelle der Musik-Gestalt zu
setzen.

Auch diese Einsicht wäre also einem oft überschwenglich weihevollen
Beethovenschen Adagio zu entreißen: melodiöse Schönheit und Empfindsamkeit sind nicht direkter Endzweck, sondern relativierte Bestandteile eines Verlaufs. Eine solche Interpretationshaltung – sie ist herb und
groß – liegt den »Ausdrucksmusikern« natürlich fern, ferner gewiß als
den scheinbar nüchternen Interpreten. Man könnte, mißverständlich,
sagen, ein Pianist wie Solomon – zwischen 1945 und 1955 wohl der
bedeutendste Klavier-Interpret transsubjektiver Beethovenscher Größe –
lasse die Musik selber sprechen, statt sich mit seinen Gefühlen, Gefühl-
chen oder Augenaufschlägen dazwischenzudrängen. Aber zugleich
müßte man dann etwas kaum mehr Verbalisierbares hinzufügen: nämlich, daß Musik durchaus nicht von selber spricht (daß also nichts Selbstverständliches oder gar leicht zu Bewerkstelligendes geschieht), wenn sie
anscheinend nur für sich selber spricht. Sie muß zum Selber-Sprechen
gebracht werden, so wie – um ein ganz anderes Beispiel anzuführen –
einst Wilhelm Furtwängler die Adagio-Melodie der Cavatina aus Beethovens B-Dur-Streichquartett Opus 130 ganz simpel, ohne Finessen
oder Nervositäten in einer Orchesterfassung mit den Berliner Philhar-
monikern über die Zeiten hin zum Sprechen brachte. Aber wie bringt
Solomon Adagio-Musik zum Selber-Sprechen?

Nun: die As-Dur-Melodie ist nicht nur eine ruhig-schöne Eingebung,
sondern auch eine heikle; es kommt leicht zu spannungslosem Überdruß.
Solomon spielt darum die Melodie ganz ruhig, ausdrucksscheu, gleichmäßig. Alles das tun natürlich viele Pianisten, die Beethovens »Weihe«
nicht strapazieren wollen: Gulda, Gieseking. Und wie lautet nun Solomons »Geheimnis« oder, nüchterner gesagt, sein »Interpretations-Vor-
schlag«? Solomon spielt die Begleitfiguren, die ausfüllend-bewegten
Sechzehntel, die sich im Verlauf des Satzes zu Sechzehnteltriolen steigern, an der unteren Grenze des Hörbaren. Wie dumpfes Gemurmel. Sie
sollen nicht im mindesten – wie etwa bei Friedrich Gulda – von der
Melodie ablenken und auf sich selber aufmerksam machen, nicht einmal
auf ihre motorische Diskretion! Die Melodie wiederum nimmt Solomon
so marmorn langsam, daß der (sonst zwar auch erkennbare, aber eben
doch von vielen anderen Verläufen gleichsam relativierte, übertönte)

ruhige Wechsel der Harmonien, der sich nicht abnutzen kann, weil er still-affektlos-schön daherschreitet, kraftvoll und zart dominiert. Wird das Stück so begriffen, so »affekt«-perspektivisch, dann läßt sich daraus auch für größere Baßbewegungen, die anderthalb Oktaven ausfüllen und doch nur die Harmonien verstärken, ein Auffassungsmuster ableiten. Bei Solomon bleiben sie ruhig, relativiert-zurückgenommen. Ein Harold Bauer hingegen setzt, eingedenk der Überschrift ›Pathétique‹, sogar bei derartigen Adagio-Takten noch Riesencrescendi im Baß:

Beispiel 127

Selbst im Adagio begegnen wir also gewiß nicht zufällig den gleichen Alternativen wie im Kopfsatz: Müssen die verschiedenen Charaktere kraß dargestellt oder einer spezifischen Einheit unterworfen werden? Frederick Lamond – und wiederum sind die in der Tradition des 19. Jahrhunderts interpretierenden Pianisten viel (affekt-)unternehmungslustiger als die jüngeren – spielt im ersten Seitensatz nicht ruhige Linien, sondern alles ganz intensiv *auf den jeweiligen Zielton zu:* (zunächst, 2. Takt des Beispiels 128, auf das zweigestrichene c, dann auf das eine Oktave tiefere c, dann, zu Beginn des 4. Taktes, auf das es hin).

Beispiel 128

Spätere Pianisten bleiben da neutraler. Bei der Steigerung des zweiten Seitensatzes, der in as-Moll anhebt, wagen viele Künstler stärkere Dramatik: daß er in *pp* beginnen soll, hindert etwa Edwin Fischer keineswegs daran, die Cello-Kantilene der linken Hand sogleich bedrohlich zu artikulieren, wenn auch längst nicht so dramatisch, wie Harold Bauer es tut, der hier den »opernhaften« Sopran-Baß-Dialog aus dem ersten Satz (siehe Beispiel 122) zwischen Violine und Cello wiederaufgenommen findet:

176

Bauer läßt sich immerhin nicht zu besinnungslosem Affekt-Ausspielen verführen: wenn das Adagio-Thema wiederkehrt, bremst er den gewonnenen Schwung durchaus affektiert, nämlich schmachtend und allzu verklärt – während Edwin Fischer das erreichte Forte bedenkenlos beibehält, obwohl Beethoven klar und deutlich ein »piano« vorschrieb. So kann Fischers schöne und konsequente Auffassung zu – pointiert gesagt – regelrechten Regelverstößen animieren!

Im Rondo, das sich durchsichtig und spielerisch brillant gibt, aber keineswegs zipfelmützig oder »tändelnd«, entscheiden drei Interpretationsweisen über Sinn und Verlauf des Satzes.

Erstens: die Tempo-Frage. Lassen die verhältnismäßig wenigen, ziemlich »gut« in der Hand liegenden Sechzehntel tatsächlich den Schluß zu, daß der Satz in sehr raschem alla breve zu nehmen sei? *Zweitens:* Handelt es sich beim dreimal wiederholten g im Rondo-Thema (Notenbeispiel 133, 3. und 4. Takt) um eine crescendierte, rhythmisch frei retardierende, zumindest im Rubato gedachte Wiederholung – oder soll es eine scharfe rhythmisch gleichmäßige Tonrepetition sein? (Was auch bereits eine Auffassung wäre und nicht nur eine Selbstverständlichkeit.) *Drittens* schließlich: Ist das akkordisch pochende Seitenthema (da sich das Finale als eine Mischung aus Sonatensatz und Rondo auffassen läßt, darf durchaus von einem Seitenthema die Rede sein) wiederum ein Affekt-Gegensatz – oder doch nur eines jener Choralthemen, wie Beethoven sie früher, zwischen Opus 1 und Opus 7, oft komponiert hat?

Erinnern wir uns nur an das Seitenthema des ersten Satzes aus dem Klaviertrio Opus 1 Nr. 1.

Beispiel 130

Oder an das choralhafte Seitenthema des ersten Satzes der F-Dur-Sonate für Pianoforte und Violoncell Opus 5 Nr. 1, das gleichfalls auf Tonwiederholungen basiert:

Beispiel 131

Dem allen entspricht das Seitenthema des Rondos der Pathétique zumindest im Typus:

Beispiel 132

Legen diese Analogien den Schluß nahe, auch beim choralähnlichen Seitenthema des dritten Satzes der Pathétique handele es sich um einen kontrastierend pochenden Gedanken im Kontext des »singenden Allegro«, der aber keineswegs unmäßig aus dem Tempo-Rahmen fallen dürfe?

Dies wären, knapp umrissen, die drei Interpretations-Fragen des Rondos, welche jenseits aller bloß pianistischen Entscheidungen und Fähigkeiten beantwortet werden müssen. Problem und Reiz der Tonwiederholung sind bereits im Rondo-Thema da.

Beispiel 133

Nun haben die drei g der rechten Hand (dritter und vierter Takt des Beispiels 133) nicht nur verschiedenes Gewicht – im Hinblick auf unbetonten und betonten Taktteil –, sondern die absteigende, erstaunlich oft von den Pianisten vernachlässigte Linie des Basses (h, as, g) fügt weitere Charakterisierungsmomente hinzu. Das letzte Viertel des 3. Taktes kann sowohl leicht retardiert als auch ein wenig pointiert, wie auch völlig gleichmäßig erscheinen. Artur Schnabel hat diese Möglichkeiten nicht nur erkannt, sondern aus ihnen momentanen Reiz und eine gesamtarchitektonische Darstellungsweise abzuleiten gewußt. Denn er spielt das Rondo-Thema, das so delikate Möglichkeiten für abwechslungsreiche Artikulation enthält, durchaus verschieden im Laufe des Sonatensatzes: je nachdem, was gerade vorherging. Er funktionalisiert also das scheinbar Identische. Aus ungerührter, unberührter Wiederholung wird lebendiger Kommentar. Die erste Darstellung des Themas hält noch die Mitte, macht allenfalls auf verborgene Möglichkeiten aufmerksam. Doch nach dem ersten Erscheinen des Seitensatzes, bei der ersten Wiederkehr des Rondo-Themas, stellt Schnabel die Tonwiederholung schon eine Schwebung zögernder dar; nach der großen Quasi-Durchführung, der dann eine empfindsame Mini-Durchführung des Rondo-Themas selber folgt, tritt in Schnabels Interpretation diese meditativ-freie Nuance noch stärker hervor. So wird ein Formgesetz subjektiviert, mit Leben und Notwendigkeit begabt!

Serkin läßt beim allerletzten Erscheinen des Themas ein elegisches Moment wunderschön hervortreten. Svjatoslav Richter spielt die Ritardando-Möglichkeiten von vornherein, bereits beim ersten Erscheinen des Themas, massiv aus. Er ist es auch, der den »choralähnlichen« Seitengedanken – siehe Notenbeispiel 132 – entschieden pathetisch verlangsamt. Aber es wirkt mehr gewalttätig als gewaltig: der Satz läßt sich mit so bedenkenlos grellen Mitteln doch nicht zur Pathos-Bühne umfunktionieren. Auf eine herbe Dramatisierung dieses Gedankens legt es Frederic Lamond an: So stellt er die Verbindung zum ersten und zweiten Satz der Sonate klarer, einleuchtender und richtiger her, als wenn alles nur herunterperlt. Im Zusammenhang mit dem am strengsten und zugleich artifiziellsten komponierten Teil dieses Rondos – es ist die große kontrapunktisch entwickelte As-Dur-Episode: für sich genommen dauert sie länger als irgendein anderer Einzelteil des Rondos, nämlich 28 Takte – führt Harold Bauer vor, wie man einen solchen Seitensatz dem Leidenschafts-Konzept dieser Sonate einfügen, unterordnen kann. Zunächst besteht ja eine verblüffende Beziehung dieser Episode nicht nur zum Rondo, sondern auch zu den beiden vorhergehenden Sätzen. Obwohl der Aufweis solcher (meist nur papierener) »motivischer Zusammenhänge« für die Erkenntnis keineswegs mehr Wert hat als die im 19. Jahrhundert so positivistisch übertriebene Leitmotiv-Suche und Leitmotiv-Klitterei bei Richard Wagner, obwohl das Wiederfinden einfacher Formen und Intervalle meist nur dazu führt, daß man das motivische »Gras wachsen« hört, aber nicht die Musik, scheint die nun folgende Stelle eine Ausnahme zu sein!

Beispiel 134

Dieses As-Dur-Couplet beginnt mit drei Achteln des Basses. Nur Elly Ney macht ganz klar, daß es sich dabei um ein Zitat jener drei Auftakt-Achtel handelt, mit denen das Rondo-Thema beginnt (siehe Beispiel 133). Weiter: die Quintfolge der linken Hand as-des/g-c (Takt 1 und 2 des Beispiels 134) nimmt Teile des Rondo-Themas wieder auf (Melodieführung in Takt 5 und 6 des Beispiels 133). Aber nicht nur dies. Für die Melodie des Adagios (siehe Notenbeispiel 127, 3. und 4. Takt, Oberstimme) war die Quintfolge f-b/es-a durchaus charakteristisch. Im Finale erscheint sie – f-b/es-as – immer wieder in kaum abgewandelter Gestalt. Man kann sie ohne viel Mühe (und Beweiskraft) freilich auch aus dem ersten Satz herausklauben, zum Beispiel aus einigen Takten der *linken* Hand (Seitensatz der Reprise, Notenbeispiel 135).

Beispiel 135

Svjatoslav Richter versucht offenbar, diese Beziehung zwischen erstem, zweitem und auch drittem Satz hörbar zu machen. Wie weit es sich dabei um vom Komponisten unbeabsichtigte Zusammenhänge handelt, die in der Natur (und nicht in der hergestellten Struktur) der Sache liegen, kann kein Mensch entscheiden. Immerhin, sie sind da.

Weil sie aber existieren und auf ihre Weise auch das Rondo mit dem pathetischen Ernst des ganzen Werkes verbinden, darum ist es doch mehr als eine Laune, nämlich ein zwingender Ausdrucks-Einfall, wenn Harold Bauer die Quinten der Rechten (Beispiel 134, viertletzter und drittletzter Takt) nicht mild harmonisierend einfügt, sondern frei, selbständig und sperrig dagegensetzt: dies um so mehr, als sich der Komplex wenige Takte später noch gewichtiger wiederholt! Solomon spielt die Polyphonie dieser Entfaltungen, als handele es sich bereits um Spätstilhaftes. Auch das mag vertretbar sein – annehmbarer auf jeden Fall, als wenn ein Pianist die Episode wie ein Verlegenheitsfugato möglichst harmlos und wohllautend vorführt. So sind es denn – hier wie überall in der Pathétique – gerade die kleinen Widerhaken, die das Werk davor bewahren können, nur zum Anlaß wohlfeilen Auftrumpfens, kostenloser Leidenschaft und effektvollen Gedonners zu werden. Dabei dürfen wir uns des zweiten »Rettungsvorschlages« von Ernst Bloch erinnern: »zerteilte Sprache, gewollte Pause«.

Es war ein verwirrender, vielleicht allzu verwirrender und verworrener Weg, den wir um die Pathétique herumgegangen sind. Darf man sich darüber wundern, daß gerade diese Sonate so viele Assoziationen, Namen und Beispiele provoziert?
Was die Pathétique betrifft, gibt es naive Unvoreingenommenheit wahrscheinlich kaum mehr. Das Stück ist, wie kein anderes, auf unzählige, meist scheußlich verkitschte Weisen im »öffentlichen Bewußtsein«. Was in tausend Schülerkonzerten passierte und passiert, blieb genauso wenig folgenlos wie der Weihe-Rummel, den pianistische Hohepriester und wohldotierte Rundfunkanstalten mit dem Adagio aufführten. Der AFN ließ tatsächlich jahrelang zu Beginn einer populär halbseriösen Musiksendung das Adagio-Thema von einem Streichorchester servieren, aus dem allmählich das Solo-Klavier auftauchte, dessen Melodie auf den Streicherakkorden schwamm wie ein tränenvolles Fettauge auf milder As-Dur-Brühe. Solche gutgemeinten Verballhornungen können ein Werk unerträglich belästigen. Keine Komposition aus Beethovens Hand reizt mehr dazu, die überhebliche Sicherheit des »Kenn ich schon« mit der verwirrend-unübersehbaren Vielfalt existenter Interpretationsweisen zu verstören.

9. SONATE

Sonate Opus 14 Nr. 1 E-Dur (1798/99)

Allegro
Allegretto
Rondo *Allegro comodo*

Sonate kammermusikalisch-polyphonen und empfindsam-verhaltenen, auf jeden Fall nichtvirtuosen Ausdrucks. Hier haben die komponierten Spannungen keinerlei expansive, leidenschaftlich ausgreifende Folgen: sie wirken eher zart, nach innen gekehrt – ob man an das meditative, durch Vorhalte und Dur-Moll-Wechsel bereicherte E-Dur des Kopfsatzes denkt, an die herb-untröstliche Unruhe des zweiten Satzes (Allegretto – nicht Andante oder gar Adagio!) oder an das Linien- und Farbenspiel des Rondos, dessen vermeintliche »Allegro comodo«-Behäbigkeit einige pianistische Schwierigkeiten einschließt. Beethoven selber hat diese E-Dur-Sonate offenbar besonders geschätzt; sonst hätte er sie nicht einer sorgfältigen, zahlreiche neue Einfälle hinzufügenden Umarbeitung für Streichquartett gewürdigt. Daß Beethoven im Hinblick auf die beiden Sonaten Opus 14, wie auch auf die e-Moll-Sonate Opus 90, vom Streit »zwischen zwei Prinzipien in dialogischer Form«, beziehungsweise (beim ersten Satz von Opus 90) vom »Kampf zwischen Kopf und Herz« gesprochen habe, ist zwar überliefert, hilft jedoch dem Interpreten nicht allzuviel.

Von dieser Sonate kann man überall lesen, sie sei nicht so schwach, wie man überall über sie lesen könne. Für mich – und ich bitte diese allzu private Reminiszenz zu entschuldigen, die immerhin belegt, welche Folgen Sekundärliteratur haben kann – verbindet sich mit dieser Sonate eine Lese-Erinnerung: Als ich, elf- oder zwölfjährig, an der E-Dur-Sonate übte und natürlich lieber gleich eine von den »größeren« Sonaten gespielt hätte, fiel mir Wilibald Nagels zweibändiges Werk ›Beethoven und seine Klaviersonaten‹ in die Hand. Dort wurde meine Überheblichkeit bestätigt. Ich las, wie harmlos und unbedeutend die Themen des ersten Satzes eigentlich seien. Triumphierend trug ich das meinem Vater

– kein Musiker, sondern Arzt – vor. Der gab mir zur Antwort, woran verärgerte Leser auch heute denken dürfen, wenn Analytiker-Hochmut Kunstwerke abkanzelt: »Die Sonate wird seit über hundert Jahren immer wieder gespielt. Jetzt hat *dein Professor* Nagel sie negativ beurteilt. Aber sie wird noch gespielt werden, wenn kein Mensch mehr von Wilibald Nagel spricht.« Das leuchtete mir ein. Es ist gewiß kein Argument gegen ehrlich-kritische Argumente. Es besagt nur etwas über den Stellenwert solcher Argumente.

Zurück zur Sache selber. Die Entscheidung, wohin die Interpretation führen wird, fällt, wie so oft, schon in den ersten Takten. Müssen die Begleitakkorde der linken Hand drängende, spitze, auf den gehaltenen E-Dur-Akkord (Beispiel 136, Takt 4) hinzielende Achtel sein, so wie Glenn Gould oder Friedrich Gulda sie spielen? Oder handelt es sich um eine trocken-frühklassische Begleitung, so wie Andor Foldes es in seiner gedankenlosen und verharmlosenden Wiedergabe andeutet? Oder um eine den Augenblick erfüllende, nicht motorisch drängende, dafür harmonisch bereichernde Erweiterung? So bei Alfred Brendel, Arrau; auch bei den Russen Svjatoslav Richter und Tatjana Nikolajewa. Die Sonate Opus 14 Nr. 1 beginnt folgendermaßen:

Beispiel 136

Erlaubte Frage: sind die Interpretationsunterschiede, auf die wir während der ersten Takte stießen, nicht eigentlich minimal, unerheblich?

Antwort: Sie sind da. Und genau auf solche minimalen Differenzierungen kommt es an bei einem ohnehin aus nicht grellen Kontrasten bestehenden Stück. Das Einleitungs-Allegro von Opus 14 ist kein »Presto«; keine Rede von »brio«, »vivace« oder »alla breve«. Der Streichquartett-Charakter als solcher, der im Allegretto dann sogar zu einem auf unseren Klavieren unausführbaren Effekt führen wird, läßt keinen eindeutigen Interpretationsschluß zu. Gewiß: die Sonate beginnt mit jenen pochend ausfüllenden Begleitachteln, wie sie etwa auch das Kopfthema des großen d-Moll-Quartetts von Mozart (KV 421) prägen. Das kann bedeuten, dieses Werk sei besonders durchsichtig, schlank, pedalarm, antivirtuos und »unpianistisch« zu spielen. Es kann andererseits auch dahingehend ausgelegt werden, hier seien blühende Empfindsamkeit, Intimität, Zartheit gefordert ...

Diejenige Interpretation kommt dem Satz offenbar am nächsten, die diese beiden verschiedenen, einander jedoch keineswegs ganz ausschlie-ßenden Tendenzen der Durchsichtigkeit und der Empfindsamkeit ver-bindet.

Daniel Barenboim hat herausgespielt, herausgeholt, in welchem Maße Schubertsche »Alterationen« und Harmonie-Wechsel diesen »frühen« Beethoven prägen. Und was hat es auf sich mit dem Gegensatz zwischen Haydnscher Streichquartett-Luzidität und zartem Wiederholungs-zwang.

»Zart«? Das heißt, die zwei- oder auch dreifache Wiederholung, der beinahe jede Wendung, jede Folge ausgesetzt wird, soll hier nicht als drängende, dramatische, verknappende Wiederholung verstanden wer-den (wie im Kopfsatz von Opus 2 Nr. 1)! Die Wiederholungen von Opus 14 Nr. 1 haben eher einen besinnlichen, empfindsamen, einen »meditati-ven« Charakter. Der Komponist läßt am Schluß des ersten Themas, beim fugato des zweiten, vor allem aber in der Schlußgruppe wechselndes Licht auf einander ähnliche Taktfolgen fallen. Dabei kann es sich um zwischen Dur und Moll changierende Sequenzen handeln, oder um den schroffen Wechsel zwischen kleiner und großer Terz,

Beispiel 137

um ähnliche, echohafte Entfaltungen in der Durchführung,

Beispiel 138

oder um die Dur-Moll-Meditation des Schlusses:

Beispiel 139

Jedesmal prägen also stimmungsvolle Farbveränderungen und -wechsel den Verlauf. Barenboim unterstreicht diese Tendenz ruhig, besinnlich-elegisch. Er spielt sie zerbrechlich aus. Die ausgeschriebenen Forte-Gegensätze bei der Fortspinnung des Hauptthemas modelliert er noch kräftig nach (siehe Notenbeispiel 144), aber bereits beim imitatorisch polyphonen Seitensatz läßt er sich von der zärtlichen Stimmung, die da gewiß mitkomponiert ist, so überwältigen, daß er nicht nur zunächst die modifizierten Staccato-Vorschriften negiert, nicht nur die empfindsamen Akkorde der rechten Hand wie verwehte Schumannsche Impressionen über den doch eher rüstigen Verlauf der Imitationsketten fallen läßt, son-dern später, weil es ja immerhin um eine Beethoven-Sonate und kein Schumann-Intermezzo geht, die Achtel-Legato-Begleitung der linken Hand (Beispiel 140, 3. und 4. Takt) geradezu parodistisch zopfig spielt, wie einen ungeschickt polternden Begleitbaß.

Beispiel 140

Wie sehr die empfindsam meditative Versenkung hier aus der Sache kommt — und nicht nur Zutat ist —, wird klar, wenn Barenboim, die Schlußtakte der Exposition träumerisch verhallen läßt: Beethoven »zi-tiert« da sein Hauptthema ein letztes Mal, und es gehört schon Glenn Goulds Tolldreistigkeit dazu, (Notenbeispiel 141) das *pp* zu negieren, die Baß-Melodie wie eine gleichgültige Baß-Linie und die melodisierten Achtel-Akkorde wie eine Schrammelbegleitung zu spielen.
Am Schluß des Satzes kehrt nicht nur der Pianissimo-Gedanke wieder, mit dem die Exposition endete (Takt 1–3 des Beispiels 141), sondern der Dur-Moll-Wechsel wird gleich zweimal wiederholt (Beispiel 139). Es ist ein Moment zartesten Verschwebens. Barenboim bringt es fertig, dieses

Ende zugleich als Auflösung und als Frage abzutönen, so daß der folgende Allegretto-Satz, wie von selbst, zum eigentlichen und dunklen Mittelpunkt der Sonate wird.

Beispiel 141

Nun wollen wir die außerordentliche Gelegenheit benutzen, jene Interpretation zum Vergleich heranzuziehen, die Beethoven selber seiner Sonate angedeihen ließ – als er sie, drei Jahre nachdem er sie komponiert hatte, für Streichquartett bearbeitete. Das war zwischen 1801 und 1802, also immerhin beinahe zur Zeit des c-Moll-Klavierkonzertes, der »Kreutzer«-Sonate für Klavier und Violine und, nicht zu vergessen, des ›Heiligenstädter Testamentes‹. Man weiß, wie stolz Beethoven auf seine Bearbeitung war. »Die unnatürliche Wut«, so schrieb er am 13. Juli 1802 an Breitkopf & Härtel, »die man hat, sogar Klaviersachen auf Geigeninstrumente überpflanzen zu wollen... möchte wohl aufhören können. Ich behaupte fest, nur Mozart könnte sich selbst vom Klavier auf andere Instrumente übersetzen, sowie Haydn auch – und ohne mich an beide große Männer anschließen zu wollen, behaupte ich es von meinen Klaviersonaten auch, da nicht allein ganze Stellen gänzlich wegbleiben und umgeändert werden müssen, so muß man – noch hinzutun; und hier steht der mißliche Stein des Anstoßes, den um zu überwinden man entweder selbst der Meister sein muß oder wenigstens dieselbe Gewandtheit und Erfindung haben muß. Ich habe eine einzige Sonate von mir in ein Quartett von Geigeninstrumenten verwandelt, worum man mich so sehr bat und ich weiß gewiß, das macht mir so leicht nicht ein anderer nach.« Beim Vergleich zeigt sich, daß Barenboims spezifische Freiheiten von Beethovens Bearbeitung glänzend gerechtfertigt werden. Beethoven hat tatsächlich selber – fürs Cello – aus der legato-Begleitung des Klaviers eine Staccato-Begleitung gemacht (siehe Beispiel 140). Und für die Schlußmeditation – Beispiel 141, Takt 1–7 – komponierte er eine stille, den Meditations-Charakter steigernde Geigenstimme hinzu, die (transponiert nach F-Dur) so aussieht:

Beispiel 142

Wenn aber die Sonate dem interpretierenden »Bearbeiter« namens Beethoven eine solche Empfindsamkeitsfreiheit gewährt, dann braucht auch die – sich geradezu als unendliche Melodie darbietende, weit modulierende, auf rauschhaft klavieristischer Begleitung dahinwogende – Entfaltung der Durchführung nicht so verharmlost zu werden, wie es bei Gieseking geschieht, der hier keineswegs eine Chopin-Vorahnung, sondern höchstens eine Mozart-Reminiszenz aufspürt. Die zahlreichen »crescendo«- und Kontrastvorschriften Beethovens rechtfertigen eher Schnabels expressive Unterhaltungslust. Überhaupt spielen ja die »eigentlichen« Beethoven-Interpreten meist nicht etwa vorsichtiger und stilbeflissener, sondern durchaus lebendiger, direkter, artikulationsfreudiger. Sie haben keine Angst vor Puristen-Schelte. So führt auch Barenboim während der Durchführung (ganz im Sinne des von ihm in dieser Sonate so prononciert dargebotenen Wiederholungsprinzips) die zunächst im *p* und C-Dur, dann im *pp* und e-Moll auftretende Entfaltung deutlich als Kontrast-Beziehung vor. Ohne Angst vor vermeintlicher Romnatisierung. Und der Notentext gibt ihm (Beispiel 138) zumindest nicht Unrecht. Barenboims sentimentalische Darstellung dieses ersten Satzes führt freilich zu einem Extrem. Denn auch in Opus 14 Nr. 1 läßt sich jener Pan-Konstruktivismus auffinden – und Jürgen Uhde hat ihn überzeugend nachgewiesen (alles ist Ableitung von allem, sozusagen) –, der bei Barenboim zugunsten stimmungshafter Subtilitäten getilgt erscheint. Claudio Arrau, Artur Schnabel, Alfred Brendel, S. Richter, Tatjana Nikolajewa haben ähnliche Tendenzen aufgespürt wie Barenboim. Sie haben diesen Schönheiten jedoch nicht so radikal die wohlkonstruierte Allegro-Wirklichkeit geopfert. Als rasche Struktur-Etüde, als zielbewußtes Sturm-Stück durcheilt Glenn Gould den ersten Satz: ihm genügt es nicht, die Sechzehntelketten nur brillant durch die Finger laufen zu lassen oder aus den Imitationen ein flinkes Fugato zu machen. Gould spielt, als wolle er die antimeditative Zielbesessenheit auch dieses Satzes hektisch unterstreichen. Er fügt sogar prononciert eine Baß-Linie hinzu, wie sie nur noch Wilhelm Kempff in seiner sonst eher zurückhaltenden, wenig Anteilnahme verratenden Interpretation derart eindringlich hervorhebt. Gould und Kempff betonen im 2. Takt des Beispiels 143 das zweite c der linken Hand heftig und führen die Bratschen-Geste (g-c-ais) als ein weiteres Stützmoment ein:

Beispiel 143

Goulds aggressive, bewußt provokante Interpretations-Forciertheit bietet jedoch (so reizvoll Extreme sein können) keine vernünftige Alternative zu Barenboims Mischung aus Empfindsamkeit und Koketterie. Sehr viel seriöser, sehr viel weniger mutwillig wirkt die Interpretation, die Yves Nat (der französische Klaviermeister und Beethoven-Spieler, 1890–1956) erarbeitet hat. Yves Nat läßt sich vom Stimmungs- und Alterations-Reichtum des ersten Satzes nicht zur Nachgiebigkeit oder zur sanften Zurückhaltung verführen. Er trägt das Stück mit drängender – weder hysterischer noch leichtfertig virtuoser, sondern dramatisch akzentuierter – Kraft vor, als ginge es um den ersten Satz der Waldstein-Sonate. Die Schlußakkorde des ersten Themas spielt er schwungvoll, ja feurig; und er betont genau den (vorgeschriebenen, aber fast nie realisierten) Unterschied zwischen *f* und *sf*! (Beispiel 144)

Beispiel 144

Nats geistklare, motorische Auffassung ähnelt der Interpretation von Friedrich Gulda. Doch Nat bekommt es fertig, den Kontrast zwischen erstem und zweitem Thema herber herauszubringen, weil er den Seitensatz empfindsamer versteht. Auf diese Weise produziert er nicht nur ein Spannungsfeld, sondern einen Erwartungs-Horizont: die Sonate beginnt weder verzärtelt noch wild motorisch. Danach können andere Dringlichkeits-Dimensionen sichtbar werden. In Yves Nats Kontext ist die groß angelegte, plötzlich so pianistisch auftrumpfende Durchführung wirklich Höhepunkt. Der erste Satz erklingt also nicht, wie bei Barenboim, als ein schöner, empfindsamer, zum Schluß verhallender Traum, der das Allegretto fast selbstverständlich in den Mittelpunkt rückt, sondern er ist unter Yves Nats Händen Kopfstück einer kräftigen Konzert-Sonate. So fallen bereits bei der Interpretation des Anfangs-Allegros Vorentscheidungen über den rätselhaften, großartigen zweiten Satz.

Dieses Allegretto hat die Pianisten zu beinahe unglaublich verschiedenen Deutungen herausgefordert. Und man kann ihnen daraus gewiß keinen Vorwurf machen. Beethoven selbst soll die unruhige, unstillbar und untröstlich traurige e-Moll Melodie – die sich sowohl tropfend melancholisch langsam, wie zart bewegt mäßig, wie erregt akzentuiert verstehen läßt und jeweils durchaus sinnvoll so verstehen läßt –, Beethoven selber soll diesen Satz, trotz seiner auch in der Streichquartett-Fassung wiederholten »Allegretto«-Vorschrift, laut Schindler, überraschend anders gespielt haben: »Der zweite Satz Allegretto war nach Beethovens Vortrag mehr ein Allegro furioso. Im Maggiore war das Tempo gemäßigter«. Obwohl dieser Bericht Schindlers bekannt sein dürfte, wagt es doch kein Pianist, sich über Beethovens Tempovorschrift bis zum »furioso« hinwegzusetzen. Yves Nat, der wie Gulda den ersten Satz recht hell-dynamisch und groß verstand, braucht nun im zweiten Satz die Empfindsamkeit nicht zu übertreiben. Er kann dem ziemlich konzertant angelegten ersten Satz ein recht bewegtes, temperamentvolles Allegretto folgen lassen. Für die 61 Takte des e-Moll-Teils brauchen Nat und Gulda deutlich weniger als eine Minute. Zum Vergleich: Glenn Gould benötigt dafür ungefähr eine Minute, Schnabel etwa eineinviertel Minuten, Barenboim fast anderthalb und Svjatoslav Richter mehr als zwei (!) Minuten. Größeren Unterschieden ist im Bereich ernsthafter Interpretation kaum zu begegnen. Was aber erbringen die einzelnen, so radikal verschiedenen Haltungen? Gehen wir von der Melodie aus, mit der das Allegretto beginnt:

Beispiel 145

Das elegische Moment dieser Melodie kommt am zartesten heraus, wenn der Interpret sie (wie auch Hugo Riemann fordert) doppeltaktig versteht. Also nicht im ¾-Takt, sondern im 6/4-Takt. Dann ist der jeweils zweite Takt (Beispiel 145: also 2., 4., 6. Takt) nicht als »neuer« Takt mit gleichkräftiger Betonung des ersten Schlages zu bringen, sondern nur wie die zweite Hälfte eines Taktes. So spielt es Barenboim. Dadurch wirkt die Melodie – ganz abgesehen von Barenboims »absolutem« Tempo – untröstlich melancholisch, unfähig zum häufigen kräftigen Akzent, im Innersten zerbrochen.

Aber das ist nicht die einzige mögliche Lösung. Yves Nat schlägt genau das Gegenteil vor: er betont den jeweils zweiten Akkord und zweiten Takt viel drängender und wilder – wegen des Harmonie-Wechsels, auch im Zusammenhang mit der von den verschiedenen Ausgaben verschieden angesetzten (Beispiel 145, 10. Takt) »crescendo«-Vorschrift. Auf diese Weise hat das Stück einen zwar wehen, aber nicht wehleidigen, sondern leidenschaftlichen Ausdruck, dem »furioso« gar nicht so fern... Auch Arrau liest das crescendo als Steigerung vom piano-Anfang bis zum ersten *sf*. Friedrich Gulda erscheint hier als Opfer seiner fast allzu souveränen Technik. Er ist der einzige, der die beiden Anfangs-Takte wirklich – rhythmisch und dynamisch – völlig gleichmäßig zu spielen versteht. Das klingt schön, aber auch leblos. Farblos.

In seinem Büchlein ›Beethoven Piano Sonatas‹ (BBC Music Guides 1967) hat der bedeutende britische Pianist und Musikschriftsteller Denis Matthews bei der Erörterung des Allegrettos von Opus 14 Nr. 1 eine Ausnahme von der eisernen Regel gemacht, immer nur Professoren und nie Pianisten zu zitieren. Matthews erinnert daran, wie extrem Svjatoslav Richter dieses Allegretto zu deuten pflegt. Richter hat die Sonate Opus 14 Nr. 1 bei seinem mittlerweile legendär gewordenen amerikanischen Debüt in der Carnegie Hall am 19. Oktober 1960 (siehe dazu auch: Joachim Kaiser ›Große Pianisten in unserer Zeit‹, Neuausgabe R. Piper-Verlag München 1972, S. 135 ff.) gespielt. Über Svjatoslav Richters Londoner Konzert aus dem Jahre 1963 berichtet Matthews, daß Richter Beethovens Allegretto wie ein »gemächliches Andante« gespielt habe (S. 22). Doch der Unterschied liegt nicht nur im Tempo. S. Richter empfindet den Satz weder doppeltaktig noch eintaktig: er empfindet den Musik-Vorgang offenbar in Vierteln, in einzelnen Vierteln, die langsam vorbeitropfen. Der graue e-Moll-Horizont dehnt sich zu endlos trauriger Weite.

Solange es um den Moll-Satz geht, scheinen Richters Intensität und

Anschlagskunst durchaus imstande, auch dies übermächtig-ohnmächtig langsame Tempo durchzuhalten und zu erfüllen. Aber beim »Maggiore«, also bei jenem zart polyphonen Mittelteil, der mit einem (nur für die Violine, nicht fürs Klavier ausführbaren, einzeln crescendierten) Ton (siehe Beispiel 146) beginnt, gerät Richters Konzept ins Stocken, beziehungsweise in eine ungute Beschleunigung.

Beispiel 146

Eine merkwürdige Hörerfahrung: Musik in »Dur« scheint schwerer zu »gestalten« zu sein als Musik in »Moll«. Vielleicht weil ein Moll-*Affekt* sich sozusagen von selber ausdrückt, während eine Dur-*Spannung* erzeugt werden will... Diesem unbeweisbaren, aber trotzdem existenten Interpretationsgesetz scheint auch Svjatoslav Richter unterworfen. Denn: den Dur-Teil kann und will er nicht so bedeutungsträchtig langsam zelebrieren wie die e-Moll-Klage. Doch weil er rascher wird, werden muß, gerät der Mittelteil sogleich — nachdem man sich ans Brütend-Langsame gewöhnt hat — seltsam flach, banal, läppisch. Und Richter kommt erst zu sich selber, wenn er bei der Wiederholung des e-Moll-Satzes wieder (fast) so langsam werden kann, wie er es anfänglich gewesen war. Solche Risiken nimmt auf sich, wer extreme Auffassungen vortragen, Umdeutungen wagen und doch allenthalben Plausibilität produzieren möchte. Bei der Transskription dieser Sonate für Streichquartett hat Beethoven sich — wahrscheinlich auch infolge der Nötigung, vier Musiker zu beschäftigen und allzu viele Pausen zu vermeiden — im Veränderungsfalle fast immer dazu entschlossen, den Sonatentext zu beleben, zu dynamisieren. Triller, sforzati, ausfüllende Bewegungen sind da hinzugekommen. Die dynamisierende Bereicherung macht den *einen* Schluß, Beethoven habe sich ein Klavier-Stück (in diesem Falle) intimer, zurückhaltender, privater vorgestellt als eine Beschäftigung für vier Streicher, genau so möglich wie den *anderen:* daß Beethoven sich in den Jahren 1801/2 die Sonate Opus 14 Nr. 1 im einzelnen konzertanter, drängender (zum von Schindler bezeugten »furioso« hin) vorstellte, als im Kompositionsjahr. Dem widerspricht freilich, daß Beethoven den ersten Satz für Quartett als »Allegro moderato« überschrieb (statt nur »Allegro«). Demgemäß verzichtet er bei seiner Umarbeitung im Rondo aufs eindeutig charakterisierende Adjektiv »comodo« (bequem, behaglich) verzichtete. Hat er geahnt, daß die Pianisten kommender Zeiten sich ohnehin nicht ans »comodo« halten würden? Tatjana Nikolajewa, aber auch Svjatoslav Richter nehmen den Satz aberwitzig schnell: Behaglichkeit im sausenden Raketentempo. Friedrich Gulda, hier, wie so oft der Tradition deutschen Beethoven-Verständnisses nahe, bringt zwar die Heiterkeit, die kammermusikalische Spiritualität maßvoll heraus, aber er erzählt die von Beethoven geforderte Pointe, das a im Rondo-Thema vier Schläge lang ins crescendo zu nehmen und dann den letzten, eigentlich lautesten Schlag als überraschendes piano zu servieren, einfach nicht nach. Hält er, wie zahlreiche andere Pianisten auch, solche Vorschriften für die allzu derben Witze eines noch zur Albernheit neigenden jungen Komponisten? Wo plötzlich Piano sein soll, ist also selbstbewußtes Forte. Dabei legen doch die Phrasierungsbögen und die dynamischen Vorschriften zu Beginn dieses »Allegro commodo«-Finales im alla breve recht eindeutig fest, daß das Tempo nicht allzu stürmisch sein kann (weil diese Vorschriften dann nämlich musikalisch sinnlos werden) und daß die Überraschung zu Beginn des vierten Taktes nicht unter den Tisch fallen darf.

Beispiel 147

Sinn für pointierte rhythmische Klarheit (Gulda), ein versteckter, gemessener Humor, der durchaus mit Gemütlichkeit zu tun haben kann und nicht unbedingt hausbacken zu sein braucht, helfen dem Finale (Schnabel und Kempff machen es deutlich) mehr als die Absicht, es hektisch aufzuputschen. Svjatoslav Richter überfährt den Satz virtuos. Walter Gieseking demonstriert souverän, wie sehr eine genaue, sparsame Pedalbehandlung, überzeugend beherrschte Leichtigkeit und die Tendenz, Staccato-Effekte (Notenbeispiel 148) so subtil hinzutupfen, daß die Grenze zwischen Klassizismus und Impressionismus verschwimmt, dieses Rondo in einen höchst spirituellen Kehraus verwandeln. Indem Gieseking es während des scheinbar konzertanten Mittelteils fertigbringt, tatsächlich ein »piano« zu produzieren, die Oktaven der linken ganz leise hervorzuheben (ohne Verlangsamung!), die rechte Hand diskret zurückzunehmen, macht er aus Unscheinbarem eine pointierte Köstlichkeit. Doch um das bei einer Stelle herauszubringen, die mittelbegabte Klavierschüler in ein paar Stunden zu lernen glauben (obwohl sie dann die raschen Triolen und Oktaven bestimmt nicht leise zu spielen vermögen), muß ein Pianist seine Anschlagskunst sorgsam an Debussy und Ravel entwickelt haben. Sonst bleibt tot, was ein kleines, unvergeßliches Wunder sein kann:

Beispiel 148

Mag sein, daß es in diesem Rondo sonst nicht allzu viel zu »entdecken« gibt. Aber wenn die Komposition tatsächlich nur harmlos-eindeutig wäre, dann müßte der Umstand, daß nur wenige, verantwortungsbewußte Pianisten sich darauf einlassen, Beethovens Vorschriften genau zu befolgen, um so mehr verblüffen. Offenbar ist das Einfache manchmal sehr schwer zu machen.

10. SONATE

Sonate Opus 14 Nr. 2 G-Dur (1798/99)

Allegro
Andante
Scherzo *Allegro assai*

Sonate in Beethovenschem Parlando. Beredt improvisatorisch im ersten, witzig-verhuscht im leichtgewichtigen letzten Satz, einem »Scherzo« in Rondoform. Das Variationsandante baut auf den schlichten, unergründlichen Zauber reinen Wohlklangs. Keine weitreichenden Interpretationsprobleme sind hier zu lösen, sondern auf den Klang, den spezifischen Konversationstonfall und reaktionsschnelle Improvisationsfreiheit kommt es an.

Für die Interpretation der Sonate Opus 14 Nr. 1 erbrachte Beethovens Hinweis, die Sonaten Opus 14 hätten »einen Dialog zwischen Mann und Frau oder Liebhaber und Geliebter« zum Inhalt, wenig. Aber es scheint möglich, den Begriff »Dialog« zur Erklärung des *Parlando*-Charakters der Sonate Opus 14 Nr. 2 heranzuziehen. Das »Parlando«, die rasche Beredsamkeit des Kopfsatzes und des Finales, findet auf der Ebene geistreicher Konversation statt. (Die nichts zu tun hat mit jener völlig andersgearteten Musik-Sprach-Ähnlichkeit, jener sprechenden, rezitativischen Dringlichkeit in Opus 2 Nr. 1, Opus 31 Nr. 2 oder Opus 110.) Die Wendungen reagieren hier, im ersten und auch im letzten Satz von Opus 14 Nr. 2, gleichsam punktuell aufeinander, sie gehorchen weniger dem Gesetz übergeordneter musikalischer Form als der inneren Logik reaktionsschneller Improvisation. Zur Intimität, zur elegischen Empfindsamkeit, zum etwas derben Finale-Humor von Opus 14 Nr. 1 bietet diese Sonate das Gegenstück: einen eleganten Kontrast. Sie hat mit der E-Dur-Empfindsamkeit weniger zu tun als mit dem Charakter zweier anderer Beethovenscher G-Dur-Werke: nämlich mit dem bezeichnenderweise »Komplimentier«-Quartett genannten G-Dur-Streichquartett Opus 18 Nr. 2 und mit der G-Dur-Sonate Opus 31 Nr. 1. Gäbe es einen Ort, der den Begriff des »Kammer«-Musikalischen, des »Galanten«, des

»Gesellschaftlichen« und »Früh-Salonhaften« umschließt, dann wäre diese zart und übermütig parlierende G-Dur-Sonate in ihm zu Hause.

Opus 14 Nr. 2 stellt keine besonders schwierigen pianistischen und schon gar keine problematisch interpretatorischen Aufgaben. Beim Nachsprechen der Parlando-Musiksprache kommt es hauptsächlich darauf an, den entsprechenden Tonfall herzustellen.

Galant, Parlando, Salon, Tonfall: diese Umschreibungen müßten mit dem Ausdruck aufrichtigen Bedauerns zurückgenommen werden, wenn der Leser aus ihnen etwas Ungalantes, etwas Diskriminierendes herausläse. Zugegeben, natürlich: mit den tiefsinnigsten Augenblicken großer Kunst (mit dem ›et incarnatus est‹ aus Bachs h-Moll-Messe oder dem Adagio aus Beethovens Hammerklaviersonate) brächte man Worte wie »galant« oder »beredt« gewiß nicht in Verbindung. Doch wo sie am Platz sind, braucht es trotzdem noch lange nicht platt oder unernst zuzugehen. Auch im Salon können sich Tragödien (melancholische, kokette) ereignen.

Zwischen dem Sprechcharakter mancher Beethovenscher Komposition und dem Parlando-Charakter des Kopfsatzes von Opus 14 Nr. 2 besteht, wie erwähnt, ein grundsätzlicher Unterschied. Die gewaltigen Gesten, die sprechenden rezitativischen Pausen jener anderen zur begriffslosen Sprachähnlichkeit vordringenden Musik zielen auf ein Äußerstes. Die Selbstgenügsamkeit rein musiklogischer Ausdrucksweise scheint da momentweise überwunden, zerstört, verstört.

Von »Verstörung« kann im ersten Satz der G-Dur-Sonate Opus 14 Nr. 2 nicht die Rede sein. Beethoven entwickelt im ersten Satz dieser Sonate eine Phrase folgendermaßen weiter, zuerst:

Beispiel 149

Und dann:

Beispiel 150

195

Hier scheint der »Parlando«-Charakter so konstituiert: der 4. Takt unseres Notenbeispiels 149 wird in der zweiten Hälfte des 1. Taktes von Notenbeispiel 150 rasch plappernd wiederholt. Dann wird das Motiv ein wenig höher, aber im zarten pianissimo vorgetragen (3. Takt des Beispiels 150), dort wiederum plappernd repetiert. Alles das konstituiert den improvisatorischen, den Gesprächscharakter dieser Musik. Hier steht nicht jeder Takt unter dem Gesetz eines übergeordneten Sonaten-Entwurfs, sondern er wirkt eher wie die schlagfertige Antwort aufs Vorhergehende. Das gilt gleichermaßen für die Coda dieses ersten Satzes wie für die Struktur des Seitengedankens, der zwanglos als freier, wenn auch »gesetzterer« Dialog zwischen sonorem Baß und etwas bewegterer Mittelstimme verstanden werden kann:

Beispiel 151

Im ersten Satz von Opus 14 Nr. 2 geht es also um zärtliche Beredsamkeit, um die improvisatorische Fortspinnung und immer neue Beleuchtung gegebener Gedanken. Das Scherzo-Rondo versucht sogar, hingeworfene Anfangs-Gesten und Motiv-Witze zum ganzen Satz heraufzuimprovisieren. Weil dies alles offen zutage liegt, unzweideutig gegeben scheint, bemühen sich die allermeisten Pianisten auch, die Konversations-Spiritualität dieser Sätze zu treffen.
Über den Rang einer Interpretation von Opus 14 Nr. 2 entscheiden indessen nicht so sehr einige mehr oder weniger zurückhaltend dargestellte Interpretations-Einzelheiten, sondern Überzeugungskraft und Sinnfälligkeit des Tonfalls, des »Klimas«. Daß bei Artur Schnabel rasch, nicht ohne ironische Brechung, frei und scharfzüngig »parliert« wird, bei Gulda in einer wohllautenden unforcierten, zurückhaltenden Gesetztheit, bei Glenn Gould phantasievoll und mit pointiertem improvisatorischem Elan: alle diese Unterschiede sind weniger Qualitätsdifferenzen als Temperamentsgegensätze. Die zu einer herben befangenen Textauslegung neigenden Künstler indessen bleiben diesem Stück zwar keine Note, wohl aber den Charme schuldig.
Einen »Tonfall« zu produzieren, der eindeutig und unmaniert, selbstverständlich und unverkennbar ist, dazu gehören pianistische Meisterschaft, Stilsicherheit, Anschlagskunst und Reaktionsvermögen. Im Kon-

text eines von Meisterhand erzeugten eigentümlichen Konversations-
»Tons« wirken alle weiteren Einfälle und Reaktionen dann um so überzeugender. Etwa, wenn Glenn Gould den Umstand, daß man sich in
einer falschen Reprise befindet (nämlich in irrigem Es-Dur statt in regu-
lärem G-Dur), durch verlegenes Langsamer-Werden unterstreicht – so
wie ja auch Konversations-Löwen ins Stocken geraten, wenn sie spüren,
daß sie »irgendwie« in Gefahr sind, gerade etwas ganz Falsches, Unpas-
sendes zu plaudern, sich zu verplaudern... Freilich: ein »Tonfall«, ein
spezifischer »sound« ist kein beschreibbarer Fund.

Einen Fund (dem gewiß etwas Gesuchtes anhaftet) hat Glenn Gould
aber gemacht, als er den Mittelsatz der G-Dur-Sonate gegen alle Über-
lieferung, Regel und Interpretations-Wahrscheinlichkeit spielte. Und
zwar fast doppelt so langsam wie der wahrlich schon hinreichend zu
hehrer Betulichkeit tendierende Daniel Barenboim. Der Sachverhalt
spricht zunächst eindeutig gegen den Überzeugungstäter oder auch nur
Originalitäts-Eiferer Glenn Gould. Der zweite Satz soll ein Andante
sein, ist im alla breve notiert, schreibt einen Staccato-Marschtritt vor.
Das Thema gibt sich einfach, schlicht, melodiös. Es enthält offenkundig
keine Abgründe. Es ist nicht geheimnisvoll vieldeutig, es ist klar, setzt
Staccato-Neutralität der ersten (nicht zu wiederholenden) Periode gegen
eine empfindsamere Legato-Periode in gebundenen Vierteln. Einfacher,
einleuchtender, bescheidener kann Musik nicht sein. Und auch die Variationen sind von geradezu programmatischer Simplizität. Ein helles,
nobles, ruhig dahinschreitend schönes Stück. Gut, Schnabel spielt es
etwas langsamer, Friedrich Gulda rascher und klarer, Barenboim als
Mischung aus trocken und gefühlvoll. Trotz solcher Unterschiede bleibt
der Satz bei allen diesen Pianisten schlicht, marschartig, zart, naiv, ohne
jeden falschen Tiefsinns- oder Dramatisierungs-Ehrgeiz. Jetzt aber
kommt Glenn Gould und behauptet, das sei ja alles gar nicht wahr,
zumindest nicht hinreichend. Alle anderen – ob Pianisten oder Hörer
oder Beethoven-Bewunderer – hätten offenbar nicht bemerkt, wie betörend schön, wie todtraurig, wie unvergleichlich melodiös und tiefsinnig
und adagiohaft diese Andante-Klage sei.

Was Glenn Gould tut, verstößt eindeutig gegen Beethovens Absichten –
soweit gegebener Notentext und angewandter Kunstverstand die
Absichten eine Komponisten überhaupt erkennbar machen können. Es
widerspricht, dies sei gleich hinzugefügt, auch dem, was ich »für richtig«, für »erlaubt« halte, setzt sich über den Freiheitsraum, der einem
Interpreten gegeben sein mag, gegeben sein muß, mit selbstbewußt
souveräner Gebärde hinweg.

Die Frage braucht also nicht zu lauten, ob Glenn Goulds Willkür-Akt statthaft und möglich ist (er ist es nicht), sondern sie muß lauten, warum das klingende Ergebnis nicht so »unmöglich« ist.

Gould bringt das Klavier zum Klingen: mit zartem Überschwang, mit üppigem Wohllaut, mit bestechendem Klangsinn. Das ahnungslose Stück wird, ich kann es nicht anders sagen, zum Abschied aus dem Paradies. Oder: unter dem Vergrößerungsglas Gouldscher Inständigkeit erleben wir ein Dürersches Rasenstück als einen Gauguinschen Urwald. Das »darf« Gould bestimmt nicht. Es sei denn, er tut es. Wir wohnen einem Experiment bei, das man als mutwillig bezeichnen muß, aber zugleich als betörend bezeichnen kann. Wenn Gould die simplen Akkord-Steine hier vorführt, als wären es Berge, dann erlebt der Hörer freilich auch betroffen, wie schön, wie reich die elementaren Harmonien und Modulationen des – keineswegs notwendig »abgenützten« – C-Dur klingen. Klingen können, wenn ein Könner dergleichen zelebriert. Gould spielt das C-Dur-Andante, als hätte er mindestens einen Eroica-Trauermarsch entdeckt. Aber im Gegensatz zu Svjatoslav Richter, der den Mittelsatz aus Opus 14 Nr. 1 empfindsam zu verlangsamen versuchte und doch im Dur-Teil kapitulieren mußte, gelingt es Gould, seine extreme Auffassung überzeugend durchzuhalten.

Ob es, abgesehen von Glenn Goulds manieristischer Anschlagskunst, auch noch einen in der Musiksache liegenden Grund dafür gibt, daß Glenn Goulds hochforciertes Experiment möglich ist, ohne schlechthin lächerlich zu wirken? Ob nicht vielleicht die Neutralität dieses Andante-Stoffes, der naheliegenderweise immer nur als »Schlichtheit« begriffene Mangel an auskomponierter »Interessantheit«, einen größeren Freiheitsraum bietet als wenn da ein ganz subtil durchformuliertes, durchcharakterisiertes Bekenntnis-Stück zu spielen wäre? Wo – wie in einigen Bach-Präludien – die Musik aus nichts anderem zu bestehen scheint als aus ihrer eigenen Sprache, gleichsam ohne fixierten und den Interpreten fixierenden Willen: da sind vielleicht größere, extremere Freiheiten für die Wahl des Grundtempos gegeben als in einem schon ganz spezifischen, expressiv differenzierten Andante oder Allegro. Die betörende Willkür, mit der Glenn Gould sich dem Andante nähert und es zur leidenschaftlich tiefsinnigen Subtilitäts-Studie verändert, darf nicht Schule machen. Aber als konsequente, lehrreiche und wohllautende Ausnahme, als Vergrößerung, die keinerlei hämische Verzerrung miteinschließt, ließe sich dies von Glenn Gould entdeckte Beethovensche »Adagio con gran expressione«, das in Wirklichkeit ein Andante ohne jede »dolce«- oder »espressivo«-Vorschrift ist, wohl doch werten. Gould führt eine Variation über Beethovens Variationen vor: seine Interpretation vermittelt eine Erfahrung, die auch den Widerstrebenden einiges Neue über die Abgründe des C-Dur ahnen läßt. Und so, wie geistreiche Leute nie klüger argumentieren, als wenn sie sich irren – so spielen manche Pianisten nie beredter und feuriger, als wenn sie sich für eine extreme Auffassung einsetzen.

»Die Zweiteiligkeit im ³/₈-Rhythmus des letzten Satzes wird uns frei vom Taktstrich machen, und leicht und voller Scherze spielen die Motivinsekten in der durchsichtigen Luft dieses G-Dur«, schrieb Edwin Fischer (›Ludwig van Beethovens Klaviersonaten‹, Insel Verlag, S. 54). Aber so reizend sich dergleichen liest: eine Interpretation, die aus diesem Rondo-Scherzo mit seinen improvisatorischen Pointen mehr als ein harmlos hübsches Sonaten-Finale machen möchte, muß mit viel Witz und Verve nachhelfen. Nachhelfen, das heißt, die spontan improvisatorischen Regungen, die Wiederholungen und Oktavversetzungen nicht nur spielen, sondern als Echo-Effekte oder Reaktionen pointieren. Dann kann sich eine lustige Vielschichtigkeit herstellen, wie bei Barenboim und Schnabel:

Beispiel 152

Die oktavversetzten, sich antwortenden Passagen erinnern an das Frage- und Antwortspiel Taminos mit der immer eine Oktave höher antwortenden »Waldflöte« des Papageno im ersten ›Zauberflöten‹-Akt. (Während des Finales der 1. Symphonie hat Beethoven diese von ihm offenbar sehr geliebte Stelle noch deutlicher mit der Flöte parodiert.)

Beispiel 153

Es gehört wohlwollende Phantasie dazu, in den folgenden Takten aus dem letzten Satz der G-Dur-Sonate eine Entsprechung zu dem eben mitgeteilten ›Zauberflöten‹-Beispiel zu *sehen*. Immerhin läßt sich diese Entsprechung *hören*, wiedererkennen, wenn die Pianisten, wie es Arrau und Schnabel tun, das jeweils auf die letzte Sechzehntel-Triole folgende Staccato-Achtel deutlich abreißen (wie vorgeschrieben).

Beispiel 154

Solche Effekte können diesen – ungemein kurzen – Schlußsatz zum witzigen Kehraus machen. Die andere Möglichkeit, dem Scherzo-Rondo über allzu große Harmlosigkeit hinwegzuhelfen, besteht darin, das improvisatorische Zerflattern dieses Scherzos nicht zu riskieren oder in Kauf zu nehmen, sondern den Satz tatsächlich als »Allegro assai«, ohne verniedlichende Behaglichkeit, sehr rasch und motorisch zu begreifen, ihn zum Kunststück, bis in die Nähe eines flüchtigbrillanten, virtuosen Rondos zu steigern. Friedrich Gulda hat den Satz so von aller neckischen Beschaulichkeit weg und zum rhythmisch pointierten, flinken Drahtseilakt hinaufgespielt. Die »Gefährlichkeit«, die dabei mitklingt, bekommt dem Scherzo-Rondo durchaus.

11. SONATE

Sonate Opus 22 B-Dur (1799/1800)

Allegro con brio
Adagio con molta espressione
Minuetto
Rondo Allegretto

Männliches Meisterstück, das sich weder pathetisch noch elegisch profiliert. Auch gefühlvolle interpretatorische »Humanisierung« würde hier nicht zur Belebung, sondern in die Banalität führen. Es ist keineswegs einfach und naheliegend, den ersten Satz als Spannungsfeld aus beherrschter Energie und geheimnisvoller Verdunkelung zu erfassen, um so leichter läßt er sich als akademisch kraftmeiernde Etüde verkennen. Das Adagio versagt sich gleichfalls alle depressiven oder hymnischen Effekte. Im Menuett spielt ein unauffällig historisierendes Element mit, im Rondo schließlich verbindet sich die baumeisterliche Strenge dieser Sonate mit Charme und Virtuosität.

Energische, zügige und klar disponierende Interpretationen können dem Werk nahekommen. Aber wenn die geheime Spannung zwischen *pp*-Verdunkelung und prägnanter Entfaltung unterschlagen wird, wie sie im Kopfsatz und im Adagio, ja vielleicht auch im Menuett und im Rondo mitkomponiert ist, dann hat eine blitzblank kräftige Auffassung das Stück genauso verfehlt wie jede allzu kultiviert verzärtelte. In dieser B-Dur-Sonate schlummert noch Unentdecktes.

Manchmal fallen, paradoxerweise, Klarheit und Undurchdringlichkeit zusammen. Die eigentümliche Qualität des ersten Satzes der B-Dur-Sonate liegt nicht in dem, was sich möglicherweise hinter den deutlich artikulierten Perioden und Passagen verbirgt. Glanz und Selbstbewußtsein dieser Musik hängen unmittelbar zusammen mit raumgreifend sicherem, stürmischem Fortschreiten, dem sich die keineswegs sehr tiftelige thematische Arbeit und die genausowenig tiftelige Rhythmik unterordnen. Wer dem Material dieses ersten Satzes nicht traut, wer Finessen hinzufügt und Nuancen produziert, die hier nicht allzuviel helfen, aber um so mehr verderben können, der hat bei Opus 22 noch nie die Faszination körniger Klarheit erfahren. Langeweile stellt sich in der B-Dur-Sonate ein, wenn besorgte Interpreten individuelles Engagement nicht in die Energie zielsicheren Fortschreitens umzusetzen verstehen. Langeweile, auf gewiß höherem Richtigkeits-Niveau, stellt sich gleichfalls ein, wenn energischer Sturm zu widerstandslos motorisch triumphieren darf. Er muß erspielt und dann modifiziert werden!

Sonst wirkt die Sonate Opus 22 so akademisch, wie sie Denis Matthews erschien, der spöttelnd behauptete, sie sei »überraschend frei von Überraschungen« (›Beethoven Piano Sonatas‹, S. 23, BBC Music Guides). In zyklischen Aufführungen sämtlicher Beethoven-Sonaten ruft die B-Dur-Sonate manchmal jene Verlegenheit hervor, die das Publikum — zwischen ›Eroica‹ und »Schicksalssymphonie« — auch bei Beethovens 4. Symphonie empfindet, deren weniger »charakteristisches« als »pulsierendes« B-Dur weder die Feinsinnigen noch die Effekthungrigen so richtig zu befriedigen vermag. Wie wenig Beethoven übertrieben hat, als er seine Hochschätzung für Opus 22 mit dem vielzitierten Satz zum Ausdruck brachte: »Diese Sonate hat sich gewaschen« — machte im Zusammenhang mit seiner Münchner Darstellung aller 32 Sonaten der Schweizer Pianist und Eduard-Erdmann-Schüler Paul Baumgartner 1960 evident, als er die B-Dur-Sonate mit soviel Intensität, Verve und stolzer Allüre meisterte, daß sie ihre Sonaten-Vorgänger machtvoll und kraftvoll zu überragen schien. Sie hatte sich »gewaschen«, war endlich frisch und blitzblank und doch nicht ohne Geheimnis.

Hier, und das ist sonst keineswegs die Regel, bedeutet »richtiges Artikulieren« nicht: »originell phrasieren«, oder gar »gegen den Strich« spielen. Normalerweise liegt es nahe, die Wiederholung etwa eines Hauptmotivs als etwas Besonderes zu reproduzieren; als leiseres Echo oder als bekräftigende Steigerung. Wilhelm Backhaus spielt beispielsweise den Anfang als Echo-Effekt, zunächst relativ kräftig, dann leiser.

Beispiel 155

Aber diese gewiß nicht sinnlose Pointierung wirkt hier wie überflüssiger Aufenthalt. Differenzierungen vernebeln klare Zusammenhänge. Im ersten Satz der B-Dur-Sonate müssen, und zwar schon während der Entfaltung des ersten Komplexes, die jeweils entschieden auf den abschließenden Ton zueilenden Passagen eindeutig bestätigend, ja affirmativ herauskommen. Nur keine falsche Feinsinnigkeit! Friedrich Gulda ist sogar imstande, vorzuführen, daß die beiden kräftig abschließenden Staccato-Viertel, mit denen das Thema schließt (die beiden letzten Viertel des folgenden Beispiels 156), den beiden Staccato-Vierteln des Anfangs (Beispiel 155, Takt 1 und 2) entsprechen.

Beispiel 156

»Affirmativ«, »motorisch«: solche Worte legen auch eine Assoziation nahe, die beim dreißigjährigen Beethoven befremdend sein mag – die Assoziation des »Barocken«. Dergleichen erwartet man zwischen Pathétique und Mondschein-Sonate eigentlich nicht. Aber gemach: wer die (im Beispiel 157) folgenden Takte der linken Hand unbefangen anschaut, müßte doch, wenn er nicht wüßte, daß sie von Beethoven sind, durchaus annehmen, daß sie aus einem Bachschen Orgelwerk stammen, als typische Pedalfigur:

Beispiel 157

Und alle Pianisten, die der Modulation wegen im dritten und vor allem vierten Takt dieses Beispiels 157 lyrisch werden, ein Ritardando oder eine Verhaltenheit einbauen, riskieren dabei, wie Barenboim und Backhaus, daß die Sechzehntel-Bewegung, die im letzten Takt des Beispiels 157 einsetzt, plötzlich ungut rasselnd, nähmaschinenhaft losschnurrt. Dieser fatale Effekt wird vermieden, wenn die Interpreten so eisern im schnellen Takt bleiben wie Gulda und wie (der sonst doch eher zu expressiven Freiheiten neigende, hier aber entschlossen zügige) Artur Schnabel.

Nun besagt der Umstand, daß rhythmisch-motorische Härte nötig ist, daß gewisse Passagen bei J. S. Bach vorkommen könnten, gewiß nicht, es handele sich um neobarocke Musik. Selbst wenn die Führung der linken Hand (Beispiel 158) tatsächlich an jene Bachschen Orgelpassagen erinnert, bei denen für die Organisten die Stunde der Pedal-Wahrheit schlägt:

Beispiel 158

Wie dem auch sei: die Dreiklangsgesten der rechten Hand, die simpel und kräftig weitergeführt werden, ebenso wie die Sechzehntel-Sekunden der Linken, die treppenartig abwärts streben – alle diese Entwicklungen vertragen zumindest keine falsche oder echte Empfindsamkeit. Sie wollen und sollen zügig aufs Kadenz-Ziel hingespielt werden.

An der unbeirrbaren Zielstrebigkeit dieser Musik ändert auch der Umstand nichts, daß Beethoven – siehe Beispiel 158 – zwei für sich genommen vielleicht simple Gestalten durchaus unkonventionell fügt. Daß er einen Sekundreibungseffekt hervorbringt, der in dem *pp*-Kontext besonders spannungsvoll und herb wirkt. Diese Sechzehntel-Sekunden dürfen nicht als ein langsamer Triller gelesen oder verstanden werden, ja nicht einmal als nur zart-dissonante Klangkulisse. (Bei der Betrachtung des zweiten Satzes der Beethovenschen e-Moll-Sonate Opus 90 (Beispiel 387 werden wir einem noch viel extremeren Beispiel begegnen.) Diese »Sekunde« treibt, wie Brendel und Svjatoslav Richter herausarbeiten, auch noch in den späteren Passagen der Exposition unübersehbar ihr Wesen (Beispiel 159, es geht jeweils um die Sechzehntel auf Schlag drei).

Beispiel 159

Die kräftige Diesseitigkeit der Sonate, ihr machtvoller, großer Zug, der vorwärtstreibende, nie ablenkende rhythmische Impuls steht schon deshalb aller Trivialität fern, weil Beethoven keinerlei Verzettelung duldet, weil sich alles klar, deutlich und klavieristisch glanzvoll abspielen muß.

Bedächtigkeit schlägt bei der Interpretation dieses ersten Satzes in Stumpfheit um – *rhythmische Pointierung* in Freude am problemlos kräftigen Da-Sein, So-Sein. Alles Sensualistische, Chromatische, das sonst in den Sonaten Opus 10, 13, 14, abgesehen vom Presto-Finale aus Opus 10 Nr. 2, zur interessanten Fülle zu gehören schien, ist aus den Themen-Aufstellungen und Entfaltungen von Opus 22 zwar nicht verbannt, bleibt aber doch nebensächlich. Hört man die Sonate von Interpreten, die wie Gulda den Mut oder die Kraft (am besten: beides) zur Darbietung dieser B-Dur-Energien haben, dann kann es an der Tendenz zur großzügigen Klarheit eigentlich keinen Zweifel geben.

Will Beethoven nun am Ende der Exposition jenes Interessantheits-Moment beflissen nachliefern, dessen Fehlen so mannigfache Kommentatoren-Vorwürfe provozierte? (»Der Spieler hat fast den Eindruck, den pianistisch reizlosen Klavierauszug eines Orchesterwerks vor sich zu haben«, heißt es in Reclams Klaviermusikführer, S. 669.) Nun folgen kurze Moll-Varianten, die dann im Nachsatz der Schlußgruppe wieder donnernden Dur-Oktaven den Platz räumen. Wilhelm Kempff hat in diesen Takten viel mehr entdeckt: nämlich eine nachdenkliche Färbung, ein neues Moment, nicht nur Finesse, sondern folgenschwer.

Beispiel 160

Eine Episode? Der Beginn der Durchführung nimmt zunächst das Sechzehntel-Motiv, mit dem die Exposition im ersten Takt begann (siehe Beispiel 155) als »Hauptspielmaterial« wieder auf. Das sieht, harmlos genug, so aus:

Beispiel 161

Daran, wie ein Interpret fertig wird mit der fünfmaligen Wiederholung dieser Sechzehntel-Figur, die auf eine Viertelnote (staccato-F) hinausläuft, läßt sich erkennen, ob er mitdenkt oder nur nachspielt. Bei Gulda und vielen anderen Pianisten klingt die Stelle blitzend sinnlos – Unterschiede ergeben sich nur im Hinblick auf die jeweilige Qualität des Nonlegato. Wilhelm Kempff indessen demonstriert hier, was »Nach-Empfinden«, nein, genauer, »Nach-Erfinden« heißen kann. Da die Durchführung in unerahnbares Neuland führen wird, bemüht sich Kempff, am Anfang dieses neuen Abschnitts ein Moment des Zögerns, des Suchens, des tastenden Nachdenkens mitzuspielen: Wie soll es eigentlich weitergehen?

Sollten, so fragt man sich dabei unbewußt, halbbewußt, die Eintrübungen, die Kempff am Ende der Exposition in zarten Farben vorführte (Beispiel 160) doch mehr bedeutet haben? Daß die Musik danach nicht »wie geschmiert« weiterrollen darf, ist offenbar: eine maschinell-motorische fünffache Wiederholung des gleichen Motivs (Beispiel 161) wäre dumm oder müßte als spezifische Repetitions-Absicht verständlich gemacht werden. Kempff hat die Wahrheit erkannt: hier setzt etwas Neues ein und an! Etwas Vergleichbares hat Beethoven am Anfang der Durchführung des Kopfsatzes aus dem Es-Dur-Klavierkonzert Opus 73 komponiert. Da wird ein »Warten«, bevor sich Solist und Orchester zur hochdramatischen Durchführung entschließen, musikalische Gestalt:

Beispiel 162

206

Wenn aber die Durchführung der B-Dur-Sonate Opus 22 nicht wie eine motorisch besinnungslose Etüde anhebt, sondern wie ein keineswegs selbstverständlicher Verlauf, dann ist eine neue Spannungs-Dimension da. Mitten in einem scheinbar überraschungslosen, schattenarmen und selbstbewußten Sonatensatz ereignen sich Verdunkelung und Verdämmern. Svjatoslav Richter macht diesen Prozeß zum großartigen Inhalt seiner Interpretation. Er begeht dabei nicht den Fehler Barenboims: er weicht nämlich diesen kräftigen, virtuosen und vorwärtsstrebenden Sonatensatz nicht von vornherein auf, er belästigt die Musik nicht von Anfang an mit Feinsinn. Svjatoslav Richter stellt zunächst die unangefochtene, meisterstückhafte Brillanz durchaus her. Um so zwingender kann er dann die Veränderung deutlich machen, jene Dimension unterhalb der hellen Expositions-Entschlossenheit. Wenn tiefe Lage, Dunkelheit und ruhig-leise Reizharmonik aus der klar-klassizistischen Architektur allmählich ins Träumerische führen, hören wir keine hochdramatische, lehrbuchhafte Durchführung, die Steigerungs-Effekte produziert, sondern erleben das Gegenteil: die Durchführung entrückt ihr thematisches Material, und somit die Musik selber, in eine andere, sanft-visionäre Sphäre. Spätestens beim tiefen, dämmernden *pp* hat sich, und das deuten Richter, aber auch Schnabel und Barenboim durchaus an, alle selbstbewußte Expositions-Energie verflüchtigt.

Beispiel 163

Svjatoslav Richter zeigt dann sanft und unwiderstehlich, daß der intime Höhepunkt dieses Satzes im leise und lang verklingenden Septakkord beschlossen liegt, mit dem die Durchführung verhallt im Schweigen einer *pp*-Fermate.

Indem Svjatoslav Richter den ersten Satz der B-Dur-Sonate als einen magischen Verlauf versteht, macht er auch verständlich, was sonst wie eine nicht weiter erklärbare Ausnahme akzeptiert werden müßte und wofür es in den Kopfsätzen der größeren Beethovenschen Sonaten-Kompositionen, Kammermusikwerke oder Symphonien keine Analogie gibt: nämlich den auffälligen Umstand, daß dieser Satz keine Coda, keine zweite Durchführung hat. Haben kann... Mystisches Verdämmern im Bezirk baumeisterlicher Helle ist keine rationale Konsequenz, die sich zum wiederholbaren Ereignis verfügbar machen ließe. Wie »richtig« Richters gewagte Deutung ist, wird also nicht nur gefühlsmäßig begreifbar, nicht nur dadurch belegbar, daß Richter die Vorschriften decrescendo und Fermate nachdrücklich genau bei Wort und Ton nimmt. Auch der ungewöhnliche, die Coda oder zweite Durchführung ausnahmsweise verbannende Bau des Satzes spricht für Richters Interpretation!

Ist man von Svjatoslav Richter erst einmal auf die Spur gebracht worden, derzufolge die Entwicklung des Kopfsatzes also nicht hauptsächlich auf Spannung oder Kontrast oder frei phantasierendes Spiel angelegt ist, sondern durchaus darauf, daß Energie in tiefes, verdämmerndes Dunkel übergeführt wird – einmal, unrepetierbar –, dann glaubt man, diesem Prinzip auch im zweiten und vierten Satz zu begegnen.

Denn fürs Adagio ist – ich bin mir der Vagheit aller dieser Ausdrücke schmerzlich bewußt, aber die Notenbeispiele machen doch zumindest die Argumentationsrichtung erkennbar – ein Dimensions-Kontrast, eine unauffällige, unvermittelte Gegenüberstellung von einerseits reiner, extrem scharf gezeichneter Stimmführung und andererseits um so unvermittelterem, tiefem (auch in der Klavierlage »tiefem«) mystischem Verdämmern gleichfalls charakteristisch.

Das Adagio-Thema hebt in ungemein einfachem Klaviersatz folgendermaßen an:

Beispiel 165

In der Adagio-Durchführung vollzieht sich ein ähnlicher Prozeß, wie wir ihn im ersten Satz erlebten: Aus heller Zeichnung wird hallende, dämmernde »Stimmung«:

Beispiel 166

»Hörerfahrungen« wie die Nachempfindung dieser Struktur-Analogie sind wohl nur möglich, wenn die Dringlichkeit einer großen, ersten Entfaltung (Durchführung des Kopfsatzes) das Bewußtsein des Hörenden schon affiziert, es in synthetisierende und interpolierende Bewegung versetzt hat: ein Prozeß, von dem im Einleitungskapitel (S. 26 ff.) bereits grundsätzlich die Rede war. Ist man auf dieser Spur, dann scheint auch im Rondo eine entsprechende Beziehung zu existieren. Das Thema erscheint zunächst harmlos beredt in der Mittellage:

Beispiel 167

Später versinkt es dann momentweise auch in magische, dämmrige Pianissimo-Tiefe.

Beispiel 168

Als Beethoven sechs Jahre später seine 4. Symphonie – in B-Dur wie diese Sonate – schrieb, trennte er die beiden »Gestimmtheiten«, von denen hier die Rede ist, schroff von einander: der erste Satz beginnt mit einer gefürchtet heiklen »sempre *pp*« Adagio-Einleitung langsamsten Dämmerns und läßt dann den ebenso exzentrischen Kontrast folgen, ein geradezu demonstrativ energisches Allegro vivace.

Nur: in der »Vierten« kann diesen Kontrast aus Energie und verhaltenem Mystizismus jeder Esel hören (wenn auch nicht dirigieren), in unserer B-Dur-Sonate bleibt er jedoch eine wunderbar verborgene Subtilität mitten im Rausch der Kraft und der Klarheit.

Das Problem des Adagios heißt: Lebensvolle Reproduktion eines anfänglich nicht sehr charakteristischen »Materials«. Wählt der Interpret ein so rasches Tempo wie Friedrich Gulda – der statt der vorgeschriebenen ⅜ Taktes eher ¾ Takt spielt und die Begleitakkorde (siehe Beispiel 165) zu Triolen macht, dann braucht ein solches Tempo, eine solche »Auffassung« nicht einmal unbedingt zu schnell zu sein. Sie macht es nur später unmöglich, den Charakter des Hallenden und Mystisch-Tönenden, Nach-Tönenden – siehe Beispiel 166 – noch herzustellen. Weil Gulda die Begleitachtel als Triolen versteht und konsequenterweise die jeweils erste Triole noch akzentuiert, bringt er eine allzu scharfe rhythmische Gliederung ins Spiel und löscht jedes Geheimnis aus. Mit bezwingendem Kunstverstand hat der Russe Samuel Feinberg den Satz angegriffen, zur Kenntlichkeit aufgewertet, vom bloß Ariosen distanziert. Bei Feinberg ist die Begleitung mehr als ein Teppich, als eine harmonische Brühe, auf der die Melodie schwimmt. Feinberg hat dem Begleitpart Selbständigkeit verliehen: die Akkorde sind nicht nur Funktion der Melodie, sondern sie *haben* eine Funktion. Feinbergs Interpretation könnte verstiegen wirken, weil ja die Linke gerade in diesem Adagio keinerlei charakteristische Bewegungen oder Gesten vorführt. Ein solcher Einwand geht jedoch in der B-Dur-Sonate fehl. Auch die Exposition des Kopsatzes basierte ja auf reinen, kaum alterierten oder harmonisch stark gewürzten Dreiklängen und Skalen, die ein energiegeladener Wille dynamisierte. Liegt es da nicht nahe, im Adagio die schöne, ruhige, neutral wohllautende Führung der linken Hand so frei zu spielen wie eine selbständige Nebenstimme? Feinberg ist keine Gelegenheit zu unscheinbar dafür.

Im Menuett stellt sich die Frage nach dem Zitat-Charakter. Später, in der Es-Dur-Sonate Opus 31 Nr. 3 oder gar in der As-Dur-Sonate Opus 110, wird daraus ein Problem. Das Thema scheint unverfänglich.

Beispiel 170

Aber wenn man diesen Anfang mit dem fast analogen Beginn aus dem c-Moll-Streichquartett Opus 18 Nr. 4 vergleicht:

Beispiel 171

dann verraten, ganz abgesehen von der Moll-Tonart, schon die herben sforzato-Akzente und die spannungsvollen Akkordverbindungen, daß im Quartett-Menuett sich ein unmittelbarer Ernst, ein viel direkteres Engagement ausspricht, während das Klaviersonaten-Menuett, reich an – zum Schluß immer gehäufter vorkommenden – Schnörkeln, Vorschlägen, Staccato-Pointen, eine gewisse Zopfigkeit weniger zu parodieren als zu beschwören scheint. Ob dieses Moment einer heiteren Stil-Kopie erkennbar wird, hängt vom Interpretations-Tempo ab. Feinberg spielt den Auftakt (Beispiel 170) jedesmal mit einem leichten Rubato, so als ob sich ein altväterischer Tanz allmählich, aber dann galant und hübsch, zu drehen begänne. Behaglichkeit, sanft sehnsüchtig hergestellt, ist selten

frei von jenem Schatten, den alle verfügende und imitierende klassizistische Souveränität wirft: dem leiser Ironie. Artur Schnabel unterschlägt
diese Ironie nicht, die übrigens keineswegs entwerten oder schadenfroh
lächerlich machen will. Er stellt sie auch nicht von vornherein her,
sondern andeutungsweise im Verlauf des Menuetts: er nimmt das g-
Moll-Trio plötzlich so rasch, daß zumindest danach, bei der nunmehr
auffallend langsam wirkenden Wiederholung, das Menuett mit seinen
zahlreichen Vorschlagnoten vollends zur Rokoko-Kostbarkeit hinaufsti-
lisiert erscheint.

Das Finale-Thema hat, mehr im Notenbild als vom Klang her, Mozart-
Ähnlichkeit. Je langsamer es gespielt wird, desto deutlicher und wärmer
kommen die Mittelstimmen schon des Rondo-Themas zur Geltung.

Beispiel 172

Dieter Zechlin spielt dieses Allegretto so rasch, daß es wie ein frühklassi-
sches Rondo beginnt. Was an Herzlichkeit in der Musik steckt, holen
Feinberg, Gieseking oder Arrau weit deutlicher heraus, weil sie die
gebundenen Mittelstimmen gewichtiger artikulieren. Zechlin hingegen
bleibt bei seiner raschen, scharf und richtig akzentuierenden Deutung. Er
hebt im Moll-Couplet immer die jeweils höchste Oktave der linken
Hand, also das drittletzte Sechzehntel, das die Richtungsänderung
ankündigt, sinnvoll hervor.

Beispiel 173

Die virtuosen Erweiterungen des Klaviersatzes stellt Claudio Arrau, eher
zart als falsch auftrumpfend, sinnvoll und wirkungsvoll dar. Dabei
handelt es sich um wandernde Oktaven, die den Klangraum des Klaviers
einbeziehen und spätere Entwicklungen vorwegnehmen (Appasionata-
Finale):

Beispiel 174

Aber noch kein Pianist hat bislang die Coda erklären können, mit der dieses teils empfindsam plaudernde, teils ausladend reiche Stück fast donnernd schließt.

Beispiel 175

Gieseking versucht hier, den Charakter des Fanfarenhaften herzustellen, indem er das wiederholte *f* kräftig und beherrschend hervorhebt. Doch selbst Giesekings Anschlagskunst läßt nicht vergessen, daß der hymnische reiche Epilog, mit dem die »Frühlingssonate« für Klavier und Violine Opus 24 endet (er ist dem Schluß unserer B-Dur-Sonate auffallend ähnlich), reicher und herzlicher wirkt als die großartige, von Passagen der linken Hand elektrisierte, aber bislang noch der musikalisch-poetischen Rettung bedürftige, allzu kräftig auftrumpfende Coda von Opus 22.

Meisterwerke
absoluter, absichtsvoller Musik —
thematische Arbeit
und programmatische Thematik

DIE SONATEN NR. 12 BIS 23

(OPUS 26 BIS OPUS 57)

12. SONATE

Sonate Opus 26 As-Dur (1800/01)

Andante con Variazioni
Scherzo *Allegro molto*
Marcia Funebre sulla morte d'un Eroe
Allegro

Diese Beethovensche »Trauermarsch«-Sonate gilt als populär – aber bei wem ist sie es eigentlich? In Hunderten von Klavierabenden, Beethoven-Recitals habe ich, möglicherweise zufällig, gerade die As-Dur-Sonate nur wenige Male gehört. (Bloß wenn alle 32 Sonaten im Zyklus vorgetragen werden, kommt natürlich auch Opus 26 dran.) Ob die Empfindsamkeit, die Eleganz und die Buntheit der Ecksätze zusammen mit der Direktheit des Trauermarsches zwar »früher« die Beliebtheit dieses Werkes bewirkten, heute aber seine relative Vernachlässigung?

Der erste Satz – Charaktervariationen, die sich um so deutlicher vom Thema abheben, als sie es nie ganz aus dem Auge verlieren – erscheint zugleich als Konfiguration eines Vorganges und eines Glückes. Der zweite entfaltet Auftaktenergie zu einem blendend brillanten Scherzo, das dem Thema und den Variationen nicht ferner steht als die sechste (Allegro-)Variation aus Mozarts A-Dur-Sonate (KV 331) den Andante Grazioso-Variationen. Der Trauermarsch, schweres Schreiten, Trommelwirbel und Salven darbietend, ist ein dankbares Objekt für Pianisten und Biographen – doch die Beziehung des dann folgenden brillant-perlenden und kontrapunktische Meisterschaft wie nebenher vorführenden Allegro-Finales zu diesem Marsch bereitet einige Interpretationsverlegenheit. »Und neues Leben blüht aus Etüden«: daran begehrt kein Pianist schuld zu sein. Um diese Verlegenheit nicht aufkommen zu lassen, sind bemerkenswerte Interpretationsvorschläge zur (Stileinheits-)Güte gemacht worden.

So sicher jeder Beethoven-Spieler und -Hörer auch des Gefühls oder der Überzeugung sein mag, mit der As-Dur-Sonate Opus 26 hebe etwas Neues an, so schwer läßt sich dieses Gefühl auf eine Formel bringen. Die

Argumente, die den Unterschied zwischen den ersten elf und den dann folgenden Sonaten begründen, scheinen widersprüchlich. Am nächsten liegt es natürlich, davon auszugehen, daß Beethoven tatsächlich plötzlich so vieles »anders« macht: daß also die Sonate Opus 26 (unkonventionell) mit einem Variationssatz beginnt und dann, als dritten Satz, etwas so Markantes wie einen Trauermarsch folgen läßt. Daß Beethoven die Sonaten Opus 27 »Quasi una Fantasia« nennt und bei den drei Sonaten Opus 31 spezifische Stilprozeduren darbietet. Kann man daraus folgern, Beethoven habe zwischen Opus 2 und Opus 22 sozusagen der von ihm belebten konventionellen Sonatenform vertraut, während er nun eine ganz bestimmte Idee, eine Einheits- oder Leitvorstellung mit dem von ihm höchst abwechslungsreich benutzten Schema kombiniert?

Die Folgerung scheint plausibel, aber sie gewährt keine zwingende Unterscheidung. So ließe sich, wenn man bei Beziehungen zwischen Motiven und Sätzen das Gras wachsen hören wollte, ziemlich mühelos dartun, inwiefern schon die Sonate Opus 22 – weit über das hinaus, was Interpreten zwingend hörbar machen können und was wir bei der Behandlung dieser 11. Sonate an Analogien zwischen erstem, zweitem und viertem Satz zu erkennen glaubten – gleichfalls voller hineinkomponierter vereinheitlichender Geheimnisse war. Beruhte es nur auf Zufall, daß die Menuett-Melodie mit einem d, der Terz von B-Dur, als Auftakt begann und auf eins beim f ankam, genauso wie der Beginn des Kopfsatzes? Folgte Beethoven einer genauen Struktur-Vorstellung, als er den zweiten Teil des Menuetts mit genau jenen Sekund-Reibungen beginnen ließ, die schon im Allegro con brio so charakteristisch für die Farbe des Klaviersatzes gewesen waren? Ich stelle diese Frage nicht, um hier rasch noch eine Aufstellung jener motivischen Verwandtschaften in der B-Dur-Sonate Opus 22 nachzuliefern, für die Jürgen Uhde in seinem mehrbändigen Kommentar zu Beethovens Klaviermusik (Reclam 1970, Bd. 2, S. 275 ff.) noch mindestens ein Dutzend mehr oder weniger zwingender, nie völlig abwegiger Belege anführt. Sondern ich will nur darauf aufmerksam machen, warum man nicht ohne weiteres unterstellen darf, die Sonaten ab Opus 26 seien »einheitlicher« als die Vorgänger. Auch der Umstand, daß nun die Namen häufiger werden: »Mondschein«-Sonate, »Sturm«-Sonate, »Appassionata«, beweist wenig: die »Pathétique« hat es schließlich schon vorher gegeben, und was das mehr oder weniger konkrete »innere Programm« betrifft, so hat Beethoven sich über Opus 14 genauso verbindlich-unverbindlich geäußert wie über Opus 90.

Mit positivistischen Kriterien kommt man, wenn es sich um Phasen-Abgrenzungen handelt, nicht recht weiter – oder nur zu rasch zu weit in alle möglichen Richtungen. Mindestens so plausibel wie die Arbeitshypothese einer gestiegerten Werk-»Einheit« wäre – ohne allzu große Überspitzung – auch die Theorie einer immer heftigeren Kontrast-Breite vorzuführen. Die vier Sätze von Opus 26 streben von einander weg: es ist, als habe Beethoven die relative Einheitlichkeit von Opus 2, 7, 10 Nr. 2, 22 bewußt gemieden.

Aber der Widerspruch, daß die Sonaten ab Opus 26 doch wohl nicht zugleich in sich gegensätzlicher und einheitlicher sein können, läßt sich auflösen. Ja, er läßt sich, modifiziert, sogar zur Stützung des so schwer »beweisbaren« Gefühls benutzen, dem zufolge ab Opus 26 tatsächlich etwas Neues und Anderes – nicht »grundsätzlich«, aber doch graduell Neues, Anderes – passiert. Die Sonaten wagen mehr Interessantheit und machen dabei beträchtliche Kontraste zum Ausdruck eben jenes existenten inneren Zusammenhanges, der vielleicht nicht auf einen Begriff gebracht, wohl aber evident gemacht werden kann. Ein Moment des Absichtsvollen tritt hinzu. Die Sonaten »sind« nicht mehr nur, sondern sie führen zugleich etwas im Schilde. Pianisten, die diese Texte souverän herunterspielen, ohne ihnen ihre begriffslosen Wahrheiten entreißen zu wollen, bleiben nun der spekulativen, der philosophischen, der spezifischen Dimension dieser Musik etwas schuldig. Opus 2 ließ sich vielleicht noch mit naiv musikantischer Unmittelbarkeit und pianistischem Instinkt bewältigen. Ab Opus 26 erheischen die Sonaten eine Antwort. Die Werke kommen nicht zu sich selber, wenn antispekulative Pianisten-Pianisten nur auf Klavieristisches hören wollen und nicht auf die Musiksprache in, zwischen, hinter den Noten.

Beim ersten Satz der As-Dur-Sonate hat mich nicht die Interpretation nur eines einzigen Pianisten – und sei es die gewichtige Schnabels, die exzentrische S. Richters oder die zart poetische Kempffs – auf die Spur jener Glückskurve gebracht, die der Variations-Satz beschreibt und die man in dem Augenblick zu ahnen glaubt, da man dem Satz zum erstenmal begegnet, sondern erst die Fülle der von den verschiedenen Pianisten gebotenen Gegensätze. Oft, daran müssen wir uns immer wieder erinnern, kann die geduldige Schiedsrichterhaltung gegenüber Sonaten-Interpretationen in die Irre eines Total-Relativismus führen. Man hält dann gegenüber jeder Auffassung jede andere für genauso richtig oder möglich und spürt, wie sich das Bild der Sonate verflüchtigt, das man besessen zu haben glaubte. Einander überkreuzende Erfahrungen bereichern sich dann nicht, sondern sie löschen sich aus. Was aber den ersten Satz der As-Dur-Sonate betrifft, so begreift man seinen Reichtum, ja vielleicht sogar seinen Sinn erst beim Zusammensetzen mannigfacher Hörerfahrungen.

Warum? Hinter der »vornehmen« Tonart, dem scheinbar gleichbleibenden Tempo der Variationen, dem sanft überschwenglichen dolce-Glück der letzten Variation, die dem Thema geradezu huldigt – es nur mehr umspielt, nicht mehr verändert – steckt offenbar ein episches Moment: melodischer Reichtum, auseinandergelegt in Handlung, logisch-dialogisch in Bewegung gesetzt. Die »Charakter«-Variationen heben sich um so deutlicher von ihrem Thema ab, als sie stets in erkennbarer, wenn auch oft heftig kontrastierender Beziehung zu ihm und seiner Struktur verharren.

Der Tonfall und die Allüre dieses ebenso sonor wie empfindsam beginnenden melodischen As-Dur-Satzes hatten weitreichende musikgeschichtliche Folgen, die bei einer Interpretation mitklingen könnten, zumindest mitbedacht werden müssen. Als Bach im Wohltemperierten Klavier auch die Tonart der vier b's drankommen ließ, als Haydn seine As-Dur-Klaviersonaten komponierte, da zeichnete sich noch nicht ab, daß der Tonart As-Dur etwas spezifisch Pianistisches, Empfindsames, Salonhaftes zuwachsen würde. Das aber ist mittlerweile geschehen. As-Dur steht, seit Schuberts Impromptus, seit Chopins As-Dur-Vernarrtheit, seit Liszts ›Liebesträumen‹ oder seinem Valse-Impromptu – für exklusive Innigkeit, für Salon, für Noblesse. Auch Schumanns Weltbühne, der pompöse, grandios-exaltierte ›Carnaval‹, prunkt in As-Dur. Carl Maria von Webers As-Dur-Sonate scheint auch von Beethovens Opus 26 beeinflußt. Daß gerade die Romantiker As-Dur bevorzugten, hängt zusammen mit ihrem Kult des Besonderen und Exklusiven, Pretiösen... As-Dur und as-Moll haben schon vom Schriftbild her etwas Entlegenes, Entrücktes, so wie – dies ist keine übermäßig seriöse Analogie – in den feineren Gesellschaftsromanen des 19. Jahrhunderts die Frauen, beziehungsweise »Damen« Namen und Vornamen führten, in denen auffallend oft das erlesene y vorkam, statt des im Deutschen gewöhnlicher, ordinärer wirkenden i. (Es gibt sogar Untersuchungen darüber...)

Wer das As-Dur-Thema des ersten Satzes spielt oder hört, nimmt ohne weiteres wahr, daß (ähnlich wie beim Thema der Mozartscher A-Dur-Sonate KV 331) die drei Anfangstakte des Themas bei ihrer Wiederholung bereits leicht variiert werden. Was man jedoch nicht so ohne weiteres erspielen oder erfahren oder für gegeben nehmen kann, ist die dialogische Struktur des Themas: setzen die beiden abschließend kadenzierenden Takte den musikalischen Verlauf nach einer knappen Cäsur fort – oder erscheinen sie gesteigert zum Gegensatz? Für letzteres spricht, daß Beethoven ein neues *p* samt crescendo vorgeschrieben und zwei deutliche Phrasierungsbogen hinzugefügt hat (4. Takt des Beispiels 176). Svjatoslav Richter und Artur Schnabel betonen eher den Gegensatz. Sie machen aus einem lyrisch fließenden liedhaften Thema einen psychologischen Vorgang.

Beispiel 176

Dabei geht es immer um den inneren, natürlich nicht hysterischen oder aufgedonnerten Kontrast der jeweils letzten zwei Takte zum vorigen. Daß die vier Zweiunddreißigstel mit Vorschlag im Stück zunächst als Auftakt erscheinen, dann aber (Beispiel 177, Takt 3) auf »eins«, ist eine zarte Überraschung. Als Zufall dürfte diese von Schnabel und Svjatoslav Richter hervorgehobene rhythmische Pointe sich kaum bezeichnen lassen.

Beispiel 177

Über das »richtige« Andante-Tempo kann lange und unentscheidbar gestritten werden: bei Schnabel dauert das 34 Takte lange Thema mehr als 100 Sekunden, bei Backhaus und Kempff weniger als 80. Das ist ein Unterschied von 4:5, also keine quantitative Nuance, sondern eine Qualitätsdifferenz.

Was geschieht nun aber in der Variation 1? Da wird nicht bloß, wie in jeder Figural-Variation, das thematische Material in spielerisches Figurenwerk aufgelöst. Sondern die wiederum 34 Takte dieser Variation enthalten nicht mehr »nur« vier, sondern immerhin zehn *sf*-Vorschriften. Ich gebe zu, wenn es bei Hugo Riemann heißt (›Analyse der Beethovenschen Klaviersonaten‹, a.a.O., Bd. 2, S. 161): »Alle 5 Variationen reproduzieren nacheinander ohne jede Störung die vier Perioden des Themas, aber jede führt ein sie verselbständigendes Figurationsmotiv durch, nämlich die erste Variation das natternartig aufschnellende ...« Zweiunddreißigstelmotiv – dann zucke ich bei der Charakterisierung *natternartig aufschnellend* genauso zusammen, wie wahrscheinlich mancher Leser dieses Buches bei vielen meiner hermeneutischen Umschreibungsversuche ... Aber ich gebe schuldbewußt zu bedenken: es ist immer doch produktiver, ein Verbalisierender stellt überhaupt eine charakterisierende Beziehung zu den Noten her, er wagt überhaupt eine wie immer beschaffene Deutung, als wenn er die Kontraste und Relationen bloß so hinnimmt für fraglos, sinnlos gegeben.

Kann man übersehen, überhören, daß die erste Variation ihr Thema nicht nur irgendwie verändert, sondern – was den Klangraum, die Affektbreite, die Motorik betrifft – durchaus in Bewegung setzt? Svjatoslav Richter und Wilhelm Backhaus spielen dieses Bewegungsmoment, diesen Gegensatz zwischen den einzelnen Lagen schubertisch-weberisch aus: da versteckt sich dann plötzlich sogar eine Vorahnung jener ›Aufforderung zum Tanz‹, die Weber fünfzehn Jahre nach Erscheinen der Beethovensche As-Dur-Sonate komponierte.

Der Unruhe und entfalteten Dialogisierung von Variation 1 folgt in Variation 2 ein Bewegungsrausch, ja ein virtuoser Freiheitsrausch der Ober- und Unterstimme. Wanda Landowska (1877–1959), die große Cembalistin und Bach-Spielerin, als solche schwerlich für interpretatorische Gewaltsamkeiten prädestiniert, hat das in ihrer Klavier-Einspielung der As-Dur-Sonate mit improvisatorisch freiem oder unbeherrscht schwankendem Rhythmus – je nachdem, ob ein strenger oder ein »romantisch« fühlender Betrachter es zu beurteilen hat – vorgeführt. Bei S. Richter wird geradezu ein Moment Lisztschen Überschwangs spürbar, wenn Richter die in brillantem »rinsforzando« auseinanderstrebenden Linien großartig hindonnert. Keineswegs darf dabei Ober- oder Unterstimme eindeutig führend sein:

Beispiel 178

Nun spielt gewiß Gulda diese 2. Variation auch motorisch rasch und blendend exakt. Aber er spielt sie ohne den »Rausch«, ohne die Lust am Entfesselten. Die as-Moll-Variation steht zum bisher Erklungenen in schroffem Gegensatz. Sie ist zugleich Mittelpunkt, Katastrophe und Achse dieser Variationsfolge. Das Stück wirkt drängend-verzweifelt, wenn die nachschlagende Synkope betont wird, wie Elly Ney es tut, dagegen finster-ausweglos, wenn die unsynkopierten Akkorde der linken Hand dominieren – wie bei Claudio Arrau. Barenboim stellt sogar eine beeindruckende Analogie her zwischen den wiederholten Klage-Akzenten des später folgenden Trauermarschs:

Beispiel 179

und dem Klage-Ruf in der Mitte der Variation 3:

Beispiel 180

Seit Carl Czernys Buch ›Über den richtigen Vortrag der sämtlichen Beethovenschen Klavierwerke‹ existiert (neuherausgegeben von Paul Badura-Skoda in der Universal-Edition 1963), wird Czernys 1842 aufgestellte Behauptung, die 4. Variation sei »lebhaft, dabei sehr zart, beinahe scherzhaft« (S. 41), unverdrossen wiederholt (»so schlägt die vierte direkt ins Humoristische um«, heißt es bei Riemann a.a.O. S. 164). Edwin Fischer muß darum in seinem Buch über Beethovens Klaviersonaten tatsächlich davor warnen, »die vierte Variation doppelt so schnell als das Thema zu spielen, wie man es oft hört«. Dies wäre durchaus vorstellbar, aber doch nur dann, wenn man Variation 4 als scherzando-Variation und die vorhergehende as-Moll-Variation als

223

»langsamen Satz« der Variationsfolge auffassen wollte, was hieße, daß das Thema so wie die Variationen 1 und 2 Kopfsatz-Funktionen hätten. Die abschließende 5. Variation müßte demnach das Finale des Variations-Organismus darstellen. Aber diese schöne Konstruktion läßt sich nicht halten. Denn nichts an den ersten beiden Variationen macht die Kopfsatz-Analogie plausibel; die 3. Variation, die den Moll-Wendepunkt darstellt, besitzt keineswegs eindeutigen Adagio-Charakter, und kaum etwas im Charakter der 5. Variation deutet darauf hin, daß sie nach einem Scherzo-Zwischenspiel Finale-Funktion habe.

Auch ist – genau besehen, vorurteilslos angehört – die 4. Variation durchaus nicht eindeutig »humoristisch«. Sondern sie führt, von Beethoven subtil ausgeschrieben, einen konsequent durchgehaltenen Gegensatz zwischen melancholisch-überschatteter legato-Empfindsamkeit und staccato-Beweglichkeit vor. Das kann man nun interpretieren, wie man mag (»unter Tränen lächelnd« oder »heiter wehmütig« oder »pointiert wechselhaft«) – eines jedenfalls läßt sich nicht leugnen: die Variation stellt einen Mischtypus dar, einen Artikulations-Kontrast.

Und warum wird dieser offen zu Tage liegende Sachverhalt so häufig wie gedankenlos übersehen, überspielt? Wahrscheinlich schlicht deshalb, weil Pianisten zwischen einer staccato-Vorschrift und einem »Abzug« nicht unterscheiden wollen. Die linke Hand der 4. Variation ist (Beispiel 181) eindeutig im staccato – die rechte Hand ebenso eindeutig nicht: sie führt vielmehr zart verklingende Abzüge vor, Moll-Durchgänge, nicht einen einzigen Staccato-Punkt. Nun kann natürlich niemand dekretieren, »Abzüge« seien an sich lustig oder traurig. Aber man muß sich schon jedes Sensorium für Zwischentöne und Gegensätze abgetötet haben, wenn man nicht spüren will, daß – im Kontrast zum flüchtigen Staccato! – der Abzug, die *pp*-Synkopen und Achtelnoten verhaltener klingen. Sie überlappen die Staccato-Töne. Sind, schlicht gesagt, länger. Und dies erst recht, wenn später aus den Achtel-Staccato-Noten Sechzehntel geworden sind. Aber nicht nur Elly Ney behandelt Bogen und Punkt völlig undifferenziert wie ein- und dasselbe; auch viele andere Interpreten zeigen sich von der Scherzo-Vorstellung so behext, daß sie den gebotenen Phrasierungsunterschied nicht wahrhaben möchten. Dabei machen Artur Schnabel und, besonders sorgfältig, Dieter Zechlin hörbar, wie groß der Unterschied zwischen *spitz* und *verklingend* sein kann, ja sein muß, vor allem im vorletzten Takt des Beispiels 181:

Wenn das mit Verstand gespielt, wenn die charakteristische Differenz nicht einfach ignoriert wird, dann ist der Gegensatz zwischen flüchtig-sprunghaft und empfindsam-verhalten fast nicht zu überhören. Hat man sich aber auf ihn eingestellt, dann müssen die folgenden Takte herb traurig wirken.

Beispiel 182

Eine der schmerzlichsten Modulationen aus dem verhangenen »poco Allegretto« von Brahms' 3. Symphonie nimmt diese as-Moll-Geste Beethovens auf, bei Brahms übrigens auch in as-Moll.

Beispiel 183

225

Im Verlauf der vierten Variation wird immer wieder der Kontrast zwischen staccato und legato beschworen, die beiden letzten Takte wiederholen das noch einmal programmatisch.

Beispiel 184

Die fünfte Variation bietet dann das Thema, als zart umspielte, ruhige Phantasmagorie reinen, erfüllten Glücks. Alfred Brendel führt die Melodie, die sich zunächst in Triolen-Ketten verbirgt, bis sie umtrillert und ganz uneingeschränkt da sein darf, vielleicht zu logisch, zu deutlich vor. Kempff hat ein poetisches Gespür dafür, wie schön das vorläufige Versteckspiel klingen kann. Wenn er die dolce-Variation abtönt, möchte man meinen, Beethoven habe nie eine reinere und glücklichere Eingebung gehabt:
Es sind gewiß viele abwegige – psychologisierende oder poetisierende oder symbolisierende – Deutungen möglich für die Abfolge dieser fünf Variationen des ersten Satzes von Opus 26. Aber ob da nicht tatsächlich etwas »vorgeht«, ein Verlauf, unumkehrbar und logisch? Da erscheint also eine empfindsame Liedgestalt. In der ersten Variation wird sie in entschiedene, schwärmerische Bewegung versetzt, in der zweiten Variation zu leidenschaftlichem zweistimmigem Freiheitsrausch gesteigert, in der dritten ins schwärzeste Moll gestürzt, die vierte phrasiert eine zart kalkulierte Mischung aus sanft gehaltener, chromatischer Melancholie und Scherzando-Staccato, bis schließlich die fünfte Variation das Thema erst überschwenglich verhüllt und dann rein vorführt. Darf man diese Charakterzüge, auf die einzelne Pianisten jeweils die Aufmerksamkeit lenken, für »zu programmatisch« halten? Sollten sie – wenn sie sich schon nicht streng wissenschaftlich plausibel machen lassen, wenn sie jenseits des musikologisch Relevanten liegen – nicht wenigstens die Phantasie der Spielenden befeuern?

Beispiel 185

226

Da wäre natürlich das Gegenargument möglich, eine »psychologisieren-de« oder auch nur eine episierende Darstellung führe ziemlich unver-meidlich zu deutlichen Tempo-Veränderungen, die aber unstatthaft sei-en. Sind sie es wirklich? Dieser erste Satz ist »Andante con Variazioni« überschrieben – könnte man das nicht, spitzfindig vielleicht, so deuten, daß auch das Andante-Tempo selber dem variierenden Prinzip unter-worfen ist? Ein Blick auf zwei benachbarte Variationssätze Beethovens macht zumindest stutzig. In der Sonate für Klavier und Violine, Opus 12 Nr. 1 (1797/98) heißt es in der Überschrift nämlich »Tema con Varia-zioni«. Dann erst folgt die Tempo-Angabe: »Andante con moto«. (Demnach wäre das Tempo aus der Variations-Vorschrift ausgeklam-mert; also kein Gegenstand der Variation) . . . Im A-Dur-Streichquartett Opus 18 Nr. 5 (1798/1800) wiederum steht als Überschrift bloß »Andante cantabile«, dann folgt Variation 1, 2, 3 usf. Daraus kann man zumindest folgern, daß Beethoven seine Überschriften-Angaben diffe-renziert. Diese Unterschiede lassen auch verschiedene Folgerungen zu. Warum soll in Opus 26 also nicht das Andante selber Variationsobjekt sein? Wilhelm von Lenz (1809–1873), jener Russe, der noch in Beetho-vens Dunstkreis gelebt und sich so leidenschaftlich für große Pianisten interessiert hat (›Beethoven und seine drei Stile‹ sowie ›Die großen Pianoforte-Virtuosen unserer Zeit‹), behauptete immerhin, hier handele es sich um einen »von Variation zu Variation gesteigerten Roman«. 1843 hörte Lenz, die Szene ist bekannt, aber in unserem Zusammenhang darf sie trotzdem nicht fehlen, Chopin diese As-Dur-Sonate Beethovens spielen. Lenz berichtete (ich zitiere nach Prod'homme: ›Die Klaviersona-ten Beethovens‹, Wiesbaden, 1948, S. 112–113): »Er spielte die Sonate schön, aber nicht so schön wie seine Sachen, nicht packend, nicht en relief, nicht als von Variation zu Variation gesteigerten Roman. Mezza-voce säuselte er, aber unvergleichlich in der Cantilene, unendlich voll-endet in den Zusammenhängen des Satzbilds, ideal schön, aber weiblich. Beethoven ist ein Mann und hört nie auf einer zu sein! Chopin spielte auf einem Pleyel, er gab auf keinem anderen Instrument Lektion; einen Pleyel hatte man nehmen müssen. Alles war entzückt, auch ich war entzückt, aber nur über den Ton von Chopin, über seinen Anschlag, über die Anmut und Grazie, über den reinen Stil. – Als wir im Wagen zurück-kehrten, frug er mich nach meiner aufrichtigen Meinung. ›Ich deute an (j'indique)‹, entgegnete er ohne alle Empfindlichkeit, ›der Zuhörer selbst muß das Bild vollbringen (parachever).‹ – Als wir in Chopins Wohnung zurück waren, ging er zum Umkleiden in das an den Salon anstoßende Kabinett. Ich setzte mich an den Pleyel. Das glaubte ich Liszt schuldig zu sein und spielte das Beethovensche Thema so, im Ausdruck einer Herbstlandschaft, mit einem Strahl der Sonne des Sommers, mit den drei wohl abgestuften, tief zu empfindenden Crescendos in den fünf aufeinanderfolgenden as (Sechzehntelgruppe)! ... Chopin trat sogleich aus dem Kabinett heraus und setzte sich, noch in Hemdärmeln, zu mir. Ich spielte gut und glühte wie eine Kohle, es war eine Art Herausforderung gewesen: nicht in meinem Sinne, ich sprach nur mit mir selber. – Beim Thema blieb ich stehen und sah Chopin ruhig in die Augen. Er legte seine Hand freundlich auf meine Schulter und sagte: ›Ich werd's Liszt erzählen, es ist mir noch nie passiert, aber es ist schön so, muß man denn aber immer so deklamatorisch sprechen?‹ ›Es ist kein Salonstück, es ist das Leben eines Menschen‹ erwiderte ich. Rochlitz hat darüber einen ganzen Roman geschrieben ...«

Dieser Hinweis von Lenz wurde meines Wissens noch nicht ernstgenommen, wahrscheinlich hielt man ihn für eine Übertreibung. Aber Friedrich Rochlitz (1769–1842) war es immerhin gewesen, den Beethoven für seine Biographie »ausersehen« hatte – an die sich der tüchtige Musikschriftsteller und Redakteur Rochlitz dann übrigens doch nicht heranwagte. Beethoven dürfte eine gewisse Geistesverwandtschaft gespürt, ein gewisses Vertrauen zu diesem seinerzeit sehr berühmten Manne empfunden haben, sonst hätte er ihn nicht mit einer so hohen Aufgabe geehrt (und in Wien so freundlich empfangen).

Friedrich Rochlitz hat nun tatsächlich unter dem nicht gerade überdeutlichen Titel ›Commentatiuncula in usum Delphini‹ das Thema und die fünf Variationen der Beethovenschen As-Dur-Sonate Opus 26 ausführlich mit dem Werdegang eines jungen Menschen parallelisiert, und zwar in der erklärten Absicht, Gretrys These zu stützen, daß man den »bestimmten Ausdruck guter Instrumentalmusik« auf »Begriffe zurückführen und sonach in deutlichen Worten aussprechen« könne. 28 Seiten lang (›Für Freunde der Tonkunst‹, Bd. 2, S. 398–427) macht sich also dieser von Beethoven so ernstgenommene Autor an die Arbeit, (s)eine Biographie in den Variationen minutiös geschildert zu finden. »O Leser, da stand's vor mir; Alles, Alles stand vor mir, vollständig, deutlich, unverkennbar! Ich selbst nehmlich stand vor mir, in den entscheidensten Momenten meines Lebens, abgeschildert wie aus dem Spiegel, in diesem Thema mit Variationen: sechs Hauptmomente, das Thema mit fünf Variationen, die letzte mit einer kurzen, in's Freie führenden Coda, an welcher ich jetzt im Leben stehe ...« Rochlitz war kein Narr. Er wußte schon, »daß Hr. Ludwig van Beethoven in Wien, als er diese Variationen geschrieben, nicht an mich Hinterpommerinken und mein bischen Leben gedacht hat«. Aber aufschlußreich ist eben doch, daß Rochlitz sich verpflichtet fühlte, »den allgemeinen Empfindungen einen bestimmten Gegenstand (zu) unterlegen«, und daß er für diesen Entwicklungsroman gerade den ersten Satz der As-Dur-Sonate wählte. Dies unter Beethovens Augen, im berechtigten Gefühl, von Beethoven respektiert zu werden.

Das Scherzo, Allegro molto, ist – klar, furios, brillant – pianistisch schwer, aber es bietet keine »Auffassungsprobleme«. Claudio Arrau hat, mit konzentrierter Wildheit, die beiden Pointen dieses rasch vorbeibrausenden Stückes erkannt und meisterhaft fixiert. Die erste Pointe ist: das Scherzo besteht aus einem energiegeladenen, sich immer umfänglicher ausweitenden Auftakt.

Beispiel 186

Erst so:

Beispiel 187

Dann so:

Beispiel 188

Und schließlich:

Es bricht die immer heftigere Energie sich immer weitere Bahn. (Wenn man dieses Scherzo mit dem scheinbar ähnlichen Scherzo aus Beethovens 2. Symphonie vergleicht, spürt man erst, wie viel lakonischer und zielbewußter Beethoven in Opus 26 komponiert hat.) Noch eine zweite Eigentümlichkeit hebt Arrau hervor: Bevor die Energien des Stückes in rauschenden Passagen über oder unter dem synkopierten Scherzo-Thema explodieren, verstört ein Moment fahler, gleichsam passiv belebter, abgründig drängender Ereignislosigkeit. Ein auskomponierter grauer Fleck, eine genau gestaltete Gestaltlosigkeit, eine Stelle, die entstellt, wer sie interessant oder gar abwechslungsreich schön interpretieren möchte.

Ein auskomponiertes nervöses Atemholen, fast so abgründig wie später das brütende *ppp* am Schluß des Scherzos aus Beethovens 5. Symphonie, bevor das Finale losbricht. Arrau macht ohne Affektiertheit auf diese Zusammenhänge aufmerksam. Im Sonaten-Scherzo heißt es:

Beispiel 189

Und dies wäre die Parallelstelle aus dem Scherzo der »Fünften«:

Beispiel 190

Dritter Satz: Trauermarsch auf den Tod eines Helden. Ziemlich einhellig, auch von dem 1927 geborenen Edwin Fischer-Schüler Paul Badura-Skoda noch, als »gewichtigster«, bedeutendster Satz der Sonate angesehen (Paul Badura-Skoda / Jörg Demus: ›Die Klaviersonaten von Ludwig van Beethoven‹, F. A. Brockhaus, Wiesbaden 1970, S. 83). Aber ist es nicht bloß ihr sinnfälligster? Mit Trauermärschen, zumal verhaltenen, ruhigen, schreitenden, »militärischen« (hier handelt es sich ja um das Leichenbegräbnis für einen Krieger), haben wir Nachgeborenen es nicht leicht. Wenn in Jean Anouilhs Drama ›Eurydike‹ der alte Vater dem Sohne den Sinn des Lebens schmackhaft machen will und dazu auch die köstliche Prunkfeier eines Kondukts heranzieht, dann klingt das im vierten Akt so: »Großer Mann. Staatsbegräbnis, ein Meer von Blumen, umflorte Trommeln, Ansprachen. Und ich, bescheiden in meiner Ecke … ein stattlicher Greis, jawohl mein Junge, ich bin weiß geworden, ich beherrsche mich in meinem Schmerz, ich stehe ungebeugt an deinem

Grab.« Deklamiert »Ehren wir den Schmerz des Vaters!« Es ist zu schön, er bricht in die Worte aus »Ach, mein Junge, das Leben ist köstlich!« Aber dieser Trauermarsch-Trost hält den verzweifelten Sohn, namens Orpheus, höchstbegreiflicherweise nicht vom Selbstmord ab . . .

Die Erfahrung des hohlen, offiziell verlogenen Trauermarsch-Rituals, die Anouilh so ironisch beschreibt, kann ein Zeitgenosse des 20. Jahrhunderts nicht einfach abschütteln und sagen: Hören wir mal die schöne Musik.

Für Interpreten und Hörer wird darum der Trauermarsch aus der As-Dur-Sonate zu einem Problem, das sich mit »Bildung«, mit historischer Einfühlung, mit entstehungsgeschichtlichen Hinweisen bestimmt nicht aus der Welt schaffen läßt. Denn dieser Trauermarsch erlaubt sich keine individuelle Trauer, sondern nur stolze. Fern liegt ihm die maßlose Verzweiflung, die über alle ungebeugte »Haltung« hinausgehende Gewalt, die der Trauermarsch aus der ›Eroica‹ wagt, oder auch der verstört-introvertierte Adagio-Satz aus Beethovens später Sonate für Cello und Klavier Opus 102 Nr. 2, den Casals als »funeral march« bezeichnete. Nervöser, unbeherrschter, zerrissener und darum verbindlicher wirken heute auch Sätze wie der Trauermarsch aus Schumanns Klavierquintett, oder der Kondukt, mit dem Mahlers 5. Symphonie beginnt – gar nicht zu reden von jener den Trauermarsch-Rohstoff verdichtenden, zunächst schattenhaften, dann förmlich explodierenden marcia funebre, also dem vierten der ›Sechs Stücke für Orchester‹ Opus 6 von Anton von Webern, wo es keine soldatisch gefaßte Trauer, sondern nur noch ferne Klänge, Gesten und Aufschreie gibt. Von alledem will der Trauermarsch aus Opus 26 fast nichts wissen. Seine Gebärde: mehr großartig als kleinmütig, mehr gezackt als zuchtlos, mehr wohllautend als wahnsinnig. Selbst die Ausbrüche des Schmerzes berühren pompös. Demonstrative Erschütterung, unerschüttert demonstriert.

Wird hier ein berühmter, vielbewunderter Beethovenscher Sonatensatz geschmäht, gar verspottet? Nein: ich versuche, das Stück charakterisierend, nur Rechenschaft darüber zu geben, warum es »uns« so viel ferner zu stehen scheint als andere Beethovensche Schöpfungen. Der Satz ist keineswegs einfach »schwach«, so wenig wie die klassizistische und aufgedonnerte Revolutions-Architektur Frankreichs (Ledoux, Chalgrin) schwach genannt werden kann: wer weiß, ob pompöse oder rationale Ordnung, mächtige oder kraftstrotzende affirmative »Bejahungs«-Kunst nicht bald für genauso existenzberechtigt und wahrhaftig gehalten wird, wie man zu Anfang der siebziger Jahre des 20. Jahrhunderts ihr Gegenteil hält. Denn weder der doktrinären Härte des »Style directoire« noch auch der soliden Disposition dieses as-Moll-Trauermarsches (der nur eben nicht als Monument aus dem Jahre 1801 bestaunt oder bewundert, sondern als gegenwärtig entstehende, von einem Lebendigen für Lebendige lebendig gemachte Musik erfaßt, ergriffen, begriffen werden soll) kann ja der Vorwurf schlechter, oberflächlicher, künstlerisch sorgloser Bauart entgegengehalten werden: als Komposition ist der Trauermarsch perfekt. Verhalten orchestral, keineswegs simpel. Wie so oft bei Beethoven wird auch hier der Klaviersatz durch eigentümlich nicht-klavieristische Wirkungen bereichert, die aufs Klavier projiziert und so selbstverständlich umfunktioniert erscheinen, daß die Herausforderung durchs Klavier-Fremde als Klavier-Gewinn erscheint.

Allein wie man die Problematik dieses Trauermarsches auch erklärt oder verklärt: als Interpretationsaufgabe bleibt sie bestehen und fordert eine Lösung, einen spezifischen Einfall. Merkwürdigerweise verweigert gerade Friedrich Gulda, der sonst, in Schriften und Interviews, keine Gelegenheit ausläßt, alle seine Zweifel an Beethoven anzumelden, dem Stück beim Spielen genau jene Reflexion, zu der er doch besonders tendieren sollte: er spielt das Stück ganz ungebrochen, ganz zweifellos, ganz direkt, als verstehe sich die Wirkung und die Wahrheit dieser Musik von selbst. Früher, in seiner ersten Einspielung der Sonaten, die Gulda, erst ein Mittzwanziger, mit müheloser Technik unternahm, da ging er noch so weit, durch das einfache, aber sehr wirkungsvolle Mittel eines schweren, gewichtigen, fermatenhaften Trauermarsch-Auftaktes zumindest den Widerstand hörbar zu machen, den die langsam Schreitenden, indem sie schreiten, hier trotzig zu überwinden haben. Aber in Guldas späterer Gesamteinspielung wirkt alles ganz gleichmäßig, direkt, klar, beherrscht und unbetroffen:

Beispiel 191

Alfred Brendel spielt die postulierte Größe nicht so unreflektiert aus wie Gulda. Er schafft Distanz, indem er den Satz ganztaktig phrasiert, so daß Harmonien und bedeutungsvolle Harmoniewechsel dominieren. Das trauermarschhafte »Schreiten« wird zum Sekundären, Untergeordneten! Noch konsequenter betreibt Wilhelm Kempff die Re-Musikalisierung dieses offenbar programmatischen Satzes. Kempff spielt nämlich hier statt des »Geistes«, statt der »Idee« bloß die Buchstaben — aber nicht die Buchstaben der Satz-Überschrift, sondern diejenigen der Musik. Das heißt, er horcht in die Akkorde hinein, läßt klingen, berauscht sich zart an Harmonien und Wechseln. Alles: die kühnen Neuansätze, die vom *pp* bis zum *ff* gesteigerten Akkordwiederholungen, die sprechendster, dreifacher Klage-Ausdruck zu sein scheinen, alles das reduziert Kempff gelassen positivistisch auf die musikalische Substanz. Das hält die Substanz nicht nur aus, sondern sie gewinnt dabei »spielend«, sozusagen eine selbstverständliche Notwendigkeit.

Wilhelm Backhaus, der während des Trauermarsches die gehaltenen Bässe betonte, macht die Coda dadurch besonders einprägsam, daß er im Tempo, wie ermattet, langsamer wird. Dadurch gewinnt der as-Moll-Marsch vom Ende her eine verzweifelte Tiefenperspektive, die der Trauermarsch, als er erklang, bei Backhaus noch gar nicht hatte.

Alle diese Lösungen legen ein Fazit nahe, das den sonstigen Ergebnissen meiner Interpreten-Interpretation durchaus widerspricht. Meist verfehlen die Pianisten doch Beethovens Spannung, wenn sie nur die Töne spielen, nur unbefangen und virtuos Musik machen, statt auch die Verläufe, die Zusammenhänge, die Kontraste, die Konfigurationen der entfalteten Totalität zu verstehen und zu artikulieren. Beim Trauermarsch, und das hängt mit der Wirkungsgeschichte der Sonate ebenso wie mit unseren geschichtlichen Erfahrungen zusammen, scheint sich das genaue Gegenteil als richtig und historisch taktvoll zu erweisen: je mehr der Künstler sich hier aufs Rein-Musikalische, auf den Klang, die verwendeten Mittel, die harmonischen Kühnheiten und die Großartigkeiten des akkordischen Satzes verläßt und beschränkt, desto schöner und bedeutender ersteht dieses Charakterstück. Trommelwirbel, Salven-Effekte, das Echo verhallender Schüsse sind gewiß, und das darf natürlich nicht einfach ignoriert werden, programmatisch mitkomponiert. Dergleichen zu überspielen, oder süffisant zu ironisieren, wäre feige und falsch. (Dann lieber auf die Sonate verzichten.) Doch einige Interpreten zeigen uns, wie es möglich ist, die komponierten Trauermarsch-Requisiten so darzustellen, daß sie zwar als solche andeutungsweise erkennbar werden, dabei aber primär musikalische Mittel bleiben, statt mimetisch-pathetisch eine militärische Leichenbegängnisszene aufzuführen.

Ein as-Moll-Satz, als »Trauermarsch« benannt und bekannt, mit grimmigen Griffen, wirbelnden Trommeln, zum Schluß erstorben in leisen Klagerufen und ermattetem Dur, ist vorbei. Was nun? Der späte Beethoven, wir wiesen schon im Zusammenhang mit dem Largo aus Opus 10 Nr. 3 darauf hin, hat 1815 in seiner Cello-Sonate Opus 102 Nr. 2 diese

Frage »Was nun?« mitkomponiert: der Quasi-Trauermarsch ist vorbei, endet mit einem Septakkord. Fermate. Das Cello spielt einen Lauf. Fermate. Das Klavier tut dergleichen. Fermate. Erst dann entschließen sich die Instrumente, aus dem Lauf ein Fugenthema zu machen, also dem Trauermarsch eine Fuge folgen zu lassen.

Beispiel 192

Diese logisch-improvisatorische Eselsbrücke baute Beethoven in seine Trauermarsch-Sonate Opus 26 nicht hinein: darum sind die Beethoven-Interpreten bis auf den heutigen Tag gegenüber dem Finale genauso verlegen wie die Chopin-Spieler gegenüber dem unisono-Presto nach dem Trauermarsch aus der b-Moll-Sonate. Was also tun, da der Komponist ein brillantes, die Stimmen souverän vertauschendes, übungsartiges Perpetuum mobile für richtig gehalten hat? Einfach herunterrollen? Den Satz so neutral, fahl, grau spielen wie angesichts seiner motorischen Eleganz nur irgend möglich, weil er doch »die Leere schildern soll, die nach einer Totenfeier zurückbleibt«, zumal sich in der Coda tatsächlich auch eine Moll-Sext findet? Oder handelt es sich gar um ein Regentropfen-Finale? Edwin Fischer schrieb: »Ich ziehe vor, das Allegro des letzten Satzes zu mäßigen, dem Beethovenschen piano große Bedeutung zu geben *und eine Beziehung zum Trauermarsch herzustellen, als ob nach stattgehabter Beisetzung ein milder Regen tröstend die Stätte in ein*

Nebelgrau hüllt. Ich möchte sagen: die Bühne ist nun menschenleer, und Natur spricht das letzte Wort...«

Alfred Brendel, ein Bewunderer und Schüler von Edwin Fischer, spielt den letzten Satz auf diese Stimmung hin. Dazu muß er freilich viel manipulieren. Gegen alle Vorschrift und gegen die naheliegende Forderung, bei einem Satz, der sein Thema derart klar exponiert, das Allegro-Thema anfangs doch nicht in einem gleichsam exterritorialen Tempo darzustellen, so als ob das Thema später nie wieder vorkäme, wagt Brendel, das Allegro im Andantino-Tempo zu beginnen. Da reibt sich gleichsam jemand in As-Dur die Augen.

Beispiel 193

Zugegeben, es ist eine versonnene, poetische Lösung, wie Brendel hier Neuansätze, die vom *pp* bis zum *ff* gesteigerten Akkordwiederholungen, noch mehr an den vorangegangenen Trauermarsch als an die »Allegro«-Überschrift zu denken scheint. Aber Alfred Brendel ist kein Glenn Gould, extreme Auffassungen hält er nicht stur durch. Kehrt das Allegro-Thema später wieder, dann spielt er es auch gleich viel schneller. Und wie, um Himmels willen, soll sich eigentlich die »Regenstimmung« äußern in einem Satz, der donnernde Passagen vorschreibt:

Beispiel 194

und pianistisch glanzvoll ausgesetzte Kadenzen:

Beispiel 195

Kempff versucht hier gleichfalls, zarte Zurückhaltung zu üben. Aber er zeigt sie nicht als einen Prozeß, der von übermäßiger Langsamkeit zu rascherer Bewegung führt, sondern behält ein ruhiges, lockeres, unverkrampftes, ebenso spielerisches wie meditatives Allegro-Tempo bei. Hält es durch. Auf diese Weise wirkt der Satz nicht wie ein bedenkenlosvirtuoser Kontrast zum Trauermarsch, sondern wie ein poetisiertes Allegro, wie ein empfindsames As-Dur-Klangspiel. Für die Verfechter des Organismus-Gedankens auch nur ein schwacher Trost.

Brendel, Kempff, Arrau versuchen offenkundig zu »poetisieren«. Sie brauchen etwa drei Minuten für dieses Allegro, das – unbefangen virtuoser – Wanda Landowska, Artur Schnabel oder der forciert rasche Svjatoslav Richter in zwei bis zweieinhalb Minuten hinlegen. Für mein Empfinden – aber da darf sich niemand eine »objektive« Entscheidung anmaßen – wirkt selbst im Zusammenhang mit dem düster langsamen Rhythmus des Trauermarsches die dynamisch zupackende, mehr stürmisch virtuose als empfindsam verzärtelte Wiedergabe des Allegros richtiger, sogar organischer. Gerade weil der Tonart As-Dur soviel Salon-Empfindsamkeit zugewachsen ist, entspricht eine rhythmisch pointierte, wenn man so will, »männliche« Auffassung des Stückes dem vorangegangenen »Trauermarsch auf den Tod eines Helden« doch besser, als Regenträumereien es tun, die sich ihrer Brillanz genieren. Wenn ein grifftechnisch so makelloser, hier übrigens keineswegs forciert schnell spielender Pianist wie Gieseking den Satz ohne falsche Empfindsamkeit anpackt und die Forte-Akkorde des modulationsreichen Moll-Mittelteils trocken und scharf hindonnert, dann stellt sich sogar eine Gemeinsamkeit zwischen Finale und Trauermarsch her, welche die poetisierenden Synthetisierer eben doch nicht zuwege bringen können: es wirkt, als ob die Forte-Schläge des Finales die Gewehrsalven des Trios aus dem ›Trauermarsch‹ wiederholt. Was im Trauermarsch, nach Trommelwirbeln, so hieß:

Beispiel 196

das spiegelt sich, von Gieseking exakt ausgespielt, im Finale folgendermaßen:

Beispiel 197

Fazit: Die As-Dur-Sonate gilt als populär, ohne es wirklich zu sein.
Dabei ist sie so reich an Schönheiten, Buntheiten, epischen Geheimnissen
und pianistischem Glanz, daß sie nicht nur eine ehrenvolle Vergangenheit im frühen 19. Jahrhundert verdient hat, sondern auch eine Zukunft
im späten zwanzigsten.

13. SONATE

Sonata quasi una Fantasia
Opus 27 Nr. 1 Es-Dur (1800/01)

Andante
Allegro molto e vivace
Adagio con espressione
Allegro vivace

Sonata *quasi una Fantasia* – wie eine Phantasie – ist das nur ein Hinweis auf gewisse Freiheiten, die sich diese Sonate gegenüber der Sonatenform nimmt? Liegt der Akzent auf »Sonata«? Oder meint »quasi una Fantasia« hier etwas Radikaleres: nämlich ein fantasiehaftes Sonatenstück, anders entstanden und anders zu verstehen als Sonaten sonst?
Einerseits: Selbst Bezeichnungen wie Pathétique oder Appassionata wirken deklamatorisch vage, verglichen mit dem wichtigen Hinweis *quasi una Fantasia*, der zudem von Beethoven ist, also nicht bloß Zutat eines sentimentalen oder geschäftstüchtigen Verlegers. Um nur irgendwelche, was die Abfolge der Sätze betrifft, nicht einmal besonders gravierenden Abweichungen von einer idealtypischen Sonatenform zu entschuldigen, scheint dieser Titel doch zu gewichtig. Denn nur der Kopfsatz fügt sich nicht ins Schema, die Folge Scherzo/Adagio/Finale tut es durchaus. Ginge es nur um irgendwelche verletzten Regeln der Satzfolge, dann hätten Opus 26 oder Opus 14 Nr. 2 gleichfalls *quasi una Fantasia* heißen müssen.
Andererseits: das Stück heißt ja nicht *Fantasia mit gelegentlichen Sonatenanklängen*, sondern eben *Sonata quasi*... Handelt es sich also um eine Fantasia, deren ineinander übergehende Teile frei strömen, aber doch zu etwas Sonatenähnlichem gerinnen?
Kein Pianist darf, weil dem Delikt der Unentschiedenheit hier, wie so oft, die Strafe der Banalität folgt, einer Antwort auf diese Frage – *entweder Sonate mit Fantasiafreiheiten oder Fantasia mit Sonatensynthese* – ausweichen. Je nachdem, wie diese Antwort ausfällt, ist der Kopfsatz ein durchkomponiertes Andante in Liedform, »dessen Mittelteil sich dem tiefer Eindringenden als Verfeinerung der beiden

Außenteile enthüllt«, oder ein gerade entstehender Tagtraum, Mischung aus Fantasie und Improvisation. Ist der zweite Satz entweder seltsam gestaltloses, einfallsarmes Scherzo mit klarem Modulationsschema – oder ein Nachtstück, das Lagen und Stimmungen phantastisch-archaisch, vage und wild durchmißt. Auch dem »an sich« eindeutigen Adagio wächst verschiedener Stellenwert zu – je nachdem, ob es zwei »uneigentlichen«, freien Sätzen seine hymnische Gemessenheit *entgegenstellt* oder ob es im mehr oder weniger regelmäßigen Sonatenzusammenhang die Funktion eines Adagios *erfüllt,* das den letzten Satz einleitet. Sogar die Entwicklung des abschließenden Allegro vivace – Opus 27 Nr. 1 ist Beethovens erste Klaviersonate, deren Finale als gewichtigster Teil des Werkes angesehen werden kann – läßt sich verschieden interpretieren, je nachdem, ob man meint, die Tonfolgen entstünden gleichsam Takt für Takt aus der phantasierenden Bewegung, oder sie seien ein Ergebnis baumeisterlich formender Planung.

Manchmal machen entschiedene Irrtümer einen Sachverhalt klarer als gemäßigt halbe Wahrheiten. Claudio Arrau hat Beethovens Es-Dur-Sonate Opus 27 Nr. 1 oft gespielt; zu Beginn der siebziger Jahre setzte er sie fast regelmäßig aufs Programm seiner Klavierabende. Der Künstler – ein seriöser, sorgfältiger, dem Notentext stets vorbehaltlos dienender Pianist – verwirklicht präzise abtönend, was die Noten vorschreiben. Nur stellt eben das »quasi una Fantasia« keinen ohne weiteres konkretisierbaren Komponistenbefehl dar, im Gegensatz zu jeder *»pp«*-Vorschrift, jedem sforzato, jedem staccato-Punkt, jedem Crescendo und jedem Phrasierungsbogen. Trotz Arraus sorgfältiger, asketisch genauer Interpreten-Haltung wirken unter seinen Händen der erste und auch der zweite Satz von Opus 27 Nr. 1 dürftig. Wie ein »schwacher« Beethoven. Alles nur ganz schön – aber ohne daß die von meisterhafter Anschlagskultur produzierte Schönheit mehr wäre als eine abstrakte, nicht aus Einfällen und Verläufen sich rechtfertigende, fast devote »Haltung«. Auch die Dreiklänge des zweiten Satzes bleiben bei Arrau harmlos, ja primitiv. Das Adagio hat infolgedessen dann nichts »aufzufangen«, es erscheint nun vielmehr als eine zart und empfindsam ausgestattete, formal anspruchslose, kurze Kantilene. Erst das Finale ist endlich große Musik.
Arraus Schallplatteneinspielung, ein wenig früher entstanden, fixiert übrigens – im ersten Satz etwas weniger pedantisch, aber im zweiten gera-

dezu kümmerlich – alles in allem die gleichen Tendenzen, die jenen späteren Life-Interpretationen Arraus anhafteten.

Und worin bestehen denn Arraus Irrtümer? Nun, genau in dem, was sonst seine Tugenden sind! Arraus Sorgfalt und die Subtilität seiner Überlegungen, wie man die relativ simplen Anfangs-Sätze auch würdig und schön spielen könne, führen hier nämlich zu einer übermäßigen Bewußtheit des Anschlags, der Phrasierung und des Ausdrucks. Mögen auch die Beziehungen zwischen den einzelnen Motiven, Passagen und Gestalten der ersten beiden Sätze von Opus 27 Nr. 1 noch so verzweigt und nachweisbar sein (was schon deshalb der Fall sein dürfte, weil einfache Dreiklangsthemen, Tonleitern und gebrochene Akkorde fast unvermeidlich irgendwie, irgendwo aneinander erinnern): Arrau artikuliert nun diese vermeintlichen Zusammenhänge so getreulich und textfromm, daß wirklich alles da ist, bis aufs Entscheidende – bis auf den Eindruck »quasi una Fantasia«. Wenn Arrau spielt, ertastet sich die Sonate ihre Gestalten nicht, sondern sie besteht aus vergleichsweise harmlosen Ergebnissen. Um diese unbefriedigenden Ergebnisse möglichst bedeutend erscheinen zu lassen, kalkuliert Arrau besonders eindringlich, abgezirkelt, kunstvoll. Dadurch wird das Mißverständnis nur noch größer, der Eindruck des »Werdenden«, des »Un-Eigentlichen«, des Improvisatorisch-Entstehenden stellt sich auf die Weise erst recht nicht her. Treue ist halt mitunter der Gegensatz von Phantasie. Treue zum Notentext, der verzweifelt dringliche Versuch, Sanft-Geträumtes so darzustellen, als wäre es vielleicht doch Gemeißeltes, verwandelt Schemen nicht in Statuen. Man bemerkt höchstens, daß Schemen schlechte Statuen sind, unbelastbar, dürftig, dürr, blaß.

So macht gerade Arraus Plädoyer *für* den Notentext klar, daß der Text entweder schwach ist – oder anders gemeint. Arraus Pedanterie läßt keine Lücke für das »quasi una Fantasia«. Wie aber wäre diese Zauberformel, namens »Fantasia«, hier zu verstehen? Wenn die Noten tatsächlich nur jenes Ergebnis zulassen, das bei Arrau herauskommt, dann hülfe die Überschrift auch nicht weit. Womit rechtfertigt die Sonate Opus 27 Nr. 1 ihre Überschrift? Inwiefern lassen die Noten dem Interpreten durchaus Fantasie-Spiel-Raum?

Zuvor ein Zitat. Als ich mit den Sonaten und der Sekundär-Literatur umzugehen begann, faszinierte mich Paul Bekkers – von heute aus gesehen vielleicht unerlaubt »hermeneutische«, »expressionistische« und was es sonst noch an vornehmen Schimpfworten für ältere Formen musikalischer Erlebnisbeschreibung geben mag – poetisierende Aussage über Opus 27 Nr. 1 mehr als die im Konzert oft so unbefriedigende

Sonate selber. In Paul Bekkers Beethoven-Buch (Schuster & Loeffler, Berlin 1912, S. 141 ff.) heißt es: »Weit auffälliger noch als in der As-Dur-Sonate gelangt die Traumstimmung der Improvisation in dem nächstfolgenden Werk: der Es-Dur-Sonate Opus 27,1 zum Ausdruck. Scheinbar willenlos berührt der Tondichter die Tasten. Die Rechte intoniert eine einfache Melodie, ein schmuckloses Lied von anspruchslosester Naivität in Harmonie und Rhythmus. Die Linke fügt eine lose hingeworfene Begleitstimme hinzu. Das Ganze, zum Lied gerundet, wiederholt sich. Es müßte unbedeutend erscheinen, wäre es nicht geträumt. Nun scheint die Phantasie des Künstlers sich zu regen. Sie saugt sich an dem Eingangsrhythmus fest, verdichtet ihn zu einer immer noch einfach volkstümlichen, aber klanglich reicher untermalten Melodie. Doch nur kurze Zeit dauert diese lebhaftere Anteilnahme. Wieder sinkt der Spieler in die Anfangsstimmung zurück, nur die Finger schmücken das kleine Lied mit leichten Verzierungen. Da – mit plötzlichem Ruck richtet sich der Improvisator auf. Er scheint auch jetzt noch zu präludieren, aber in festen Akkordgängen stürmen die Hände über die Tasten. Energische Akkorde pochen, ein anstürmender Lauf, auf fragendem Septimenakkord endigend, scheint den Traumnebel zerreißen zu wollen. Umsonst. Die schattenhaften Gestalten des Anfangs kehren wieder. Noch tiefer versinkt der Spieler in vage Träume. Die Hände greifen nur noch einzelne Akkorde. Auch diese verklingen wie aus weiter Ferne. Nur noch ein fast unhörbar hallendes Es-Dur – die Wirklichkeit ist vergessen, das Reich der Phantastik hat seine Pforten leise geöffnet und nimmt uns auf. Spukhafte Schemen schweben heran. Es ist wieder die Stimmung des Scherzos der c-Moll-Symphonie, die des f-moll-Allegrettos Opus 10, II, aber noch wesenloser, phantastischer steigen hier die Tongestalten auf, wiegen und jagen sich ...«

Sicherlich, manche Einzelheiten dieser poetisierenden Nacherzählung lassen sich nicht halten: Ob bereits Opus 26 eine Traumstimmung zum Ausdruck brachte? Ob es nicht schlicht irreführend ist, die Stimmung des Scherzos aus der (später entstandenen) V. Symphonie hier »wieder« zu finden? Richard Rosenberg zeigt sich sogar vom Ausdruck »Traum« befremdet. Ein halbes Jahrhundert später spöttelt er in seinem Buch über Beethovens Klaviersonaten (Urs Graf Verlag, Olten und Lausanne, auf S. 169): »Bekker verteidigt zwar den Anfang der Sonate, aber auf sonderbare Weise: das Thema, meinte er, müsse unbedeutend erscheinen, wäre es nicht geträumt. Wichtiger wäre es wohl gewesen, wenn man sich mehr darüber gewundert und darauf aufmerksam gemacht hätte, was aus den ›so gering scheinenden harmlosen Linien‹ alles hervorgeht.«

Aber genau diese konstruktiven Nebenerscheinungen hatte doch Arrau sorgfältig artikuliert. Nur eben mit dem Ergebnis, daß man bemerkte, wieviel weniger charakteristisch, interessant und konzentriert als alle vorhergehenden diese Sonate beginnt.

Auch Edwin Fischer berichtet in seinem Büchlein über Beethovens Klaviersonaten (S. 66 ff.) von Schwierigkeiten mit diesem Anfang. Ihm half freilich ein italienisches Reise-Erlebnis. Als er vor einem Konzert üben wollte, geschah folgendes: »Ein kleines Mädchen, etwa vierzehn Jahre alt, öffnete mir den Flügel. Mein Blick streifte ein zartes Gesichtchen von elfenbeinfarbenem Teint mit tiefen, dunklen Augen. Als sie an den Flügel gelehnt, ohne mich anzuschauen, meinen Akkorden lauschte, fragte ich, ob sie selbst musiziere, und als sie bejahte, bat ich sie, etwas zu spielen. Ohne Worte setzte sie sich in einfachster Weise hin und begann mit Opus 27 Nr. 1. Es war von einer Natürlichkeit, Zartheit und von einem Ebenmaß, von einer liebevollen Wehmut, als gäbe ihr ein Gott diesen musikalischen Einfall ein, zu sagen, was sie leidet. Sie wußte nichts von ›auftaktigen‹ Themen, von Metronomzahlen der verschiedenen Herausgeber, aber in ihr schlug das Herz jenes Beethoven, der diese Sonate schuf. In diesem Augenblick, bewegt im Gemüte, hatte ich nun die Lösung gefunden.« Edwin Fischer zitiert Goethes ›Tasso‹, nachdem ihm ein eher Mignon-ähnliches Geschöpf die Einfachheit von Opus 27 Nr. 1 erschlossen zu haben scheint. (Leider hatte ich nie Gelegenheit, diese Sonate von Edwin Fischer zu hören – und ich kenne auch keine Platte, auf der Fischers Interpretation festgehalten wäre.)

Einfach, schlicht, zart, natürlich, quasi-mozartisch verstand Walter Gieseking das Werk. Doch für Opus 27 Nr. 1 erspielt er damit keine auch nur annähernd befriedigende Lösung: die ersten beiden Sätze, die bei Arrau zumindest noch Würde, Ernst, Herbheit hatten, klingen bei Gieseking bedeutungslos. Unfaßlich Giesekings Mißverständnis, aus dem Anfangs-Andante eine läppische Pseudo-Mozart-Reminiszenz und aus dem Allegro molto eine hübsche Pastell-Folge zart gebrochener Dreiklänge zu machen. Wäre die Sonate tatsächlich so, dann dürfte man sich nicht darüber wundern, daß sie immer im Schatten der Mondschein-Sonate hat stehen müssen.

Arraus konstruktivistisch-rationalisierende Genauigkeit und Giesekings verharmlosende Perl-Tendenz kommen weder dem »quasi una Fantasia«-Gebot nach, noch dem Werk selbst nahe. Was tun nun diejenigen Pianisten, unter deren Händen die Sonate nicht nur lebendig wird, sondern zum Mirakel?

Zunächst: Quasi una Fantasia heißt gewiß nicht unbedingt, daß lauter bizarre Gestalten einander konträr und »phantastisch« folgen. Sondern? Die »Eigentümlichkeit« oder »Uneigentlichkeit« von Abläufen muß herauskommen. Deutlich werden muß die Dringlichkeits-Differenz zwischen meditierender Melodie und banaler, bloß hingeworfener Begleitung, aber auch das gleichsam entschlußlose In-sich-hinein-Lauschen des Spielers, der die Musik in der Schwebe, ohne »Zielbewußtsein« läßt, der so schlichte Veränderungen einfacher Tongestalten aus sich herausspinnt, daß man spürt, wie sie gleichsam nebenher improvisiert, ohne direkte Artikulations-Anstrengung entstehen. Damit ist keineswegs gesagt, alles müßte sich »unlogisch« oder »grell« vom Vorherigen absetzen. Unter Umständen kann paradoxerweise die Logik einer weniger willens- als improvisationsbetonten Phantasie engmaschiger sein als die dialogische und dialektische Kontrast-Freiheit der Sonatenform...

Es geht also um die Dringlichkeit der Tonfälle. Der ungarische Altmeister Istvan Antal versteht zu Beginn des Andantes die begleitenden Sechzehntel der Linken wie eine logisch artikulierte Antwort auf die Akkorde der Rechten: als Antithese also auf der gleichen Bewußtseins-Ebene. Es klingt wichtigtuerisch und banal. Antal macht nicht kenntlich, daß die Begleitfigur noch etwas weniger »entschieden« erscheinen kann als das weitergesponnene, harmlos liedhafte Akkordthema der Rechten:

Beispiel 198

Wilhelm Kempff spielt hier die Linke mit einer anderen Klangfarbe und auf einem anderen Artikulationsniveau. Man spürt, wie die Bewegung entsteht, was übrigens keine Frage des absoluten Tempos ist. Wenn etwas später fast neutrale Akkorde sich allmählich in eine Melodie verwandeln, werden Schnabel und Backhaus um eine Nuance langsamer, während Gieseking die belanglosen Füllakkorde der linken Hand so trocken und rhythmisch ausführt, als handele es sich um einen Geschwindmarsch.

Beispiel 199

Gewiß, es ist ganz natürlich, daß es in dieser Andante-Fantasie auch immer wieder zu Momenten kommt, wo die Musik sich aufrafft, verbeißt, wo der Ausdrucks-Funke zu zünden scheint. Eine Rolle spielen dabei die Synkopen der linken Hand: wahrlich keine synkopischen Explosionen, aber doch immer wiederkehrende, sanft gesteigerte Ausdrucksmomente. Im Verlauf des Satzes bereichert Beethoven auch die schöne, alle Vagheit besänftigende und humanisierende Es-Dur-Kadenz, mit der die achttaktige Anfangs-Melodie schließt. Schnabel und Solomon machen darauf innig aufmerksam.

Beispiel 200

Ein träumerisch zarter Gegensatz zwischen innig bestimmtem und ahnungsvoll verhaltenem, »uneigentlichem« Sprechen prägt den ersten Satz der »Quasi una Fantasia«-Sonate, der nichts ist, nichtig ist, wenn ihm diese Traumspannung fehlt. Sie prägt und modifiziert alles, auch den typischen Beethoven-Effekt, daß auf ein forte, ein crescendo, ein plötzliches »piano« folgt. Wenn Kempff den Allegro-Mittelteil des Andante spielt, wird klar, daß da nicht eine kräftige Passage auf ein pointiert plötzliches Piano zuläuft, sondern daß es vielmehr mit der vermeintlichen Kraft des harmlos gebrochenen Dreiklangs nicht so weit her war. Die Spitze, die hier zum piano-staccato verblassen soll (Notenbeispiel 201) zeigt, daß der scheinbar so energisch sich in hinaufrauschende Allegro-Sechzehntel verströmende Fantasia-Spieler in Wirklichkeit gar nicht recht bei der Sache war. Der ausgebliebene, umgebogene Höhepunkt widerlegt gleichsam den Aufschwung, macht ihn »un-eigentlich«: aber nur, wenn Künstler wie Kempff oder Solomon das erfühlen. Arrau ist seines falschen Konzepts so sicher, daß er hier ausnahmsweise sogar gegen Beethovens strikte Anweisung verstößt und weiter »forte« spielt.

Beispiel 201

Solomon versteht es, am Schluß dieses Andantes zugleich kühl und verträumt einen Schwebezustand herzustellen. Er deutet an, wie einige ohnehin nie sehr gewichtige Begleitfiguren auf nachhallende Oktaven reduziert werden. Die Stelle hat etwas träumerisch »Zerstreutes« unter Solomons Händen, es entsteht ein Moment zarter, versponnenster Kunst.

War die »quasi una Fantasia«-Vorschrift beim ersten Satz offenbar dahingehend zu deuten, daß melodische Entfaltung und allmähliche Differenzierung der Begleitung nicht nur sich selber meinen durften, sondern auf eine präexistente Haltung verwiesen, die alles dies ermöglichte, ja produzierte, so entindividualisiert und verknappt das Scherzo den Musikverlauf auf »barocke« Abläufe. Verglichen mit jenen lakonisch zugespitzten Scherzo-Themen, wie Beethoven sie zwischen Opus 2 und Opus 26 bot, ist dieses, übrigens nicht »Scherzo« überschriebene »Allegro molto e vivace« ein nahezu konturlos modulierendes Nichts. Die Sequenzen wirken archaisierend, mit Recht weist Uhde in ›Beethovens Klaviermusik‹, Bd. I, S. 346 auf ein Bachsches Orgelpräludium hin, das als Vorbild gedient haben könnte. Aber wenn nach dem Mittelteil der Hauptsatz wiederkehrt – synkopiert und überdies aufgespalten in staccato und legato –, dann wird archaisierende Wildheit zur Antizipation Brahmsscher Ekstasen: zwischen dem Scherzo aus Beethovens Es-Dur-Sonate Opus 27 Nr. 1 und dem »Allegro appassionato« aus Brahms' B-Dur-Klavierkonzert (beide Sätze stehen an Scherzo-Stelle, sind in Scherzo-Form komponiert, aber nicht eigens Scherzo genannt) ergibt sich eine auffällige Beziehung.

Bei Beethoven heißt es:

Beispiel 202

In Brahms' Klavierkonzert donnert der Pianist gleichfalls nachschlagende Oktaven, um sich gegen das entfesselte Orchester zu wehren:

Beispiel 203

Diese Zusammenhänge werden freilich nur dann klar, wenn vorausgegangener improvisatorischer Uneigentlichkeit ein so wildes fahles Feuer folgt wie in Solomons beispielhafter Interpretation. »Fantasia« bedeutet nun ein bedingungsloses Sich-hinein-Stürzen in einen strengen, phantastisch archaischen Kraft-Rausch, der dunkler tobt, als es geisteshelle Beethovensche Scherzi sonst tun. Dieser Satz lehrt, was so manches Stück zwischen Bach und Schönberg demonstriert, nämlich die unauflösliche Beziehung zwischen rückwärtsgewandten und fortschrittlichen Tendenzen großer Musik. Der französische Pianist Eric Heidsieck, dem im ersten Satz einige hübsche, meditative Ritardandi bei den C-Dur-Akkord-Wiederholungen gelangen, versucht, die wüste und schattenhafte Gewalt dieses Allegro molto e vivace zu besänftigen, indem er die Spitzentöne der Dreiklangfiguren zu empfindsamen Melodien verbindet, wie es im Mittelteil des As-Dur-Impromptus Opus 142 Nr. 2 von Schubert üblich (und weitaus passender) ist. Aber er erreicht damit nur eine ebenso interessante wie ablenkende Verzärtelung des Ausbruchs, dessen Gewalt mit der bedrängend unfaßlichen Gestaltlosigkeit zusammenhängt.

Auf sicherem, das heißt, unzweideutigem Boden ist die Sonate erst zu Beginn ihres dritten Satzes, dem Adagio con espressione. Aber auch hier bereiten die Artikulations-Probleme den meisten Pianisten viel mehr Mühe als irgendwelche virtuose Anforderungen. Walter Gieseking etwa, der schon die ersten beiden Sätze grotesk verfehlte, weil er sie auf Durchsichtigkeit und Ziseliertheit reduzierte, macht im Adagio die schwere Baß-Fülle (Notenbeispiel 204) zur belanglosen Nebensache. Ruhige Baß-Oktaven — Mischung aus Orgelpunkt und tiefem Glockenton — drücken hier aber Getragenheit und schweres ostinatohaftes Schreiten aus. Darüber entfalten sich volle Harmonien und eine unaufdringlich edle Melodie. Gieseking jedoch behandelt die durchgehenden Baß-Achtel, ihre gemessen charakteristische Grundgewalt wie eine zufällige Grundierung. Solomon und Schnabel haben sehr viel besser begriffen, inwiefern gerade im Fantasie-Sonaten-Zusammenhang das lastende Gewicht solcher Bässe nicht verharmlost, vertuscht werden darf.

Beispiel 204

Erstaunlicher-, zufälligerweise (?) endet die Kantilene mit einer kadenzierenden Floskel, die wiederum historisch Früheres und Späteres zugleich evoziert. Rhythmisch und melodisch kann man das unscheinbare, aber eben doch nicht uncharakteristische, liturgische

Beispiel 205

decrescendo des Adagios sowohl in Mozarts Requiem

Beispiel 206

wie auch in langsamen Bruckner-Sätzen, etwa dem Andante aus der 2. Symphonie, wiederfinden:

Beispiel 207

Diese Mozart-Bruckner-Assoziation paßt zum »geistlichen« Ton, der diesem Adagio unter Barenboims Händen zukommt. Besonders dann, wenn es im Finale, vor dem Presto-Schluß, noch einmal ausführlich wiederkehrt. Denn Beethoven hat am Schluß der Wiederholung des Adagios nicht nur eine rezitativisch frei ausschwingende Figur geschrieben, sondern auch eine sprechende und erregt rezitativische Ton-Wiederholung. Barenboim spielt diese sforzato-Stelle so ernst und tiefsinnig, daß sie als Vorahnung jener berühmten Bebung erscheint, die im »Rezitativo«-Adagio aus Beethovens As-Dur-Sonate Opus 110 den »Klagenden Gesang« einleitet. Barenboim übertreibt nicht, wenn er in Opus 27 Nr. 1 das dreifache *sf* sprechend ausdrucksvoll betont.

Beispiel 208

Später Beethoven, nämlich Opus 110, scheint da nicht mehr weit.

Beispiel 209

Kompositorische Dichte, komponierter Glanz, der Umstand auch, daß Beethoven dieses Allegro vivace aus Opus 27 Nr. 1 für würdig hielt, noch einer großen Rekapitulation des einleitenden Adagios Raum zu geben – was er sonst in keiner seiner Klaviersonaten tat, abgesehen wieder von der überhaupt weitreichenden Analogie zu Opus 110, wo Arioso und

Fuge innig auf einander bezogen sind –, alle diese Umstände berechtigen dazu, in Opus 27 Nr. 1 zum ersten Male den Typ der »Final-Sonate« ausgeprägt zu sehen, der später im 19. Jahrhundert noch so bedeutend werden sollte.

Besteht ein Zusammenhang zwischen der »quasi una Fantasia«-Überschrift und diesem Finale, das schließlich auch ohne weiteres analysierbar wäre als ein Rondo mit Durchführungsteil? Nicht Solomons eher zu bedächtige Interpretation, wohl aber Bruno Leonardo Gelbers stürmisch frische und Artur Schnabels spontan ungezügelte Wiedergabe des Satzes machen auf folgende Eigentümlichkeit des Stückes aufmerksam: Beethoven hat hier eine ganz spezifische Verlaufsform geboten. Die Themen stellen keine »Einfälle« dar, die im Verlauf miteinander kombiniert werden. Es treten keine neuen Augenblicke oder Gedanken als selbständige Subjekte auf. Beethovens reaktionsrasche Fantasie bezieht sich durchweg auf die jeweils vorhergehenden Takte und spinnt sie weiter. Dies Prinzip mag – in gewissem Maße – bei Beethoven überall auffindbar sein. Ludwig Finscher schreibt in seiner Interpretation des langsamen Satzes aus Opus 10 Nr. 3, die Form des Satzes ist »am ehesten zu begreifen als eine Verlaufsform, wie sie bei Beethoven fast die Norm ist; das heißt, die Form ergibt sich als Resultat der musikalischen Prozesse, nicht als Ausfüllung eines mehr oder minder strikt vorgegebenen ... Rahmens«. Schön und gut: aber die Themenaufstellungen der Finali aus Opus 13 und Opus 22 sind dem gegebenen Formmodell denn doch entschieden näher, halten sich sehr viel weniger eng an das Prinzip thematischen Weiter-Assoziierens als es im Finale von Opus 27 Nr. 1 der Fall ist. Das Allegro vivace beginnt mit einem Auftakt, der Quarte b-es. Im anschließenden zweiten Takt zielen zwei Achtel auf eine Viertelnote:

Beispiel 210

An den zweiten Takt knüpft rhythmisch die folgende Bewegung an:

Beispiel 211

Die nächste Gruppe bietet wiederum nichts anderes als eine akkordische Verdichtung und Sequenzierung des Rondo-Themas, wie es (Notenbeispiel 210) zu Anfang erschien. Der Auftakt b-es (2.–3. Takt) kehrt wörtlich wieder:

Beispiel 212

Und die nun folgende, delikat modulierende Gruppe führt die kadenzierende Bewegung (letzter Takt von Beispiel 212) weiter:

Beispiel 213

So strömt es: als großartiges Spiel freiester Phantasie, die sich an nichts gebunden zu fühlen scheint als an das unmittelbar Vorhergehende. Darum darf dieses Rondo auch nicht bedächtig, als schreite es einen vorgezeichneten Weg aus, demonstriert werden. Hier gehört vielmehr der leuchtende, spontane, wilde Übermut brillant-unerschöpflichen Abwandelns durchaus zur Sache. Zur »Quasi una Fantasia«-Sache.
Und noch eine andere Eigentümlichkeit der ganzen Sonate wird im letzten Satz so überdeutlich entfaltet, daß man sie als durchgehendes Bauprinzip erkennen und bezeichnen kann: der Lagenwechsel.
Das Rondo-Motiv erscheint zunächst im Baß, dann zwei Oktaven höher. Die Wiederholung – siehe Notenbeispiel 212 – steigert diesen Lagenwechsel förmlich zum Vexierspiel. Und immer wieder bedient sich der Satz dieser Technik, vor allem zur Fortspinnung. Auch die hitzigste Steigerung, ein b-Moll-Ausbruch, nutzt mit zupackender Gewalt die Brillanz des Lagenwechsels aus.

Beispiel 214

Bruno Leonardo Gelber macht aus diesen »Wechseln« glanzvolle fun-
kelnde Farbspiele, er besitzt die Freiheit und den Instinkt, aufzuzeigen,
daß Beethoven hier jene Raummöglichkeiten des Klaviers ausnutzt, die
später Schumann (im 2. Satz der C-Dur-Fantasie) und Liszt (etwa in der
›Eroica‹-Etüde) schwerlich überbieten, nur noch überdonnern konnten.
Ist man von Pianisten wie Gelber oder Schnabel, die diese »Lagenwechsel« im Finale von Opus 27 Nr. 1 nicht nur ausführen, sondern beleben,
beseelen, als vital-notwendig erscheinen lassen, auf dieses pianistisch-
kompositorische Prinzip erst einmal aufmerksam gemacht worden,
schaut man sich die ersten Sätze daraufhin an, dann erweist es sich als
weitere Leitidee der Sonate. Der zweite Satz benutzt kein anderes
Darstellungsprinzip auch nur annähernd so konsequent wie dieses.
(Uhde a.a.O., S. 346: »Das Scherzo beruht auf Lagenwechsel«.) Auch
im ersten Satz läßt sich die häufige Oktav-Versetzung deutlich erkennen. Sogar die Liedform des Adagios wiederholt den Hauptsatz im
Lagenwechsel.

Bedenkt man, wie expressionistisch-phantastisch Paul Bekker in seinem
Beethoven-Buch über die Sonate Opus 27 Nr. 1 geschrieben, wie
expressionistisch-phantastisch Artur Schnabel (Bekkers Generations-
Genosse, beide wurden 1882 geboren) sie gespielt hat, erinnert man sich
der innigen und eindringlichen Interpretationen des Werkes durch Solomon, Kempff und Gelber, dann wird unmittelbar evident, daß die
Quasi-una-Fantasia-Leitidee hier in ganz spezifischer Weise zartes inneres Gesetz ist. Dies Gesetz kann aber nur erfüllen, wer die Improvisa-
tionsforderung und ebenso die träumerisch unmittelbare Fortspinnungs-
logik dieser Sonate begreift oder erfühlt.

Frage: Warum verbindet sich eine solche Leitidee hier so auffällig mit dem pianistisch ergiebigen, in allen vier Sätzen angewandten, ja im Scherzo und im Finale strahlend forcierten Prinzip des Lagenwechsels? Als Antwort wäre die folgende Hypothese möglich: ein phantasierender Spieler tendiert besonders stark dazu, die verschiedenen Lagen des Klaviers – Höhe, Mitte, Tiefe – empfindsam auszunutzen. Er schreitet nicht schnurgerade voran. Der Lagenwechsel wäre demzufolge ein Mittel zur Befeuerung der improvisierenden Phantasie, ermöglicht Abstand, Traumzeit, Dimensionsgewinn oder auch glänzend wirkungsvolle Fortspinnung, ist produktiver Widerstand und Improvisationshilfe zugleich... Es muß gewiß nicht jedesmal so sein, aber es könnte sich in diesem Fantasia-Sonaten-Falle durchaus so verhalten. Warum immer eisenharte Regeln ableiten wollen, wenn ein Künstler es sich offenkundig angelegen sein ließ, das Schema zu verzaubern, es nicht gedankenlos zu wiederholen, sondern gedankenvoll zu erträumen?

14. SONATE

Sonata quasi una Fantasia
Opus 27 Nr. 2 cis-Moll (1801)

Adagio sostenuto
Allegretto
Presto agitato

Die »Mondschein-Sonate«. Wagt Hochspannung bis zur Überspannung. »Durchgebrannt ist alle Mitte.« Extreme Stille und extreme Wildheit verschränken sich zum bedrohlichen und bedrohten Organismus des Exzentrischen. Auch der mittlere Satz, ein Allegretto, kann weder Mittelpunkt noch harmonischer Ausgleich sein, sondern nur ein kurz retardierendes Moment, das den extremen Haltungen der Ecksätze zarte Phrasierungsunterschiede entgegenhält.

Erster Satz: Radikal einfaches Material, organisiert zum rätselvoll dreistimmigen Adagio. »Quasi una Fantasia« überschrieben wie Opus 27 Nr. 1, verbietet die cis-Moll-Sonate sich zunächst alle Lagenwechsel, alle Offenheit für improvisatorische Spontaneität. Ein leises, tiefsinnig objektiviertes Nachtstück entfaltet und begräbt seine Klage in streng geordneter Zeit.

Den spielerischen Kontrast zwischen empfindsamem legato und kapriziöserem staccato trägt das Allegretto aus – sogar in seinem Trio. Das Presto agitato schließlich zwingt rückhaltlose Ausdrucksekstase in einen durchkomponierten Vorgang. Affekte solcher Gewalt mochte sich Klaviermusik bislang noch nicht zutrauen, zumuten.

Wir haben uns mittlerweile gewöhnt an die Ungewöhnlichkeit der Sonate, als wäre es nicht doch *ein Wunder,* daß die starren und explodierenden Inständigkeiten dieses cis-Moll-Alptraums eine so klare, sinnfällige Form fanden, ohne irgend etwas von ihrer rhapsodischen Direktheit einzubüßen. Dergleichen komponiert selbst ein Beethoven kein zweites Mal. *Kein Wunder,* daß »der Meister« sich in späteren Jahren sogar abfällig über diesen exhibitionistischen Ausbruch äußerte...

Unaustilgbar lebendig, wie die Sonate selbst, bleibt auch ihr Beiname »Mondschein-Sonate«. Und fast so unaustilgbar scheint die immer wieder verärgert vorgetragene Polemik gegen diese Bezeichnung. Aber der Streit um den Namen wirkt müßig. Denn eindeutig und provozierend falsch könnte die Mondschein-Assoziation doch nur dann sein, wenn »Mondschein« irgend etwas Bestimmtes bedeutete, für irgendeine klarumrissene Haltung oder Stimmung einstünde. Das aber ist nicht der Fall: die Mondschein-Assoziation kann ebenso idyllische Sentimentalität meinen wie bleiche Verzweiflung, Wandern, Wahnsinn und Tod. Hier seien, statt zahlloser Belege für diese einigermaßen banale Behauptung, nur zwei Goethezitate angeführt. Das erste stammt aus dem ›Faust I‹ und ist Beethoven mit Sicherheit bekannt gewesen, denn 1822 erörterte er ja mit Friedrich Rochlitz eine »Faust«-Komposition, ähnlich der ›Egmont‹-Musik. Kurz vor seinem Selbstmordversuch sagt Faust in der Studierstube: »O sähst du, voller Mondenschein, / Zum letztenmal auf meine Pein.« Da verbinden sich Mondschein-Assoziation und Selbstmordwunsch. Einen anderen, die Fülle möglicher Mondschein-Assoziationen andeutenden Mondsatz richtete Goethe am 10. 4. 1800 an Schiller. Er schickte dem Freund ein Teleskop und bemerkte: »Es war eine Zeit, wo man den Mond nur empfinden wollte, jetzt will man ihn sehen.« Goethe spricht da vom Mond als von einem allmählich aus der Mode gekommenen Empfindsamkeitssymbol.

Der vielbespöttelte Name »Mondschein-Sonate« signalisiert also nichts eigentlich Bestimmtes, sondern nur das durchaus Besondere des Werkes. Beethoven hat in Opus 27 Nr. 2 einen exzentrischen Punkt seines Komponierens erreicht.

»Spricht die Seele, so spricht / Ach, schon die Seele nicht mehr«, klagte Schiller. Wenn je die spezifische, die begriffslose, aber nicht unbestimmte Überlegenheit großer Musik fraglich würde, brauchte man sich nur an den ersten Satz der Mondschein-Sonate zu erinnern. Einfache Begleitfiguren, ruhige harmonische Fortschreitungen, eine ohne Affektiertheit klagende Melodie: das ist schon alles — und damit spricht Beethoven bereits alles aus ...

Nur zu begreiflich, daß dieses Adagio manchmal Überdruß provoziert. Wer es zum tausendsten Male hört, ohne richtig hinzuhören, wer ihm in scheußlich eingängigen Orchester-Bearbeitungen, die übrigens keine Erfindung unserer stoffhungrigen Kultur-Industrie sind, begegnet, der kann schwerlich vermeiden, daß sich dann ein »Aha«-Effekt, gemischt mit Verweigerungs-Tendenz, einstellt. Gibt man diesem Aha-Effekt nicht sogleich nach, hört man vielmehr bei einer einigermaßen angemessenen Wiedergabe einigermaßen konzentriert zu, dann offenbart sich die banalitätsferne Substanz des Satzes doch wie unversehrt.

An Gründen, warum dieses Adagio längst zugrundegerichtet sein müßte, fehlte es nicht. Auf den ersten Blick wirkt es wie ein »prima vista«-Stück. Wer überhaupt jemals bis zu den vier Kreuzen vorgedrungen ist auf dem Klavier, kann den ersten Satz der Mondschein-Sonate ohne weiteres, auch ohne hörbar falsche Töne, vom Blatt spielen. Beethoven hat keinen Sonatensatz geschrieben – die Sonatinen Opus 49 und 79 durchaus eingeschlossen –, der geringere technische Anforderungen zu stellen scheint: hier müssen keine Passagen bewältigt, keine Verzierungen ausgeführt, keine kompakten Akkordfolgen gegriffen werden. Selbst das Adagio der Pathétique verlangt mehr Klavier-Künste. Trotzdem wäre es zimperlich, wäre es falsch exklusiv, darüber Klage zu führen, daß Beethoven sich hier nicht darum kümmerte, Kinder- und Narren-Hände abzuhalten. Am Adagio der Mondschein-Sonate kann nämlich jedem halbwegs empfänglichen Erdenbürger aufgehen, welche Bereiche Musik zu erschließen vermag. Das Finale mit seinen Oktav-Trillern, seinen synkopisch begleiteten Sechzehntel-Passagen, seinen immensen Deutlichkeitsforderungen mitten im wilden Gefecht lehrt dann alle dilettantischen Adagio-Kostgänger ohnehin grausam genug das Fürchten.

Mag es auch kinderleicht sein, das Adagio so ungefähr zu spielen – hohes Können und höchste Konzentration sind nötig, um den Satz wirklich gleichmäßig, wirklich angemessen herauszubringen. Extrem langsames Gleichmaß verlangt ebensoviel Beherrschung wie extrem rasche Gleichmäßigkeit. Nur große Musiker und Interpreten sind dem Adagio der Mondschein-Sonate gewachsen. Talent- und Rang-Unterschiede treten da genauso deutlich, wenn nicht deutlicher, hervor wie bei der Bewältigung der Presto-Anforderungen. Auch am Mondschein-Sonaten-Adagio, und nicht nur am Presto, läßt sich ohne weiteres exemplifizieren, daß Horowitz ein besseres klavieristisches Rüstzeug besitzt als etwa Sofronitzky, Gulda ein zuverlässigeres rhythmisches Gefühl als Josef Lhevinne, Solomon genauere Anschlagsdisziplin als Werner Haas.

Soll die Mondschein-Sonate als Ganzes, als Gestalt erscheinen, dann muß die Interpretation den labilen Ausgleich extremer Überspannungen im Bewußtsein des Hörers herzustellen, also gleichsam ein reales Phantom zu beschwören versuchen. Da die Wahrheit dieses Werkes in den Extremen beschlossen zu liegen scheint, drängt sich für den Ablauf der Sätze die Folge: sehr langsam/ mittel/ sehr schnell – auf. Aber wie tragisch-verschlossen das Adagio auch wirkt, wenn es ganz langsam ertönt: manche Interpreten scheinen dieser eindrucksvollen, herb-gewichtigen Attitüde allmählich doch überdrüssig zu werden im Laufe ihres Pianisten-Lebens – so als verberge sich hinter schwerem Adagio-Pathos eine romantisch aufgeraute, aufgeblähte Schmerzallüre, der man je länger je weniger vertraut. Friedrich Gulda und Vladimir Horowitz haben bei späteren Einspielungen das Adagio entschieden flüssiger dargestellt als bei ihren ersten Aufnahmen. Auch ein Alfred Brendel, dem zwischen 1965 und 1970 ein bewunderungswürdiger »Qualitätssprung« gelang – er gewann eine philosophische Ausdrucksdimension hinzu, kam weit über seinen früheren, allzu virtuosen, obertonreichen, aber auch oberflächlichen Interpretationsstil hinaus –, auch Alfred Brendel vermeidet in seiner zweiten, die Architektur und Struktur des Satzes strenger nachzeichnenden Aufnahme alle grelle Empfindsamkeit. Die meisten Interpreten neigen offenbar dazu, diesen Satz immer verhaltener, weniger balladesk und weniger forciert adagiohaft zu verstehen.

Beethoven hat für das Tempo des ersten Satzes zwei Anweisungen gegeben, die sich verschieden auslegen lassen. Der Komponist verlangt »Adagio sostenuto«, er wünscht zudem durchgehenden Pedalgebrauch – »senza sordino« –, was doch nur bei recht langsamem Tempo sinnvoll und erträglich ist. (Diese Ansicht vertreten auch Herbert Grundmann und Paul Mies in ihren ›Studien zum Klavierspiel Beethovens und seiner Zeitgenossen‹, Bonn 1966, S. 40 ff.). Aber zugleich schreibt Beethoven ein »alla breve« vor. Alla breve bedeutet natürlich kein absolutes Tempo, sondern es bezieht sich nur auf die Betonung größerer, darum noch nicht ausgemacht schneller Einheiten. Im Effekt führt das alla breve meist doch zu einer größeren Flüssigkeit. Der durchaus mögliche, subjektiv »langsamere« Eindruck, wie er sich trotz objektiv größerer Schnelligkeit beim alla breve ohne weiteres herstellen kann, hängt damit zusammen, daß man die Viertel überhaupt nicht mehr als Einzelimpulse wahrnimmt, sondern »in Halben hört«, wobei dann die Halben einander natürlich verhältnismäßig langsam folgen, während eine eigentlich langsamere, aber auf Vierteln basierende Gangart relativ rascher wirkt...

Mit der offenbar gegebenen Möglichkeit, die alle breve-Vorschrift und die Adagio-Angabe verschieden auszulegen, lassen sich die geradezu phantastischen Tempo-Unterschiede erklären, die bei den Interpretationen des Kopfsatzes der Mondschein-Sonate zu Tage treten. Diese Interpretationen dauern nämlich zwischen 4 und $8\frac{1}{2}$ Minuten, je nachdem, ob die Pianisten in zügig fließenden Halben oder in starr tropfenden Vierteln fühlten und reproduzierten. Jene Künstler, die den Satz noch im

19. Jahrhundert studierten, die Liszt- oder Leschetizky-Schüler waren, nehmen das Adagio nicht etwa besonders langsam oder sentimental-heroisch, sondern auffällig rasch: das gilt für Josef Hofman, Mark Hambourg, Frederick Lamond, übrigens auch für den 1883 geborenen Wilhelm Backhaus und den 1895 geborenen Wilhelm Kempff.

Gleichmäßige, langsame monotone Akkordbrechungen, die eine ruhige Kantilene in sich bergen oder über denen eine Melodie schwebt, sind gängigste Klaviermünze, sind Schwarzbrot in vielen Komponisten-Haushalten. Man kann ein musikalisches Gesellschaftsspiel oder einen Gedächtnistest daraus machen, Analogien für den ersten Satz der Mondschein-Sonate aufzutreiben. J. S. Bach, Haydn, Mozart, Clementi sind bereits genannt worden, an eine verblüffend ähnliche ›Ricercata‹ im Andante-Tempo von Georg Christoph Wagenseil wäre noch zu erinnern – Schubert, Schumann und Spätere haben sich dann ihrerseits ähnlicher Ausdrucksmittel bedient. Aber gerade beim ersten Mondschein-Sonaten-Satz, wo aus dem Allerallgemeinsten das Allerbesonderste wird, tragen solche Analogien kaum etwas zum Verständnis bei.

Ein wenig aufschlußreicher im Hinblick auf das, was einige Interpreten dem Adagio entreißen, ist der Sachverhalt, daß Beethoven den Satz im Zusammenhang mit Tod und Totenklage komponiert hat. Ein gewisser Dr. Grossheim wandte sich 1819 an Beethoven: »Sie schrieben mir, daß Sie an Seumes Grab sich unter die Zahl seiner Verehrer gestellt haben... Es ist mir noch immer ein nicht zu unterdrückender Wunsch, es möge Ihnen, Herr Kapellmeister, gefallen, Ihre Vermählung mit Seume (ich meine die Phantasie Cis-moll und die ›Beterin‹) der Welt mitzuteilen.« In dem Gedicht des (übrigens originell kritisch-aufklärerischen, antifeudalen, seinerzeit berühmten, heute leider schmählich vergessenen) Autors J. G. Seume bittet eine Betende um Gnade für ihren todkranken Vater. Daß Beethovens Adagio von einer Totenklage inspiriert oder gar selber Totenklage sei, läßt sich aber nicht nur aus anderen biographischen Details, sondern weit plausibler aus einigen Skizzen erschließen. Beethoven hat sich – seit Georges de Saint Fox den Sachverhalt entdeckte, schreibt ihn ein Kommentator vom anderen ab, warum sollen wir nun gerade hier eine Ausnahme machen? – aus Mozarts ›Don Giovanni‹ die Musik zum Tode des Komturs notiert. Das Orchester spielt da an entscheidender Stelle der »Don Giovanni«-Partitur genau jene traurigen Achtel-Triolen, denen wir – transponiert – in Beethovens Mondschein-Sonate begegnen. Weil nun aber Mozart zu diesen Triolen rhythmisch schwierige Einsätze der drei beteiligten Sänger komponierte, mußte er den Andante-Teil in alla breve notieren. Der Dirigent soll flüssig halbtaktig schlagen, damit es zu einem Konflikt-Rhythmus gar nicht erst kommen kann.

Jetzt liegt die Vermutung nahe, daß Beethoven – unter dem Eindruck der von ihm so genau gekannten Mozart-Stelle – auch die »alla breve«-Vorschrift übernahm, die im ›Don Giovanni‹ gewiß kein flüssiges oder rasches Tempo angezeigt haben kann, weil da eindringlich auskomponiert ist, wie der Herzschlag des getroffenen Komturs stockt – und dann ganz aussetzt.

Auch diese Analogie hat keine völlig zwingende Beweiskraft. Das »richtige« Tempo steht nach wie vor im Belieben der Interpreten, die nur eben die Fähigkeit besitzen müssen, dem selbstgewählten Gesetz streng und gleichmäßig zu folgen. Aber worin besteht die Differenz zwischen dem Adagio der cis-Moll-Sonate und vielen, nur scheinbar so ähnlich gearbeiteten Klavierstücken? Damit, daß man sich auf die schöne, verehrungsvolle Formel zurückzieht, Beethoven habe die Akkordbrechungen mit seinem Zauberstabe berührt, und deshalb klängen sie nun so magisch, dürfte die Eigentümlichkeit des Stückes ja auch nicht gerade befriedigend erklärt sein. Glücklicherweise gibt es Interpretationen bedeutender Pianisten, die besser begreifen lassen, was es mit diesem »Zauberstab« auf sich hat. Die Bewunderung für Beethovens Kunst wird bestimmt nicht geringer, wenn man begreift, worin denn der Zauber besteht, der hier *schwindelnd hinausträgt übers Gewohnte . . .*

Frederic Lamond (1868–1948, Schüler von Liszt und Bülow, einer der berühmtesten Beethoven-Spieler seiner Zeit) hat gezeigt, daß der Satz ein dreistimmiges und dreiteiliges Gefüge sein kann. In Lamonds düsterer, von einem unaufhörlich klagenden Glockenton durchzogener Darstellung erscheinen eben nicht nur die Baß-Oktaven klar und fest abgesetzt gegen die Melodie und die Achteltriolen, sondern Lamond akzentuiert den jeweils ersten Triolenton. Und zwar diskret, aber deutlich und kontinuierlich so, daß von vornherein eine schwermütige, monotone, ostinatohafte tiefe Mittelstimme existiert. Im ersten und zweiten Takt wiederholt sich viermal (als jeweils erster Triolenton) das gis, im dritten Takt wird dann ein a daraus, dessen traurig unbeirrbares Pochen faszinierend weitererklingt, während sich Harmonie und Baß-Führung verändern. Diese Glockenwirkung eines deutlich herausartikulierten Triolentons konstituiert eine dritte Stimme, die von Lamond natürlich auch dann weitergeführt wird, wenn die Pianissimo-Kantilene dominiert.

258

Beispiel 215

sempre pp e senza sordino

Hat man das Stück erst einmal so begriffen, dann begreift man nicht mehr, wie – außer infolge von Nicht-Wissen oder Nicht-Können – jemals ein Pianist so taub sein konnte, diese verborgene, aber vorhandene Dreistimmigkeit zu ignorieren, wegzulassen, zu verschleiern, zu verschenken. Gewiß, kaum eine Version ist denkbar, die nicht auch mal ausprobiert wurde: beispielsweise verfiel Josef Lhevinne sinn- und taktwidrig darauf, den jeweils dritten Ton der Achteltriolen hervorzuheben, als stecke dahinter so etwas wie jene Melodie, die sich im Sopran deutlich genug entfaltet. Lhevinnes Artikulation wirkt willkürlich, unruhig, gesucht.

Das ist keineswegs der Fall, wenn Geschmacks- und anschlagssichere Pianisten nach Lamonds Vorbild die »dritte Stimme« darbieten, indem sie den ersten Triolenton zwar hervorheben, aber nicht überdeutlich absetzen. Man muß diese dritte Stimme mehr ahnen als hören: je sanfter und unbeirrbarer sie erklingt, desto nachhaltiger wirkt sie.

Solange die Oberstimme in der rechten Hand entweder aussetzt oder ganz statisch zu bleiben scheint, ist dieses Konzept ohne weiteres realisierbar. Nicht nur Lamond, sondern auch (tiefsinnig fesselnd vor allem in seiner früheren Einspielung) Vladimir Horowitz und Solomon, der das Adagio extrem langsam, extrem herb, extrem ausdrucksfahl darbietet, sowie Alfred Brendel sind dieser Dreistimmigkeit auf die Spur gekommen. Aber selbst bei Künstlern solchen Ranges droht die Gefahr, daß dieses zarte Konzept undeutlich wird, wenn der Baß stärker bewegt und die Melodiestimme heftiger expressiv geführt scheint: also etwa bei den schneidend dissonierenden Nonen der folgenden Takte:

Solomon spielt die Wiederholung der None (und zwar im letzten Takt des Beispiels 216) als Echo. Aber nicht wie einen banalen, derb zurechtgelegten Echo-Effekt, sondern als kranke, mutlos bleiche Wiederholung. Freilich: die Mittelstimme scheint er dabei doch ein wenig aus dem Auge zu verlieren – wie fast alle Pianisten, sofern sie überhaupt Wert legen auf dieses monoton-eindringliche Totengeläut. Da muß ein Künstler schon über die Anschlags- und Farb-Subtilität von Walter Gieseking verfügen, um auch hier noch trotz stärkerer Oberstimme und bewegteren Baß-Oktaven das erste der drei mittleren Piano-Triolen-Achtel so hervorheben zu können, daß man nun sogar in vier Dimensionen hörend unterscheiden kann: zwischen Baß, Sopran, der ersten und den jeweils folgenden anderen Achtel-Triolen. Zudem dürfen diese Differenzierungen nicht im mindesten knallig herauskommen, sondern sie sollten im engen Rahmen eines durchpedalisierten sempre-pianissimo Adagio-Stückes erkennbar, erahnbar sein. Davon lassen sich diejenigen, die den Satz unbesorgt vom Blatt spielen zu können glauben, bestimmt nichts träumen. Aber auch wenn sie von diesen Subtilitäten träumten, so brächten sie, ohne Meister zu sein, dergleichen schwerlich heraus.

Sogar Frederick Lamond scheint die von ihm konstituierte Glocken-Mittelstimme momentweise aus dem Sinn zu verlieren (falls nicht die betagte Aufnahme einiges Entscheidende verschluckt). Daß es dabei um mehr geht als nur um einen vielleicht schönen, aber doch willkürlichen Zufalls-Kontrapunkt, macht Lamond im Verlaufe des Satzes klar. Nämlich dann, wenn er den Gipfelpunkt des Adagios überschritten hat und – auf dem Abstieg – einer ausdrücklichen, unzweideutigen Beethovenschen Artikulationsvorschrift, die sich direkt auf die Betonung der jeweils wichtigsten Triolen-Töne bezieht, dramatischen Sinn zu geben vermag:

Bei vielen Pianisten und Interpretationen wirken die hier von Beethoven nachdrücklich geforderten Fixierungen der Achtel-Triolen wie ein plötzliches, sinnlos-zufälliges Holpern: im dritten Takt des Beispiels 217 muß zunächst, auf drei, der *zweite* Triolenton störrisch hervorgehoben werden (dis), dann, auf vier, wieder wie gewohnt der *erste* Triolenton. Erst der nächste Takt (drittletzter Takt des Notenbeispiels 217) stellte die gewohnte Ordnung her. Lamond steigert diese Betonungen und Betonungswechsel zu einem Binnendrama, das sinnlos und forciert wirken müßte, wäre es im Bewußtsein des Pianisten (und des Hörers) nicht wohlvorbereitet. Danach ist Lamond um so zwingender imstande, am Schluß des Satzes den Eindruck einer tiefsinnigen Synthese zu vermitteln: wenn nämlich die von ihm so spezifisch betonten Triolen als Oberstimme erscheinen, während der pochend-punktierte Sopran-Rhythmus im Baß nachklingt.

Beispiel 218

Möglicherweise hat der Leser die im Zusammenhang mit Notenbeispiel 217 gefallene Wendung, da sei ein Gipfel überschritten und ein Abstieg erfolgt, für eine sentimental hermeneutische Stilverirrung gehalten. Doch es war genauso gemeint, wie es dasteht! Denn Lamond, Mark Hambourg und Alfred Brendel fassen – Czernys Hinweis folgend, demgemäß Beethoven selber seine auch vom Verlauf des Notentextes widerlegte *sempre pp*-Vorschrift nicht einhielt, sondern während der »Durchführung« rascher und lauter wurde – den Mittelteil ohne Scheu als balladeske Steigerung auf, zumindest als Kontrast! Lamond wird langsamer und deklamatorischer. Mark Hambourg versteht die neue cis-Moll-Geste, mit der dieser durchführungshafte Zwischensatz beginnt, als Beginn eines ersten, freien Ausbruchs.

Beispiel 219

Und daß es sich aber bei dieser Steigerung, deren Höhepunkt und deren Ende bereits zitiert wurde (Notenbeispiel 217) eben nicht nur um eine verträumte *pp*-Episode zu handeln braucht, sondern tatsächlich um einen kraftvoll konstruierten Wendepunkt handeln kann, wird durch den folgenden Zusammenhang belegt: Die Takte 1 und 2 (von Beispiel 217) scheinen versetzt, spiegelverkehrt: Achteltriolen über der Dominante erheben sich bis zur höchsten Höhe, die während dieses Satzes erreicht wird, und fallen in gleichartiger Bewegung wieder zurück. Brendel und Hambourg spielen diese Kurve, diese aufstrebende Bewegung so erregt, so ereignishaft, daß sie zur Achse des ganzen Stückes wird. Genau das ist sie auch. Der Satz umfaßt 69 Adagio-Takte: nehmen wir zwischen den beiden Takten eine Symmetrie-Achse an, dann wäre das Adagio vor der Symmetrie-Achse 35 Takte lang, nach ihr 34 Takte. Erstaunlich genug. Da aber der letzte Takt als Fermate notiert ist, was ihn nach alter Regel verdoppelt, steht also der langsam erreichte und ebenso langsam verlassene höchste Ton dieses ersten Satzes wirklich ganz genau in der Mitte zwischen zweimal 35 Takten. Was für ein Konstruktions-Geheimnis! Was für eine kühne Vorwegnahme etwa des berühmten »Achsenakkords« aus dem Finale von Alban Bergs ›Lulu‹-Oper, wo ein sanft herausgehobener hoher Akkord-Ton den strengen »Krebs« ankündigt. Vom Augenblick des Akkordes, seines höchsten Tones an spult sich bei Berg das Stück rückwärts ab. Solche (zufälligen?) Strukturen in Beethovens cis-Moll-Sonate blieben unentdeckt, wenn nicht die Inständigkeit ahnungsvoller Pianisten derart verborgene Gesetzmäßigkeiten aufzuspüren hülfe.

Ein Adagio, dessen Triolenbewegung nicht unterbrochen, dessen dynamische Zurückhaltung kaum gestört und dessen Mollklang selten genug aufgehellt wird, ein solches Adagio setzt sich, wie jedes Kunstwerk, nicht nur aus Einzelheiten zusammen. Es kommt auch darauf an, ob der Interpret tönende Stille herstellen, eine ruhige Bewegung so zart und selbstverständlich fest konstituieren kann, daß bereits winzige, bewußt gesetzte Abweichungen als bedeutende Akzente oder Einschnitte erscheinen. Wenn Rubinstein die Momente und Bestandteile des Adagios nicht als einander entgegengesetzte, verschiedene Stimmen und Dimensionen darstellt, sondern als schöne, einander ergänzende *Korrespondenzen,* dann betont er auf etwas unauffälligere Weise die ruhige Harmonie dieses Adagios innig und wohllautend. Auch er unterstreicht übrigens heftig jene Achtelpassagen, welche die geheime Achse des Satzes bilden.

Jeder empfängliche oder empfindsame Künstler wird auf die im Klaviersatz und in der Form objektivierte Klage dieses Adagios eine persönliche Antwort suchen und finden wollen. Das gilt nicht für den Mittelsatz, jenes dem Adagio unmittelbar folgende Allegretto zwischen Kopfsatz und Presto. Allzu oft klingt es wie eine harmlose, nur eben glücklicherweise kurz und schmerzlos vorüberhuschende Verlegenheit. Das Adagio verklang. Man wartet gespannt auf die Ekstasen des Presto agitato. Auch der Pianist scheint seine Aufmerksamkeit bereits ganz aufs Finale zu konzentrieren. Rasch und ohne Aufsehen wird nun jene nicht weiter erschütternde Pflichtübung absolviert, die offenbar keine andere Existenzberechtigung hat, als die, einen extremen Anfang von einem extremen Schluß zu trennen. Liszts Charakterisierung *Blume zwischen zwei Abgründen* ist eigentlich nur eine generöse Formulierung für *Harmloses Intermezzo.*

Aber im Gegensatz zum Adagio, wo der Freiheit der Auffassung kaum Grenzen gesetzt scheinen, bleibt dieses Des-Dur-Allegretto nur dann ein harmloses oder gar läppisches Intermezzo, wenn die Interpreten Beethovens Vorschriften übersehen. Sinnvoll und logisch, aber auch rührend und schön wirkt der zweite Satz in dem Moment, da er nicht als »Scherzo«, nicht als rasch vorbeischwebendes Intermezzo, sondern als empfindsames Charakterstück gedeutet wird. Ignaz Friedmann (1882–1942) geht eindrucksvoll bis an die Grenze des Möglichen. Er spielt den Anfang (Notenbeispiel 220, Auftakt und Takt 1) schwermütig, schwerblütig und gebunden aus. Danach pointiert er die Staccato-Takte wie einen Versuch, den empfindsamen Anfangsakkorden heiter zu antworten. Friedmanns beim ersten Hinhören vielleicht manieriert wirkende Interpretation erweist sich als doppelt produktiv: denn der Künstler kann auf diese Weise den zweiten Satz, der sich laut Beethovens Vorschrift unmittelbar anschließen soll (und den Cis-Dur-Schlußakkord des Adagio umstandslos als Des-Dur Anfangsakkord liest), wie einen zärtlichen, gerührten Nachklang des Kopfsatzes beginnen. Die vermeintlich harmlos-vergnügte Allegretto-Stimmung ist nicht unmittelbar da, sondern sie wird erst allmählich gewonnen. Unter Friedmanns Händen erfährt der Satz, eben weil die Adagio-Eröffnung der Sonate auf diese Weise miteinbezogen erscheint, eine zarte Beglaubigung: man kommt gar nicht darauf, während eines mehr oder minder harmlosen Intermezzos nun schon nach dem Presto zu schielen. Indem aber Friedmann die Legato-Stellen ganz anders abtönt als die Staccato-Korrespondenzen, spürt man, wie entschieden Beethoven diesen Gegensatz bis in die äußersten Verästelungen des Allegrettos durchgeführt hat, ihn nicht nur in horizontalem Nacheinander entfaltet, sondern auch vertikal verschränkt. Aus dem Beginn:

Beispiel 220

wird folgerichtig:

Beispiel 221

Auch Emil Gilels hat die leise Lyrik dieses Anfangs wunderbar abgetönt und die Staccato-Legato-Gegensätze ohne Pedanterie vorgeführt. Pianisten, die etwa im letzten Takt des Beispiels 221 nicht den Kontrast zwischen dem langsam gebundenen Abzug der rechten Hand und dem leichten oder kapriziösen Staccato der linken Hand herausbringen wollen, haben schlechthin nicht kapiert, zumindest nicht artikuliert, was unzweideutig in den Noten steht. Einer ähnlichen Kontraststruktur sind wir übrigens nicht in einem Beethovenschen Scherzo, sondern in der 4. Variation der As-Dur-Sonate Opus 26 – siehe Notenbeispiel 181 – begegnet.
Natürlich läßt sich die sentimentalische Pointe dieses Allegrettos in langsamem Tempo leichter darstellen. Allzu rasche Bewegung ebnet die Phrasierungs-Unterschiede ein. Aber wenn Interpreten überhaupt erfaßt haben, daß hier nicht nur hübsche Tonfolgen gespielt sein wollen, sondern artikulierbare Gegensätze, dann können sie auch auf andere Weise dem Satz graziöse dialektische Würde vermitteln. Alfred Brendel

spielt (in seiner zweiten Aufnahme) das legato wie umschattet. Ignaz Paderewski (1860–1941) gelingt eine sehr polnische, sentimentalisierende Beseelung dieses vermeintlichen Tanzsätzchens. Der berühmte Chopin Interpret macht bei jeder Wiederholung aus den abschließenden letzten beiden Vorhalten der rechten Hand (Beispiel 221, vorletzter und letzter Takt) ein Rubato, besser: eine Belcanto-Fermate, so daß der Gegensatz zwischen leichter Bewegung und gefühlvollem Innehalten bewußt empfindsam übertrieben erscheint. Mark Hambourg läßt in die Staccato-Takte ein forciertes Moment kapriziöser Scherzhaftigkeit und Mutwilligkeit einfließen. Nur jene zahlreichen Interpreten zwischen Geza Anda und Elly Ney, die den Kontrast gar nicht erst zur Kenntnis nahmen oder die – wie Gulda – auch die Abzüge gelegentlich im Staccato spielen, vermögen nicht für den Satz zu interessieren, weil er sie selber offenbar nicht sehr interessiert. Solomon gelingt es, das Allegretto zwingend zu dramatisieren. Er steigert, und zwar ohne Willkür, die zunächst (Notenbeispiel 220) ja eher verbindlichen Auftakte zu wirklichen Konflikten, dissonierenden Vorhalten (Notenbeispiel 221). Bei Solomon wird der Satz zur von Station zu Station veränderten, ernsten Geschichte eines Auftaktes. Und die Staccato-Kadenzen wirken bei ihm wie begütigende Einwürfe, scheinen die Herbheit dieses Prozesses unterbrechen, aufhalten zu wollen. Solomons Deutung hat einen so hohen Erkenntnisrang, eine so verbindliche emotionale Reichweite, daß sie eine unmittelbare Integration des Allegrettos in den cis-Moll-Sonaten-Gesamtzusammenhang erzwingt.

Wie irreführend es wäre, dieses Nicht-Scherzo wegen einiger existenter Ähnlichkeiten in der Melodiebildung mit dem Scherzo der As-Dur-Sonate Opus 26 in Beziehung zu bringen, läßt sich der Interpretation von Rudolf Serkin entnehmen. Denn Serkin spielt die Oktaven des »Trios« hier eben tatsächlich nicht »sempre legato«, wie Beethoven es zwar für die ruhig geführten Oktaven des Trios aus Opus 26, aber keineswegs auch für die Oktaven des Trios aus dem Allegretto von Opus 27 Nr. 2 gefordert hat. Serkin zeigt, daß sich sogar im Trio dieses Satzes die Phrasierung-Pointe des Anfangs wiederholt. Auch hier folgt entschiedenem Legato-Anfang eine Kadenz mit Staccato und »Abzug«. Wir würden Serkins Interpretation gewiß überinterpretieren zum Spiegelkabinett, wenn wir unterstellten, so wie das Allegretto die emotionalen Konflikte der Sonate in empfindsam-kapriziöser Form spiegele, reflektiere wiederum das Trio die Artikulations-Pointen des Allegrettos. Für solche aufgeplusterten Behauptungen mag ein einziger Staccato-Punkt ein etwas bescheidener Beleg sein.

Beispiel 222

Trotzdem: der Notentext erlaubt es Rudolf Serkin, die Oktaven zu Beginn des Trios gewichtig synkopisch zu binden und sie darauf, lebhaft kontrastierend, in leichtem Staccato zu spielen. Der Notentext erlaubt es – zweiter Teil des Trios – einem Ignaz Paderewski und einem Horowitz, die tiefen Oktaven so gedrängt und schwer zu nehmen, daß der Trio-Satz unmittelbar erinnert an die lastenden as-Moll-Synkopen in der dritten Variation aus Opus 26. Da nun aber der Hauptteil des Allegrettos der Mondschein-Sonate den Phrasierungs-Konflikt der vierten Variation austrug, ist es nicht willkürlich, sich vom »Trio« an die dritte Variation aus Opus 26 erinnern zu lassen.

Nun besagen solche »Bezüge« nicht allzuviel. Aber wenn sie ohne Vergewaltigung des Gegebenen herausspielbar und heraushörbar sind, dann tragen sie, diesseits aller Analogien-Jägerei, doch zumindest zur Verdeutlichung des jeweils vorliegenden Noten-Tatbestandes bei: also zur Verdeutlichung dessen, was vielleicht allzu unauffällig in ein kurzes Musikstück gebannt ist und der Erlösung harrt. So wie in Opus 26 eine affektgemischte Variation auf den radikalen Ton der vorhergehenden folgte, so folgt eben in der cis-Moll-Sonate ein Allegretto, das seine zarten, flüchtigeren Konflikte austrägt, der Exzentrik des Kopfsatzes. Je sprechender die Pianisten derartige Zusammenhänge herausbringen können, desto mehr spricht für sie: für die Pianisten und die Zusammenhänge.

Daß also im zweiten Teil des Allegrettos die Tendenz zum Legato sich eher verstärkt, daß der Satz ruhig und ohne jedes Staccato schließt, scheint das Ende eines entfalteten und ausgetragenen Gegensatzes, eines sozusagen begrenzten Konfliktes zu sein. Ein begütigendes, friedliches, idyllisches Ende. Da steht denn auch »Fine«, und nicht »Attacca subito il seguente«, wie nach dem Adagio. Im Finale kommt apokalyptisch hemmungslos ans Licht, wie trügerisch dieser Frieden war.

Der Satz beginnt piano. Zwei Takte Sechzehntel-Arpeggien, ohne crescendo, der Baß akzentuiert einen stampfenden Rhythmus. Dann ein sforzato-Akkord, der Baß erstmals oktaviert. Sogleich, Ende des 2. Taktes, Akkord-Wiederholung, aber ohne sforzato, ohne Oktave links, nun auch ohne Pedal (das hier verstärkende *Register-Wirkung* gehabt hat).

266

Also: heraufsausende Passagen, die sich trotz aller diesbezüglichen Verlockung nicht steigern, weil die Verweigerung einer naheliegenden Tendenz affektvoller sein kann als die Tendenz selbst. Wir erinnern uns: Bei der Interpretation des Largos aus Opus 10 Nr. 3 oder bei gewissen fahlen Farbflecken in der Durchführung des Kopfsatzes der Pathétique wirkte die Verweigerung von Ausdruck »ausdrucksvoller« als noch so überquellendes Espressivo. An diese Pathétique-Erfahrung (Notenbeispiel 125) knüpft das Mondschein-Sonaten-Presto an.

Doch das Geduckt-Verhaltene und Wüst-Exzentrische dieses Anfangs scheint aberwitzig schwer einholbar. Vladimir Horowitz schloß in seiner zweiten Schallplatten-Einspielung aus dem gegebenen Sachverhalt, Beethoven meine den Anfang als ganzen nicht nur rasch, sondern flüchtig, wie ein Vorspiel, einen Vorhang. Horowitz wischt darum den zweiten Akkord (2. Takt des Beispiels 223, letztes Viertel) wie ein abgerissenes Echo auf den ersten weg. Um seine Auffassung penibel durchsetzen zu können, betrachtet Horowitz den ganzen Beginn wie eine lange, unruhige, gestaltlose Vorbereitung, die halblaut aufs erst im neunten Takt erreichte »Forte« hinzielt, hinzischt.

Diese Auffassung wirkt logisch, gleichwohl erkünstelt. Warum sollten die sforzati im Zusammenhang einer einzigen Motiv-Aufstellung so verschiedenes Gewicht besitzen dürfen, also zunächst beiläufig, später monumental verstehbar sein?

Walter Klien (1928 in Graz geboren, Schüler von Arturo Benedetti-Michelangeli) gibt das Finale, namentlich dessen Beginn, faszinierend durchdacht wieder. Er macht – nicht etwa lehrhaft, sondern fesselnd – aufmerksam, worauf es hier ankommt, indem er schon während der Aufstellung des ersten Komplexes den Zusammenhang exponiert zwischen der von Beethoven bereits am Anfang klar auskomponierten Beschleunigung und der panischen Zweiunddreißigstel-Verdoppelung, die sich in der Coda ereignet. Zunächst dauert es ja dreimal hintereinander jeweils zwei Takte lang, bis über die Oktaven hin die Arpeggien ihr sforzato-Ziel erreicht haben (Notenbeispiel 223, Takt 1–6). Das ist erregend genug. Aber dann, wie unter einer Überspannung, verkürzt Beethoven den Aufschwung. Er braucht plötzlich nur noch einen Takt, um die Distanz von drei Oktaven zu überwinden (Notenbeispiel 223, Takt 7 und 8). Der ohnehin ungeheuerlich komponierte Ausbruch wird durch diesen beschleunigenden Eingriff vehement, ja hysterisch gesteigert. Walter Klien artikuliert das in schärfstem Tempo unverlierbar:

Beispiel 223

Kommt diese Zusammendrängung mit rückhaltlosem Nachdruck heraus, dann antizipiert sie zugleich auch den Coda-Höhepunkt des
Prestos, jene riesige, erstarrende Arpeggio-Steigerung (Notenbeispiel
224, 5. Takt). Danach setzt dann das während des ganzen Satzes obses-
sionsartig wiederholte, gleichsam »singende« Presto-Motiv in neuer
Farbe neu wieder ein (Notenbeispiel 224, 6. bis letzter Takt):

Beispiel 224

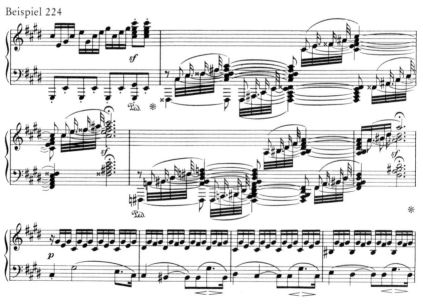

Interpreten, die dieses Finale wie einen gewöhnlichen oder vielleicht auch etwas ungewöhnlichen Sonaten-Satz spielen und verständlich zu machen suchen, verhalten sich korrekt, unangefochten – und darum höchst anfechtbar. Es ist natürlich möglich, die begrenzte Anzahl der hier miteinander in sonatenhafter Folge komponierten Themen als Bausteine einer wohlbekannten Form zu erkennen, wiederzuerkennen. Und es wäre – wenn man alles auf diese Sonaten-Form, wie auf ein Grundschema projiziert – natürlich keineswegs eine das Formschema suspendierende Ausnahme, daß das »zweite Thema« (im Notenbeispiel 224 waren es die letzten vier Baß-Takte) nicht immer im gleichen Kontext an das Material der ersten Themengruppe anschließt, sondern manchmal direkt an die Sechzehntel-Passagen anknüpft, manchmal nach einer Fermate einsetzt oder eben am Ende des Stückes (Notenbeispiel 224) als elegisch variierte Antwort auf den schneidendsten Ausbruch des Satzes erfolgt.

So ließe sich das Presto logisch sonatenhaft verstehen: aber auf die Gefahr einer klassizistischen Verkleinerung, einer formalistischen Domestizierung hin.

Denn: die Sonatensatz-Momente produzieren in diesem Finale eine so radikale Energie, einen so frei und jäh wirkenden Lauf, Verlauf, Amoklauf, daß gerade in guten, nämlich wilden und rücksichtslos stürmischen Interpretationen die beschworene Affekt-Gegenwart alle – sei's formal analysierbare, sei's psychologisierend nacherzählbare – souveräne Disposition wegzudrängen scheint. Das Problem des Satzes lautet: kann es gelingen, über alle didaktische Behutsamkeit und Pedanterie hinweg ein jedes Momentan-Ereignis absolut zu setzen, Wirklichkeit werden zu lassen, aber dabei trotz des »Presto agitato«-Rausches darzustellen, inwiefern es sich doch um mehr handelt als nur um punktuelle, aus Aktion und Reaktion, Spannung und Überspannung, unmittelbarer Steigerung und Entladung komponierte Musikereignisse? Nämlich um die über alle Affektspontaneität hinaus kontinuierliche Erzählung einer erregten Geschichte...

Der »Augenblick« soll hier nie – sonst wäre die Interpretation hausbacken – wohldisponiertes, wohlserviertes Teilmoment einer logisch vorgeführten Form sein. Und selbst die wahnsinnsnahe Verbissenheit ins Einzelne, der manchmal fahle Pausen folgen, darf trotz aller Ekstatik den Kontext und den »Stellenwert« des Geschehens nicht ganz wegglühen. Diese Dialektik zwischen Einzelnem und Ganzem gehört gewiß zur Problematik jeder angemessenen Interpretation großangelegter musikalischer Formen. Aber im Finale der Mondschein-Sonate wäre ein – sonst statthaftes – ruhig platzanweisendes Kalkulieren und Dosieren der jeweiligen Augenblicke zu *Momenten der Großform* geradezu eine Sünde gegen die Unmittelbarkeit des Werkes.

Interpreten, die hier kühl Herr der Lage bleiben wollen, statt sich wegzuwerfen an den »agitato«-Rausch, verraten nicht nur die Spontaneität der Momente, sondern auch den Formverlauf, dessen riesige Kurve ja nicht abstrakt disponierbar ist, sondern sinnleer bleibt ohne forcierte Gegenwärtigkeit der Einzelmomente.

Nur eine Interpretation von hitzigster Vergegenwärtigungskraft vermag die »Dialektik«, die Verschränktheit der beiden soeben umschriebenen, einander scheinbar ausschließenden Impulse vorzuführen. Nur ein extrem erregter Zugriff bringt es fertig, daß die Tendenzen, wie sie in Notenbeispiel 223 und 224 fixiert sind, fühlbar werden. In der Coda (Notenbeispiel 224) ist ja die Beschleunigung wahrhaft »unerhört«: zum ersten Male erscheinen 32tel im Presto agitato. Die heraufbrechenden gehaltenen Akkorde kulminieren in Fermaten. Die 1. Fermate (3. Takt des Notenbeispiels 224) folgt auf Zweiunddreißigstel, die 2. Fermate (5. Takt) auf langsamere Sechzehntel. Und nach der zweiten Fermate wiederholt dann der Baß das bereits vorher so obsessionshaft durchgeführte »zweite Thema«.

Dieser Coda-Moment meint also nicht nur sich selbst, sondern sonatenlogischerweise auch seine Vorgeschichte. Die »Beschleunigung« der Sechzehntel gehört von Anfang an zur emotionalen Reichweite dieses Prestos (Notenbeispiel 223). Und daß die kontrastierende Beziehung des »zweiten Themas« zu den gebrochenen Dreiklängen den eigentlichen Presto-Prozeß bedeutet, ist in dem Augenblick unbezweifelbar, da ein Interpret vorzuführen weiß, wie vorbehaltlos sich der Satz in der Durchführung an dieser singenden Presto-Geste berauscht.

Nur, auf welche Weise läßt sich diese Doppel-Motivation aus Augenblick und Vorgeschichte – wie sie hier zusammentrifft – pianistisch angemessen darstellen? Friedrich Gulda, der in der Mondschein-Sonate über die an ihm sonst so oft zu beobachtende Expressionsscheu hinauskam, verbindet in dieser Coda mehrere wirkungsvolle Ausdruckshaltungen. Er ist, zunächst, seiner mit eisern motorischem Elan erreichten Spannung so sicher, daß er die zweite Fermate (nach ohnehin relativ langsamerer Bewegung, aus Zweiunddreißigsteln sind wieder Sechzehntel geworden – Notenbeispiel 223, 5. Takt) sieben Sekunden lang aushält: enorm lang im »Presto«-Zusammenhang. Diese Freiheit nahm sich allerdings nur der junge Gulda. Später, in seiner Gesamteinspielung aus den sechziger Jahren, billigte er dieser Fermate nur halb soviel Zeit zu, leider. Als junger Pianist tönte Gulda auch den Wiedereintritt des Seitenthemas wie gebrochen, fast elegisch ab. Die Ruhe, mit der er ein sanftes ritardando andeutet, mehr noch der versonnene, wie benommene Ausdruck, welcher beim frühen Gulda den etwas reicheren Harmonien dieses Zweiten Motivs zuteil wird (Beispiel 224, namentlich der Beginn des letzten Taktes): alles das wirkte einerseits wie ein erschrecktes Produkt des Vorhergehenden und bereitete andererseits den allerletzten Ausbruch vor, also die Oktaven und Riesen-Arpeggien, endlich den Triller, dem eine Kadenz in kleinen Noten und schließlich das Adagio-Erstarren folgt. In direktem Zusammenhang mit der Spannung, die ein Pianist hier herzustellen vermag, steht die Dauer, die er sich für die hallende Unendlichkeit der beiden tiefen Adagio-Oktaven am Schluß des Mondschein-Sonaten-Finales »leisten« kann.

Beispiel 225

Gewiß: einfach langsam werden, bloß weil »Adagio« dasteht, ist keine Kunst, falls der Interpret ohne weiteres in Kauf nimmt, daß der mühsam reproduzierte Verlauf dieses Sturm-Finales schlicht zerfällt. Manche treibt die Unruhe weiter, die Angst, das Gefühl, den Bogen nicht überspannen zu dürfen. Wie konzessionslos ein Solomon dies Final-Ende als Tragödie samt Peripetie und Katastrophe zu begreifen scheint, dafür spricht der Umstand, daß Solomon in die drei Takte vom Beginn des Trillers bis zum Beginn des Tempos I über eine halbe Minute investiert. Walter Klien und Gulda, in seiner früheren Aufnahme, finden gleichfalls Zeit und Kraft für fast eine halbe Minute. Wohlgemerkt: im Presto agitato, wo eine solche halbe Minute einem ungeheuerlichen Stillstands-Exzeß gleichkommt. Kein Wunder, daß normalere Pianisten diese gewiß nicht normale Stelle irgendwie »normaler«, das heißt erheblich rascher absolvieren.

Ob der große Adagio-Presto-Kontrast der Ecksätze oder der Adagio-Presto-Gegensatz am Ende des Finales: ganz offenbar charakterisieren extreme Haltungen und Tempi das Werk, ganz offenbar will das mittlere Allegretto diese Spannung nicht etwa »versöhnen« oder gar aufheben. Es reflektiert die Erregung der cis-Moll-Umgebung, indem es Phrasierungs-Pointen und Vorhaltssteigerungen zum tänzerischen Intermezzo in Cis-

Dur (= Des-Dur) stilisiert. Der extreme Impuls aber bleibt immer ungebrochen. Die diesbezüglichen Forderungen des »Presto agitato« (ohne
jede Einschränkung, ohne jedes »ma non troppo« oder »ma non tanto«)
liegen sozusagen auf der Hand, mögen sie manchmal unsäglich schlecht
in der Hand liegen. Pianisten, die hier auf Sicherheit spielen, sind
ohnehin disqualifiziert. Bei Horowitz wiederum, der es an Geschwindigkeit nicht fehlen läßt, spürt man, was der geniale Virtuose gewiß nicht
demonstrieren wollte: nämlich daß Sauberkeit und Anschlags-Finessen
und überlegene Pointierung stören, wenn sich damit die Attitüde allzu
großer Überlegenheit verbindet. Daß jemand noch »Zeit« und »Witz«
aufbringt, Baßlinien zu entdecken und Mittelstimmen auszuspielen, wie
Horowitz es tut, wenn er etwa sehr reizvoll mit dem Daumen der
rechten Hand die hier wohl noch von niemanden hervorgehobene, aber
auch nicht gerade lebenswichtige Linie cis – cis – cis – h abtönt –

Beispiel 226

das wirkt im Moment gewiß originell auf den Mondschein-Sonatensamm-
ler (und welcher Konzertbesucher oder Schallplattenhorter ließe sich da
nicht zum »Nanu«-Effekt provozieren?). Doch so reizvoll es auch sein
mag, einen Horowitz selbst im Presto-Tempo und diese oder jene Blume
am Wegrand pflücken zu sehen – dem Ganzen schadet es doch. Unser
Gefühl wehrt sich: wer dafür noch Zeit findet, wie will der – und eile er
noch so sehr – plausibel machen, daß er ein Gejagter sei...
Yves Nat und Elly Ney, zwei Beethoven-Interpreten alten Schlags,
lassen es auf beträchtliche Tempo-Schwankungen zwischen den einzelnen Abschnitten vor allem des weitausgesponnenen Seitensatzes ankommen. Gewiß nicht, um irgendwelche eleganten Funde vorzuführen. Aber,
dies sei unterstellt, auch nicht aus physischer Schwäche, sondern um der
verdeutlichenden, steigernden Artikulation willen. Geza Anda, bei sehr
scharfem Tempo, und Wilhelm Backhaus bemühten sich, Tempogegen-
sätze zwischen den sehr unterschiedlichen, manchmal wild hämmernden,
manchmal empfindsameren Motivblöcken zu vermeiden. Verlangsamungen, die nicht das Grundtempo selbst verändern, sondern nur als Besonderheiten innerhalb eines konstituierten und stets als indirekte Forderung
präsenten Tempo-Grundsatzes spürbar werden, beschädigen das Ganze

ja nicht, solange die Varianten, die kleinen Beschleunigungen oder Verzögerungen sich nicht im Bewußtsein der Hörenden so vordrängen, daß zu wenig Raum bleibt für den eigentlichen Presto-Prozeß. Von Gulda, Klien, Serkin, Solomon wird dieser Prozeß als logisch, aber auch psychologisch sich steigernder und variierender Gegensatz zwischen dem zweiten Thema (im »singenden Presto«), den Arpeggien und den motorisch gesteigerten Tonwiederholungen vorgetragen. Sie alle unterstreichen – verstärkend, begründend, artikulierend, nicht nur mechanisch reproduzierend – die Geschehnis-Struktur, die auf eine äußerste Steigerung angelegt ist (Notenbeispiel 224) und auf einen »Adagio«-Zusammenbruch hinausläuft (Notenbeispiel 225). Alfred Brendel – und meine Argumentation nähert sich nun bedenklich derjenigen eines Opernkritikers, der darüber informiert, ob Don Giovanni schon nach der Begegnung mit den »Masken« im 1. Finale oder doch erst nach dem Nicken des Komturs im 2. Akt Anzeichen von Todesangst demonstrierte – verlegt übrigens den großen »elegischen« Ton, den am Ende des Satzes die meisten Interpreten wählen, bereits in den Beginn der Reprise. Darum muß Brendel freilich in der Coda, wo die Ereignisse sich türmen, sehr viel und mehr als andere Interpreten das Tempo anziehen (weil er sich allzu früh große Zurückhaltung auferlegt hatte). Und dann fehlt es ihm an emotionalem Spielraum, das Erlöschen des »zweiten Themas« nach den beiden Fermaten (Notenbeispiel 223) darzustellen.

Wie wenig es sich – wenn Musik durchdacht und mit Gefühl für die Konsequenzen von Ausdruckshaltungen geboten wird – bei alledem um Schlecht-Subjektives handelt, sondern um die Erfüllung gegebener Sachzwänge, wird in der Durchführung dieses Finales evident (Notenbeispiel 228), wo Beethoven seine Obsession, sein »zweites Thema« mit Ereignissen, Erfindungen nur so überschüttet, es auf Wege und Umwege in ferne Tonarten entläßt. In dieser Durchführung wird jeder Pianist langsamer. Rubinstein ebenso wie Gulda, Serkin nicht anders als Horowitz. Das Presto-Drama erzwingt eben in der Coda seine Konsequenzen und in der Durchführung seine Freiheiten.

Beethovens Autorität war so groß, daß nicht nur Schubert unter ihr litt, sondern daß auch die Interpreten Schubertscher Klaviersonaten oft genug einen ganz und gar unangemessenen Beethovenschen Ton anschlugen. 1973 hat ein junger Pianist – Radu Lupu – mit beträchtlicher Konsequenz den umgekehrten Weg versucht: in einer Zeit des endlich wiederentfachten Schubert-Enthusiasmus hat Lupu es unternommen, die Mondschein-Sonate schubertisch quellend, schubertisch dramatisch, schubertisch verweilend, schubertisch melodiös, schubertisch natürlich, schubertisch diskret vorzutragen. Diese Interpretations-Haltung fängt nicht bei irgendwelchen stilistischen oder technischen Einzelheiten an, sondern beim Ton, den Lupu erzeugt: das Beethovensche cis-Moll klingt unter seinen Händen so samten, so blühend und elegisch, wie Maurizio Pollini oder Vladimir Ashkenazy ihren Schubert spielen.

Stilistische Übereinkünfte, mögen sie sich noch so großer allgemeiner Selbstverständlichkeit erfreuen, sind grundsätzlich antastbar. (Denn, ich habe es schon oft betont, nur der »Buchstabe« ist gegebene Voraussetzung, aber nicht der »Geist« einer Sache. Der will immer wieder neu erworben sein.) So wäre es also zunächst kein Argument gegen die Interpretation Lupus, daß sie so anders, so schubertisch klingt. In der Durchführung des Finales, die alle Pianisten farbiger, klangsinnlicher, schweifender (und darum, wie erwähnt, etwas langsamer) spielen, findet Lupu eine überraschende Schubertiade. Er interessiert sich nämlich nicht nur für das Weiter-Stürmen des eigentlichen »Themas« in der linken Hand, sondern er holt aus der Begleitstimme der Rechten eine typisch schubertische Schaukel-Fließbewegung heraus, indem er immer erstes und drittes Sechzehntel betont und einen entzückend melodischen Kontrapunkt gewinnt aus klingenden Terzen und Quarten. In den ersten beiden Liedern aus Schuberts ›Müllerin‹-Zyklus oder in der vierten Variation des B-Dur-Impromptus (Notenbeispiel 227) oder an zahllosen anderen Stellen schreibt Schubert eine so harmonisch wiegende Begleitung vor:

Beispiel 227

Auch wenn die Notenbilder sich recht ähnlich sehen: ausgerechnet während der exzentrischen Durchführung des Mondschein-Sonaten-Prestos soviel Schubert-Zauber zu erspüren, wie Lupu es tut, das ist schon ein unerhörter Überraschungs-Effekt (Notenbeispiel 228).

Merkwürdigerweise wirkt die Verzauberung und Entschärfung des Presto agitato zum raschen, aber nie schneidend dramatischen cis-Moll-Traum bei Lupu immer noch akzeptabler (mehr originell als zwingend, mehr romantisch rauschend als auf Ziele und Entscheidungen angelegt), immer noch weniger »falsch« als die Verschubertung des Adagios. Dabei akzentuiert Lupu den Glocken-Effekt – als entstamme er einer Schubert-

274

Beispiel 228

schen Liedbegleitung – durchaus mit empfindsamer Beharrlichkeit.
Doch auch das rettet den ersten Satz nicht, weil die Schubertsche
Agogik, das atmende Eingehen auf punktierte Rhythmen, das natürlich-
träumerische »Verweile doch« im Beethoven-Adagio ärgerlich sentimental, affektiert, schwankend anmutet. Seltsamerweise weist der langsame
Satz Lupus Stilprozeduren strenger ab als das Presto. Legt Lupus Experiment die Konsequenz nahe, daß der Wesensunterschied zwischen Schuberts und Beethovens langsamen Sätzen noch größer sei als der zwischen
den raschen? Oder läßt das Presto, einfach weil der Pianist alle Hände
voll zu tun hat, dem Interpreten, wenn er Beethovens manuelle
Aufgaben und Phrasierungsvorschriften erfüllen will, platterdings weniger Zeit für allzu einschneidende Abweichungen und Irrtümer? Auch
wer Lupus Experiment nicht übermäßig ernstnehmen mag, dürfte sich
über dieses Fazit wundern und die Mondschein-Sonate einmal mehr in
neuem Lichte sehen.

15. SONATE

Sonate Opus 28 D-Dur (1801)

Allegro
Andante
Scherzo *Allegro vivace*
Rondo *Allegro, ma non troppo*

Lebendig-lyrische Charaktere, auf pochend bewegtem Orgelpunkt-grund sich entfaltend, von melodischen Nebenstimmen und empfind-samen Episoden bereichert, erfüllen Kopfsatz und Finale der – von Beethovens Hamburger Verleger A. Cranz nicht unpassend so genann-ten – »Sonate pastorale«. Dem vielstimmigen und farbigen Anfangs-allegro folgt ein d-Moll-Andante: kein wilder, sondern ein milder, verhaltener, tänzerisch unterbrochener Trauermarsch.
Scherzo und Finale bestätigen die »Idee« des Kopfsatzes: hier geht es nicht um Exzentrizität, sondern um erfüllte Identität. Melodisches Selbstbewußtsein, Freiheit, Kunstfertigkeit und kraftvolle Virtuosität machen unentscheidbar, ja zum Scheinproblem, ob in Opus 28 kon-trastierende Themen und Sätze den »Verlauf« prägen oder ob hier melodisch strömende Musik, in ihre bewegte Stille hineinlauschend, immer neue Charaktere entläßt.

Diese idyllische und großzügige Sonate wird von Anfang an geprägt durch orgelpunktartige Bildungen. Sie bewirken etwas Doppeltes: sie stiften Identität (als immer wiederkehrende, feste Modelle) – und sie motovieren die Weiterbewegung. Sollten diese beiden Funktionen schwer zusammenzudenken sein, so braucht ein solcher »Widerspruch« weder den Analytiker, noch weniger den Pianisten zu erschrecken. Vielleicht hatte Beethoven es darauf abgesehen, die Spannung dieses Gegensatzes fruchtbar zu machen.
Das Orgelpunkt-d, das den Verlauf von Anfang an 24 Takte lang begleitet und dann nach kurzer Unterbrechung gleich wieder aufgenom-men wird, unterscheidet sich auf den ersten Blick vielleicht gar nicht allzu sehr etwa von den immer wiederkehrenden vier Paukenschlägen aus dem ersten Satz des Beethovenschen Violinkonzertes, die dort gleich-

falls ein d fixieren, als klar erkennbares, charakteristisches, logisch einge-
setztes Form-Signal. Im Violinkonzert haben die vier Pauken-d's, laut
Kurt von Fischer, die Funktion, »entwicklungsmotivische Einleitung des
Hauptthemas« zu sein, (›Die Beziehung von Form und Motiv in Beethovens Instrumentalwerken‹, S. 119).

Läßt sich eine derart präzise und belegbare Auskunft auch erteilen über
Sinn und Funktion des pochenden Orgelpunktes im ersten Satz der
Sonate Opus 28? Wenn man von den sehr verschiedenen Interpreta-
tionen dieses Orgelpunktanfangs ausgeht, offenbar nicht ohne weiteres.

Zunächst können wir hier aus einer Fixierungsnot vielleicht eine Hypo-
thesen-Tugend ableiten: wahrscheinlich hängt es mit der spezifischen
Formgebung, mit dem weicheren Tonfall dieser Sonate zusammen, daß
jede allzu eindeutig charakterisierende Bestimmung ihrer Momente auf
vorlaut präzisierende Vergewaltigung hinausläuft. Die bewußte »lyrische« Unschärfe der Ränder, der Teilmomente gehört hier zur Substanz
der Sache. Je nachdem, wie sehr Pianisten sich einlassen auf die zarte
Verhüllung der Grenzen, auf die weniger dialektische als identitätsbe-
wußt strömende, manchmal fast symphonisch reiche Ruhe dieser Musik,
unterscheiden sich die Interpretationen voneinander.

Diese Unterschiede beginnen mit dem ersten Ton, nämlich mit der Funktion, die dem Orgelpunkt, jenem unaufhörlich pochenden d, zugestan-
den wird. Dieter Zechlin – von dem es eine sehr frische, korrekte, auf
zurückhaltende Objektivität bedachte Gesamteinspielung der Sonaten
gibt, die in Leipzig fürs Beethoven-Jahr 1970 produziert wurde –, Dieter
Zechlin will die jeweils drei d-Töne des Basses nicht überbewerten.
Zechlin befürchtet offenkundig Monotonie, wenn er das immergleiche,
allzu einprägsame Pochen auch noch mit Ausdruck oder Bedeutung
belädt. Darum faßt er den Satz, wie bereits Hugo Riemann empfohlen
hat, sehr rasch auf, ganztaktig. Bei Zechlin vernimmt man zwar noch,
daß sich im Baß hurtig Töne wiederholen, aber diese rasche Information
bleibt gewicht- und bedeutungslos: denn Zechlin spielt nicht in Vierteln,
sondern in ganzen Takten (die halt rhythmisch von einem leisen, gleichmäßig ratternden d begleitet sind). Zechlin betont das sich langsam
konstituierende Hauptthema und die präzis hervortretenden Nebenstimmen. So wird die ruhige Tenorstimme (3.–7. Takt des Notenbeispiels
229) zur klar erkennbaren Anspielung auf Mozarts berühmte »Ur-
Linie«, wie sie als Fugenmotiv im G-Dur-Streichquartett KV 387 oder
auch im Finale der Jupiter-Symphonie vorkommt. Diese Mozart-Assoziation, die Zechlin und Claudio Arrau deutlich hervorheben, ist (als
mögliche Assoziation) unanfechtbar, wenn vielleicht auch nur ein Zufalls-

produkt. Immerhin sind die Übereinstimmungen frappierend: sowohl bei Beethoven wie Mozart erscheint das Thema ganztaktig.

Aber was erbringt diese vor allem im raschen Tempo leicht darstellbare Analogie? Im Zusammenhang mit Opus 28 kaum mehr als einen »Aha«-Effekt... Diesem Effekt, aber mehr noch der sonst oft so wünschenswerten Klarheit, muß dann freilich Wesentlicheres geopfert werden. Der erste Satz der D-Dur-Sonate, von einem vernünftigen Kopf und wohltrainierten Fingern übersichtlich gemacht, gerät unversehens allzu durchschaubar. Und dann gleich ein wenig zu selbstverständlich, eindeutig, offenkundig, »obvious«. Spielt ein Pianist dieses Stück, in dem Beethoven das Bestreben erkennen läßt, auch »die klanglichen Mittel des Pianoforte auszubeuten«, mozartisch-detachiert, eher auf klare Stimmführung als auf lebendige Stimmung bedacht, dann stellt sich manchmal motorisch bewegte Unbeträchtlichkeit ein (was übrigens auch erklären würde, warum die ›Pastorale‹ für manche Musiker im Schatten der sogenannten Bekenntnis-Sonaten steht). Dabei hat Artur Schnabel gezeigt, daß in der Pastoral-Sonate mehr steckt, als Arraus unbewegte Schönheitsfeier oder gar Zechlins tüchtig gesunde Motorik ahnen läßt. Denn Schnabel – und darin eifern ihm Kempff, Barenboim, Yves Nat, Bruno-Leonardo Gelber nach – wagt es, in seine Interpretation des ersten Satzes der »Pastoral-Sonate« musikgeschichtliche Erfahrungen des späteren 19. Jahrhunderts hineinzunehmen, ob es sich nun um Bruckners von Orgelpunkten und Polyphonien hallende Symphonien oder um den ersten Satz von Brahms' 2. Symphonie (gleichfalls D-Dur) handelt, der weiterzuentwickeln scheint, was der Kopfsatz von Beethovens Opus 28 birgt. Schnabel legt auf jeden einzelnen Orgelpunkt-Ton »Gewicht«. Da schlägt kein leises, mechanisch trommelndes Metronom, sondern es erklingt ein sich nicht vordrängender, wohl aber mitgehender, mitfühlender, steigernder, kontrastierender, spannungsvoll pochender Kommentar. Das tiefe d holt Schnabel wie einen Naturlaut aus der Stille – und er versteht es, diesen unaufhörlich klopfenden Ton zum Echo eines schlagenden Herzens zu machen: diskreter psychologischer Kommentar und motorische Urzelle zugleich. Der Sonatensatz wird unter Schnabels Händen Inbegriff einer natürlichen Entfaltung.

»Natur-Mystik«, wie sie in Schuberts großer C-Dur-Symphonie oder gar in Bruckners 4. Symphonie, der »Romantischen«, erhaben mitklingt, wäre ein zu großes Wort für Beethovens Opus 28. Aber von einem meditativen Moment, das den Ton nicht nur als Zeichen, als Funktions- oder Motiv-Träger gelten läßt, sondern als hallende, nachhallende Qualität, darf hier die Rede sein. Pianisten, die – wie Yves Nat

– behutsam darauf achten, daß in diesem Allegro alles schön und träumerisch ausklingt, geraten freilich in Gefahr, um des pastoralen Friedens willen Beethovens sforzato-Vorschriften zu ignorieren. Mag der Satz auch Idylle sein, auf alle Fälle ist er eine (mit Beethovenscher Sicherheit strukturierte) *Allegro-Idylle* und kein idyllisches *Andantino-Genre-Stück.* Spannungsvoll und groß gerät der Kopfsatz, wenn die einzelnen Linien (Grenzen) zwar erfühlbar, mitwirkend, mitklingend herauskommen, aber nicht streng dezidiert à la *ich bin die dritte Stimme, und hier fängt das 2. Thema an.* Im Zusammenhang mit Anton Bruckner und dessen scheinbar barocken Zügen hat Ernst Kurth aufschlußreich unterschieden zwischen barocker (begrenzter) »Vielstimmigkeit« und Brucknerscher (unbestimmbar freier) »Allstimmigkeit«. An diese Differenzierung läßt bereits der Beginn von Beethovens D-Dur-Sonate denken, wo der Gegensatz zu »klar« gewiß nicht »unklar« heißt, sondern »dämmernd«, »verschattet«. Was die Stimmführung angeht, so scheint sie nicht in erster Linie auf ein entschiedenes Durchhalten und Abzählen der einzelnen Verläufe angelegt:

Beispiel 229

Der im Notenbeispiel 229 zitierte Teil des Anfangs erscheint in der Durchführung noch um einige Kontrapunkte und Mollwendungen bereichert. Abgezirkelte Klarheit ist hier nicht mehr der Güter Höchstes. Genausowenig läßt sich eindeutig bestimmen, wo das »zweite« Thema anhebt. Es setzt nämlich in dreifacher Folge ein. Dabei geht es übrigens nicht um jenes oft so müßige und immer so sture Abwägen, welcher von mehreren gesanglichen Komplexen denn nun als »das« zweite Thema anzusprechen sei: *diese Melodie,* die immerhin auch in der Durchführung bevorzugt drankommt, oder vielleicht *jenes herzlich belanglose Mini-Motiv,* das immerhin so brav in der Dominant-Tonart steht.
In der »Sonata Pastorale« fügt, ja schleicht sich das Gesangsthema ganz allmählich in den Organismus. Manche Pianisten glauben gebildet entscheiden zu sollen, wann die Melodie gewissermaßen »nur so« singt und von welchem Moment an dann regelrecht beglaubigt durch die Tonartfolge. Diese Pianisten verdienen Lob für ihr strukturerläuterndes Wohlverhalten. Aber doch nur ein zurückhaltendes Lob. Denn wenn Beethoven

(Notenbeispiel 230, 1. und 2. Takt) die Begleitfigur, die »eigentlich« erst zum Gesangsthema gehört, in den Schluß der Überleitungsmodulation hineintönen läßt (Richard Rosenberg hat, a.a.O., S. 196, diese Überschneidung erkannt und genau belegt), wenn die folgende Cis-Dur-Kantilene mit einer sogenannten Leittonspannung einsetzt und über herrlich verhaltene Modulationen – Duett von Sopran und Baß – endlich zum gewünschten Dominant-A führt, dann entwickelt sich eine glühend zarte melodische Entfaltung organisch in mehreren Stufen!

Bruno Leonardo Gelber macht innerhalb dieser frei strömenden Entfaltung diskret auf einen, aber eben nicht den einzigen, wichtigen Schritt aufmerksam. Wenn beginnt, was der Regel nach umstandslos als Seitenthema anzusprechen wäre, wenn also die Melodie sich in A-Dur präsentiert (Takt 15 des Notenbeispiels 230), dann wird zwar Gelber nicht plötzlich, wie auf Kommando, »kantabel« (so als habe der Kontext vorher ein ganz anderes, weniger kantables Material geboten), sondern er führt mit verstärkter Intensität vor, inwiefern sich die Richtung der Melodie geändert hat. Aus den aufstrebenden Leitton-Bewegungen his-cis (Notenbeispiel 230, Takt 2 und 3) oder cis-dis (zwei Takte später) ist eine ruhige, besänftigende, zart entspannte Umkehrung geworden (d-cis, Takt 14–15 usf.).

So wie mithin die Vielstimmigkeit des Sonatenbeginns in zarter Schwebe verharrte, so vollzieht sich also auch der Anfang »des« Gesangsthemas in dämmernder Unbestimmbarkeit. Zuerst greifen die Begleitachtel, die Schnabel späterhin wie einen bewegten Kommentar spielen wird, dem melodischen Beginn um zwei Takte vor, dann erst setzen Oberstimme und parallel geführter Baß ein, um sich zum melancholisch-glücklichen Ereignis zu steigern. Bruno Leonardo Gelber und Daniel Barenboim besitzen genug Interpretationstakt, um die pedantische Entscheidung, was denn der zweite Gedanke sei und was bestimmt noch nicht, poetisch zu verweigern, denn pochende Innigkeit erlaubt hier keine Lehrbuch-Eindeutigkeit.

Beispiel 230

Wird die Überleitung zu diesem Seitensatz so zart und ruhig abgetönt wie von Barenboim und Claudio Arrau, dann drängt sich (beim Hören eindringlicher als beim Notenlesen) sogar der Eindruck auf, bereits die Wiederholung der Überleitungs-Akkorde vorher könne der Beginn des Seitensatzes sein. Denn beim ersten Mal drücken die wandernden Staccato-Töne des Basses (Beispiel 231, Takt 4–7) und der folgende verminderte Septakkord (Beispiel 231, Takt 8) noch so etwas wie suchende Unruhe aus – wenn aber bei der Wiederholung (12.–15. Takt des Beispiels 231) der Baß unverändert in seiner Lage bleibt, dann nähert unser Gefühl die plötzlich soviel ruhigere, konsistentere Akkord-Verknüpfung unwillkürlich dem Seitensatz an.

Beispiel 231

Verdämmern, ruhiges Pochen, zarte Gebrochenheit der Konturen: solche Umschreibungen weisen darauf hin, daß der Allegro-Satz, dem motorische Stetigkeit gut bekommt, auf keinen Fall sehr lebhaft oder gar allzu schnell genommen werden darf. Dabei wären nämlich – und dies sollte ein weiteres deutliches Indiz für ein gemäßigtes Tempo sein — jene schwierigen Takte, wo auf Achteltriolen Sechzehntelquintolen folgen, unausführbar. Selbst die üblichen mittelraschen Interpretationen machen eine rhythmisch korrekte Ausführung solcher Passagen anscheinend nahezu unmöglich. Jeder spielt da, so rasch es nur geht, die zweite Triole muß dran glauben...

Beispiel 232

Welche Fülle nach dem endgültigen, tiefen Erstarren der überflüssigerweise oft im Accelerando gespielten Durchführung herrschen kann, lehrt Vladimir Sofronitzky. Sofronitzky nimmt sich (und gibt auf diese Weise Beethoven) die Freiheit, den seltsamen, aus Oktaven, Quarten und Quinten bestehenden Ablauf der Schlußgruppe in einen Hornruf zu verwandeln. Mit diesen Oktaven wissen Arrau und Schnabel nichts Rechtes anzufangen. Denis Matthews spricht in seiner BBC-Monographie ›Beethoven Piano Sonatas‹ (S. 27) sogar die Befürchtung aus, »in performance it can sound dangerously like a waltz« (»im Konzert kann es gefährlich nach Walzer klingen). Sofronitzky aber findet den Stein der Weisen, oder besser: die »blaue Blume«. Denis Matthews kommt in seiner noblen Einspielung des Stückes Sofronitzkys herrlicher Lösung immerhin nahe. Kein Wunder, daß Richter, Gilels und Rostropowitsch nur im Ton der Schwärmerei von diesem Sofronitzky reden, der ein russisch-wüstes Leben geführt zu haben scheint und 1960 starb, eher für seine Romantiker-Interpretationen als für seine Beethoven-Darstellungen berühmt. Sofronitzky also verwandelt den seltsamen Ablauf in ein freies Intermezzo, in einen romantischen Hornruf. Es klingt, als geistere da ein Oberon durch den Wald. Und wenn der Ruf im von Beethoven geforderten Adagio sehnsüchtig zu erstarren scheint, begreift man, wie ahnungsvoll Sofronitzkys Poetisieren war:

Beispiel 233

Das Andante, ein schlichter, melodisch klarer und ruhig ausschwingender Satz – zusammengesetzte dreiteilige Liedform, deren sämtliche Unterabschnitte ohne Verkürzung wiederholt werden –, gleicht einer Miniatur-Szene. Die einzelnen Abschnitte heben sich vollkommen deutlich voneinander ab. So wie der erste Satz seine Identität immer wieder mit Hilfe von zugleich kommentierenden, weiterführenden und zusammenfassenden Orgelpunkten behauptete, so bleibt auch die Identität des Andante-Themas unangetastet.

Daß Beethoven Charakter-Variationen zu spannungsvollen Romanen steigern konnte, wenn er wollte, wissen wir spätestens seit dem ersten Satz von Opus 26: um so entschiedener erkennen wir die Zweiunddreißigstel, mit denen hier das Andante-Thema umgeben wird, als reine, das gegebene Thema bestätigende Figural-Variationen, die der Identität des Themas nirgendwo zu nahetreten. Nur gegen Ende, nach etwas intensiverer (aber mit den Steigerungen, wie wir sie aus den Sonaten Opus 27 kennen, nicht vergleichbarer) Crescendo-Spannung, scheint das Thema um die Sicherheit seines ruhigen Fortschreitens gebracht; es hält inne – zwei Fermaten. Dann zerbricht der Satz – schmerzvoll, ohne Pathos, auch ohne jede selbstbewußte Sonorität.

Dies der Sachverhalt, wie ihn die Noten zumindest nahelegen. Artur Schnabel und Wilhelm Kempff haben sich gleichwohl zwei extrem verschiedene Reime auf diesen Text gemacht. Erste Frage: wie ernst, wie trauermarschgewichtig soll das Thema verstanden werden? Die Staccato-Bässe, die verhältnismäßig geringen dynamischen Unterschiede (kein Forte; zwei Crescendi laufen auf plötzliches piano hinaus) und die ruhige, aber kein Schleppen gestattende »Andante«-Überschrift scheinen Getragenheit mit Verhaltenheit zu verbinden. Also: weniger Tragödienton als stille Trauermarsch-Musik in idyllisch liedhafter Form. So beginnt denn Kempff auch den Satz. Fast leichthin, damit genügend Spielraum für Steigerung ohne Übersteigerung bleibe. Artur Schnabel, und ähnlich macht es auch Bruno Leonardo Gelber, fängt das Andante ernster an, tiefgründiger. Schnabel vertieft sich in den Abgrund eines jeden Akkordes. Und wenn er die Oktavenfortschreitung a-cis im ersten Schluß spielt, dann meißelt der diese beiden Töne (Notenbeispiel 234, 8. Takt) so mächtig heraus, daß einer der größten Ausdrucksaugenblicke Beethovens antizipiert scheint, nämlich der erste Takt des Adagios der »Hammerklaviersonate« Opus 106. In der Sonate Opus 28 heißt es, von Schnabel heftig verdeutlicht, wenn nicht übertrieben, im letzten Takt des folgenden Beispiels:

Beispiel 234

Im fis-Moll-Adagio der »Hammerklaviersonate« werden wir diesem »Vorhang« noch einmal begegnen:

Beispiel 235

Da Schnabel solche Energien in das Thema katapultiert, müssen die Zweiunddreißigstel-Variationen diesen Ernst am Ende flüssig-virtuos auflösen, wie Figural-Variationen es zu tun pflegen. Erst die Coda steigert sich bei Schnabel wieder zur herben Tragödie. Wilhelm Kempff deutet das Stück hoch-poetisch genau umgekehrt. Indem er den Satz verhalten, ja harmlos beginnt, wie ein sanft melancholisches, aber nicht aufdringliches Andante-Lied, verschafft er sich die Möglichkeit, am Schluß die umspielenden zweiunddreißigstel-Passagen gerade nicht als Indiz spielerischer Verzierung aufzufassen, sondern als Ausdruck einer dramatisch gesteigerten Erregung. Bei Kempff wirkt auch der tiefe Ernst des Coda-Schlusses wohlvorbereitet.

Beispiel 236

Kempffs konsequent durchgeführte Absicht, dieses Andante nicht mit gewaltig expressiven Akzenten zu beginnen, sondern es langsam expressiv zu erhitzen, erscheint vom Notentext her durchaus haltbar, plausibel. Den Kontrast zwischen dem Andante-Thema und dem D-Dur-Mittelteil nimmt Kempff zunächst verhalten. Beiden Teilen gemeinsam ist eine ruhige, »pastose« Ausführlichkeit: die Staccato-Begleitung des Anfangs, die nicht allzu langsam und tropfend dargeboten zu werden braucht, kehrt im Mittelteil als Staccato-Lebendigkeit wieder, als freundlicher, wenn auch nicht übermütiger Kontrast. Die letzte Zweiunddreißigstel-Variation, unmittelbar vor Beginn der Coda, umspielt zwar das unverändert bleibende d-Moll-Thema expressiv, aber die veränderte, verdickte Begleitung erscheint nicht mehr im Staccato geführt, sondern streng gebunden! Im Kontext dieses Andantes heißt das doch wohl: gesteigerte Gewichtigkeit. Und wenn danach das motivische Material des Mittelteiles im Moll-Crescendo wiederkehrt, deutet auch diese letzte Variante wiederum auf expressive Steigerung hin. Artur Schnabel umgeht diese expressive Verfinsterung eines ruhig anhebenden Satzes: er verlangt in seiner Ausgabe der Beethoven-Sonaten, die Zweiunddreißigstel-Passagen sollten »legatissimo, melodiosamente, fluente« gespielt werden (also: »sehr gebunden, melodisch und flüssig«).

Kopfsatz und Andante dieser D-Dur-Sonate sind – jeder für sich – weit länger als Scherzo und Finale zusammen. Mithin besteht ein beträchtliches Ungleichgewicht zwischen den ersten beiden und den letzten beiden Sätzen. Die Tendenz zur »Final-Sonate«, die sich in Opus 27 Nr. 1 und 2 andeutete, erscheint hier gestoppt. Erst die Waldstein-Sonate nimmt sie wieder entschieden auf. Doch auch im (relativ kurzen) Rahmen der letzten beiden Sätzen der D-Dur-Sonate geht es um »Identität«.

Daß in sich identische, fast unverändert durchgehaltene Gestalten – trotz mannigfacher Differenzierungen – in Opus 28 den Vorrang zu haben scheinen vor dialektisch oder dramatisch ausgetragenen Entwicklungen und Konflikten darf allerdings nicht dahingehend mißverstanden werden, diese Sonate sei monothematisch entworfen. Auch läßt sich keineswegs sagen, die unbedroht ausführlichen Modelle oder Orgelpunkte und Figural-Variationen blieben ohne jede Entwicklung, ohne neue Spannung, neue Beleuchtung. Wäre dem so, dann hätte Kempff hinter dem scheinbar so ruhigen und ruhig verzierten Aufbau des Andantes keine immer expressivere Entwicklung aufspüren können und dürfen. Beethoven war sozusagen unfähig, mehrere Male nacheinander dasselbe zu sagen und es dabei nicht so vorzubringen, daß zumindest die häufige Wiederholung oder andere noch viel eindringlichere »Erfahrungen« die scheinbare Identität eben doch veränderten.

Als wolle Beethoven beweisen, wie sehr ihn das Problem der spannungsvoll erfüllten Identität reizt, konstruiert er das Scherzo aus der Wiederholung eines *einzigen* Tones, beziehungsweise Intervalls.

So unüberbietbar simpel das Scherzo-Motiv scheint: selbst hier hat Beethoven genau lesenden, tifteligen Interpreten die Möglichkeit einer, wenn man so sagen darf, »pastoralen« Differenzierung geboten. Denn das Scherzo-Motiv erscheint anfangs nicht nur im piano, sondern auch als Folge gehaltener Einzeltöne unter Phrasierungsbogen. Später, wenn aus den absteigenden Tönen Intervalle und Dreiklänge im Forte oder Fortissimo geworden sind, fehlen die Bögen. Flüchtigkeit?

Der sorgfältige tschechische Pianist Ivan Moravec (1930 in Prag geboren) führt diese Phrasierungsvorschriften nicht nur »richtig« aus, sondern er macht etwas aus ihnen, er beseelt sie. Der erste, oberste der jeweils vier Töne, mit denen das Scherzo beginnt, soll, so spielt es Moravec, der wichtigste, der einzige ganz reale Ton sein – und die drei folgenden danach nur so etwas wie ein Echo in der Tiefe. Während des Piano- Beginns spielt Moravec immer nur den Einsatz unmittelbar, die in Oktaven absteigenden Noten jedoch wie vermittelte Echo-Impulse. Moravec bringt auf diese Weise eine pastorale, eine räumlich-landschaftliche Poesie in den Satz, und es besagt gar nichts gegen sein Konzept, daß diese hallenden Echo-Effekte in dem Augenblick weggedrängt werden, wenn der Forte-Ernst des Scherzos beginnt. Ist das der Übergang einer Quasi-Natursprache in eine reine Musiksprache?

Auch das Trio des Scherzos hat Beethoven förmlich als Identitäts-Etüde angelegt. Insgesamt achtmal sollte die rechte Hand da ein entweder nach Moll oder nach Dur kadenzierendes Motiv spielen: der Witz ist aber, daß die Begleitung zu dieser in sich identischen Gestalt jedesmal abgeändert erscheint. Sanft variierte Identität. Gulda spielt Scherzo und Trio so rasch, daß man zwar die rhythmischen und konstruktiven Pointen des Hauptteils kapiert, aber die Finessen der wechselnden Trio-Begleitung schwerlich ganz mitbekommt. Barenboim wählt eine vorsichtigere Gangart, die dem Trio hilft, aber das Scherzo kränkt. Ignaz Friedman möchte dem Scherzo *und* dem Trio gerecht werden: das gelingt auch, trotz sehr raschen Tempos. Und wie macht er's? Um die phantastisch vielfältig weghuschende Trio-Begleitung deutlich herausbringen zu können und die Begleitung dennoch nicht lauter als die Melodie spielen zu müssen, entschließt sich Friedman – der Tempo, Scherzo und Trio »retten« will – zu einem anderen Opfer: er opfert Beethovens dynamische Vorschrift. Beginnt also das Trio nicht im geforderten Piano, sondern in deutlichem und hellem Forte. Jetzt, da die Melodie kräftig modelliert erscheint, kann von Friedman die wechselvolle Begleitung spezifisch hörbar gemacht, das Tempo innegehalten, der Sinn gerettet werden. Bis jemand eine befriedigendere Lösung bietet, wollen wir diese für die zumindest lustigste und deutlichste halten.

Es wäre hochtrabend, auch im Rondo das Verhältnis zwischen gegebenem, schließlich strettahaft gesteigertem Ostinato und den motivischen Entwicklungen oder hinzuerfundenen Verzierungen der Rechten zum »Problem« hinaufstilisieren zu wollen. Der Baß kommt in den guten Taktteilen immer auf sein »D« zurück, die Spitzennoten darüber bilden eine motivische Linie. Und diese Linie ist natürlich charakteristischer, auffälliger als der stets wiederholte tiefe D-Effekt. Späterhin fügt die Rechte noch umschreibende Varianten hinzu. Das Notenbeispiel 238 führt alles zugleich vor: zunächst erscheint der Baß allein (Takt 4 und

5), dann tritt das Hauptmotiv hinzu (Takt 6 und 7), danach folgt eine Sechzehntelvariante (Takt 8 und 9). Was sich, so beschrieben, ein wenig umständlich liest, verlangt vom Interpreten eine simple Entscheidung. Erkennbar muß schließlich jede Stimme werden: sowohl die wiederholte wie die neu hinzutretende. Und die Fortissimo-Brillanz, mit der das zweite Couplet schließt, läßt keinen Zweifel darüber, daß hier ein lebhaft bewegtes Tempo angebracht ist. Einzige, entscheidende Frage also: in welcher Perspektive sollen die verschiedenen Komplexe dargestellt werden? Beethovens dynamische Vorschriften – das Crescendo im 12., 13. und 14. Takt von Beispiel 238 betont ja einen schwachen Taktteil, akzentuiert also das jeweils Veränderte – deuten doch darauf hin, alles jeweils »Neue« zu unterstreichen. Aber ganz schlüssig ist diese Folgerung wohl nicht. Die Crescendo-Vorschriften ließen sich nämlich auch als untergeordnete Artikulationshinweise auffassen, welche die dominierende Rolle des immergleichen Basses keineswegs annullieren. Denis Matthews spielt hier den Baß sanft klingend, aber alle Einwürfe oder Motive der Rechten betont er (Takt 8 und 9) so ausdrucksvoll und melodisch wie möglich. Ignaz Friedman hingegen hebt den Baß eindeutig als Hauptsache heraus – Yves Nat wählt wiederum ein so flüssiges, virtuoses (Moravec, als lehrreich negatives Beispiel, ein tödlich forciert rasches) Tempo, daß er, Nat, zwar den Sopran gleichberechtigt betonen kann, aber keine Zeit mehr dafür zu finden braucht, auch nun die Crescendo-Vorschriften auszuspielen.

Beispiel 238

288

So groß der »Spiel«-Raum, die Differenzierungsbandbreite hier auch sein mag, es wäre einfach ein schlichter Kunstfehler, wenn irgendein Pianist sich einfallen ließe, entweder die motivische Linie des basso ostinato zu unterschlagen oder die variierenden Entfaltungen der Oberstimme nur undeutlich anzutippen. Daß manche Interpreten die Stimmgleichberechtigung für die beste Perspektive halten (Wilhelm Backhaus), manche hier das jeweils abweichende Neue betonen und manche aufs Identische setzen – das hängt gewiß auch davon ab, wie die betreffenden Interpreten diese Fragen in den ersten drei Sätzen beantwortet haben. Wenn bei der Stretta der Baß in stürmischen Oktaven geführt werden und die Rechte unangenehme Sechzehntel im »quasi Presto« dazurauschen muß, dann ist freilich für jene ein »Augenblick der Wahrheit« herangerückt, die vorher darauf bestanden, vor allem die Baß-Linie immer klar und wohlartikuliert vorzutragen.

Aber weder Phrasierungstiftelei noch dramatisierende Finessen helfen entscheidend beim Kampf um dieses Rondo. Der Satz verlangt vielmehr – und darum hat ihn der junge Bruno Leonardo Gelber einst so überzeugend gespielt – eine hohe, naive Mischung aus Reinheit und Zügigkeit.

Die kräftige und zärtliche, nie kraftmeierische Einfachheit Beethovens ist viel schwerer zu treffen als so manches nervöse, raffinierte oder depressive Meisterstück. Mit dem Wort »klassisch« verknüpfen sich seit dem späten 19. Jahrhundert in Deutschland viele ausgesprochen lustlose Assoziationen: Gesund, maßvoll, objektiv – und was es sonst noch alles für bedeutungsträchtige Erläuterungen des Klassischen geben mag, die meist doch nur gähnende Langeweile vornehm umschreiben. Dabei wäre gegen einen rechtverstandenen Begriff des Klassischen wenig einzuwenden: das weiß sogar der etwas stumpfsinnige Diener Melchior aus Nestroys Posse ›Einen Jux will er sich machen‹. Auf die gereizte Frage: »Was hat er denn immer mit dem dummen Wort klassisch?« antwortet Melchior durchaus berechtigt: »Ah, das Wort is nit dumm, es wird nur oft dumm angewend't«. Bevor aufgeklärte Neuzeitler über Begriffe wie »gesund« oder »rein« lächeln, täten sie gut daran, sich vor Augen zu halten, wie schwer dergleichen aufrichtig und nachdrücklich zu treffen ist, wie wenig Tricks, sentimentale Aufwallungen oder virtuose Überrumpelungsversuche helfen, das Einfache wahrhaftig und spannungsvoll vorzutragen. In Opus 28 komponierte Beethoven eine heiter bewegte, leicht überschattete, mittlere (gewiß nicht: mittelmäßige) Musik. Er wagte Gesundheit, sanftes Gesetz. Er mied Überspannung und bot stattdessen die erfüllte Spannung einer niemals monotonen Identität.

16. SONATE

Sonate Opus 31 Nr. 1 G-Dur (1801/02)

Allegro vivace
Adagio grazioso
Rondo *Allegretto*

Am Anfang dieser glänzenden, übermütigen und unwiderstehlich eleganten Sonate ist der Rhythmus, die straffe, federnde Betonung. Erst das Seitenthema des Allegro vivace spielt Modulationen aus, knapp-empfindsame Dur/Moll-Wechsel, die dem stürmisch motorischen Impuls des Satzes nicht mehr ganz so offenkundig untergeordnet sind. Das Adagio läßt sich mit ausführlichem Charme auf Serenadenhaftes ein, auf Koloratur-Überfluß und Opera-buffa-Effekte, gerät dabei aber weniger ins Persiflieren als ins Schwärmen. Thematische Arbeit und souveräne Virtuosität bestimmen das Rondo: alles endet in einer spannungsvollen Kadenz samt pointiertem Presto.
Die Sonate Opus 31 Nr. 1 weist Analogien zur Waldstein-Sonate auf (harmonischer Ablauf des Hauptthemas, Terzverwandtschaft des Seitensatzes, die Rondo-Kadenz). Hier bietet sich straff, artifiziell, noch zur »Salon«-Musik im Konversationston gebändigt, was später zur hymnisch-irdischen Freiheit von Opus 53 explodieren wird. Auch war der Wiener »Salon« Haydns und Beethovens von 1800 etwas durchaus anderes als der Pariser Salon Chopins und Liszts von 1840.
Pointierter, trockener, klarer, witziger hat Beethoven kaum je komponiert. Es gibt kein »strawinskyhafteres« Stück aus seiner Feder. Um so merkwürdiger, daß Strawinsky in einem Essay über Beethovens Klaviersonaten gerade über diese G-Dur-Sonate abfällig urteilt! »Mit Ausnahme von Opus 31 Nr. 1 finde ich alle Sonaten bezaubernd«, schreibt Strawinsky. Verwandtschaften, die sich abstoßen?
Noch eine Vorbemerkung: Manche Interpreten stellen Beziehungen her zwischen den (auf den ersten Blick so verschiedenen) Sonaten Opus 31 Nr. 1 und 2. Was ist überhaupt den Sonaten Opus 31 gemeinsam und was an ihnen neu? Unabweisbar, wenn auch schwer beweisbar, legen sie den Eindruck nahe, indirekt und direkt etwas vorzuführen, etwas im Schilde zu führen. Sie scheinen mehr als nur strömender oder improvisatorischer oder passionierter oder stimmungshafter Aus-

druck zu sein, sie *demonstrieren* auch etwas. Sie wirken, wie auf ein Ziel hin angelegt, auf die Entfaltung eines jeweils bestimmten Problems hin entworfen, wollen offenbar hinaus über bloß unmittelbar »Charakteristisches« – worunter die Musik-Ästhetik der Beethoven-Zeit musikalischen Ausdruck verstand, modifiziert »einmal durch den Gang und die Bewegung der Töne, und dann durch die Tonart«.

Opus 31 Nr. 3, die Es-Dur-Sonate, »ist nach ihrer Entstehungs- und Veröffentlichungs-Geschichte wie in ihrem Charakter ein Einzelwerk, während ihre beiden Schwesterwerke deutlich zusammengehören«, stellt Ludwig Finscher in seinem Aufsatz über ›Beethovens Klaviersonate Opus 31 Nr. 3‹ fest. Und Beethovens vielzitierter Plan, einen »neuen Weg« einzuschlagen? Laut Czerny sagte Beethoven nach der Vollendung von Opus 28 zu Krumpholz: »Ich bin nur wenig zufrieden mit meinen bisherigen Arbeiten: von heute an will ich einen neuen Weg einschlagen.« Später, 1804, heißt es im Skizzenbuch – und mithin durch keinen Zeugen, kein irrendes Gedächtnis, keine wie immer beschaffene Vermittler-Absicht entstellt! – als unbezweifelbares Selbstgespräch Beethovens: »Gott weiß es, warum auf mich noch meine Klaviermusik immer den schlechtesten Eindruck macht, besonders wenn sie schlecht gespielt wird.«

Auch wenn Czerny, der diese Sonate bei Beethoven studierte, nicht überliefert hätte, der erste Satz müsse »energisch, launig und geistreich« gespielt werden (Romain Rolland hat in ›Beethovens Meisterjahre‹ a.a.O., S. 110 ff. sehr schön und gedankenreich über Entstehungsgeschichte und Bedeutung von Opus 31 Nr. 1 und 2 spekuliert): daß dem Stück mit akademisch steifer Akkord-Arbeit am Klavier womöglich noch weniger nahezukommen ist als irgendeiner anderen Beethoven-Sonate, leuchtet ohne weiteres ein. Der unverträumte, scharfe, demonstrative (?) Nachdruck, der hier von Anfang an auf dem Rhythmischen liegt, kann gar nicht vital und vehement genug reproduziert werden: manche Veränderungen der Akkorde und Tonhöhen wirken wie Sekundäres, wie Produkte eines exakt arbeitenden rhythmischen Sinns. Hugo Riemann schwärmt tatsächlich vom »Erziehungswert« des Satzes, in dem er nämlich auch einen »wertvollen Beitrag zur Ausbildung des rhythmischen Auffassungsvermögens« erblickt.

Wie konsequent hier entschiedene rhythmische Härte dominieren kann, hat mit motorischem Ingrimm und motorischem Witz Friedrich Gulda demonstriert, der ja nicht nur textfrommer und eher improvisationsscheuer Beethoven-Interpret, sondern auch unternehmungslustiger Jazz-Musiker ist. Sein »rhythmisches Rückgrat« kommt ihm für Opus 31 Nr. 1 zugute. Wenn bei ihm – Notenbeispiel 239 – das synkopisch vorausgenommene hohe g exakt die folgende schwere Zählzeit akzentuiert, wenn die beiden Sechzehntel am Schluß des ersten Taktes nicht im mindesten verbreitert anlaufen (wie leider fast üblich), sondern knapp auf die »eins« zuspielen, wenn auch die anschließende Passagenbewegung ohne Umschweife ihren Zielton anstrebt (das g im dritten Takt), dann spüren Guldas Zuhörer (im Konzert spielt er lächelnd und konzentriert sogar einen kleinen Swing-Effekt mit), wie sehr genaue Konstituierung und Erfüllung der rhythmischen Gegebenheiten hier über den Witz und das Wesen der Sache entscheiden. Und niemand braucht zu ahnen, daß sich in besagter Passage des zweiten Taktes ›eigentlich‹ auch eine Schumann-Melodie versteckt. Bei Beethoven heißt es:

Beispiel 239

Dieser vom Bewegungsimpuls beherrschte Sechzehntel-Vorhang gleicht jener Tonfolge, die sich unter Robert Schumanns Händen als meditative Melodie darbietet. Sie steht im ›Album für die Jugend‹, dort titellos ...

Beispiel 240

Was der Vergleich deutlich macht? Zumindest, daß es bei diesen in der Struktur einander so ähnlichen Tonfolgen nichts zu vergleichen gibt, weil Beethoven hier das Ziel interessiert und Schumann der Weg. Natürlich darf auch bei Beethoven nichts verhuscht oder verhudelt herauskommen. Weitertreibende Spannungen können ja nur entstehen, wenn jeder Takt messerscharf lebendig (nicht: unbeteiligt, motorisch, maschinell) ausgespielt wird.
Auch bei den großen Dreiklangspassagen erbringen alle Subtilitäten, die das Tempo behindern, statt es zu unterstreichen, nur Abschwächung.
Artur Schnabel bemüht sich, den rhythmischen Witz dieses Kopfsatzes

nicht etwa aufzuweichen, sondern zu forcieren: ihn kapriziös, überraschend, nervös-erregt erscheinen zu lassen. Er gibt immer nur dem synkopisch vorgezogenen Sechzehntel einen heftigen Akzent, nicht der regelmäßigen eins. Bei Schnabel biegt sich das rhythmische Rückgrat des Satzes — je nachdem, wie heftig die Akkorde, die Modulationen und nachempfundenen Echo-Wirkungen werden. Guldas in den sechziger Jahren eingespielte Interpretation wirkt wie eine späte Korrektur und Widerlegung aller jener Freiheiten, die Schnabel sich 1935 nahm. An die Stelle von Schnabels glänzendem Übermut tritt bei Gulda — wie überhaupt bei zahlreichen Pianisten aus Schnabels Enkel-Generation, also bei Zechlin, Brendel, bei Glenn Gould und sogar bei Barenboim — ein eher harter Glanz: so spielen Künstler, die bereits mit der Muttermilch Strawinskys unnachgiebigen Neoklassizismus, Prokofieffs luxuriöse Brutalität und Bartóks Barbaro-Motorik in sich aufgenommen haben.

Daß Beethoven in Opus 31 Nr. 1 ein streng durchgehaltenes Tempo tatsächlich zugrunde gelegt, vorausgesetzt hat, scheint Gulda mit einer für diese Sonate besonders charakteristischen Einzelheit andeuten zu können: selbst so offenkundig modulierende Akkorde wie die Staccato-Achtel vor Beginn des Seitensatzes (1. bis 3. Takt des Notenbeispiels 241) veranlassen Gulda nämlich keineswegs dazu, die Bewegung zu verändern. Denn, so deutet Gulda an, wenn ein Pianist den Seitensatz tatsächlich in anderem Tempo darstellen möchte (Schnabel schrieb ♩ = 144 vor für den Seitensatz, nachdem er für den Hauptsatz noch ♩ = 160 gefordert hatte!), dann bietet der zwei Takte lange Quasi-Triller (4. und 5. Takt des Notenbeispiels 241) ja notfalls hinreichend Spielraum für Ritardando-Freiheiten. Ganz gleichmäßig und donnernd rasch ausgeführt (wie von Glenn Gould), wirken nämlich Triller und anschließender Doppelschlag hier nicht bloß streng, sondern stur:

Beispiel 241

Beethoven hat den Seitensatz, nach der straffen Lakonik des Anfangs, empfindsamer, farbiger, ausschwingender komponiert, als eine elegante und freie Entfaltung. Er hat am Schluß der Exposition — gerade in diesem so pointierten Allegro vivace — plötzlich Beleuchtungswechsel eingeblendet, die nur motorischer Unverstand übersehen oder übergehen kann. Schnabel versucht freilich, die Modulationen federnd brillant zu pointieren und auf die Weise seiner »Idee« des Satzes anzugleichen. Barenboim läßt sich, ohne allzusehr im Tempo nachzugeben, aufs Quasi-Schubertsche Schwanken ein. Und Barenboim hat recht: frühromantische Depressivität kann in einem so klar geordneten und beherrschten Kosmos ohnehin kaum entstehen, warum also nicht ein wenig melancholische Verunsicherung riskieren, eine Spannung zwischen gleichsam unendlich gesteigertem Clementi und zart vorweggenommenem Schubert?

Die Durchführung forciert, was der Hauptsatz bot. Sie entfaltet die beiden Motive des Kopfthemas, die in D-Dur-Dreiklängen auslaufen, bringt dann einen Dominantsept-Akkord hinzu (d fis a c) und kulminiert schließlich in dem von Beethoven so heißgeliebten »kleinen Nonen«-Akkord. So wie in der Reprise das »zweite Thema« mit Hilfe des zarten Dur/Moll-Wechsels Verunsicherung brachte, irritiert nun die unstete »kleine None«.

So beschrieben, liest sich der Vorgang wie mühselig nacherzählte Harmonielehre und nacherzählte Musik: verwirrend, aber harmlos. Manche Kommentatoren lassen denn auch ohne Ziererei merken, wie souverän sie die simplen Tricks Beethovens durchschauen, der »mit der kleinen Non es ein harmloses Spiel treibt«, das »durch das Übergreifen der linken Hand Reiz und Spannung erhält«.

Unsere Pianisten indessen nehmen diese 32 End- und Überleitungstakte nicht auf die leichte Schulter – was wegen der virtuosen Anforderungen ohnehin schwer möglich wäre. Wilhelm Backhaus, der wirklich niemals zu emotionaler Schauspielerei oder »trügerischem Heroismus« neigte, spielt die Entwicklung majestätisch. Unter seinen Händen antizipiert der Satz hier die gleißend hellsten Explosionen der Waldstein-Sonate. So sieht die entsprechende Entwicklung im Finale der Waldstein-Sonate aus:

Beispiel 242

294

Warum soll das Ende der Durchführung aus dem ersten Satz unserer G-Dur-Sonate Opus 31 Nr. 1 weniger glänzend und geheimnisvoll sein? Die harmonischen Schritte sind einander ähnlich.

Beispiel 243

Interpreten, die an diesem Höhepunkt auch nur ein wenig erlahmen, die ihn nicht rückhaltlos engagiert darzustellen versuchen, bleiben der Musik etwas Entscheidendes schuldig. Gewiß, die Gegenüberstellung von forte und piano (9. bis 17. Takt des Notenbeispiels 243) kann zum bescheidenen Kontrast, zum trockenen Echo-Effekt werden. Claudio Arrau und, in freilich noch schärferem Tempo, Yves Nat verstehen die Stelle so. Andere Pianisten zwischen Backhaus und Glenn Gould indessen wagen es, diesen Komplex (9. bis 17. Takt des Notenbeispiels 243) ins Pedal zu nehmen. Dann wird der Kontrast zwischen dem Forte und dem Piano zwar auch hörbar: aber er ist nicht alles, sondern nur Moment einer weiter gespannten, schwungvollen Entfaltung. Man ahnt den Kraftrausch! Und der vielzitierte vermeintliche Humor Beethovens hat hier eine mysteriöse Pointe. Daniel Barenboim zumindest vermag den Vorgang so zu erzählen. Barenboim nimmt nämlich die von Beethoven (die letzten 9 Takte des Notenbeispiels 243) entfaltete „kleine None" ins Pedal – ohne die »impressionistische« Wirkung zu scheuen. Auf diese Weise stellt Barenboim aber nicht nur einen geheimnisreichen Überlagerungseffekt her, sondern auch eine zwingende Analogie zur berühmten Pedalstelle aus der d-Moll-Sonate Opus 31 Nr. 2. Da hat, wiederum am Ende der Durchführung des Kopfsatzes, Beethoven ein ganzes Rezitativ mit allen Reibungen pedalisiert (siehe Notenbeispiel 261). Daß solche Effekte in Opus 31 zum Wesen der Sache zu gehören scheinen, wird noch ein drittes Mal deutlich: nämlich wenn im Finale der G-Dur-Sonate, quasi-rezitativisch, c und cis aufeinanderfolgen. Glenn Gould ist konsequent und eigensinnig genug, auch diese verhallenden Takte am Ende der Kadenz radikal zu pedalisieren:

Beispiel 244

Man kann Barenboims und Glenn Goulds Eigenmächtigkeiten verteidigen mit dem Hinweis, Beethoven habe in Opus 31 Nr. 2 solche Pedalkühnheiten selbst vorgeschrieben. Warum sollten sie dann in der Schwestersonate Opus 31 Nr. 1 verboten sein? Gould, Barenboim und andere risikofreudigen Pedalisierer hätten diese Möglichkeiten bereits in der G-Dur-Sonate ausgenutzt. So ließe sich argumentieren. Doch leider genügt – hier, wie so oft – bereits mittlerer Scharfsinn, aus den gleichen Prämissen einen genau entgegengesetzten Schluß zu ziehen und zur freien Verwendung anzubieten. Es ließe sich nämlich ebensogut sagen, Beethoven habe in Opus 31 halt genau dann kühne Pedal-Wirkungen vorgeschrieben, wenn er sie für wünschenswert hielt, und sonst nicht. Daß er in Opus 31 Nr. 2 eine radikale Pedalisierung fordert, beweise, wie bewußt er sich dieses Ausdrucksmittels war. In der klassizistisch-pointiert konzipierten Sonate Opus 31 Nr. 1, so könnte eine solche Argumentation weiter folgern, hat er einen solchen Pedal-Effekt offensichtlich gerade nicht gewollt. Sonst hätte er ihn schon ausdrücklich verlangt. Wie dem auch sei: beflügelt von Steigerungs- und Pedal-Problemen haben unternehmungslustige Pianisten dem großen Beethoven-Ausbruch am Ende der Durchführung des Kopfsatzes von Opus 31 Nr. 1 Glanz, Größe und Geheimnis wiedergegeben.

Beim zweiten Satz mutet die Überschrift – »Adagio grazioso« – nicht eben eindeutig an. Darum unterscheiden sich auch die Interpretationen, die dem Stück zuteil werden, extrem. Die Ecksätze der G-Dur-Sonate lassen den Pianisten, ihrer Phantasie oder ihrer Willkür, weniger »Spiel-Raum«. Über das »richtige« Tempo des Allegro vivace oder des Rondos scheint – im Hinblick darauf, was überhaupt noch deutlich und sinnvoll ausführbar ist – weit eher Einigung möglich als über den Bewegungs-Charakter des langsamen Satzes. Beim Rondo sind die Unterschiede kaum mehr der Rede wert: die geschwinde fließenden Achteltriolen wirken nämlich sogleich allzu behäbig, wenn sie um eine Bequemlich-keitsspur zu langsam, und sogleich konfus, wenn sie um eine Mutwillig-keitsspur zu rasch ausgeführt werden. Das »Adagio grazioso« ist bei Schnabel fast 13 Minuten lang, bei Arrau gut 12 Minuten, bei Brendel fast 10 Minuten, bei Glenn Gould fast 9 Minuten, bei Backhaus über 8 Minuten und bei Gulda 7′48! Diese Differenzen hängen von mannigfa-chen interpretatorischen Vorentscheidungen ab. Liegt der Akzent auf »Adagio« oder auf »grazioso«? Muß die Begleitung, wie es Mozarts Ideal war, ganz gleichmäßig durchgehalten werden, so daß die eventu-elle Koloratur-Freiheit sich über einer streng gegebenen Baß-Bewegung abspielt? Läßt die lakonisch-rhythmische Vehemenz, die zum ersten Satz gehörte und deren abgezirkelte Brillanz mitunter Ironie einzuschließen schien, hier die Folgerung zu, daß die Instrumental-Effekte des Adagio grazioso (vor allem im Mittelteil) als Opera-buffa-Anspielungen ver-standen und entsprechend dargestellt werden dürfen? Wilhelm Kempff hat während seines Berliner Beethoven-Zyklus zu Anfang der vierziger Jahre die ironisch kapriziösen und die auftrumpfend instrumentalen Charakterzüge dieses Satzes unvergeßlich witzig und empfindsam dar-gestellt. Von der »Pranke des Löwen« schwärmten damals Studienräte und Musikkritiker, wenn Kempff mitten im spielerischen Grazioso plötzlich Streicher-Pizzicati, Holzbläser und Kontrabässe ingrimmig hörbar zu machen wußte.

Beispiel 245

297

In Kempffs letzter Schallplatten-Einspielung erscheint sein damaliger koloristischer Überschwang nur mehr gedämpft. Man muß – aber das gilt für die Bewertung so mancher Schallplatten-Einspielungen – den Künstler auch leibhaftig, im Konzert gehört und erlebt haben, um seine Aufnahmen nicht nur auf ihre Absichten hin analysieren, sondern auch auf ihre Kunst-Qualität hin gerecht situieren zu können.

Der langsame Satz bietet heiterer Pointierungslust natürlich zahlreiche Einzelheiten an. So spürt man bei der Einspielung, die Wilhelm Backhaus 1953 aufnahm, daß der alte Herr – er bestätigte es als Besucher einer späteren Salzburger ›Barbier‹-Aufführung gern – großer Rossini-Liebhaber war. Jene Passagen, die Rossinis Buffa-Trockenheit vorwegzunehmen scheinen (Notenbeispiel 246), haben bei Backhaus Opern-Elan und Temperament: offensichtlich hat Backhaus nicht die geringste Lust, den Grazioso-Satz mit massiven Interpretations-Bedeutsamkeiten zu beschweren. In der Tat wirken – Barenboim hebt die Punktierung jedesmal charakteristisch hervor – Melodieführung und Begleitung oft ausgesprochen »italienisch«.

Beispiel 246

Was enthält das »Adagio grazioso« noch? Immer virtuoser ausgeführte »Leggieremente«-Koloraturen, einen keineswegs nur spielerischen, sondern sonoren As-Dur-Kontrast im Mittelteil, eine schwärmerisch-besinnliche Coda?

Auch der Musikgott sitzt bekanntlich gern im ›Detail‹ und nicht nur in irgendwelchen großen ›Konzeptionen‹. Trotzdem bestehen eindringliche Interpretationen nicht aus Einzelheiten, sondern sie hängen davon ab, daß alle diese Einzelheiten, sinnvoll koordiniert, als Momente einer Totalität erscheinen.

Tritt man zurück von den prachtvoll ausgeschmückten und ausgestellten »Einzelheiten«, dann fällt ja sogleich die riesige Ausdehnung dieses Adagios auf: keine Beethovensche Klaviersonate vor Opus 31 Nr. 1 enthält einen umfangreicheren langsamen Satz. Dieses 117 ausführliche ⁹⁄₈-Takte umfassende Adagio ist, abgesehen natürlich vom Adagio der Hammerklaviersonate und vom Variationssatz aus Opus 111, Beethovens längster langsamer Klaviersonaten-Satz.

Nun beweist »Länge« nichts – aber ein Argument stellt sie, gerade beim Baumeister Beethoven, denn doch dar. Zwischen zwei auch nicht gerade kurzen, aber doch rasch vorbeibrausenden Ecksätzen soll das »Adagio grazioso« offenbar nicht nur Intermezzo sein, sondern Mitte, Ruhe-punkt, Zentrum...

Diese Funktion des umfangreichen Adagio grazioso geht nicht allen Interpreten auf. Viele, und zwar gerade die sachlichsten, die verantwor-tungsbewußtesten, beachten nur die »Pointen«, die Imitationen und Effekte. (Übrigens, »Pointe« ist hier kein Schimpfwort, nichts Verwerfli-ches. Spirituelle Gebilde, zumal wenn sie »grazioso« überschrieben sind, verfielen ohne Pointierung der Pedanterie.) Indessen dürfen alle noch so geistreichen Einzelheiten des Adagios nicht dazu führen, daß manche Pianisten das ausgebreitete Schönheits-Pathos dieser Belcanto-Feier gar nicht mehr zu erfassen vermögen, weil hier Spieluhr-Effekte, kadenzie-rende Fiorituren (»Verblümungen«) so gehäuft, als Ausdruck verschwen-derischen Strömen-Lassens und unternehmungslustiger Brillanz erschei-nen, wie kaum jemals sonst bei Beethoven. Daneben stehen Perioden von zarter, fast scheuer Empfindsamkeit. Die »Totalität« dieses Satzes begriffen haben und so ergreifend vortragen können, wie ein Schnabel oder ein Barenboim es vermögen, heißt eben: Koloratur-Effekte zwar kunstvoll darbieten, aber doch nicht derart nachdrücklich oder ironisch, daß sie »interessanter« werden als alles übrige, daß sie folglich die inni-geren Partien zu hübsch empfindsamen, weniger wichtigen Nebensäch-lichkeiten degradieren. Barenboim versteht es, die Schönheiten etwa der dritten Periode (Notenbeispiel 247) in ganz neuer Klangfarbe, dunkler, nachdenklicher, gebundener darzustellen, aber doch auch wiederum nicht so abweisend expressiv, daß der Hauptsatz zur kühlen Koloratur-Spielerei reduziert würde.

Beispiel 247

Denn Überfluß des Schönen und Überfluß des Spielerisch-Verspielten schließen sich nicht aus, mag das Gleichgewicht auch noch so schwer herstellbar sein. Claudio Arrau zum Beispiel will allen Koloratur-Leicht-sinn bannen. Er verteilt die Verzierungen, die Zweiunddreißigstel-Sexto-len oder die Vierundsechzigstel, ganz exakt, ohne »Grazioso«-Freiheit, auf den starr durchgehaltenen Baß: sogleich schlägt edles Gleichmaß um in grämliche Korrektheit. Wo Beethoven *sf* vorschreibt, macht Arrau ein dickes, empfindungsträchtiges Ritardando: sogleich wirkt es, als hätte eine Rokoko-Figur dicke Adern.

Es spricht einiges dafür, daß der Mittelteil (Notenbeispiel 245) in rascherem, die Imitationseffekte verdeutlichendem Tempo geboten werden sollte, wie Schnabel es in seiner Ausgabe fordert und wie die meisten Interpreten ihn auch spielen. Doch Alfred Brendels genau umgekehrte Auffassung kann gleichfalls Plausiblität beanspruchen. Denn Brendel beginnt das Adagio ungerührt rokokohaft stilisiert, er hält sein einmal gewähltes Tempo durch, läßt leichte Ironie mitklingen. Bei ihm wirkt es nun durchaus logisch und auch musikalisch schön, wenn der Mittelteil als langsamerer, pathetisch anhebender Moll-Kontrast eingeführt wird. »Absolut« lassen sich Tempo-Fragen fast nie beantworten.

Mag nun auch schwer zu entscheiden sein, ob das Adagio als Koloratur-Scherz beginnt oder ob es von vornherein mehr sein will: über allen Zweifel hinaus eindeutig demonstrieren Arthur Schnabel, Daniel Barenboim und Wilhelm Kempff, daß dem Satz am Schluß schwärmerische, schwelgerische, abenteuerlich empfindsame Qualitäten zuwachsen. Daniel Barenboim faßt den Verlauf genauso auf wie Kempff die Entwicklung des d-Moll-Andantes aus Opus 28. Also: statt naheliegenderweise das Adagio grazioso um so leichter und übermütiger zu spielen, je luxuriöser und tifteliger die Koloraturen sich darbieten, geht Barenboim den umgekehrten Weg. Je mehr die Verzierungen hier dominieren dürfen, desto mehr macht Barenboim sie zu Ausdrucksträgern, desto poetischer versteht er sie. Barenboim beginnt den Satz relativ neutral-*empfindsam*, wird dafür am Ende lyrisch *empfindungsstark*. Zum erstenmal haben hier die endlosen Triller etwas von jenem quasi-mystischen klangekstatischen Charakter, der ihnen in den letzten Sonaten immer ungeheuerlicher zuwachsen wird. Aber nur die Adagio-Hohepriester unter den Pianisten, nämlich Barenboim und Schnabel, spüren das schon in Opus 31 Nr. 1.

Beispiel 248

Ein vielleicht allzu subtiles Phrasierungs-Problem werfen die allerletzten Takte dieses Adagios auf:

Beispiel 249

Trotz der Bewegung des Basses scheint der vierte Takt (Notenbeispiel 249) dem Interpreten doch nahezulegen, den Nonen-Akkord (also den ersten Akkord dieses Taktes, über dem Orgelpunkt c) stärker zu betonen als die dann folgende langsame Auflösung. Glenn Gould macht es auch so – des Komponisten »cresc.«-Vorschrift stört ihn dabei nicht. Kempff jedoch spielt hier nicht bloß, wie die meisten, gottergeben und etwas sinnlos nach, was Beethoven fordert, sondern Kempff versteht es, das »crescendo« im Gesamtverlauf als vernünftig und schön erscheinen zu lassen. Kempff stellt nämlich eine Spannungs-Beziehung her bereits zwischen dem »decrescendo« (1. Takt des Beispiels 249) und dem späteren »cresc.«. Das immer leiser werdende d der rechten Hand spielt er wie verhauchend. Dann füllt Kempff die Pausen (2. und 3. Takt des Notenbeispiels 249) mit Spannung, er läßt die Musik weitergehen trotz der scheinbar abschließenden C-Dur-Akkorde, die bei ihm hinhaltend wirken, gleichsam kein Atmen gestatten. Und aus dieser Erstarrung hilft dann, wie aus einem Bann, ein Crescendo, das den anderen Pianisten Rätsel aufgibt, die Kempff gelöst hat.

Die Frage nach der Funktion des Witzes, des Ironischen oder gar Parodistischen drängt sich in den ersten beiden Sätzen von Opus 31 Nr. 1 und Opus 31 Nr. 3 immer wieder auf. Die Eleganz, vor allem der überraschende und witzige Presto-Schluß des Rondos scheinen dafür zu sprechen, daß Beethoven hier ganz eindeutig eine witzige, trocken pointierte, abwechslungsreiche Finalmusik hat schreiben wollen: mag der letzte Satz auch nicht eindeutig als Ironie fixierbar sein, witzig endet er gewiß. »Wer einmal scherzt, dem glaubt man nicht« – zumindest innerhalb desselben Finales nicht –, »auch wenn er sonst immer legato spricht«, scheinen sich jedoch Wilhelm Backhaus und Daniel Barenboim gesagt zu haben. Sie pointieren konsequent die Baß-Bewegung des ersten Couplets (die sich, falls man das kunstvoll durchkomponierte und verknüpfte Stück wie einen Sonatensatz versteht, auch als zweites Thema auffassen ließe) in manieriertem Staccato. Es klingt, vor allem bei Barenboim, wie ein trippelnder Witz, was in der linken Hand unterhalb des gehaltenen a passiert (3. bis 8. Takt des Notenbeispiels 250).

Beispiel 250

Passen die lebhaft getupften Töne nicht ganz gut in Beethovens heitere Rondo-Allegretto-Landschaft? Antwort: Nein. Gulda spielt sie zwar auch nicht streng legato wie Brendel oder Schnabel, aber er vermeidet ein unnötiges Staccato-Extrem und hat auf diese Weise die Möglichkeit, die von Beethoven im sogleich folgenden Komplex tatsächlich gegebenen Staccato-Vorschriften als exakten Kontrast, wie vorgeschrieben, ausführen zu können.

Und darauf kommt es hier an, weil Beethoven in diesem Rondo eine eminente, mittels langwieriger und subtiler Analysen ohne weiteres demonstrierbare Kunst darauf verwandte, Rondo-Thema und Couplet-Themen aus einander abzuleiten, sonatenartig durchführungshafte Komplexe zu schaffen, sich – wie im Rondo von Opus 7 – förmlich in Fortspinnungspedanterie zu verstricken. Doch alles dies läuft so übermütig, leichthin selbstverständlich ab, daß man als Hörer schwerlich auf die Idee käme, nach verwickelten Konstruktionsgesetzmäßigkeiten zu fahnden. Vielleicht sind es sogar gerade die rational und flüssig sich weiterentwickelnden Motive, die abgespaltenen, dann erweiterten Hälften, die dem Hörenden das Gefühl einer besonders unmittelbaren, gewiß nicht schwitzend erarbeiteten Einheit verschaffen. Oft genug gibt es ja in großer und kleiner Musik irgendwelche Zusammenhänge, die »nur« auf dem Papier existieren, aber von denen die Analytiker mit allmählich erlernter Sicherheit behaupten, man höre und spüre das alles zwar nicht direkt-bewußt, aber bestimmt doch unbewußt-indirekt. So interpretationsbedürftig fragil liegen im Rondo von Opus 31 Nr. 1 die Zusammenhänge nicht. Daß der Auftakt des Rondo-Themas auf mannigfache Weise, als Urmotiv und Keimzelle, den Satz prägt, wird für Analytiker und Hörer gleichermaßen überdeutlich. Doch das Produkt von Beethovens schwindelerregender Arbeitsphantasie läßt die Anstrengungen völlig vergessen und vermittelt den Eindruck eines geistvollen Fließens. Backhaus und Barenboim lassen sich in diesem von Brillanz vibrierenden Zusammenhang auch dazu provozieren, ihrerseits noch etwas hinzuzutun. Das ist begreiflich, aber unnötig manieristisch (siehe Notenbeispiel 250). Denn die von Staccato-Akkorden und Achteltriolen erfüllten, sogleich folgenden Takte (Notenbeispiel 251) bieten Pfiffigkeits-Kontrast genug.

Beispiel 251

Solche Musik will sehr flüssig gespielt sein. An die Grenze des Tempos gelangen die Interpreten immer dann, wenn die abwechselnde Betonung der Triolen sich dicklich verwirrt. (Im 3. Takt des Beispiels 251 muß natürlich auf »eins« das untere (erste) d der Triole akzentuiert werden, auf »zwei«, etwas schwächer, das obere d, auf »drei« wieder das untere, auf »vier« nochmals das obere und so weiter.) Dieter Zechlin, der dieses Rondo noch ein wenig schneller als alle anderen, wahrlich raschen Weltklasse-Pianisten zu spielen versucht, kommt hier denn auch prompt in sanfte Bedrängnis; ein Gulda bringt derartige Effekte beherrschter, leichter, sinnvoller. Im Kopfsatz der Schwester-Sonate wird es bei den analogen Triolen um alles oder nichts gehen (siehe Notenbeispiel 258). Auch solche pianistisch-technischen Zusammenhänge bestehen zwischen den so extrem gegensätzlichen Geschwistern.

In Opus 31 Nr. 1 fügt Beethoven geradezu gehässig Sprung-Schwierigkeiten in die Triolen der linken Hand: die sind, wirklich exakt und ohne

303

Verzögerung, verdammt schwer auszuführen – erbringen aber musikalisch kaum allzu viel. So wird Unbefugten der Zutritt zu dieser Sonate verboten.

Beispiel 252

Kommen solche Partien überhastet heraus, leidet der Witz. Dieses Finale gerät dann am geistvollsten, wenn ein Interpret wie Glenn Gould sich die Freiheit nimmt, etwa die Melodie des Hauptthemas nicht jedesmal stur hervorzuheben, sondern – wie das Thema lautet, spricht sich ja allmählich herum – plötzlich auch den Kontrapunkt melodiös zu akzentuieren:

Beispiel 253

Folgen solchen legitimen Effekten die Geheimnisse der Kadenz mit ihren Adagio-Parodien und witzigen Presto-Explosionen, (siehe Notenbeispiel 244) dann kommen die überraschten Hörer nicht mehr dazu, noch nachzugrübeln, ob sie nun einem Kunst*werk* oder einem Kunst*stück* höchsten Ranges lauschen...

17. SONATE

Sonate Opus 31 Nr. 2 d-Moll (1801/02)

Largo – Allegro
Adagio
Allegretto

Ganz plastisch und ganz geheimnisvoll. Ausnahme-Ereignis in der Geschichte der Instrumental-Musik.
Steht in d-Moll wie die 9. Symphonie, läßt ihr Hauptthema auch langsam »werden«; Adagio-Tonart gleichfalls B-Dur; bietet keinerlei Sonatenform-Probleme. Rätselhaft der Moment, da Musik an eine Grenze gerät, zu verstummen scheint und »sprechen« will. So wie im Finale der 9. Symphonie Schillers Freudenhymnus aufgeboten wird, folgen im Kopfsatz von Opus 31 Nr. 2 zwei Rezitative: Fremd, fern, hinter einem Pedalvorhang, ein magischer, exterritorialer, von keinem Begriff erreichbarer Bezirk.
Das langsame Arpeggio, entscheidendes Struktur-Moment des ersten Satzes, eröffnet auch den zweiten: einen vielstimmigen, von sinnfälliger Melodik und leisen Trommelwirbeln erfüllten Adagio-Hymnus.
Der letzte Satz erlaubt konträre Interpretationen. Er kann elegisch-volksliedhaft, aber auch wirbelnd bewegt oder hektisch erregt verstanden werden.
Ein simpel pathetisches Ton-Drama kurz vor der Wortschwelle? Ein herb fatalistisches Stück, dessen drei Sätze ausnahmslos leise beginnen und enden? Beethoven hat das Werk keineswegs als »Sturm-Sonate« bezeichnet, was viele allzu wilde und tempestuose Assoziationen nahelegt. Auf Schindlers Frage nach einem Schlüssel für Opus 31 Nr. 2 orakelte Beethoven vielmehr: »Lesen Sie Shakespeares ›Sturm‹!«
Was verrät nun die Lektüre des ›Sturm‹? Shakespeares letztes Drama hebt zwar stürmisch an, aber es beginnt eigentlich doch da, wo die großen Tragödien sonst enden: nämlich *nach* blutigen Auseinandersetzungen und Vertreibungen. Der ›Sturm‹ ist keine Tragödie amoklaufender mächtiger Individuen mehr, sondern das musikerfüllteste Stück Shakespeares. Überall klingt und singt es auf der Zauberinsel; ausgerechnet das Untier Caliban preist sehnsüchtig Ton und Traum; ein verbannter, gelehrter Herzog besitzt Zauberstab, Zaubermantel

und Zauberkünste: im Schlußakt resigniert Prospero, auf Gnade hoffend; und der seelenlose Luftgeist Ariel geht wieder in die Elemente ein... Dies etwa läßt sich aus dem ›Sturm‹-Märchen herauslesen, das übrigens den shakespeare-beflissenen Theaterdirektor Schikaneder zur ›Zauberflöten‹-Dichtung anregte...

Wie nahe liegt es, die Rätsel der Rezitativ-Sonate mit der Magie des ›Sturms‹ in Beziehung zu setzen? Selbst der strenge Musiker und Analytiker Donald Francis Tovey räumt ein, es schade hier nicht, gelegentlich an Shakespeare zu denken. Im übrigen: daß exakte Beziehungen zwischen zwei Werken – über die Jahrhunderte und die Gattungen hinweg – nicht objektiv »belegbar« sein können und daß hinzuspekulierte Übereinstimmungen bestimmt nicht helfen, spezifische musikalisch-interpretatorische Probleme zu lösen, dies ist ebenso wahr wie trivial. Müssen darum wirklich alle Musikfreunde und Shakespeare-Bewunderer, zumal wenn sie den ›Sturm‹ gelesen haben, es sich nun versagen, gleichwohl ein wenig über derartige »Beziehungen« nachzusinnen, nachdem immerhin Beethoven selber die Phantasie der Nachgeborenen in diese Richtung wies?

Mit großem, meditativ-melancholischem Gewicht, mehr philosophisch eindringlich als stürmisch aufdringlich, vermag Claudio Arrau die Sonate Opus 31 Nr. 2 darzustellen, die bei allzu direkten Interpretationen in einen hektisch-wilden ersten, einen hymnisch-unbetroffenen zweiten und einen virtuos-chevaleresken dritten Satz zerfällt und dann tatsächlich so unbefriedigend ungleichgewichtig ist, wie Tolstoi es (mit größerer Berechtigung) der »Kreutzer-Sonate« vorwarf.

Arrau bringt fertig, ohne jede Tiftelei und Mogelei zu zeigen, daß sich die drei Sätze zwanglos geheimnisvoll aufeinander beziehen. Die Anfänge des ersten, zweiten und dritten Satzes sind durch eine strukturelle Analogie miteinander verbunden. Der Schluß des Adagios läßt sich so phrasieren, daß er das Thema des Allegrettos nicht nur irgendwie andeutet, sondern fast so eindeutig antizipiert, wie die Überleitung aus dem langsamen Satz des Es-Dur-Klavierkonzertes Opus 73 den Rondo-Einsatz träumerisch vorwegnimmt. Eine Gravitation zum beinahe lautlosen Verschwinden in tiefste Regionen ist allen drei Sätzen gemeinsam. Arrau macht das hörbar. Und noch mehr. Die emotionale Spannweite von Musik hängt keineswegs immer von bloßer dynamischer oder gar stürmisch dissonanter Kraft-Entfaltung ab. »Steigerungen«, wie sie die Eroica, die 7. oder die 9. Symphonie mit festlich erhitztem symphonischem Ton zu türmen vermögen, kann ein Solo-Klavier nicht bieten – höchstens Äquivalente solcher symphonischer Steigerungen. Claudio Arrau stellt her, was etwas gestelzt als ein »tragischer Parameter« zu bezeichnen wäre: also die verbindlich große Kontrast-Weite und Kontrast-Weise *innerhalb eines Satzes,* die natürlich genauso erschreckend, genauso unversöhnlich sein kann wie dynamisch-symphonische Ballungen. Kontrastweite und Spannungen zwischen den leeren Largo-Sextakkorden einerseits und dem Gestampfe der Durchführung andererseits sind so riesengroß, daß die Musik sich konsequent in einen fremden Bezirk retten muß während des ersten Satzes. Im Final-Allegretto konstituiert Arrau, ohne jede (bei langsamerem Tempo fast unvermeidbare) Brahmssche Empfindsamkeit eine ernste, ruhige, unendlich strömende, brandungsgleiche Bewegung, die aus sich heraus rhythmische Kontrapunkte erzeugt.

Dies alles vollbringt Arrau, ohne den Notentext hysterisch zu überfordern und ohne die große, resignative Monotonie zu zerstören, die er zur Idee dieses Allegrettos macht. Zurückhaltende Tempi ermöglichen es Arrau auch, im ersten Satz die Achtel so gespannt und wild zu spielen, daß sie – lauter »Abzüge« – nicht weniger erfüllt hochdramatisch klingen als die genau derselben Phrasierung bedürfenden Achtel aus Beethovens ›Coriolan‹-Ouvertüre. Im langsamen Satz ist Arraus Kraft zur Versenkung so groß, daß er sogar die Zweiunddreißigstel-Umspielungen ruhig und erhaben ausartikulieren kann, statt sie zu brillant-glattem Geharfe zu verharmlosen. Und im Finale konstituiert Arrau erhabene Unruhe, da ist er über alle Reiterstück-Virtuosität hinaus. Nur daß Beethoven im ersten Satz sein Hauptthema nicht bloß entstehen läßt, sondern zunächst dialogisch entfaltet und diesen Dialog dann zu einem Kontrast aus Dreiklang und sforzato-Schrei reduziert: dieses dramatischste, tollste Konstruktions-Geheimnis des Werkes wird bei Arrau zwar erkennbar, aber nicht erlebbar. Arrau bleibt da zu verhalten.

Um zusammenhangstiftend artikulieren zu können, bedient sich Claudio Arrau in Opus 31 Nr. 2 eines klugen Kunstgriffs: er phrasiert die Arpeggio-Akkorde, mit denen erster und zweiter Satz beginnen und die auch in der Durchführung des Kopfsatzes eine entscheidende Rolle spielen, stets auf die gleiche Weise. Er hebt den jeweils ersten (tiefsten) Ton des Arpeggio-Akkordes, der ja am längsten gehalten werden muß, nachdrücklich hervor. Er kann sich dabei auf die musikalische Logik und auch – aber nicht immer – auf Beethovens Notierung (Notenbeispiel 254) berufen.

Beispiel 254

Bei derartigen Arpeggien schreibt Beethoven nicht durchweg die zuerst erklingenden, darum länger zu haltenden Töne in ganzen Noten, alle später drankommenden aber in Halben oder Vierteln vor, wie er es hier tut. Trotzdem spielt Arrau auch beim Durchführungsanfang die zunächst streng analogen, dann etwas freieren Arpeggien genau so. So nimmt er die Möglichkeit wahr, den gebrochenen Akkord ganz charakteristisch signalhaft darzustellen, und auch zu Beginn des langsamen Satzes als·ein die Sonate verbindendes Leitmotiv erkennen zu lassen.

Beispiel 255

Im Finale scheint die Analogie am wenigsten deutlich, aber nur, weil kein Pianist auf sie aufmerksam zu machen wagt. Doch gerade da hat Beethoven in der linken Hand den d-Moll-Akkord in genau jener Weise gebrochen, wie Arrau es bereits während der ersten beiden Sätze vorführte. Die Linke soll ja offensichtlich nicht in einem gleichmacherischen Pedalschwall um ihre sekundären Merkmale gebracht werden. Sondern Beethoven hat den ersten Ton verstärkt. Schnabel liest da — Czernys Bericht folgend, Beethoven habe sich von einem galoppierenden Pferd für diesen Final-Rhythmus inspirieren lassen — einen kurz gestoßenen, schlagzeughaften Ton heraus. Wenn es dem großen Artur Schnabel Freude macht, hier ein Reiterstück zu wittern, dann kann ihn natürlich kein Mensch daran hindern. Arrau begnügt sich verhalten mit einer winzigen Hervorhebung des zweiten und einer unmerklichen Distanzierung des ersten Tons der Linken — und hat damit sowohl Beethovens spezifische Vorschrift genau erfüllt, wie auch sein eigenes Konzept für die gesamte d-Moll-Sonate zwingend durchgeführt.

Und weil Arrau am Ende des langsamen Satzes die Mittelstimme der linken Hand (zwei absteigende Sechzehntel, dann ein Achtel: f-es-d 1. Takt des Notenbeispiels 257) genauso nachdrücklich, nur eben viel getragener artikuliert, wie er es zu Beginn des Finales beim Thema der rechten Hand: f-e-d tun wird (Richard Rosenberg, a.a.O., S. 235, weist auch auf diese Verwandtschaft hin), kann man hier, hörbar und fühlbar, nicht bloß als Lesefrucht, sondern als Musikereignis! den Zusammenhang zwischen dem Schluß des Adagios und dem Beginn des Allegrettos miterleben.

Beispiel 257

Ob solche Beziehungen die Sonate nun tatsächlich schon in einem so emphatischen Sinne zu einem Organismus machen, wie ihn Beethoven in der 9. Symphonie, wo das Finale die Themen des Werkes in logischer Folge Revue passieren läßt, bewußt hat herstellen wollen, ist darum eine unbeantwortbare Frage, weil in der d-Moll-Sonate der Interpret die Einheit erkennen und darbieten muß, während die 9. Symphonie eine solche Einheit ja direkt proklamiert (was übrigens keineswegs ein stärkerer Beweis für die Existenz einer solchen Organismus-Idee zu sein braucht...). Daß Beethoven aber bei der Entwicklung des Kopfsatzes der Sonate den »Werde«-Prozeß des Hauptthemas mindestens so konsequent und differenziert vorführt wie zu Beginn der 9. Symphonie, das läßt sich analytisch relativ leicht zeigen. Es bereitet nur den Pianisten große Schwierigkeiten, das Werden eines Kontrastes, der sich dann reduziert, auch klar und feurig herauszubringen.

Am einfühlsamsten und poetischsten hat Romain Rolland in ›Beethovens Meisterjahre‹ beschrieben, wie dramatisch sich im Kopfsatz von Opus 31 Nr. 2 der Dialog des Hauptthemas aufbaut und steigert. Rolland (a.a.O., S. 115 ff.) sieht da den Dialog zwischen Beethoven und seinem

Schicksal gestaltet: jene Auseinandersetzung, die in Beethovens Seele zur Zeit der Entstehung dieser Sonate stattgefunden habe.

Solche biographisch orientierten Deutungen, die einen musikalischen Vorgang umstilisieren in den göttlichen Befehl des »Es muß sein« und die Antwort der Seele, »Herr, wie lange«, wirken heute novellistisch und befremdlich. Daß aber in der Sonate die Töne einen Kontrast austragen, und daß dieser Kontrast sich steigert, läßt sich schwerlich leugnen, wenn man Musik überhaupt die Fähigkeit zubilligt, etwas anderes auszudrükken als Nicht-Ausdruck. Wir kennen den langsam aufsteigenden Largo-Dreiklang (Notenbeispiel 254), dem Allegro-Achtel »folgen«, oder eben »antworten«. Aus dem *pp*-Dreiklang wird schließlich ein Forte-Dreiklang der linken Hand, dem eine Piano-Bewegung der rechten Hand korrespondiert. Das d-Moll-Hauptthema ist da. Nun aber stürmt die Entwicklung weiter: der Baß-Dreiklang wiederholt sich, immer höher, mehrfach, ihm antwortet bald nicht mehr die empfindsame Viertelbewegung (10. Takt des Notenbeispiels 258), sondern nur noch ein *sf*-Ton. Am Schluß ist vom Baß bloß noch Fortissimo übriggeblieben und vom Sopran nur noch ein sforzato-a (letzter Takt des Notenbeispiels 258).

Beispiel 258

310

Auffallend wenigen Pianisten gelingt es, herauszubringen, daß die einander antwortenden oder korrespondierenden *sf*-Effekte nicht bloß uniforme Erregung »als solche« darstellen, sondern einen auf kürzeste Formeln reduzierten Dialog. Nur höchste Inständigkeit, genaueste Kontrolle vermag zu verdeutlichen, warum ein einziges *sf*-Viertel, das nach einem aufsteigenden Baß hörbar wird, *nicht unbedingt ein ergänzender Aktions-Ton sein muß, sondern durchaus ein entgegengesetzter Re- Aktions-Ton sein kann.* Dabei lassen doch die letzten Takte des Notenbeispiels 258 kaum Zweifel daran, inwiefern hier ein wild verknappter Dialog geführt und nicht eine Folge identischer Behauptungen (mal tief, mal hoch) vorgeführt wird.

Gefordert ist doch: der Baß muß heftig im crescendo kommen, und sein letzter, kräftigster Ton soll drei Takte durchklingen (Notenbeispiel 258, Takt 5–7). Die *sf*-Antworten (Takt 13, 15, 17, 19, 21, 22, 23) dürfen nie mechanisch spitz mitklingen, sondern sie müssen den immer heftigeren dialogisierenden Affekt mithören lassen. Diese Mischung aus Wildheit und Konsequenz, aus Konzeption und Reduktion bringt kein Pianist der Welt vollständig heraus: jeder bewältigt nur einen Teil davon. Selbst Meister wie Solomon, Glenn Gould, Svjatoslav Richter und Daniel Barenboim verfehlen schematisierend oder harmonisierend die Dialektik des Vorgangs. Selbst ein Backhaus und ein Kempff spielen, wie über nichts, übers Dialog-Prinzip hinweg.

Dabei verpflichtet dieses Prinzip, wenn ein Pianist überhaupt willens ist, es zu realisieren, keineswegs zu einer einzigen – der »richtigen«? – Interpretation. Schon die Allegro-Achtel, die (Beispiel 254) dem Largo folgen, können (Solomon spielt sie so) wie eine gehetzte, rasend rasche Antwort herauskommen, oder eben als langsam sich beschleunigende ängstliche Reaktion (Arrau). Auch das große, dialogische Hauptthema ist, selbst wenn ein Interpret es in der hier entfalteten Weise darstellen möchte, keineswegs auf eine einzige starre Reproduktionsweise fixiert:

ob der erste Ton des jeweiligen Dreiklangsaufstiegs (Beispiel 258, 4., 8. und 12. Takt, halbe Note) als heftig markierter donnernder Anfang zu verstehen ist (Glenn Gould), oder ob der Dreiklang nicht vor allem auf sein Ziel hin gesteigert werden müßte – nämlich auf die über drei Takte gehaltene ganze Note –, kann strittig bleiben.

Diejenigen Pianisten, die dem herrischen Forte-Motiv eine solche Zielvorstellung zu geben versuchen, können immerhin für ihre Lösung ins Feld führen, daß eine durch drei Takte hindurchklingende Note bestimmt besonders kräftig ausgeführt werden muß, und daß Beethoven selber im Zuge der Reduktion (drittletzter Takt des Notenbeispiels 258) eine entsprechende dynamische *ff*-Vorschrift gibt. Die meisten Pianisten weichen übrigens hier einer Entscheidung aus. Sie bringen alles im gleichen Forte. Das ist unverbindlicher als völlige (hier mögliche) Durchartikulation. Svjatoslav Richter besitzt die Kraft und die Prägnanz, den Steigerungsweg rasch und doch ohne rhythmische Konfusion zu durchmessen: er meistert die Stelle rückhaltlos, spielt nur die jeweiligen piano-Antworten etwas zu unbeteiligt.

Alle diese Expressions-Aufgaben des ersten Satzes verlangen vom Interpreten fast übermenschliche Konzentrationsfähigkeit, sind jedoch grundsätzlich lösbar. Pianistisch leichter, dafür musikalisch schwerer zu meistern ist das Gleichgewichts-Problem. Nachdem abgerissene Achtel und akkordische Fortschreitungen die Erregung weitergetrieben, ja gesteigert haben, muß der Übergang zu den etwas ruhigeren, melancholisch fließenden (ausnahmsweise nicht durch jähe Akzente oder Schärfen aufgerauhten leisen!) Achteln der Schlußgruppe dargestellt werden, ohne daß dem hochdramatischen Anfang dann ein nur unverbindlich empfindsamer Abgesang zu folgen scheint. Die Musik darf sich hier weder zu schön und zu harmonisch geben (wie etwa bei Barenboim, der lyrisch zaubert), noch auch plötzlich spannungslos sentimental (wie bei Svjatoslav Richter). Claudio Arraus Rezept bewährt sich hier. Weil Arraus Allegro-Tempo nicht zu hektisch war, weil alle Bewegungen herb gemessen blieben, darum vermochte Arrau die Schlußgruppe mit ruhiger, aber nicht beruhigender Größe darzubieten. Arrau gewinnt eine außerordentliche Kontrastbreite zwischen heftigem drängendem Forte und untröstlich leisem Resignieren: so stellt sich der tragische Parameter her als eine ungeheuerliche Grundierung. Im Arrauschen Kontext ist nahezu jedes Ereignis möglich, vorbereitet, herbeigezwungen, sogar die Rezitative der Durchführung. Entscheidend wird dabei das Verhältnis von stillstehender und dramatisch bewegter Zeit. Nur wenige Interpreten wagen es, die Largo-Einschübe wirklich beschwörend langsam zu nehmen. Sie haben

Angst vor Spannungslosigkeit, während doch der ganze Satz an Spannung verliert, wenn es nicht gelingt, bei den Largo-Fragen – wie Svjatoslav Richter oder Arrau es tun – den Gang der Dinge um eine halbe Minute und mehr aufzuhalten. Die Rezitative in der Mitte der Durchführung, obzwar nur wenige Takte lang – vergehende Musikzeit gerinnt zu Bedeutung –, gewinnen ihr magisches Gewicht gegenüber dem Allegro-Verlauf ja auch dadurch, daß sie zusammen anderthalb Minuten oder noch länger dauern dürfen – wie bei Schnabel, Svjatoslav Richter oder Hans Richter-Haaser. Damit der Kontrast atemberaubend wird, genügt ein Gegenüber von sehr laut und sehr leise nicht. Mindestens so wichtig ist der Gegensatz zwischen handgreiflich direkter Nähe und fast unbewegter Rätsel-Ferne.

Diese berühmte Rezitativ-Stelle ist nicht das erste derartige Instrumentalmusik-Ereignis. Sie hat mannigfache Vorgänger, Bachs Chromatische Phantasie oder das Finale der c-Moll-Sonate KV 457 von Mozart, wo in die Entwicklung des Hauptthemas eine »sprechende« Stelle, ähnlich wie hier das Rezitativ, in das Kopfthema hineingeschoben erscheint:

Beispiel 259

Was es mit den sprechenden Tönen der »Sturm«-Sonate auf sich hat, läßt sich nur langsam erfassen. Eine noch so gediegene Musik-Bildung, noch so gutgemeinte Sekundär-Hilfe kann die schwer erringbare Primär-Erfahrung weder ersetzen noch ganz verdeutlichen. Hat einen die Magie dieses Augenblicks aber ein einziges Mal berührt, dann ist man um eine Erfahrung reicher. Um eine Erfahrung, die durchaus jener nicht mehr zurücknehmbaren Erfahrung gleicht, welche die Musik selber machte, als sie sich zum »Sprechen« anschickte. Nicht erst im Finale der 9. Symphonie drängt Instrumental-Musik über die Grenzen hohen oder »tiefsinnigen« Spielens hinaus, sondern hier, in der Durchführung des ersten Satzes der d-Moll-Sonate. Und wenn Wagners Tondrama, Liszts Programmatik zwischen ›Franziskus‹-Legenden und ›Tasso‹, ja überhaupt alle spezifisch »fortschrittliche« Musik des späteren 19. Jahrhunderts an die »Neunte« anzuknüpfen meinen, wo der Übergang vom Ton zum Wort geradezu diskursiv vorgeführt und begründet wird, dann muß der Verlust der »Unschuld« historisch vordatiert werden: bereits in Opus 31 Nr. 2 emanzipiert sich das bei Beethoven von Anfang an hörbare, spre-

313

chende, musiksprachliche Element zur direkten- unaufhebbaren, sprechenden Gebärde. Später, in der As-Dur-Sonate Opus 110, erscheint die
Rezitativ-Tendenz dann fast schon selbstverständlich, in der »Neunten«
findet sie Worte. Auch im Streichquartett Opus 132 leitet ein opernhaft
erregtes Rezitativ den letzten Satz mit theatralischem Aplomb über
Tremolo-Unterstimmen ein. Übrigens seltsamerweise auch dort, wie in
der »Neunten« und in Opus 31 Nr. 2, d-Moll-verdächtig:

Beispiel 260

Daß der vierte Satz des F-Dur-Streichquartetts Opus 135 den wild rezitativischen Gegensatz zwischen dem Grave des »Muß es sein?« und der
Allegro-Replik »Es muß sein«, also diese Linie von sprachähnlicher
Musik zur unzweideutig sprechenden Musik, weiterführt, liegt offen zu
Tage.
Nun ist die Sprech-, ja die Formulier-Qualität von Instrumentalmusik
gewiß kein absoluter Wert. (Musik ist nicht um so besser, je sprachähnlicher sie erscheint.) Allzu deutliche, direkte Sprechvorgänge lassen sogar
ein Moment von Indiskretion, Redseligkeit, unangemessener Theatralik
in den instrumentalen Bezirk hinein.
Der Rang, welcher der d-Moll-Sonate in der Geschichte der Instrumentalmusik zukommt, ist nicht davon abhängig, *daß* da sprechende Rezitative eingefügt sind, sondern von dem Umstand, *wie* es geschieht.
Beethoven hat die Ungeheuerlichkeit des Vorgangs dramaturgisch vorbereitet. Er hat diese Ungeheuerlichkeit paradoxerweise mit Hilfe einer
beispiellosen Pedal-Kühnheit verfremdet und abgemildert! Zunächst
täuscht der Augenschein, dem zufolge die beiden Rezitative irgendwo »in
der Mitte« des ersten Satzes, auf dem Höhepunkt oder am Ende der
Durchführung ihre Stimme erheben. Was die vergangene Musik-Zeit
betrifft, so stehen die Rezitative, zumal wenn die Exposition, wie
zwingend vorgeschrieben, wiederholt wird, ganz kurz vor dem Ende des

ersten Satzes: den langsam verklingenden Rezitativen folgt nicht etwa die zweite Hälfte des Allegros, sondern ungefähr das 7. und 8. Achtel des Zeitkontinuums. Die Rezitative sind die letzte und ausführlichste Antwort auf die zum letztenmal erklungenen Largo-Arpeggien in a-Moll und C-Dur: danach hat Beethoven weder den Largo-Dreiklang noch die Allegro-Version dieses Dreiklangs in der Reprise wiederholt. Die Rezitative schließen also, deutlich hörbar und erfühlbar, etwas ab. Um vorzuführen, wie fremd, wie exterritorial, wie jenseits allen guten Geschmacks und aller vermeintlichen Gegebenheiten des schönen Klavier-Stils und Klavier-Spiels die Stelle ist, hüllt Beethoven sie radikal – von der Wurzel bis zur letzten Verästelung – ins Pedal. Ganz langsam klingen die fremdesten Töne zusammen. Sie erscheinen erkennbar, nämlich vereinzelt, nacheinander, und doch tief verschleiert.

Ein Pianist, der hier Beethovens Pedalvorschriften ignoriert aufgrund des plausiblen Schlusses, die Pedal-Effekte des modernen Konzertflügels gingen allzu weit hinaus über das von Beethoven Imaginierte – ein solcher Pianist erliegt einem verharmlosenden Trugschluß. Für diesen Trugschluß, dem manche konservativ gestimmte Pianisten wie Backhaus und Kempff Beethovens Wahrheit opfern, gibt Walter Georgii folgende Begründung: »Auf unseren Klavieren geht es nicht mehr an, das Pedal über Harmoniewechsel hinweg so lange liegen zu lassen, wie es Beethoven im Rezitativ der Sonate d, im Finale der Waldstein-Sonate und besonders in den fünf Schlußtakten der Bagatelle Opus 126, 3 vorschreibt. Man kann sich in den beiden letzten Fällen durch ›halben‹ (unvollständigen) Pedalwechsel helfen, im ersten dadurch, daß man den Sextakkord im Baß trotz der Pausen während des ganzen Rezitativs festhält und unterdessen das Pedal dort wechselt, wo das Liegenlassen unerträglich wird. Der Erfolg beider Verfahren ist eine leichte klangliche Verwischung, wie sie dem Komponisten vorgeschwebt haben mag, ein Mittelding zwischen zwei unerwünschten Extremen, dem dicken Farbklecks und der dünnen Zeichnung. Die uns befremdende Pedalisierung bei Beethoven beruht nicht etwa auf seiner Schwerhörigkeit, sondern auf der kurzen Dauer des damaligen Klaviertons...«

Mit diesen Argumenten plädiert Walter Georgii in seinem Buch ›Klaviermusik‹ (Atlantis-Verlag, 1950, S. 248 ff.) für gepflegten Pedalwechsel. Georgiis Überlegungen klingen plausibel. Aber wenn man erlebt, wie die Rezitativ-Stelle etwa in der Interpretation von Artur Schnabel wirkt, der Beethovens Pedal-Vorschriften auch auf dem modernen Flügel »furchtlos« befolgt und annähernd zwei Minuten Geheimnis-Musik produziert, und wie sie sich bei Backhaus ausnimmt, der nur ungefähr eine Minute für diese Rätselstelle braucht, wobei er sie ganz und gar sauber klassizistisch pedalisiert: dann klingt die von Beethoven gewollte Musik doch viel plausibler als die plausibelste Erklärung, warum man Beethoven hier nicht folgen dürfe . . .

Schon Georgiis Wortwahl macht stutzig: die gewünschte Pedalisierung ergäbe einen »dicken Farbfleck«? Das wäre – beim Expressionisten Beethoven – nicht unbedingt ein Gegenargument. Außerdem ist es gar nicht der Fall oder nur dann, wenn ein Pianist weder Kraft noch Nerven für die magische Langsamkeit des Largos besitzt, sondern statt dessen ein verlegenes Quasi-Andantino oder Allegretto anschlägt, wie Backhaus und Gulda es tun (Gulda befolgt immerhin Beethovens Pedalisierung treuer, und selbst bei seinem allzu raschem Tempo gibt es übrigens noch keinen »dicken Farbfleck«). Unterstreicht aber ein Interpret den exterritorialen Charakter dieser klagend-sprechenden Rezitativ-Stelle durch ein außerordentlich langsames Tempo, dann stellt sich Fremdheit mit höchster Evidenz her. Georgii schrieb unbewußt verräterisch: »die uns *befremdende* Pedalisierung«, als ob Beethoven nicht eben dies Moment eines äußersten Befremdens, Fremdmachens hätte gewünscht, gewollt haben können.

Beethovens extreme Pedalisierung dürfte auf den Wiener Flügeln von 1802 – deren Pedalmöglichkeiten Beethoven in Opus 26 und im ersten Satz der Mondschein-Sonate (senza sordino = ohne [Ab]-Dämpfung, also mit viel Pedal) ganz bewußt ausnutzte – für damalige Ohren mindestens so »kühn« gewirkt haben, wie sie heute auf einem Konzertflügel wirkt. Zwar hat der moderne Steinway einen kräftigeren und länger andauernden Ton, aber wir hören auch unerschrockener, nachdem wir Chopin-, Liszt- und Impressionismuserfahrungen gemacht, durchgemacht haben. Wie immer dem sei: äußerste Langsamkeit, völlige Durchpedalisierung lassen aus der Rezitativ-Stelle ein Mysterium werden. Schnabel, Arrau und Hans Richter-Haaser lehren es. Wenn das Pedal nicht etwa in dem Sinne einen »Schleier« bildet, daß es die Tongestalten verklebt, verhüllt, vermanscht, einander angleicht, wenn es nicht als »Register« benutzt wird, sondern auf jene, der Rezitativ-Sonate viel angemessenere Weise, daß alles wie hinter einem Vorhang stattfindet, dann wird der Vorgang zum beispiellosen Moment. Dann ist man immun gegen alle geschmackvollen mittleren Lösungen, wie sie etwa der hier impressionistisch feinsinnige Gieseking anbietet, der halb pedalisiert, aber vor schroffen Harmoniewechseln doch lieber das Pedal betätigt. Es lohnt, die große Stelle immer und immer wieser zu betrachten:

Beispiel 261

Die *pp*-Akkorde im Allegro (viert- und drittletzter Takt des Beispiels 261) können als ein unheimliches, langsam sich beschleunigendes Aufleben nach der Erstarrung verstanden werden. Artur Schnabels Psychologismus will es so. Die Rezitative hatte Schnabel wie scheues, beklommenes, zögerndes Reden-Wollen dargestellt, so als ob der Sonate die »Stimme« versagt, wenn sie, ja weil sie plötzlich reden darf ... Svjatoslav Richter, deutet konservativ pedalisierend an, und Friedrich Gulda führt aus, daß diese vier *pp*-Akkorde (am Ende des Beispiels 261) auch trocken briohaft peitschend herauskommen können: Toscanini, einen Verdischen Stretta-Effekt vorbereitend ... Aber solche Unterschiede sind kaum mehr belangvoll nach den tiefen Erschreckensschatten, die das Rezitativ über den Satz hat fallen lassen. Arraus »Essenz«: nicht allein in den wilden Ausbrüchen steckt die Gewalt dieser Komposition, sondern in ihrem großen tragischen Parameter, der aus erregtem, dialogisch sich zuspitzenden Forte/Piano-Hauptthema, Reduktion, Rezitativ-Beschwörung und ungetröstetem Verstummen besteht.

Die Interpretationen, zu denen das Adagio der d-Moll-Sonate – nach einem solchen Kopfsatz! – herausgefordert hat, dürfen als Beleg für die im Einleitungskapitel entfaltete These – S. 27 ff. – verstanden werden, daß von einer gewissen emotionalen Reichweite an Sonatensätze sich zum spezifischen Ablauf zusammenschließen für unser interpolierendes Bewußtsein. Bei der Würdigung von Claudio Arraus maßstabsetzender, hochreflektierter Interpretation dieser Sonate haben wir schon auf gewisse Verknüpfungssignale hingewiesen, die unübersehbar in den Noten stehen und natürlich auch von der Beethoven-Forschung gesehen worden sind: der Anfang des Adagios (Beispiel 255) bezieht sich auf den Beginn des ersten Satzes; das Ende des Adagios stellt die Überleitung zum dritten Satz her. (Beispiel 256 und 257). Und dies ganz unzweideutig dann, wenn ein Interpret jene Beziehungen nicht nur sozusagen »zur Diskussion stellt« (also neutral vorträgt nach der Devise: »Ich weiß auch nicht, ob es sich hier um einen Ähnlichkeitszufall oder um eine echte Absicht handelt, und möchte lieber nichts entscheiden«), sondern wenn er diese Beziehungen entschlossen artikuliert, notfalls die Verantwortung für eine synthetisierende Übertreibung auf sich nimmt. Doch solche motivischen Zusammenhänge stellen zunächst kaum mehr dar als äußerliche Verklammerungen, als Zitate zum Zwecke gefälliger Erinnerung oder Antizipation. Daniel Barenboim und Claudio Arrau aber vermögen, über solche Beziehungssignale hinaus, noch die innige strukturelle Verwandtschaft zwischen dem abgründig erregten d-Moll-Kopfsatz und dem beinahe hymnisch zurückhaltenden B-Dur-Adagio darzustellen. Voraussetzung dazu aber ist nicht etwa ein verhältnismäßig rasches Tempo für diesen langsamen Satz, sondern eher eine ganz entschiedene, ja extreme Adagio-Haltung. Hier bedeutet der Tempo-Unterschied, wie er etwa zwischen Clara Haskils merkwürdiger- und bedauerlicherweise allzu rascher, unkonzentrierter Einspielung des Adagios einerseits und Arraus oder Barenboims Interpretationen andererseits existiert, die für den 103 Takte langen Satz immerhin etwa 4 Minuten länger benötigen, nicht nur eine Gestimmtheits- und Empfindungsdifferenz, sondern eine andere Qualität. Barenboim entdeckt die Dialogstruktur auch im Hauptthema des langsamen Satzes wieder. Er und Arrau spielen nämlich die ruhigen Akkorde, die in der Tiefe und der Mittellage eine Choral-Melodie andeuten, als selbständige Gebilde – die punktierte Kantilene (2. und 4. Takt des Beispiels 255) über diesen Akkordschritten wirkt bei Barenboim, der die Klangfarbe souverän wechselt, wie eine selbständige Stimme. Clara Haskil machte es genau umgekehrt: sie spielte die rechte Hand als Fortsetzung der linken, nahm auch alles ins gleiche Pedal. Das klingt ganz logisch, aber es widerspricht den Noten, die immer dann eine Akkord-Pause fordern, wenn das punktierte Mini-Motiv erscheint. Nach herkömmlicher (Riemannscher) Auffassung fällt dieses erste Hauptthema »durch eine gewisse Breitspurigkeit auf, da es zwischen mehreren Oktaven hin- und herspringt«. So ist es nicht, sagen Barenboim und Arrau. Da springt nicht ein Adagio-Thema hin und her, sondern da laufen eine ruhige akkordisch-melodiöse Baßlinie (als handele es sich um gehaltene Streicher-Stimmen) und eine Flöten-Melodie dialogisch nebeneinander her: der dramatische Dialog des ersten Satzes hat sich hier in einen verklärten Adagio-Disput verwandelt. Ja, Barenboim macht sogar den Versuch, bei der Wiederkehr des Hauptthemas eine virtuelle Dreistimmigkeit vorzuführen: die tiefen Akkorde, die in den Baß heruntergerutschte Anfangsmelodie und die mit Mordenten ausgeschmückte Melodie der Rechten spielt er als mehrstimmigen, harmonischen Vorgang.

Beispiel 262

Wie richtig und produktiv es ist, in dieser Sonate auch zu Beginn des langsamen Satzes einen Dialog zu ahnen und vorzuführen, das wird am Schluß des langsamen Satzes unübersehbar deutlich, wenn Beethoven die vermeintliche Einsinnigkeit dissoziiert.

Beispiel 263

Dieser Moment kann zur fahlen Katastrophe werden. Dann zumal, wenn ein Interpret vorher die mittlerweile verfinsterte Überleitungsmelodie, die nunmehr harmonisch eine spannungsvolle »kleine None« umschreibt, samt Trommelwirbel der Linken zu einer phantastischen Trauermarsch-Assoziation gesteigert hat. Plötzlich scheint eine, keineswegs absurde, Gustav Mahler-Vorwegnahme da. Glenn Gould hat diese Möglichkeit entdeckt:

Die ruhigen Melodien dieses Adagios lassen individueller Interpretation freien Raum. Sie können, dürfen volksliedhaft (wie bei Wilhelm Kempff), stark und vorwärtsdrängend (wie bei Richter-Haaser), klar abgetönt (wie bei Arthur Schnabel) herauskommen. Nur auf keinen Fall so lieblos virtuos, wie der junge Brendel etwa die Zweiunddreißigstel-Umspielungen »hinlegte«... Dialog-Ruhe und Trauermarsch-Assoziation bilden hier die tönende Konfiguration einer Adagio-Spannung. Sie bedarf gemessener, genau ausgehörter Artikulation und diskret aufgespürter innerer Unruhe.

Es ist belustigend, hier nebeneinanderzustellen, was alles über das Finale gesagt wurde. Der Satz würde, meint Strawinsky, »einen erstklassigen Trauermarsch abgeben, wenn man ihn halb so schnell nähme«. Carl Czerny wiederum verlangt, »diese... Sechzehntel müssen mit möglichster Gleichheit einander folgen, um gewissermaßen den Galopp eines Pferdes auszudrücken« – weil doch Beethoven, laut Czerny, das Thema dieses Satzes improvisierte, »als er einst (1803) einen Reiter an seinem Fenster vorbeigaloppieren sah. Viele seiner schönsten Werke entstanden durch ähnliche Zufälle«... Na bitte. Jacques-Gabriel Prodhomme wiederum will diese angebliche Mischung aus Trauermarsch und Reiterstück »in dieser Sonate, die kein Scherzo hat, die Stelle eines solchen einnehmen« lassen (›Die Klavier-Sonaten Beethovens‹, Breitkopf und Härtel 1948, S. 146). Riemann nennt den Satz »Perpetuum mobile«, Adolf Bernhard Marx jedoch warnt in seiner bei Gustav Bosse, Regensburg, 1912 wiederaufgelegten ›Anleitung zum Vortrag Beethovenscher Klavierwerke‹, Seite 201, ausdrücklich »vor übereiltem Zeitmaß«. »Die Spieler machen das Finale häufig zu einem Wiener Walzer oder zu einer Etüde«, schrieb Marx bereits 1863. »Es ist aber nichts dergleichen, sondern ein sehr sinniger Satz, von Verlangen durchduftet, und erregt bis zum Aufgären des Gefühls und der Tonwogen, aber durchaus von innerlicher Bewegung«...

Wir haben also die Wahl. Zu hören, wie bedeutende Interpreten mit dem Stück fertig zu werden versuchen, ist weniger belustigend als die Gegenüberstellung dieser Zitate. Dafür ist es aufregend. Auf den ersten Blick möchte man doch meinen, ein Stück, das in durchgehender Sechzehntel-Bewegung tatsächlich perpetuum-mobile-artig abzulaufen scheint, ein solches Stück biete zwar Gelegenheit, mehr oder weniger große Geläufigkeit, Anschlagskultur und rhythmische Festigkeit vorzuführen, aber es lasse sich darüber hinaus kaum allzu gegensätzlich ausdeuten. Dieser Eindruck trügt. Man kommt hier sogar in Versuchung, fast das Gegenteil zu behaupten. Also: wo Beethoven selber aus höchst verschiedenen Motiven, Bestandteilen und Verläufen einen Satz komponiert, bietet er vernünftigen Interpreten, die sich ja daran gebunden fühlen, alle diese Kontraste sinnvoll auszuartikulieren, in gewisser Weise weniger »Freiheit«, als wenn er hauptsächlich eine durchgehend identisch bleibende Bewegung verlangt, die doch in sehr verschiedener Richtung interpretierbar ist. Selbst diejenigen, die den Satz rasch spielen – wie Artur Schnabel, Hans Richter-Haaser, Dieter Zechlin, Friedrich Gulda oder Glenn Gould –, erzielen keineswegs analoge Wirkungen. Gould etwa bietet hier das endlich stattfindende Ausbrechen jener Spannung, jener brütenden potentiellen Dramatik, die den ersten und zweiten Satz erfüllten. Partien, die bei zurückhaltenden Klavierspielern emsig-nähmaschinenhaft abschnurren, steigert Gould zum offenen Ausbruch, zu kintopphaft dröhnender Untergangs-, (Schiffs-) Untergangsmusik:

Beispiel 265

Gulda betont weniger dieses panische Moment (das Gould immerhin dazu führte, sämtliche Forte-Vorschriften der letzten 30 Takte nicht mehr ernstzunehmen, weil die äußerste Spannungsentladung bereits stattgefunden hatte und nur noch ausgebranntes d-Moll zurückblieb), als das unruhige, zunächst verspielte, dann verzweifelte In-sich-Kreisen der Musik. Kein Innehalten, kein sentimentales Retardieren oder gar platt virtuoses Accelerieren darf bei Gulda sein: Motorik erscheint als furchterregendes, widersprüchliche Impulse nicht ausschließendes, aber doch ehern beherrschendes, unantastbares Gesetz. Ein solches inneres Gleichmaß, das Konflikte keineswegs oberflächlich meidet – sonst wäre Guldas Interpretation schlicht langweilig –, sondern hintergründig verdrängt, besitzen aber nur wenige Musiker. Wie beispiellos Guldas Voraussetzungen sein müssen, lehrte folgende Beobachtung; 1968 spielte Gulda die d-Moll-Sonate, die er einige Jahre vorher auf Platten aufgenommen hatte, im öffentlichen Konzert. Das Finale schien er dabei um eine Spur wilder, exzentrischer, ja rascher aufzufassen als auf Platten. Aber das war ein Hörirrtum. Bis auf eine Zehntelsekunde genau spielte Gulda das Finale im gleichen Tempo wie auf Platten! Was für ein rhythmisches Gefühl, was für eine fast unmenschlich präzise Vorstellung von seinem Tempo muß dieser Interpret besitzen, wenn er die vielen tausend Noten des Satzes im Abstand mehrerer Jahre auf eine Zehntelsekunde identisch spielt.

Während Arrau (Notenbeispiel 256) die gebrochene Begleitung in den Dienst seiner Totalitäts-Idee der »Sturm«-Sonate zu stellen scheint, macht Schnabel aus dem jeweils ersten, abgesetzten Ton fast einen Schlagzeug-Effekt. Andere bringen feste Struktur in den Fluß, indem sie (Richter-Haaser) eine Baß-Linie betonen oder akkordische Fixpunkte bieten.

Zur Vieldeutigkeit des Satzes gehört freilich nicht nur, daß er mehr oder weniger rasch, mehr oder weniger expressiv verstanden werden kann. So wie die stark beschleunigten Interpretationen charakteristisch von einander abweichen, scheinen auch die langsameren keineswegs auf einen spezifisch elegischen Ton abgestimmt. Svjatoslav Richter spielt den Satz zurückhaltend, aber herb kontrastreich. Daniel Barenboim betont anfangs die melancholische Komponente – er phrasiert so empfindsam, als ob es um das Klavierstück ›Für Elise‹ ginge:

Beispiel 266

Bei einer so zarten Phrasierung – der Barenboim freilich später virtuosere Vehemenz folgen läßt – kann sogar geschehen, daß der Satz in die Nähe eines romantischen Genre-Stückes rückt. Weich rhythmisiert und pedalisiert, erinnert das Finale sogleich an Mendelssohn, an den letzten Satz der Brahmsschen Regenlied-Sonate oder gar an ein spätes Brahmssches Intermezzo:

Beispiel 267

Aufschlußreich an solchen Analogien sind aber nicht die äußerlichen Ähnlichkeiten (auftaktig konstruierte Melodie, fließende Begleitung, sehr identische Bewegungen), sondern die unaustilgbaren Unterschiede: zu Beethovens Finale gehören eben doch auch heftige Oktaven-Ausbrüche und jene Festigkeit der Konstruktion, die alle Klangzauber-Inseln zu Episoden macht.

Während Beethoven die d-Moll-Sonate komponierte, begegneten Clemens Brentano und Achim von Arnim einander als Studenten in Göttingen. Sie beschlossen ›Des Knaben Wunderhorn – Alte Deutsche Lieder‹ zu sammeln und herauszugeben. Auf eines der populärsten dieser Stücke, nämlich das »Schlaf, Kindlein, schlaf, Der Vater hüt die Schaf, / Die Mutter schüttelts Bäumelein,/ Da fällt herab ein Träumelein«, spielt Beethovens Finale an. Das »da fällt herab ein Träumelein« verbirgt sich an folgender Stelle (die entsprechenden Noten sind durch Pfeile gekennzeichnet):

Beispiel 268

Svjatoslav Richter bringt die Anspielung unbezweifelbar heraus. Ob man daraus schließen darf, daß Beethoven diese Anspielung bewußt eingefügt hat, ob der gleichbleibende Rhythmus gar etwas von der

ruhigen Monotonie eines Wiegenliedes haben sollte, und wie sich schließlich die Schlaf-Assoziation mit der zauberischen »Sturm«-Handlung
verträgt – endgültige Auskünfte darüber dürften unmöglich, auch unnötig sein. Immerhin: da, wo Beethovens Kunst am reinsten und lyrischsten
tönt, kommt sie dem Volkslied am nächsten. Das gilt für den langsamen
Satz des »Erzherzog-Trios« in B-Dur Opus 97, für das Violinkonzert,
für das zweite und dritte Thema bereits des Adagios, aber auch –
zugleich versteckt und eindeutig – für das Rondo aus der d-Moll- Sonate
Opus 31 Nr. 2.

18. SONATE

Sonate Opus 31 Nr. 3 Es-Dur (1801/02)

Allegro
Scherzo *Allegretto vivace*
Menuetto *Moderato e grazioso*
Presto con fuoco

Auf den ersten Blick ist dies ein Stück witziger, fast mutwilliger, brillanter Musik. Staccato-spitz, souverän durchkalkuliert, einfallsreich. Und insofern, wie Opus 31 insgesamt, offenbar auch ganz auf ein bestimmtes Stil- und Spiel-Ziel hin entworfen.
Der »erste Blick« trügt nicht. Ein feurig-eleganter Reißer, ein hochgemutes Werk ohne jede schwache, leere, dünne Stelle bleibt Opus 31 Nr. 3 allemal, selbst wenn man allmählich daran zu zweifeln beginnt, ob wirklich die Zwischentöne, Betroffenheiten und Mysterien hier ganz fehlen, denen wir in Opus 31 Nr. 1 und 2 begegneten.
Die Sonate spielt mit dem Klavier und seinen Möglichkeiten. Sie spielt darüber hinaus auch – erstes ausgeführtes »neoklassizistisches« Kunststück mitten in der Blütezeit klassischen Komponierens – mit Stil- und Form-Modellen: mit Rokoko-Parlando, altväterischem Menuett, mit den vermutlichen Voraussetzungen und Erfüllungen der Sonaten-Architektur. Sie konnte darum sogar dahingehend gedeutet werden, als nähme Beethoven hier, teils lächelnd, teils überlegen auftrumpfend, *ironisch-distanziert* Abschied von Form- und Kompositionsmöglichkeiten, die er hinter sich lassen wollte.
Darf man darum in den vier Sätzen gar lauter perfekt geformte Masken erblicken: Das Allegro überrascht mit einem vieldeutigen Beginn, mit einer Ablauffolge aus Parlando-Empfindsamkeit, virtuos ausführlichen Zwischenspielen, naiv melodischen Gebilden und pointiertem Verharren, Erstarren. Auch Scherzo und Menuett konfrontieren mit seltsamem Nebeneinander aus vorbehaltlos Melodiösem und fahlem Stillstand. Das Finale freilich ist über alle Stil-Spielereien hinaus, eine Presto-Ballade mit Jagdhorn-Stößen und donnernden Unisono-Kraftstellen.

Alte Frage: Kann Musik ironisch sein? Nächstliegende Antwort: Ironische Instrumentalmusik hohen Ranges gibt es nicht – wohl aber sehr geistreiche Kommentatoren derselben. Zwei germanischer Tiefsinnshuberei unverdächtige Zeugen, nämlich Ferruccio Busoni und Darius Milhaud, stimmen in der These überein, Musik sei nicht witzig oder witzige Musik sei keine bedeutungsvolle Musik. Busoni schrieb (in seiner Studie ›Beethoven und der musikalische Humor‹ aus ›Wesen und Einheit der Musik‹, zitiert nach der Ausgabe im Max Hesse Verlag 1956, S. 180 ff.): »Die scherzhaften Momente Beethovens sind bürgerlich-harmlosen Ursprungs, sie beziehen sich auf Dinge, die für ihn geringfügig sind. Daß auch diese Momente in der Musik nicht ohne *übertragene* Bedeutung darzustellen sind, ist bei dem der Musik eigenen gegenstandslosen Wesen ohne weiteres zu behaupten.«

Und Darius Milhaud antwortete auf die Frage: »Glauben Sie . . . daß die Musik überhaupt humoristisch sein kann?« mit folgenden Überlegungen: »Das glaube ich keineswegs . . . Musik kann meines Erachtens nicht komisch sein, es sei denn als instrumentale ›Clownerie‹, wie zum Beispiel in Saint-Saëns' ›Carnaval des animaux‹. An sich hat sie keine komische Kraft. Und wenn sie uns dennoch zuweilen ein Lächeln entlocken kann, so erklärt sich das durch die ihr zugrunde liegende Anekdote oder Idee . . . Aber dies Lächeln hat nur Bedeutung, wenn die musikalisch angedeutete Ironie oder Posse selber einen wirklich poetischen Gefühlswert besitzt . . .« (In: Claude Rostand: ›Gespräche mit Darius Milhaud‹, Claassen-Verlag, Hamburg, o. J., S. 79).

Diese Zitate können hier natürlich nicht das mit so definitionsbedürftigen Größen wie »Humor«, »Witz«, »Ironie« und so weiter zusammenhängende ästhetische Riesen-Problem »also solches« erledigen, sondern seien nur auf Gestalt und Gehalt von Opus 31 Nr. 3 bezogen.

Keine andere von Beethovens 32 Klaviersonaten bietet soviel Anlaß, über das Problem ironischer Musik nachzudenken. Das bedeutet aber doch auch: die These, Instrumentalmusik könne überhaupt nicht ironisch sein, muß zumindest modifiziert werden. Bei der Mondschein-Sonate oder der Les Adieux-Sonate käme kein Mensch darauf, die Frage auch nur zu stellen. Da sie aber hier aufgeworfen wird, scheint es zumindest ironie-nähere und ironie-fernere große Musik zu geben – wenn vielleicht auch keine schlechthin »ironische«. Milhauds These, es komme darauf an, ob musikalische Ironie einen wirklichen poetischen Gefühlswert besitze, hilft weiter. Angenommen, Beethoven lächele über die zarte, zopfige, schwerfällige und sanft übertriebene Klage, mit der die Menuett-Melodie seufzend auf die kleine None zusteuert, so wäre darin durchaus ein poetischer Gefühlswert zu erkennen, der die Ironie umschließt. Nämlich das Lächeln eines mittlerweile vom Leben tief getroffenen Komponisten darüber, daß einst solche Formen hinreichten, Schmerzliches und Zärtliches direkt auszudrücken. Am Ende stünde dann also nicht etwa die ironische Vorspiegelung eines nicht-gefühlten Gefühls hinter der Musik, sondern mehr: eine Schmerz-Erfahrung, die dem Menuett heiter begegnet, ohne bloß witzig darüber hinaus zu sein. Spekulationen, gewiß. Aber so ließe sich Milhauds Rettung und Aufhebung musikalischer Ironie vielleicht auf die Probleme von Opus 31 Nr. 3 anwenden.

Esprit, helle Heiterkeit, überlegene Anordnung von Erwartungen, Überraschungen, Kontrasten: man überinterpretiert zumindest den ersten und zweiten Satz gewiß nicht, wenn man dies alles aus ihm herauszuhören meint.

Eine Interpretation, die diese Sonate als ein schlechthin ironisches Musikstück erscheinen ließe, habe ich noch nie gehört, in keinem Konzert, auf keiner Platte, vom kaustischen Kempff nicht, vom grimmigen Gulda nicht, vom schlauen Schnabel nicht – wohl aber habe ich diese Interpretation gelesen. Ludwig Finscher schreibt in seinem wirklich originellen ›Versuch einer Interpretation‹ der Sonate Opus 31 Nr. 3 (Wiora-Festschrift, Bärenreiter-Verlag, Kassel 1965, S. 385 ff.): »Der vielberufene spielerische Charakter des Werkes und sein Humor erscheinen, so gesehen, nur als Funktionen einer ironisch-distanzierten Grundhaltung ... Nach den beiden krisenhaften Schwesterwerken ist sie eine Auseinandersetzung mit der eigenen musikalischen Vergangenheit wie mit den Stilebenen des Zeitalters im Medium der Sonate ...«

Finschers Auskunft, Opus 31 Nr. 3 sei sozusagen demonstrativ Musik über ältere Musik, schließt gewiß nicht unbedingt Ironie ein. Fast alle Musik, die kompositionsgeschichtliche Entwicklungen als ihre Realität begreift, entsteht *über Musik*. Denn die »Wirklichkeit«, auf welche Poesie und Malerei sich beziehen können, gibt es für Musik ja nicht: darum wird vielen Musikstücken gleichsam die Musikgeschichte zum Realitäts-Ersatz. Diese These habe ich in dem Aufsatz ›Musik entsteht über Musik‹ im Zusammenhang mit Choral-Variation und den Solo-Kadenzen des Instrumentalkonzertes auszuführen versucht (›Stationen‹, R. Piper-Verlag 1964, S. 461 ff.)

Was in *Anführungszeichen* komponiert wurde und sich bei der Analyse als entsprechend »ironisch« verbalisieren läßt, muß nun aber noch längst nicht (wie auch?) in Anführungszeichen gespielt werden. Pianisten, die sich darauf einlassen wollten, »die seltsam gebrochene Spiegelung dieser

Traditionselemente durch ihre ständige Ambivalenz, Vertauschung und Umfunktionierung, durch die regelmäßige Beschwörung traditionell vorgegebener Erwartungshorizonte, die ebenso regelmäßig nicht erfüllt werden« (Finscher, a. a. O., S. 395), als Ausdruck einer »ironischen Grundhaltung« darzustellen, wären nicht zu beneiden.

Bereits der vielberätselte Anfang des Kopfsatzes von Opus 31 Nr. 3 läßt die Wesensverschiedenheit von musiktheoretischer und klavier-praktischer Interpretation erkennen – und es wäre gewiß zu kategorisch, diesen Unterschied von oben herab philosophisch abzutun mit Kants Feststellung: wo etwas in der Theorie richtig sei, aber nicht für die Praxis tauge, »da lag es dann nicht an der Theorie, wenn sie zur Praxis noch wenig taugte, sondern daran, daß *nicht genug* Theorie da war«.

Finscher interpretiert den Anfang des Kopfsatzes so: »Die ersten 8 Takte wirken zunächst als Einleitung, die ... zur Tonika als dem eigentlichen Beginn hinführt; ihr folgt jedoch nach zwei Takten eine Wiederholung ... und die endlich Takt 17 beginnende ›eigentliche‹ Entwicklung des Satzes ... zeigt sofort, daß die Einleitung nichts anderes war als die Motivgruppe, die den Hauptsatz selbst bildet ... Die Verschmelzung von langsamer Einleitung, Instrumental-Rezitativ und Sonatensatz-Allegro im 1. Satz der d-Moll-Sonate wirkt gegenüber diesem subtilen qui pro quo nahezu simpel ... fast konventionell.« (a.a.O., S. 389 ff.)

Daß die Sonate mehrfach beginnt, genauer gesagt, daß Neu-Anfänge einander in logisch und psychologisch sinnvoller Weise zu folgen scheinen, tritt nicht nur bei einer theoretischen Analyse des Notentextes zutage, sondern ebenso deutlich – wenn auch ohne jeden ironischen Beiklang – beim Vergleich existenter Interpretationen. Zunächst kann die Sonate nicht umhin, mit ihrem tatsächlichen Anfang anzufangen, also mit dem sogenannten »Wachtelschlag«-Motiv (einem Quintsextakkord), nach welchem sich die Musik sogleich schwergewichtigen Akkorden und tiefen, gestauten Ritardando-Fortschreitungen überläßt:

Beispiel 269

Danach erst geht es richtiger, »eigentlicher« los, flüssiger, direkter; über einem langen rhythmisierten Orgelpunkt – dem unentwegt pochenden es – der linken Hand. Gehaltene Mittelstimmen, Eintrübungen (Beispiel

270, vierter Takt, 3. Viertel) machen dabei eine verhaltene, zarte Dreistimmigkeit hörbar.

Beispiel 270

Erst wenn das Wachtelschlag-Motiv des Beginns vielfältig durchgespielt ist, herrscht fröhliche Allegro-Deutlichkeit. Manche Pianisten, zum Beispiel Wilhelm Backhaus, Walter Gieseking oder Clara Haskil, lassen bei den (Beispiel 271) folgenden, klaren Überleitungspassagen und Unisono-Achteln, die kräftig und ohne jede Trübung auf die Dominante hinzusteuern scheinen, noch einmal etwas ganz Neues beginnen. Sei es, daß die Sonate nun endlich, ungeachtet der piano-Vorschrift, stürmisch losrollt (Backhaus); sei es, daß die Musik nach den vorhergegangenen chromatischen Wechselbädern sich jetzt auf ein quasi-frühklassisches »Perlen« zurückzieht (Gieseking); sei es schließlich, daß nun endlich Es-Dur-Selbstsicherheit herrschen darf. Clara Haskil setzt, obwohl keine Beethovensche Vorschrift es erfordert (Takt 1 und 3 des Beispiels 271), das jeweils letzte Viertel mittels einer Zäsur ab: sie will damit wohl deutlich machen, daß die vier Sechzehntel im dritten Takt des Beispiels 271 – auf »drei« – eine übermütig motorische Variante zu jenen beiden Achteln sind, die im ersten Takt auf »drei« zu den Staccato-Achteln hinüberleiteten.

Beispiel 271

Doch noch immer hat sich der Satz nicht freigemacht zu jenem klaren, zügigen Allegro, das ihm so oft unterstellt wird. Statt eines »zweiten« Themas erscheint das Wachtelschlag-Motiv jetzt vielmehr in Moll: Chromatik, Alteration, Septakkorde, Empfindsamkeit. Dann erst scheint es, als rufe der Komponist sich nach soviel Zögern und Ausweichen selbst zur Ordnung, als haue er – Dominant-Frieden stiftend – auf den Tisch. Barenboim führt diesen schwer gefaßten Forte-Entschluß sehr pointiert vor: auf die gefühlvolle Vorhalt-Frage (Beispiel 272, Takt 10)

folgt ein zögernder piano-Takt, den Barenboim in nachdenklichem, der Psychologie dieses Verlaufs entsprechendem Ritardando ausführt, woraufhin dann drei keineswegs »groteske«, sondern eher forcierte, allen empfindsamen Feinsinn abschneidende Forte-Viertel den aus so vielen Gestalten und Abwandlungen bestehenden ersten Teil beenden, das unübersichtliche Anfangs- oder Durchführungs-»Qui pro quo« aufheben, für klare Verhältnisse sorgen.

Beispiel 272

So verstanden – als Abfolge immer wieder neu ansetzender Perioden, die einander in stets neuem Licht erscheinen lassen, Erwartungen schaffend und ganz andere Erfüllungen bietend – läßt sich der »Verlauf« bis zum abrupten Einsatz des Seitenthemas gewiß als Funktion einer überlegen disponierenden, ironisch distanzierten Haltung bezeichnen. *Ironie:* natürlich nicht zum Tränen-Lachen, aber annähernd im Sinne der Jean Paulschen »Ästhetik«, wo 1804, also genau im Jahr der Publikation auch dieser Sonate, die Forderung erhoben wird: »Die Ironie muß stets die zwei großen Unterschiede, nämlich die Beweise eines *Daseins* und die Beweise eines *Werts* (wie der Ernst), gegeneinander einander vertauschen . . .«

Beim Studium der Interpretationen von Opus 31 Nr. 3 fällt nun aber – und das widerlegt Finschers Überlegungen nicht, sondern modifiziert sie – folgendes auf: Je inständiger die Pianisten Zusammenhänge und Entsprechungen artikulieren, je sorgfältiger sie die Verhältnisse der einzelnen Perioden zu einander, die Abfolgen von Ritardando und Allegro vorführen, je mehr sie also der vermeintlich »ironisch distanzierten Grundhaltung« des Satzes nachspüren, desto empfindsamer, desto unironischer und witzferner erscheint die Musik. Wenn Interpreten indessen alle Beethovenschen Finessen, alle diese erst mühsam gestifteten und dann souverän enttäuschten Erwartungshorizonte gar nicht nachdrücklich ausspielen, sondern ganz naiv verstehen, als gäbe es da bloß harmlos trügerische Ritardando-Verzögerungen, die den Schwung der eigentlichen Allegro-Herrlichkeit kontrastierend unterstreichen sollen: dann kann sich tatsächlich eine elegant pfiffige Lustigkeit einstellen. Gröber: Hat ein Interpret den pointierten Aufbau verstanden, dann klingt die Musik direkt empfindsam, ja fast sehnsüchtig. Rollt indessen ein Pianist hurtig über alle Finessen hinweg, dann wird's zugleich lustig und harmlos... Diejenigen, die es darauf anlegen, den Satz »in einem Zuge« zu spielen, und die alle Abweichungen als indirekte Verstärkung dieser Zügigkeit erscheinen lassen, stellen die Aura heiterer Brillanz her. Aber mit den Geheimnissen des Satzes hat eine solche Interpretation, die nur Spielfreudigkeit ernstzunehmen vermag, nicht mehr viel zu tun. Aus der Wurzel möglicher Ironie ergeben sich also zwei einander entgegengesetzte, in keinem Falle »ironische« Interpretationshaltungen: die direkt sentimentale oder die unbedroht virtuose.

Svjatoslav Richter begreift den ersten Satz ohne jedes Zugeständnis an zitiertes Rokoko, an perlenden Witz. Unter seinen Händen ist der Anfang (Notenbeispiel 269) keineswegs eine lustig oder listig verzögernde Vorbereitung eines reizend verspielten Es-Dur-Allegros, bei ihm wird der Satz nicht im mindesten zum Bacchanal des Getupften und Getanzten. Langsam und tief vergrübelt klingen die Ritardando-Akkorde aus...

Ob ein Pianist den ersten Satz mit der Absicht angreift, ihn in einem mehr oder weniger stürmischen Zuge darzubieten, oder ob er Abläufe, Perioden empfindsam souverän gegeneinander setzen will, dafür bietet bereits die Wiedergabe der beiden ersten Takte Anhaltspunkte. Manche Künstler – so verschiedene wie Wilhelm Backhaus, Glenn Gould, Arthur Rubinstein, Daniel Barenboim – akzentuieren nämlich gefühlvoll die Dissonanz, den Akkord, die Harmonie des Quintsext-Akkordes, mit der das Allegro beginnt. Sie spielen also eine mehr oder weniger empfindsame Fermate auf dem c, das ihnen wichtiger erscheint als die beiden nachschlagenden f's. Und sie nehmen die schöne, nicht abrupt, sondern empfindsam überraschende Dissonanz dann auch konsequent ins Pedal, damit der höhere C-Ton die beiden folgenden f's überlagern kann. Arthur Rubinstein legt so viel Empfindsamkeit, ja Sehnsucht in diesen Anfang, daß er Beethovens *sf* (Notenbeispiel 269, Takt 6) in ein besonders weiches Zögern umzudeuten gezwungen ist; bei Backhaus, der deutlich eine Fermate mitspielt, dominiert die harmonische Qualität gleichfalls über die noch nicht völlig präsente rhythmische. Gulda, Zechlin, Schnabel, auch Arrau heben hier viel mehr das rhythmische Element hervor. Nicht der Akkord selber dringt ins Bewußtsein, sondern eher der Daktylus, das lang-kurz-kurz (wie: sommerlich).

Diejenigen Pianisten – und es handelt sich um Abwägungen dabei, nicht um ein stures »Entweder-Oder« –, die bei dem Wachtelschlag-Motiv dieses »Mannheimer Seufzers« das Rhythmische unterstreichen, bieten den Sonatensatz als Ganzes eher heiter-flüssig. Die anderen, denen es mehr auf die Gefühlsqualität der schönen Harmonie ankommt, bringen das sentimentalische Moment stärker heraus. Diesen beiden Haltungen begegnen wir auch bei den Interpretationen des »eigentlichen« Es-Dur-Anfangs (Notenbeispiel 270): je nachdem, ob der rhythmische Orgel-punkt und die virtuos pointierten Motive die Mittelstimmen ganz zurückdrängen oder ob, umgekehrt, die gehaltenen Harmonien den bril-lanten Verlauf trüben (wie bei Backhaus). Es kommt offenbar darauf an, daß die motorischen Elemente des Expositions-Anfangs (Orgelpunkt, Achteltriolen, Unisono-Passagen) nicht etwa unterdrückt, gar senti-mental verwässert werden, sondern daß sie in einen spannungsvollen, bei Glenn Gould bewußt übertriebenen Gegensatz geraten zur Fülle der zarteren Charaktere. Schwerlich vorstellbar, ja absurd wäre es, wenn irgendein vernünftiger Pianist an der virtuosen Herausforderung dieses Satzes vorbeispielen wollte. Die breit ausgeführte helle Beweglichkeit dominiert in diesem Kopfsatz ja so deutlich, daß sie oft genug über alles andere hinweggeblendet, hinweggetäuscht hat. Wie gestaltenreich die Exposition entworfen ist, lehrt Artur Schnabels Sonaten-*Ausgabe*. Bereits während der ersten 17 Takte schlägt Schnabel nicht weniger als fünf verschiedene Allegro-Tempi vor – ♩ = 116, 126, 138, 116, 138, 144(!) und zu Beginn der ersten Überleitung (Notenbeispiel 271) sogar 160!

Das falsche, nein: das unzureichende Bild vom ersten Satz dieser Sonate läßt sich wahrscheinlich zurückführen auf die – polonaisenhafte Passa-gen und Alberti-Bässe – simpel ausspielende virtuose Naivität des Seiten-satzes. Er scheint so extrovertiert und offenkundig spielfreudig kompo-niert, daß man mit ihm den ganzen Kopfsatz, wenn nicht sogar die Sonate selber identifiziert hat. Aber auch die Notierung dieses Seitensatzes müßte stutzig machen. Kein Pianist befolgt da nämlich auch nur einigermaßen Beethovens (6. Takt des Beispiels 273) unzweideutige Vorschriften.

Es ist unglaublich: entweder spielen hier die Klaviermeister die 12 Zweiunddreißigstel des sechsten Taktes viel zu langsam, so langsam nämlich, daß der Takt nicht nur drei Viertel enthält, sondern mindestens vier, wenn nicht fünf, was ihn grauenhaft unregelmäßig macht. Peniblere Interpreten teilen die (insgesamt 21) Noten dieses Taktes, so gut es geht, auf die in der Tat und für die Tat nur zur Verfügung stehenden drei Viertel auf – als hätte Beethoven nicht die enorme Beschleunigung exakt aufs dritte Viertel des sechsten Takts von Beispiel 273 beschränkt! Was wir aus diesen kalkulierten Versäumnissen der Spitzenspieler ableiten können? Entweder, daß Beethoven Unmögliches verlangt hat (denn im üblich-raschen Allegro-Tempo ist die Stelle unausführbar). Oder daß Beethoven ohne jede Vorwarnung und Bezeichnung mitten in ein klar ³/₄taktiges Gefüge einen ⁴/₄ wenn nicht ⁵/₄-Takt hineingeheimnist hat. Eine solche Annahme stellt offensichtlich eine Schutzbehauptung dar: um eigene Willkür zu decken, unterstellt man der Komposition Absurditäten. Es gibt noch eine dritte Erklärung: der erste Satz wird offenbar immer viel zu wirblig und lustig verstanden. Die »unspielbaren« Zweiunddreißigstel bringen an den Tag, daß der ganze Satz ruhiger, sanft graziöser, meditativer aufgefaßt werden müßte, als ihn diejenigen spielen und verstehen, die rasch loslegen und dann bei dieser Stelle so tun, als hätte Beethoven nicht gemeint, was er geschrieben hat. Wegen eines unmöglichen Taktes – denken sie – wollen wir uns doch nicht den ganzen Satz verderben lassen. Das heißt aber nichts anderes als: die Vorstellung vom »richtigen« Tempo, vom vermeintlichen Geist der

Sache wird wieder einmal ernster und verbindlicher genommen als der arme Buchstabe.

Dabei lehren doch bereits die etwas ruhigeren Interpretationen, wie reizvoll der Seitensatz ausfallen kann, wenn er einerseits bewußt perlende »Naivität«, also eine artifizielle traditionalistische »Regression« bietet. Aber andererseits, indem er sein Passagenwerk so überraschend und frei gliedert (denn buchstäbliche Befolgung des Notentextes bedeutet nie, es müsse sklavische Unfreiheit herrschen), fast schon einem ausgeschriebenen Rubato nahekommt – wie Beethoven es später, etwa im Adagio der Hammerklaviersonate, in unmittelbare Chopin-Nähe vortreiben sollte. Traditionsbewußte Rückwendung erweist sich hier – und daran erkennt man zwischen J. S. Bach und Anton von Webern ja untrüglich die Größe einer Komposition, eines Komponisten – als unauflöslich verschränkt mit revolutionären Funden. Indem etwa Jörg Demus auf einem (historischen) Hammerflügel von William Stodart (London, 1808) die Fülle der vorgeschriebenen Noten relativ langsam in einen freien ¾-Takt hineingegliedert, stellt sich mitten im vermeintlich »Mozartischen« ein romantisch-rubatohaftes Moment her: der Takt ist nicht zerbrochen, sondern nur bis zum Äußersten gespannt. Demus und Rubinstein machen mit Hilfe eines zurückhaltenden Tempos und freier Interpretation buchstabengetreu ernst genommener Anweisungen klar, daß Beethoven hier Rokoko und antizipiertes Rubato gemischt hat. Bliebe die Musik hier nur Mozartische Stilkopie oder aber taktlose Geläufigkeits-Etüde, dann wäre alle Schönheit, auch aller Witz dahin. Im letzten Takt (Beispiel 273) muß man sich ja, wie auch im sechsten mit seinen Zweiunddreißigsteln, geradezu den Sinn für musikalische Freiheit und Logik abtöten, wenn man leugnen will, daß Beethoven da nicht nur irgendwelche unregelmäßigen Passagen, sondern improvisatorisch freie Bewegungen komponiert hat.

Die Fülle freilich der überleitenden Passagen, der umfänglich ausgeführten Triller und Kadenzen weist noch auf eine andere geheime Spannung hin, die am zwingendsten denn doch von denen herausgearbeitet wird, die mit Recht als Beethoven-Spieler gelten (von Schnabel, Backhaus, Arrau, Kempff, Barenboim). Es ist der spannungsvolle Kontrast zwischen ausführlicher, manchmal als riesenhafter Auftakt erscheinender, virtuos verspielter, offensichtlicher Bewegungsfreude – und Stille ! Diesem Grundmuster begegnen wir immer wieder, ob es sich um den Anfang mit seinen Konstrasten zwischen Ritardando und lebhafter Steigerung handelt, oder um die Entwicklung des Seitenthemas über eine trillerketten-redselige Entfaltung bis zu plötzlicher Ruhe. Oder um die passagenglänzende Durchführung, die in einem träumerisch-ruhigen f-Moll-Paradies endet, das kein anderer Künstler so zart nachempfunden und vorgeführt hat wie Wilhelm Kempff:

Beispiel 274

Alles das weist auf eine mysteriöse Beziehung hin zwischen Bewegungs-rausch und komponiertem Stillstand. Mit »Witz« hat es nicht unbedingt etwas zu tun. Merkwürdigerweise fürchten viele Interpreten diesen Still-stand, wie getrieben vom horror vacui, vom Schrecken vor der Leere. Sie spielen auch im wahrlich motorisch erhitzten Scherzo an diesen fahlen Interludien vorbei, machen sie zum bloßen Ausatmen, statt den rezitati-vischen Kontrast auch und gerade im Scherzando-Bacchanale zu wagen. *Angst vor dem Stillstand.* Backhaus und Barenboim haben zumindest angedeutet, daß sich – analog zum ersten Satz – auch im zweiten mehr hinter solchen *pp*-Verzögerungen verbirgt als nur die Vorbereitung auf einen besonders flotten Witz:

Beispiel 275

Auch ins Trio des Menuetts ist ein »Warten« einkomponiert: aber nur Glenn Gould und Rubinstein haben aus dem »Nicht-Sein« von »Fort-schritt« etwas Interessantes gemacht.

Beispiel 276

Wenn der Kopfsatz bloß auf Tempo und Witz, statt auf die spannungsvollen Kontraste hin gespielt wird, denen sein Tempo und sein Witz
ausgesetzt sind, stellen sich derartige Bezüge gar nicht erst her. So
entwickelt sich ja auch der Glanz der Durchführung aus der meditativen
Fassung des Themas. Es ist, und das zieht sich durch alle Sätze von Opus
31 Nr. 3, ein Moment von Überfluß, von heiterem Reichtum in der
Sonate: Virtuoser Luxus, der die brillante, strahlende Oberfläche des
Werkes prägt, ohne es oberflächlich zu machen. Immer wieder stoppt die
virtuose Gebärde: nur im Finale hat sie grandiose con-fuoco-Freiheit,
wogegen gewiß nicht spricht, daß die Elemente des con-fuoco-Verlaufs
gleichsam analytisch vorgeführt werden.
Der ungarische Pianist Mihaly Bächer – einst Schüler, dann Professor an
der Budapester Musik-Akademie,– hat 1963 die Probe darauf gemacht,
wieviel Paprika sich im so offenbar pointierten zweiten Satz verbirgt.
Seine rhythmisch temperamentvolle Interpretation vermag jedoch,
genausowenig wie alle anderen nur-virtuosen Auffassungen, die Ritardando-Vorschriften sinnvoll zu integrieren. Und es bedurfte immerhin
der Technik und der Besonnenheit des alten Wilhelm Backhaus, damit
eine geheime Beziehung zwischen Scherzando und Finale ans Licht
gebracht wurde. Die signalartigen Einwürfe der linken Hand im 2. Satz

Beispiel 277

hebt Backhaus so klar heraus, daß sie in den Presto-Signalen (auch
zunächst links) des Finales zugleich wiederholt und gesteigert scheinen:

Beispiel 278

Ist es übertrieben, die zahlreichen dissoziierten, gleichsam leer und irr
sich bewegenden Presto-Achtel des Finales – analog zu unseren Beobachtungen bei den ersten drei Sätzen (Beispiele 269, 274, 275, 276 usw.) –
auch als Äußerungen »bewegten Stillstands« zu interpretieren? Schnabel
und Rubinstein scheinen solche Momente im Presto con fuoco tatsächlich
als quicklebendiges Auf-der-Stelle-Treten zu verstehen:

Beispiel 279

Gleichwohl hieße es, das Presto con fuoco überzuinterpretieren, falls wir auch in ihm jene Kontraste aus Fahlheit und Motorik wiedererkennen wollten, die für den ersten und zweiten Satz konstituierend waren. Hier kommt es auf deutende Virtuosität an, darauf, daß alle Kraft, alle Wildheit, alle offenbare Mehrstimmigkeit zum feurigen Finale zusammenschießen. In der Durchführung wendet Beethoven das Prinzip vieler von ihm erzeugter Klavier-Kraftrausch-Momente an zwischen Opus 31 und Opus 106. Solist und Klavier dürfen, vielmehr: sollen die Grenze überrennen zwischen reiner Klavierwirkung und potentiellem orchestralem Effekt! Dabei ist einkalkuliert, daß der von einem einzelnen Pianisten produzierte Quasi-Orchester-Effekt durchaus kraftvoller und forcierter, gewaltiger und gewalttätiger wirken kann, als wenn ein Tutti diesen Effekt hervorbrächte. (Wie ja auch die ›Große Fuge‹ für Streichquartett mächtiger und erregter wirkt als in Streichorchester-Bearbeitung: weil Anstrengung, Anspannung und Überspannung dazu gehören.)

In der Durchführung des Presto-Finales von Opus 31 Nr. 3 steht ein solcher »Unisono«-Ausbruch, der zugleich rein pianistisch scheint und monumental orchesterhaft. Nur vorbehaltlose, unverzärtelte Kraft, wie Rubinstein, Schnabel, Gulda und Solomon sie aufzubringen wissen, bewahrt einen so großartig simpel zusammengefaßten Ausbruch vor der Gefahr der Banalität.

Beispiel 280

Müßige Frage: wäre das Presto con fuoco nicht eingebaut in diese zugleich dankbare und doch schwer entzifferbare Sonate Opus 31 Nr. 3, würde es dann nicht zu den berühmtesten Charakterstücken gehören, die es aus Beethovens Hand gibt? (Weit beliebter als Beethovens übrige »Solo«-Stücke, als die ›Wut über den verlorenen Groschen‹, als die beiden Rondos Opus 51, als die etwas konventionellere, redseligere Polonaise Opus 89?) Heutzutage kann man sich eine solche Isolierung eines einzelnen Satzes, falls es sich nicht gerade um ein zu Erbauungszwecken abgetrenntes Adagio handelt, kaum mehr vorstellen. Selbst als »Encore« wagen seriöse Künstler es ganz selten, Sonatensätze aus ihren »Zusammenhängen zu reißen«. Schade... Beethoven selber war weniger zimperlich.

Ob das »Menuetto« die Mitte und das »Herzstück« von Opus 31 Nr. 3 ist, oder ob es den fehlenden langsamen Satz auch nicht in höherem Maße vertritt als das Scherzo – dies alles hängt allein von der Direktheit ab, die ein Interpret dem Menuett zugesteht. Offensichtlich gibt es kein Argument, diesem »moderato e grazioso« überschriebenen, melodisch-elegischen Satz zu verweigern, der eigentliche langsame Satz der Sonate zu sein. Für Pedanten: der langsamste. Daß Hugo Riemann (a.a.O., S. 444), worauf immer wieder hingewiesen wird, dem Menuett eine solche Funktion streitig macht, läßt sich weniger mit der von Riemann etwa unterstellten Gleich-Wertigkeit von Scherzo und Menuett erklären als mit Riemanns natürlich ganz unbestreitbarer Behauptung, daß Beethoven-Sonaten ganz gewiß auch ohne Adagio oder Andante vorstellbar sind. Zugegeben: aber deshalb müssen ein staccatissimo-Scherzo und ein legato- Menuett mit sanft verklingendem Schluß doch längst nicht gleichermaßen weit vom Typus des langsamen Satzes entfernt sein. Die These, beide Sätze nähmen auf verschiedene Weise – und beide nicht ganz – die Stelle eines Andantes oder Adagios ein, ist mithin etwas gekünstelt. Wenn Interpreten sich trotzdem mit einigem Recht scheuen, dieses Menuetto, das zweifellos einem langsamen Ausdrucksstück in jeder Weise nähersteht als der vorhergehende Scherzo-, beziehungsweise Scherzandosatz, mit lyrisch-innigem Gewicht wiederzugeben, so muß diese Scheu mit der vermeintlichen Maskenhaftigkeit des Satzes erklärt werden. Weist hier, inmitten einer hochvirtuosen Sonate, nach den Fantasia-Ekstasen von Opus 27, den programmatischen Dramen Opus 31 Nr. 1 und 2, nicht doch eine menuett-tanzende, paradoxerweise sentimentalisch-naive Maske mit altertümelnder und übertriebener Pretiosität auf ihr Herz? Scheint nicht die stilisierende Haltung eindeutig, der ironisierende Gestus handgreiflich?

338

Dieser Frage kann – im Kontext von Opus 31 Nr 3, und der ist nun einmal gegeben – nicht ausgewichen werden. Sie hängt mit den Kontrast-Verhältnissen zusammen: Was folgt wann, wie sind die benachbarten Sätze beschaffen? Lassen hier die anderen Sätze, indem sie Erwartungen, Spannungen hervorrufen, das Menuett in spezifischem Licht erscheinen? So folgern hieße allzu pauschal folgern. Das »Menuetto« von Opus 31 Nr. 3 kann nicht von oben herab – etwa wegen des mit der Form spielenden Kopfsatzes, wegen der hochentwickelten Virtuosität des Scherzos und des Finales – gleichsam fremdbestimmt werden: in solchem Rahmen bliebe ihm nichts anderes übrig als ironisiert, als zopfig-altmodisch zu sein. Ein nicht allzu gewichtiges Argument dagegen stellt das nahezu gleichzeitig komponierte »Tempo di Minuetto, ma molto moderato e grazioso« aus Beethovens Sonate für Klavier und Violine Opus 30 Nr. 3 dar. Da steht gleichfalls ein Es-Dur-Menuett-Stück als zweiter, gleichfalls langsamster Satz genau in der Mitte. Es ist weder auffällig »ernster« noch sichtbar »ironischer« als das Menuett aus Opus 31 Nr. 3, sondern genauso zärtlich sentimental melodisch:

Beispiel 281

Aber ist es wirklich so schwer zusammenzudenken, daß der 3. Satz von Opus 31 Nr. 3 sowohl das ironischste und manieristischste (nämlich formverspielteste) Stück als auch das Herzstück dieser Sonate sei? Kann nicht ein – ernstgenommenes – Stilexperiment sich in die Rolle, in gleichem Maße Maske und Ausdrucksträger zu sein, fügen? Wenn Beethoven hier, laut Ludwig Finscher, den »Extrakt eines traditionellen

Typus und zugleich dessen subtilste Individualisierung« geboten hat, dann bleibt den Interpreten doch, wie im ersten Satz, keine andere Wahl, als das »Typische« so neutral und angemessen wie möglich (mit anderen Worten: keineswegs denunziatorisch oder bloßstellend) vorzutragen und der subtilen Individualisierung mit direkter Interpretationskunst zu dienen.

Sollte man denken. Glenn Gould denkt anders. Er findet, die Begleitfiguren der linken Hand seien banal, abgeschmackt, doof. Und bemüht sich nun nicht, diesen vermeintlichen »Fehler« kunstvoll zu kaschieren, sondern hebt ihn hervor. Die Achtel der Linken stechen heraus (Beispiel 282, Takt 1 und 2 in der linken Hand). Trivialität, bis zum Schwachsinn oder bis zur Karikatur gesteigert.

Beispiel 282

Glenn Gould betont nicht nur die linke Hand laut, sondern er betont sie »gegen den Strich«, also nach Möglichkeit synkopisch (nicht das 1., 3., 5. Achtel, sondern das zugleich unwichtigere und natürlich auch schwächer zu betonende 2., 4., 6. Achtel). Aber bei Gould ereignet sich zweierlei: solange ihm das »kritische« – die Begleitfiguren denunzierende – Spiel gelingt, so lange ist evident, daß kein verborgener oder wichtiger Sachverhalt aufgedeckt, sondern eine Marotte befriedigt wird. Alle Musik – je klarer komponiert, desto mehr – läßt sich mit Hilfe bewußt sinnwidriger Betonung in die Absurdität manövrieren. Aber auch nur das wäre mit einem solchen Manöver »bewiesen« – der jeweilige Satz selber bleibt unbeschädigt, wenn nicht sogar indirekt bestätigt. (Jemand muß verrückt spielen, um hier Ironie zu erspielen.) Das andere Ergebnis ehrt Gould: er mag und kann sein widersinniges Prinzip nicht durchhalten. Oder, wie Sachs von Beckmesser sagt: »er hält's auf die Länge nicht aus«. Unter der Hand Glenn Goulds wird eine ganz freie zweite Stimme aus der Begleitung, ein beredt argumentierender Kontrapunkt. Naivität sollte ironisch dargeboten werden, aber die Ironisierung schlug um in Musikalisierung des Selbständigen und frei Schweifenden. Und für die Akkorde des Trios erweist sich Goulds anfangs übermütige Willkür-Tendenz als sehr fündig. Statt die aus akkordversetzten Oktaven bestehende, auftaktige Melodie gleichmäßig und wie etwas Symmetrisch-Selbstverständliches vorzutragen, macht Gould jeden neuen Akkord (die Halben im Takt 1 und 2 des Beispiels 283) zu einem Ereignis, zu einer so nicht erwartbaren Pointe. Dadurch erscheinen die Sprünge motiviert, und die Stelle gewinnt überraschendes Leben.

Beispiel 283

Schlägt also selbst ein offenkundiger Ironisierungsversuch in Huldigung für ein Menuett-Wunder um, so geraten jene expressiven Interpretationen, die dem Ironie-Phantom gar nicht erst nachjagen, in die Sphäre zarter, unruhiger, unaufdringlicher Traum-Musik. Man spürt natürlich, dies alles will gar nicht ganz »auf der Höhe« des modernsten Ausdrucks von 1803 sein; man ahnt, hier werde mit veralteten Bewegungen agiert, mit verhaltener Stimme gesprochen, mit leisen Mitteln gezaubert. Und man erliegt einer zunächst zärtlichen, dann fast schon schwarzen Magie. Es lohnt, einmal den Versuch zu machen, Rubinsteins unvergleichlich reiche Einspielung aufzulegen und am eigenen Flügel den technisch problemlosen Satz mitzuspielen. Rubinstein unmittelbar »folgend«, kann dann nämlich auch der unbedarfteste Klavier-Eleve diese Erfahrung machen: die Fülle der rhythmischen und agogischen Abweichungen (innerhalb des Metrums, denn es handelt sich bei Rubinstein nur um erlaubte, beim passiven Zuhören kaum wahrnehmbare Freiheiten, nicht um wüstes Schwanken!) ist in jedem Takt nahezu unglaublich. So entsteht musikalisches Leben – da hält kein Synthesizer mit. Rubinstein führt nicht nur die atmende Bewegung der Kantilene vor, sondern auch die durchgeführte Polyphonie des Satzes, also die reich abgetönte Zweistimmigkeit, zu der noch die pochenden Achtel wie ein sanfter Kommentar ertönen (Beispiel 282, Takt 3–6, zunächst ein sanftes b, dann ein es). An melodischer Herzlichkeit – die hier einer Fülle produzierter Ausdrucks-Einzelheiten entspringt – kommt wohl niemand

Rubinstein gleich. Großartig meistert Rubinstein auch die Gegenbewegung im 2. Teil des Trios, wo ein zweitöniges Motiv dem dreiteiligen Takt entgegengeordnet erscheint (Notenbeispiel 276). Rubinstein macht eine konsequente, donnernde Steigerung bis zum vorgeschriebenen Forte (Beispiel 276, letzter Takt) daraus. Und wenn dann das Menuett wieder einsetzt, spielen Rubinstein und Barenboim es um eine Spur langsamer. Was vielleicht Stilkopie, ironische Haltung, klassizistische Manipulation von Vergangenem war, wird zur Phantasmagorie eines Abschieds – in einem Stück, von einer Form. Ein solcher Einfall zählt mehr, als wenn überdies noch herauskommt, daß der dritte Takt des Trios (Beispiel 283, Takt 2–3) eine Menuett-Wendung aufnimmt, was Backhaus und Kempff erkennen lassen. Oder daß die sogenannte »rhythmische Sequenz« (wie sie in Beispiel 276 dargeboten wurde) schon in den Schlußtakten des Menuetts sich andeutete, was Barenboim fast eigensinnig demonstriert. Der Einfall, den Distanz-Charakter des Menuetts bei der Wiederholung als Abschiednehmen vorzuführen, ist poetisch und höchst berechtigt. Denn die schwarze Moll-Coda des Stückes läßt Finsternis auf alle vermeintliche Menuett-Friedlichkeit fallen. Nicht nur die Komposition dieser Coda ist diskret-ungeheuerlich, sondern auch die Interpretations-Spannweite, die sie erlaubt, nahelegt.

Beispiel 284

Clara Haskil ließ sich von der inneren Unruhe dieses Endes so heftig ergreifen, daß sie zunächst viel schneller wurde – als hätte die elegische Menuetto-Melodie nur eine Erregung verdeckt, die jetzt ausbricht. Glenn Gould und die meisten anderen wiederum spielen das grau zwischen Dur und Moll changierende Ende wie einen tragischen Schluß.

Wilhelm Backhaus hat sein Pianistenleben lang gerade diese Es-Dur-Sonate schön, groß und direkt gespielt – nicht ohne Esprit, aber fern von aller parodistischen Kälte. Den letzten verklingenden calando-Akkord des Menuetts ließ er schon immer viel nachdenklicher ausklingen als die anderen, länger als Schnabel oder Gieseking. Träumerisch trauriges Verklingen. Am 26. Juni 1969 gab der sechsundachtzigjährige Künstler in Ossiach/Kärnten sein letztes Konzert, mit dem er sich von Beethoven und von der Welt verabschiedete. (Gulda saß unter den Zuhörern.) Opus

342

31 Nr. 3, die Les Adieux-Sonate und Opus 111 hatte er spielen wollen. Den ersten Satz und auch das Scherzo von Opus 31 Nr. 3 interpretierte Backhaus mit klarer, kaum beeinträchtigter rhythmischer Festigkeit und Kunst. Dann, während des Menuetts, wurde er blaß. Wir Nähersitzenden sahen, wie sich seine Gesichtsfarbe veränderte. Aber mit geisterhafter Deutlichkeit brachte er das Menuett zu Ende, und die letzten Akkorde der Coda verdunkelten sich wahrhaft gespenstisch. Dann nahm der Sechsundachtzigjährige die Hände vom Klavier, flüsterte: »Ich bitte um eine kurze Pause.« Er hat die Sonate nie mehr zu Ende gespielt. Wenige Tage später starb er.

Eine sentimentale Erinnerung? Mit Werken dieses Ranges leben, erleben, was ihnen widerfährt, was sie auszuhalten, was sie in sich aufzunehmen vermögen, spüren, wie sie sich langsam bereichern mit Möglichkeiten und Schicksalen: gehört das nicht auch zu den Erfahrungen, auf die Kunstwerke ein Anrecht haben? Beethovens Sonaten halten solche Erfahrungen aus. Opus 31 Nr. 3, klassizistisch-ironisch klar auf den ersten Blick, wird um so geheimnisvoller, je länger man hinschaut.

19. SONATE

Leichte Sonate Opus 49 Nr. 1 g-Moll (1795/98)

Andante
Rondo *Allegro*

Die beiden zweisätzigen Werke Opus 49 sind der klavierspielenden Welt geläufig, weil Anfänger sich mit diesen als »Leichte Sonaten« bezeichneten Stücken den Eintritt in den heiligen Bezirk zu verdienen hoffen. Obschon früher entstanden, stehen die Leichten Sonaten in den Ausgaben zwischen Sturm-Sonate und Waldstein-Sonate. Wer aus dieser Perspektive auf die beiden Mini-Werke blickt, wird ein Lächeln nicht unterdrücken können.

Opus 49 Nr. 1 indessen auch »lächelnd« zu spielen, besteht kein Anlaß. Ein Kind, das die empfindsamen Bewegungen des Andante und die verbissenen des Rondos hingebungsvoll übertreibt, verhält sich immer noch angemessener als ein »Meister«, der hier arrogant Überlegenheit bekundet: Einstein, das Kleine Einmaleins aufsagend.

Doch für derlei Demonstrationen ist Opus 49 Nr. 1 zu schade. Weder aus allzu brillanter Höhe noch mit tiefschürfendem Drücker will die leichte g-Moll-Sonate dargestellt werden. Das Andante mit seinen Mozart-Anspielungen ist ein früher Beleg für Beethovens Kunst, Motive logisch abwechslungsreich zu entwickeln. Diese Tendenz, nah bei der Sache zu bleiben und sich auf eine Gestalt zu konzentrieren, wird auch im Rondo ohne Pedanterie verfolgt. Trotz aller Leichtigkeit wirkt das Stück nie beliebig oder harmlos-redselig. Keine aufgeplusterte Banalität, keine leeren Stellen. Die Sonate übernimmt sich nicht und vergibt sich nichts.

Beethoven bewunderte Mozart. Fürs d-Moll-Klavierkonzert KV 466 schrieb er eine von den Pianisten heute noch bevorzugte Kadenz. Im März 1795 und im Januar 1796 soll er das d-Moll-Konzert öffentlich aufgeführt haben. Ich erwähne diese biographische Einzelheit hier, weil die Begleitterzen in Moll, die das erste Thema des Andante von Opus 49 Nr. 1 so charakteristisch prägen, doch noch sehr viel direkter an die gleichen Terzen im ersten Solo des Mozartschen d-Moll-Konzertes erinnern,

als es der auch ziemlich ähnliche d-(!)Moll-Seitensatz im Adagio von
Beethovens Sonate Opus 2 Nr. 1 tat. Opus 49 Nr. 1, wahrscheinlich
nach 1795 entstanden, beginnt so:

Beispiel 285

Daß der Seitensatz eine Wendung aus Mozarts Lied ›Das Veilchen‹
(Notenbeispiel 291) zitiert, und zwar tonartgetreu und fast tongetreu, ist
ohrenfällig:

Beispiel 286

Machen wir uns übertriebener Analogien-Jägerei schuldig, wenn wir uns
im fast zweistimmig durchartikulierten Baß einer entsprechenden Stelle
aus dem Seitensatz der Mozartschen F-Dur-Sonate KV 332 erinnern?
Bei Beethoven heißt es:

Beispiel 287a

Bei Mozart aber hieß es:

Beispiel 287b

Und sollte es Zufall sein, daß im Andante dieser ›Leichten Sonate‹ sich
sogar eine erkennbare Anspielung auf das Andante der Mozartschen
›Sonata Facile‹ befindet? Bei Beethoven heißt es:

Beispiel 288

In Mozarts Andante dagegen:

Beispiel 289

Nun ist es nicht unmäßig wichtig, ob man diese Analogien als regelrecht Zitate, bewußte Anspielungen anerkennen oder ob man sie nur als
zufällige, vom Zeitstil produzierte Ähnlichkeiten erkennen möchte.
Gewollte wie unbeabsichtigte Entsprechungen legen gleichermaßen die
Schlußfolgerung nahe, daß Beethoven hier durchaus (noch) im Mozartschen »Dunstkreis« komponierte, samt der weiteren, gewiß nicht
umwälzend originellen Einsicht, daß der junge Beethoven ohne weiteres
mit Wendungen, die beim späten Mozart in manchmal hochgespannten
Zusammenhängen vorkamen, anfing...
Für die Interpretation dieser zwischen 1795 und 1798 komponierten
Leichten Sonate bedeutet alles dies folgendes: Buchstabe und Geist erinnern an den Mozartschen Cantabile-Stil. Trotzdem lassen sich viele
Pianisten von der elegischen Beredsamkeit des Andante dazu bestimmen,
schon die Auftakt-Sexte so samten-empfindsam und gebunden zu spielen, als hebe Chopins cis-Moll-Walzer da mit samtdunkler Geste an. Nur
grenzte Beethoven (Notenbeispiel 285) das Auftakt-d zumindest relativ
ab. Der legato-Bogen faßt den ersten Takt zusammen, bezieht also den
vorbereitenden Auftakt nicht mit ein.
Auch wenn man den Bogen vorsichtig nicht als strikte Abgrenzung
begreift, sondern als Andeutung, welche Komplexe von dem zusammengehalten werden sollen, was Herbert Grundmann und Paul Mies in ihrer
Studie über Mozarts und Beethovens Legato die *innere Atmung* nennen
(a.a.O., S. 75), so ergibt sich eindeutig, daß der Anfang dieses
Beethoven-Andantes nicht phrasiert werden darf, als hätte Beethoven
den Auftakt mit unter den Bogen gesetzt, wie er es, wenn er es für angebracht hielt, gegen Schluß des Satzes einmal ganz ausgesprochen tut:

Über diese Unterschiede spielen alle diejenigen Pianisten bewußt hinweg, die – wie Artur Schnabel, die wunderbar expressive Lili Kraus oder Daniel Barenboim – den Satz bereits als Produkt tiefverschränkter thematischer Arbeit zu betrachten scheinen. Weil aus identischen Ansätzen sich hier immer neue, ans Material gebundene, »logische« Ableitungen entwickeln, werden wegen dieser offenbaren elegischen *Verbindungen* auch die *Bindungen* unterstrichen: also das Legato.

Claudio Arrau und Walter Gieseking, der große Mozart-Spieler, zeigen auf, inwiefern den »Expressiven« dabei ein Fehlschluß unterlaufen ist. Eine so auffällige musiklogische Rationalität, wie sie das Andante der kleinen g-Moll-Sonate durchaus beherrscht, erlaubt wirklich nicht die Folgerung, der Satz müsse in großem oder gar sentimentalem Espressivo vorgeführt werden, das eher im g-Moll-Andante der 1809 komponierten Sonatine Opus 79 statthaft wäre.

Arrau und Gieseking vermeiden in dieser frühen Sonate Opus 49 Nr. 1 natürlich auch bewußt jenes »gehackte und kurz abgestoßene« Spiel, das Beethoven laut Czerny sogar an Mozart gerügt hat.

Arrau demonstriert statt dessen die verschiedenen Grade des legato. Wenn nämlich die Terzen des Basses und der Bogen über dem Sopran (Notenbeispiel 285) erscheinen, dann ist der innere Zusammenhang bei Arrau und Gieseking hier eben doch viel dichter als die Beziehung zwischen diesem Takt zu seinem Auftakt. Auch Mozart hatte im ›Veilchen‹ eine entsprechende Phrasierung vorgeschrieben:

Beispiel 291

Arrau artikuliert den Abzug (Notenbeispiel 286) so nachdrücklich, daß man sich zu Beginn der Durchführung, wo diese Quinte im Forte wiedererscheint, der Abzugs-Bezugs-Stelle unmittelbar erinnert. Und weil Beethoven in der Durchführung dann dieses Quint-Intervall mehrfach durch-spielt und schließlich zu Beginn der Reprise als eine Art Durchführungs-Ergebnis einschmuggelt, legt Arrau es darauf an, diese subtile kompositorische Konsequenz ganz deutlich zu machen: in der Reprise beginnt der erste Takt ja nicht analog zum Anfang mit der Terz b-g (Notenbeispiel 285), sondern die Quinte hat sich mittlerweile so vorgedrängt, daß Beethoven auch ins wiederkehrende Hauptthema dieses Intervall einfügt. Das d-g *scheint* lückenlos aus dem Verlauf gewonnen, darum *erscheint* es hier (Notenbeispiel 293, 6. Takt).

Diese Durchführung, die so unauffällig konsequent mit einer Quinten-Verarbeitung beginnt und endet, gestattet sich in der Mitte ein Es-Dur-Intermezzo. Zwar haben sich Analytiker bemüht, auch die Es-Dur-Tonleiter, auf welcher das neu wirkende thematische Material dieses Intermezzos beruht, als »Verkürzung, Umkehrung und ausschmückende Variierung« (Rosenberg, a.a.O., S. 225) der Moll-Begleitung des Hauptthemas zu erläutern und auf diese Weise auch dem Es-Dur-Besuch eine Art Aufenthaltsgenehmigung zu erteilen. Aber Wilhelm Backhaus macht ein so pedantisches Verknüpfungsspiel nicht mit, sondern er führt den ohrenscheinlich kontrastierenden neuen Gedanken in neuer Klangfarbe vor, arbeitet mithin den Gegensatz heraus und nicht das vermeintlich Identische. Das ist nicht nur plausibler, sondern es klingt auch viel schöner. Gulda leistete sich sogar in seiner früheren Einspielung, beim Beginn dieser reizenden Dur-Variante, ein winziges Zögern, so als wolle sie ohne motivische Beglaubigung gar nicht recht mit der Stimme herausrücken:

Beispiel 292

Was Interpretenscharfsinn in diesem reizenden Satz, den der junge Beethoven wahrscheinlich als Übungsstück für Schüler komponiert hat, alles entdecken kann, lehrt am Ende der Durchführung Lili Kraus. Sie gibt nämlich dem Wechsel der Harmonie-Töne im Baß eine forcierte Bedeutung, je nachdem ob die Sechzehntel zwischen d-gis-a und d-fis-gis schwanken. Dieses Hin und Her (es beherrscht die ersten vier Takte des Notenbeispiels 293) wird so aufdringlich, daß es nur ein sonst unmotivierter arpeggierter Akkord (Notenbeispiel 293, 5. Takt) aufzufangen vermag. Pianisten, die sich diesen Zusammenhang nicht klargemacht haben, spielen über die Arpeggio-Anweisung seelenruhig hinweg.

Beispiel 293

Dem Rondo-Allegro bekommt ruhige Zurückhaltung schlecht. Denn der Satz, der sein Hauptthema jedesmal auf eine Septakkord-Fermate steigert – vor der Coda sogar mit dramatischem Aplomb –, nimmt den Typus jener bärbeißigen, grimmig pointierten Finali vorweg, der vielleicht im Rondo des c-Moll-Klavierkonzertes am sinnfälligsten ausgeprägt erscheint. Ob der Septakkord, der durch eine Fermate hervorgehoben ist, im *ff* zu spielen sei oder im plötzlichen Piano, ist freier Interpreten-Entscheidung anheimgestellt. Nur langweilig selbstverständlich darf's nicht werden. Verbissenheit läßt der junge Beethoven bei den spannungsvoll repetierten, dringlich pointierten Wiederholungen kurzer Figuren erkennen: Gulda führt vor, daß dergleichen gar nicht insistent und rapide genug dargestellt werden kann:

Beispiel 294

Ja, im Rondo meldet sich geradezu stur eine jener so typischen beschwörenden Gesten, wie sie – als obsessionshaft durchgeführte Themen – später zum Signum Beethovenschen Komponierens werden sollten. Zunächst akkordisch gehalten, dann von motorischen Tonwiederholungen der Linken belebt, welche die Erregung zu steigern scheinen, fällt dieser chromatisch harmonisierte Gedanke kraft seiner Plastizität durchaus absichtsvoll aus dem Verlauf heraus:

Beispiel 295

Wiederum ist die Entscheidung, ob die Stelle als dramatischer Kontrast aufzufassen oder gar als traurig chromatisch-empfindsamer lyrischer Gegensatz zu verstehen sei, untergeordnet gegenüber der wichtigeren Forderung, daß sie überhaupt als etwas kontrastierend Anderes erscheine – und nicht, wie bei Arrau, vom selbstverständlichen Verlauf verschluckt werde.

Um vergleichsweise harmlosen Musikstücken auf die Beine zu helfen, bedienen sich erfahrungsgemäß die Pianisten gern eines wirkungsvollen Mittels: sie pointieren Baß-Linien, werten neutrale Verläufe gewichtig auf, tupfen manieristisch ab. Warum auch nicht – wenn ein akzeptabler Effekt sich einstellt und der Satz nicht bis zur Unkenntlichkeit parodistisch entstellt erscheint. Arrau holt symphonisch hallende Bässe aus einer schlichten Sequenz heraus (Notenbeispiel 296, 1.–3. Takt), und Dieter Zechlin gibt sich (Notenbeispiel 296, 4. Takt etc.) Mühe, Schlag-Baß-Effekte zu produzieren.

Beispiel 296

Alle diese Manipulationen lehren: auch Beethovens kleine g-Moll-Sonate hat einen großen Magen. Sie verträgt Interpretationsfreiheiten, ohne zu ersticken oder auseinanderzufallen. Sie ist ein reizendes und nicht zu unterschätzendes Beispiel charakteristischer, menschenfreundlicher, spielbarer Musik.

20. SONATE

Leichte Sonate Opus 49 Nr. 2 G-Dur (1795/96)

Allegro, ma non troppo
Tempo di Menuetto

Gewiß die harmloseste, die unproblematischste und einfachste aller 32 Sonaten. Vermittelte Opus 49 Nr. 1 noch spannungsvoll zwischen elegischer Andante-Kantabilität und selbstbewußtem Rondo-Trotz, so bietet die Leichte Sonate Opus 49 Nr. 2 eine entspannt melodiöse, manchmal konventionell parlierende Heiterkeit im Allegro und wohl-pointierte Behaglichkeit im Menuett-Satz. Bereits diese beiden frühen Werke des Opus 49 scheinen einander nach dem Prinzip des Kon-trastes gegenübergestellt. Denkbar simpel der Klaviersatz: die linke Hand bleibt hier ohne jede Selbständigkeit auf schlichte Begleitfigu-ren und Tonleitern beschränkt. Für Interpreten ist die Versuchung groß, aus diesem herzlich naiv singenden Stück ein Kabinett-Stückchen zu machen. Ob scharfe Zutaten das milde Gericht freilich originell verbessern, interessant verfremden oder ungenießbar machen, das hängt vom Geschmack des Würzenden, von der Erwartung der Hörer und auch vom Rahmen ab, in dem diese Kleine Sonate erklingt.

Das lebhafte, heiter empfindsame Sprechen-Parlieren- Plappern dieser leichten Sonate in G-Dur birgt eine indirekte Gefahr: die Pianisten vertrauen dem naiven Fluß des Allegros meist nur halb. Irgendwann verlieren sie die Nerven oder die Ruhe und fangen an zu pointieren. Das heißt, sie spielen harmlose Begleitfiguren oder Tonleitern oder Modula-tionen der beiden Sonatinen-Sätze in getupftem oder spitzem non-lega-to. Sie wagen Manierismen, benutzen das gegebene anspruchslose Objekt als eine Art Turngerät für durchaus anspruchsvolle Anschlags-Exerzi-tien, wozu Opus 49 Nr. 2 noch heftiger herausfordert als Opus 49 Nr. 1. Solche mehr oder weniger hübschen Spielereien – es war schon im Zusam-menhang mit der vorigen kleinen Sonate die Rede davon – sind bei dem Spielstück keine Todsünde oder auch nur streng von der (Interpreten-) Hand zu weisen.

Nur: die reaktionsrasche und liebenswürdige biegsame Interpretation, die Wilhelm Kempff dem Kopfsatz zuteil werden läßt, die poetisch traumsichere, die Barenboim beim Tempo di Menuetto gelingt, oder auch die konträr andere, bewußt und manieristisch derb durchgeführte, die Friedrich Gulda in einem übermütigen und inspirierten Augenblick für diesen Schlußsatz fand, alle diese nicht bloß momentan pointierenden, sondern jeweils den ganzen Satz umschließenden Stilisierungen machen halt doch deutlich, wie wenig es selbst bei der leichten G-Dur-Sonate genügt, irgendeinen plötzlichen Artikulationseinfall vorzuführen. Bleibt der Gesamtverlauf neutral, harmlos-tändelnd, dann wirkt es gleich derb-aggressiv, wenn Anfangs- und Schluß-Akkord mächtig herausstechen. Wird bei einer nicht weltbewegenden, sondern ruhig abschließenden Kadenzphase plötzlich die Septime der linken Hand herausgedonnert, dann ist dieses »Mit-der-Faust-auf-den-Tisch-Schlagen« auch kein so guter Witz, wie der sonst so korrekte Yves Nat es zu glauben scheint, der seinen Knalleffekt gleich mehrfach vorführt. Im »Tempo di Menuetto« donnert er Beethovens Schlußwendung heraus (Notenbeispiel 297, 2. Takt, linke Hand):

Beispiel 297

Auch der sonst nie extravagante Dieter Zechlin spielt (Notenbeispiel 297, letzter Takt) plötzlich ohne jeden zwingenden Grund die Achtelnoten der linken Hand in so manieriertem Staccato, als erklinge da das gläserne Hüpfen einer chinesischen Teepuppe. Daß bestimmte Triolen-Gruppen des ersten Satzes nur sinnvoll werden, wenn die Interpreten genau vorzuführen wissen, inwiefern es um die jeweils wechselnden Zielnoten geht (also um die Viertel, zu welchen die Achteltriolen des Notenbeispiels 298 hinführen), machen vernünftige Spieler durchaus deutlich:

Beispiel 298

Plötzliches Pointieren erweist sich hier als ungenügend – genauer gesagt: als übertrieben. Wilhelm Kempff donnert den Anfangs-G-Dur-Akkord

352

der Kleinen Sonate nicht heraus wie den Beginn der »Eroica«, sondern spielt ihn vernünftigerweise keine Spur lauter als das g, mit dem die melodische Bewegung des zweiten Taktes anhebt; Kempff phrasiert dafür in Opus 49 Nr. 2 mit lächelndem Engagement jede modulierende Bewegungsveränderung ein wenig anders; er bringt seine Hörer nicht in die Verlegenheit, nach nichtssagendem Perlen oder Auftrumpfen plötzlich herausgehackte Töne zur Kenntnis nehmen zu müssen, sondern hat sie vielmehr längst darauf vorbereitet, daß es hier auf die Verschiedenheit im Ähnlichen ankommt. Denn Kempff betont zwar den jeweiligen Zielton (Notenbeispiel 298) markant, aber er phrasiert die Triolen nicht gleichmäßig stark. Sensibilität zahlt sich hier doppelt aus, weil sie die Unscheinbarkeit adelt und die Empfindsamkeit des zweiten Themas einführt, ohne sie als süßlichen Stilbruch zu denunzieren. Davon ahnen alle die nichts, die mit glatter Zurichtung und plötzlich überscharfer Würze das G-Dur-Gericht schmackhaft zu machen versuchen.

Im Tempo di Menuetto läßt Barenboim hören, was — genaugenommen — die Sonate selber nicht weiß, was aber Beethoven gewußt hat, als er das Jugendwerk in unmittelbarer Nachbarschaft mit der Waldstein-Sonate publizierte: nämlich, daß die punktierte Menuett-Melodie ein von Beethoven sehr geliebter und mehrfach verwendeter Einfall war und daß diesem entzückend behaglichen Gebilde darum hier der Charakter einer Reminiszenz zuwächst. Barenboim spielt das Menuett-Thema ganz langsam; fast so schönheitsselig, wie Glenn Gould das Variations-Andante aus Opus 14 Nr. 2. Die Melodie wird zum holden Traum dadurch und hat Zeit für ihre eigenen Schatten: für jene chromatischklagende Modulation (Notenbeispiel 300, 11. bis 13 Takt), die als charakteristischer leiser Zwischenruf den Fortgang momentan unterbricht und verdunkelt. Dieser Helligkeitsunterschied wird bei langsamem Tempo viel sinnfälliger, als wenn rasches Fortschreiten diese Änderung wie eine bloß dekorative Selbstverständlichkeit erscheinen läßt. Es könnte sein, daß Beethoven bei dieser Einfügung an Mozart gedacht hat. Im Kopfsatz der großen c-Moll-Sonate KV 457 beispielsweise unterbricht ein unheimliches Signal den Fortgang:

Beispiel 299

Barenboim holt aber nicht nur die Perspektive heraus, *in der* (als Reminiszenz) das Beethovensche Thema erscheint und die (als harmonische Abweichung) *in ihm* erscheint, sondern er beachtet auch die *pp*-Vorschrift genau: es ist, als ob sich der Menuett-Gedanke immer weiter entferne, woraufhin dann die Coda-Umkehrung lyrisch rein begütigen kann unter Barenboims Händen.

Beispiel 300

Wenn hier das rondohaft wiederkehrende Tempo di Menuetto-Thema nach dem derben C-Dur-Zwischensatz noch einmal ertönt, bringt Paul Badura-Skoda eine rhythmische Variante an, die hübsch klingt, sich aber gegenüber der gedruckten (Henle)-Urtext-Ausgabe nicht rechtfertigen kann. Badura-Skoda wiederholt hier nämlich (6. Takt des Notenbeispiels 300, später analog) einfach das angebundene d. Es darf zweimal erklingen und auf diese Weise eine neue Munterkeit entwickeln. Die Coda wirkt nach einer solchen Variante freilich längst nicht so sinnvoll wie in Barenboims poetischem Kontext.

Schaut man sich die Begleitung des Hauptthemas an, in dem die d-Oktave eine so dominierende Rolle spielt, denkt man an die reinen Oktavbässe im C-Dur-Zwischensatz, dann wird eine Interpretations-Variante zumindest akzeptabel, die Friedrich Gulda hier übermütig entwickelt hat. Gulda hat das Derbe, das Schwerfällige, das populäre Moment aller dieser gebrochenen Oktavbässe einst sehr konsequent und gewaltsam gesteigert bis zur... nun, Karikatur wäre zu viel gesagt. Also bis zur heiteren, donnernden Beschwörung eines ländlichen Festes. Aus Barenboims empfindsamer Reminiszenz wird bei Gulda ein heiter-massiver Kraftakt, eine lustige Beschwörungsnummer, die liebevolle, berauschende, gewiß nicht bös gemeinte Vergewaltigung eines unschuldigen Originals. Gulda wertet die Kleine Sonate zum musikalischen Spaß ab — ich aber auch wiederum zum Glanzstück, zur unfehlbaren Zugabe-Nummer auf. Und wenn ein Pianist seine Untat mit so lustiger Logik durchführt, wie Gulda in diesem Falle, dann gerät die liebevolle Sünde sogar zur indirekten Ehrenrettung. Wer hätte, bis Gulda kam, gedacht, daß ein altväterliches Tempo di Menuetto derartige Vergewaltigungen nicht nur übersteht, sondern, viel überraschender noch – hervorruft?

21. SONATE

Sonate Opus 53 C-Dur (1803/04)

Allegro con brio
Introduzione *Adagio molto*
Rondo *Allegretto moderato*

Dem Grafen Ferdinand von Waldstein gewidmet. Daher: die »Waldstein-Sonate«. Weil der Name des Grafen sich aus Begriffen der Natur-
sphäre zusammensetzt (Wald, Stein), identifizierte man ihn unversehens mit dieser als besonders naturnah geltenden C-Dur-Sonate.
Schlichte Klavierspieler verwechselten den Namen mit einem Programm: sie wären mit der Frage in Verlegenheit zu bringen, wem die
Waldstein-Sonate eigentlich gewidmet sei...
Auch ohne daß äußerliche Programm-Ideen bemüht werden müßten,
wirkt im ersten Satz die frei und festlich entworfene Entwicklung –
pochendes Pianissimo zu Beginn, ein choralhaftes zweites Thema,
dann kraftvoll-virtuose Passagen und Synkopen, die auf eine verhal-
tenere, meditative Schlußgruppe zulaufen – unwiderstehlich, voller
Bedeutung. In keiner Klaviersonate vor Opus 53 hat Beethoven je so
weiträumig disponiert, eine überprivate Darstellung kräftigster Subjektivität so glanzvoll dargeboten.
Zweiter Satz der Waldstein-Sonate war zunächst das mittlerweile als
Charakterstück wohlbekannte ›Andante favori‹. Beethoven tauschte
es gegen die nachkomponierte ›Introduzione‹ aus, weil ein Freund
das Werk für zu lang gehalten hatte. Aber genügt »zu lang« als Argument für die Änderung einer Sonate, die sonst auch keinerlei Rück-
sichten auf Kräfte der Spieler und Aufnahmefähigkeiten der Hörer
nimmt? Bleibt nicht – doch das ist bloße Hypothese – das schöne
›Andante favori‹ alles in allem um eine Spur zu deutlich, zu geheimnislos, zu konventionell, als daß es in den nicht nur offen virtuosen,
sondern auch undurchdringlich geheimnisvollen Waldstein-Sonaten-
Kosmos hineinpassen könnte? Die ›Introduzione‹ verdichtet und
exponiert förmlich ihr Geheimnis: während der starken Zählzeiten
pausiert anfangs die rechte Hand, mit zartem Kunstgriff scheint eine
Stimmung des zugleich Gespannten und Nicht-Geschehenden, des
Nachdenklichen und Erwartungsvollen komponiert.

Der letzte Satz ist das umfangreichste aller Beethovenschen Klavier-sonaten-Finali. Schon bei der Themenaufstellung steht Moll fast gleich-berechtigt neben Dur. Aber die Molltrübungen, die von Beethovens Pedalvorschriften bewußt in den Verlauf hineingezogen werden, kön-nen diese Musik keineswegs melancholisch versehren, die Triller können sie nicht zerstäuben, die *ff*-Ausbrüche sie nicht brutalisieren, die unvergleichlich intimen Intermezzi sie nicht aufhalten: alles ver-bindet sich zum Ausdruck strahlend geheimnisreicher Fülle und bei-nahe unendlicher Wiederkehr.

Richard Wagner, der über Beethovens späte Sonaten Tiefsinniges zu sagen wußte, meinte, das Thema der Waldstein-Sonate sei kalt und steif. In aller Bescheidenheit fügte er hinzu: »Ich kann kalte Musik nicht ausstehen«. George Bernard Shaw schrieb am 25. Mai 1892, nachdem ein Virtuose namens H. S. Welsing die Waldstein-Sonate heruntergerast hatte, es sei doch eine verderbliche Tradition, das Werk als Bravour-nummer aufzufassen. Es müsse kontemplativer gespielt werden, um Erfolg zu haben. Auch Paul Badura-Skoda unterstreicht das Anti-Reiße-rische und »Leise«, weist auf die zahlreichen *pp* und sogar *ppp* Vorschriften der Waldstein-Sonate hin. Charles Rosen faßt seine bemer-kenswerte Analyse dahingehend zusammen, der Kopfsatz der Waldstein-Sonate sei geprägt erstens von besonders häufig (nämlich zu Beginn in jedem zweiten Takt!) vorkommenden, die Harmonik kraftvoll berei-chernden Dominantseptakkorden, zweitens von einem pulsierenden Rhythmus und drittens von fünf absteigenden Sechzehnteln (›The Classi-cal Style‹, a.a.O. S. 396). Was zunächst in Auge und Ohr springt, sind die Ansprüche an Kraft und Fingerfertigkeit des Spielenden. Beethoven besaß seit 1803 einen tonstarken Erard-Flügel mit vier Pedalen, der offenbar auch die klavieristische Erfindungskraft des Komponisten ungeheuerlich provozierte. Beethovens virtuoseste Klaviersonate? Wil-helm von Lenz hat die damit verbundenen, pejorativen Nebentöne — gleichermaßen ungnädig über den Pianisten Ignaz Moscheles und über die Waldstein-Sonate urteilend — selbstsicher bei Namen genannt: »Ich kann mir erklären, warum Moscheles, der große, aber kaltlassende Pianist mir eines Tages sagte, daß er diese Sonate allen anderen vorziehe. Sie verlangt von ihm keine Einbildungskraft, hat alles schon in sich und läßt anderen nichts zu tun übrig.« (Zitiert nach Prod'homme: ›Die Klaviersonaten Beethovens‹, a.a.O., S. 166). Lenz drückte damit nur aus, was der ebenso anspruchsvolle wie augenfällige gegliederte und bezeichnete Notentext zu suggerieren scheint: »Verlangt keine Einbildungs-kraft ... hat alles schon in sich.« Gröber: mehr Schnellspieler-Pensum als Interpretationsaufgabe.

Noch eine weitere Barriere steht zwischen der Waldstein- Sonate und der Nachwelt: Diese Sonate gilt, wie kaum ein anderes Klavierwerk, als Inbegriff der Beethovenschen und der Wiener Klassik. »Klassisch« meint Epochenbezeichnung, aber auch Wertung. Im »klassischen« Produkt ist eine Form oder eine Idee auf ihren Gipfel gekommen. Die Waldstein-Sonate wäre demnach ein »Klassiker« der »Wiener Klassik«.

Solche Hinweise, mögen sie irgendwann auch einmal positiv gemeint gewesen sein, lassen die Sonate heutzutage als ziemlich fern, vergangen, als *maßvoll gebändigt* erscheinen, was sie nicht sehr attraktiv macht. In Wahrheit ist die Waldstein-Sonate eine klassische Herausforderung! Ihre vermeintliche Ausgeglichenheit entspringt nicht gemessener Zurückhaltung, sondern rückhaltlose Extreme des Fortissimo-Rausches und des *pp*-Dämmerns halten sich hier, für Pianisten fast unvereinbar, die Waage. Wer das Werk nur als Darbietung virtuos diesseitiger Motorik oder als Widerhall eines schwärmerischen Pantheismus, wenn nicht gar als Ausdruck sinniger Morgendämmerung verstehen möchte (in Frankreich hat die Sonate den Beinamen »L'Aurore«), reduziert freie Vielfalt auf ein einziges Moment. In der Waldstein-Sonate begegnen sich aber »Die Himmel rühmen« und Ravel, Choral und explodierter Choral, eindeutige Brillanz und vieldeutige Harmonik, Unspielbares und Dankbares. Ravel? Nun, wenn die ersten vier Takte des ersten Satzes eine Stufe tiefer subdominantisch wiederholt werden, tritt im weiteren Verlauf neben das C-Dur des Anfangs ein f-Moll-»Ton«. Bei dem Gegensatz C-Dur: angedeutetes f-Moll bleibt es nicht. Das as (der subdominantischen Wendung in die b-Tonarten) erscheint sogleich als a-Moll-Leitton gis. Beethoven präsentiert diese zwischen C-Dur, f-Moll, a-Moll, E-Dur und wieder C-Dur kreisende harmonische Irritation, diesen harmonischen Verschleierungsvorgang, den H. H. Stuckenschmidt in seinem Ravel-Buch (S. 218 ff.) aus der ›Forlane‹ des ›Tombeau de Couperin‹ analog herausanalysiert hat, höchst bewußt. Am Schluß des ersten Satzes macht er aus der Irritation eine Demonstration: das *einzige* in der Waldstein-Sonate vorkommende Ritardando unterstreicht während der Coda diese harmonische Pointe und ihre Auflösung:

Brillanz und Kraft allein helfen in der Waldstein-Sonate nicht einmal zu einer Annäherung – Feinsinn, altjüngferliche Vorsicht, schöngeistige Tiftelei genausowenig. Vom Dispositionsvermögen und der raschen Artikulationsfähigkeit des Interpreten verlangt dieses virtuose C-Dur- Mysterium womöglich noch Unmöglicheres als von seinen Fingern. Kein Zweifel: ein Pianist, der ausgerechnet den ersten Satz der Waldstein-Sonate schwerfällig, schwermütig oder schwankend spielen möchte, müßte schon von dem dummen Dämon besessen sein, alles nur unbedingt einmal »anders« machen zu wollen. Meist hört man die Waldstein-Sonate auch nicht übermäßig zaghaft, sondern brutale Pianistenhände bieten den Anfang derb stampfend dar: allzu oft beginnt die Sonate so, als ob eine Büffelherde sich furchterregend nähere. Beethovens Forderung nach scharfem Tempo und das gleichfalls vorgeschriebene Pianissimo scheinen unvereinbar. Resultat also: enervierendes Büffelgetrappel statt eines C-Dur-Mysteriums...

Ein mehr oder weniger disziplinierter Geschwindigkeitsrausch läßt unverkennbar jene Grenze hervortreten, wo bewußtloses Brio in unbewußte Brutalität umschlägt. Zwei Pianisten, ein versierter Virtuose und ein genuiner Beethoven-Spieler, haben die Existenz dieses Punktes erkennbar gemacht, indem sie über ihn hinausdrängten. Der eine, der virtuos versierte, heißt Jacob Lateiner. Seinem Eifer gerät das Allegro con brio der Waldstein-Sonate zum bloß entfesselten, raschen Klavierspiel. Zur Karikatur, die nicht einmal bis zur Kenntlichkeit übertreibt, sondern wesenlos bleibt. Auch die vehement rauschenden Forte-Triolen der Durchführung wirken – nur laut und flüssig gespielt, ohne bestätigende Majestät und rhythmisches Engagement – keineswegs »kräftig« unter Lateiners Händen, sondern ziemlich langweilig, ziemlich laut, unziemlich banal. Der Allegro con brio-Impuls muß in der Waldstein-

Sonate Bestandteil eines Ausdrucksparallelogramms sein, sonst entartet die Musik zu grotesk leerem Rattern.

Der andere, wahrlich beethoven-nähere Pianist, der als junger Mensch die artikulierte Vehemenz und Selbstverständlichkeit der Waldstein-Sonate mitreißend deutlich zu machen wußte, später aber das Werk leider allzu motorisch überfuhr bei seiner zweiten Gesamt-Einspielung der Beethoven-Sonaten, heißt Friedrich Gulda. Nun kann ein Gulda selbst bei bösestem Willen die Waldstein-Sonate nicht so maschinell widerstandslos herunterrasen, wie es Lateiner tut, der sie als hohe Schule der Geläufigkeit mißversteht: auch im vehementesten Brio-Rausch (Gulda übrigens gab später freimütig zu, in dieser Einspielung habe er seinen motorischen Stil und sich selbst »übertourt«) klingt unter den Händen des jazzkundigen Österreichers immer noch unaustilgbare Musikalität mit. Aber Gulda (und übrigens auch der späte Horowitz) haben ihres Tempos wegen begreiflicherweise nicht nur Schwierigkeiten, den lyrisch-empfindsamen Dimensionen der Waldstein-Sonate zum »Blühen« zu verhelfen, ihren beherrschten Kraftakten fehlt es sogar an bravouröser Gegenwärtigkeit. Ein Gesamtbild der Sonate, das die einzelnen Momente in wohldisponierte Relation zu einander brächte, entsteht bei Gulda und Horowitz ohnehin nicht, aber auch den (virtuosen) »Einzelheiten« selbst bekommt es schlecht, wenn der Spieler statt eines Werkes nur rasend rasche Augenblickseffekte vermittelt. Eine so besessen vehemente und rapide Motorik, wie Gulda sie herstellt, vermag nicht einmal die gerade erklingende Passage voll zur Wirkung zu bringen (»auszukosten«), weil man allzu deutlich spürt, daß der Pianist seinen sehr schnellen Fingern immer hochkonzentriert um ein, zwei Takte voraus sein muß, um nur ja alles richtig zu steuern. Der Spieler ist »weiter« als die Musik, die er im Moment macht – und darum macht er nicht einmal unabgelenkt *momentane Musik,* von Gestaltung gar nicht zu reden . . .

Abgesehen von einer demonstrativen Ausnahme in der gleichsam exterritorialen Coda (siehe Notenbeispiel 301) verzichtet Beethoven in der Waldstein-Sonate auf jedes Ritardando, auf jede ausgeschriebene Verlangsamung. Dies in offenbarem Gegensatz zum Spätwerk, wo keuchende, allen selbstherrlichen Schwung denunzierende Ritardandi die rhythmische Oberfläche versehren. In der Waldstein-Sonate finden sich statt der Ritardandi Fermaten. Sie unterbrechen, nicht: verlangsamen, den raschen Verlauf. Bei der Exposition des Hauptthemas wird eine Fermate zur Symmetrie-Achse. Nach der Fermate wiederholen sich die Vorgänge des Anfangs: zunächst wörtlich, in Sechzehntel aufgelöst, dann abgewandelt. Die Exposition des »ersten Themas« ist also in vier Entwicklungsstufen gegliedert. Das hat Claudio Arrau (er tut es sehr behutsam, taktvoll) und Elly Ney (auf gänzlich antimotorische empfindsame, schwankende Weise) dazu bewogen, alle diese Veränderungen nicht auf dem Altar einer durchgehenden Bewegungs-Uniformität zu opfern, sondern subtil zu retten. Arrau probiert folgenden Weg: der unmittelbare Beginn bleibt zurückhaltend, gestaltlos, ja elegisch. Erst ganz allmählich wird con brio-Leibhaftigkeit erreicht. Die Sonate als zarte Miniatur. Elly Ney möchte pianistische Not in eine interpretatorische Tugend verwandeln. Sie subjektiviert ihr Anfangstempo so sehr, daß sie erst dann ein halbwegs ausgeglichenes Metrum erreicht, wenn nach der Exponierung des Hauptthemas die überleitenden H-Dur-Passagen einsetzen ...

Arrau, der gewiß nie den Weg des geringeren Widerstands wählt, sondern stets konzessionslos seiner Interpretations-Einsicht folgt, scheint vor allem das con brio-Gestampfe der Kopfmotiv-Achtel meiden zu wollen. Jedesmal, wenn das pochende Anfangsthema wiederkehrt, wird er äußerst zurückhaltend und diskret.

Das durchaus poetische, bewußt anti-virtuose Konzept von Arrau – Gilels macht das ähnlich, wenn auch nicht ganz so prononciert – besteht also darin, die Musik ganz allmählich, wie aus leisem Dämmern ertönen zu lassen. Arrau unterscheidet spröde zwischen musikalischen »Bedeutungsträgern« und virtuosen »Zutaten«, er diskriminiert das Beiwerk zum Zweitrangigen und konzentriert sich auf die Strukturen, statt lebendig werden zu lassen, was sie tragen. Weil Arrau mit seiner wunderbar klaren und beherrschten, keinerlei halbe Nebentöne oder unklare Pedalisierungen produzierenden Griff-Technik beispielhaft sauber Akkorde und Passagen anzuschlagen versteht, folgt man seiner extremen Interpretation zunächst fasziniert. Der von Charles Rosen hervorgehobene, eine kraftvolle Sonorität schaffende Wechsel zwischen reinen Dreiklängen und Dominantseptakkorden erscheint bei Arrau so genau ausartikuliert, als hätte der (hochgebildete) Künstler ausdrücklich auf diese Eigentümlichkeit des Waldstein-Sonaten-Tonfalls hinweisen wollen (Notenbeispiel 302).

Aber weil Arrau die Sonate allzu entschieden vom »con brio«- zum Dämmer-Stück umstilisieren will, muß er viel opfern und sich in Widersprüche verstricken. Arrau zuhörend, fragt man sich eben doch, woher die rhythmischen Energien eigentlich kommen, die ja nicht nur am Anfang erscheinen sollten, sondern späterhin erst recht die Passagen beseelen, die Durchführung beherrschen, die Coda prägen. Um seinem

scheuen Konzept zu folgen, unterbricht Arrau in der Coda das große Crescendo sinnwidrig schon vor der ersten sforzato-Fermate. Und wenn am Ende der Durchführung eine donnernd virtuose Kraftpassage zu den con brio-Achteln des Anfangs zurückbraust, dann wirkt der entstehende Kontrast bei Arrau ungewollt komisch. Stürmischster Elan geht plötzlich in silbrig scheues, verhalten gestaltloses Pochen über.

Beispiel 303

Die Rätsel, die der erste Satz der Waldstein-Sonate allen Interpreten der letzten Jahrzehnte nach wie vor aufgibt, haben Ähnlichkeit mit den Urproblemen aller Mozart- Interpretation, wo ja leeres »Perlen« nichtig und selbstherrliches Eingreifen verderblich ist.

Diejenigen Pianisten, die den Anfang scheu, langsam oder als ganz allmählich Werdendes abtönen, machen immerhin auf eine Waldstein-Wahrheit aufmerksam. Hört man nämlich den Anfang des Werkes podiumsüblich robust, nachdem man begriffen hat, was Elly Ney, Arrau und der hier gleichfalls sehr anti-virtuose Emil Gilels in ihm entdeckten, dann wirken alle wie selbstverständlich motorisch ratternden Wiedergaben dieses Beginns geistlos und stumpf. Der »richtige« Weg, das ist hier aber nicht einfach der langsamere Weg, oder überhaupt irgendeine spezifische, alle anderen Möglichkeiten verbannende Auffassung, sondern vielmehr der Entschluß, den Anfang der Waldstein-Sonate so wiederzugeben, daß er, *indem er entsteht, für etwas steht.* Nämlich für eine Verlaufskurve, für eine Entwicklung, für eine Einheit, die sich nicht aus lauter Identitäten zusammensetzt, sondern aus sinnvoll voneinander abweichenden Verschiedenheiten. Der jüngere Kempff, der junge Gulda, in seiner früheren Aufnahme Horowitz und der »alte« Rubinstein – dem es an glücklichen Konzertabenden gelang, aus der Waldstein-Sonate ein zugleich stürmisches und lyrisches Gedicht zu machen! –, sie haben angedeutet, welche Fülle unter aller vermeintlich kalten Waldstein-Oberfläche pulsiert. Fesselnde, lebendige Folgerichtigkeit entsteht, wenn das viermal neu ansetzende Hauptmotiv trotz aller gebotenen Gleichmäßigkeit des Pochens und der Lautstärke den Eindruck fühlbarer Entwicklungslogik vermittelt: sei es, daß die zweite Gruppe (Notenbeispiel 304, Takt 5–8) etwas eindringlicher erklingt, weil da das erste Achtel ein vollerer Akkord und die subdominantische Wiederholung doch eine Überraschung ist (wie bei Rubinstein) – sei es auch, daß diese zweite Gruppe leiser ertönt, weil sie als etwas tieferes, dunkleres, ferneres Echo pocht (Kempff). Nach der ersten Fermate erscheinen die Achtelterzen zu Sechzehnteln gebrochen. Der gestochen motorische Gestus wird weicher. Horowitz, im Vollbesitz seiner Hexenmeisterschaft, zieht daraus eine paradoxe Konsequenz: er pedalisiert diese den Anfang eigentlich doch zerstäubende Fortsetzung karger als den Beginn. Unter seinen Händen klingt die dritte Achtelgruppe tatsächlich besonders ratternd und cembalohaft deutlich. Man hört zuviel, weil er zu deutlich zeigt, wieviel er kann...
Die ersten beiden Teile des Hauptmotivs folgen im Notentext unmittelbar hintereinander. In durchdachten Darbietungen klingen sie aber doch nicht ganz identisch:

Das as im Baß – 8. Takt des Beispiels 304 – evoziert in den dann folgenden Takten subdominantisches f-Moll. Bei der vierten Wiederholung der Viertaktgruppe leitet es, als gis, in die a-Moll-Sphäre. Damit hat sich jener changierende Kreis zum erstenmal geschlossen, der für die Waldstein-Sonate so wichtig ist: nicht nur – siehe Notenbeispiel 301 –, wenn Beethoven in der Coda des ersten Satzes dieses subkutane Aderngeflecht methodisch demonstrativ zur Hauptsache macht, sondern ebenso am Ende der ›Introduzione‹, wo die jeweils tiefsten Baßtöne der linken Hand geradezu mit Emphase zwischen g – as und gis wechseln. Die großen harmonisch meditierenden und changierenden Entfaltungen im Rondo, vor dem Eintritt des Prestissimo führen zwar nicht identische, aber doch zumindest analoge Modulationsfeinheiten vor.

Legen nicht schon alle diese Zusammenhänge die Vermutung nahe, daß Künstler, die hier zarte Beziehungen herstellen und nicht alles im virtuosen Kraftrausch überrollen wollen, dem Waldstein-Geheimnis inniger auf der Spur sind? Der virtuose Gestus dieser konzertanten Sonate – über die ein unausrottbares, von jedermann gedankenlos nachgebetetes, sogar vom klugen Strawinsky wiederaufgegriffenes Vorurteil behauptet, sie sei »orchestral« – ist natürlich Aufforderung und Versuchung, solche schönen Subtilitäten dem rasch-kräftigen Lauf der Dinge zu opfern. Es gibt gute Argumente auch dafür. Das Finale zerfällt, wenn es mit Barenboimscher Langsamkeit zelebriert wird, in lauter wunderschöne Stellen. Der Kopfsatz ist um Glanz und Größe betrogen, wenn das con brio nicht *stets* als spannungsstiftende Forderung fühlbar wird.

Versucht ein nachdenklicher Pianist, diese kontrastreiche Sonate einer einzigen Interpretations-Idee unterzuordnen, damit das offenkundig höchst energisch und konzertant angelegte Werk nicht Gefahr sentimentalischer Zersplitterung läuft, dann wird eine Waldstein-Totalität aber gerade nicht hergestellt, sondern auf dem Wege der Versimpelung erschlichen.

Der »Anspruch« des Werkes ist gewiß leichter formulierbar als spielbar: noch im versponnensten Modulationsaugenblick muß – und sei es nur indirekt, als Hintergrund und Folge einer durch den bisherigen Verlauf der Interpretation hervorgerufenen, »eingehämmerten« Erfahrung – die Forderung, die Ungeduld, die vitale Unaustilgbarkeit des rhythmischen Pulsierens gegenwärtig sein. Dies das eine. Umgekehrt aber wirkt die Waldstein-Sonate wie eine aufgeblähte Etüde, wenn die virtuosen Passagen, alle zarten und vielgliedrigen Zusammenhänge des Werkes überrollend, auf nichts anderes hinauszulaufen scheinen als auf ihren letzten Ton.

Unlösbare Probleme reizen. Aber nicht nur die Pianisten, die sich todesmutig immer wieder an die Waldstein-Sonate wagen – sondern auch: zum Spott. Der Komponist Mauricio Kagel hat sich in seinem bösen und geistvollen Film »Ludwig van...« (der aus Anlaß des besinnungslosen Beethoven-Rummels im Jahre 1970 entstand) höchstbegreiflicherweise gerade der Waldstein-Sonate angenommen. In gespenstisch greisenhafter Elly-Ney-Maske spielte da, bis weißes Haar meterlang den Flügel überwachsen, umsponnen hatte, Klaus Lindemann donnernd die Waldstein-Sonate: Doofes Achtel-Getrappel zu Beginn, dann eine schwachsinnig schleppende Überleitung, schließlich sirupsüß das E-Dur Seitenthema als kitschig ausgeleierter Choral. Kagel verdeutlichte damit, was allen modernen Beethoven-Interpreten als ausgemacht gilt: die reaktionären »weihevollen« Falschspieler entstellen Beethoven. Sie machen aus Beethovens Allegro ein hysterisches Herumtorkeln zwischen Gesangsthema-Betulichkeit und So-schnell-wie-möglich-Brutalität. Sie zelebrieren die Verschiedenheit der Einzelcharaktere auf Kosten des gegebenen Tempos. Der Pianistin Elly Ney, die Beethovens Klaviermusik ihr Leben lang wie eine Hohepriesterin hehren Ausdrucks hatte vortragen wollen, wurden von Mauricio Kagel diese rhythmischen Todsünden natürlich besonders heftig vorgeworfen.

Mit Recht? Das E-Dur-Thema setzt ruhig ein. Während seiner Wiederholung wird es von Achteltriolen umspielt (siehe Notenbeispiel 302). Bei Elly Ney, man kann es nachprüfen, stehen die ersten 12 Takte des Beginns der Waldstein-Sonate, verglichen mit den ersten 12 Takten des Seitenthemas in einem Ungleichheitsverhältnis von circa 20:25. Grund zur Schadenfreude? Nicht so sehr, denn Gulda (circa 15:19), Horowitz (18:23), Solomon (17:21), Gilels (18:24) wählen zwar durchaus verschiedene objektive Tempi fürs Allegro con brio, aber allesamt und ausnahmslos spielen sie das Seitenthema deutlich getragener als den Anfang. Sie werden – relativ – um genauso vieles langsamer wie Elly Ney. Im Schnitt 18:22.

Diese sportive Abschweifung (von sogenannten Zwischenzeiten ist sonst immer nur bei Mittel- und Langstreckenläufen die Rede) läßt drei Konsequenzen zu. Entweder alle Pianisten unserer Welt irren, weil einzig die Ideologen des harten Tempos recht haben. Oder: die Musik erzwingt hier, über sämtliche Auffassungs- und Interpretations-Unterschiede hinaus, kraft ihrer Sprache und Art eine unvermeidliche Verlangsamung, bei den besten ebenso wie bei den unzuständigsten Pianisten. Dritte Möglichkeit? Nicht nur die ruhig ausdrucksvollen Akkorde des Choralthemas sind gegeben, sondern auch die Achteltriolen, die diese dann umspielen. Müßte nun in der motorisch impulsiven Waldstein-Sonate das spannungsvoll und septimenreich Umspielende nicht genauso wichtig (also genauso ton- und rhythmusbestimmend!) sein wie die schöne Identität der choralischen Akkordfolgen?

Von wenigen rühmenswerten Ausnahmen abgesehen (Wilhelm Kempff, Maurizio Pollini und Radu Lupu), säuseln die meisten Pianisten jedoch diese spannungsreichen Verzierungen (Notenbeispiel 302, ab Takt 11) als ob das nur devote Dekorationen wären, die den ruhigen Religions-Unterricht des Seitenthemas um Himmels willen nicht aufstören dürfen. Haben Pollini und Kempff aber erst einmal klargemacht, wie selbstverständlich und unaustilgbar die immer ausgreifendere Achteltriolen-Bewegung ihr melodisches und rhythmisches Element von vornherein einbringt, dann kann kein Mensch mehr leugnen, daß auf diese Weise der Zusammenhang des Satzes ungleich organischer entsteht und daß die Versuchung, beim E-Dur-Thema den Allegro con brio-Kontext aus den Augen zu verlieren, abnimmt. Pollini und Kempff bleiben tatsächlich auch nachmeßbar besser »im Tempo«. Wie überlegen die *spielende* Vernunft eines klugen Pianisten seiner analytischen Gescheitheit sein kann, läßt sich im Hinblick auf diese Entwicklung bei Artur Schnabel beobachten. In Schnabels sorgfältig kommentierter und mit vielen Tempo-Vorschlägen ausgestatteter Ausgabe der Beethovenschen Klaviersonaten verlangt der Künstler theoretisch sogar eine Verlangsamung des Seitensatzes, *wenn die umspielenden Achteltriolen beginnen!* Er schlägt zu Beginn des 11. Taktes unseres Notenbeispiels 302, wenn die Triolen über dem Choral einsetzen – als Tempo vor: Viertelnote = 152. Für das unverzierte Choralthema (Notenbeispiel 302, Takt 4 ff.) hatte der Herausgeber Artur Schnabel jedoch seltsamerweise ein durchaus rascheres Tempo empfohlen, nämlich: Viertelnote = 160. Spielt nun der gleichnamige Pianist A. S. die Stelle, freilich einige Jahre später, wie befohlen? Aber nein, im Gegenteil, Schnabel wird beim Eintritt der Triolen überhaupt nicht langsamer. Er behält das Tempo nicht nur bei, sondern wird durchaus und nachprüfbar rascher. (Kein schlechter Beitrag zum Verhältnis von Theorie und Praxis.)

Rubinstein gelang an besonders inspirierten Abenden – erkennbar durchaus auch auf der Schallplatte, wo er freilich einige hurtige Passagenstellen zu klobig und die gefürchteten Prestissimo-Oktaven skrupellos zu langsam nimmt – eine unvergeßliche Lösung der Waldstein-Aufgabe.

Rubinstein vermochte die verschiedenen Gestalten und Modulationsfolgen des Hauptthemas in spannungsvolle Beziehung zueinander bringen. Er tat noch mehr. Bei der Wiederholung der Exposition artikulierte er eine Spur kräftiger: als wisse die rasche Musik nun noch genauer, worauf sie hinauswolle. Das Entscheidende: den con brio-Impuls reproduzierte Rubinstein nicht als bare Selbstverständlichkeit, sondern wie ein Energie-Prinzip, welches sich immer wieder bemerkbar machen, durchsetzen will, mögen im Verlauf des Satzes auch noch soviel teils majestätisch-sonore, teils lyrisch verhaltene Momente an der Reihe sein. Auf diese Weise wird bei Rubinstein die rasche Achtel-Bewegung zur manchmal unterdrückten, aber eben grundsätzlich nicht unterdrückbaren Energie vitalen Pochens und Werdens. Die Temposchwankungen (falls jemand sie strikt vermeidet, verliert sich die Musik in motorischem Leerlauf) sind darum bei Rubinstein nicht Konzessionen, nicht Male interpretatorischer Verlegenheit oder Willkür. Man begreift sie vielmehr als den dramatischen Sinn der Sache selbst.

Die Waldstein-Sonaten-Landschaft erscheint humanisiert. Rubinstein meidet virtuose Brutalisierung, aber er verzärtelt nichts. Wo die meisten Pianisten Gewicht auf die arbeitende Inständigkeit einer Synkope legen, stellt Rubinstein lieber das zügige, melodische Schwingen jener Achteltriolen dar, die hier endlich ganz allein und frei dominieren: die Synkope (Notenbeispiel 305) schwingt bei Rubinstein empfindsam, melodisch nach.

Beispiel 305

Natürlich spielt Rubinstein seine grandios affirmative, zweifellose Virtuosität aus, wenn Fortissimo-Achtel und Sechzehntelpassagen dies erfordern (Notenbeispiel 306, 1. Takt). Er meidet feine Tricks, die doch nur wirken, als hätte ein virtuoser Wolf, sich selbst verleugnend, Kreide gefressen – wie etwa im 3. Takt des Notenbeispiels 306, wo sich Gilels gleich seiner Raubtierkraft geniert und alle die Oktaven der rechten Hand, die dem *sf* folgen, als allzu feines, leiseres Echo abtönt.

Beispiel 306

Wann immer die Folge der Hauptmotiv-Achtel unterbrochen erscheint, läßt Rubinstein neue Klangfarben hören. Er spielt – es ist ein sehr schlichter, aber ergiebiger Kunstgriff – die gehaltenen Begleitakkorde zu den Schlußgruppenpassagen (Beispiel 307, ab Takt 3) als aktive Unterstimmen, und erst *nach kleinem, akzentuierendem Zögern*. Man begreift sofort: trotz allen Passagenparlandos (in der rechten Hand) liegt nun dunkleres Licht auf der Musik. Wichtiger noch: Rubinstein macht die meditativ freie Melodiebildung am Schluß der Exposition, wo die Komposition auf die Suche geht und immer neu ansetzt, überraschend sinnvoll und einsichtig. Wie? Er mißversteht Beethovens crescendo-Vorschrift nicht dahingehend, daß er die anapästische Folge kurz, kurz, *lang* – stur betont, sondern er hebt stets auch das erste der beiden Achtel (Notenbeispiel 307, 7. und 9. Takt auf »zwei«) hervor. Nun begreift man, inwiefern hier jedesmal ein ganz freier, neuer Einsatz die Richtung überraschend und improvisatorisch verändert. Musik rollt nicht nur so weiter, weil sie halt irgendwann einmal so vorgeschrieben wurde. Rubinsteins Originalität widerspricht dabei keineswegs dem Text. Hört man Rubinstein zu, befürchtet man, der Meister habe da doch alles mögliche hinzuerfunden, um aus Beethovens motivischer Arbeit eine Folge von Beleuchtungswechseln machen zu können, wie sie in großen romantischen Balladenkompositionen besser am Platze sein mögen. Wenn man dann in den Noten nachschaut, zeigt sich: nicht Rubinstein hat hinzuerfunden, sondern die anderen lassen weg.

Der Gestaltenreichtum des Durchführungsbeginns ist so groß, und die Musik hat so wenig Zeit, daß kein Pianist da »zu viel« geben könnte an Baßlinien, an ein oder zweitaktigen Entsprechungen, an zarten Andeutungen oder scharfen Pointierungen. Hier begegnen wir zum erstenmal jener – beim späten Beethoven immer unübersehbareren – Gestaltenfülle, die dem Pianisten zwar gewiß nicht die »Freiheit« selbständiger Interpretations-Entscheidung raubt, ihn aber doch in die Defensive drängt. War es zwischen Opus 2 und Opus 31 durchaus möglich, neue, sinnvolle Einzelheiten und Tendenzen hinzuzubringen, Texte logisch *gegen den Strich* zu lesen, so macht der durchartikulierte Reichtum nun den Interpreten immer mehr zum Schuldner: wo es kaum machbar scheint, auch nur andeutungsweise alles Angegebene herauszubringen, da muß einer schon über beneidenswert viel Selbstvertrauen und Willkürfreude verfügen, wenn er Texte umzuformulieren wagt, die er kaum hinreichend nachzusprechen imstande ist. Mittels einer groß, ja riesengroß angelegten Modulationskurve treibt Beethoven im zweiten Teil der Durchführung das bereits zitierte Triolenthema samt synkopischem Kontrapunkt durch mannigfache Tonlagen, Tonarten und Entfaltungen (Notenbeispiel 305). Ein Kraftausbruch, der etwas vom Kraftrausch hat. Nun gelingt die Interpretation von Kraftstellen großer Musik ja meist um so überzeugender, je bewußter, logischer und ökonomischer die Pianisten spielen. Bei der Waldstein-Sonate – in der Durchführung des ersten Satzes, aber auch während der donnernden a-Moll-Episode des Rondos – gilt diese Regel nicht. Wenn die Kraftgebärde die Sache selber ist, wenn es weniger auf das Ziel ankommt, als auf den Weg, dann wirken besonnene Gliederung und kultivierte Steigerung schlechthin geizig. Rauschunfähig. Impotent. Auch hysterische Beschleunigung hilft hier nicht. Nur Pianisten, die innig zusammengefaßten Mut und eine wahrhaft große, klare, ungebrochene Technik besitzen, können hier ekstatisch und gleichwohl als gestaltende Kraft präsent sein: die majestätisch virtuose Forderung ist unerbittlich. Wer die Durchführung der Waldstein-Sonate, die konzertanten Episoden oder gar die Kadenz des Rondos nie von Meisterpianisten wie Gilels, Backhaus, Gulda, Horowitz oder Rubinstein erlebt hat, der weiß einfach nicht, was diese Explosionen enthalten... Selbst ein Solomon gliedert da zuviel, wagt zu spät Rückhaltlosigkeit.

Und dennoch darf die nebenherlaufende, kaum dechiffrierbare Geheimnisfülle nicht zur Nebensache verharmlost werden. Kein Pianist holt heraus, was Beethoven zur aufregenden Es-Dur-/C-Dur-Modulation verdichtet hat am Beginn der Reprise... Verdichtet, kondensiert übrigens im Wortsinne: statt einer viel umfangreicheren Modulation, die man aus den Skizzen kennt (ausführlich dokumentiert nachzulesen bei Prod'homme, a.a.O., S. 157 ff.) bietet der Notentext »nur« noch folgendes:

Beispiel 308

Aber der inhaltliche Zauber dieses nachdenklichen Umwegs geht verloren, wenn eine Modulation, wie sie der vorletzte *pp*-Takt unseres Beispiels 308 bietet, rasch weggespielt oder zum eiligen crescendo umstilisiert wird. Einzig der jüngere Horowitz hat den Empfindungsreichtum dieses Moments geahnt. Später spielte er dann diese Stelle wie alle anderen, im accelerando und crescendo.

Auf eine andere, zwar leicht erfühl-, jedoch sehr schwer belegbare Dimension der Waldstein-Sonate macht wiederum Rubinstein nachdrücklich aufmerksam. Von dem Choralcharakter des »zweiten« Themas war ja schon im Zusammenhang mit dem Notenbeispiel 302 die Rede. Kein Wunder, daß eine so charakteristische Gestalt mit Beethovens »Pantheismus« oder seiner »Weltfrömmigkeit« in Verbindung gebracht werden konnte. Wie zutreffend solche Assoziationen tatsächlich sind, wird zweifelsfrei klar, wenn ein Interpret verdeutlicht, daß Beethoven dieses

Choralthema einmal sogar »kirchentonartlich« (nämlich: äolisch) harmonisiert! Rubinstein läßt diese neue Farbe eindringlich wirken, indem er an dieser Stelle (Notenbeispiel 309) den sonst so »schön« leittonreich oder chromatisch ausharmonisierten Choral auffallend fahl wiedergibt. Doch die äolische Variante ist im Waldstein-Sonaten-Kosmos mehr als nur »Variante«. Nämlich: Erweiterung der für selbstverständlich gehaltenen Grenzen, Bereicherung, »historische« Perspektive. Rubinstein hebt das Fremde (nicht: Befremdende) der Harmonisierung so deutlich hervor, daß sich später, in der Kadenz des Finales, in jenem explodierten Choral, dessen Akkorde Rubinstein bewußt herb nebeneinandersetzt, eine (mehr fühlbare als belegbare) Verbindung zwischen der deutlich kirchentonartlichen und der angedeuteten Starrheit der Kadenz herstellt. Im ersten Satz heißt die »äolische« Anspielung:

Beispiel 309

Handelt es sich um eine Analogie zu diesen »äolischen« Takten, wenn es in der Kadenz des Finales heißt:

Beispiel 310

Beim Adagio molto hängt alles davon ab, ob es gelingen kann, trotz extrem langsamem Tempo und reichlichem Pedalgebrauch im Hörer eine vollkommen klare Vorstellung der rhythmischen Gegebenheiten herzustellen. Wie der Kopfsatz – mit einer Ausnahme! – kein ritardando gestattete, so zerstört klebriges Rubato hier die auskomponierte Hauptsache. Zu Beginn der ›Introduzione‹ ist Warten auf folgende Weise zwingend Gestalt geworden: Wo man eigentlich etwas erwartet, nämlich auf den starken Taktteilen, geschieht nichts. Leere wird hier zur Lehre. Löcher, Pausen, uneingelöste Suggestionen laufen sämtlich darauf hinaus, daß Tonlosigkeit und Vorbereitungscharakter identisch scheinen.

Kann langsam aus der Tiefe heraufdämmernde Musik keine rhythmischen Konturen haben? Beethoven hat (Beispiel 311, Takt 1) dem a (auf drei) eine »ten.«-Vorschrift hinzugefügt. Es soll also nicht abgerissen, sondern gehalten werden. Die Folge: alle Pianisten halten auch den letzten Ton des Taktes so lange, daß er in den nächsten Takt hinüberklingt. Die »eins« (Takt 2 des Notenbeispiels 311) wird vom Pedal überschwemmt, wirkt wie ein Ritardando auf dem letzten Ton des vorhergehenden Taktes, schiebt den Beginn des nächsten Taktes gefühlvoll schwankend auf. Und Beethovens rhythmische Pointe ist unwiederbringlich hin. So verlegt man hörend die Pause auf einen schwachen Taktteil und nimmt gewohnheitsmäßig, wenn auch irrig, an, die Akkorde fielen auf schwere Taktteile... Im allgemeinen Schwanken hört man die Pause irgendwo zwischen »zwei« und »drei«. Folgen dann die Akkorde, so vermutet man im wohlgefälligen rubato-Nebel, sie fielen gewiß auf einen »schweren« Taktteil. Alles, was die Introduzione charakteristisch macht und worauf sie später exakt zurückkommt, wenn Beethoven die Pausen bewußt nicht mehr leer läßt, versackt in gefühliger Unverstehbarkeit.

Diesen »horror vacui«, diese Angst vor der Leere, empfinden offenbar viele Interpreten. Man spielt lieber $7/_8$-Takt als das unzweideutig Vorgeschriebene. Ausnahmen: Wilhelm Kempff, der das Pedal sparsam gebraucht, der kluge Hans Richter-Haaser und Radu Lupu, der ein so langsames Tempo wagt, daß auf »eins« bereits verhallt ist, was bei den Pianisten-Kollegen die rhythmische Struktur verfälscht. Lupu artikuliert die »Richtigkeit« nicht, sondern er *erschweigt* sie sozusagen. Wie dem auch sei: Kempff, Richter-Haaser und Lupu deuten zumindest an, was geschähe, wenn jemand die Pausen extrem langsam und extrem genau auszählen würde.

Trotz einiger berüchtigt schwerer Stellen, die nur große Virtuosen mit reinem Donner oder reinem Huschen herausbringen können, ist das Finale, als Interpretationsaufgabe verstanden, wahrscheinlich der leichteste Satz von Opus 53. Es entfaltet seinen Reichtum beschaulich und großartig in der Zeit. Die Spannung zwischen con brio-*Muß* und Artikulations-*Soll*, der sich im ersten Satz jede Interpretation ausgesetzt findet, entfällt hier; die Gestalten des Finales prunken mit Gegenwärtigkeit. Zugespitzt ließe sich sagen, daß Kopfsatz und Finale der Waldstein-Sonate konträre Interpretationsaufgaben stellen. Während im Kopfsatz motorische Uniformität die Fülle zu zerhämmern droht, kehren sich im Finale die herrlichen Einzelheiten und die wiederholten C-Dur-Beteuerungen gegen die spannungsvolle Gestalt-Einheit. Das Rondo droht eher zu zerbrechen, als motorisch uniform zu überrollen ... Dies nicht etwa, weil der sehr klar gegliederte Kontext mit allzu vielen Episödchen oder Episoden überlastet wäre. Trotz der außerordentlichen Länge und kraftberauschten Üppigkeit dieses Finales kommt der Interpret nie in die (meist wohlvertraute) Situation, eine gewisse Wahllosigkeit der aufgewendeten Effekte oder eine gewisse Rondo-Redseligkeit mittels kunstvoller Manipulationen überspielen zu müssen. Hier werden Vorzüge zum Problem: die Plastizität auch noch der entlegensten Überleitungsgeste, die Noblesse des unverkennbaren Waldstein-Sonaten-Tones, der unendliche Reichtum, der gegenwärtig ist und Zeit findet für sein Echo, fürs Ausklingen und Verklingen.

Aus Pianissimo-Tiefe dämmern nicht nur Kopfsatz und Introduzione an den Waldstein-Tag, auch das Rondo setzt *sempre pp* ein und braucht fast fünfzig Takte, bis es — von einigen crescendo- und descrescendo-Vorschriften abgesehen — zum erstenmal eine andere dynamische Vorschrift ausschreibt als das bis dahin viermal geforderte *pp*, nämlich *p*. Der Einwand, Beethovens ständig wiederholte Bitte ums Pianissimo könne doch wohl nur damit erklärt werden, daß zwischendurch die Pianissimo-Dimension verlassen worden sein müsse, klingt logisch, ist aber sophistisch. Auch im *pp*-Bezirk herrscht keinerlei passive Flüsterstarre, sondern Leben, Anschwellen und Abnehmen. Dieses Leben soll trotz aller Versuchungen, die Stimme zu heben, anfangs eben nicht über den beharrlich geforderten *pp*-Rahmen hinausdrängen.

Ganz leise also und allegretto moderato: wie ist das zu lesen? Daniel Barenboim, von Strawinsky für seine Interpretation des Rondos gelobt und getadelt (Barenboim ..., »der den letzten Satz der ›Waldstein-Sonate‹ zwar intelligent phrasiert, spielt ihn gleichzeitig so unerträglich langsam, daß es ihm gelingt, das Stück umzubringen«), hat ein Extrem ausprobiert. Bei ganz ruhiger Darstellung ist es ihm ohne Härte und ohne abschwächende Mogelei möglich, die Pedalvorschriften Beethovens präzis zu befolgen. Beethovens Absicht, hier »den Grundton immer so lange klingen zu lassen, bis der nächste Grundton folgt« (so Schnabel im Kommentar seiner Ausgabe), schließt ein unpointiertes, aber darum doch gewiß nicht platterdings unwichtiges oder gar unnötiges (!) Zusammenklingen von Dur und Moll ein. c – d – es – e – f – g sollen zart und dissonant-impressionistisch ineinander verschwimmen (Notenbeispiel 312). Je langsamer der Interpret das Tempo für diesen Effekt wählt, desto zwingender und selbstverständlicher klingt es:

Beispiel 312

Barenboim versucht es also im Andantino. Unter seinen Händen fängt das Rondo geheimnisvoll, schön, als Utopie eines verklärten Volksliedes an. Doch diesem Anfang opfert Barenboim das Stück. Er kann nämlich – genauso wie Arrau im Kopfsatz – späterhin nicht mehr plausibel machen, warum er beim Fortissimo ruckhaft rascher wird, und er ist auch nicht zuchtlos genug, um dann sein eigenes Grundtempo erfolgreich zu ignorieren. Immer wieder wird unter seinen Händen das lange Rondo zum Pastellbildchen aus Mischfarben. Alles Helle erscheint bei Barenboim verdeckt. Er bleibt seinem intimen Konzept gegen Geist und Buchstaben des Notentextes treu – dieser Daniel fällt verhalten in Beethovens C-Dur-Grube.

Solomon demonstriert die Konsequenzen einer genau entgegengesetzten Interpretationshaltung. Er spielt den Rondo-Anfang nicht nur viel rascher, als perlend vehementes Allegro, sondern auch durchsichtiger, gestochen non-legato, fast alla breve. Dabei muß er sich aber die Befolgung der Beethovenschen Pedalvorschriften schlicht verbieten. Seine Absicht, den Satz mit Hilfe zügiger Entschiedenheit vor jeglichem Auseinanderbrechen zu bewahren, schlägt fehl. Denn das Thema ist nicht darauf angelegt, vehement vorbeizuziehen. Dann kann es seine Eigentümlichkeit nicht ausdrücken und wird – trotz, ja wegen des flotten Tempos – alsbald langweilig. Auch Horowitz spielt den Beginn des letzten Satzes in einem Tempo, in dem er die vorgeschriebene Pedalisierung nicht wagen kann.

Zwischen diesen Extremen (Barenboim/Solomon) suchen die anderen Pianisten irgendwie nach Mittelwegen. Die Selbstverständlichkeit, mit der die meisten, auch sehr berühmte Künstler, dabei lieber ihrem Geschmack folgen als Beethovens Vorschriften, ist schon erstaunlich. Weil die von Beethoven beabsichtigte Wirkung nicht mit wohlerworbenen Schönheits-Vorstellungen der Interpreten übereinstimmt (gewiß: woran sollen sie sich halten, wenn nicht an ihren eigenen Geschmack – aber der muß doch zumindest auch mal in Frage gestellt, widerlegt werden dürfen), darum wird diese Wirkung halt gar nicht erst angestrebt. Ob Backhaus, Gulda, Kempff, Rubinstein: sie pedalisieren den Beginn des Rondos ohne weiteres so, wie es die Tradition schönen »klassischen« Klavierspiels will: Harmoniewechsel dürfen nicht durcheinandergeschmiert werden und unsauber verschwimmen. (Aber wenn der ach so klassische Text selber es anders will?)

Arrau und Schnabel – zwei um kritische Aneignung der Texte bemühte, darum berühmte Beethoven-Interpreten – halten sich auch hier an die Vorschriften. Sogleich steht der Anfang in geheimnisvoll reichem, diffusem Lichte da. Schnabels intellektueller Rastlosigkeit kommen dann anscheinend Bedenken vor der eigenen Courage – er spielt so drängend wie angesichts der gegebenen Umstände überhaupt nur möglich über die ersten 49 *pp*-Takte hinweg. Arrau indessen traut dem Zauber, ohne das Bedächtige zu übertreiben. Sogleich gewinnt »L'Aurore« herrlich Gestalt. Pianisten, die gebildet (Geschichte der Pedal-Entwicklung) oder geschmackvoll (Beethoven darf doch nicht wie Ravel klingen) an der großen Wirkungs-Pflicht des durchklingenden Grundtons und der Mischfarben vorbeimusizieren, wollen offenbar in einigen Fällen Ersatzdienst leisten. Sie konstituieren während dieses Anfangs eine – durchaus auch dem Text innewohnende – Zweistimmigkeit. Yves Nat macht aus dem jeweils zweiten der drei Sechzehntel, die hier als Begleitstimme im oberen System notiert sind (Notenbeispiel 312, vom 3. Takt an: c-es-d-h-c usw.) nicht nur einen Kontrapunkt, sondern auch eine rhythmische Pointe. Er bringt diese Linie quasi-synkopisch heraus.

Eine solche forcierte Zweistimmigkeit findet geistes- und fingergegenwärtig Horowitz in den – sonst immer nur als nachschlagende Füllakkorde erscheinenden – Synkopen der rechten Hand bei der Exposition des großen c-Moll-Seitensatzes. Horowitz nimmt wahr, daß da – Notenbeispiel 314, zweite Hälfte des 2. Taktes und 3. Takt – aufsteigende Terzen als Mittelstimme in der rechten Hand erscheinen. Er erhebt diese Bewegung zum melodischen Kontrapunkt, während der sonst so melodienselige Daniel Barenboim bei dieser Bewegung nur das rhythmische

Element akzentuiert und die aufstrebende Terzbewegung hier, wie auch bei ihrer analogen Wiederkehr, in einem spannungsreichen Ritardando-Stau vorführt.

Beispiel 313

Zu den Geheimnissen der Beethoven-Interpretation, die beim Beschrieben-Werden banal klingen, gehört folgende Naivität: was, ganz selbstverständlich scheinbar, in den Noten steht, will dergestalt gespielt werden, daß es nicht nur so ist – sondern *so sein muß!*

Wie wahr – dürften die Leser jetzt denken, wie erhaben platt. Aber finden sich nicht im letzten Satz der Waldstein-Sonate Takte, die unüberzeugt von den Interpreten dargeboten werden, weil sie halt so sind: aber keineswegs, weil sie so sein müssen? Beispiel: die Tonwiederholungen. Allzu triumphal in ihre endlich erreichte Tonart sich feststampfende Schlüsse – Ende der 5. Symphonie, Ende der Waldstein-Sonate, Triumphausklang auch der ›Eroica‹-Symphonie usw. – gelten, so drückte es auch einmal der Komponist Luigi Dallapiccola aus, als eine Beethovensche Marotte. Es geht so, meinen die geschmackvollen Beethoven-Verehrer, aber es ginge auch anders, mit etwas weniger Jubel darüber, endlich angekommen zu sein. Man würde dem Komponisten auch ohne so viel Geschmetter-Freude glauben, daß seine Finali in Apotheosen münden.

Bei der Waldstein-Sonate handelt es sich nicht nur um 16 Prestissimo-Schlußtakte in völlig ungetrübtem C-Dur, an denen sich gewiß kein endlich zum Ziel gekommener Pianist schamhaft vorbeimogeln möchte, sondern um die rauschhaft drängenden Tonwiederholungen (forte und fortissimo) am Ende des großen c-Moll-Zwischensatzes:

Beispiel 314

Für diesen grandiosen Donner-Schluß gilt, was schon im Hinblick auf den zweiten Teil der Durchführung des Kopfsatzes angemerkt wurde: Nur rückhaltlose Energie, die über vornehmes »Gliedern« oder feinsinniges Abstufen hinaus ist, holt hier die Wahrheit des elementar-kraftvollen Lebensgefühles heraus. Rubinstein macht diese Stelle nicht nur als »Soll«, sondern als »Muß« begreiflich. Er gibt tatsächlich jeder der vielfach wiederholten Baß-Oktaven einen furiosen Akzent. Also genau das, was Barenboim hier nicht wagt und Gilels nicht will.

Während des ersten großen Rondo-Zwischenspiels, das Ives Nat in einen Bärentanz und Horowitz in eine Oktaven-Explosion verwandeln kann, kommt freilich Gilels mit ungeheuerlich beherrschter Bravour ganz zu sich selber.

Solche Ekstasen stiften die vermeintliche Ausgeglichenheit der Waldstein-Sonate. Die »Mitte« dieses Stückes ist kein moderierter Mittelweg, sondern Resultante durchaus extremer Energien: sei es des differenzierten *pp* mit Modulationslinien und Pausengeheimnissen, oder sei es eben des blendenden Kraftausbruchs, den kein Schatten, kein Schleier, keine maßvolle Verhaltenheit hübsch erträglich machen, modifizieren, domestizieren darf.

Das bedeutet keine Verketzerung der Nuance (ausgerechnet in einem *pp*-Stück), wohl aber einen Hinweis darauf, wie sehr der irdisch-himmlische Freiheitsrausch dieses Werkes davon abhängt, daß die »Nuance«, der »Geschmack«, die beherrschte Pointe auch nur als ein Element unter anderen zugelassen erscheinen. Insofern ist die Waldstein-Sonate gegenüber ihrer Vorläuferin in Opus 31 Nr. 1 etwas grundsätzlich Neues, Freieres ...

Wie entscheidend es trotz aller Klavierekstatik aber doch auf Struktur-Demonstration ankommt, die nie aufdringlich Platzanweisungs-Pedanterie sein darf, lehren die Überleitungstakte, die der im Notenbeispiel 313 mitgeteilten *ff*-Raserei unmittelbar folgen:

Beispiel 315

Also: das Rondo-Thema, akkordisch zusammengefaßt, *ff* beginnend, *p* endend, im Terz-Abstieg: As-Dur, f-Moll, Des-Dur.

Des-Dur? Im C-Kosmos der Waldstein-Sonate ist das keine Selbstverständlichkeit, auch kein chromatisches Reizmittel (Neapolitanischer Sextakkord), sondern Ausdruck weiter Entfernung. Ist dieses Des-Dur hier aber auch Konsequenz eines baumeisterlichen Planes, nämlich genau disponierter Tonarten-Architektur? Zum entscheidenden Augenblick der Eroica wird der von Anfang an disponierte Moment, wenn auf dem Höhepunkt der Durchführung des Es-Dur-Kopfsatzes der große e-Moll-Gegengedanke erscheint: die Hammerklaviersonate setzt in der Durchführung ihres ersten Satzes und im Satyrspiel des Scherzos den Gegensatz zwischen B-Dur und H-Dur/h-Moll als eindeutig disponierte Modulations-Dramaturgie ein.

Ob dieses Des-Dur in der Waldstein-Sonate auch so eindeutig als Höhepunkt und Moment größter, überraschendster Gespanntheit angelegt ist, mag fraglich bleiben. Zumindest signalisiert es Entfernung! Exponiert erscheint Des-Dur in der Waldstein-Sonate zweimal: zu Beginn der Coda des Kopfsatzes und hier im Rondo, wenn eine träumerisch ins Unendliche strebende Episode beginnt. Rubinstein macht sowohl im ersten Satz wie auch nun während des Rondos – Notenbeispiel 315,9. bis 12. Takt – auf das Ungewöhnliche aufmerksam: im Allegro con brio betonte er die Modulationen, die zum Des-Dur führten, als Produkte ganz ausführlichen Suchens, im Rondo spielt er erst die Des-Dur-Kurve, obschon sie nicht anders bezeichnet ist als die vorausgehenden As-Dur- und f-Moll-Takte, mit demonstrativ verstärktem Nachdruck. Radu Lupu ahmt hier Rubinstein nach, aber er macht es sich insofern unerlaubt viel leichter, als er Beethovens erste beiden *ff*-Vorschriften ohne weiteres ignoriert. Bei Rubinstein steigert sich ein Ablauf zur sinnvollen Entwicklung, ein Nacheinander zur epischen Darstellung.

Tiefsinnigster Augenblick: wenn Rubinstein aus dem – bei ihm weder beherrschenden, noch auch nur neutral begleitenden, sondern vielmehr mit wunderbarer Spannung aufgeladenen – unauffälligen Motiv der linken Hand eine melodisch harmonische Gestalt zarten Zaubers entstehen läßt. Die rechte Hand singt ihre sanfte Melodie weiter, die linke erzählt ihre Geschichte zu Ende – ungeahnte Perspektiven eröffnen sich (Notenbeispiel 316).

Die Bewunderer Rubinsteins erinnern sich während eines solchen Augenblicks daran, daß dieser Pianist der As-Dur-Polonaise Chopins eine ganz ähnliche Wirkung entrissen hat. Da gelang es ihm, während einer sonst immer nur als Oberstimmen-Stelle verstandenen f-Moll-Episode auch

Beispiel 316

die Spannungen der Linken in einen Seelen-Roman zu verwandeln. So lassen offenbar nicht nur – und darum sei das Chopin-Beispiel hier angeführt – die Entwicklungen der allerneuesten Musik auf Beethovens Konstruktionsgeheimnisse ein Licht fallen, auch ein von Chopins Subtilitäten sensibilisierter Pianist kann bei Beethoven Analoges entdecken.

Beispiel 317

Elly Ney hat einmal über alle die Klavierschüler und Nachwuchspianisten geklagt, die am Schluß des Rondos der Waldstein-Sonate, wo Beethoven Kräftigeres und Erstaunlicheres fürs Klavier erfand als irgendein Meister vor ihm, immer nur die pianistischen Probleme ernstnehmen. Daß jemand stolz ist, wenn er endlich die große »Kadenz« oder die Prestissimo-Oktaven »kann«, man begreift es wohl! Aber – so meinte Elly Ney – es sei immer nur davon die Rede. Wann indessen erwähne ein

379

Klavierstudent genauso stolz, daß ihm endlich der musikalische Sinn und die Herrlichkeit dieser Kadenz aufgegangen sei?

In dieser Kadenz kulminiert, was feurig, groß und affirmativ ist in der Waldstein-Sonate. Sternsekunden kraftvoll beglaubigter Virtuosität. Man kann diese Stelle (Notenbeispiel 310 zitierte einen Ausschnitt) als donnernde Erweiterung dessen begreifen, was sich bei Mozart anbahnte, etwa im C-Dur-Konzert KV 467, wo in entscheidenden Augenblicken beide Hände glänzend in Bewegung versetzt werden. Genauso ließe sich behaupten, die Kadenz der Waldstein-Sonate sei eine Vorform der Sprungstelle aus dem zweiten Satz der Schumannschen Phantasie C-Dur Opus 17. Denn Schumanns berüchtigter Klaviersatz birgt genauso einen explodierten Choral (falls man die Sprünge in ruhige Akkorde zurückverwandeln würde) wie die Kadenz aus Beethovens Waldstein-Sonate. In Beethovens Kadenz kommt freilich als irritierendes Moment hinzu, daß die Interpreten zwar meist die jeweils höchsten Töne – also den zweiten Triolenton der zweimal 6 Triolen eines Taktes – zum melodisch bestimmenden Ereignis machen, aber bei Beginn neuer Abschnitte innerhalb der Kadenz ohne Rücksicht auf die melodische Kurve doch dazu übergehen, den ersten Triolenton (auf »eins«) herauszuheben. Das klingt mitunter verwirrend und besonders leitton-fern, choralnah.

Wilhelm Backhaus (er spielte auch einst die Sprungstelle aus Schumanns Phantasie sicherer und rascher als irgendeiner seiner berühmten Kollegen) geht ohne jeden falsch-virtuosen Aplomb auf die majestätische, transsubjektive hymnische Daseins-Feier dieser Musik ein, die brausendungehemmt den großen Ton von Beethovens Gellert-Lied ›Die Ehre Gottes aus der Natur‹ (Opus 48, Nr. 4, gleichfalls C-Dur) anstimmt.

Die musikalisch bedeutungsloseste Stelle aus dem Schlußprestissimo, ja dem Rondo und der Sonate überhaupt sind jene berühmten ab- und aufsteigenden *pp*-Oktaven, die höchstens von Super-Virtuosen (Emil Gilels und Maurizio Pollini) auch während des öffentlichen Konzerts im Glissando, aber doch mit notwendigem, eigentlich unmöglich herzustellendem Achtel-Nachdruck ausgeführt werden. (Die Stelle, so sagte Pollini nach einem Konzert, als ich ihn perplex gefragt hatte, wie er es denn mache – die Stelle sei doch ganz leicht, wenn man ohne jede Angst an sie herangehe. Ein Trost, immerhin. Aber wie keine Angst vor ihr haben?) Pianisten, denen das Glissando zu riskant und zu uncharakteristisch ist, wählen entweder verzwickte Fingersätze und binden die gehaltenen Akkorde mit Pedal, bleiben aber wirklich im Prestissimo (Schnabel), oder sie werden einfach etwas (Horowitz), beziehungsweise sehr viel (Rubinstein) langsamer. Es ist weiter kein Schade:

Ein nicht nur technisches, sondern auch die Interpretationswahrheit weit tiefer berührendes Problem bilden die endlosen Triller der Waldstein-Sonate. Schon im ersten Satz kommen sie (zweimal zwei Takte lang, nicht als Kadenz-Triller, sondern als etwas tiefere Stimme) vor. Im Finale beginnt jene Beethovensche Triller-Seligkeit, die über Violinkonzert und 5. Klavierkonzert zu den ausführlichen Trillerketten der späteren Klaviersonaten, ja zu einer wahren Zerstäubungskultur führen wird.

Rubinstein hat in einem Interview aus seinem Herzen keine Mördergrube, das heißt, aus seinem Triller-Überdruß keinen Hehl gemacht. Im Zusammenhang mit einer späten Sonate äußerte er: »Würde Beethoven heute noch leben, ich ginge zu ihm und würde sagen: ›Meister, ich küsse Ihre Füße, aber bitte, weniger Triller. Es sind zu viele am Schluß, wie langweilig wirkt das ja!‹« Claudio Arrau erläuterte die Triller respektvoller. Für ihn sind sie beim späten Beethoven Ausdruck einer metaphysischen Musiksprache . . . »in der Triller zum Beben der Seele werden und Arpeggien in die Unendlichkeit reichen . . .«

Die großen Trillerfolgen im Finale der Waldstein-Sonate lassen sich noch nicht mit Spätstil-Philosophie erklären. Es sind auch keine glänzenden, steigernden, nur auf den Abschluß zueilenden Triller. Der Prestissimo-Triller währt, ununterbrochen, nicht unverändert, erst am Schluß zum drängenden Doppeltriller gesteigert, 38 Takte.

Die Vorschrift »tr« umschließt einen Gegensatz. Sie meint den raschestmöglichen Wechsel von zwei Tönen, der (fast) als Einheit hörbar wird: als Ostinato, als Reibung, als Wechselfolge, als große oder kleine Sekunde.

Der lange Triller am Ende der Waldstein-Sonate scheint manchen Pianisten peinlich. Sie spielen ihn so leise und murmelnd wie nur irgend möglich. Sie verstecken ihn, unterdrücken seine Geschwätzigkeit, als handele es sich um aufdringlich-redselige Verwandte, von denen man sich zwar nicht trennen, zu denen man sich aber auch nicht bekennen möchte. Möglichst stillhalten . . . Dadurch wird der Triller aber natürlich noch peinlicher und überflüssiger.

Barenboim und noch mehr Rubinstein nutzen den Umstand, daß sie statt des vorgeschriebenen prestissimo hier ruhig entschlossen Allegro ma non troppo (Barenboim) oder Allegro commodo (Rubinstein) spielen, beim Trillern aus. Aber nicht dazu, nun besonders rasch zu trillern – wäre es diesen Interpreten um Tempo gegangen, hätten sie die Prestissimo-Vorschrift nicht mißachtet –, sondern sie machen aus dem Triller einen Kommentar. Aus den Phasen und Lagen des Trillers werden verschiedene Beleuchtungs-Effekte. Rubinstein bringt ein Moment orientalischer Üppigkeit, beschwörenden Märchenerzählens in die immer wieder neu anschwellende Trillerstimme, die lockend und betörend klingt unter seinen Händen. Diejenigen Pianisten, die Beethovens Prestissimo-Vorschrift ernstnehmen, haben es schwerer, aus dem Triller mehr werden zu lassen als eine lästig-leise Nebenbeschäftigung. Backhaus, Gilels, Gulda und Schnabel, am meisten Pollini, lassen spüren, wie der endlos lockende oder aufrauhende Triller sich hier an seiner eigenen Fülle berauscht: daß er also kein diskret verlegener Gast, sondern Bereicherungs- und Beschwörungsformel ist. Lili Kraus, die dem Triller allein doch nicht traut, hebt die wandernden Terzen der linken Hand als deutliche Nebenstimmen heraus, Guiomar Novaes, dem die irisierende Stimmung des unsteten Trillerns nicht so recht zusagt, hat sich einfallen lassen, die Baß-Quinten (Notenbeispiel 319, 2. Takt, auf »zwei« das tiefe es, dann 3. Takt, allererster Baßton, das as — analog im 6. Takt) als Stütztöne fest herauszumeißeln. Man muß doch wissen, woran man ist, trotz aller Trillerei. Oder?

Beispiel 319

Lösungsvorschläge, extreme Auffassungen, empfindsame, grandios virtuose, strenge und verhalten-lyrische Annäherungen zur Waldstein-Sonate existieren in unübersehbarer Fülle. Aber welcher Interpret wäre imstande, alle Ausdrucksbezirke, die man in dieses Werk ja nicht hineingeheimnissen muß, sondern die offen zu Tage liegen, zu betreten? Eine vollendete Darstellung der Waldstein-Sonate gibt es nicht. Vielleicht kann es sie gar nicht geben. Vielleicht läßt sich der »klassische« Ausgleich der Waldstein-Spannungen nur erahnen, nicht erspielen. Wäre dem so, dann brauchte uns um die fortdauernde Lebendigkeit dieses C-Dur-Mysteriums nicht bange zu sein.

22. SONATE

Sonate Opus 54 F-Dur (1804)

In Tempo d'un Menuetto
Allegretto

Diese anspruchsvolle zweisätzige Sonate wird – von Kommentatoren auf Plattentaschen, seitens intelligenter Pianisten – unentwegt gerechtfertigt. Zunächst zitieren die Apologeten verdrießlich Einschränkendes: »...im Schatten von...«, »fast unscheinbar...«, »am niedrigsten eingeschätzt«, »die Konzertspieler lieben wohl durchschnittlich Opus 54 nicht allzusehr...«, dann nehmen sie all ihren Gratismut zusammen und gegen diese Verleumdungen Stellung. Auch Opus 54 sei ihres Schöpfers würdig.

Die F-Dur-Sonate, in Beethovens Meisterjahren entstanden, Kompositionen gewaltigster Dimension benachbart, ist gewiß ein vollgültiges Werk Beethovens. Jeder der beiden Sätze folgt seiner eigenen Logik, auch zahlreiche Analogien zu anderen, zweifellos bedeutenden Beethoven-Kompositionen verbürgen den Rang. Das Hauptthema des Kopfsatzes etwa ist der Melodie jenes »Andante favori« eng benachbart, welches Beethoven zunächst immerhin der Waldstein-Sonate für würdig hielt, die Coda antizipiert jenen punktierten Aufschwung, dem wir am Ende des Andante der 5. Symphonie begegnen, und der Schlußsatz verbindet Durchführungstechniken der Waldstein-Sonate mit Perpetuum-mobile-Wirkungen der As-Dur-Sonate Opus 26. Die F-Dur-Sonate Opus 54 ist kein Nebenwerk, kein Abfallprodukt. Sie wird auch keineswegs »zu Unrecht vernachlässigt«, sondern erscheint immer wieder auf Konzertprogrammen und Schallplatten. Aber sie steht eben doch zwischen Waldstein-Sonate und Appassionata – zwischen zwei Gipfelwerken abendländischer Musik, die sie überragen. Ihrem Anspruch, ihrem Tonfall, ihrer Dringlichkeit und ihrer emotionalen Reichweite nach ist die Sonate Opus 54 kein solches Gipfelwerk. Der erste Satz bringt ein immer reicher verziertes Hauptthema und einen donnernden Oktaven-Kontrast in folgenreiche Beziehung; beide Teile verändern sich im Verlauf des Satzes charakteristisch. Das Allegretto-Finale läßt sich – aus der Scarlatti-Haydn-Perspektive betrachtet – als eine klassizistische, späte und raffinierte Toccata verstehen. Man kann es aber auch als einen durchaus streng geformten Vorläufer jener vital-virtuosen Finali sehen, die Carl Maria von Weber (As-Dur-Sonate), Robert Schumann (g-Moll-Sonate) oder Chopin zu noch effektvolle-ren, eleganteren und enthusiastischeren Reißern steigerten. Allem »Titanismus« und »Heroismus«, aller rhetorischen Gewaltsamkeit bleibt diese verspielt artifizielle Sonate fern: kaum ein Werk Beetho-vens entspricht dem Klischee-Bild der Beethoven-Verächter weniger.

Fast so grell wie in Chopins F-Dur-Ballade Opus 38 eine Andante-Melodie und eine Presto-Explosion aufeinanderprallen, stehen im Kopf-satz der Beethovenschen F-Dur-Sonate ein empfindsames Hauptthema und donnernde Fortissimo-Oktaven sich gegenüber. Die Überschrift »In Tempo d'un Menuetto« legt nahe, den Satz als variiertes Menuett mit zweimal zwischengeschaltetem variiertem Trio aufzufassen, zumal das Hauptthema auf den ersten Blick zopfig menuetthaft angelegt scheint und das »Trio« – nicht nur auf den ersten Blick – so etüdenhaft, donnernd, unkantabel und klobig wirkt wie die Trios mancher Beetho-venscher Menuette und Scherzi. Aber indem man den Satz etwas mühsam formalistisch in das Menuett-Schema preßt (»Im Tempo eines Menuetts« heißt ja keineswegs: »Menuett«, eher »menuetthaft«), ver-schließt man die Augen vor seinem Eigentümlichen. Menuett-Charakter und Trio-Charakter wirken aufeinander ein – ohne von einem prinzi-piell dialogischen übergeordneten Sonaten-Prinzip dazu motiviert zu sein. Zunächst erscheint, ruhig exponiert und ausgeführt, das erste, menuett-ähnliche Thema. Dann der große Oktaventeil, der in F-Dur ansetzt und zu Ende geht, sich danach aber überraschend und ausführlich in As-Dur austobt: sempre forte e staccato. Dieser modulatorische Überra-schungseffekt erscheint genauso temperamentvoll, ja kraftstrotzend, wie im Presto der F-Dur-Sonate Opus 10 Nr. 2 das donnernde As-Dur des 2. Teils auf den C-Dur-Schluß des ersten Teils folgte. (Notenbeispiel 95) Nach ausführlicher Überleitung tritt in Opus 54 das erste Thema noch einmal auf, aber freier umspielt, harmonisch bereichert. Darauf meldet sich wiederum der Oktaventeil, doch deutlich verkürzt, kaum mehr modulierend, der Grundtonart reprisenhaft treu... Zum dritten Male, eigensinnig, zerbrechlich und ausführlich, macht nun das Menuett-Thema auf sich aufmerksam, von Moll-Abweichungen überschattet, noch reicher verziert, zu einer langsam ausgesponnenen Kadenz hin-strebend. Den Abschluß bildet eine Coda, zum innig freien Gesang gesteigert. Von den Staccato-*ff*-Triolen des Trios ist nichts mehr übrig. Fast nichts. Nur der Triolen-Rhythmus pocht, *gebunden,* in der Tiefe.

Das hat die Phantasie der Betrachter und Pianisten in Bewegung gesetzt. Statt »gebunden« assoziierten sie »angebunden«, statt »angebunden« sogar »domestiziert«. Domestiziert aber werden Tiere. Also: zartes Menuett siegt über brutales Trio, Schönheit über Untier... Ein Scherz? Alfred Brendel gab 1969, gelegentlich eines Vortrages über ›Form und Psychologie in Beethovens Klaviersonaten‹ folgende Deutungssynthese: »Der Satz beginnt wie ein Menuett mit einem dolce-grazioso-Thema durchaus weiblicher Natur. Dem Beginn des Trios entspricht das scharf gegensätzliche zweite Thema mit seinen maskulin umhertrampelnden Oktaventriolen. In seinem Furor gerät es außer Rand und Band, sprengt die Form, findet sich erstaunt in As-Dur wieder, moduliert etwas kleinlaut nach F-Dur zurück und leitet in die Grazie des Beginns. Nun ist die Schöne – Richard Rosenberg hat den Satz geistvollerweise »La Belle et la Bête« getauft – nun ist also die Schöne vom wilden Treiben des Untiers nicht ganz unbeeindruckt geblieben: die Reprise des Menuetts hat ein wenig von ihrer Naivität eingebüßt, die Dame ziert sich mit Figurationen. Zum zweiten Mal erscheint das Trio beziehungsweise die Triolen, diesmal abgekürzt und ohne die Grundtonart zu verlassen, was dem Untier merkbar schwerfällt (?) – auch die Bestie hat der Schönen ihren Tribut zu entrichten... Die nun den Satz beschließende großartige Coda findet das männliche und das weibliche Prinzip auf rührende Weise geeint. Das Gesicht der Schönen hat sich verwandelt: aus einem Motiv des Menuetts ist ein neuer lyrischer Gedanke entstanden. Vom Tier hingegen ist nichts mehr als der Triolenrhythmus übriggeblieben, den wir leise im Baß grollen hören. Die Bestie erscheint nicht nur gezähmt, sondern gar zu einem Bestandteil der Schönen geworden. Ein letztes Aufbäumen vor dem Schluß bestätigt nur endgültig den Sachverhalt, daß auch in diesem Drama das Hauptthema dominierend ist.« Dieser Deutung schließt sich Paul Badura-Skoda vollinhaltlich an in dem Sonatenbüchlein, das er zusammen mit Jörg Demus 1970 im Brockhaus-Verlag publizierte.

Dazu zwei vergnügte Fragen: die eine, schwerlich exakt beantwortbare, wäre, ob der F-Dur-Satz tatsächlich als typischer Eheroman aufgefaßt werden darf. Ende vom Lied: das »männliche« Prinzip brummelt gezähmt im Keller. Die zweite, belangvollere, lautet, ob dies alles von phantasiebegabten Interpreten nicht nur behauptet, sondern auch gespielt werden kann.

Was die Unterwerfung des folgenlos sich aufbäumenden Untiers betrifft, so verwechseln die mehr von Rosenberg als von Beethoven angeregten

Künstler den Sonatensatz offenbar ein wenig mit Prokofieffs Märchen-komposition ›Peter und der Wolf‹, wo bekanntlich am Schluß die allzu gierig heruntergeschluckte Ente aus dem Bauche des Wolfes klagt. Aber inwiefern bei Beethoven gebundene tiefe Triolen, die nur ein tiefes *f*-Tönen in Bewegung halten, mit den vorher erklungenen brausenden Forte- und Staccato-Triolen der rechten und linken Hand halbwegs identisch sein sollen, das wird beim Hören der Sonate wirklich nicht klar, auch wenn Brendel selber sie spielt. Ohnehin bleibt die Voraussetzung der hübschen Deutung ›La Belle et la Bête‹ strittig. Soll man im Bilde eines eher altväterlich sich gebenden, in der tiefen Lage durchaus baritonal beginnenden menuettartigen Themas ausgerechnet eine schöne Jung-frau symbolisiert sehen?

Oder machen solche Deutungsversuche nicht vielmehr plausibel, was eine Voraussetzung aller lebendigen, unakademischen Annäherung an Beethoven-Sonaten darstellt: nämlich, daß Beethovens dramatisch sich entwickelnde Gebilde – also hier die Veränderungen, die zwei Themen in stetem Nacheinander erfahren – dem affizierten Betrachter eine unver-meidlich hypothetische Antwort schlechthin abnötigen? Auch gegen-über dem ersten Satz von Opus 54 wäre es gekünstelter, streng und unan-fechtbar zu unterstellen, Musik könne sowieso nichts bedeuten, als sich (und die eigene Phantasie) ein wenig gehen zu lassen – auf die Gefahr hin, willkürlich und widerlegbar zu sein.

Auf Willkürakte solcher Art läßt sich Ludwig Finscher (a.a.O.) in seinem Beethoven-Essay nicht ein. Er sieht den Satz strenger, geradezu eschato-logisch: als Ausdruck eines Vernichtungsprinzips. In seinem Aufsatz über die Klaviersonate Es-Dur Opus 31 Nr. 3 streift Finscher die F-Dur-Sonate. Nachdem er über das Menuett aus Opus 31 Nr. 3 befunden hat: »Man wird schwerlich bei Beethoven einen zweiten Satz finden, der so sehr der Extrakt eines traditionellen Typus und zugleich dessen subtilste Individualisierung ist«, fährt er, mit Bezug auf das »In Tempo d'un Menuetto« von Opus 54, fort: »Und es ist sicherlich kein Zufall, daß Beethoven nach dem Menuett der Es-Dur-Sonate nur noch einmal, in opus 54, zu diesem Typus zurückgekehrt ist, dort aber nur, um ihn gänz-lich zu zerstören.«

Von alledem, von der gänzlichen Zerstörung, wie von der ebenso gänzli-chen Zähmung, können die klingenden Interpretationen der Sonate wenig hörbar machen. Ihnen wird indessen das Kopfmotiv selber zum Problem. Es läßt nicht weniger als vier grundsätzlich verschiedene Inter-pretationshaltungen zu. Und alle vier haben weitreichende Konsequen-zen.

Das scheint doch selbstverständlich: ein punktierter Auftakt führt zum zunächst wichtigsten Ton, dem f (halbe Note, Takt 1) Auf »zwei« verändert sich die Harmonie in der tieferen Lage, man kann es als Imitation des Auftaktes nehmen oder als eine Art Abzug, oder als spannungsvolle harmonische Bereicherung. Natürlich liegt es am nächsten, dieses untergeordnete Veränderungsmoment auch untergeordnet leiser zu interpretieren. So zielt das Thema zunächst auf die erste halbe Note (f), danach, eine Oktave höher versetzt, analog wiederum auf das f – und schließlich, abschließend, kadenzierend auf das a (Notenbeispiel 320, 3. Takt). Von dort findet es ruhig seinen Weg zurück. Arrau spielt es so, Backhaus spielt es so, Brendel spielt es so, Solomon spielt es so. Nichts läßt sich dagegen einwenden. Nur, aber das muß nicht Schuld der Interpreten sein, drängt sich dann im weiteren Verlauf der ganzen Exposition jener Vorbehalt auf, den Jürgen Uhde (Bd. 3 seiner Reclam-Interpretationen Beethovenscher Klaviermusik, S. 174) folgendermaßen umschrieben hat: »Es entspricht mehr der Menuett- als der Sonatenform, daß das Thema in geschlossener Gestalt präsentiert wird und nicht als offene und weiterdrängende Entwicklung... das Menuett-Thema in seiner abgeschlossenen Liedform... ›ist‹ im Grunde nicht sonatengemäß.«

Da aber Beethoven aus der Keimzelle im ersten Takt (Notenbeispiel 320, die melodische Bewegung vom ersten zum zweiten Viertel) späterhin mannigfache Entwicklungen heraushält, zum Beispiel die folgende Moll-Variante:

Beispiel 321

erscheint es manchen Pianisten, zum Beispiel Dieter Zechlin, sinnvoll, diese »Keimzelle« gleich anfangs ganz klar vorzuführen und nicht im Dunklen als leisen Abzug herumrumoren zu lassen. Infolgedessen macht Zechlin im Takt 1 (Notenbeispiel 320) statt des leiserwerdenden Verhallens ein ganz kleines, verdeutlichendes crescendo von eins auf zwei: so kommt ein Spannungsmoment hinein, das der Lösung harrt.

Also: entweder leiser werden oder lauter werden... Sollte sonst noch etwas möglich sein? Wilhelm Kempff, der den ersten Satz von Opus 54 besonders originell und tiefsinnig zu deuten versteht, hat tatsächlich noch eine dritte Lösung anzubieten. Sie lautet: ganz langsam, und ganz gleichmäßig. Weder Abzug, noch crescendo, sondern ruhiges, tiefes, ja fahles Schreiten. Vom »In Tempo d'un Menuetto« läßt Kempff sich keineswegs dazu suggerieren, unbedingt Menuetthaftigkeit zu erstreben. Und was bei ihm, ohne jede Forciertheit, ohne jede Interpretationswillkür entsteht, legt – so überraschend es klingt – die Assoziation des Marschhaften nahe. Beinahe des Trauermarschhaften. Sowohl der punktierte Rhythmus des Beginns als auch die dunklen und fahlen Fortschreitungen erlauben ohne weiteres Wilhelm Kempffs langsame Lösung. Keine Rede von »La Belle et la Bête«. Die donnernden Triolen, aus deren Tonwiederholungen Kempff sogar einen Schlagzeugeffekt herauszuholen weiß (in der linken Hand schmettert Kempff das häufige c militant heraus), fügen sich in die »Marsch«-Idee.

Beispiel 322

Die Entwicklungsspannung beruht bei Wilhelm Kempff nicht nur auf dem allzu evidenten Kontrast zwischen piano-Gestalt und Forte-Gedonner, sondern auf dem von ihm erspürten Gegensatz innerhalb des Hauptmotivs selber, also auf der durchaus logischen Entwicklung vom jeweils fahl-marschhaften Beginn zu der immer silberner und reicher umspielenden Rokokohaftigkeit der Verzierungen. Wenn aus diesen Verzierungen schließlich Sechzehntel-*Triolen* geworden sind, ist bei Kempff der Marschbeginn einer ganz zarten Porzellan-Leichtigkeit gewichen.

Beispiel 323

Artur Schnabel hat noch eine vierte Lösung für die Darbietung des Anfangs. Sie besteht in einem überraschenden, aufhaltenden, zwar unauffälligen, aber doch von Schnabel auch bei der Wiederholung konsequent produzierten Ritardando im dritten Takt unseres Notenbeispiels 320 – und zwar nicht, wie man annehmen könnte, auf zwei, wo Beethoven ein *sf* vorgeschrieben hat, sondern auf drei, also auf dem Kadenzschluß. Schnabel akzentuiert die an sich harmlose Septimenspannung damit und antizipiert, was dann von der Entwicklung des Satzes immer reicher eingelöst wird: nämlich den Umstand, daß die vielen Umspielungen und harmonischen Erweiterungen ihrerseits immer phantasievoller auskomponierte Kadenzen sind. Auf diese Weise versucht Schnabel, ein sonatenhaftes Entwicklungsmoment in die oft beklagte Abgeschlossenheit des Menuett-Themas zu bringen. Vielleicht haftet dieser Schnabelschen Lösung etwas Gesuchtes an – gedankenloser Menuett-Spielerei dürfte sie durchaus vorzuziehen sein.

Nicht »gesucht«, sondern wahrhaft »gefunden« sind die über alle Zähmungs-Anekdoten hinausreichenden Analogien und Zusammenhänge der Bewegungen eines inständigen und verbissenen Kreisens, wie Wilhelm Kempff sie aus Beethovens Kontext herauszuholen weiß. Auf Zipfelmützenhaftigkeit und Märchenfrieden ist Opus 54 bei Kempff wahrlich nicht festzulegen. Er stellt, indem er die wirren, immer neuen Anläufe Beethovenscher Musiksprache nicht elegant glättet, sondern das Moment verbiesterten, spannungsvoll improvisatorischen »Suchens« hervorhebt, überraschende Leitlinien her. Das wirre, sich selbst gegen alle Widerstände schließlich doch in eine Richtung zwingende Gepolter der Oktaven verdeutlicht Kempff durch bewußt akzentuierende Artikulation jeweiliger Wiederholungen, besonders im 3. Takt des Notenbeispiels 324.

Beispiel 324

Nachdem Kempff diese Richtungskämpfe ins Bewußtsein der Hörer gehoben hat, wirkt es nicht im mindesten übertrieben, wenn er die zarte Überleitung vor dem zweiten Auftreten des Hauptthemas in eine ganz ausführliche psychologische Verlaufsstudie verwandelt, so delikat und versonnen, wie kein anderer Pianist es wagt:

Beispiel 325

An diese verbissene oder zarte, jedenfalls ausführlich und inständig suchende Wendung erinnert man sich natürlich bei analogen Momenten auch im Finale, wenn ein Kempff so dringlich auf diesbezügliche Zusammenhänge hingewiesen hat. Etwa, wenn es im Finale heißt:

Beispiel 326

oder später:

Beispiel 327

390

Nach alledem, was an Varianten und Kontroversen den ersten Satz erfüllte, ist die Coda, wie man die tiefen Baß-Triolen auch deuten mag (Notenbeispiel 323, die letzten 4 Takte), ein neuer und zart erfüllter Abschluß. Versteht man übrigens die Logik der Musik pedantisch, dann ist die Adagio-Fermate und Ausweichung (Notenbeispiel 323, 8. Takt) ein ganz bewußter Umweg: denn F-Dur war ja mit dem Triller auf e (Notenbeispiel 323, 6. Takt) ohne weiteres und direkt erreicht. Aber nur Gulda verdeutlicht diese Formausweitung, die Beethoven hier einfügt, um das Moment tiefster Adagio-Besinnlichkeit einzuführen, mit lyrisch-improvisatorischer Entschiedenheit. Danach kann die Coda gar nicht poetisch genug einsetzen, sich steigern und verklingen. Gulda spielt die Versetzung des Trillers von e (Notenbeispiel 323, 6. Takt) nach c (im nächsten Takt) eben nicht wie ein selbstverständliches, sondern wie ein bewußt abschweifendes Element. Sogleich wirkt es, paradoxerweise, viel selbstverständlicher und »richtiger«, als wenn ein Interpret unterstellt, es müßte ohnehin so sein …

Hat das folgende Allegretto mit Bach oder Scarlatti zu tun? Pianisten, die den Satz wie einen beethovensch-modulationsseligen Nachfolger etwa der Scarlattischen B-Dur-Sonate verstehen (Longo 500, Kirkpatrick 545) werden sich hüten, die aufsteigenden Sexten anschwellen zu lassen und ihnen eine Zielrichtung zu geben. So heißt es bei Beethoven:

Beispiel 328

Und so in Scarlattis Prestissimo-Sonate:

Beispiel 329

Backhaus versteht den Satz als wirbelnd konzertantes Tarantella-Stück. Er wirkt dann tatsächlich wie eine nochmals ausgesponnene Durchführung des Kopfsatzes der Waldstein-Sonate, zumal eine Synkopenstelle der Waldstein-Sonate (dort: Notenbeispiel 305) hier auch geradezu ausschweifend vor- und durchgeführt wird. Backhaus und Solomon machen ein sprühendes Virtuosenstück aus dieser konzertanten »Spielmusik«. Arrau, Zechlin und Brendel suchen nach sanfteren Subtilitäten, Guldas Klarheit bekommt dem Allegretto besser als Svjatoslav Richters etwas pauschale Brillanz. Und wenn das più Allegro selbstbewußt kraftvoll ertönt, dann ist – falls die Interpreten über Kraft und entsprechendes pianistisches Selbstbewußtsein verfügen – die Welt des Klaviers und der Sonate noch einmal berauschend in Ordnung. Bis die ›Appassionata‹ dem F-Dur von Opus 54 ihr f-Moll folgen läßt.

23. SONATE

Sonate Opus 57 f-Moll (1804/05)

Allegro assai
Andante con moto
Allegro ma non troppo

»Beethoven selbst hielt diese Sonate für seine größte (bis zu der Zeit, als er Op. 106 komponiert hatte)«, berichtet Beethovens Schüler Carl Czerny. Ehrfürchtig scheint die klavierspielende Welt Beethovens Meinung zu teilen. Seit diese von stürmischen Verläufen und Prozessen ungeheuerlich erfüllte f-Moll-Sonate existiert, seit ihr der Titel »Appassionata« anhaftet, mit dem aber keineswegs Beethoven, sondern ein Hamburger Verleger im Jahre 1838 das Werk etikettierte, gilt Opus 57 als leidenschaftlichstes klassisches Drama, das je für Klavier komponiert wurde.

Weil der Beiname auf den ersten Blick weder als absurd noch als nebensächlich zu erkennen ist, sondern die aufgewühlte Stimmung der Ecksätze durchaus zutreffend zu charakterisieren scheint, hat er sich durchgesetzt. Und schwerwiegende Mißverständnisse verschuldet. Denn »Appassionata«, »Leidenschaftliche«, das legt die Vermutung nahe, diese Sonate sei eine Art »Eroica« für Klavier, sie enthalte etwas von der Unbeirrbarkeit des »Per aspera ad astra« (»Durch Nacht zum Licht«). Kurz: sie müsse eine Bühne für passioniert-heroische Theatralik sein. Aber darauf dürfte man Beethovens 23. Sonate nur dann festlegen, wenn sie tatsächlich eine Appassionata wäre... und nicht nur so hieße! Denn was zum Begriff hoher Leidenschaft zu gehören scheint, die Extrovertiertheit und die flammende Selbstsicherheit des groß (sich) aufspielenden Subjektes samt tapferem (katharsis-erzeugendem) Scheitern à la Coriolan-Ouvertüre – das alles bietet diese Sonate nicht. Da wird keine erhabene Sonatenbühne vorgeführt für wohllautende Leidenschaften, sondern viel mehr das Brüchigwerden, ja die Widerlegung aller sonatenüblichen Bühnenhaftigkeit. Mag die sogenannte Appassionata auch die berühmteste Sonate der Musikgeschichte sein, sie ist dennoch kein Prototyp. Sie wird nur von Pianisten, die an Beinamen glauben und bloß direkte Affekte darzustellen vermögen, manchmal so gespielt. Aber sie hat mehr mit Erschrecken zu tun als mit selbstsicheren Leidenschaften. Sie bringt zum Erzittern, läßt keinen Trost zu. Der Sonatenboden wird erschüttert. Der Kopfsatz bietet karge, fast anonyme Motive fahl und zwielichtig. Ein Dreiklangsthema – aber im pianissimo. Nicht in gewohnten Oktaven, sondern im hohlen Doppeloktav-Abstand. Die Durchführung zertrümmert das vorgegebene Material über alle Vorstellung vom Ästhetisch-Schönen oder Erhabenen hinaus. In der Reprise zittert der Schrecken 17 lange Takte nach. Und einen *ppp*-Schluß, wie diese fahle, bewegungslos bewegendende Coda des Kopfsatzes gibt es bei Beethoven kein zweites Mal. Nah beieinander sind hier hitzig-virtuose, vitale Energie und Krankheit zum Tode: wer weiß, ob nicht gerade diese berauschende, finster-grelle Untergangssüchtigkeit zur Beliebtheit des Werkes führte...

Trotz analytisch-dissoziierender Variationen, häufiger *sf*-Vorschriften und *ff*-Steigerungen gilt das Des-Dur-Andante als still und schwärmerisch paradiesisch. So ist es aufgefaßt und gespielt worden.

Besteht das Finale aus schwungvoll melancholischen Passagen und rhythmisch pointierten Episoden? Oder könnte es als Ausdruck einer unhemmbar kreisenden Bewegungsenergie begriffen werden, die charakteristische Gestalten eher produziert, als von ihnen beherrscht wird? Das abschließende Presto ist nicht im mindesten apotheotisch, sondern ein rasender, beinahe zynisch wirkender Tanz: Ausdruck sinnlich-übersinnlichen Zorns und aller Beschwichtigung fern. Da in der Appassionata die Grenzüberschreitung, die Vernichtung des stets mitgedachten ästhetisch schönen oder erhabenen Rahmens zum Wesen der Sache und mancher Interpretation gehört, geht bei älteren elektroakustischen Darbietungen (Platte, Band, Fernsehaufzeichnung) oft Entscheidendes verloren. »Grenzüberschreitungen« werden auf Platten – bis in die Mitte der sechziger Jahre – nur als Klirren, Krachen, als inadäquate Unvollkommenheit erkennbar. Die Tontechniker mußten reduzieren. Das hieß aber im Appassionata-Falle eben nicht nur: unmerklich »verkleinern«, sondern: merklich verfälschen. So eindrucksvoll, wie die Appassionata in einer erregten, direkten Aufführung wirken kann, wie sie Edwin Fischer, Rudolf Serkin, Robert Casadesus und Arthur Rubinstein im Konzert darstellten, bewahrt sie keine damalige Platte, keine notwendig begrenzende, elektroakustische Fixierung auf.

Wie, Paul Bekkers berühmtem Ausspruch zufolge, eine Mahler-Symphonie vor ihren Themen »da« sein kann, so ist bei Darstellungen der Appassionata die grundsätzliche Tendenz der Interpretation weitaus wichtiger als die Ausführung der (gewiß schwierigen, durchaus belangvollen und von den verschiedenen Pianisten auch höchst gegensätzlich verstandenen) Details. Gegenüber früheren Sonaten Beethovens hat sich das Verhältnis zwischen Teil und Totalität verändert. Punktuelle Auffassungsunterschiede haben hier weniger Gewicht; nicht Einzelheiten entscheiden, sondern »sound« und Abfolge des Ganzen. Fragen der Artikulation, der Kontrastbreite, der Klangfarbe und des Tempos wollen natürlich auch hier sorgfältig beantwortet sein. Aber die Quantität »richtiger« Einzelentscheidungen schlägt bei einer absichtslosen Wiedergabe der Appassionata nicht von selber um in Qualität. Hier kommt es entscheidend an auf den Sinn, auf die Konsequenz, die ein Pianist seiner Darstellung verleiht. Die Appassionata gewährt nicht selbstverständlich, wie noch die Waldstein-Sonate oder die Mondschein-Sonate, interpretatorische Dignität, wenn nur alles einzelne richtig kommt.

Zu allererst muß hier ein Interpret eingesehen haben und einsichtig machen können, inwiefern die Noten mehr als nur sich selbst oder wohlfeilen f-Moll-Rausch meinen oder gar nur irgendeiner abstrakt vorgegebenen Sonatenform folgen. In der Appassionata erzwingt nicht, wie sonst oft bei Beethoven, die charakteristische Gestalt der interpretationsbedürftigen Charaktere von selber eine synthetisierende Antwort, sondern hier verlangen ein verhältnismäßig neutrales motivisches Material und ein in sich keineswegs ohne weiteres sinnvoller Verlauf danach, mit Dringlichkeit und Konsequenz beladen zu werden.

Wer sich verbissen positivistisch verhält und im Kopfsatz also beispielsweise nicht bemerken will, daß der *pp*-Anfang zum Klopfmotiv und dann zum *ff*-Ausbruch drängt, wer nicht erkennen will, wie sehr auch das zweite Thema, statt selbstgenügsam in As-Dur zu verharren, ins Moll wie in eine Katastrophe stürzt, wer keinerlei Folgerung daraus ziehen möchte, daß in der Durchführung dem Seitenthema ein Prozeß gemacht wird und im piu allegro nur mehr einem Teil dieses Seitenthemas, der verweigert der Sonate die Möglichkeit, sinnvoll zu sein. Darf eine solche Haltung sich stolz als musiknah-antispekulativ bezeichnen, oder verbirgt sich hinter derartiger Gestaltfeindlichkeit verängstigtes Dissimulieren und ein Ressentiment gegen alles »Bedeuten«?

Wenn positivistischer Pianistenverstand nur Töne oder Motive sehen und erzeugen will, dann klingt der Kopfsatz trotz aller klavieristischen Kompliziertheit dürftig. Auch Mittelsatz und Finale scheinen dann nur karge, einfallsarme Gebilde zu sein. An schönen, überraschenden »Einfällen« haben (abgesehen natürlich immer von jenem »geistigen Band«, von jenem differenzierten Prozeß, der hier alles scheinbar Karge und Leere hintergründig und tiefsinnig macht) etwa die Sonaten Opus 10 viel mehr zu bieten. Ein Pianist muß sich nur hübsch eigenwillig gegen die Prozeßhaftigkeit des Appassionata-Vorgangs sperren, dann wird Opus 57 zu Beethovens schwächster Sonate.

Aber wer könnte sich im Ernst so dumm stellen, so eifrig dissimulieren? Antwort: Glenn Gould. Offenbar verdrossen wegen der von vielen Klavierkollegen gedankenlos nachgebeteten oder vorgedonnerten »Berühmtheit« der Appassionata, hat Glenn Gould den Rohstoff der f-Moll Sonate vorsätzlich teilnahmslos angeschaut. Der – sonst höchst eigenwillige und intelligente – Pianist betrachtete die Motive und Sequenzen etwa so, als handele es sich um mögliche Einfälle für eine, sagen wir, Violin-Romanze. Sein Urteil fiel infolgedessen einigermaßen verdrießlich aus. Seltsam unoriginell und fahrig schien ihm das Ganze. »In dieser Periode war Beethoven nicht nur von der Idee motivischer Sparsamkeit besessen, sondern auch davon, Beethoven zu sein«, orakelte Gould. Beethovens Methode funktionierte in der Appassionata leider überhaupt nicht. Darum kann Glenn Gould (der die Sonaten Opus 10, 13, 27 Nr. 2, 31, 109, 110, 111, sowie einige Variationszyklen zumindest aufregend originell interpretiert hat) diese Appassionata nur zwischen Beethovens allerschwächsten Werken plazieren, »irgendwo zwischen ›König Stephan-Ouvertüre‹ und der ›Schlacht bei Victoria‹-Symphonie«. Die praktische Begründung seiner theoretischen Vorbehalte hat Glenn Gould zuvorkommenderweise eigenhändig geliefert, und zwar dergestalt, daß man ihm sein herbes Urteil glauben möchte – zumindest solange er selbst die Appassionata so spielt, wie er sie spielt. Gould bietet die Sonate nämlich in der humorlos karikierenden Form einer langatmig-klebrigen Verfremdung. Obwohl er absurd unangemessene Tempi wählt – statt des Allegro assai ein asthmatisches Andante amoroso –, fördert er keinerlei neue Interpretationseinsichten zu Tage, wie sie vielleicht bei raschem Tempo nicht darstellbar wären.

Bei Goulds Wiedergabe des Allegro assai dürfte es sich um die verrückteste, eigensinnigste Darstellung handeln, die jemals ein Pianist einem Beethoven-Satz hat angedeihen lassen; und das will etwas heißen. Gould hält es für richtig, demonstrativ langweilig und gelangweilt den Kopfsatz so zu bieten, als ob ein Beethoven-Verächter seinen Plattenspieler nur mit halber Geschwindigkeit ablaufen ließe. Tranig langsam, langweilig und gelangweilt, die Triller während des *pp* im Schneckentempo, während der Fortissimo-Stellen etwas rascher, quält sich die Musik vorbei. Man meint, der Pianist imitiere ein Kind, das mit erfrorenen Fingern die Appassionata vom Blatt spielt. Nur selten vergißt er dabei, daß er ja vergessen machen wollte, der genialische Glenn Gould zu sein.

Und wie reagiert die Appassionata auf eine solche Herausforderung? Sie schweigt. Sie ist durchaus »umzubringen«. Auch Kunstwerke bedürfen nämlich – vor und neben allem anderen – des Wohlwollens, des guten, reinen Interpretationswillens. Dieser Wille hat sich in der Appassionata an exzentrischen Charakteren zu messen. Der Beginn, bestehend aus Dreiklangsmotiv und Trillerkadenz, wird sogleich wiederholt, einen Halbton erhöht. Der Doppeloktav-Abstand macht das simpel scheinende Dreiklangsmotiv hohl, die *pp*-Vorschrift den Triller eng, dünn.

Beispiel 330

Für den Seitengedanken hat Beethoven »dolce« vorgeschrieben, und auch der Klaviersatz ist voller, harmonischer. Doch eine »menetekel«-hafte *f*- und *sf*-Wendung (8. Takt des Notenbeispiels 331), trostlos klirrende Triller und leerer Achtel-Absturz (die letzten Takte des Beispiels 331) beenden alle melodische Sonorität.

Beispiel 331

Führt irgendein Weg von musikalischen Ereignissen relativ gewohnter, ästhetischer Dimension bis zur achtfachen Wiederholung des *ff*-Klopfmotivs in der Durchführung? Und zum dann unmittelbar folgenden Reprisenbeginn, wo die Erregung noch hörbar und unheimlich nachzittert? (Bebend suggeriert diese Reprise den Eindruck, daß »Furchtbares« nicht nur geschehen werde, sondern bereits geschehen sei...) Appassionata-Interpreten müssen an dieser Stelle Farbe bekennen, wenn sie nicht nur Noten oder Ausbrüche bieten wollen, sondern *Sinn* noch im kaum mehr Rationalisierbaren.

Beispiel 332

398

Aller schönen Kultiviertheit fern, donnert auch der Anfang des Finales los. Der Umstand, daß ähnliche oder noch entfesseltere Rasereien am Schluß Chopinscher Scherzi oder in der Musik des 20. Jahrhunderts vorkommen (und daß wir die Appassionata-Ausbrüche nur allzu gut kennen), ändert nichts daran, daß dieses wahnwitzige Septimengeklirr in einer Sonate steht, die von »klassischen« Gegebenheiten durchaus konventionell auszugehen schien.

Beispiel 333

Ebensoviel Grifftechnik wie Kraft erfordern die häufigen Lagenwechsel, die grellen, schneidenden, getürmten Oktavversetzungen der Appassionata. Gedrängt führt die Coda des Kopfsatzes das vor:

Beispiel 334

Und noch wilder, weiter gespannt, vier Oktaven umfassend, erscheint dergleichen im Finale:

Beispiel 335

Gibt es nun Interpretationswege, auf denen sich die durchaus konträren Gestalten vor allem des Kopfsatzes in sinnvolle Beziehung bringen lassen?

Erster Weg: Die wohllautende Harmonisierung
Am nächstliegenden (das heißt nicht: richtigsten) mag Daniel Barenboims Lösung sein. Barenboim spielt die Appassionata nämlich so, als müsse er mit seinem berückend schönen Klavierton und seiner Fähigkeit, wunderbar meditativ zu artikulieren, dem Komponisten zu Hilfe kommen. Alles Kahle, Leere, Grell-Gezackte verwandelt er – keineswegs besonders langsam, aber doch behutsam, zart, harmonisierend – zurück ins Geheure und Wohllautende. Wunderbar blüht das zweite Thema auf (Notenbeispiel 331). Aus komponierter Nervosität wird beherrschte Verhaltenheit, wird Kammermusik. »Das ist doch kein Nocturne«, schimpfte Gulda – der die Appassionata freilich in extrem wildem Tempo beginnt –, als er Barenboims Aufnahme anhören sollte, deren Anfangstöne wie ein leises Vorspiel, zart und plastisch klar erscheinen. Diese Tendenz, Beethovens f-Moll-Sonate gleichsam gegen ihre Risse, Kanten und kontroversen Extreme zu harmonisieren (als handele es sich um Schwächen, die unhörbar gemacht werden müssen), führt bei Beethoven-Spielern vom Range Barenboims zu einer verklärenden, beschönigenden Darstellung. Die Fülle des Tones und die sanfte Melancholie machen Barenboims Deutung schwermütig-brahmsisch. Der große Musiker ist kein Appassionata-Interpret.
Noch weniger ist es Maurizio Pollini. Denn Daniel Barenboim verleiht immerhin jeder Einzelheit Gewicht, zarte Innenspannung. Barenboims Interpretation erinnert immerhin an Edwin Fischers (auf Platten nur unzureichend fixierte) homogenere, glühendere, doch gleichfalls kammermusikalisch verhaltene Darstellung. Pollinis Kunst indessen entzündete sich – als er die Sonate Mitte der sechziger Jahre für eine Fernsehaufzeichnung einspielte – immer nur an den Steigerungen und Ausbrüchen. Die bewältigte er mit staunenerregender klavieristischer Meisterschaft: durchdacht, über alle bloße Bravour oder Virtuosität hinaus. Bei den Piano-Stellen beschränkte sich Pollini auf kantable Gepflegtheit. Aber mittels pianistischer oder sensualistischer Einfühlung ist der Appassionata-Ton doch nicht herstellbar. Und der empfindsame Sturm, den Pollini aus dem Finale herausspielt, bringt den Satz merkwürdigerweise in die Nähe eines slawischen f-Moll-Genre-Stückes. Weder melancholische noch virtuose Bewegtheit reichen hier aus! Einer so donnernden Eröffnung wie der von Beethoven komponierten (Notenbeispiel

333) hätte es nicht bedurft, wenn dahinter nur eine aufgeregte »Moldau« strömt.

Zweiter Weg: Geballte Gemessenheit
Emil Gilels transponiert die Konflikte der Appassionata, ohne sie empfindsamer, unverbindlicher Auflichtung auszuliefern, in den Bereich klassischer Gelassenheit. Was Gilels kann und wie leidenschaftlich-entfesselt er das Werk spielen könnte, spürt man, wenn die Triller ganz gleichmäßig und ganz leise tönen, die Achtelpassagen fahl in die Tiefe tropfen (Notenbeispiel 331, die letzten drei Takte), wenn die Ausbrüche *energisch und zusammengefaßt* erklingen. (»Zusammengefaßter, energischer, inniger habe ich noch keinen Künstler gesehen«, schrieb Goethe 1812 an Christiane; an Zelter allerdings auch: »allein, er ist leider eine ganz ungebändigte Persönlichkeit«.)
Bei Gilels strebt also das Allegro assai gelassen und kompakt donnernd seinen Katastrophen zu, werden die Kraftstellen zu rhythmisch herben, keineswegs virtuos pointierten Hochflächen. So entstehen Größe, Ruhe, beherrschte Gewalt, Maß, elegische Zartheit. Dem extremen Werk gewinnt Gilels eine extreme Auffassung ab, ganz ohne Originalitätssucht. Er bietet keineswegs eine *verfehlte* Appassionata, sondern eher die *andere Seite* des Stückes. Kein Zufall, daß Gilels' »klassische« Appassionata-Deutung erst in den siebziger Jahren des 20. Jahrhunderts herauskam. Gilels hatte da die Abenteuer eines reisenden (jungen) Virtuosen hinter sich. Auch waren die wildesten, die erregendsten Darstellungen der Appassionata – zwischen Eugen d'Albert, Harold Bauer, Robert Casadesus, Friedrich Gulda, Frederic Lamond, Svjatoslav Richter und Arthur Rubinstein – längst gespielt und gewürdigt worden, sie gehörten der Interpretationsgeschichte an. Der »späte« Gilels versucht darum gar nicht erst, noch schneller, schwankender, wüster, lauter zu donnern.

Dritter Weg: Zurückhaltung und Raserei
Im Gegensatz zu Barenboim, Pollini und Gilels spielt Rubinstein die Appassionata als einen direkten, auf entfesselte Raserei hinzielenden Vorgang. Seine Appassionata-Platten bieten freilich nur einen schwachen (ausgesteuerten, reduzierten, verfälschten) Abglanz jener unvergeßlichen Erfahrung, zu der die Appassionata-Interpretationen auch noch des hochbetagten Rubinstein im Konzertsaal für alle empfänglichen Hörer werden konnten. Rubinstein gelang es, die extremen Appassionata-Gegensätze mit einander zu verbinden, indem er sie zu Stationen

eines Ausdrucksweges machte: vom Schönen übers Erhabene bis hin zum radikal Transästhetischen.

Über den Pianissimo-Anfang (Notenbeispiel 330), auch über das schön, vielleicht allzu selbstbewußt und abgerundet herauskommende Seitenthema (Notenbeispiel 331) legt Rubinstein noch einen Hauch von Finsternis und eherner Resignation. Selbst schroffe Akkorde und sforzati (Notenbeispiel 331, 8. Takt) spielt Rubinstein zunächst noch gleichsam domestizierend, nämlich als klingende, fast elegische Akkorde: nicht gerade romantisierend, aber doch ruhig, gemessen, verhalten. Aus der Durchführung wird dann aber ein gnadenloser Prozeß. Musik donnert – nicht übermütig, sondern verzweifelt notwendig – über alle Grenzen des Kunstschönen hinaus. Die achtfache *ff*-Wiederholung des Klopfmotivs (Notenbeispiel 332, Takt 1–4) gerät bei Rubinstein zum tosenden, dramatischen Aufschrei-Höhepunkt.

Rubinsteins Lösung ist originell, plausibel und groß zugleich. Denn Pianisten, die von vornherein aberwitzig donnern, haben keine Rubinsteinsche Steigerungsmöglichkeit – Pianisten, die einem absoluten klassischen Schönheitsideal huldigen, keinen Rubinsteinschen Steigerungswillen.

Wenn jedoch Rubinsteins expressive Energie nicht mehr auf einen zwar »leidenschaftlichen«, aber gleichwohl noch musizierbaren, artikulierbaren, beherrscht gestaltbaren »Ausdruck« hinzielt, sondern auf etwas radikal anderes, auf einen alle Toleranzgrenzen verletzenden, fast gestaltlosen Fortissimo-Tumult, dann erreicht die Sonate einen Punkt, der sich keinen ästhetischen Regeln mehr fügt, der mehr ist als pointierte Ausnahme oder Bürgerschreck oder augenzwinkerndes Kalkül mit Unerlaubtem. Nämlich: Erschütterung, ja Widerlegung der »Sonate« und ihrer Voraussetzungen.

Franz Grillparzer hat in seiner ›Grabrede für Beethoven‹ von jenem »furchtbaren Punkt« gesprochen, »wo das Gebildete übergeht in die regellose Willkür streitender Naturgewalten«. Anderthalb Jahrhunderte später wird kein Vernünftiger mehr wagen wollen, die unleugbare (nur eben allzu gewohnte) Furchtbarkeit mancher überlebensgroßer Beethovenscher Steigerung mit regelloser Willkür gleichzusetzen. Das nicht. Aber Interpreten, die das »Nicht-mehr-klassische-Kunstmusik-Sein« dieser komponierten Ausbruchs-Augenblicke allzu kunstvoll harmonisierend vortragen, tendieren nicht zur, laut Bertolt Brecht, mit aller Kunst gegebenen, wünschenswerten *Verschönerung*, sondern zur *Beschönigung*. Rubinstein hält die grenzüberschreitende Gewalt der Appassionata fest.

Vierter Weg: Horror-Roman konsequenten Zerstörens
Arthur Rubinstein stellt in seiner Appassionata-Deutung eine Konflikt-
Beziehung zwischen dem ruhig-selbstsicheren Beginn und dem transästhetischen Ausbruch her. Artur Schnabel stellt statt dessen die Sicherheit und sonatenhafte Selbstverständlichkeit dieser Musik von vornherein in Frage. Schnabels im April 1933 eingespielte Appassionata ist die
aufregendste, fahlste und intelligenteste aller Interpretationen... Sie
gleicht einer psychologischen Horror-Geschichte. Eine Gestalt nach der
anderen wird nicht nur durchgeführt, sondern zerstört, nämlich bis zur
äußersten Steigerung und dürrsten Leere gebracht. Mord, mit (f-Moll)-
Motiv...
Artur Schnabels Appassionata-Deutung scheint eine extreme, hochintel-
ligent gesteuerte Verdichtung jener von Eugèn d'Albert über Harold
Bauer bis zu Svjatoslav Richter reichenden Tradition zu sein, das Werk
als »Eruption«, als erhitzte »Lava« – jedenfalls nicht: gemessen pathetisch – darzustellen. Pianisten und Dirigenten, die noch Eugen d'Albert
zu erleben das Glück hatten, berichten übereinstimmend, dieser Künstler
habe die Appassionata eindringlich und gewaltig, für sie alle offenbar
unvergeßlich gespielt. Leider existiert keine Platte, und ich kenne auch
keine minutiös nachvollziehbare Beschreibung der d'Albertschen
Appassionata-Interpretation. Alexander Berrsche schrieb 1921 immerhin (›Trösterin Musika‹, München 1942, S. 639 ff.): »Wo sein Gefühl
nicht (oder nicht mehr) mitkommt, spielt er eine Stelle (meistens sind es
ganz langsame Sätze) lieber gleichgültig herunter, als daß er zu den
intellektuellen Behelfen des Stilbewußtseins und der Vortragslehre griffe.
Man kann das auch eine Ehrlichkeit des Herzens nennen, freilich mit
einem Stich ins zigeunerhafte Zynische...
Dafür wirkt er in raschen Sätzen – etwa der Appassionata – mit einer
Größe und Leidenschaftlichkeit, deren Dämon einzig und unbeschreib-
lich ist. Er hat da den furchtbaren, echt Beethovenschen Ingrimm des
rhythmischen Ausdrucks und jene schlagende Sicherheit des Akzentes,
der über ganze Perioden Licht und Schatten verteilt.«
Sogar in der Kritik, die Rudolf Maria Breithaupt (1873–1945) kurz
nach der Jahrhundertwende (›Die Musik‹, III. Jahr, 1903/1904, Heft 18,
S. 439 ff.) an dem Pianisten und Interpreten Eugen d'Albert übte, scheint
noch die Gewalt des d'Albertschen Stils und Spiels nachzuzittern:
»Die Wildheit eines flammenden Temperaments, gepaart mit leidenschaftlicher Rücksichtslosigkeit und einer oft abstoßenden, ja sich bis zur
Brutalität steigernden Härte, sie hebt ihn – Eugèn d'Albert – turmhoch
über unsere nur technisch-kleinlich empfindende Instrumentalkunst.

Dazu kommt ein faustischer Zug in Verbindung mit einer Art grimmigen Humors... Das Wichtigste aber an ihm ist: der ungeheure musikalische Instinkt, jene Sicherheit und Unfehlbarkeit in der Diagnose der Tempi und rhythmischen Einheiten und jener plastische Sinn, der nur in großen Linien und Flächen sieht, und das Ganze nicht allein im »Riß« gibt, sondern mit tönendem Leben anfüllen kann. Pianist, Musiker und Künstler sind in d'Albert zu einer glänzenden Einheit verschmolzen, und nur in einem Punkte ist er von der Zeit überholt worden: in dem der Technik... Seine Technik... ist brüchig geworden und hat viel von dem alten Glanz und der kühnen Jugendkraft eingebüßt. Die linke Hand prävaliert oft bedeutend, die Bässe klingen ›klobig‹, die Akkorde sind im Affekt breiig und unrein, dabei oft stößig und hart, die Oktaven ohne den alten Schmiß... auch die Passagen wollen nicht mehr so. Er ist unbestritten der erste Pianist der Welt. Diese seine Stellung verpflichtet, und seine überragende Größe entbindet ihn nicht nur nicht, sondern zwingt ihn um so mehr, mit den technischen Errungenschaften seiner Zeit mitzugehen, zu feilen und – sit venia verb!o – zu ›üben‹. Das darf man ihm ruhig sagen, ohne ihn zu verletzen... Gegenüber dem kleinlichen Geist seiner Umgebung hat er sogar recht, daß er den Schwerpunkt auf die geistige Kraft, die alles Technische gebiert, verlegt, und sich gegen die Selbstzwecktechnik und ihr eitles Spiel ablehnend und schroff verhält... Wer wüßte außer ihm jene dramatische Spannung im Anfang von op. 57 zu erzeugen, – jene schwüle und unheimliche Gewitterstimmung, jenes Brodeln und Schwelen über einem Abgrund voll Leidenschaft und Schmerz?«

Gleichermaßen tief beeindruckt äußerten sich auch Karl Böhm, Wilhelm Kempff und Arthur Rubinstein über d'Albert. Nur: die wenigen elektroakustischen Spuren, die d'Albert – wohl leichtfertig, leichtsinnig, ungläubig – hinterlassen hat, bewahren nichts »Dämonisches« auf, höchstens ein paar Ungleichmäßigkeiten. Ein genaueres Bild können wir uns von der »Wildheit« Harold Bauers (1873–1951) machen. Neun Jahre jünger als d'Albert, nicht – wie dieser – in Glasgow, sondern in London geboren, spielte Harold Bauer die Appassionata mit größeren und wilderen Temposchwankungen als Artur Schnabel, der übrigens wiederum neun Jahre jünger war als Bauer. (Beide starben 1951.) 1960 raste Svjatoslav Richter die Appassionata am Ende seines New Yorker Debüts – bei dem es für Richter um alles oder nichts ging – und speziell das Finale mit verzehrendem, faszinierendem Ingrimm herunter. Mittlerweile läßt Svjatoslav Richter nur noch seine spätere Moskauer Interpretation der Appassionata gelten; aber am 19. Oktober 1960 gelang ihm in der Carnegie Hall eine beispiellos unmittelbare, unmäßig aufregende Darstellung der Sonate, die übrigens, trotz fiebriger Patzer am Schluß, weit fesselnder und authentischer wirkt als Richters gewiß perfektere Schallplatteneinspielung. (Glücklicherweise existiert – zu Richters Bedauern – ein alle Huster und Minimal-Fehler getreulich aufbewahrender New York-Mitschnitt auf Schallplatten. Richters auf dieses sensationelle Debüt hinsteuernde und seither entsprechend verlaufene Karriere habe ich geschildert in ›Große Pianisten in unserer Zeit‹, R. Piper Verlag, München 1972, S. 134–144). Doch S. Richter spielte die drei Sätze des Werkes nur aus jeweils einem Impuls: darum gelingt ihm das Finale der Appassionata am besten.

Artur Schnabel indessen reproduziert von vornherein unheimlich rasch die Zwielichtigkeit, die Gebrochenheit der Überleitungen, die *pp*-Magie. Alles vermeintlich »Lyrische« erscheint im ersten Satz immer wieder vom Klopfmotiv heimgesucht und katastrophenbedroht; die Triller klirren wie im Winde die Fahnen, aus Abwärts-Passagen werden langsame oder rasche Stürze in die Tiefe. Bei Schnabel mischen sich rastlose, nichts für gegeben nehmende Intellektualität und vorbehaltlose Espressivo-Tradition. Es schadet wenig, daß Schnabel – zumal unter den 1933 noch sehr viel ungünstigeren Einspiel-Bedingungen – Angestrengtheit und gelegentliche Undeutlichkeit nicht vertuschen oder verbergen kann. Auch daß er während des Finales pianistisch wegen seines scharfen Tempos, wegen seiner sogar im *pp* noch spannungsvoll aggressiven, nie auch nur im mindesten rubato-weichen Artikulation fast ins Keuchen gerät, ist im Appassionata-Falle kein Nachteil, eher ein Zeichen von *äußerstem Einsatz*. Das Finale der Appassionata stellt wahrlich den Gegentyp dar zum Jubel-Finale der 5. Symphonie, zum epischen, bilderreichen Finale der Waldstein-Sonate, zu den heiter dionysischen letzten Sätzen des 4. und 5. Klavierkonzertes. Wenn in einer Interpretation jene finstere Hochspannung, ja Überspannung mitschwingt, die hier durchaus auch zur Sache gehört, dann dient ein solches direktes physisches und psychisches Engagement dem Ausdruck mehr als kalt-virtuoses oder gar lächelnd-souveränes »Drüberstehen«. Schnabel macht die Appassionata begreiflich als Folge von Prozessen. Bei ihm vibriert der Beginn, aber auch jede leise Überleitung, jede Pause vor Erschreckt-Sein, vor Panik. Er holt mit zwingender, kontrollierter Hysterie heraus, daß – abgesehen von einer Ausnahme, siehe Notenbeispiel 341 – jeder Teil des Kopfsatzes auf einen unruhigen Ausbruch, eine jähe Katastrophe oder ein zitterndes Ausgehöhltsein hinausläuft. Bereits in der Exposition, nicht erst in der Durchführung oder am Ende des Satzes, läßt Schnabel alle Halbschlüsse, alle Weiterführungen, ja sogar das *pp*-Ende der Exposition mit seinem hohlen 6-Oktav-Abstand (Anfang des Notenbeispiels 339) nie als Spannungslösungen, immer nur als Spannungstransformationen erscheinen. Schnabel zeigt, daß der Anfang (Notenbeispiel 330) nicht zu kompakt, zu »melodisch«, zu sonor ertönen darf. Er spielt ihn also scharf, durchaus leise, im Rhythmischen unverschwommen, gezackt. Wenn Schnabel während dieses Anfangs lauter wird, dann verläßt er nicht ohne weiteres die beklemmende *pp*-Stille zugunsten eines mehr oder weniger dramatisch-dröhnenden mezzo-forte, sondern er versteht es, die Spannung *innerhalb des Pianissimo* zu artikulieren. Sie wird zur unheimlichen Spannung eines vor allem in den Trillern gleichsam überspannten Pianissimo.

Bereits hier müssen sich alle Interpreten entscheiden. Wenn sie – wie etwa Solomon in seiner kompakten, eisig rapiden, großen Darstellung des ersten Satzes – im Sinne der Beethovenschen Vorschriften dynamisch ganz eng bleiben wollen während der Anfangstakte, um dann den ersten *ff*-Ausbruch wie ein allzu schmetterndes synkopisches Gewitter donnernd dagegenzusetzen – dann sind die Anfangstakte Vorspiel, und erst später (so drückte Rubinstein es einmal gesprächsweise aus) »tritt Beethoven hinter einer Wand hervor«.

Bei Schnabel ist man schon am Anfang mitten in einer Tragödie. Die Triller sind nicht nur nicht beruhigend-kadenzierend, sondern voller Unrast, voller – im Rahmen selbstverständlichen Gleichmaßes – kontrollierter Ungleichmäßigkeit. Schnabel hebt (Notenbeispiel 330, Takt 3 und 7) beim Trillern immer die untere Note ein wenig stärker hervor. So gerät die »Sekunde«, das entscheidende Intervall der Appassionata, noch deutlicher, verstörender. Und wenn Schnabel die endlosen Triller nach dem zweiten Thema (Notenbeispiel 331, zehnter bis zwölfter Takt) mit gleichermaßen fahler Intensität spielt, stellen sich heimlich-unheimliche Bezüge her.

Ein noch viel aufregenderer Fund gelingt Schnabels Ausdruckswillen im langsamen Satz. Weil dieser Satz in Des-Dur steht und ein choralhaftes, ernstes Dolce-Thema variiert, hat sich das eigentlich durch sonst nichts begründete, aber feste Vorurteil durchgesetzt, es handele sich da um ein stilles, lichtes Stück.

Romain Rolland kleidete dieses Vorurteil in schöne Worte: »Die Variationen zu dem stillen Gesang hüten sich, den paradiesischen Frieden zu stören, und umwinden nur schlicht das Thema mit ihrem lichten Spiel ... Andante ... ist nichts als ein Ruhepunkt in der Bewegung, ein schöner Lichtblick zwischen zwei Finsternissen, und gerade in dieser Sonate die

Windstille zwischen zwei Taifunen.« (›Beethovens Meisterjahre‹, a. a. O., S. 149–150)

Rolland sprach, als er sein 1927 vollendetes Beethoven-Buch schrieb, nur aus, was sich in vielen Interpretationen der Appassionata niederschlug bis auf den heutigen Tag: die communis opinio vom »seraphischen« Andante. Ich habe dieses Vorurteil auch geteilt. Und zwar so selbstverständlich, daß ich dem Schweizer Pianisten Paul Baumgartner, als er die 32 Sonaten 1960 vortrug und dabei, eng am Notentext, die zahllosen Forte- und sf-Vorschriften dieses angeblich paradiesisch-friedlichen, in Wahrheit jedoch von Dissoziationen und Erregungen erfüllten Andantes beim Wort nahm, in einer Rezension vorwarf, er hätte Beethovens Forte und Fortissimo-Vorschriften zu genau befolgt. Zur Rationalisierung des Vorurteils diente mir damals die Überlegung, ein Forte im schönen langsamen Satz sei doch eben sozusagen kein richtiges Forte – weil nicht sein kann, was nicht sein darf.

Aber Baumgartner hatte recht – und Schnabel hatte schon 1934 gezeigt, daß die zum Fortissimo sich steigernde letzte Variation von einer mehrmals wiederkehrenden Folge synkopisch beginnender Forte-Akkorde geprägt ist. (Beispiel 336, 3. Takt mit Auftakt)

Beispiel 336

Erklingt diese Stelle des Andantes mit Schnabelscher Wildheit und Auftakts-Wut (oder auch nur so, wie zweifelsfrei vorgeschrieben, mithin keinesfalls »seraphisch«), dann findet sie laut Schnabel im Finale (Notenbeispiel 337) mehrfach ihre unmittelbare, unverkennbare, unüberhörbare Entsprechung: 6 Akkordschläge, mit sf-Auftakt, über einen Takt hinweg, als »eins« des folgenden Taktes endend:

Die Appassionata-Interpretationen von Barenboim, Gilels, Rubinstein und Artur Schnabel sind hier als vier typische Wege der Annäherung beschrieben worden. Wenden wir uns nun den Einzelheiten zu. In der Untersuchung ›Thematic Patterns in Sonatas of Beethoven‹ (Faber and Faber, London 1967, S. 97–126) analysierte Rudolf Réti fast indiskret hellsichtig, wie Beethoven mit Hilfe ganz spezifischer »Prime-Cells« (kürzester motivischer Extrakte) die f-Moll-Sonate komponiert – und damit wohl auch ihr unverwechselbares »Klima« hergestellt hat. Neben zwei anderen Prime-Cells ist es die immer wieder alle Beziehungen zwischen Tönen, Gruppen und Abfolgen beherrschende »Sekunde«, auf deren Baustein-Funktion Réti unwiderlegbar hinweist. Réti sieht die Appassionata im Lichte moderner Kompositionstechniken. Daß der Druck der »kleinen« Sekunde, der den musikalischen Fortgang bestimmt, den heftigen, den verbissenen Ton der Appassionata radikal, nämlich von der Wurzel, aus der Tiefe musikalischer Empfängnis her durchwaltet, erkennt man um so überzeugter an, je »kritischer« man Rétis Einsicht zunächst zurückweisen möchte im Gefühl, hier würden Bausteine, die zu jeder Komposition gehören, allzu rechthaberisch für die Appassionata reklamiert. Réti weist die typische Sekundfolge genauso in der großen Organisation des Hauptthemas (Notenbeispiel 330: die Wiederholung beginnt mit des, der Anfang begann mit c) wie in der spezifischen Melodiebildung (Notenbeispiel 332 und 334) nach. Vieles ist unleugbar.

Aber wir brauchen hier nicht die Plausibilität oder Unangemessenheit Rétis zu diskutieren. (Harold Truscott greift in ›The Beethoven Companion‹, London 1973, gerade Rétis Appassionata-Analyse an, wobei er, nebenbei bemerkt, wiederum das Märchen wiederholt, der langsame Satz sei »so bewegungslos wie in Musik überhaupt nur möglich«, ein »Atem-

Anhalten« vor Ausbruch des Finales ...) Fragen wir nur, wieviel oder wie wenig von Rétis Einsichten die großen Pianisten zu verifizieren vermochten.

Ein Solomon, ein Kempff, ein Arrau pointieren aus der Sache heraus gerade die Bedeutung der Sekundschritte so nachdrücklich, als ob sie Réti (dessen Buch erst 1967 erschien) gekannt hätten. Sie verstehen die kleinen Sekunden keineswegs als empfindsame Vorhalte, sondern als herbe, heftige Struktur-Elemente ...

Worauf kein Analytiker je so leicht verfallen könnte, das legen zahlreiche Interpretationen der f-Moll-Sonate (die ja, wie alle Musik, nicht zum »Lesen«, sondern zum Spielen und Hören bestimmt ist) freilich auch manchmal nahe: nämlich den Eindruck, daß der Anfang das Allegro assai nur ein Vorspiel sei. Das Hauptthema scheint nämlich erst »zu sich selber« zu kommen, wenn die Fortissimo-Synkopen es überdonnern — so als hätte es die ersten 16 Takte lang in brütendem *pp*, leise beunruhigt vom Klopfmotiv und einem Ritardando, nur auf den eigentlichen »Ausbruch« gewartet. Merkwürdigerweise klingt der Beginn umso *uneigentlicher*, nicht: je unwichtiger, flüchtiger — sondern: *je langsamer* er dargeboten wird! Frederic Lamond, Artur Schnabel, Rudolf Serkin, Solomon und Friedrich Gulda, die den Satz rasch, gleichsam geduckt nehmen, weil sie die »brütende« Stimmung nicht auf dem Umweg über relative Langsamkeit produzieren wollen, verknüpfen die Sonate viel mehr mit ihren ersten Takten, als jene anderen Interpreten (Barenboim, Gilels, Svjatoslav Richter), die erst nach dem *ff*-Ausbruch ganz bei der Allegro-Sache sind.

Wenn ein Pianist den leisen, vehement-bedrohlichen Charakter dieses Anfangs — Allegro assai, *pp*, Doppeloktavabstand, vage Sextakkorde, leere Triller und das Klopfen des »Schicksalsmotivs« — nicht herstellen will, weil es ihm an Rastlosigkeit oder Selbstbeherrschung fehlt, um das fahl-rasche Tempo anzuschlagen und in ihm zu verharren, dann muß er zumindest ein bedeutendes Äquivalent bieten. Barenboim und Svjatoslav Richter bieten den Anfang wie eine Einstimmung, wie einen leisen Vorhang, ein unheimliches Vorspiel! Svjatoslav Richter braucht für die ersten 16 Takte gut um die Hälfte länger als Gulda! (Glenn Gould, der für 16 allegro assai-Takte über 70 Sekunden benötigt, steht jenseits des Vergleichbaren.) Wie eindeutig Svjatoslav Richter dabei den Anfang als noch nicht zur eigentlichen Sache gehörig, als »exterritorial« begreift, lehrt der Fortgang des Satzes unter seinen Händen. Zu Beginn haben nämlich die beiden Triller ein klirrendes Ritardando-Gewicht (Notenbeispiel 330, Takt 3 und 7), aber während der Reprise trillert Svjatoslav

Richter in analogen Takten nur noch halb so lang: mitten im Satz käme er nämlich gar nicht mehr dazu, jenes hallende Ritardando zu produzieren, das er während des Expositions-Beginns für richtig hielt.

Nun muß aber auch das durchgehende *pp* der ersten 8 Takte keineswegs bedeuten, der f-Moll-Beginn (Notenbeispiel 330, Takt 2–4) samt »neapolitanischer« Ges-Dur-Entsprechung (Notenbeispiel 330, Takt 5–8) seien starr symmetrisch darzubieten. Alfred Brendel spielt den zweiten Teil wie eine verfinsterte, leisere, brütende, unheimlich aufgeladene, entschieden langsamere Spiegelung (in seiner ersten Aufnahme der Sonate). Solomon wird, umgekehrt, beim zweiten Teil rascher: als ob sich die Wildheit steigere. Beide Lösungen wirken angemessener als Casadesus' Methode, den scharf punktierten Anfang durch ein Ritardando aufzuweichen. Zwar kann Casadesus dann später um so kontrastierender losstürmen – aber man fragt sich doch, ob Beethoven den Anfang so genau rhythmisch durcharttikuliert hätte, wenn es ihm nicht darauf angekommen wäre, ob das Sechzehntel (Notenbeispiel 330, 2. Ton des Auftaktes) nun mit Verzögerung gespielt werde oder nicht. Daß der erste Teil der Appassionata bereits einen »Prozeß« vorführt – das f-Moll-Thema beginnt hohl, explodiert zum *ff,* läuft auf taktelange Tonwiederholung hinaus –, wird selbst bei Interpretationen deutlich, die es gar nicht von vornherein auf Verunsicherung und Zerstörung anlegen. Bei der pochenden Überleitung zum zweiten Thema holt Edwin Fischer aus der linken Hand ein faszinierend logisches Motiv heraus, indem er die drei Terzen as-ces (Notenbeispiel 338, 2. Takt) als fortschreitende Bewegung artikuliert, in klarer Analogie zu den anderen Überleitungstakten, die eine entsprechende Bewegung vorschreiben.

Beispiel 338

Weniger eindeutig scheint sich zu ergeben, daß der Seitensatz genauso endet wie das Kopfmotiv – aufgehalten von einem vermeintlich »unlogischen«, darum tatsächlich häufig platterdings unterschlagenen Forte-Takt (Notenbeispiel 331, 8. Takt). Die danach losklirrenden langen Triller und der öde Achtelabsturz bedeuten gleichfalls eine Widerlegung aller eventuellen Sonorität. Wilhelm Kempff versteht es, den Seitengedanken sinnvoller zu gliedern, als es die meisten Interpreten tun. Er macht aus der Umkehrung *innerhalb* des Seitenthemas (sie beginnt im dritten Takt des Notenbeispiels 331, und zwar mit dem 10. Achtel) hochbewußt einen ganz anders gefärbten, einleuchtenden Gegensatz! Das fließt nicht einfach so weiter, sondern ist von Korrespondenzen erfüllt. Beethovens Crescendo-Vorschrift (Notenbeispiel 331, vom 5. Takt an) führen alle Pianisten, die von der Überzeugung, Seitenthemen müßten lyrisch sein, paralysiert sind, nur zaghaft aus.

Da geht Frederic Lamond dramatisch crescendierend aufs Ganze, während Gieseking glättet und Casadesus »veredelt«. Daß die abwärts tropfende Achtelpassage (Notenbeispiel 331, letzte 3 Takte), so simpel sie aussieht, zu den abgründigsten Eingebungen der Sonate gehört, wird um so evidenter, je furchtloser die Interpreten sie ins Pedal zu nehmen wagen (Dann versinkt die Passage am Schluß gleichsam in nebliger Tiefe.) Solomon und Schnabel wollen es so. Der vehement losdonnernden as-Moll-Schlußgruppe gewährt Beethoven, genausowenig wie dem Kopfmotiv oder dem Seitenthema, keinen bestätigenden Schluß! Hier sind vor allem die Beethoven-Spezialisten wie Edwin Fischer, Claudio Arrau, Serkin und Schnabel imstande, hörbar zu machen, daß die beiden abschließenden *pp*-as – durch nicht weniger als 5 Oktaven voneinander getrennt – nur eine ausgehöhlte Leerformel darstellen, aber keinen friedlichen Ausklang (Notenbeispiel 339, Takt 2 und 3). Arrau hält diese Oktave so lange im Pedal, bis sie sich gleichsam gefüllt hat mit dem in gis-Moll ansetzenden Durchführungsbeginn, der nach E-Dur und zu einer choralähnlichen Kadenz strebt. Der Frieden scheint nur durch *sf*-Vorschriften (Notenbeispiel 339, vorletzter Takt) getrübt. Es ist dies ein zwar leiser, aber beklommener, spannungsvoller, keineswegs handfester Verlauf. Wenn man das Notenbild sieht, begreift man durchaus den Zorn eines netten russischen Pianisten alter Schule. Auf die Frage, warum er so ungern Beethoven spiele, antwortete er, Beethovens Klaviersatz sei so ärgerlich unpianistisch: »Oben Töne, unten Töne – aberr in Mitte nichts«.

Ob die melodiöse Schlußformel, wie die beiden letzten Takte des Notenbeispiels 339 sie vorführen, wirklich als choralhafte Kadenz bezeichnet werden darf? Es ist nicht allzu wichtig. Manche Interpreten spielen allerdings – mitten im Allegro assai – diese zweimal nacheinander klingende E-Dur-Stelle als einen Moment so frommer Ruhe vor dem Sturm, daß die Choral-Assoziation sich aus zwei ganz verschiedenen Gründen einstellt. Zunächst einmal, weil damit im Appassionata-Kontext ein Hinweis gegeben ist auf den gleichfalls friedvoll akkordisch ruhig anhebenden zweiten Satz der Sonate; zum andern, weil in der Waldstein-Sonate das E-Dur

411

des 2. Themas ja auch Choral-Assoziationen hervorgerufen hat. Keineswegs ins Belieben der Interpreten bleibt dabei allerdings gestellt, ob das zweifelsfrei vorgeschriebene *sf* (vorletzter Takt des Beispiels 339) gespielt werden soll oder nicht. Diejenigen, die es — wie Brendel — nicht tun, sondern nur eine ausdrucksvolle Linie bieten, harmonisieren besten Willens gegen Beethovens erklärten Willen.

Wenn die Durchführung das Hauptmotiv — es war, trotz aller zwischengeschobenen Akkord-Synkopen oder Modulationen immer nur *pp* oder *p* erschienen — erstmals in direktem Forte vorführt und zum Objekt eines unnachsichtigen modulierenden Prozesses mit erregter Quintolen-Begleitung macht, beginnt eine neue Phase des Verlaufs. Ohne Zurückhaltung, ohne schwebende Mystik, Verhaltenheit und Ritardando wird jetzt ein Verfahren eröffnet, das nur in allzu langsamen Interpretationen von akademischem Schematismus angekränkelt scheint. (Wenn nicht die Kraft der Verhaltenheit so groß ist wie bei Gilels, der es fertigbekommt, die Zwölfachtel-Takt-Struktur durchgehend auszuspielen. Jedes der 12 Achtel hat bei Gilels für sich Gewicht, während rhythmisch sorglosere Interpretationen eher den Eindruck eines Vierviertel-Taktes mit Achteltriolen hervorrufen.)

Das Hauptthema der Appassionata erscheint während der Durchführung also erstmals im Forte. Gleichviel ob Harold Bauer, Solomon,

Arrau oder Schnabel es darstellen: hört man dem Stück zu, ohne sich gebildet zu erinnern, daß in klassischen Durchführungen halt das Hauptthema modulatorisch und sequenzierend durchgeführt zu werden pflegt, dann wirkt der 14 Takte lange Forteverlauf des Durchführungs- anfangs wie eine ganz neue Station auf dem Appassionata-Weg. Tonre- petitionen scheinen diese Prozeß-Phase genauso beunruhigt erregt abzu- schließen, wie sie es bereits in der Exposition, nach der Aufstellung und Zertrümmerung des Hauptthemas taten. Aber Beethoven ist noch nicht fertig. Eine neue, charakteristisch melodiöse Achtel-Figur leitet zum Sei- tenthema über, dem zweiten Gegenstand des Durchführungs-Prozesses.

Beispiel 340

Auch diese Takte, denen Glenn Gould gewiß »Stereotypie« vorwerfen würde, gewinnen einen (nichts weniger als stereotypen) Sinn nur im begriffenen und von vornherein zielbewußt durchartikulierten Verlauf. Doch dieser »Sinn« muß erst einmal gestiftet und auf den je verschie- denen Kontext bezogen werden. Denn es ist schon ein Unterschied, ob Gilels diese große freie Überleitungs-Bewegung bewußt kalt und streng darbietet, um sein klassizistisch erhabenes Konzept zu erfüllen, ob Arrau die Stelle als bestimmte, höchste Dringlichkeit ankündigende Geste einer konzentrierenden Spannungszusammenfassung spielt, so daß man spürt: etwas Außerordentliches steht bevor. Der in Jugoslawien geborene und in Prag ausgebildete Pianist Josef Palenicek läßt den Augenblick wie eine entzückende böhmische Melodie mitten in der Appassionata-Landschaft aufblühen, terzen- und sextenselig. Solomon führt ihn mit beherrschter Flüchtigkeit vor, so gepackt vom Prozeß, daß ihm keine Zeit mehr für melodische Intermezzi bleibt. Bei Kempff sind diese ersten fünf Takte des Beispiels 340 Ausdruck fast befreiten Atemholens. Schnabel tönt sie geradezu auftrumpfend schön ab, und das dermaßen prunkvoll eingeleitete Seitenthema wirkt nunmehr bei Schnabel förmlich »erhöht«, »geschmückt«. Der Sturz, die Zerstörung eines derart prangend präsentierten Opfers muß danach ein besonders verstörendes Ereignis sein.

Wie auch immer diese Vorbereitungstakte aufgefaßt werden mögen: dem Seitenthema widerfährt alsbald Gewalt. Die grell modulierenden Oktaven der Melodie gehen in Fortissimo-Passagen über. Und am Ende dieser Entwicklung steht dann jener achtfache Klopfmotiv-Donner (Notenbeispiel 332) – ein singulärer Moment transästhetischer Wildheit in der Geschichte nicht nur der Appassionata, sondern der Klaviersonate schlechthin. Es ist schon davon die Rede gewesen, wie sich prototypische Interpretationen zu dieser Herausforderung verhalten. Lösungen, die hier noch »gliedern«, hier etwa die Begleitung leiser absetzen, diskret zwischen Spannung und Entspannung vermitteln, verfehlen den Ausbruch. Auch das Nachzittern der Achtel zu Reprisen-Beginn im Baß (Notenbeispiel 332, Takt 5 ff.) – bei Schnabel erfährt man es fasziniert – hat nichts mit einer variierten oder ausgeführten Begleitung zu tun, sondern ist das Echo eines Erdbebens. Eines Schreckens. Nichts wird wieder gut. Oder doch? Was dem Hauptthema, dem Seitenthema, der Schlußgruppe, den Rasereien der Durchführung nicht beschieden war (es sei denn, die Interpreten hätten Beethovens Vorschriften und die logischen Weiterführungen aller dieser Komplexe ignoriert), das ereignet sich schließlich gleichwohl vor dem Ende des Satzes. Nichts geringeres erscheint, als die Phantasmagorie eines reinen, farbigen, nicht »ausgehöhlten«, unbedrohten Friedens. Zu Beginn der Coda erhebt sich ein zartes Gebilde, dem Hauptthema und dem Seitenthema ungefähr gleich nah verwandt. Wir befinden uns alsbald in lichtem Dur, vom vierten bis zum letzten Takt des folgenden Beispiels:

Beispiel 341

Große Pianisten, die nicht als eigentliche »Beethoven-Spieler« gelten – wie Walter Gieseking, Maurizio Pollini oder Vladimir Ashkenazy – haben diesen flimmernd schönen Moment förmlich geheiligt. Gieseking macht ein duftiges Klangspiel daraus: Ravel, wie Gott ihn träumt. Ashkenazy spielt den Moment friedliche Enklave, als süße Utopie, als luxuriösen Pianissimo-Traum. Aber der Frieden dauert nicht lange. Die Eruptionen der Coda setzen ein. Sie enden in einem Riesenritardando, das zu einem Adagio-Takt vor dem abschließenden Più Allegro führt.

Beispiel 342

Der von Beethoven notierte Sachverhalt scheint klar und eindeutig. Am Ende steht ein langsamer Takt (Notenbeispiel 342, 3. Takt), Klopfmotiv im Pianissimo. Ein Crescendo führt zum letzten Akkord, der piano gespielt und als Fermate ausgehalten werden soll. Bei Serkin ist die reine »Hitze« indes so groß, daß Serkin Beethovens crescendo nicht nur bis zum piano, sondern (2. und 3. Akkord des 3. Taktes im Notenbeispiel 342) bis zum Forte ausdehnt. Den letzten Akkord spielt Serkin dann, wie vorgeschrieben, piano. So wird ein *Kontrast*-Piano daraus, nicht das *Ergebnis*, sondern die *Zurücknahme* einer (in die wenigen Töne hineingetrieben) Steigerung. Das abschließende Più Allegro – es endet mit so fahlen Terzen wie Bergs »Wozzeck« – bringt Oktav-Versetzungen. Sie klingen – und das gilt auch für einen analogen Ablauf im Finale (Notenbeispiel 334 und 335) nur dann sinnvoll, wenn die Interpreten den Lagenwechsel nicht unhörbar machen wollen, sondern wenn dieser Oktav-Lagenwechsel einer Energie entspringt, die übers Eindimensionale hinausdrängt.

Hat man erst einmal eingesehen, daß der langsame Satz kein weihevolles oder seraphisches Traumstück ist, in dem ein sonores Choralthema sanft bewegungslose Veränderungen erfährt, dann versteht man kaum mehr, daß und warum von vielen Wohlmeinenden und Musikalischen dieser Satz so andauernd mißverstanden werden konnte. Die Vorschrift »Andante con moto« mag Adagio-Weihen noch nicht über jeden Zweifel hinaus ausschließen. Um so unübersehbarer aber ist doch die auskomponierte Dissoziationstendenz. Sie wird überall deutlich. Am Anfang des Themas heißt es:

Beispiel 343

Auch der zweite Teil des Themas wirkt vielleicht noch kompakt.

Beispiel 344

Aber die erste Variation legt den harmonischen Aufbau bereits zeitlich auseinander, verschiebt die Phasen:

Beispiel 345

416

Und auch der scheinbar problemlos melodische Beginn der 2. Variation ist vieldeutig:

Beispiel 346

Die bereits erörterten Zusammenhänge zwischen den Höhepunkten der letzten Variation und dem Finale (Notenbeispiel 336 und 337 in Schnabels Einspielung) brauchen gar nicht mehr zitiert zu werden: auch alles übrige spricht deutlich genug dafür, daß es sich hier um keinen schlichten Choral-Satz handelt, sondern um eine von Dissoziationen und Perspektiven erfüllte Komposition, die auf ihre Weise alle Appassionata-Unruhe wiederholt. Schnabel macht die gebotenen Perspektiven einsichtig. Die Bewegung der linken Hand gewinnt bei ihm den Charakter eines selbständigen Passacaglia-Basses, ohne sich ölig vorzudrängen. Yves Nat führt differenzierten Akkord-Aufbau vor, indem er (Notenbeispiel 344, 3. Takt) gerade nicht den obersten Ton – also das vielfach wiederholte As – melodiös pointiert, sondern die darunterliegende Akkordbewegung als Stimmführung erscheinen läßt. Daß die 1. Variation (Notenbeispiel 345 2. Takt ff.) jene Mehrstimmigkeit, die bereits im Thema angelegt war, zur Phasenverschiebung auseinanderlegt, stellt Horowitz' Anschlagskunst trotz überflüssiger Pedalbenutzung dar. Die Synkopen erklären, was die Anfangsakkorde verschwiegen.
Wilhelm Kempff hält sich hier präzis an Beethovens Pausenangaben. Er befolgt exakt den Rat, den Berrsche (a. a. O., S. 163) im Jahre 1919 gab: »Die erste Variation des langsamen Satzes der Appassionata fängt... überhaupt erst an zu sprechen, wenn sie ohne Pedal vorgetragen wird; denn nur wenn die Zeitwerte der rechten Hand nicht im geringsten verlängert werden und sich durch eine gewisse Dürre der Tongebung von dem vollsaftigen, ausdrucksvollen und streng gebundenen Pianovortrag der linken Hand abheben, kommt die feine Gegensätzlichkeit des Kolorits und damit die Eindringlichkeit der Kantilene zur Geltung, die dem Autor offenbar vorgeschwebt hat. Das alles wird durch das Pedal verdorben; man hört da nur ein ganz gewöhnliches Klavier, während man ohne Pedal zwei verschiedene Instrumente hört.«
Kempff, der diese erste Variation mit analytisch-dissoziierendem Scharfsinn vorträgt, hat sich auch für die zweite einen simplen, aber klugen Dissoziationstrick ausgedacht. Natürlich kann aus dem Sopran (Noten-

beispiel 346) ohne weiteres die Melodie herausgeholt werden – als handele es sich um ein Stück von Schubert. Andererseits wäre es doch Pedanterie, die Melodie ganz wegzudrängen und statt dessen nur den selbständigen Baß hervorzuheben. Was tut Kempff? Nun, er wechselt bei der Wiederholung einfach ab: einmal bietet er die wunderbar reine Melodie, dann die Struktur! Sinnvoller und behutsamer läßt sich ein anscheinend so komplizierter gordischer Knoten nicht aufknüpfen.

Ob das Finale zum wehmütigen, romantischen, empfindsamen Perpetuum mobile gerät oder zum herben, kein Rubato, keinen Augenaufschlag duldenden f-Moll-Satz, das hängt nicht von Einzelentscheidungen des Interpreten ab, sondern vom Grundcharakter, vom »sound« (der natürlich seinerseits eine Folge unzähliger Artikulations- und Anschlagsentscheidungen ist). Sehr verständlich, aber leider auch sehr gefährlich sind hier abwiegelnde Warnungen wohlmeinender Klavierlehrer, die sagen: *Das ma non troppo beachten, sonst verhudelt alles, und am Schluß fehlt die Kraft, noch zuzulegen.*

Gewiß, ein verhaltenes Tempo muß nicht unbedingt dazu führen, daß der Satz in den Wellen verhalten melodischer Moll-Bewegungen versinkt. Aber oft führt es dazu; wehmütige Ruhelosigkeit produziert dann ein pianistisches Genre-Stück. Selbst ein zum Maßhalten neigender Interpret wie Arrau zeigt, daß es hier ohne heftige und engagierte Artikulations-Herbheit nicht geht: Das Finale ist immer noch eher ein *Virtuosenstück der Verzweiflung* mit zynisch-entfesseltem Schluß als samtenes, perlendes Passagenwerk. Eine Komposition, die so durchgehend zwischen Sechzehntel-Bewegungen und charakteristischen Akzenten vermittelt, legt nahe, die Spitzentöne als schöne Wiederholungen und Melodien darzubieten, wie Kempff, Barenboim, Pollini es tun. Schubertisch, chopinhaft. Doch diese akzentuierten Spitzentöne lassen sich auch zu präzisen, eindrucksvoll ausdruckslosen Signalen umfunktionieren.

Horowitz spielt über die gegebenen Artikulationsforderungen hinausgehend, noch Binnenrelationen mit. So akzentuiert er (Notenbeispiel 347, 2. Takt, das erste Sechzehntel auf 2, und dann, 3. Takt, das erste Sechzehntel auf 1 als Binnenverlauf f-ges. Ja, man hört bei Horowitz in diesem und den folgenden Takten eine Sexten-Beziehung zwischen der Sexte f-as und der Sexte ges-b. Das gleiche wiederholt sich von ges-b zu a-c.

Beispiel 347

Doch im Finale der Appassionata sind derartige »Funde« nur beiläufige
Pointen. Als ob menschliche Stimme sich hier gar nicht mehr melden
dürfe, als ob die Gestalten und Pausen dieses Finales nur die wechselnden
Masken einer panisch-erregten Bewegungs-Energie wären, saust das
Stück seinem Ende zu. Es ertönen aberwitzige, zynisch-stampfende
Signale äußerster Bewegtheit und Betroffenheit — wenn Artur Schnabel
oder Svjatoslav Richter am Flügel sitzen.
Wir wollen es wagen, hier über das Appassionata-Finale etwas Unbeweis-
bares zu denken. Die rhythmischen Finessen, die gehaltenen Baß-Noten im
Mittelteil, die kanonischen Abwechslungen, allesamt reduzierbar auf die
»prime cell« namens »Sekunde«: diese Einzelheiten, dazu die Momente
auskomponierten Stillstands und auskomponierter Raserei haben natürlich dank der klar zutageliegenden Unmittelbarkeit ihres Daseins und
Soseins genausoviel Gültigkeit und Wichtigkeit wie alle Argumente
oder Ergebnisse motivischer Verknüpfung bei Beethoven. Doch gerade
die großen Darstellungen des Satzes lehren, daß diese Unmittelbarkeit
nicht alles ist. Vielleicht wirkt der nun folgende Vergleich absurd: jedenfalls wächst der gestalteten Gestalten-Armut des Appassionata-Finales
etwas Transmusikalisches wie eine neue Unmittelbarkeit zu. Der Satz ist
genauso wenig *nur Musik* wie das Finale der 5. Symphonie. Beim Finale
der 5. Symphonie lassen sich die programmatische Marschhaftigkeit, die
bewußte, gesuchte (und oft belächelte) C-Dur-Eindeutigkeit, vor allem
aber Nicht-enden-Können im C-Dur-Rausch kaum mehr immanent-
musikalisch erklären. Aber so wie am Ende der 5. Symphonie der »Wille
zum Leben« festlich und jubelnd, unterbrochen nicht durch Widerstände
aus eigener Substanz, sondern nur durch eine freude-steigernde Rückbesinnung aufs Scherzo, geradezu schrankenlos sich ausbreitet: so meinen
die Verläufe, die Akzente und Stürme des Appassionata-Finales eben
auch eine De-Komposition, deren schwarze Magie nicht einfach mit
Analyse-Vokabeln oder klugen Hervorhebungen zu kennzeichnen ist.
Natürlich sagt die Musik lauter Einzelheiten, irgend etwas muß sie ja
sagen. Doch die Einzelheiten sind hier in greifbarem, zumindest fühlbarem Maße nicht die Essenz der Sache, sondern nur das Vehikel gestal-
teter Gestaltlosigkeit. Beethoven hat nie — auch in Opus 31 Nr. 2 nicht

– ein Moll-Finale komponiert, dessen Substanz so wenig auf charakteristische oder gar singbare Themen reduzierbar wäre. Tonbewegung ist hier mehr als irgendwo sonst Vorwand für eine Ausdrucksfarbe. Der Appassionata-Schlußsatz läßt sich nicht dadurch »retten«, daß phantasievolle Pianisten aus den rollenden Figuren irgendwelche natürlich akzentuierbaren melodischen Wendungen herausgeheimnissen. Gewiß sind die Passagen durch alle möglichen Entsprechungen, Haltetöne und Zuspitzungen miteinander logisch oder symmetrisch oder in Form von Steigerungen verknüpft. Aber der Satz müßte »arm« genannt werden, wenn es lediglich auf seine unvermittelten melodischen Charakteristika ankäme.

Nein, diese Figuren beschwören die Idee immer panischerer Gestaltlosigkeit. Unvergleichlich eindringlich bezeugen sie den Untergang eines sich immer fahler artikulierenden Subjektes, den Rausch eines Endes. Das Finale bietet auf diese Weise eine finstere Zuspitzung der Prozesse des ersten Satzes, die sich immerhin – in ihrer Beziehung zum stets unheilkündenden Klopfmotiv – noch minutiös nachzeichnen ließen. Darüber ist dieser letzte Satz hinweg. Er vollstreckt die Urteile des Kopfsatzes. Vielleicht deuten sogar die häufigen piano- und pianissimo-Vorschriften (nach derart wüstem, hämmerndem Satz-Beginn) genauso wie das »non troppo« darauf hin, daß hier eine plastisch spektakuläre Auseinandersetzung klar identischer Gestalten nicht mehr stattfindet, nicht mehr Hauptsache oder wichtigster Konflikt-Stoff sei.

Erst der Presto-Stampf-Tanz am Schluß ist wieder ganz fest umrissene Gestalt, freilich weder Apotheose noch Ausdruck tragischen oder finsteren Zusammenbruchs, sondern – bei Schnabel, Rubinstein, Richter, Gulda – ein Umschlag ins Zynisch-Wilde. Nur genialische Pianisten können das spielen. Vom Erdbeben des Kopfsatzes bis zum kollektiven Presto-Rund-Tanz am Ende reicht der Appassionata-Spannungsbogen. Für sich genommen wäre dieses Finale gewiß interessant, pointiert, heikel – aber doch, auf seinen Ausdruck, seine emotionale Reichweite hin befragt, durchaus rätselhaft. Im Zusammenhang mit den beiden vorhergehenden Sätzen belädt sich diese relative Sinnlosigkeit gewaltig, gewaltsam mit Funktion, also mit Sinn. Auf so einzigartige Weise gehen die drei Sätze der Appassionata über alles hinaus, was bisher Klaviersonate war. Da wird kein Drama vorgeführt, sondern ein Prozeß. Dissoziation und Sturm erschüttern die Selbstsicherheit des Darstellenden, des Zuhörenden und der Form.

Nach der Appassionata schrieb Beethoven fünf Jahre keine Klaviersonate mehr. Und überhaupt nie mehr eine, den Dreisatz-Konventionen des *Schnell – Langsam – Schnell* folgende, vollgültig »normale« Klavier-sonate. Opus 79 ist ja bewußt als Sonatine, »Sonata facile« gehalten und bezeichnet. Opus 81, die »Les Adieux«-Sonate wiederum will »charakte-ristische« (programmatische) Sonate sein. Die Hammerklaviersonate ragt in jeder Weise über die Norm hinaus, aber auch Opus 101, 109 und 110 erfüllen sie nicht mehr, von den zweisätzigen Klaviersonaten Opus 78, 90, 111 zu schweigen. Offenbar war die Erschütterung so groß, daß Beethoven nach der Appassionata keine Klaviersonate jenes Typs mehr komponieren mochte, auf den er zwischen Opus 2 und Opus 57 immer wieder produktiv zurückgekommen war. Die Appassionata bezeichnet ein Ende.

Strukturen, Dissoziationen und Zartheiten — komplexe Ansprüche des Spätwerks

DIE SONATEN NR. 24 BIS 32
(OPUS 78 BIS OPUS 111)

24. SONATE

Sonate Opus 78 Fis-Dur (1809)

Adagio cantabile – Allegro ma non troppo
Allegro vivace

Zart, von rasch sich wandelnden Gestalten erfüllt, zieht der erste Satz dieser Sonate vorbei, chevaleresk und geistvoll virtuos der zweite. Das Werk ist kurz, aber nicht karg, vielmehr zärtlich, beredt, überschwenglich.
Aller logisch-prozessualen Appassionata-Strenge steht diese – von Hugo Riemann so genannte – »Theresensonate« antipodisch fern. An Erklärungsversuchen für ihr unstreitig »Besonderes« fehlte es nicht. Sollte es sich um einen klingenden Liebesbrief an Therese von Brunsvik handeln? Kommt die innige Adagio cantabile-Einleitung einer Anrede gleich? Oder waren es die Verlockungen des exquisiten Fis-Dur, die Beethoven zu einer so komplexen und kantablen Schreibweise animierten? Bestehen gar, wie wiederholt mit Hilfe plausibler Analogien nachgewiesen, verwandtschaftliche Beziehungen zwischen Bachs empfindsam melodischem Präludium und Fuge in Fis-Dur (aus dem 1. Band des Wohltemperierten Klaviers) und dieser Fis-Dur-Sonate?
Man kann den charakteristisch gewandelten Ton von Opus 78 auch mit der Entwicklung des Beethovenschen Personal-Stils zu erklären versuchen. Vor den manchmal schroffen und entschlossen konstruktivistischen Ballungen der »Spätzeit« komponierte Beethoven nämlich eine Reihe melodischer, zugleich meditativer und avancierter Werke. Bei den Klaviersonaten in Fis-Dur, Es-Dur (Opus 81a) und e-Moll (Opus 90), bei der Sonate für Klavier und Violine in G-Dur (Opus 96), vor allem aber im »großen« B-Dur-Trio (Opus 97) und im Liederkreis »An die ferne Geliebte« (Opus 98) wird eine weitausgreifende, intime, lyrisch inspirierte Kantabilität hörbar, erscheinen motivische Arbeit und gesangliche Entfaltung neuartig aufeinander bezogen.
Aber musikantische Einfühlung, die übrigens als *ein* Moment improvisatorisch lebendigen Musizierens keineswegs hochmütig verketzert zu werden braucht, spielt am Geheimnis, am Kontrast zumal des ersten Satzes vorbei. Was da so überredend und flüssig, so einheitlich, inspiriert und empfindsam harmonisch scheint, das setzt sich aus

lauter eigentlich zusammenhanglosen, knappen, in rascher Folge ohne erkennbares Ordnungsgesetz vorbeiziehenden, oft doppeldeutig ineinander übergehenden Impulsen zusammen. Die wunderschöne Fis-Dur-Sphinx ist schwer zu enträtseln, sie offeriert spätstilhafte Dissoziations-Tendenzen in bezaubernd-verbindlichem Gewand... Auch der zweite Satz – im Aufbau einfacher, in der pianistischen Ausschmückung um so virtuoser – birgt versteckte Vexierspiele.
Donald Francis Tovey weist (›A Companion to Beethovens Pianoforte Sonatas‹, a. a. O., S. 178) sehr einleuchtend darauf hin, daß es analytische Energieverschwendung wäre, im Kopfsatz – wo die »Logik« sich aus den modifizierten Proportionen der einzelnen Abschnitte ergäbe – ein Motiv aus dem anderen ableiten zu wollen. Manchmal sei ein halbes Dutzend völlig verschiedenartiger Motive zu einem Abschnitt zusammengeschweißt. Aber die Feinheiten von Opus 78 gehören, laut Tovey, zu jenen Dingen, die wir »vollkommen verstehen können, solange man sie uns nicht erklärt...«
Ein schwacher Trost für Interpreten. Pianisten müssen also imstande sein, vorzuführen, daß die Fis-Dur-Sonate gar nicht so selbstverständlich ist, wie sie klingt, daß aber ihre inspirierte Sprunghaftigkeit, ihre Fülle trotzdem einer höheren Logik folgt.

»Was einen Hörer, der das musikalisch Gegebene analytisch zu erfassen und zu durchdringen sucht, als Doppeldeutigkeit verwirrt, erscheint bei reflexionsloser Wahrnehmung als Leichtigkeit des mühelos Geglückten. Das ästhetisch Einfache ist die Oberfläche kompositionstechnischer Differenziertheit«, schrieb Carl Dahlhaus in anderem (freilich nicht unverwandtem) Zusammenhang, nämlich im Hinblick auf ein Mozartsches Spätwerk. Trotzdem mag es erlaubt sein, in dieser verallgemeinernden, 1968 getroffenen Feststellung des Berliner Ordinarius eine Fortspinnung jener soeben zitierten Überlegungen zu erkennen, die Tovey, der große britische Musiker und Musikologe, vierzig Jahre zuvor im Zusammenhang mit der Fis-Dur-Sonate anstellte. Denn diese Hinweise auf Beziehungen zwischen ästhetischer Fraglosigkeit und komponierter Fragilität – sei es im Hinblick auf das Finale des Mozartschen g-Moll-Streichquintetts (Dahlhaus), sei es in bezug auf den ersten Satz der Theresensonate (Tovey) – legen es nahe, bedeutende Interpretationen der Beethovenschen Sonate daraufhin abzuhorchen, ob sie die schwebend schöne, flüssig melodische Oberfläche herzustellen versuchen, indem sie sogleich auf das Endergebnis abzielen, oder ob sie lieber die Komplexität unterstreichen.

Zunächst: heißt »spielen«, alle Doppeldeutigkeiten, Varianten und Pointen demonstrativ nach außen kehren und unterstreichen, weil Re-Produktion kein Verschweigen oder Übertönen sein kann? Oder hat der Reproduzierende die Pflicht, im Namen des »Ganzen« aufs harmonische Ergebnis zu zielen und nicht auf die Einzelheiten, die es entstehen lassen? Das eben ist die Frage...

Sie stellt sich bereits bei den berühmten ersten vier Adagio-Einleitungstakten, zu deren Lob manche sinnige, auch unsinnige Übertreibungen formuliert wurden. (»Hätte Beethoven nichts als diese vier Takte komponiert, er wäre unsterblich«, schwärmte sogar der für kühl geltende Hans von Bülow – über dessen Langweiligkeit und Begeisterungslosigkeit Clara Schumann gespottet hatte... Und Wilibald Nagel behauptet von den vier Takten, sie gehörten »zum Schönsten, was wir in der Musik überhaupt besitzen«.)

Beispiel 348

Eine einleuchtende melodische Bewegung. Eine Kantilene, die eine Oktave ausfüllt, über viermal wiederholtem Baß-Fis. Doch wenn man diesen Adagio-Beginn mit ähnlich lautenden melodischen Gebilden vergleicht, etwa mit dem Anfang des Nocturnos aus Mendelssohns »Sommernachtstraum« (Richard Rosenberg tut es), dann wird, über alle konstatierbare »romantische Färbung« hinaus, auch ein charakteristischer Unterschied erkennbar. Bei Beethoven ist jeder Takt dieser so selbstverständlich sich entfaltenden »ruhigen« Melodie rhythmisch (ein wenig) anders strukturiert. Da gibt es keine Wiederholungen, keine glatten Symmetrien in der Folge der rhythmischen Werte und Schwerpunkte. Viertelnoten, punktierte Achtelnoten, Achtelnoten, Sechzehntel, Zweiunddreißigstel und Doppelschlag gehen in jedem Takt eine andere Verbindung ein.

Doch so absurd es wäre, wenn ein Pianist diese Adagio cantabile-Takte, die auf eine Fermate hinauslaufen, eisern *unbewegt* herunterspielen wollte, so eindeutig verstößt *gegen* Beethovens Vorschrift, wer die auskomponierten Gegensätze um der empfindsamen Wirkung willen verschmiert. Besonders frei ist der Schlußtakt der Einleitung (Notenbeispiel 348, 4. Takt) gespielt, nein: empfunden worden – und zwar gewiß deshalb, weil in diesem aus vier Zweiunddreißigsteln und einer Fermate bestehenden Takt zwei durchaus kontroverse Tendenzen zusammenstoßen. Dieser Takt hat drei subtile Betonungs-Höhepunkte: zunächst das h auf »eins«, mehr noch das dis und schließlich den letzten Ton, ein cis (Achtelnote, als Fermate auszuhalten).

Rudolf Serkin und Alfred Brendel tragen diese Schlußfloskel, eine aus Abzügen zusammengesetzte Mannheimer Manier, stark verlangsamt vor, was im getragenen Adagio-Zusammenhang durchaus legitim ist. Sie nehmen den Schlußtakt plötzlich gut doppelt so langsam wie die ersten drei Adagio-Takte. Wäre es Beethoven um diese dicke Wirkung gegangen, hätte er wahrscheinlich gleich Sechzehntel oder gar Achtel vorgeschrieben. (Bei Brendel verhallen die letzten drei Töne wie im langsamen Traum.)

Subtiler, nämlich in der Nuance halsbrecherischer und gleichwohl richtiger, spielen Claudio Arrau, Daniel Barenboim, Wilhelm Backhaus und Friedrich Gulda diesen Anfang. Sie alle produzieren das durchaus notwendige Verlangsamungs- und Phrasierungs-Gefälle gewiß auch — aber eben doch so, daß die verlangsamten Zweiunddreißigstel sich nicht zu ausdrucksvollen 16teln aufplustern. Es geht ihnen darum, den Hörer hier trotz aller Freiheit und empfindsamen Ausführlichkeit nach wie vor im Takt fühlen zu lassen. Barenboim, Arrau und Backhaus bringen das mit Hilfe feiner Artikulationsdiskretion zustande. Gulda, indem er die letzten beiden Zweiunddreißigstel-Noten sogar, gegenüber den ersten (und ganz im Gegensatz zu Brendel oder Serkin, die sich da im wohligen Ritardando ergehen) etwas rascher nimmt. So bleibt das rhythmische Muster — *innerhalb* dessen Veränderungen möglich und richtig sind — durchaus unversehrt.

Verlangsamung innerhalb eines Adagio-Taktes, genaue Artikulation von Zweiunddreißigsteln, die als Ritardando-Vorboten erscheinen und doch nicht zu Sechzehnteln oder gar Achteln verschleppt werden sollen: diese kaum mehr beschreibbare, hauchdünne Linie läßt sich offenbar treffen (oder verfehlen). Am Schluß des Adagios aus Opus 31 Nr. 1 (vgl. Notenbeispiel 249) oder zu Beginn des Adagio-Introduzione aus der Waldstein-Sonate (vgl. Notenbeispiel 311) harrten entsprechend subtile Probleme ihrer Lösung. Und dabei handelt es sich gewiß nicht um Aufgaben, die dem Notentext erst mühsam abgetrotzt, aus ihm herausgelesen werden mußten, sondern um die Realisierung gegebener rhythmischer und dynamischer Vorschriften. So »hauchdünn«, so beiläufig diese Differenzierungen auch wirken mögen, sie stehen immer mit einer direkten Beethovenschen Vorschrift in Verbindung, mit einer Pause, die ihren Sinn haben, einem Crescendo, das seine Funktion erfüllen, einer Zweiunddreißigstel-Folge, die nicht verschmiert werden soll. Solche klaren, unbezweifelbaren Vorschriften Beethovens sind zweifellos dringlichere, vordringlichere Forderungen als Zusammenhänge, die eher als Lesefrüchte zu bezeichnen wären – womit ich Relationen meine, die nicht zweifelsfrei gegeben, sondern nur mögliche, versteckte, hineingeheimnißte, vielleicht auch bloß zufällige Analogien sind. Und dabei kann die »Verstecktheit« genauso zur Folgerung ermuntern, das Verborgene auch im Verborgenen wirken zu lassen (also *nicht* zu betonen), wie zur umgekehrten Konsequenz, das mit Sorgfalt entdeckte Geheimnis nun deutlich zu offenbaren. Was da »richtig« sei, läßt sich abstrakt nicht entscheiden.

Die versteckte Wiederkehr des letzten Taktes aus Notenbeispiel 348 bietet die Möglichkeit, konkret nachzuprüfen, welche Interpretationskonsequenz geistreiche, fast kriminalistisch scharfsinnige Identitätsnachweise haben oder nicht haben... Einige Noten der Adagio-Einleitung sind auch im Allegro wiederzufinden. Und zwar am Schluß des Satzes, in einer Passage der linken Hand:

Beispiel 349

Gewiß, den letzten sechs Sopran-Tönen der Adagio-Einleitung entsprechen im Notenbeispiel 349 links die letzten beiden Töne des zweiten Taktes und die ersten vier des dritten dis, cis, h, ais, dis, cis, sie kommen im Allegro tongetreu wieder vor. Dabei fehlt freilich die eigentlich »charakteristische« Wendung, nämlich die Tonwiederholung am Schluß der Einleitung. Es bleibt bei der nackten, neutralen Tonfolge – ein Plan Beethovens kann schwerlich bewiesen werden. Hugo Riemann ist gleichwohl stolz darauf, diese Beziehung entdeckt zu haben: »Das ist ganz gewiß kein Zufall, sondern eine besondere Absicht, deren Nichtbeachtung einen intimen Reiz des Satzes zerstört«, schreibt er (a. a. O., 3. Band, S. 144). Und dann folgt seine für uns wichtige, aus dem Fund herrührende Spielanweisung: »Natürlich muß dieses Wiederauftauchen des Motivs der Einleitung an so wichtiger Stelle durch zögernden Vortrag plausibel gemacht werden (ritenuto), wonach der Sechzehntelgang mit a tempo in die Tiefe hinabstürmt.«

Weder das ritenuto noch das a tempo sind freilich von Beethoven vorgeschrieben oder angedeutet. Aber auch das braucht kein grundsätzlich ausschließendes Argument zu sein. Warum soll ein glücklicher Finder nicht zeigen, was alles sich unter dieser Oberfläche verbirgt? Nur: die Befolgung von Riemanns Vorschlag kann einen Vielleicht-Zusammenhang allein dadurch halbwegs deutlichmachen, daß ein Gewißheits-Zusammenhang mit Bestimmtheit ruiniert wird! Darum hat es meines Wissens bisher kein Pianist unternommen, Riemanns Willen Gehör zu verschaffen. Es wäre ja auch gar zu widersinnig, wenn – nachdem eben noch Forte-Passagen vorgeschrieben waren – nun ausgerechnet im plötzlichen Piano ein paar leise Sechzehntel-Töne der linken Hand ganz gegen die Logik der Situation groß und breit herauskämen. Interpreten sind doch keine Schulmeister, die den klingenden Augenblick versehren dürfen, weil sie mögliche Analogien ertüftelt haben. Bei der Einleitung und auch bei der Coda (Notenbeispiel 348 und 349) handelt es sich zwar um differenzierte musikalische Gebilde, aber am inneren Zusammenhang, am klaren Sinn der jeweiligen Gestalten ist kein ernsthafter Zweifel möglich.

Die eigentümliche, durchaus nicht unbezweifelbare Schwierigkeit des Kopfsatzes der Fis-Dur-Sonate besteht indessen darin, daß die Musik manchmal zwar flüssig und selbstverständlich weiterzugehen scheint, während bei genauerem Hinsehen und Hinhören fast unmöglich anzugeben ist, was die einzelnen Motive und Fortspinnungsakte überhaupt miteinander zu tun haben, welcher Logik sie folgen, wie sie sich aus einander ableiten. Konträre, zumindest zusammenhanglose Impulse, deren Grammatik geheimnisvoll bleibt, behaupten da elegant, sie seien Bestandteile einer flüssigen Sprache. Es ist, als führe ein Komödien-Darsteller abstrakte, sinnferne Texte mit eleganter Gestik vor, und zwar so rasch und leichthin, daß man die dauernden irrationalen Sprünge des Dialogs gar nicht recht merkt. Es handelt sich um Sinnverweigerung aus Überfluß, die nur im längeren Zusammenhang erkennbar wird:

Beispiel 350

Pianisten, die hier – verführt durch Beethovens leggiermente Vorschrift
– ein allzu flottes, gar ein alla breve-Tempo wählen, gleiten nicht nur
über die Komplexität dieser Musik hinweg, sondern doch auch fast über
die Musik selber. Hier haben freilich diejenigen Interpreten außerordentliche Schwierigkeiten, die Takt für Takt verständlich machen wollen,
was sie warum spielen...

Alfred Brendel macht in seiner späteren, ungemein meditativen und
schönen Schallplattenaufnahme unaufdringlich plausibel, wie vieldeutig
gestaltenreich diese melodische Abfolge ist. Brendel spielt dabei etwa die
Sechzehntelfiguren der linken Hand (Notenbeispiel 350, vierter und
fünfter Takt) nicht nur als begleitende Fortsetzung, sondern als Gegensatz, als direkten Kontrast. Brendel bringt auch die verwirrende Eigentümlichkeit der folgenden Takte diskret ans Licht. Denn die drei
Akkorde (Notenbeispiel 350, siebenter Takt), die den Achteltriolen der
rechten und der Viertelbewegung der linken Hand im vorhergehenden
Takt unmittelbar folgen, bedeuten sowohl ein logisches Ausklingen der
vorhergehenden harmonischen und melodischen Bewegung im plötzlichen piano als auch den Anfang einer neuen Gestalt.

Riemann spricht von einer »Doppelphrasierung«. Die drei Akkorde
werden sogleich zum Objekt ganz neuer melodisch-motivischer Arbeit.
Brendel demonstriert weiterhin, daß die scheinbar wohlvertraute Sechzehntelfigur (Notenbeispiel 350, elfter Takt, auf »zwei«) eben nicht nur
die Wiederholung einer bereits bekannten Tonfolge ist, sondern Signal
für etwas überraschend anderes. Aber auch diesem Neuanfang folgt im
nächsten Takt, von Brendel durch ein kleines sf-Ritardando hervorgehoben, schon wieder ein neuer Charakter!

Alle diese Verschiedenheiten ziehen in wenigen Sekunden vorbei. Wie
differenziert Beethoven diese Sonatenmomente komponiert hat (das Wort
»gearbeitet« assoziiert allzuviel Schweiß und Mühseligkeit), lehren die
beiden letzten Takte des Notenbeispiels 350. Denn die hier vorgeschriebenen rhythmischen Akzente auf den guten Taktteilen stehen in poin-

tierter Spannung zu den melodischen Akzenten der rechten Hand. Den
akzentuierten Höhepunkt der Rechten bildet offenbar die Abfolge vom
hohen dis (Notenbeispiel 350, vorletzter Takt auf »zwei«) über das cis
zum his. Dieser Bewegung widerspricht – Casadesus und Schnabel lassen
es zumindest ahnen – das Kraftpunktschema der linken Hand. Beethoven
hat im ersten Satz der Sonate Opus 111 eine ähnliche, eigentlich sogar
weniger komplizierte Relation zwischen dem melodischen Ablauf der
Rechten und dem rhythmischen Ablauf der Linken vorgeführt.

Beispiel 351

Um alle diese Subtilitäten zu retten und den blühenden Verlauf doch
nicht pedantischen Subtilitätenjägerei zu opfern, wählt Brendel in Opus
78 ein verhältnismäßig langsames Tempo.
Er spielt einen schwebenden, nicht-dezidierten Ton, ein lyrisch suchendes
Parlando, in welchem jeder Takt zugleich »logisch« – und doch als
verträumter Neuling erscheint.
Wilhelm Kempff möchte an den Doppelphrasierungen der Exposition
gleichfalls nicht vorbeiperlen. Er wählt folgendes Mittel zur Verdeutlichung: jede Neu-Erscheinung wird durch ein verhaltenes Ritardando
kenntlich gemacht. Aber nicht von vornherein! Wieder bedient sich
Kempff eines Kunstgriffes, der demonstrative Artikulation, improvisatorische Freiheit und positivistische Zurückhaltung geradezu verblüffend
nebeneinander leben läßt. Kempff löst den gordischen Knoten nämlich,
indem er ihn doppelt behandelt. Er spielt die Exposition zunächst eher
flüssig. Aber bei der Wiederholung, wenn der musikalische Sachverhalt,
wenn der direkte, »naive« Anspruch des Textes bereits bekannt ist,
wagt Kempff um so empfindsamere und subjektivere Durchartikulation.
Kempff macht etwa beim ersten Einsatz der Achteltriolen (Beispiel 350,
5. Takt, auf vier) ein auffälliges Ritardando – doch, wie gesagt, erst
während der Wiederholung... Alles in allem wendet er denselben Kunstgriff an wie bei seiner demonstrierenden Interpretation der 2. Variation
aus dem Mittelsatz der Appassionata (Notenbeispiel 346).
Wie versteckt, wie verwirrend meisterhaft Beethoven in der Fis-Dur-
Sonate Nuancen und Erweiterungen eingesetzt hat, wird zwingend evident bei einer Episode, die während der Exposition an einen orgelhaften

432

Manualwechsel erinnert, sich aber in der Reprise zu einem Binnendrama weitet. Bei Brendel hört man ein empfindsames Wunder. Während der Exposition scheint es sich noch um eine sprechende, schöne, aber nicht eigentlich pointierte Akkordfolge zu handeln (Notenbeispiel 350, Takt 7–11). Doch in der Reprise geschieht nun mitten im Wohlvertrauten etwas Neues!

Beispiel 352

Zunächst scheint alles, wenn auch zum *f, ff* gesteigert, wie gehabt zu verlaufen: wieder sind die drei legato-Akkorde (Beispiel 352, 5. Takt) zugleich Abschluß und Neu-Anfang. Wiederum stehen die jeweils folgenden, von Pausen unterbrochenen piano-Takte dazu in einem dialogischen Gegensatz. Das Wechselspiel wiederholt sich freilich ausführlicher als in der Exposition. Aber in den letzten vier Takten (Notenbeispiel 352) passiert etwas geheimnisvoll und geradezu witzig Neues. Zwar antwortet auf die drei Forte-Akkorde (Beispiel 352, 11. Takt) eine piano-Bewegung (12. Takt). Nur: diese piano-Akkorde sind, bei näherem Hinhören und Hinsehen, gar nicht die erwartete Antwort. Es handelt sich nicht um die von Pausen erfüllten, stillen Kontraste, sondern verblüffenderweise um eine leise Verdoppelung und Wiederholung des vorangehenden Forte-Taktes! Man hatte wohlkonditioniert auf den leisen Kontrast gewartet und vernimmt nun stattdessen ein Echo. Jetzt ist alles durcheinander. Auf das leise Echo folgt (Notenbeispiel 352, vorletzter Takt), verspätet und unbehaust, die verschobene Antwort. Beethoven hat also einen leisen Takt eingefügt (Notenbeispiel 352, zwölfter Takt), der zwar auch logisch wirkte, es aber im Kontext gar nicht war, sondern durchaus eine zarte Überraschung. Bei Brendel wird diese raffinierte Nuance zum Augenblick verklärter Fülle. Der Künstler gibt dem Piano zarte Farbe und läßt den nächsten Takt – wie von solcher Neuartigkeit überrascht – leise und langsam nachklingen. Dem abgewandelten Formverlauf entspricht ein verdeutlichendes Ritardando.

Erweiterungen, Phasenverschiebungen, Doppelsinnigkeiten lassen sich aus dem Verlauf des ersten Satzes der Fis-Dur-Sonate in mannigfacher Weise herausspüren – und sensiblen, ja bewußt-nervösen Pianisten gelingt es durchaus, diese vielfältigen Strukturen zu poetisieren. Und doch wäre die Sonate unproblematisch, das heißt, sie wäre zwar kompliziert, aber immerhin zumindest eindeutig kompliziert, wenn sie solche Interpretationen zwingend verlangte. Das ist jedoch nicht der Fall. Ihr Glanz, ihre im schumannhaften Finale *aufschwung*hafte Ritterlichkeit, die häufigen *ff*-Vorschriften im passagenbelebten ersten und im pedalrauschenden zweiten Satz lassen auch eine unbeschwert brausende, dem Wohlklang, der temperamentvollen Glücksbekundung huldigende Interpretation zu. Ob man solche, Mendelssohn, Schumann, Liszt, Tschaikowsky antizipieren den Interpretationen, wie etwa Robert Casadesus, Tatjana Nikolajewa und mit brillanter Konsequenz Egon Petri sie geboten haben, nun »altmodisch« oder »romantisierend« (was ja bei einem 1809 komponierten Werk eher das Gegenteil von altmodisch wäre) nennen soll, bleibt reine, gleichgültige Definitions-Frage.

Am Beginn der Durchführung des Kopfsatzes, die sich zu bewegtem und schließlich brausendem Fortissimo-Unisono-Passagen-Spiel steigert, stoßen die beiden Tendenzen, nämlich die virtuos auftrumpfende und die verhalten tastende Seite der Fis-Dur-Sache zusammen. Das Hauptthema kadenziert zunächst großspurig sonor (Notenbeispiel 353, 4. und 5. Takt), es kann gar nicht majestätisch genug klingen. Dann, im sechsten und siebten Takt des Notenbeispiels 353, erscheint, unterhalb der Sechzehntel-Begleitung, ein *pp*-gis, Pause, danach ein fisis. Nun setzt das Hauptthema links in gis-Moll an. Aber erst beim zweiten Ansatz, diesmal in der rechten Hand (Notenbeispiel 353, 8. Takt) erscheint es vollständig, und ein brillantes, vornehmer formuliert, ein geistreiches Passagenspiel beginnt.

Brendel macht die leisen, tastenden, verhaltenen Einwürfe zum »eigentlichen« Ereignis. Doch Casadesus und Petri (der Busoni-Schüler und bedeutende Liszt-Interpet), die dem Schwung vertrauen, der reich auskomponierten Oberfläche, müssen darum keineswegs eindeutig im Unrecht sein. Die Sonate ist weder Dissoziations-Studie noch dionysi-

sches Tableau, sondern beides nicht nur oder beides zugleich. Interpreten, die den pianistischen Glanz und die komponierte Geheimnisfülle ganz herstellen wollen, müssen imstande sein, Satz und Gegensatz zugleich zu sagen, zu spielen.

Beethoven hat immerhin das seine getan, Verwirrung zu erzeugen und zu kaschieren. Oft, zum Beispiel am Schluß des ersten Satzes, sind die selbstbewußt kontinuierlichen Passagen, die den Verlauf zu beherrschen scheinen, Nebensache und die diskontinuierlichen Akkorde oder Ansätze wiederum Hauptstimme. Im Finale erscheinen – Notenbeispiel 354 – Überleitungsbewegungen zum Vexierspiel verwirrt: man orientiert sich beim rasend raschen Wechsel daran, daß man die starken Taktteile – 1. und 3. Achtel – auf gleicher Höhe oder tiefer als die folgenden schwachen Taktteile erwartet. Das geht bei einiger Geistesgegenwart des Interpreten und des Hörers ganz gut. Nur wenn man sich aufatmend gerade an diese Verlaufsform gewöhnt zu haben meint, wird sie umgedreht. Die schwachen Taktteile liegen plötzlich tiefer. Da geht dann jede Orientierung verloren, und man ergibt sich in ein impressionistisches Vexierspiel, bis die letzten beiden Takte dann wieder die alte Ordnung herstellen und das Hauptthema herbeiführen. Die Stelle kann – wenn Annie Fischer sie spielt – aberwitzig, ja bewußt absurd klingen... Nur brillant und geradeaus gemeistert, erinnert sie unter Egon Petris Händen bloß an Liszts »Gnomenreigen« oder, bei Tatjana Nikolajewa, an entsprechende Überleitungswitze aus dem Finale des Tschaikowskischen b-Moll-Klavierkonzertes.

Beispiel 354

Daß der Beginn des Finales dialogisch aufgebaut ist, daß eine *pp*-Vorschrift während des Hauptthemas keineswegs besagen muß, die empfindsame Phrase solle langsamer gespielt werden, daß Beethoven hier – wie später und noch entschiedener im ersten Satz der e-Moll-Sonate Opus 90 – aus dem Gegensatz von kurzem und langem Phrasenschluß, von staccato- und legato-Fortspinnung eine effektvolle Entwicklung gewinnt, das alles wird zwar wegen der beträchtlichen Virtuositätsanforderungen des Satzes häufig übersehen und unterschlagen. Aber es handelt sich dann nicht um erwähnens- und erwägenswerte Auffassungen, sondern um schlichte Kunstfehler.

Am Schluß »beruhigt« sich das immer wiederkehrende Hauptthema insofern, als Beethoven in der apotheosenhaften Coda weniger Staccato-Punkte notiert. Es scheint, als solle ein zärtlicherer, gebundenerer Ton herrschen. Gulda, dem Finale brillant gewachsen, behält die Übersicht, diese Entwicklung hervorzuheben und sogar in einem freien, verbreiterten Ausschwingen kulminieren zu lassen. Wahrscheinlich erfassen nur diejenigen Pianisten den chevaleresken und virtuos gebändigten Geist dieses Finales ganz, die zwar »Beethoven«-Spieler sind – aber nicht nur Beethoven-Spieler, sondern auch Schumann-Interpreten und Liszt-Bewältiger.

25. SONATE

Sonatine Opus 79 G-Dur (1809)

Presto alla tedesca
Andante
Vivace

Problemlos, prägnant. Eine fast übermütige Demonstration leichthändiger Meisterschaft. Energisch brillant die knappen Ecksätze, verhalten ausdrucksvoll das g-Moll-Andante.

Das von Beethoven ausdrücklich als »Sonatine facile« oder »Sonatine« bezeichnete Stück scheint bewußt unkompliziert gehalten, spielt mit der elegant beherrschten Form und dem Instrument wie die Katze mit einer quicklebendigen Maus. Da bleibt kein Vieldeutigkeitsrest. Beethoven hat hier so eindeutig und direkt komponiert wie der »späte« Mozart die ›Sonata facile‹ KV 545, die in Mozarts eigenem Verzeichnis »Eine kleine Klavier Sonate für anfänger« heißt.

Dem vergnüglichen Terz-Spiel in der Durchführung des ersten Satzes verdankt das Stück seinen Beinamen »Kuckucks-Sonate«. Tatsächlich beherrscht aber die Terz nicht nur – als Kuckucksruf – die Durchführung, sondern sie prägt das Thema des Kopfsatzes, ist entscheidendes Intervall sowohl des g-Moll-Themas als auch des Es-Dur-Mittelteils im Andante und findet sich wieder im Beginn des Vivace. Es wäre unangemessen, in diesem lustig-luftigen Stück Terz-Konstruktions-Geheimnisse à la Hammerklaviersonate aufspüren zu wollen. Aber wer die Sonatine sorgfältig durchanalysiert, dürfte ohne weiteres beweisen können, was ohnehin kein vernünftiger Mensch bezweifelt: nämlich, daß auch dies niemals langweilig regelmäßige oder pedantisch trockene Werk die Hand des reifen Beethoven erkennen läßt.

Der erste Satz bietet nicht so schrecklich viel zu »interpretieren«, um so mehr aber zu spielen, denn das »alla tedesca«, das auf den »Deutschen Tanz« oder Schnellwalzer hinweist – und von manchen Pianisten leider nur mit »derb« oder »urwüchsig« übersetzt wird –, widerlegt ja die Presto-Forderung nicht im mindesten. Weil Beethoven die halbe Note des Hauptthemas (2. Takt des Notenbeispiels 355) sowohl zu Beginn der

Durchführung als auch am Anfang der Reprise mit einem *sf* versehen hat, spielt Arrau den ersten Takt auftaktähnlich zum (versehentlich? nicht- notierten) sforzato hin, trotz der von vornherein geltenden Forte-Vorschrift. Der französische Pianist Eric Heidsieck, dem eine besonders geistvolle und reaktionssichere Darstellung dieser Sonate zu danken ist, rundet das Hauptthema dadurch sehr hübsch ab, daß er die beiden abschließenden Terzen (Notenbeispiel 355, 7. Takt) am Schluß als leicht bremsenden, pompösen Gegensatz zum stampfenden Anfang erscheinen läßt.

Beispiel 355

Je nachdem, ob die Pianisten Beethovens »leggiermente«-Vorschrift für die Überleitungspassagen als Aufforderung zu luftiger Trockenheit oder zu empfindsamer Eleganz verstehen, nehmen sie während der Passagen die Zieltöne langklingend ins Pedal (Kempff, Brendel), oder als trocken detachierten Abschluß. (Yves Nat). In diesem Presto entscheiden nicht geistreiche Umwege und Einfälle, sondern es kommt auf federnde Direktheit an, die trotzdem nicht zu klangfarbenarmem oder unnuanciertem Spiel führen darf. Am Ende der Durchführung wird eine Interpretationsentscheidung nötig. Hat Beethoven da den Zweierrhythmus der fallenden Kuckucksruf-Terz in der linken Hand bewußt gegen den Dreivierteltakt gesetzt? Paul Badura-Skoda versteht die Stelle sehr reizvoll so – während Gábor Gabos die harmonische Steigerung der rechten Hand für den eigentlichen Sinn dieser Entwicklung zu halten scheint.

Beispiel 356

Im Andante, das seit Hans von Bülow quer durch die ganze Literatur immerfort als Urbild der Mendelssohnschen ›Lieder ohne Worte‹ bezeichnet wird (so daß es nicht unkomisch ist, wenn Paul Badura-Skoda, wie einer

Eingebung folgend, feststellt: »Eine italienische Canzone, Lied ohne Worte, möchte man dies schöne, schwermütige g-Moll-Stück nennen«), läßt Beethovens Espressivo-Forderung kontrastierende Phrasierungs-Möglichkeiten zu. Die Melodie variiert ausdrucksvoll ihre verschieden kadenzierenden Schlußwendungen. Müssen die Abweichungen mit hingebungsvollem Nachdruck artikuliert werden (was bei Arrau zu einem heftigen emphatischen »Drücker« führt)? Oder ist es angemessener, die Musik möglichst elegisch und unbewegt für sich selber sprechen zu lassen, trotz der crescendo-Vorschriften und der Artikulations-Hinweise (Kempff)?

Den Übergang vom Es-Dur-Mittelteil zum g-Moll-Satz spielt Schnabel so bedeutungsvoll, als ob die Spannungen zumindest des langsamen Satzes der 9. Symphonie zur Diskussion stünden. Am Schluß des Andantes hat Beethoven eine zarte Phrasierungs-Pointe versteckt. Der vorletzte Takt wiederholt — ohne Begleitung, ganz akkordisch, von Pausen ausgetrocknet —, was der drittletzte Takt als ausgeführte Melodie bot. Die Schwierigkeit liegt darin, auch den Übergang zum letzten Takt, der durch keine Pause erleichtert wird, sinnvoll vorzuführen.

Beispiel 357

Ganz zwingend kommt dieser Schlußeffekt bei Eric Heidsieck heraus. Heidsieck artikuliert schon den drittletzten Takt (2. Takt des Notenbeispiels 357) im Hinblick auf die Schlußwendung auffällig abgesetzt. Nun kann er ohne weiteres, ohne Gewaltsamkeit, auch zwischen vorletztem und letztem Takt eine verdeutlichende Zäsur eintreten lassen.

Das Vivace-Thema des letzten Satzes soll »dolce« gespielt werden — eine Vorschrift, die Arrau als Alibi für relative Ruhe benutzt, genauso wie er im Kopfsatz das »alla tedesca« als Lizenz für Langsamkeit verstand. Nun kann man in der Tat aus der immer beweglicheren Begleitung, die im Verlauf des kurzen Sätzchens dem Vivace-Thema zuteil wird, herauslesen, zunächst spiele das melodische, dann zunehmend das rhythmische Element eine Rolle: wie es im Kehraus-Finale einer brillanten Sonatine ja durchaus logisch wäre. Trotzdem heißt Vivace nicht Moderato. In der e-Moll-Episode, die dem Rondo-Thema folgt, steht ein charakteristisch pochender Gedanke, auf den der Satz nie mehr zurückkommt:

Friedrich Gulda, dem die klare und gespannte Prägnanz der G-Dur-Sonatine sehr »liegt«, lädt die Akkord-Wiederholungen (Notenbeispiel 358, 7. und 8. Takt) mit so viel Energie auf, daß man förmlich spürt, wie diese Dynamik die Musik weitertreiben muß, dem nach 11 Überleitungs-takten dann endlich wieder erreichten Hauptthema zu.

Heidsieck hat sich für das Vivace eine sehr reizende Nuance zurechtge-legt: um den Bewegungsimpuls zu unterstreichen, betont er die Passagen der C-Dur-Episode immer kräftiger als die jeweiligen Akkorde:

Beispiel 359

Und damit dieses keineswegs schrecklich belangvolle Prinzip nicht allzu unvermutet erscheine, bereitete Heidsieck es vor, indem er bei den Akkordwiederholungen (Notenbeispiel 358) nur den Auftakt akzentu-ierte, die vier e-Moll-Akkorde danach jedoch ziemlich verhalten repe-tierte. Daß Heidsieck am Schluß des Satzes, während des crescendos bis hin zum plötzlichen piano, ein strettahaftes accelerando macht, paßt zum mobilen, heiterflüchtigen Geist dieses Satzes. Man kann einwenden, es sei nicht vorgeschrieben. Aber wenn es doch Spaß macht? Als Geza Anda, blutjung, zusammen mit Wilhelm Furtwängler César Francks ›Symphonische Variationen‹ für Klavier und Orchester einstudierte, ver-langte (so erzählt Anda) der Dirigent in der letzten Variation eine stür-mische Beschleunigung. »Warum?«, fragte der neunzehnjährige Geza Anda überrascht. »Na, weil es auf den Schluß zu geht, du Esel«, antwor-tete Wilhelm Furtwängler lachend.

26. SONATE

Sonate Opus 81a ES-Dur (1809/10)
Les Adieux

Das Lebewohl (Les Adieux) Adagio – Allegro
Abwesenheit (L'Absence) Andante espressivo
Das Wiedersehen (Le Retour) Vivacissimamente

Beethoven hat dieses Werk in einem Brief an den Verlag Breitkopf & Härtel (vom 2. Juli 1810) als »charakteristische Sonate« angekündigt. Ins Autograph schrieb er den Titel samt Begründung: »Das Lebe Wohl / Vien am 4ten May 1809 / bej der Abreise S. Kaiserl. Hoheit / des Verehrten Erzherzogs / Rudolf«. Die drei Sätze vertonen drei Phasen einer Beziehung zwischen zwei Menschen: Abschied, Abwesenheit, Wiedersehen. Dabei geht es nicht um mehr oder minder verborgene Programmatik. Die Sonate nennt ihr charakteristisches Programm, führt es buchstäblich aus und heißt nach ihm: »Les Adieux«.
Wenn Beethovens Klaviersonaten Beinamen tragen, ist Vorsicht geboten. An der Popularität, die sich mit derartigen leicht zitierbaren Bezeichnungen verbindet, kleben fast immer Mißverständnisse. Sei es, daß diese Beinamen unsinnig sind (»Hammerklaviersonate«), irreführend (»Appassionata«), ablenkend (»Mondschein-Sonate«) oder, wie im Falle von Opus 81a, ärgerlich ungenau, weil Beethoven »Lebewohl« meinte, aber auf »Adieux« festgelegt wurde. Es ist nicht ohne Ironie, daß dies ausgerechnet einem literarisch so interessierten und beschlagenen Komponisten widerfuhr, wie Beethoven es war – durchaus im Gegensatz zu vielen Nur-Musikern vor ihm. Wie hellhörig Beethoven auch Worte zu wägen wußte, belegt sein tief verärgerter Brief vom 9. Oktober 1811 an Breitkopf & Härtel: »Eben erhalte ich das Lebewohl usw.; ich sehe, daß Sie doch auch andere Exemplare mit französischem Titel (herausgeben wollen). Warum denn? ›Lebe wohl‹ ist etwas ganz anderes als ›les adieux‹. Das erstere sagt man nur einem herzlich allein, das andere einer ganzen Versammlung, ganzen Städten.«
Die drei Anfangsakkorde vertonen ausdrücklich und buchstäblich das »le‑be‑wohl«, und auch die drei Sonaten-Sätze haben ein Pro-

gramm: Abschied, Abwesenheit, Wiedersehen. Ohne Mühe lassen sich dabei Schmerz, langsam verschwindendes Pferdegetrappel, das Abschiedswinken und der Wiedersehensjubel aus der Musik herauslesen und heraushören.

Also Programm-Musik? Diese Frage wird oft dahingehend beantwortet, daß dem Werk zwar ein Programm zugrunde liege, daß man es aber auch ohne jedes Programm, als »absolute« Musik, hören und würdigen könne.

Mit diesem stets plausiblen »sowohl – als auch« brauchen wir uns nicht zufriedenzugeben. Denn: kein äußerer, programmatischer Vorgang ordnet hier die vergehende Musikzeit. Die Verlaufsform der »Les Adieux«-Sonate ist durchaus und ohne jeden Abstrich so sonatenhaft wie bei Pathétique oder Kreutzer-Sonate, die ja auch mit langsamer Einleitung anheben. (Ein echt programmatisches Gegenbeispiel wäre »Till Eulenspiegels lustige Streiche« von Richard Strauss. Zwar »Rondo« genannt, beginnt dies Stück mit dem Auftritt Tills, dann illustriert es nacheinander sein Liebeswerben, seine Enttäuschung, seine Streiche. Es endet damit, daß Till am Galgen verröchelt, bevor eine Coda sein Thema apotheotisch verklärt...) Die unleugbar existente und charakteristische programmatische Tendenz der »Les Adieux«-Sonate bereichert den Sonatenkosmos, setzt ihn indessen nirgendwo außer Kraft. Abschieds-Unrast, Trennungsschmerz und Wiedersehensjubel sind hier ein Widerstand. Die Sonate umschließt, und ordnet!, ihr mitkomponiertes Programm: »Les Adieux« steht darum keinen Augenblick auf der Seite der Programm-Musik.

Niemand kann, niemand darf ganz klar entwirren, ganz penibel auseinanderklauben, wann denn nun in der Les Adieux-Sonate die realistische Tonmalerei aufhört und die »Vergeistigung« anfängt, wie sich Illustration und Abstraktion zueinander verhalten, wo genau die Grenze liegt zwischen skeletthafter, in altertümlichen »Pfundnoten« vorgetragener, das »Lebewohl« signalisierender Polyphonie und den impressionistischen, zumindest subtil chromatischen Effekten. Auch die Les Adieux-Sonate macht – wie so manches große Kunstwerk – ein Geheimnis daraus, wann sie ihr Problem, ihr Programm entwickelt oder wann sie sich in die Eigengesetzlichkeit ihrer Spielform verschließt. Diese beiden Komponenten lassen sich nicht fein säuberlich auseinanderlegen, was keineswegs den Schluß erlaubt, sie seien identisch. Erst wenn das Lebewohl-Signal und die Lebewohl-Trauer, schmucklose Monotonie und schwungvoller Ernst, expressive Empfindsamkeit und die rauschhaft rasche, namenlose Freude des Finales sich

die Waage halten, erst dann offenbart die Les Adieux-Sonate ihre
reine Philosophie des Abschieds. Zumal der erste Satz erfordert eine
spirituelle, fast philosophische Interpretationshaltung wie kein anderes Werk Beethovens zuvor.

Wichtig, gewichtig, nicht nur den Moment prägend, sondern die Entfaltung eines ganzen Satzes, wenn nicht Werkes, so sind in Beethovens
Instrumentalmusik fast ausnahmslos die Anfänge beschaffen. Kein
Zufall, daß bei der Betrachtung der Klaviersonaten stets die ersten Takte
der Kopfsätze allergrößte Aufmerksamkeit beanspruchten. Widerspricht
diese Beobachtung der oft vorgetragenen Hypothese, daß nämlich Beethovens große Sonaten-Sätze ein gestaltetes »Werden« und spannungsvolle Entwicklungs-Logik vorführen? Gewiß nicht. Gerade weil es bei
Beethoven in höherem – das heißt, in einem auch an Überraschungen,
Verkürzungen, Kontrasten und Hinzufügungen reichen – Sinne
überwältigend logisch und planvoll geordnet zugeht, gerade darum sind
natürlich die ersten Töne und die Richtung, die sie in der Sonate wie in
der jeweiligen Interpretation nehmen, entscheidend. Ob wir an den
Beginn von Waldstein-Sonate und Appassionata oder an die relativ
spontaneren Anfänge der Fantasie-Sonaten Opus 27 zurückdenken:
jedesmal fallen sogleich in den ersten Takten Entscheidungen, die unwi-
derruflich sind und sich im Irrtumsfalle auch nicht einfach wieder-
gutmachen lassen. Von solchen Verpflichtungen wissen oder fühlen nur
die schlechten Musiker, schlechte Dilettanten nichts, zu deren Definition
gehört, daß sie nicht spüren, worauf sie sich einlassen, wenn sie
bestimmte Interpretationshaltungen wählen oder nicht wählen. Nur der
schlechte Dilettant kann, als habe er sich beim Telephonieren verwählt
und drehe nun einfach Zahlen neu, ohne weiteres, unbefangen und von
keinen Skrupeln geplagt, sein Tempo ändern, falls er sich anfangs vertan
hatte.
Gute Musiker indessen wissen oder fühlen, daß die ersten Töne unabseh-
bare Verpflichtungen nach sich ziehen. Was mit dem Anfang anfängt,
das kann erweitert, modifiziert, verstärkt, eingeschränkt, – aber nicht
ungeschehen gemacht werden. Aller Anfang ist schwer, ist ein kleiner
Schöpfungsakt. Und der Sonaten-Komponist Beethoven hat nie harmlos
präludierende, unkonzentriert wabernde oder gar lächelnd unernste
Anfänge niedergeschrieben, um dann allmählich und lässig »zur Sache«
zu kommen.
Trotzdem besteht ein Wesensunterschied zwischen dem Adagio-Beginn
der Les Adieux-Sonate und allen früheren Einleitungen.

Die 16 Anfangstakte der Les-Adieux-Sonate sind mehr als Portal oder Einstimmung. Sie enthalten auch mehr als immerhin das »Motto« für den ersten Satz und alles, was ihm folgt. Diese Einleitung beschwört – im musikalischen wie im übertragenen Sinne – das Thema des Werkes, den Hintergrund aller ausdrucksvollen Qual. Die ganze Sonate bezieht sich auf das Faktum und den Affekt dieser Adagio-Anfangstakte. Der Beginn ist zwar nicht so lang, aber so wichtig und gewichtig wie Allegro, Andante und Vivacissimamente zusammen. Die Entfaltungen des ersten Satzes, die wörtlich zitierende Coda: alles wird durchwirkt vom vielfach ertönenden »Le – be – wohl«. Und ohne diesen Abschied wäre weder die Abwesenheits-Meditation des zweiten noch die Wiedersehens-Exaltation des dritten Satzes zu denken.

Natürlich hängt die Eindringlichkeit dieser 60 bis 100 Anfangssekunden (so groß ist die Tempo-Differenz zwischen der langsamsten und der relativ raschesten Wiedergabe des Adagio-Beginns) damit zusammen, wie ausdrucksvoll ein Interpret die Lebewohl-Meditation vorzutragen versteht. Aber – und darin liegt der Unterschied zu allen früher von Beethoven komponierten Einleitungen – hier geht es um mehr als nur um »Ausdruck« und glühend persönliches espressivo. Das Grave der Pathétique oder die majestätischen Einleitungs-Akkorde der Kreutzer-Sonate für Klavier und Violine Opus 47 springen den Hörer gewiß direkter an. In der Les Adieux-Sonate sind die Abschieds-Akkorde jedoch nicht nur Ausdruck innerer Erregung, sondern zugleich objektives Zeichen. Ein Aufbruchs-Signal, das von draußen tönt, Posthörner, die zur Trennung mahnen. Also Musik, die zugleich ungerührt signalisiert, was nicht zu ändern ist, und erschüttert tönt, daß nicht zu ändern ist. Mischung aus Schmerz-Bekundung und Stundenschlag, darum unheilbarer vielleicht als jene allzu persönlichen Erregungen, die ja meist auch ein wenig sich selbst und ihre expressive Geste genießen, während die Lebewohl-Terzen und -Quinten sich auf »Ausdruck« zugleich nicht einlassen und doch einlassen. Dem transsubjektiven Signal-Charakter dieses Beginns, der geheimnisvollerweise sein Klage-Echo miterklingen läßt, entspricht die doch hoch über alle Signalhaftigkeit und Illustrations-Tendenz wegtönende Spiritualität am Ende des Kopfsatzes. Von solchen letzten Dingen handelt Beethovens musikalische Abschieds-Philosophie. Die Beethoven-Spieler unseres Jahrhunderts haben nicht zufällig für fast jeden Takt des Les Adieux-Beginns besondere Interpretations-Möglichkeiten entdeckt.

Nur allzu plausibel erklären sich die ersten drei Akkorde selbst. Ein »Le – be – wohl« meinen sie also. Auf Hörnerklang – den der »Schwager« beim Losfahren der Postkutsche produziert – spielen sie an. Aber ein c-

Moll-Trugschluß (Notenbeispiel 360, Anfang des 2. Taktes) führt dunkle Farben ein. Dieser Lebewohl-Feststellung folgt eine empfindsam expressive Kantilene. Danach wiederholen sich die Lebe-wohl-Akkorde – melodisch unverändert, harmonisch weit in die Ferne modulierend (nach Ces-Dur, Notenbeispiel 360, letzter Takt).

Beispiel 360

Dem zweiten »Le – be – wohl« antwortet eine noch empfindsamere, reicher auskomponierte Fortspinnung.

Zwischen »Geschehen« und »Kommentar« unterscheidet Jürgen Uhde (a. a. O., S. 278), der im Zusammenhang mit Les Adieux sehr anregend-ausführlich nachgedacht und in der Sonate ein ständiges Eins-Sein von Ende und Anfang fixiert hat. Er deutet, etwa bei dem ersten c-Moll-Trugschluß (Notenbeispiel 360, 2. Takt) die Töne der rechten Hand als »Ende«, die überraschende Baß-Oktave der Linken als Anfang. Doch weil dieser dritte Akkord sehr leise und langsam fast einen ganzen Adagio-Takt lang verklingt und weil davon schwerlich auch ein deutlicher, die folgende Entwicklung provozierender »Anfangs«-Impuls aus-strömen kann – abgesehen davon, daß die Musik halt weitergeht, wenn hier auch durch keinen Legato-Bogen zusammengehalten –, darum wirkt Uhdes Interpretation forciert. Übrigens habe ich auch noch nie erlebt, daß ein Pianist die kleine Terz der linken Hand (Notenbeispiel 360, 2. Takt) so gespielt hätte, als ob sie von der vorhergehenden Baß-Oktave, Uhdes vermeintlichem »Anfang«, erzeugt worden wäre. Nein, nein, im verklingenden »wohl« liegt kein Anfang ...

Am Ende der Adagio-Einleitung bleiben vier fast analoge Akkordfolgen übrig, von jeweils gleich langer Pause unterbrochen. Die Akkorde chan-gieren von es-Moll nach as-Moll und verhallen schließlich in As-Dur. Wäre die Sonate nichts als die Darstellung eines von der Abschiedstrauer über Abwesenheitskummer zum Wiedersehensjubel reichenden seelischen Programms, dann müßte man darüber rätseln, warum die »Lebe wohl«-Einleitung nicht in Moll schließt. Aber sie tut es nicht, und zwar ausdrücklich nicht, wie das Notenbeispiel 361 zeigt:

Beispiel 361

attacca subito l'Allegro

Bei alledem geht es nicht nur und nicht in erster Linie um ein »Geheimnis«, das herauszufinden und dann tönend herauszubringen wäre, sondern um eine trotz aller Differenziertheit eindeutige, erfaßbare Interpretationsaufgabe.

Arrau, Kempff, Rubinstein, Schnabel und Solomon, aber auch Backhaus, Gelber, Leopold Godowsky und der leider kaum mehr öffentlich spielende Schnabel-Schüler Hans-Erich Riebensahm (1906 in Königsberg geboren), der einst sämtliche Beethoven-Sonaten geistvoll und leidenschaftlich gemeistert hat und von dem eine tief philosophische, wenn an ein paar Stellen auch letzter pianistischer Gleichmäßigkeit entbehrende Einspielung des Werkes vorliegt: sie alle haben dieser Einleitung mehr abzugewinnen vermocht als nur schöne, traurig tönende Musik. Sie alle haben die Szenerie, die Abschied heißt, so philosophisch und gewichtig zu interpretieren verstanden, daß die schweren 16 Anfangstakte über alle Einleitungsfunktion hinaus Entwicklung, Schmerz und Jubel des ganzen Werkes auszulösen scheinen.

Wilhelm Backhaus ist der Affektkurve dieser 16 Takte am logischsten gefolgt. Er spielt das erste Lebewohl wie einen ruhigen Anfang, nur wie ein objektives Signal (Notenbeispiel 360, Takt 1–2). Erst bei der Wiederholung, wenn die gleichen Takte reicher und subtiler ausgesetzt erklingen (Notenbeispiel 360, vorletzter und letzter Takt), läßt Backhaus schmerzliche Nachdenklichkeit mitklingen, so als habe das Subjekt dieser Sonate die gleiche Verwandlung durchgemacht wie die plötzlich so differenziert ausharmonisierten »Le – be – wohl«-Akkorde.

Spricht man im Deutschen die Worte »Lebe wohl«, um Beethovens Brief zu zitieren, »herzlich allein« aus, nicht als laute, lustige Aufforderung, sondern im *piano espressivo*, dann senkt man beim »wohl« ein wenig die Stimme. Man wird auf keinen Fall lauter, sondern eher ein wenig leiser:

Le – be – wohl . . . Für die Darstellung der ersten Takte hat das eine technische Konsequenz: wenn die Stelle nicht affektiert klingen soll, sondern natürlich und richtig, muß offenbar die dritte dieser Le – be – wohl-Silben am leisesten herauskommen, obwohl ja bereits die erste nur piano espressivo angeschlagen werden durfte. Beträchtliche Feinhörigkeit und Anschlagsdisziplin sind vor allem darum vonnöten, weil der »eigentlich« leiseste Akkord, der Trugschluß, am stärksten ausgesetzt erscheint. Er hat doppelt so viele Töne wie vorher Terz und Quint (die aber lauter sein müssen), und er hat ein Baß-Fundament, das zunächst auch fehlte. Gedankenlos und naiv vorgetragen, klingt darum der Akkord auf »wohl« viel lauter als die beiden Vorgänger.

Den reichsten Akkord im Kontext leiser anzuschlagen, ohne daß doch irgend etwas wegfiele (denn in der manchmal so skeletthaft starren Es-Dur-Sonate ist jeder Ton bedenklich und verfänglich), auf diese zarte Ungeheuerlichkeit kommt es sogleich an. Man übertreibt nicht, oder hoffentlich nicht allzu sehr, wenn man bereits hier einen bezeichnenden Unterschied zwischen »mittlerem« und »spätem« Beethoven konstatiert: der Komponist der »Leonore« unterschied noch (und in der späteren ›Fidelio‹-Fassung beließ er es dabei) ungerührt zwischen dem überhaupt nicht empfindsam vorzutragenden objektiven Trompeten-Signal, das »hinter der Szene« die Ankunft des rettenden Ministers ankündigt, einerseits, und den subjektiv überwältigten Gefühlen andererseits, die dieses Signal in den Betroffenen auslöst. In der Les Adieux-Sonate erscheinen Signal und Empfindung auf eine Weise ineinandergefügt, für die es denn doch nur ein gewiß nicht leichtfertig anzuwendendes Wort gibt: den Begriff »symbolisch« im Goetheschen Sinn.

Kein Pianist hat das herber und tiefsinniger fixiert als Solomon. Solomon wählt eine fahle Farbe und ein langsames Tempo für den Anfang – die Akkorde klingen ruhig, fast unbewegt aus, sind nicht von allzuviel Affekt und Empfindsamkeit belastet. Aber Solomon bringt nicht nur das Leiserwerden der doppelten »Le-be-wohl«-Beteuerung heraus. Er macht vor dem Akkord auf »wohl« (Notenbeispiel 360, Takt 2 und Takt 8, jeweils auf »eins«) ein völlig überraschendes und logisches, winziges, verhaltenes, schmerzliches Zögern. So als ob der Abschiednehmende nicht übers Herz brächte, die Abschiedsformel zu Ende zu sprechen. Als ob Zögern hier einer Beschwörung gleichkäme: solange das Signal nicht verklungen ist, bleibt alles gut . . .

In fühlbarem Gegensatz zu den »Le – be wohl«-Takten steht sogleich danach die reich verzierte und chromatisch gefügte Fortspinnung. Unauffällig, aber wichtig ist die seltsam dünne Vereinzelung einer (Auftakt-)Geste innerhalb dieses Zusammenhangs. Leopold Godowsky (1870–1938), dessen technische Beschlagenheit so außerordentlich gewesen sein muß, daß sich den Kollegen vor Bewunderung und Schrecken die Haare sträubten, wenn sie zuhörten, wie er seine Chopin-Kombinationen (mehrerer Etüden zugleich) vortrug, Leopold Godowsky stellte bei der Interpretation der Les Adieux-Sonate seine Virtuosität keineswegs in den Dienst unangebracht brillanter oder äußerlicher Wirkungen. Ihm gelangen nicht nur die Passagen der Ecksätze souverän mühelos, sondern er machte darauf aufmerksam, daß der einsam hohe Auftakt in der Adagio-Einleitung (Notenbeispiel 360, Ende des 4. Taktes) gerade nicht im Kontext von Pedal-Legato und fließend zusammenhängendem Spiel erscheinen, sondern ganz allein, wie isoliert, gleichsam klirrend für sich stehen sollte nach deutlicher, von Beethovens Phrasierungszeichen übrigens durchaus nahegelegter Zäsur.

Die Zäsuren und die Pausen werden am Schluß der Einleitung immer wichtiger. Da legt sich der Eindruck nahe, Musik sei Vehikel einer Illustrationsabsicht. Aber eine solche Deutung wird von dem, was bei dieser Illustration schließlich herauskommt – nämlich der Umschlag vom Moll zum Dur – offenbar angefochten. Gewiß: die exakt aufeinander bezogenen, sich wie durchartikulierter Satz und Gegensatz entsprechenden, von gleich langen Pausen getrennten Akkordfolgen nehmen fast rezitativischen Charakter an. Die Unterbrechungen wirken bei Artur Schnabel wie ein »Stocken«, als ob der Atem versage – (Notenbeispiel 361, vor allem im letzten Takt). Zart, nicht ohne hintergründigen Humor, hat Wilhelm Kempff diese scheinbar so klare Entwicklung gedeutet. Die vier Akkordfolgen, die schließlich in As-Dur enden (Notenbeispiel 361), sind ja verschieden zu phrasieren: zunächst faßt ein Bogen die jeweils ersten beiden Akkorde zusammen, später dann die ersten drei, wobei aber ein Crescendo befiehlt. den zweiten Akkord (Notenbeispiel 361, 3. und 4. Takt) hervorzuheben. Kempff führt diese Vorschriften, um eine Schwebung übertrieben, »sprechend« aus: das Logische wird bei ihm gesteigert zum Charakteristischen, Unverkennbaren, Durchartikulierten. Man begreift, gerade weil man die sanften Überdeutlichkeiten von Fall zu Fall wiedererkennt, daß es sich um ausgesprochene Wiederholungen der einzelnen identischen Phrasen handelt. Und zwar um eigensinnige Wiederholungen. Wenn die dritte Akkordfolge endlich bei as-Moll ist und sich und das schmerzliche Ende der Einleitung nahe herbeigekommen scheint (Notenbeispiel 361, 3. Takt), dann spricht, bei Kempff, die vierte Akkordfolge diesen Satz offensichtlich genau nach. Aber in Dur! Ein eigensinniges: »Nun gerade nicht!« klingt mit. Moll soll nicht sein, darauf besteht die Komposition mit zarter Gewalt. Sie weiß es gegen jede Wahrscheinlichkeit eigensinnig besser. Und das Allegro kann beginnen.

Die nervöse, herrlich in sich kreisende Unruhe dieses Allegros, in dem es außer zahlreichen Anspielungen auf das »Lebe wohl«-Motto kaum kompakte, selbstsichere und sonor ausschwingende melodische Ereignisse gibt – so charakteristisch das erste Thema auch geführt ist zwischen enger Chromatik und reinen Oktavsprüngen –, spielt Claudio Arrau nicht sehr rasch (oder gar, wie Pollini und Gulda es tun, technisch allzu mühelos, glatt, ja elegant), Arrau kommt es eher auf die Betonung des Widerborstigen, Durchrhythmisierten, auf Abzüge und Tonwiederholungen an. Arrau läßt dabei, und hier entscheiden Nuancen, die melodischen und harmonischen Vorgänge um eine Schwebung weniger wichtig erscheinen; dafür unterstreicht er Beethovens Phrasierung. Auf diese Weise prägt sich der Rhythmus des Allegro-Beginns als relativ bedeutungsvollste Gegebenheit ein.

Beispiel 362

In der Durchführung werden Le – be wohl-Töne und die charakteristische rhythmische Folge (zwei Achtel, ein Viertel) dann teils kombiniert, teils dissoziiert erscheinen.

Im Kopfsatz der Les Adieux-Sonate hat es verfälschende Konsequenzen, wenn liebevolle Pianisten Beethovens »espressivo«-Forderung mit einer »dolce«-Vorschrift verwechseln. Godowsky, Arrau und Solomon beispielsweise heben hervor, daß bei einer scheinbar kunstlos geführten Überleitung fahle Flüchtigkeit und irre Rastlosigkeit übermächtig kunstvoll komponiert sind. Diese Pianisten phrasieren die konventionellen Bewegungen der rechten Hand tatsächlich fahl, ohne »blühend« oder »singend« spielen zu wollen. Dafür heben sie die oberen Töne der linken Hand (Notenbeispiel 363, 2. und 3. Takt) ein wenig heraus. So entsteht eine merkwürdig konfuse, ziellos trippelnde, fast bewußtlose Zweistimmigkeit, die weder allzu gravitätisch unterstrichen, noch auch allzu flüchtig unterschlagen werden darf. Abschieds-Unrast. Auch eine Form der Trauer – kümmerlicher und zugleich bekümmerter wirkend als dicke Trauer-Tränen.

Beispiel 363

Die rastlose Spannung, die den ersten Satz der Les Adieux-Sonate erfüllt, hängt mit der beunruhigenden Doppeldeutbarkeit der gegebenen musikalischen Sachverhalte zusammen. Immer wieder bleibt unentschieden, bleibt zu entscheiden, ob es sich *noch* um quasi innengeleitete Ausprägungen der Sonaten-Verlaufsform oder *schon* um außengeleitete Illustrationen des programmatischen Les Adieux-Vorgangs handele. Claudio Arrau und Hans-Erich Riebensahm riskieren es, am Schluß der Exposition das Moment des Programmatischen hervorzukehren und es gegen die Logik eines absoluten Musikverlaufs zu setzen. Der Seitensatz hebt mit den drei Lebe-wohl-Noten an (Notenbeispiel 364, Takt 2–4) und erweitert sie zu einer abgerundeten Melodie. Daran knüpft sich ein Imitations-Spiel, das als Hintereinander von zwei Stimmen endet, die sich bis in die Tiefe folgen. (Die letzten vier Takte des Notenbeispiels 364.)

Beispiel 364

450

Arrau nimmt hier die Vorschrift »espressivo« genau beim Wort. Das Lebewohl-Thema soll, mit einer Ausnahme vor Beginn der Coda, wo ihm zum ersten Male eine elegante, flüssige Begleitung zugedacht ist, ja immer nur »expressiv« (nicht: »dolce«) vorgetragen werden. Arrau läßt sich weder von dem Umstand, daß die Le – be wohl-Noten hier gesanglich zum Seitenthema erweitert erscheinen, noch auch von dem vermeintlich ausdrucksvollen Seitensatz-Kontrast, den viele Pianisten hier wittern, dazu bestimmen, allzu empfindsam lyrisch abzutönen. Er wählt auch keineswegs ein typisches Gesangsthema-piano, sondern bleibt vielmehr im ausdrucksstarken mezzoforte und spielt die dissonierenden, synkopischen Seufzer der linken Hand (Notenbeispiel 364, 2. und 3. Takt) so kräftig, daß jede lyrisch-versöhnliche Gesangsthema-Assoziation, wie sie der Sonatenverlauf nahelegen könnte, umgangen und ein Tonfall herber Qual hörbar wird. Und Arrau kann sich durchaus auf Beethovens Vorschriften berufen. Wenn der Seitensatz, den Arrau mindestens *mf* nimmt, vorbei ist, hat Beethoven ein *p* (10. Takt des Notenbeispiels 364) vorgeschrieben. Diese Vorschrift wäre, streng genommen, überflüssig, falls Beethoven den Seitensatz selber bereits im *p* hätte gespielt wissen wollen. Sie kann als (indirekter) Ausdruck eines Kontrasts verstanden, also in Arraus Sinn gedeutet werden.

Hans-Erich Riebensahm unterstreicht hier gleichfalls das Moment dissonanter Unruhe, dem viele Pianisten wegen des falsch verstandenen »espressivo« ausweichen. Aber Riebensahm geht beim Artikulieren des programmatischen Gehaltes noch einen charakteristischen Schritt weiter als Arrau. Der musikalischen Logik entspricht Folgendes: wenn am Ende einer Exposition zwei Stimmen im *p* hinabsinken, liegt es nahe, dieses leise Hinabmurmeln als eine auslaufende, immer schwächer werdende Bewegung vorzuführen. Der Les Adieux-Logik indessen entspricht das Gegenteil! Riebensahm demonstriert, daß die beiden einander imitierenden oder »ricercarhaft« *wieder aufsuchenden* Stimmen gleichsam hintereinander her sind: die eine versucht, die andere zu erreichen, sie einzuholen, musikalisch und sinnbildlich. Riebensahm demonstriert das Sinnbildliche, indem er während des fugatohaften Verlaufs nicht leiser wird, sondern immer lauter, erregter, jagender. Nun versteht eigentlich jeder Hörer die von Beethoven komponierte und illustrierte Absicht, auch jemand, der nicht im Lexikon nachblättert, was Ricercare (wiederaufsuchen) oder Fuga (Flucht) eigentlich heißen.

In der Durchführung forciert Beethoven die Isolierung, ja die Austrocknung und Skelettierung der Motive und Partikel. Je dissoziierter, isolierter das rhythmische Motiv hörbar wird, desto unwiderstehlicher legt es die Assoziation eines galoppierenden Pferdes nahe. Im erfüllten raschen Verlauf können die langen Noten und auch die Achtel-Abzüge noch als Bausteine elegisch-virtuoser Klaviermusik (miß-)verstanden werden. Auch eine Pedalisierung, die leere Kargheit verhindern möchte, und ein scharfes Tempo, das den Achteln sprühend faszinierende Lebendigkeit einzuhauchen versucht (Notenbeispiel 365, linke Hand, Takt 3–4): ein solcher, nicht unüblicher Versuch, Beethovens »trockenen« Klaviersatz mittels Pedalschmier-Öl gewinnender zu machen, erbringt zwar noch lange kein wirklich volles Klangbild, verdirbt jedoch um so nachhaltiger die Spannung der Stelle. Beschönigung schlägt um in die Langeweile des Schlecht-Konventionellen. Riebensahm – der im Kontext seines raschen Tempos ein wenig langsamer wird – und mehr noch Claudio Arrau, der sich im Kontext seines verhältnismäßig ruhigen Tempos noch mehr herbe Zurückhaltung auferlegt, deuten die fahle Erstarrung an. Sie machen aus der unter brillanten Fingern oft so harmlos klingenden Verdünnung ein Bild aberwitziger Leere. Die Lebewohl-Töne rechts, das an Pferdegetrappel gemahnende rhythmische Motiv links: ein so vorzüglicher Virtuose wie Hermann Godess spielte dergleichen glatt und sinnig, von keiner bösen Ahnung gewarnt. Aber alles Sinnige ist hier ganz sinnlos...

Beispiel 365

Daß sich Beethoven mit diesem wahrhaft gespenstischen Effekt nicht begnügt, heben Arrau und Riebensahm am Schluß der Durchführung hervor. Der charakteristische Rhythmus der Linken erscheint noch mehr reduziert. Man hört bloß noch ganz leise Achtel. Als ob sich ein Geräusch entferne, langsam alles Spezifische einbüße, allmählich verschwimme, aufhöre. Das komponierte Aufhören des rhythmischen (Pferdegetrappel-)Motivs ist »charakteristische«, unverkennbar programmatische Musik. Robert Schumann, offenkundig beeinflußt von Beethovens Opus 81a, hat das Sich-Aufweichen eines Reiterrhythmus, diesen Zusammenhang zwischen vergehender Zeit, allmählich größer werdender Distanz und nachlassender Deutlichkeit in seinem ›Reiterstück‹ (aus dem ›Album für die Jugend‹, Opus 68) vorgeführt:

Beispiel 366

Nicht weniger plausibel als diese Schumann-Komposition umschreibt auch der Schluß der Durchführung des Kopfsatzes der Les Adieux-Sonate ein Verdämmern rhythmischer Konturen: wenn die relativ charakteristischen Sexten der Linken zu gleichförmigen Oktaven reduziert erscheinen (Unterschied zwischen dem 3. und 4. Takt des Notenbeispiels 367), und wenn dann auch die rhythmische Figur immer uncharakteristischer wird (Unterschied zwischen dem 9. und 10. Takt des Beispiels 367).

Beispiel 367

Aber während die Musik auf ihrem charakteristisch illustrierenden Wege immer fahler, ferner, hohler zu klingen scheint, ereignet sich eine ungeheuerliche Spiritualisierung: Beethoven funktioniert – wenn beispielsweise Arrau, Kempff, Riebensahm und Schnabel sich des Satzes annehmen – die reale Programmatik dieser scheuen und erhabenen Stelle geheimnisvoll um. Unter den Händen großer Interpreten verwandelt sich

ein Vorgang in den Ausdruck reinen, abstrakten Schmerzes. Spirituelleres, Ergreifenderes als diese so schlicht dastehenden Takte hat Kunst
nicht zu bieten ...

Dieser Spiritualisierungsprozeß wiederholt sich in der Coda des ersten
Satzes. Paul Badura-Skoda hat den schlechthin impressionistischen
Effekt, daß leise Hörner verweht und aus der Ferne durcheinander klingen, mittels (nicht etwa verschwommener, sondern im Gegenteil) ganz
präzis pointierender Artikulation unterstrichen. Natürlich müssen die
Quinten, wenn ein Viertel-Auftakt sie einleitet, jeweils stärker betont
werden als alles übrige: mag es dabei noch so sehr durcheinandergehen.
Im Vorspiel zum 2. »Tristan«-Akt komponierte Wagner diese Mischung
der Hörner (der scheinbar wegreitenden Jagd-Gesellschaft um König
Marke) bis zum polytonalen Exzeß aus. Aber die Essenz jenes »Effektes«
ist bereits bei Beethoven da.

Beispiel 368

Und wenn das Pferdegetrappel verklungen, der Schmerz in höchste
Höhen sublimiert ist – erleben wir da noch, wie Backhaus es gespenstisch
genau ausspielt, die Bewegung des Winkens? (Ein Arm hebt sich hoch,
dann sinkt die Hand ein wenig herab.) Oder ist da schon die Mischung
aus Vereinsamung und Vereinigung in jenen Sphären angedeutet, wo es
keine strenge Teilung mehr gibt zwischen Nähe und Ferne, Glück und
Unglück? Niemand wird das ohne weiteres oder gar mit dem Anspruch
auf allgemeinere Gültigkeit entscheiden wollen, obschon die begriffslose
Einbildungskraft bedeutender Interpreten hier längst entschied: Musik
vermag die Grenzen zwischen Illustrierung und Spiritualisierung mittels
ihrer sanft symbolischen Gewalt schwinden zu lassen.

Beispiel 369

Aus dem zweiten Satz – »Abwesenheit« – und dem Jubelfinale – »Das Wiedersehen« – haben die Pianisten gewiß nicht gerade schwächere, harmlosere, unwürdigere Wirkungen herausgespielt als aus dem herrlich verrätselten ersten, aber doch weniger »interessante«. Nun sind Kategorien wie »Interessantheit« oder »symbolische Bildhaftigkeit« zunächst auch nur Umkreisungen einer bestimmten spekulativen Höhe – nicht eines bestimmten »Wertes«. Genies brauchen ihre Werke nicht unbedingt und immer mit einem Air des Interessanten, Gebrochenen, Vieldeutigen zu umgeben: sie dürfen es wagen, auch aus direkten, ungebrochenen, ganz reinen Gefühlen (große) Musik zu machen. Der Ausdruck zarten, meditativen Schmerzes und der Funke unendlichen Jubels: nur Künstler allererster Ordnung können die simple, starke Wahrheit solcher Affekte anschauen, ohne zu blinzeln.

Nicht die – eine innige Flüchtigkeit ausdrückenden – Hundertachtundzwanzigstel sind die heikelste Interpretationsaufgabe des Andante espressivo. Wie aber muß hier das Verhältnis der klar symmetrischen Andante-Perioden zueinander dargestellt werden? Abwesenheit, das bedeutet Warten, qualvolles Nicht-Wissen, Leere. Also genau das Gegenteil dessen, was man von einem melodiösen langsamen Satz erwartet. Beethovens deutsche Vortragsbezeichnung läßt, wenn man das Wort »doch« ernstnimmt, etwas von diesem Dilemma ahnen: »In gehender Bewegung, *doch* mit viel Ausdruck«. Nun kann, aber das ist eine etwas sophistische Überlegung, »Ausdruck« auch eine Folge totenstarren Nicht-Ausdrucks sein. Wäre das zutreffend (oder hier zulässig), dann hätten diejenigen Interpreten recht, die – wie Solomon und Kempff – den Satz keineswegs als erregt expressives Seelengemälde darzustellen versuchen, sondern als Bild verhaltener, scheuer Unbestimmtheit. Am reichsten, plastischsten, schönheitsseligsten (und durchaus narzißtisch verliebt in seine schöne Trauer) spielte Bruno Leonardo Gelber das Andante. Und zwar um das Jahr 1960, als der 1942 geborene Künstler am Anfang seiner Karriere stand und alle Welt bezauberte mit der Anmut, der Reinheit und Noblesse seines jünglingshaft-aufrichtigen Spiels. Der Satz beginnt mit einer engen, nur die kleine Terz umfassenden Kantilene über ruhig, stetig bewegtem Baß, dann weitet sich die Melodie zu einer aufsteigenden Quinte, die, eine Stufe tiefer, von einer absteigenden Quinte beantwortet wird. In seiner späteren Schallplatten-Interpretation spielte Friedrich Gulda diese kleine Terz (Notenbeispiel 370, linke Hand, 1. und 2., 5. und 6. Takt) nicht, wie allgemein üblich, als eine leere, sinnloses Kreisen und Grübeln darstellende Bewegung, sondern mit drängendem, finsteren Ausdrucksakzent. Gelber macht es

genau umgekehrt. Gelber legt nämlich in die beiden Quinten ein span-
nungsvolles, wenn auch minimales Rubato (Notenbeispiel 370, Ende des
2. sowie Anfang des 3. Taktes, dann 6. und 7. Takt). Weil aber die
gehende Bewegung bei Gelber vorher so ruhig, so neutral klangschön
geblieben war, wird die Rückung vom höchsten Ton des Passus, dem
»as« der rechten Hand zum g zu einem Ereignis, das Gelber zart ausko-
stet (7. Takt des Notenbeispiels 370).

Beispiel 370

Wenig später, am Ende der ersten Periode, werden die ersten beiden
Takte – harmonisch heftig verschärft und mit *sf*-Vorschriften bereichert,
wiederholt. Danach setzt eine ruhig beginnende, bald von Koloraturen
umsponnene zweite Periode ein.
Rubinstein und Kempff demonstrieren, daß es auch hier, in diesem
formal so übersichtlich und weithin symmetrisch angeordneten Stück
nicht nötig und richtig sein muß, alles gleichsam passiv ausdrucksvoll
und Takt für Takt plastisch artikulierend vorzutragen. Wilhelm Kempff
gibt der – oft so banal klingenden – cantabile-Melodie eine noble Würde,
indem er sie isoliert, aus dem Schmerzzusammenhang heraushebt, in
Kontrast zum Geschehenden bringt. Den Anfang des Satzes nimmt
Kempff bewußt zurückhaltend, an der Grenze zur Langeweile, als
Ausdruck sinnleerer Zerstreutheit. Jemand, der seinen Schmerz noch gar
nicht recht »realisiert« hat. Auf diese Weise relativiert Kempff den
Andante-Beginn, um das folgende »cantabile« desto inniger vorführen
und die danach ausbrechende motorische Nervosität motivieren zu können. In solchem Zusammenhang, Kempff läßt es spüren, vermag eine
edle cantabile-Melodie zwar aufzublühen, aber die Phantasmagorie
inneren Friedens, die sie hörbar macht, kann nicht unversehrt bleiben,
muß von Passagen belästigt und ins g-Moll getaucht werden. Warum?
Nun, der Satz heißt »Abwesenheit«...

Rubinstein, immer bestrebt, Geschichten zu finden, läßt sich von dem Parallelismus der vier Perioden nicht schrecken: er spielt die späteren Perioden ausdrucksvoller, die sforzato-Akkorde immer herber, als werde der Abwesenheitsschmerz immer unerträglicher. Für Rubinstein spricht, was vielleicht bloß eine Flüchtigkeit Beethovens war: die spätere Parallelstelle zum cantabile-Motiv (Notenbeispiel 371) am Ende des Satzes ist mit einem Ritardando und einer a tempo-Vorschrift ausgestattet, die anfangs (Notenbeispiel 371, 1. Takt) fehlte. Und was keine Flüchtigkeit sein kann: die spätere Parallelstelle ist auch in Oktaven geführt, reicher ausgesetzt. Der Affekt, so erklärt Rubinstein alle diese Unterschiede, ist heftiger geworden. Nur ein Wiedersehen kann da noch helfen.

Das Finale, ein brausendes Virtuosenstück, wird nicht der weiseste Pianist am angemessensten spielen, sondern derjenige, der die glanzvollste Technik besitzt, der am saubersten greifen, den feurigsten, klarsten und gleichmäßigsten »Vivacissimamente«-Impuls herausdonnern kann. So läßt sich der Satz durchaus verstehen: als Jubelfinale, wie es derart männlich und kräftig nur wenige gibt, als Nachbarstück zum Rondo-Allegro aus dem Beethovenschen Es-Dur-Konzert, mit dem es nicht nur die Tonart, die langsame Einleitung (die Finali folgen ohne Zäsur), den ⁶⁄₈-Takt, glitzernde Sechzehntel-Triolen, sondern auch die motorisch drängenden Wiederholungen von taktelang uniform begleitenden Achteln gemein hat. Finale als Ausdruck unendlicher Freude — das ist in Sonate und Symphonie nicht etwa ein konventioneller Kehraus, sondern die Ausnahme: dithyrambisch den Sinn und die Helle des Daseins feiernde Schlußsätze von Format gibt es zwischen Mozarts Jupiter-Symphonie, Beethoven, Schuberts Großer C-Dur Symphonie und Bruckner recht selten. Nach dem schmetternden D-Dur-Finale der 2. Symphonie von Brahms war die Zeit der Jubel-Finali um: Gustav Mahler hat in seiner 7. Symphonie den Typus noch einmal beleben wollen, aber da ist ein unangenehm forcierter Ton derben Lustig-sein-Wollens doch nicht zu überhören – und der macht eher traurig als froh...

Beethoven besaß die Herzenskraft für den unendlichen Jubel. Bei ihm steckt nicht interessante Verzweiflung oder gar eine – alles Feiern hysterisch steigernde – Todesahnung hinter aufrauschendem Es-Dur. Beethoven hat das selige Gefühl des Wiedersehens, Wiederfindens und Sich-Vereinigens diesseitig daseinstrunken in Töne gesetzt.

Manche Pianisten sagen, das sei aber doch zu wenig. Rubinstein bezeichnete den Jubel als enttäuschend lahm und gab gleich noch eine charakteristische Erläuterung dafür. Schließlich sei es nur ein Erzherzog gewesen (nämlich Rudolph von Österreich), dem Beethoven die Sonate gewidmet hat, und keine Frau, deren Wiederkehr zu feiern war...

Doch Rubinstein und alle anderen Verächter des Satzes irren. Wem nur ein einziges Mal aufgegangen ist, daß es sich hier um eine auskomponierte direkte Affekt-Steigerung handelt, wie sie Beethoven so geradlinig, so immer neuer Kraft und Mobilität fähig, nirgendwo sonst komponiert hat – der ahnt etwas von der Ungeheuerlichkeit dieses Superlativ-Stückes. Hier wird ein Wiedersehen gefeiert, »im lebhaftesten Zeitmaße«. Hier gibt es keine tüfteligen Einschränkungen, keine verhaltenen Moll-Bedenken, kein Zögern und keine Schwachheit – sondern nur manchmal ein Innehalten in allzu großer Freude.

Die brasilianische Pianistin Guiomar Novaes vermag dieses Stück großartig, funkelnd bedenkenlos und doch nicht nur dröhnend vorzutragen. Ihre Interpretation läßt verstehen, daß auch Jubel, ein solcher Jubel, »ergreifend« sein kann. Nach kurzer Einleitung setzt das Hauptthema des Vivacissimamente in vermeintlich ruhigem piano ein.

Beispiel 372

Nun wandert es in der linken Hand weiter, die rechte fügt eine übermütige Sechzehntel-Begleitung hinzu. Beim dritten Erscheinen des Themas, immer noch links, steuert die Rechte donnernd gebrochene Oktaven bei, ein grandioses Fortissimo wird erstürmt. Es führt zu einem heftigen Unisono.

Beispiel 373

Für alle diese Steigerungen bietet nun Guiomar Novaes eine strahlend evidente Interpretationslösung: sie übertreibt eine jede Ausformung des Hauptthemas so, daß die Musik direkt zur nächsten, noch lebendigeren, oder lauteren oder bewegteren Ausformung drängt! Das heißt, statt den Anfang in relativ gemütlichem piano vorzutragen und in Ruhe die auskomponierten Steigerungen abzuwarten, spielt Guiomar Novaes die Begleitakkorde der linken Hand (Notenbeispiel 372, vor allem 3. und 5. Takt) rhythmisch gepfeffert, fast zu kurz.

Vivacissimamente heißt: so rasch wie nur irgend möglich, da mag jeder beschleunigende Kunstgriff erlaubt sein. Jedenfalls steckt in der so begriffenen und gegriffenen Begleitung ein derart weiterdrängender, beschleunigender Impuls, daß die Sechzehntelpassagen bei Frau Novaes gar nicht umhinkönnen, zu erscheinen, sich zu steigern, ihr reines Fortissimo vorzubringen. Wenn es nun aber lauter, rauschhafter und – aufs höchste gesteigert – bewegter nicht mehr geht, dann setzt sich bei Guiomar Novaes der Bewegungs-Impetus in ein fanfarenhaftes, grandios markantes zweites Thema um (Notenbeispiel 373). Solomon bremst da, allzu ökonomisch, Rubinstein beschleunigt allzu nervös. Guiomar Novaes hämmert diese Töne so, daß die Achtel-Motorik, die natürlich auch Gulda hier genau ausspielt, sich als Entladung gestauter, aber keineswegs gebremster Hochspannung zu erkennen gibt. Auf diese Weise wird die Exposition, über die immer rascheren Passagen und die programmatische Zweistimmigkeit hin, zum Sinnbild drängender, unendlicher Steigerung. Daß der Satz nicht ein Äußerstes biete und verlange, kann danach niemand mehr zu denken oder auszusprechen wagen.

Zu Beginn der Durchführung folgt dann ein Moment zärtlichsten Zaubers. Aber nur Hans-Erich Riebensahm hat bislang ganz deutlich machen können, was diese plötzlich etwas langsamere Bewegung eigentlich meint. Hier werden nun keine Effekte und Affekte mehr getürmt. Wo alles jubelt und dröhnt, beginnt die Durchführung überraschend leise. Riebensahm spielt das als eine unvergleichlich reine Eingebung. Die Bewegung der rechten Hand ist synkopisch geführt. Sie steigert sich. Sie steht wie unter einem sanft synkopischen Bann. Nicht geradeaus, nicht klar entschlossen, sondern innig und diffus zugleich, selig und fast unstet. Riebensahm tönt das so ab, als könne der Jubelnde sein Glück nicht fassen. Als öffne er die Arme und wisse doch nicht, wohin. Als zögere er, überwältigt. Als liege ihm ein ›Glückes genug‹ auf der Seele. Wie sich nach diesem Durchführungs-Intermezzo wieder langsam das Hauptthema einschleicht, kanonisch zunächst, aber dann immer unwiderstehlicher und kräftiger: Hans-Erich Riebensahm und Claudio Arrau haben diesen laut Bülow allerschönsten Moment festgehalten.

Beispiel 374

Am Schluß des Satzes, kurz vor der Andante-Coda, hat Beethoven das Prinzip des Weiterdrängens von Gestalt zu Gestalt nun geradezu überdeutlich formuliert: auf das Ende der Reprise folgt eine langsame Einschiebung. Viele Pianisten machen jedoch, um den Es-Dur-Rausch ausklingen zu lassen, unwillkürlich eine viel zu lange Pause vor dem Poco Andante-Einsatz (Notenbeispiel 375, 4. Takt).

Beispiel 375

Aber das *sf*, das sich zum *p* abschwächen soll im vierten Takt des Notenbeispiels 375, wirkt und klingt doch nur sinnvoll, wenn es ganz rhythmisch, ja geradezu synkopisch genau ausgespielt wird. Interpretieren heißt nicht nur »deuten« oder »umdeuten«, sondern zu allererst: völlig plausibel machen, was in den Noten steht. Guiomar Novaes spielt die in staccato ausgesetzte Begleitung des Hauptthemas (letzter Takt des Notenbeispiels 375) so beziehungsvoll schwebend und gelöst, daß eine Relation zu den drängenden Begleitakkorden des Beginns (Notenbeispiel 372) sich ohne weiteres herstellt. So führt auch hier eines zum anderen – und ein oft unterschätzter Satz gerät zum funkelnden Bild reiner, unendlicher Freude.

27. SONATE

Sonate Opus 90 e-Moll (1814)

Mit Lebhaftigkeit und durchaus mit Empfindung und Ausdruck
Nicht zu geschwind und sehr singbar vorgetragen

Nicht als spannungsvoller Strukturzusammenhang, als Entwicklung von Motiven und Kontrasten prägt sich diese zweisätzige Sonate ein, sondern man erinnert sich an sie wie an ein melodie-erfülltes Klangwunder: Erregt und elegisch der erste Satz, kantabel und schubertisch wiederholungsselig der letzte. Beethoven hat im Kopfsatz die Sprache des e-Moll so kunstvoll und konventionsfern subjektiviert, daß der spezifische »Ton« hier alle enthusiastisch exaltierten Einzelheiten, alle rhythmischen Verzahnungen und phantastischen Hochflächen zu »über«-tönen, in sich zu verschließen, schwärmerisch empfindungs- und ausdrucksvoll zu entschärfen scheint. Ein Hörer, der nicht in die Noten blickt, dürfte schwerlich darauf kommen, daß momentweise Fortissimo-Akkordballungen vorgeschrieben sind, wie selbst die Hammerklaviersonate sie kaum schroffer fordert.

Solange nicht Beethovens patriotische Gefühle, sondern seine Sonaten zur Diskussion stehen, gibt die Feststellung, Beethoven habe den beiden Sätzen von Opus 90 ausschließlich deutsche (und keine italienischen) Vortragsbezeichnungen vorangestellt, wenig her. Um so sorgfältiger wollen die deutschen Anweisungen erwogen sein. Sie deuten beide Male auf Gegensätze hin. »Mit Lebhaftigkeit und durchaus mit Empfindung...«, oder »Nicht zu geschwind und sehr singbar...«. Das sind weder pauschale noch eindeutig extreme Anweisungen. Sondern genau abgewogene Worte, die sich auf eine ebenso genau komponierte Musiksprache beziehen.

Der Kopfsatz meditiert zunächst über verschiedene Formen des Auftaktes. Aus dem Gegensatz von gestochen kurzen Forte-Auftakten, langsam gebundenen Piano-Auftakten und im pianissimo erscheinenden auftaktigen unisono-Oktaven entsteht über motivische Entwicklungen, Pausen und Fermaten hinweg ein natürliches und lebensvolles Geflecht bewegter Beziehungen. Der zweite (letzte) Satz kehrt nostalgisch oft zu seinem singenden Rondo-Thema zurück, das bei jedem Erscheinen zuerst »dolce«, dann »teneramente« (zärtlich) vorgetragen

werden soll. Wie es bei der Darstellung des ersten Satzes darauf ankommt, die kleinen und großen Kontraste zu selbstverständlichen
Folgen eines sinnfälligen Verlaufs zu machen, so bedarf der Schlußsatz einer liebevoll aufmerksamen Darbietung jener unauffälligen
Artikulationsvarianten, die Beethoven diskret und anti-symmetrisch
hinzufügte.

Zwischen 1795 und 1805 komponierte Beethoven dreiundzwanzig Klaviersonaten, in den siebzehn Jahren zwischen 1805 und 1822 nur neun.
Nicht nur die zeitlichen Abstände zwischen den einzelnen Werken
wurden mittlerweile immer größer, auch die Sprache der Sonaten wirkt
immer eigentümlicher. Unverkennbar, unverwechselbar folgen die letzten Sonaten ihrer je verschiedenen Entwicklungs-Idee, ihrer bis in
äußerste Verästelungen durchstrukturierten Form. Und es scheint nicht
übertrieben, aus den »mittleren«, erst recht aus jeder »späten« Sonate,
einen jeweils neuen, charakteristischen Ton herauszuhören, spezifische
Akkord-Zusammensetzungen und Modulationsfolgen zu unterstellen. So
wie manche Komponisten des 20. Jahrhunderts nach dem Zerfall einer
vorgegebenen, verbindlichen Musiksprache für jedes neue Werk »Voka-
bular und Syntax« von Anfang an zu erarbeiten sich gezwungen sehen,
so stellt auch Beethoven, ungeachtet mancher Überschneidungen, für
jede große Sonate einen autarken Bezirk her mit seinen eigenen Gesetz-
zen, Tendenzen, Verweigerungen. Es ist wiederholt aufgezeigt worden,
daß etwa die Gestalten der Hammerklaviersonate harmonisch und melodisch von der unablässig verwendeten Terz geprägt sind, daß Beethoven
auch in Opus 109, 110 und 111 nicht nur Neues zur Sprache bringt –
sondern es auch in einer jeweils neuen Sprache, einem jeweils modifizierten Kombinations-System tut. (Wichtige Hinweise dafür bei Heinrich Schenker, in den Büchern von Réti, Jürgen Uhde, Charles Rosen,
a. a. O.).
Der spezifische Ton des Kopfsatzes von Opus 90 ergibt sich aus der
Verschmelzung gegensätzlicher Tendenzen. Simpler, darum freilich
desto »undankbarer« und keineswegs eindeutig scheint der zweite Satz
gehalten. Der Kopfsatz soll einerseits »lebhaft«, andererseits »durchaus
mit Empfindung und Ausdruck« vorgetragen werden. Die Empfin-
dungsbreite des zweiten resultiert einerseits aus einem »nicht zu
geschwinden« (also immerhin doch geschwinden) Tempo und, andererseits, »sehr singbarem Vortrag«.
Darf man aus diesen Vorschriften bereits programmatisch komponierte

Gegensätze herauslesen? Man täte es wahrscheinlich nicht, wenn man nicht wüßte, was als Beethovens eigener Kommentar unfehlbar von einem Sonaten-Bedenker zum anderen weitergereicht wird: nämlich daß Beethoven dieses Werk dem Grafen Moritz von Lichnowsky gewidmet und damit auf etwas ganz Bestimmtes angespielt hat. Besagter Graf Lichnowsky, Witwer geworden, fühlte eine lebhafte Neigung für ein Fräulein Stummer – (eine Sängerin, deren untadeliger Ruf von Wilibald Nagel hervorgehoben wird). Sicher ist ferner, daß der Standesunterschied eine Vermählung erschwert hat: sie konnte erst stattfinden, nachdem Fürst Karl Lichnowsky (1756–1814), des Grafen Moritz älterer Bruder, gestorben war. Fräulein Stummer, die glückliche Braut und Sängerin, verdankt Beethovens 27. Sonate eine kleine Unsterblichkeit, weil Beethoven auf die Frage des ahnungsvollen Grafen Moritz Lichnowsky, welche bestimmte Idee denn Opus 90 ausdrücke, laut Schindler unter schallendem Gelächter zu dem Grafen äußerte, »er habe ihm die Liebesgeschichte mit seiner Frau in Musik setzen wollen«, und »wenn er eine Überschrift wolle, so möge er über den ersten Satz schreiben: ›Kampf zwischen Kopf und Herz‹, und über den zweiten: ›Conversation mit der Geliebten‹«.

Anekdoten, wenn es sich um nichts anderes handelt, müssen wohl mitbedacht, dürfen aber nicht überschätzt werden. Im konkreten Problemfall lassen sie schwerlich exakte Interpretationsschlüsse zu. Wer spricht denn, zum Beispiel, lauter – der Kopf oder das Herz? Da fehlt es an verläßlichen Nachrichten... Die Kopf/Herz-Formel ließe sich ohne weiteres auch mit anderen Beethoven-Sätzen – etwa dem Andante-Dialog in e-Moll aus dem 4. Klavierkonzert – in Zusammenhang bringen. Solche Skepsis wiederum wäre mit dem methodischen Argument zumindest ein wenig zu entkräften, daß die Tonart e-Moll Beethovens kompositorische Phantasie halt in besonders dialog-ähnliche Bewegung versetze. Der Umstand, daß auch der langsame Satz des 4. Klavierkonzerts (laut Liszt: Orpheus, die Furien besänftigend) deklamatorisch-dialogischen Charakter habe, beweist, so betrachtet, eher die Wahrscheinlichkeit der von Schindler überlieferten Bemerkung als deren Beliebigkeit. Vorläufiges Fazit also: sollten sich im Aufbau der e-Moll-Sonate dialog-ähnliche Kontrast-Formen ausfindig machen lassen, dann kann kein Mensch daran gehindert werden, aus der e-Moll-Sonate die freie Behandlung der von Schindler zitierten »poetischen Idee« herauszufühlen.

Durch die melodische und modulatorische Sinnfälligkeit des Beginns verführt, spielen viele Pianisten, selbst so bedeutende wie Wilhelm Kempff oder Hans Richter-Haaser an der besessen logischen und unübersehbaren (keineswegs nur »subkutanen«) Demonstration dieser Auftakt-»Durchführung«, die den Reiz und den Dialogcharakter des Sonatenbeginns wunderbar steigert, vorbei. Die Sonate beginnt mit einer Folge von plastisch ausdrucksvollen, kurzen, abwechselnden Forte- und Piano-Komplexen.

Beispiel 376

Adolf Bernhard Marx (›Die Anleitung zum Vortrag Beethovenscher Klavierwerke‹, Regensburg 1912, S. 86 ff.) und Hans von Bülow in seiner instruktiven Ausgabe haben längst darauf hingewiesen: »Peinlich gewissenhafte Beobachtung verdient vor allem die erste Periode von acht Takten bezüglich des Zeitwerthes der Auftakte.« Eine derart gewissenhafte Beobachtung der Beethovenschen Vorschriften hätte aber folgende Konsequenz: die leisen, im piano verlangten Komplexe sind (Notenbeispiel 376, 3. Takt mit Auftakt, und der 7. Takt mit Auftakt) kein gleichlautendes, leiseres »Echo«, volksliedhaft empfindsam (Richter-Haaser) oder vibrierend und leicht (Kempff) – sondern sie sind ein Kontrast! Wenn man die Motive auf ihre rhythmischen Werte reduziert und eine Achtelnote als »kurz«, eine doppelt so lange Viertelnote oder noch längere Notenwerte als »lang« bezeichnet, dann lautet das Schema der zweitaktigen Forte-Phrasen des Anfangs »kurz – lang – kurz – kurz – kurz« (Notenbeispiel 376, Anfang), worauf im piano folgt: »lang – lang – kurz – lang – lang«.

Artur Schnabel hat den ersten Satz von Opus 90 im Jahre 1932 exemplarisch eingespielt, so daß es mittlerweile für interessierte Pianisten, selbst wenn sie nicht bei A. B. Marx oder Bülow nachlesen wollen, eigentlich keine Entschuldigung gibt, bei der Auseinandersetzung mit dieser Sonate eine vorbildliche Interpretation nicht zur Kenntnis genommen und fruchtbar gemacht zu haben. Überwältigend und plausibel und schön legt Schnabel den oft übersehenen Reichtum dieser Musik dar. Es geht um die Anfänge der zunächst zweitaktigen Phrasen. Da werden stets zwei Töne wiederholt – und zwar auf gleicher Höhe, was die rhythmische Komponente noch gewichtiger macht. Die Auftakte lauten im Forte »kurz – lang« (g, g), dann im Piano und ohne Pause »lang – lang«. Beethoven führt das, siehe Beispiel 376, von Anfang an konsequent durch. Eine »Meditation« über Auftakte, über den Gegensatz zwischen gestochen trockener Forte-Kürze und gebundener Piano-Länge dürfte man freilich die ersten acht Takte nicht nennen. Noch nicht!

Schnabel artikuliert nämlich das im 8. Takt unseres Beispiels erscheinende, antizipierte d wiederum auftaktähnlich – mag auch das (Takt 9) zweite d angebunden sein. Aus dem Wechsel zwischen kurz-lang und lang-lang wird ein winziges Denkspiel. Die Wiederholung des zweiten *lang* muß hier die Phantasie des Hörers ergänzen. Das dürfte aber nach allem Vorhergegangenen leichtfallen, zumal das zweite *lang* (Notenbeispiel 376 Takt 9) auch in der linken Hand erscheint.

Alles nur Zufall, Überspitzung, Auftakt-Gras-wachsen-Hören? Betrachten wir einen längeren Ausschnitt aus dem weiteren Verlauf der Exposition.

Beispiel 377

Hier ist nun alles beisammen, was Schnabel von vornherein auf keineswegs trocken-didaktische, sondern wunderbar verhaltene und überredende Weise zum phantasiebeschwingten Konstruktions-Ereignis dieser Musik hochspielt: Wenn man die auftaktähnlichen, tonhöhengleichen Verbindungen isoliert, dann liegt die gar nicht geheime – nur etwas versteckte – Kontrastfolge, der geistreiche Modifikations-Roman dieses Beginns, wie Schnabel ihn enthüllt hat, offen zutage. Für die wieder neu und anders rhythmisierte Oktav-Bindung (Beispiel 377, vom 2. zum 3. Takt) mag das noch nicht mit voller Deutlichkeit gelten, und auch die »lang-lang«-Wiederholung vor der Fermate (4. und 5. Takt des Beispiels 377) kann ein kadenzbedingter Zufall sein.

Aber unsere Vermutung, daß es auf Kontraste und auf die Veränderung von auftaktigen Tonwiederholungen ankomme, festigt sich zur Gewißheit während des Verlaufs, der nach der Fermate (7. bis 10. Takt des Beispiels 377) »in tempo« anhebt, zur völligen Sicherheit. Beethoven verzaubert, ja er mystifiziert da die Auftakte! Sie erscheinen unisono und *pp*: das gab es bisher noch nicht. Unter Schnabels Händen wirkt das wie ein tiefsinniges Nachklingen und Weiterdrängen. Aufmerksam geworden auf diese Auftakt-Story kann man nicht umhin, die beiden Schläge vor der ersten Sechzehntel-Passage (Forte und »kurz – lang«, 10. und 11. Takt des Beispiels 377) in Kontrast-Beziehung zu setzen zum ruhigeren und leisen »lang – lang« bei der dritten, letzten Passage (Notenbeispiel 377, 18. Takt) vor Schluß. Und daß die Akkordschichtung während der vier letzten Takte des Beispiels 377 geradezu verbissen nichts anderes tut, als das Auftakt-Spiel weiterzuspielen – es ist mittlerweile unüberseh- und unüberhörbar geworden. Nun kann kein Mensch gezwungen werden, den Unterschied zwischen »lang – lang« und »kurz – lang« für wichtig zu halten, auch wenn er, bis ins letzte ausgeführt, den Verlauf einer Entwicklung mitbestimmt. Aber wer diesen Unterschied für bedeutungslos hält, der sollte denn doch daran gehindert werden, Beethovens e-Moll-Sonate anzugreifen. Es ist nicht unwichtig, ob Musik aus Echo-Wirkungen oder aus modifizierten Kontrasten komponiert ist, aus Identischem oder aus Gegensätzlichem – zumal dann nicht, wenn im Zusammenhang mit einer derartigen Kontrastfolge Beethovens Hinweis existiert, hier handele es sich um eine Geschichte, um einen »Kampf zwischen Kopf und Herz«.

Interpreten, die diesem Prinzip auf der Spur sind, werden nicht die kurzen Auftakte mit falscher Pedalisierung vernebeln oder die langen um falscher Steigerung willen verkürzen mögen. Der Spielraum, hier eigenmächtig zu ändern – das heißt schlicht: zu unterschlagen, eine wichtige Komponente wegfallen zu lassen –, bleibt wegen der durchstrukturierten Differenziertheit des Verlaufs denkbar klein.

Weniger eindeutig läßt sich entscheiden, ob die ausgreifenden Fortissimo-Entwicklungen und die heiklen, thematische Arbeit in unangenehme Griff-Spannungen umsetzenden Begleitfiguren der späteren Entwicklung dramatisch interpretiert werden müssen, oder gleichsam vom Schluß des Satzes her geprägt, nur ausdrucksvoll empfindungsstark. Solomon hat es sogar fertiggebracht, das Ende der Exposition und den Anfang der Durchführung im Sinne des hier herrschenden Kontrastprinzips präzis aufeinander zu beziehen, obwohl die Noten eigentlich herzlich wenig dafür hergeben. Mit drei *pp*-Achteln schließt die Exposition – drei lange Noten stehen der Durchführung voran. Solomon macht nun deutlich, wie seltsam und überraschend hier das Meditations-Schema des Anfangs, wo es um »kurz – lang« ging, wiederkehrt. Die drei langen h (Notenbeispiel 378, die drei letzten Takte) beziehen sich – den Kontrast des Beginns wiederholend – erkennbar und unleugbar auf ihre drei kürzeren Vorgänger, Vorboten.

Beispiel 378

Wenn Beethoven in der Durchführung die rhythmischen, harmonischen und überleitenden Partien so kühn rafft, daß die Musik großartig rationalisiert erscheint, ja daß die wunderbar klaren Abläufe förmlich wie Pointen eines seiner Kunst namenlos sicheren Meisters wirken (der überdies während des Jahres 1814 sonst relativ wenig komponierte, und darum offenbar alle Inständigkeit, allen Empfindungs- und Erfindungsreichtum in diese gedrängte Sonate katapultierte), dann bleibt trotz aller Luzidität ein Interpretationsproblem übrig: Wie kann der unter Badura-Skodas oder Svjatoslav Richters Händen so stürmische Satz mit seinen Aufschwüngen und rauschenden Sechzehnteln eigentlich noch ritardando-fähig gespielt werden? Denn Ritardando-Vorschriften durchziehen ihn ja. Sie würden draufgeklebt, würden affektiert wirken, wenn sie mitten im flammenden Verlauf wie Fremdkörper herumstehen müßten: allzu überraschend, unerahnbar, unerfühlbar. Kraftvolle Lebendigkeit und ihr Entgegengesetztes, nämlich die fünfmal ausbrechende Sehnsucht nach dem »ritardando« (keineswegs nur »poco ritardando«) wollen hier

gleichermaßen plausibel gemacht sein. Interpretationen, die einzig auf
»Lebhaftigkeit« zielen, verhalten sich im »Kampf zwischen Kopf und
Herz« parteiisch. Die zarte Verlangsamung gehört hier durchaus zur
Sache. Aber das Leisere und Langsamere darf nie so allegro-hörig, so
untergeordnet und *neben*sächlich klingen, wie es bei denjenigen Interpreten der Fall ist, die am liebsten ihr Grundtempo durchziehen möchten,
weil sie das Stück nur für einen lebhaften Kopfsatz halten.
Daniel Barenboims Sinn fürs Leise, fürs Atmend-Langsame ist so groß,
daß er diesen Satz zwar nur um weniges langsamer zu spielen braucht, als
seine Kollegen es tun – dafür aber ergreifend lyrische Wirkungen
gewinnt. Barenboim deutet den Schluß des ersten Satzes abgründig
musikalisch.

Beispiel 379

Was in den Noten steht, ist kaum mehr als ein Vorhalt, eine zögernde
e- Moll-Kadenz, ein sanftes Wiederkehren und Abbrechen des Hauptthemas (Takt 22–27 des Beispiels 379, direkt vor der Fermate). Barenboim
versteht es, aus dem Immer-leiser-Werden eine schattenhafte Pianis-
simo-Katastrophe zu machen. Das Verlöschen geschieht nicht abgerissen
dramatisch, sondern verhallend elegisch. Die ehedem, zu Beginn der
Sonate, noch kurzen und kraftvoll detachierten Auftakte haben ihre
Entschlossenheit längst verloren. Nur noch ganz zarte, gebundene, aller
Energie beraubte Legato-Tonwiederholungen dürfen stattfinden. Die
Musik gerät um so untröstlicher, je leiser sie klingt. Erst nach einem

beinahe unendlichen Ritardando, das wie eine Vorahnung zum minuten-
langen Riesen-Ritardando, am Schluß des Adagios, der Hammerklaviersonate wirkt (siehe Notenbeispiel 422), stellt der gleichsam regelmäßige
e-Moll-Schluß – endlich ohne Ritardando-Vorschrift! – den Frieden
wieder her. Barenboim macht, unvergeßlich, ein Zerbrechen daraus.
Für den zweiten Satz der Sonate gibt es ein Gegenstück: das E-Dur-Alle-
gretto, das Schubert als zweiten Satz seiner unvollendeten *e-Moll*(!)-
Sonate im Jahre 1817 komponierte.

Beispiel 380

So unabweisbar die von mehreren Autoren unterstrichene Schu-
bert/Beethoven-Ähnlichkeit hier sein mag: von den Interpretations-
schwierigkeiten des Schlußsatzes von Opus 90 lenkt sie doch eher ab.
Nicht nur, weil der zwanzigjährige Schubert weniger ein Klaviersona-
ten-Thema als ein unvergleichlich zart und pulsierend strömendes
Naturereignis komponiert zu haben scheint, Beethovens Melodie gleichsam so weiterträumend, wie nur er es konnte. Herzlicher, aber auch
schutzloser singt Schuberts natürliche Klage, seine schweifende Unruhe
vor sich hin. Schubert entgleitet das Thema später ein wenig – naiv,
rein und reich auf Schönheitssuche, von keinem Formbewußtsein gehal-
ten oder gegängelt.
Der vierundvierzigjährige Beethoven wollte und konnte sich – und die
Musik – nicht so »gehenlassen«. In seiner e-Moll-Sonate wirkt selbst die
Wiederholungsseligkeit des zweiten Satzes, diese »Conversation mit der
Geliebten«, geplant, von formender Meisterschaft überwacht.
Das hat aber Interpretations-Konsequenzen. Nur wenige Künstler
wagen es, sich diesem empfindsamen und melodischen Satz in jeder
Sekunde ganz auszuliefern, wie es die Rondo-Melodie, die aus drei
Perioden – dreimal acht Takten – besteht, eigentlich erheischt. Allzu oft

wird die Melodie nämlich an die Großform verraten. Die kluge Versuchung, auch diesen Satz, wie es beim Baumeister Beethoven ja nie ganz falsch sein kann, gewissermaßen vom Schluß, von hinten zu verstehen, liegt sicherlich nahe. Man weiß, daß alles sich oft und oft wiederholt, daß darum ein »rasches« (was heißt schon: »nicht zu geschwind«?) Tempo anzuschlagen und die Fülle des Augenblicks nicht kitschig zu übertreiben sei. Nur: der ganze Vorgang wird ein wenig sinnlos, wenn die »dolce« oder »teneramente« komponierten melodischen Ereignisse hier nicht Selbst-Zweck, sondern nur Mittel zu einem Form-Zweck sein dürfen! Beethovens Artikulations- und staccato-Vorschriften müssen beim häufigen Erscheinen des in drei Perioden gegliederten Rondo-Themas ebenso sorgfältig beachtet werden wie die übergeordneten »dolce«-Forderungen. Angst wegen der zahlreichen Wiederholungen darf nicht in eine Rastlosigkeit ausarten, die dem einzelnen alles nimmt, aber dem Ganzen nichts gibt. Anders ausgedrückt: gerade dieser vermeintlich so unbeschwerte, melodische und ausführliche Satz bedarf der Reflexion. Aber bloße Schlauheit würde zu kurz zielen, wenn sie nur auf einen äußerlichen Trick oder Kunstgriff hinausliefe. Die Wiederholungslängen (die Rubinstein zu abwertenden Bemerkungen veranlaßt haben) machen Schnabel allzu nervös. Er wird bei jedem Crescendo rascher, gewinnt dadurch kaum Spannung, raubt der Melodie ihre zarte Selbstsicherheit und kann gleichwohl kein rechtes Rondo aus diesem Finale machen. Ein hochmusikalischer Einfall von Svjatoslav Richter läuft darauf hinaus, für diesen Satz einen spezifischen »Ton« herzustellen: aller Erdenschwere bar, zugleich flüchtig, heiter, leicht und entrückt. Selbst die Moll-Modulationen klingen unter Richters Händen weniger beschwert, als indirekt und dunkel verspielt. Da ist alles so heiter zerstreut wie der seltsame »accelerando«-Schluß, dessen beschwingte spirituelle Entrücktheit als eine Vorahnung der Solo-Quartett-Stelle »wo dein sanfter Flügel weilt« aus dem Finale der 9. Symphonie verstanden werden könnte. In Liszts Klavierauszug der Beethovenschen 9. Symphonie sieht das so aus:

Beispiel 381

Am Schluß der e-Moll-Sonate heißt es:

Beispiel 382

Schnabel soll sein Leben lang mit dieser Stelle gekämpft und – am Ende eines Konzerts, das er lange nach seiner Schallplatten-Einspielung gab – überglücklich gesagt haben, endlich sei ihm dieser Schluß ganz aufgegangen...

Angst vor übergroßer Monotonie oder vor Süßlichkeit wäre hier fehl am Platze. Auch die drei Perioden des Rondo-Themas bergen einen durchgeführten Gegensatz. Die erste Periode in ihrer ersten Hälfte führt zu einem legato-Schluß:

Beispiel 383

Die zweite Hälfte dieser ersten Periode führt vier Staccato-Punkte, ein crescendo und eine Kontrast-Piano-Vorschrift ein:

Beispiel 384

Nach ähnlichem Schema ist die zweite Periode des Rondo-Themas komponiert. Legato-Beginn, dann Staccato-Aufhellung (Beispiel 385).

Aber die meisten Interpreten mögen in einem »sehr singbar« vorzutragenden Satz keinerlei Staccato-Aufhellung. Stattdessen variieren sie Begleittonleitern (Notenbeispiel 385, letzter Takt), die mal gebunden, mal getupft gespielt werden; oder sie eilen, weil sie Staccato-Punkte als rhythmische Beschleunigungs-Signale verstehen wollen, soweit sie dergleichen überhaupt ernstnehmen.

Daniel Barenboim besitzt die Ruhe, das große Epilog-Thema als erha-

Beispiel 385

benen harmonischen Einfall so bedeutungsvoll erklingen zu lassen, daß die Forte-Entwicklungen, denen eine *pp*-Mini-Durchführung und wieder ein Forte-Ausbruch folgt, keine zufälligen Entladungen sind, sondern tiefnotwendige Konsequenzen aus konzentrierter Stille und heftiger Entfaltung:

Beispiel 386

Die ideale Mischung aus geformtem Rondo-Verlauf und lyrisch inspirierter Vertiefung in reichste Einzelheiten läßt sich nicht ohne Rest definieren: sie muß sich als Folge genauester Differenzierung wie ein zerbrechliches Glück einstellen oder wie bei Svjatoslav Richter die Konsequenz eines alles überhöhenden, versöhnenden, unwirklichen Tonfalls sein. Dieser zarte Tonfall kann auch die dissonante Trillerbegleitung schwerelos machen, die Beethoven dem zweiten Thema zugedacht hat – und die im Finale von Opus 90 als ein herber, nicht etwa derber Kontrast erscheint. Czerny hat auf diese diskrete Kühnheit bereits (a. a. O., S. 64) hingewiesen und gewarnt: »Vom 48sten Takte beginnt in den Mittelstimmen ein verkehrter langsamer Triller, der weit mehr piano sein muß, als die obern und untern Gesangsnoten.« Für diese leise und radikale Reibung gibt es in Beethovens anderen Klaviersonaten keine Entsprechung, selbst in denjenigen nicht, die wie Opus 22, 53, 109 und 111 Triller oder trillerhaft geführte Sechzehntelnoten als Begleitung enthalten.

Beispiel 387

Ein gesanglich konzipierter Satz wie dieses Finale darf weder zum Objekt einer übergeordneten Totalität erhöht noch an melodische Monotonie verraten werden. Ob die Versenkung in mikroskopische Einzelheiten hier das Zauberwort des richtigen »Tones« treffen oder erfühlen lehrt? Auch das Dolce-Glück läßt sich nicht erzwingen. Es will umworben, will als zweite Unmittelbarkeit gewonnen sein.

28. SONATE

Sonate Opus 101 A-Dur (1816)

Etwas lebhaft und mit der innigsten Empfindung
Allegretto, ma non troppo

Lebhaft. Marschmäßig
Vivace alla Marcia

Langsam und sehnsuchtsvoll
Adagio, ma non troppo, con affetto

Geschwinde, doch nicht zu sehr, und mit Entschlossenheit
Allegro

Die erste der »letzten fünf« Klaviersonaten Beethovens. Heiliger Boden (für alle Musikalischen).

Nur: Pompöse Spätstil-Spekulationen sind Ausflucht, wenn sie die Verständnisschwierigkeiten beiseite drängen, die vor allem der letzte Satz von Opus 101 bereitet. Größere Perspektiven herzustellen macht weniger Mühe: Zusammenhänge mit den folgenden Sonaten und sogar mit den letzten Streichquartetten – vor allem dem Streichquartett a-Moll Opus 132 – sind ebenso unleugbar wie Beziehungen zu Früherem. Der melodische Gestus des ersten Satzes weitet aus – Richard Wagner bezeichnete den Kopfsatz der A-Dur-Sonate als Muster einer »unendlichen« Melodie –, was schon in den ersten Sätzen von Opus 90 und 78 angelegt war. Das Finale steigert gleißend hell die Brillanz einiger früherer A-Dur-Werke: Klaviersonate Opus 2 Nr. 2, Kreutzer-Sonate Opus 47, die Cello-Sonate Opus 69, die 7. Symphonie.

Aber solche Beziehungen zu anderen Werken besagen nichts darüber, auf welche Weise sich die vier Sätze dieser Sonate selber zur sinnvollen Einheit verbinden. Friedrich Hebbel hat 1850 aus Anlaß einer Wiener Aufführung des Goetheschen ›Faust‹ geschrieben: »*Faust* spielt sich teils von selbst und ist zum Teil nicht zu spielen.« Mit Opus 101 steht es ähnlich: teils erschließt sich die Sonate überwältigend unmittelbar, teils fast überhaupt nicht. Sollten hier womöglich diejenigen am besten dran sein, die sich gar nicht erst aufs Grübeln einlassen wollen, sondern den Notentext Stelle für Stelle zu erarbeiten versuchen?

Zweimal zwei Sätze gliedern sich folgendermaßen: dem lebhaft innigen Kopfsatz folgt ein aggressives, polyphon gesteigertes »Alla Marcia« mit verhalten kanonischem Mittelteil – dem Sehnsuchts-Adagio sodann ein entschlossenes, Schatten und Schwärzen fast zwanghaft zurückdrängendes Finale.

Wie aber paßt dies alles zusammen? Was verbirgt der pianistisch höchst anspruchsvolle Schlußsatz, was löst er ein? Das sind keine von außen hinzugebrachten, nur »theoretischen« Scheinprobleme, denn Opus 101 ist die erste große Sonate Beethovens, in deren Finale nicht nur das vorangegangene Adagio zitiert wird wie in Opus 27 Nr. 1, sondern in welcher der Komponist vor Beginn des letzten Satzes einen Blick zurückwirft bis zum äußersten Anfang. Das gab es bislang bei Beethoven nicht, das wird später in der 9. Symphonie noch programmatischer ausgeführt (»nicht diese Töne!«). Das muß doch etwas meinen. Und was besagt es, daß im Finale einige empfindsame Fermaten- und Ritardando-Stellen nachdrücklich, ja geradezu »entschlossen« beantwortet, gleichsam weggeschoben werden?

Große Interpreten – Arrau, Bishop, Gilels, Kempff, Schnabel, Solomon – haben den kantablen Sätzen der Sonate lyrische Fülle, den raschen virtuose Entschiedenheit, Schwung, Gespanntheit zukommen lassen. Alle Einzelheiten scheinen erklärt. Aber das Ganze ist nicht klar.

Ob hier biographische Hinweise erste Interpretationshilfe leisten können? George R. Marek hat in seinem Buch ›Ludwig van Beethoven – Das Leben eines Genies‹ (Moderne Verlags GmbH., München, 1970) schlüssig und scharfsinnig den Indizienbeweis zu führen vermocht, daß Dorothea von Ertmann, der Opus 101 gewidmet ist, Beethovens Unsterbliche Geliebte gewesen sei. Marek prüft alle vorliegenden Hypothesen und begründet detektivisch ausführlich, was alles für Dorothea spricht (a. a. O. S. 286–300). Mareks Hypothese »ändert« gewiß keinen Ton. Falls sie zuträfe, wäre es erst recht unerlaubt, die gegebenen Zusammenhangs-Signale sowie die von Innigkeit, Sehnsucht und Entschlossenheit sprechenden Satz-Überschriften gedankenlos positivistisch hinzunehmen, statt den Rätseln nachzuspüren, die vielleicht hinter aller absichtsvollen Verknüpfung stecken. Denn so nachdrücklich, wie Beethoven in der Sonate Opus 101 Ende und Anfang miteinander verknüpft, tut er es zwar in keiner vorangehenden Sonate, wohl aber in einem Liederkreis, der die Opuszahl 98 trägt und auch 1816 vollendet wurde. Der Zyklus heißt ›An die ferne Geliebte‹.

Die Sonate Opus 101 beginnt, als ob man sich »in der Mitte eines musikalischen Abschnittes« befinde, stellt noch Charles Rosen in seinem Buch ›The Classical Style‹ (a. a. O., S. 403) fest. Doch kein Pianist interpretiert den Anfang im Sinne dieser Behauptung – also leichthin, ohne jede Anfangs-Emphase, wie mitten *im Satz,* in einer Äußerung, im Gespräch. Die Interpreten versuchen eher, sowohl der auskomponierten melodisch-zarten Verhaltenheit, wie auch der synkopischen Belebtheit dieses kurzen Kopfsatzes gerecht zu werden. Da aber viele Pianisten aus dem Stück herausfühlen (oder sich vielleicht erinnern, bei Robert Schumann gelesen zu haben), dieses Stück sei »schwermütig sinnend«, wird nur der zweite Teil von Beethovens Tempo-Angabe ernstgenommen: »Mit der innigsten Empfindung«. Das »Etwas lebhaft« fällt breiter Gefühlsseligkeit zum Opfer.

Die Folge übergroßer Langsamkeit, wie etwa Daniel Barenboim oder Stephen Bishop sie für richtig halten, die freilich beide Opus 101 bereits »einspielten«, als sie noch jung, nämlich Mitte Zwanzig waren, ist hier keineswegs eine Steigerung der Empfindsamkeit, gar des Sehnsucht*svollen.* Sondern eher eine Vereinzelung der Töne, manchmal nur eine Verstärkung des Sehn*süchtigen* ...

Unterhalb einer gewissen Lebhaftigkeitsgrenze wandelt sich nämlich dieses Allegretto zum lieblichen Melodien-Stück. Es klingt dann entweder sanft oder – bei affektierter Wiedergabe – süchtig, aber gewiß nicht besonders traurig, schmerzlich, schwermütig. Daniel Barenboim und Stephen Bishop benötigen für den Satz mehr als fünf Minuten. Schnabel und Solomon spielen ihn in weniger als vier Minuten. Selbst Arrau und Serkin lassen sich trotz aller Bereitschaft zu Empfindsamkeit und Meditation nicht zu übermäßiger Langsamkeit hinreißen. Vergleichend begreift man: auch bei innigen, introvertierten Sätzen muß Verlangsamung keineswegs »Vertiefung« bedeuten. Sie kann auch zur zärtlichen, spannungslos abgeklärten Verharmlosung führen. Diese Gefahr liegt im Kopfsatz von Opus 101 besonders nahe, weil eben nicht nur eine schwärmerisch sich entfaltende *unendliche Melodie* den Charakter des Stückes bestimmt, sondern auch die weithin herrschende Synkopierung. Langsame Interpretationen bleiben von vornherein ohne jede synkopische Spannung. Aber auch Rudolf Serkin, der für diese 102 Takte nicht ganze fünf Minuten braucht, verliebt und verliert sich so sehr in die Schönheiten des melodiösen Verlaufs, daß die Synkopen, selbst wenn sie bestimmendes Element der akkordischen Fortspinnung sind (Notenbeispiel 388, Anfang) zu wenig fühlbar werden und dann im pianissimo überhaupt nicht mehr (Notenbeispiel 388, 6., 9. und 12. Takt). Auf diese

Weise verliert der drängende, glühende Satz alle pulsierende und leidenschaftliche Dorothea von Ertmann-Exzentrik.

Beispiel 388

Wieviel Erregung in dieser Musik steckt, machen erst recht die drängend
unruhigen Baß-Synkopen sinnfällig, die sich entweder mit dem
Hauptthema verbinden (Notenbeispiel 388, die letzten vier Takte) oder,
im weiteren Verlauf, als akkordisch-harmonische Steigerung zur Aus-
druckssache selber werden, bis zur Fortissimo-Ballung. Werden diese
Synkopen mit einigem Nachdruck vorgetragen, dann lassen sich hier —
mitten im vermeintlich *sinnend schwermütigen* Zusammenhang — bereits
momentweise jene wild synkopischen Boogie-Woogie-Ekstasen ahnen, die
in der 3. Arietta-Variation von Opus 111 (Notenbeispiel 477) den lyrischen
Frieden zerstampfen.
Doch die Synkopen dieses Allegretto, ma non troppo erzwingen gewiß
nicht hauptsächlich deshalb Beachtung, weil sie mehr oder weniger
wohlfeile Analogien zu späteren Sonaten erlauben, sondern wegen des
inneren Zusammenhangs von Opus 101 selber. Denn um so mehr
erregte Bewegung ein Pianist der »innigsten Empfindung« dieses
»etwas lebhaften« Kopfsatzes abzugewinnen vermag, desto zwangloser
stellt sich die Verbindung zum phantastischen, rhythmisch forcierten
zweiten Satz her. Dieses Vivace alla Marcia wird dann als heftige
Steigerung jener rhythmischen Energien begreifbar, die im ersten
zumindest angelegt schienen. Anzeichen dafür, daß Beethoven die Synkope planvoll einsetzt, bietet der Kopfsatz von Anfang an: der junge

Gulda, der alte Backhaus, Arrau, Schnabel und Dieter Zechlin haben darauf aufmerksam zu machen verstanden. Wenn schon nicht gleich der erste, so führt doch immerhin bereits der zweite Takt dieses Satzes ein synkopisches Element ein. Die im ersten Takt nachschlagenden Töne der Rechten, h und e auf »zwei« und auf »fünf« – mögen noch (Notenbeispiel 389, Takt 1) als bloße Ausfüllung und Ergänzung des melodischen Verlaufs verstehbar sein. Aber bereits das als letzte Note des zweiten Taktes hervortretende a, das im dritten Takt nur auf schwachen Zählzeiten erscheint, hat synkopischen Charakter. Ein Pianist muß von geradezu pazifistischem Beschwichtigungseifer beseelt sein, wenn er das insistent gegenläufige a der rechten Hand (im dritten und vierten Takt des Notenbeispiels 389) nur als Teil der melodischen Linie spielt, wie Stephen Bishop es still harmonisierend tut, statt als eigensinnige Synkope.

Beispiel 389

Daß Beethoven dieses synkopische Störprinzip zumindest als wichtiges Kontrast-Element in die melodische Entfaltung des Satzes fügte, lehrt eine zunächst scheinbar ruhig und innig verlaufende kadenzierende Bewegung. Da ist zwar dreimal ein crescendo vorgeschrieben, dem dreimal eine besänftigende Geste im piano antwortet, aber Interpreten, die es sich vorgenommen haben, den lyrischen Gestus als die eigentliche Essenz dieses Satzes vorzutragen, hüten sich, aus dem Wachsen und Abnehmen mehr als einen linden Gegensatz zwischen Ein- und Ausatmen zu machen. Es handelt sich dabei im Notenbeispiel 390 um die Kontraste zwischen dem 3. und 4. Takt, 5. und 6. Takt, 7./8. und 9. Takt. Wie ernst Beethovens crescendo-Vorschriften genommen werden können, lehrt Schnabels Interpretation, die da förmlich einen auskomponierten Aufschwung heraushören läßt. Beim drittenmal (Notenbeispiel 390, 8. Takt) hat der Komponist die dreimalige Steigerungsfolge sogar noch durch ein synkopisches sforzato der linken Hand verschärft. Diese antizipierte Oktave donnert Schnabel, wie vorgeschrieben, auf den unbetonten Taktteil: keine Rede von sinnigem Paradieses-Frieden... Wer hier verhalten bleiben möchte, muß diese eindeutig geforderten Wirkungen opfern, was selbst der gewiß schön und ausdrucksvoll artikulierende

Claudio Arrau tut. Denn genauso, wie die bereits erwähnten nachklingenden Synkopen der rechten Hand (Notenbeispiel 388, 6., 9., 12. Takt) bei übermäßig verhaltener Bewegung zu einsamen Monaden werden, ohne jeden erkennbaren oder gar spannungsvollen Bezug zum gegebenen System rhythmischer Gliederung, so verändert forciert ruhiges, allzu seelenvolles oder allzu sorgloses lyrisches Ausschwingen auch die komponierte Ungeduld des letzten Taktes von Notenbeispiel 390 zur Unkenntlichkeit.

Beispiel 390

Solange es sich in diesem Satz »nur« darum handelt, den komponierten Buchstaben gegen den vermeintlichen Geist des Stückes auszuspielen, solange argumentieren Interpreten und Kritiker noch auf dem festen Boden. Aufregendere und diffizilere Probleme bietet die Deutung jener Verläufe, die sich mit jeweils guten Gründen nach allen möglichen Richtungen hin auslegen lassen. Am Ende der Mini-Durchführung erscheint das Hauptthema in a-Moll. Es geht um die letzten drei Takte des Beispiels 391.

Beispiel 391

480

Artur Schnabel und Wilhelm Kempff, zwei berufene Interpreten des späten Beethoven, bringen diese Moll-Variante des Themas faszinierend verschieden heraus. Keiner von beiden macht sich dabei leichtfertiger Willkür oder unangemessener Freiheit gegenüber dem Notentext schuldig... Beide spielen durchaus, *was dasteht,* und Claudio Arrau tut es wahrlich auch. Arrau versucht sogar, Schnabels und Kempffs Auffassung zugleich vorzutragen. Das gelingt ihm, auf diese Weise kommt ein weiteres Ausdrucks-Ergebnis zustande – aber man kann nicht sagen, Arraus Synthese stelle auch die reichste, die überzeugendste Interpretationsmöglichkeit dar.

Bei diesen drei so harmlos aussehenden letzten drei Takten des Beispiels 391 geht es um den Stellenwert der ausklingenden Bewegung der rechten Hand im letzten Takt. Das Thema erscheint hier ja zum erstenmal in a-Moll, und zwar nach einer synkopischen Durchführungssteigerung, die zwölf Takte gedauert hat und auf eine Fermate hinausgelaufen ist. Am Ende dieses Komplexes fordert Beethoven, übrigens zum ersten und einzigen Male in Opus 101 (sonst heißt es immer nur »espressivo« oder »poco espressivo«), ein »molto espressivo«. Also: »sehr ausdrucksvoll«, es steht über dem 2. und 3. Takt des Notenbeispiels 391. Daß dieser molto espressivo-Augenblick von allen Interpreten hervorgehoben, daß er besonders glühend oder auffällig langsam (Backhaus) zelebriert wird, versteht sich. Für die letzten drei Takte gibt es keine so selbstverständliche Interpretation. Artur Schnabel, dem es auf einen möglichst großen, möglichst erregten Ausdrucks-Radius ankommt, spielt den a-Moll-Aufschwung (also den drittletzten und vorletzten Takt des Beispiels 391) kräftig und sehnsuchtsvoll. Aber die dann folgende abwärtsgerichtete Sopranbewegung (letzter Takt des Beispiels 391) als plötzliche Abschwächung, elegisch und gebrochen, wie nach einer unhörbaren Katastrophe. Schnabel läßt also einen Bruch zwischen dem letzten und dem vorletzten Takt stattfinden, er macht aus dem Verlauf einen erschütternden Emotions-Gegensatz. Und könnte sich ohne weiteres darauf berufen, daß eben dieser letzte Takt durchaus etwas Neues, etwas so noch nicht Dagewesenes enthalte, was den Beleuchtungs- und Stimmungswechsel rechtfertige.

Kempff liest die Stelle anders. Er spielt zwar alles in allem gewiß nicht an den Konflikten des Kopfsatzes vorbei, er begreift sie nur eben, wie auch Solomon, etwas verklärter und zarter. Kempff spielt die beiden Moll-Takte als ein empfindsames Ganzes. Er könnte für sich anführen, daß die linke Hand, ohne Bruch, ja ohne Unterbrechung, als aufwärtsschreitende Moll-Tonleiter komponiert sei. (Notenbeispiel 391, die letz-

481

ten beiden Takte). Indem Kempff nun diese Baßlinie zart hervorhebt, wird aus dem, was bei Schnabel konträre Zweiheit war, selbstverständliche, zarte und ausdrucksvolle Einheit.

Schwächer wirkt merkwürdigerweise Arraus Synthese dieser beiden Auffassungen. Arrau spielt ganz deutlich sowohl den Schnabelschen Gegensatz, die Intim-Katastrophe (rechts) als auch die einheitliche Kempffsche Baß-Linie (links). Obwohl er »eigentlich« mehr tut als die beiden anderen Pianisten, erreicht er weniger. Der doppelte Ausdruck gerät zum Ausdruckskompromiß.

Weil das Wort »Kompromiß« im Bereich hochentwickelter Spätstilkunst gewiß einen so unangenehmen Beiklang hat, sei im Zusammenhang mit dem Kopfsatz von Opus 101 vorsichtig daran erinnert, daß Kompromißlosigkeit keineswegs immer Mut verrät, sondern oft genug auch mangelnde Sensibilität. Denn die vom Notentext nahegelegte und von manchen Pianisten eingelöste Forderung nach rhythmisch drängender Belebtheit läßt sich abstrakt leicht erheben und – ohne Ansehung des melodischen Materials – gewiß auch leicht erfüllen. Wer gar nicht erst fühlt, wie vergleichslos innig und zart die melodischen Gesten sich hier zur ausdrucksvollen melodischen Kurve fügen, wer hier die komponierte Sehnsucht nicht spürt, die verletzliche Einfachheit der Bewegung, der vermag ohne weiteres über alle diese stillen, ausdrucksvollen und erlauchten Momente hinwegzusehen, hinwegzugehen. Der kann mit unbefangenem Temperament alle vorgeschriebenen Synkopen-Direktheiten ausspielen. Wer die unendliche Ruhe dieser unendlichen Melodie nicht liebt, der hat es leicht. Wer jedoch auch nur einen Hauch von alledem spürt, der wird keine andere Lösung für diesen Satz finden können als eben den »Kompromiß«. Jede Interpretation, die sich nicht vom dolce espressivo-Gestus dieses Satzes zu allergrößter Innigkeit und Stille verführen läßt, wäre demnach ein Kompromiß, und zwar ein erlaubter, ein notwendiger...

Beim zweiten Satz der Sonate kommen kompromißbereite Pianisten jedoch nicht weiter. Oder: nicht weit genug. Dieses mit Recht gefürchtete »Vivace alla Marcia« ist nämlich nicht auf mittlere Wirkungen angelegt, sondern auf Exzentrik. »Alla Marcia«, »marschmäßig« – macht man sich der Wortklauberei schuldig, falls man einen Unterschied zwischen »Marsch« und »marschmäßig« heraustüftelt? Wenn Beethoven einen »Marsch« wollte, so wie er ihn in der As-Dur-Sonate Opus 26 oder in der Eroica-Symphonie oder im ›Fidelio‹, oder in den 1809 entstandenen Kadenzen zur Klavierübertragung des Violinkonzerts wollte, dann hat er »Marcia« verlangt. »Marcia. Vivace« heißt es beispielsweise auch ohne Umschweif über dem C-Dur-Marsch aus der 1809/10 komponierten »Musik zu J. W. v. Goethes Trauerspiel ›Egmont‹«. Das »alla Marcia« aber, von Beethoven selber mit »marsch*mäßig*« übersetzt, bedeutet doch offenbar etwas anderes, eine in den Sonaten-Bezirk übertragene, übersetzte, kunstvoll umgesetzte Marschkomposition. Pauschal gesagt: einen Kunst-Marsch und keinen Militär-Marsch – so wie Bachs Menuette und Chopins Walzer auch keine Tänze zum Tanzen sind, sondern Kunst-Tänze.

Diese These klingt einerseits banal selbstverständlich, andererseits ein wenig anfechtbar, als werde hier unterstellt, daß eigentlich kein Marsch sei, was halt doch Marsch überschrieben ist. Und auch Beethovens »direkte« Marschkompositionen sind natürlich Kunst-Stücke... Aber mein Mißtrauen gegen die bloße Marschhaftigkeit dessen, was »alla Marcia« heißt und nicht »Marcia«, gründet sich gar nicht in erster Linie auf philologische Spitzfindigkeiten. Diese theoretisierenden Überlegungen stellen vielmehr – wie so oft – eine nachträgliche Rechtfertigung, schiere Rationalisierung des Unbehagens dar, das ich jedesmal empfunden habe, wenn Pianisten den marschmäßigen Satz aus Opus 101 mit kompakter Grifftechnik und im Gefühl sicherer Resonanz als Marsch spielen, wenn also der Marsch kein phantastischer, flüchtiger, kein gezackter, fast etwas aberwitziger, hitziger, ja »verrückter« (nämlich aus dem pompösen Schema gerückter) Marsch war. Natürlich provoziert das so unangenehm liegende, so schwer sauber zu greifende Stück kluge Vorsicht, Zurückhaltung bei der Wahl des Tempos. Es sei, sagen sich die gewitzten Pianisten, kein Geschwindmarsch, da wird nicht gerannt, sondern marschiert, mit punktiert festem Schritt. Friedrich Gulda, ohnehin eher verbal als manuell zu Extravaganzen neigend, hat den Satz souverän-ruhig marschhaft gespielt. Auf Deutlichkeit bedacht, gelassen, federnd fast, mit jener heiteren, unbedrohten Sicherheit, wie sie Klasse-Pianisten hier produzieren können. Alles das hat dem Marsch aber nicht auf die Beine geholfen. Er bleibt spannungslos, harmlos, schwunglos. Bewundernd, doch auch seufzend läßt man die unvermeidlichen Wiederholungen an sich vorbeiziehen. Und kann nicht umhin, sich der maliziösen Charakterisierungen zu erinnern, die gerade diesem Stück gelegentlich zuteil wurden. Strawinsky wertete in einem Aufsatz über die Interpretation der Beethovenschen Klaviersonaten die ganze A-Dur-Sonate und besonders spöttisch ihren zweiten Satz ab: »Überschätzt finde ich auch die Sonate op. 101 mit ihrem plattfüßigen Marsch und dem langen Schlußsatz.« Auch Gottfried Galston, der einst so berühmte, jetzt ziemlich vergessene Pianist und Verfasser eines ›Studienbuches‹, betrachtet den Marsch kritisch. In besagtem ›Studienbuch‹ (München, 1921, 2. Auflage) erläutert Galston einen Zyklus von fünf Klavierabend-Programmen zwischen Bach, Beethoven (die fünf »letzten« Sonaten) und Brahms. Was den zweiten Satz von Opus 101 betrifft, so teilt Galston (a. a. O., S. 7) lapidar mit: »Den zweiten Teil des Hauptsatzes wiederhole ich nicht«. Weiter rät Galston, bei der Darbietung des kanonischen Trios müsse die Rechte führen ... »Und die Imitations-Dreschmühle bleibt ganz weg.« Laut Galston soll da nämlich ein »zartes, beschaulich-friedliches Stimmungsbild« erscheinen. Deshalb muß »die Hervorhebung der Imitationen unterbleiben« (Galston a. a. O.). Kein Wunder, daß Busoni auf dieses Studienbuch eines reisenden Virtuosen seinerzeit herzlich schlecht zu sprechen war.

Je genauer, sauberer, absichtsvoller einerseits im Betonen der vorgeschriebenen und andererseits im Überhaupt-nicht-mitklingen-Lassen aller anderen Noten die Grifftechnik eines Pianisten ist und je langsamer das Tempo, das ein solcher Pianist für den zweiten Satz von Opus 101 wählt, desto kompakter kommt das Vivace alla Marcia heraus. Diese virtuos abgeklärten Interpretationen können hier zur meisterhaften Irreführung geraten. Sie täuschen Marschhaftigkeit, scheinbare Vollgriffigkeit vor. Doch einen fetzenhafteren, weniger »vollgriffigen«, einen unsteteren, dissonanteren Marsch hat Beethoven nie — auch im Streichquartett Opus 132 mit seinem konventionelleren Alla marcia nicht — geschrieben als diese marschmäßige Fantasie über punktierte Rhythmen! Wenn also Gilels oder Gulda das von Beethoven gegen den strammen Marsch-Strich gekämmte Vivace nun mit pfleglich souveräner Grifftechnik von aller Widerborstigkeit zu befreien suchen, indem sie verhältnismäßig langsam in kunstvoll plausiblen Zusammenhang bringen, was eigentlich lebhaft und heftig und unruhig dissonant sein müßte, dann beschönigen diese beiden großen Interpreten unversehens. So, als hätte Beethoven da zwar einen regelrechten Marsch komponieren wollen, als sei es ihm aber nicht ganz gelungen und als müsse ein wohlwollender Interpret nun die Zumutungen der leider merkwürdig zerzausten Komposition so gut es immer geht unhörbar machen. Wer gäbe schließlich nicht gern sein Bestes, wenn der alte, taube Beethoven offenbar ein wenig an dem vorbeikomponierte, was ihm vorschwebte? Auch manche Dirigenten betreiben ja — und zwar aus plausibleren Gründen — Klangkosmetik, da »bei Beethoven nach eingetretener Taubheit das lebhafte Gehörbild des Orchesters so weit verblaßte, als ihm die dynamischen Beziehungen des Orchesters nicht mit der Deutlichkeit bewußt blieben, wie dies gerade jetzt, wo seine Konzeptionen einer immer neuer sich gestaltenden Behandlung des Orchesters bedurften, ihm unerläßlich werden sollte« (Richard Wagner in: ›Zum Vortrag der neunten Symphonie Beethovens‹). Felix Weingartner hebt in seinen ›Ratschlägen für Aufführungen klassischer Symphonien‹ gleichfalls hervor, in der Neunten Symphonie sei mehr als sonst zu merken, »daß seine Taubheit ihm das Abwägen der Klangwirkungen erschwert hat«. Legt diese von großen Dirigenten bezeugte eventuelle Notwendigkeit für Instrumentations-Retuschen nun aber auch den Analogie-Schluß nahe, ein marschmäßiges Stück, das so unruhig, vielstimmig, punktiert und dissonant verläuft wie der zweite Satz der 28. Sonate, müsse ins Geheure und Feste, Sichere zurückgeholt werden? Trotz eines solchen Anfangs:

Beispiel 392

Wer hier, gegen Notenbild und Tempovorschrift, zu korrigieren, zu mäßigen versucht, muß die Beweislast tragen. Wie aber, wenn andere Interpreten den Vorschriften Beethovens mutig folgen und dabei sogar fesselndere Resultate produzieren können?
Es ist keine Frage des absoluten Tempos – obschon hier Authentizität und heftige Raschheit zusammenhängen. In seiner ungemein eigenständigen Interpretation der Sonate spielt Solomon den ersten Satz als Übersetzung innigen Ausdrucks in verhaltene Lyrik, die sich vom unmittelbar Schwärmerischen oder Schmerzlichen losgemacht zu haben scheint, Gefühl weniger darstellend denn objektivierend. Das alla Marcia nimmt Solomon dann zwar sehr rasch, aber trotzdem zurückhaltend, fast vernünftelnd, so als genüge ein phantastisches Tempo bereits, auch einen phantastisch gesteigerten »Marsch« zu produzieren. Beide Male setzt Solomon an die Stelle unmittelbarer Bekenntnismusik etwas Indirektes. Solomon macht glaubhaft, daß der Marsch kein schlichter, selbstsicher-pompöser Marsch sei. Aber Solomon bleibt, trotz heftigen Tempos, unheftig, gläsern, gemessen herb.

Yves Nat geht einen anderen Weg. Er fragt nicht, ob es sich um einen eigentlichen oder um einen uneigentlichen Marsch handele, so wie er auch den Kopfsatz nicht als Geisterstimmen-Dialog nahm, sondern als dringliche, rhythmisch beschwingte Beschwörung. Nat versteht die ersten beiden Sätze von Opus 101 als einen hellen, durchaus diesseitigen Steigerungs-Zusammenhang. Bei Nat ist der marschmäßige Ausbruch ohne jede »Plattfüßigkeit«, weil die kurzen Notenwerte tatsächlich kurz, scharf und rasch ertönen, weil die Auftakte, die Dissonanzen und die Steigerungen spitzig und ohne jedes pompöse Fett herauskommen.

Kempff unterstreicht die polyphone – also eben nicht marschmäßig kompakte – Struktur des Satzes dadurch, daß er die punktierten Rhythmen, auch wenn sie in der linken Hand als Unterstimme vorkommen, niemals nur wie eine leise »Begleit-Stimme« spielt, wodurch das alla Marcia gebrochen und nervös erscheint...

Und es ist nicht nur eine Frage des Geschmacks oder des Gefühls, ob dieser Satz ohne jede Konzession an irgendeine Marsch-Sonorität verwirrend und phantastisch interpretiert werden soll. Das »beweist« ein Kontrast-Augenblick virtuellen Stillstands, den Beethoven der unregelmäßigen Vielfalt des Kurzen, Abgerissenen, Scharfen und Gebrochenen entgegengesetzt hat. Plötzlich »sempre ligato«. Plötzlich langes Pedal. Plötzlich halbe Noten im *pp*. Ein solcher geheimnisreicher Ruhe-Moment hat doch nur Sinn, wenn vorher Unruhe war.

Beispiel 393

Backhaus bringt – 1. und 2. Takt des Notenbeispiels 393 – eine klare Linie in den Verlauf der rechten Hand, indem er die Töne auf den guten Taktteilen samt ihren Auftakten schärfer, klärender, vielleicht darf man sogar sagen, informativer unterstreicht. Musik, die eben noch fast undurchdringlich vertrackt komponiert wirkte, wie diese mühseligen Takte:

erscheint danach plötzlich magisch ruhig und übersichtlich. Anders als Backhaus, der hier den melodischen Verlauf der *rechten Hand* akzentuiert (siehe Notenbeispiel 393), gliedert Claudio Arrau diese vorbereitenden Takte *vom Baß her.* Er unterstreicht die Quartenfolgen (Notenbeispiel 393, 1. und 2. Takt). Beide Interpreten lassen, wie auch Nat und Solomon, keinerlei Zweifel daran, daß da (Notenbeispiel 393, 3. bis letzter Takt) die Anti-Klimax dieses erregten und bewegten Satzes erreicht sei: Leise bewegte Stille, von vornherein ins Pedal gehüllt. Als Kontrast oder als Intermezzo wäre dieser magische Moment weder überraschend noch schön, wenn der Satz von vornherein allzu langsam und stur auf behäbigen Plattfüßen einhermarschiert wäre.

Gottfried Galstons naiver Rat, bei dem kanonischen Mittelteil allein die rechte Hand zu betonen, damit die Imitations-Dreschmühle nur ja ganz wegbleibe, wird glücklicherweise von keinem seriösen Pianisten befolgt: warum sollte sich ein Interpret auch auf ein polyphones Stück einlassen, wenn er eben die Polyphonie vermeiden möchte... Heinrich Schenker macht in seiner Erläuterungs-Ausgabe der letzten fünf Sonaten (Universal-Edition, Wien) darauf aufmerksam, daß der Baß *am Anfang des Kanons* eine »für den zweistimmigen Kanon überflüssige Stimme« sei, Beethoven habe sie eingesetzt, »um über das Vorhandensein des Kanons... zunächst noch zu täuschen und dadurch einen fließenderen Übergang von der freien Technik des ersten Stückes zu der strengen eines wirklichen Kanons... zu erzielen« (a. a. O., S. 41). Doch diese Erläuterung läßt keineswegs der Möglichkeit Raum, am Kanon vorbeizuspielen. Aber wie kann der Kanon, durchaus als Kanon verstanden und gespielt, auch zum (schönen) Klingen gebracht werden? In bezug auf einen angemessenen Vortrag dieses Kanon-Trios klagte Schenker 1920: »Ach, es ahnt kaum ein Virtuose von heute, geschweige der Durchschnittsspieler, welche Wunder sich in jener Welt der Lichterspiele begeben, in der vor allem nur eben sie so geheimnisvoll über Grundzeitmaß, Zeitmaßänderungen, Anschlag, Druck usw. entscheiden« (a. a. O., S. 43).

So leicht, so überschaubar in seiner Dreiteiligkeit der B-Dur-Mittelteil des alla Marcia auch ist, so zart eingeschlossen in eine rhythmische Sechzehntel-Figur, die am Anfang und am Schluß als »Vorhang«

erscheint, der aufgeht und dann wieder zugezogen wird: gerade dieses kurze Musikstück läßt eine Grenze erkennen, von deren Vorhandensein auch einmal die Rede sein muß. Es ist die Grenze des Verbalisierens musikalischer Phänomene. Wie weit reichen Worte? Kurz und grob: viele Jahre lang hielt ich dieses – gar nicht so ungeheuerlich schwierige, manuell oder intellektuell anspruchsvolle – B-Dur-Stück für reizlos, für langweilig, für höchstens bläßlich hübsch. Ich begriff auch, trotz mannigfacher Interpretationen großer Pianisten und kluger Autoren, Beethovens »dolce«-Vorschriften überhaupt nicht. Heute – die Noten haben sich nicht geändert – begreife ich wiederum nicht mehr, was da eigentlich nicht zu begreifen war. Aber hilft es dem Leser, wenn immer dort, wo ich vor fünfzehn Jahren »trocken« oder »abweisend-abstrakt« gesagt hätte, nun – in welchen Wendungen auch immer – »innig«, »wunderbar-verhalten-exzentrisch« umschrieben würde?

Was tun? Wäre es nicht am ehrlichsten, hier einfach vorzuführen, welche Hörerfahrungen aus der Ratlosigkeit halfen? Anfang der sechziger Jahre dieses Jahrhunderts war der englische Pianist Solomon in Deutschland und auch Kontinental-Europa noch fast unbekannt. 1975 existiert eine kleine Literatur über ihn, Zeitschriftenaufsätze, Schallplattenrezensionen etc. Solomon erschloß (mir) das leise Wunder des B-Dur-Kanons, weil er ihn sprechen ließ. Solomon spielt weder das Zweistimmige als spezifisches Ereignis aus, noch gibt er den Kanon-Wendungen auch nur andeutungsweise eine Richtung, ein Zielbewußtsein. Es liegt ja nahe, die vier Achtelnoten, die hier zu einer punktierten Viertelnote führen, etwas schwächer anzuschlagen und dann die lange Viertelnote als melodisches Hauptereignis zu akzentuieren (Notenbeispiel 395, im 1., 2., 3., aber auch 6.–10. Takt).

Beispiel 395

Rudolf Serkin etwa spielt diese Figuren stets so aus, daß die gebundenen Achtel die längeren punktierten, also wichtigeren Viertel immer nur vorzubereiten scheinen. Solomon interpretiert hier neutraler, eisiger

und doch viel eindringlicher! Er spürt, wie die *kurzen* Achtel abgewertet werden, wenn sie nur eine vorbereitende Funktion haben und keine melodische Qualität. Er spürt ebenfalls, daß es hier mit der Wichtigkeit der *langen* Noten nicht so weit her sein kann, weil sie – nachdrücklicher angeschlagen – zwar selber nicht viel Leuchtkraft besitzen, wohl aber die sanfte Farbe der Achtel verdunkeln. Solomon lehrt mithin Umlernen: was nur Vorbereitung zu sein scheint, Mittel zum Kanon-Zweck, das ist bei ihm bereits die Sache selbst in all ihrer stillen Gegenwärtigkeit. Entwickelt sich aber der Kanonverlauf erst einmal auf diese Weise, dann werden die Quinten (Notenbeispiel 395, 7. und 8. Takt f-cis, 9. und 10. Takt b-fis) immer fesselnder. Zugang zu dieser Musik findet, wer vorbehaltlos der Gewichtigkeit eines jeden Tons und Intervalls lauscht. Gelingt das, dann ist auch der Weg zu anderen Interpretationen frei. Man hört dann dem Satz nicht mehr hilflos, wie von draußen, zu. Sondern man erwartet etwas, weiß, woran man sich halten kann, ist zugleich »orientiert« und offen. Jetzt nimmt man die melodische Magie dieser Töne wahr, selbst wenn ein anderer Interpret sie vielleicht nur nebenher wahrhaben möchte – wie etwa Barenboim, der die im alla Marcia-Zusammenhang durchaus rückwärtsgewandte, neo-barocke Erscheinung des Kanons mit absichtsvoll cembalo-haftem Ton vorträgt: trockener, ferner. Barenboim gewinnt so die Möglichkeit, aus der Überleitung zum Hauptteil einen romantisch verträumten Wechsel des Stils und der Stimmung zu machen –, ähnlich wie ihn Wilhelm Kempff in Schumanns »Kreisleriana« am Ende des zunächst motorisch-barockhaft auftrumpfenden, dann träumerisch-romantisch verdämmernden 7. Satzes unvergleichlich eindrucksvoll vorführt (ausführlich mit Notenbeispiel, Kaiser: ›Große Pianisten in unserer Zeit‹, a. a. O., S. 99 ff.).
In Beethovens Sonate Opus 101 führt Barenboim einen »romantischen« Beleuchtungswechsel am Ende des Kanons vor (Notenbeispiel 396, 4.–11. Takt).
Beispiel 396

Diese Schumann-Analogie ist sicherlich nicht allzu weit hergeholt. Zahlreiche Charakteristika gerade der Sonate Opus 101 haben die Kommentatoren zwischen Hugo Riemann und Jörg Demus dazu bewogen, in dieser Sonate Robert Schumanns Feuer, seine Poesie und sein zyklisches Denken vorweggenommen zu finden.

Vom dritten Satz, einem Gedicht, »langsam und sehnsuchtsvoll«, darf man nicht mit lauter Stimme sprechen. Eines der schönsten Musikstücke aus Menschenhand. Wer je geargwöhnt hat, der Beweihräucherungs- und Bewunderungsrummel, den Beethovens Spätwerk auf sich gezogen hat, sei abstoßend und unangebracht, die Verherrlichung entspringe doch nur einer konvertitenhaften schwärmerischen Bereitschaft zur Idealisierung und sei wahrscheinlich mehr auf Beethovens tragische Lebensumstände als auf die Kompositionen der letzten Jahre zurückzuführen – der braucht nur die zwanzig Adagio-Takte aus Opus 101, gespielt von Arrau oder Kempff, zu hören und sie mit der Adagio molto-Introduzione aus der Waldstein-Sonate zu vergleichen! (Ein Vergleich, der sich wegen einiger Analogien durchaus anbietet.) Bewundernd und erschüttert wird man dann eines riesigen, eines astronomischen Unterschiedes gewahr. Unendlich frei, rhapsodisch, kühn und gestaltenreich wußte der späte Beethoven zu komponieren. Natürlicher- und unvermeidlicherweise hat der Spätstilkult, so begreiflich er ist, viel verblasene oder modische Geschwätzigkeit provoziert. Man versteht gut, daß Strawinsky nach der Uraufführung des ›Renard‹ sich brummig abwandte, als ihn ein feiner Herr da ausgerechnet über den späten Beethoven ins Gespräch ziehen wollte. Strawinsky ahnte nicht, daß er einem Genie die kalte Schulter zeigte, nämlich Proust, in dessen Werk Musik eine beträchtliche Rolle spielt. Später erklärte Strawinsky seine Unfreundlichkeit etwas verlegen folgendermaßen. »Ich hätte seine Beethovenbegeisterung geteilt, wenn sie nicht unter den Intellektuellen jener Zeit das übliche gewesen wäre, und wenn sie ein musikalisches Urteil, und nicht eine literarische Pose gewesen wäre.«

Eine freie Fülle erhabener und ausdrucksvoller Charaktere auf kleinstem Raume stiftet das Wunder des Adagio, ma non troppo, con affetto. Die darüberhinaus in diesen neunzehn langsamen und sehnsuchtsvollen Takten aufweisbaren Entsprechungen, Formen oder Symmetrien *bereichern* den a-Moll-Kosmos, wirken also gerade nicht domestizierend, gliedernd, überschaubar machend, zügelnd. So hat nach Beethoven niemand mehr komponieren können: selbst Brahms, Reger, Bartók, Schönberg und Webern nicht, die der konstruktiven und expressiven Gewalt des späten Beethoven so viel verdankten.

Wer auch nur ein wenig Klavier zu spielen oder Noten zu lesen oder über Musik nachzudenken oder sie gar zu analysieren gelernt hat, der kann in den hier abgedruckten ersten drei Systemen des kaum eine Notenseite füllenden Stückes manches offene Geheimnis entdecken. So kehrt die Terz des Basses und der Mittelstimme (Notenbeispiel 397, 1. Takt) im 2. Takt wieder. Dann Takt 10, im Anfangstempo, aber ins Dur gewendet… Der Triolenmordent aus dem ersten Takt wird vom 9. Takt an zum Hauptargument. Er erscheint immer wieder, nur daß er in der rechten Hand jedesmal anders endet und in der linken immer größeren harmonischen Spannungen ausgesetzt ist, die sich übrigens im weiteren (hier nicht mehr abgedruckten) Verlauf des Satzes noch steigern.«
Man kann diese »Langsam und sehnsuchtsvoll« überschriebenen Takte auch mit dem Beginn des Kopfsatzes in Verbindung bringen (Uhde tut es, a. a. O., Bd. 3, S. 366 ff.), muß sich jedoch hüten, immer und überall bloß »Entsprechungen«, »Beziehungen«, »Abwandlungen« oder Steigerungen gegebener Modelle oder Strukturen hören zu wollen, statt der Musik, die von diesen Strukturen getragen wird. Denn die Magie dieser Adagio-Takte besteht gewiß nicht darin, daß hier alles mögliche wiederholt oder gespiegelt erscheint, sondern darin, daß Beethoven Bausteine, die man wiedererkennen kann, zu einer herrlichen Fülle von Charakteren zusammenfügt, in jeder Phase neu, unvorhersehbar, überraschend. Nichts läßt nach den beiden Anfangstakten (Notenbeispiel 397) auch nur im mindesten den Fortgang erahnen, der im 3. und 4. Takt stattfindet; die Akkordfolge des 5. und 6. Taktes ist ein erhabenes Wunder, dem die abschließenden nächsten beiden Takte dann zugleich ätherisch und auch wieder volksliedhaft kadenzierend antworten.
Was danach in Takt 9 anhebt, scheint um eine Spur kohärenter zu sein, zumal wegen des allmählich zart aber unaufhaltsam absteigenden Basses. Während der letzten drei abgedruckten Takte sinkt der Baß, was seinen jeweils tiefsten Ton am Anfang der Takt-Einheit betrifft, vom c übers h und ais bis zum a (das setzt sich chromatisch weiter fort bis zum Dominant-e). Aber wer darin nun doch die Schema-Küste einer gewissen Regelhaftigkeit zu erblicken meint, nachdem man eben noch auf dem hohen Meer reiner, grenzenloser Ausdrucksmusik war, braucht diese absteigende Baß-Bewegung und das, was sich über ihr abspielt, nur zu vergleichen mit dem Schluß der Adagio-Introduzione aus der Waldstein-Sonate, wo die Linke auch einen Abstieg darbietet. Aus der Perspektive von Opus 101 gesehen, wirken die Vorgänge von Opus 53 nahezu simpel überschaubar, viel konventioneller und harmloser…

Ob sich vom Adagio aus Opus 101 auch so schwärmen ließe, wenn es nicht Claudio Arraus tiefbewegte Einspielung gäbe: drei wahre Stern-Minuten großer Beethoven-Interpretation? Arrau läßt sich vom »sehnsuchtsvoll« zu hingerissenstem Adagio-Ausdruck bewegen: bereits die Sext am Ende des ersten Taktes ist nicht selbstverständlich, sondern eine Gebärde. Und die wie sieben erhabene Gestalten aus der Tiefe aufsteigenden Akkorde im 4. und 5. Takt *spielt* Arrau nicht, sondern er zelebriert sie, macht aus jedem ein noch größeres, noch tiefer sich einprägendes Ereignis. Unter Arraus Händen ist dieser von Schatten und Wandlungen (was für ein intimes Ausdrucks-Gewicht hat allein der letzte Ton des 4. Taktes, wo aus der großen Terz eine kleine Moll-Terz wird) bebende Adagio-Satz ein zerbrechliches Psychogramm, aber gleichwohl gesteigertes Volkslied, zerrissen und innig. Bewunderungswürdig, daß Arrau trotz seines Adagissimo-Tempos darauf verzichtet, den naheliegenden Steigerungs-Effekt der letzten drei Takte unseres Notenbeispiels 397 auszuspielen. Je größer die Intervalle der linken Hand werden, desto leiser interpretiert sie Arrau, desto fragiler. Arrau erreicht das mit einem einfachen Kunstgriff: den Vorschlag der linken Hand (also die jeweils klein gedruckten Noten am Taktanfang) schlägt Arrau *vor* dem Einsatz der rechten Hand an. Aber die Hauptnote der Linken – das aus immer größerem Abstand gleichsam angesprungene e – läßt Arrau stets ein wenig *nach* dem g der rechten Hand erscheinen, mit dem das e des Basses eigentlich zusammen erklingen müßte. So gewinnt Arrau mitten im beispiellos diskreten Decrescendo eine Differenziertheit, die der Beethovenschen Satzbezeichnung und dem Kunst-Niveau der Komposition angemessen erscheint. Mehr ist nicht zu erreichen.

Demgegenüber wirken so sorgfältige, schöne Darbietungen des Stückes, wie Gilels, Solomon und Schnabel sie bieten, doch ein wenig unempfindlich, unempfänglich. Und es ist auch nicht mehr als eine interessante Nuance, ob Serkin sich entschließt, im 10. und im 11. Takt unseres Beispiels 397 die von den beiden Achteln gebildete Dur-Terz zum Hauptereignis zu machen, oder ob Schnabel die von Arrau im decrescendo gespielte Intervall-Vergrößerung der letzten drei Takte als Spannungssteigerung begreift.

Einzig Wilhelm Kempff gelingt es, Arraus genial-gewichtiger Adagio-Interpretation eine entsprechend lichte Deutung entgegenzusetzen. (Tempo-Fragen sind hier wesenlos, Arrau braucht über drei, Kempff weniger als zwei Minuten). Kempff spielt das Adagio in silbernem, ätherischem Ton, weit fließender, affektloser als Arrau, ohne das verhaltene Keuchen, den Schmerz, das Stocken. Kempff nimmt das »Mit einer

Saite« wörtlich, stellt zumindest ein Äquivalent her für »Sul una corda«. Aber Kempffs relativ rasches Adagio-Tempo wäre kein Gewinn, wenn der Künstler es nicht als eine Rubato-Fallhöhe zu benutzen verstände: nun kann er, im 4., 6. und 8. Takt spürbare poetische Verlangsamungen eintreten lassen, ohne doch unerträglich oder klebrig langsam werden zu müssen.

Beispiel 397

Nach der Lebhaft-Innig-Ambivalenz des ersten Satzes, nach der alla Marcia-Phantasie-Hektik und Kanon-Magie des Vivace, endlich nach dem Sehnsuchts-Wunder dieses Adagio folgt das aberwitzig heikle Finale. Will es Gericht halten über die bisher laut gewordenen Affekte und Effekte? Will es den bisher erklungenen Spannungen seine gespannte Brillanz entgegensetzen? Oder zwingt es sich gar zu einer – von immer neuen piano-Ansätzen unterbrochenen – Entschlossenheits-Haltung, die am Schluß zarter Verklärung weicht? Das polyphone Finale ist ein glänzendes Rätsel. Es enthält einige der machtvollsten und hitzigsten Steigerungen, die Beethoven dem Klavier überhaupt anvertraut hat. Aber es scheint doch, anders als die Fugen aus Opus 106 und 110, manche aufgestaute Espressivo-Emotion zu unterdrücken. Große Interpreten müssen hier ganz besonders sinnreiche und phantasievolle Lösungen finden, sonst vermag der Satz dem, wovon die ersten drei Sätze handelten, weder zu entsprechen noch zu widersprechen.

Kritische Leser können hier einwenden, ich mißverstünde dieses entschlossene und kunstvolle Finale. Oder: ich forderte auf Grund falscher

Prämissen gewisse Qualitäten, die der Komponist keineswegs zu bieten beabsichtigte (sonst hätte er's schon getan). Doch wenn man sich darauf einigt, daß der späte Beethoven – im vollen Besitz seiner Kunstmeisterschaft und ohne jede Konzession – zum Ausdruck brachte, was er halt zum Ausdruck bringen wollte, dann wäre mit solchen Feststellungen das Final-Problem von Opus 101 nicht etwa beruhigend erledigt, sondern es finge erst an.

Zumindest für die Pianisten. Denn ihnen obliegt es ja, gleich zum Final-Beginn plausibel zu machen, welche direkte Beziehung besteht zwischen dem plötzlich von Beethoven heraufbeschworenen, um eine »dolce«-Vorschrift und zwei Fermaten bereicherten Anfang des Kopfsatzes und dem folgenden »Geschwinde, doch nicht zu sehr, und mit Entschlossenheit«. Das »dolce« und die beiden Fermaten, die Beethoven dem sonst wort-wörtlichen Zitat hinzufügt, haben gewiß nicht die Funktion, diese Wiederkehr des Sonatenbeginns als eine beiläufige Anspielung erscheinen zu lassen. Dolce (»süß«), und von langen Fermaten-Pausen durchzogen soll die Reminiszenz erscheinen. Als Erinnerung, als Produkt tastender Meditation, vielleicht...

Aber was geschieht dann? Martin Cooper behauptet von den sich sogleich anschließenden Überleitungstakten, Beethoven probiere mit ihnen aus, welche Kräfte in der fallenden Terz, die ein paarmal wiederholt wird, stecken. (Martin Cooper: ›Beethoven The Last Decade 1817–1827‹, Oxford University Press 1970, Seite 152 f.). Der Komponist scheint zu einem positiven Ergebnis zu kommen, zumindest setzt das Allegro-Finale mit einer solchen fallenden Terz ein. Und dieses Intervall spielt nicht nur während der Aufstellung des ersten Themas, sondern auch später eine wichtige Rolle.

Der ohne weiteres schlüssige Hinweis, daß in diesem Finale eine fallende Terz das Hauptthema und auch die auf dem Hauptthema basierende fugierte Durchführung prägt, besagt herzlich wenig darüber, wie der Satz aufzubauen, zu gestalten, faßbar und sinnvoll zu machen sei. Die schwer ausführbaren Sprünge, mit denen Beethoven hier die Pianisten prüft, lassen genausowenig irgendwelche Interpretations-Rückschlüsse zu. Schließlich sind fallende Terzen nicht gleichzusetzen mit »Entschlossenheit«; in Opus 106 dominiert die steigende Terz, und kein Mensch wird dem Kopfsatz der Hammerklaviersonate Entschlossenheit absprechen wollen...

Im zweiten und letzten Satz von Opus 101 sind die Griffprobleme für viele Pianisten zum Interpretations-Alibi geworden. Weil nur wenige, nur die besten, imstande sind, das Geforderte klar, rasch, fehlerfrei und sauber vorzutragen, hat sich die Meinung verbreitet, so schöne Dinge wie Klarheit, Tempo, Fehlerlosigkeit und Präzision seien hier bereits die Musik-Sache selbst. Wenn wir von den pianistischen Hürden absehen und Interpretations-Probleme ins Auge fassen, dann wird deutlich, daß am wenigsten die großen Forte-Stellen, gar die donnernd und rauschhaft gefügten Entladungen in der Mitte und am Ende der Durchführung begriffen werden wollen (die wollen nur gegriffen werden...). In diesem »Geschwinde, doch nicht zu sehr, und mit Entschlossenheit«-Allegro kommt es mehr auf die Bedeutung, das Gewicht und die Ausdrucksfunktion der piano- und der dolce-Momente an. Wieviel Ausdruck läßt sich diesen kurzen Momenten abgewinnen? Wieviel Ausdruck müßte ihnen eigentlich abgewonnen werden? Ist der Satz *in seiner Gesamtheit* eine auf Entschlossenheit pochende Antithese zum bisherigen Verlauf der A-Dur Sonate – oder hat angemessene Interpretation auch innerhalb des Finales alle die Spannungen, Ausdrucks-Gegensätze und Dualismen vorzuführen oder zu entwickeln, von denen bereits die ersten drei Sätze erfüllt waren?

Artur Schnabels Antwort auf eben diese Frage bezeichnet, wie so oft, ein Extrem. Aus der Verlegenheit, daß die dolce- und espressivo-Momente des Finales mit Ausnahme der epiloghaften Coda alle so kurz, so verhalten, ja so unergiebig scheinen, zieht Schnabel die Konsequenz, den ganzen Satz in einem forciert entschlossenen, möglichst raschen Tempo zu nehmen. Den gewiß kargen dolce-Augenblick während des Seitensatzes versucht Schnabel gar nicht erst besonders lyrisch-kontrastierend herauszubringen (Notenbeispiel 398, 4.–9. Takt). Ja, in seiner Sonatenausgabe fügt Schnabel verräterischerweise genau diesen dolce-Takten (Notenbeispiel 398, Takt 14 ff.) die ausdrückliche Anweisung hinzu: »ma sempre un poco energico«.

Beispiel 398

So wenig Schnabel es auch nur zu beabsichtigen scheint, hier einen dolce-Kontrast vorzuführen, so wenig tut er es zu Beginn der Durchführung. Andere Pianisten, wie Kempff oder Barenboim, wittern hier Choralmystik oder unentschlossene Meditation, wenn nämlich die halben Noten ganz ruhig emporsteigen (was sonst im ganzen Satz nicht geschieht), dann zum »poco ritard.« absinken und in einen gebrochenen a-Moll-Akkord zur Fermate erstarren (Notenbeispiel 399, 12. Takt). Wahrhaft »entschlossene« Fortissimo-Oktaven wischen das Traumbild rasch fort und bereiten die Fuge vor.

Beispiel 399

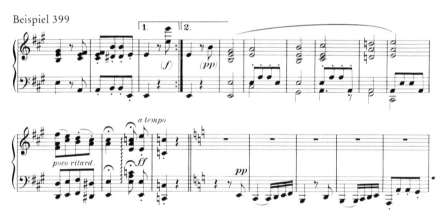

Eine Steigerung, wie die erste mächtige, zugleich durchbrochen und akkordisch gehaltene Klimax der Fuge kann grandios wirken. Versteht ein Pianist sie mit hinreichender Technik und hinreichendem Temperament herauszubringen, dann versteht bestimmt kein Hörer mehr, warum der späte Beethoven als abstrakt und widerborstig und antipianistisch gilt.

Schnabel braust das alles in einem utopischen Tempo herunter, weil es
ihm um eine forcierte, gewaltige und gewaltsame Entschlossenheits-
Demonstration zu tun ist. Schnabel spielt kein: so ist es! (dafür bleibt
manches zu undeutlich und manches sogar weg), sondern ein: so müßte
es sein. Immerhin, dieser Künstler nahm Unvollkommenheiten auf
seine Kappe, in Kauf, weil er sich von seiner Vision leiten ließ und nicht
von dem, was sicher gelingt...

Aber muß der Satz wirklich eine hysterisch entschiedene, sich zur
Entschlossenheit zwingende, gleißend helle Ballade sein? Am Ende der
Durchführung stoßen die beiden möglichen Interpretations-Tendenzen
programmatisch zusammen: eine grandios vorbereitete *ff*-Steigerung, die
übers ganze Instrument rauscht (Notenbeispiel 401, Takt 9–12). Diese
Steigerung kann gar nicht flammend genug gespielt werden. Schnabel
macht ein A-Dur-Bacchanale daraus. Aber dann, nach den beiden
Fermaten, die ja auch, wie bei Barenboim, als nachdenklicher Doppelpunkt, als Ankündigung von etwas Neuem verstanden werden könnten
(Notenbeispiel 401, die letzten 5 Takte) – muß dann auch rauschende
und rasche Entschiedenheit herrschen?

Extremisten, mögen sie es sich technisch noch so schwer machen wie
Artur Schnabel, haben es leicht. Sie haben zumindest eine These.
Wilhelm Kempff, Daniel Barenboim, Rudolf Serkin tun dar, inwiefern
Schnabels Auffassung gefährlich einseitig ist. Alle die Pianisten, die den
Satz nur mit blendender Grifftechnik und sicherer, ihren Kräften ange-
paßter Tempowahl männlich »meistern« – Backhaus, Brendel, Gilels,
Gulda, Solomon –, verhalten sich gegenüber der Beethovenschen Ent-
schlossenheitsforderung fehlerfrei. Das heißt: neutral. Also: nur neutral-
entschlossen, was hier zuwenig ist, nämlich unentschieden.

Nun läßt sich der in Beethovens piano- und dolce-Vorschriften mögli-

Beispiel 401

cherweise schlummernde Wunsch nach einer Antithese, nach einer zweiten Front im Entschlossenheits-Krieg leichter aussprechen als erfüllen.
Die A-Dur-Melodie der rechten Hand (Notenbeispiel 398, 1. bis 8.
Takt) zum Beispiel, die über lebhaften Begleitfiguren singen sollte –
bleibt sie nicht fast immer karg und kümmerlich, und zwar dann um so
mehr, wenn man noch die melodischen Eingebungen des ersten und
dritten Satzes im Ohr hat? Hans von Bülow hat diesen Mangel offenbar
auch gefühlt. Er fordert, die Interpreten sollten ihn ausgleichen. Eine
»lyrische Gesangsstelle« nennt er in seiner Ausgabe die A-Dur-Melodie,
sie erheische »einen beinahe glühenden, leidenschaftlich schwungvollen
Vortrag«. Bülow fährt fort: »Die hier beginnende Steigerung durch 16
Takte hindurch muß mit jener Wärme gespielt werden, wie dieselbe
leider nicht von deutschen, wohl aber von Violinisten belgischer oder
französischer Schule erlernt werden kann.«
Arrau und Barenboim versuchen auszuführen, was laut Bülow von
Pianisten überhaupt nicht und von Geigern auch nur dann zu erwarten

ist, wenn sie keine Opfer der deutschen Schule sind. Arrau und Barenboim betonen fast überschwenglich die aufsteigenden Sexten der Melodie (Notenbeispiel 398, 3. bis 5., 6. bis 7. und 8. bis 9. Takt). Dadurch gewinnt die Kantilene Leben und Farbe.

Sollten gerade in diesem Satz mit seinen heiklen Forte-Entschiedenheits-Ausbrüchen lauter subtile Entscheidungen nötig sein, damit die leisen Augenblicke nicht zu retardierenden Momenten vor Entladungen verkümmern, sondern lyrischer Gegensatz werden in einem Kosmos, dessen Schöpfer zwar von Entschiedenheit spricht, aber anscheinend diese Entschiedenheit nicht eisern durchhält, durchhalten will? Vielleicht gar: nicht durchhalten kann, einer geheimen Programmatik wegen ...

Für das »nicht durchhalten will« spricht der poetische Schluß. Auf einen Septakkord im »sempre piano« antworten zwei Fortissimo-Oktaven. Sie erinnern an die beiden Oktav-Schläge, die (Notenbeispiel 399, 6 Takte vor Schluß) zur mächtigen Durchführungsfuge führten. In der Coda geht der Satz jedoch ganz anders weiter. Beethoven meditiert leise über die fallende Terz:

Beispiel 402

Diese wunderbar zart ausgehörte Musik (hier verlangt Bülow eine »beinahe überschwängliche Anmuth«, a. a. O.) wird bei Daniel Barenboim zur innigen, phantasiebeschwingten Verklärung. Die letzten vierzig Takte der Sonate sind tatsächlich leise, wenn nicht sehr leise gehalten, aller Schroffheit bar. Meditation, jenseits aller Oktav-Ballungen, aller wilden Aufschwünge, aller Härten und Herbheiten. Auch Kempff,

Arrau und Serkin tönen dieses Sonaten-Ende ab, als nehme es apothetisch-harmonisch alle Härten zurück. Die *ff*-Akkorde des Schlusses, die letzten drei Takte der Sonate also, sind nach alledem nur mehr Fanfarenstöße, Zeichen dafür, daß ein großes Drama nun endlich vorbei ging (Notenbeispiel 403). Interpretationen, die aus lauter leisen Vorgängen schließlich die Berechtigung ableiten, den ganzen Schluß als phantasiebeschwingte Verklärung zu deuten, stehen in diametralem Gegensatz zu Schnabels Auffassung. Bei Schnabel ist der *pp*-Coda-Ausklang nicht Fazit, sondern nur Zwischenspiel. Wenn dann die drei SchlußakkordTakte donnern, ist für Artur Schnabel die Welt des geschwinden Entschlossenheits-Satzes wieder in Ordnung. Schnabel könnte sich darauf berufen, daß der aufsteigende Dreiklang (Notenbeispiel 403, die letzten 3 Takte) vorgebildet war in der aufstrebenden Bewegung des Ritardandos (Notenbeispiel 403, Takt 1 und Takt 3).

Die Befürworter des Verklärungs-Endes können vorbringen, daß drei abschließende A-Dur-Schläge schwerlich 40 Takte zarten Verdämmerns zur bedeutungslosen Episode zu verkleinern vermögen und daß der langsame Ritardando-Wechsel in der Mittelstimme zwischen halber Note (gis, Notenbeispiel 403, 2. und 4. Takt) und Viertelnote (a, Notenbeispiel 403, 1. und 3. Takt) sich dem Bewußtsein des Hörers viel nachdrücklicher einpräge als konventionell abschließender A-Dur-Lärm.

Beispiel 403

Barenboim sucht die Spannung zwischen entschlossener Bekundung und zarter Verhaltenheit zu verdeutlichen, indem er die Seitengedanken bewußt langsam hervortreten läßt. Wilhelm Kempff gelingt es, selbst in diesem schweren Satz, der so manche Pianisten zum bloßen Donnern animiert, Klangfarben eine strukturerhellende Funktion zu verleihen. Wann immer durchgehende Sechzehntelpassagen erscheinen, wählt Kempff ein verspieltes, den massiven Oktaven deutlich und sinnig kontrastierendes *non legato*, einen beinahe silbrigen, huschenden, perlenden Ton. Wie von selbst stellt sich so unter Kempffs Händen jener Dualismus her, den das Finale aus Opus 101 zwar enthält, sich aber so schwer entreißen läßt.

Serkins Interpretation ist ein Gegenstück zu Artur Schnabels wilder Entschlossenheits-Hysterie. Serkin klammert sich an Beethovens Einschränkung: an das »Geschwinde, *doch nicht zu sehr*«. Serkin spielt so langsam, daß die Takte sich nicht in zwei Viertel gliedern (wie vorgeschrieben), sondern in vier Achtel. Aus vier Sechzehnteln werden bei Serkin folglich: 2 mal 2 Sechzehntel. Der Bewegungsimpuls erscheint spürbar abgeschwächt, entsprechend mehr Betonungsimpulse kommen hinzu. Das hat beträchtliche Konsequenzen. Serkins Umdeutung trägt nämlich zur Verdeutlichung und festen Bestimmtheit der verwickelten Vielstimmigkeit bei: die Takte sind langsamer und inhaltsreicher, die Achtelfolgen heftiger, weniger flüssig. Bei Kantilenen (Notenbeispiel 398) ergibt sich auf diese Weise eine gewisse Schwerfälligkeit, zumindest Schwerblütigkeit, die den Satz weit wegrückt vom »Allegro«, vom »Geschwinde«. Man glaubt sich in der Nähe einer großen Fuge Max Regers. Ganz abgesehen davon, daß Rudolf Serkin zu den großen Reger-Interpreten unseres Jahrhunderts gehört; seine bedenklich eigenwillige Interpretation gibt auch positiv zu denken: offenbar ist im späten Beethoven viel mehr Reger antizipiert, als bisher vermutet wurde. Sollten sich die Geheimnisse dieses Satzes entschleiern lassen, wenn man wagt, sich vorzustellen, daß Beethoven hier nicht nur bis in die Romantik Schumanns vorzugreifen, vorzufühlen vermochte, sondern bis ins 20. Jahrhundert? Als Max Reger 1916 starb, war dies Opus 101 genau hundert Jahre alt.

29. SONATE

Große Sonate für das Hammer-Klavier
Opus 106 B-Dur (1817/18)

Allegro
Scherzo *Assai vivace*
Adagio sostenuto – Appassionato e con molto sentimento
Largo – Allegro risoluto

Größte Sonate der Musikgeschichte. »Nach Umfang und Anlage geht die Hammerklaviersonate weit über alles hinaus, was auf dem Gebiet der Sonatenkomposition jemals gewagt und bewältigt wurde« (Alfred Brendel).

Als Beethoven die B-Dur-Sonate Opus 106 komponierte, lag eine Krisenzeit hinter ihm. Aus den Jahren 1816 und 1817, als die Produktion »spärlicher floß«, gibt es um so mehr Aufzeichnungen und Tagebuchnotizen. Jean und Brigitte Massin, die eine hilfreiche Materialbiographie ›Beethoven‹ zusammengestellt haben (die deutsche Ausgabe erschien 1970 bei Kindler, München, die französische 1967 bei Arthème Fayard, Paris), machen darauf aufmerksam, daß eine Beziehung zwischen besagter Aufzeichnungsfülle einerseits und gehemmter Produktion andererseits bestehen könnte.

Nach dieser Krise also komponierte Beethoven die Hammerklaviersonate. Sie ist nicht eines von vielen gleichzeitig entstandenen Werken, sondern durchaus Summe, Fazit, Zusammenfassung von Erlebtem, Erlittenem, Erlerntem.

Aber die Hammerklaviersonate läßt sich in Beethovens Biographie auch als Anfang begreifen. Es ist, als hätte ihre Vollendung dem Komponisten Mut zum Allergrößten gemacht. Nun arbeitete Beethoven, die allerletzten Monate ausgenommen, eigentlich stets an Riesenwerken: Diabelli-Variationen, Missa Solemnis, 9. Symphonie, letzte Sonaten und Quartette. Der von Krankheiten und äußeren Mißhelligkeiten geplagte Komponist war nach 1818 nie mehr ohne riesige, ehrgeizige Projekte. »Hätte ich nur den tausendsten Teil Ihrer Kraft und Festigkeit«, jammerte Grillparzer im Gespräch mit dem geliebten, einundzwanzig Jahre älteren Beethoven.

Verzweiflungen, Fluchtpläne, Todesängste, aber auch klares Bewußtsein der eigenen Meisterschaft, künstlerische Selbstsicherheit und grandioser Selbstbehauptungswille gingen in die Hammerklaviersonate ein.

»Ein Bauerngut, dann entfliehst du deinem Elend!« notierte Beethoven 1816 in seinem Tagebuch – wie wenn ihn Landarbeit von der Niederschrift der Qualen des fis-Moll-Adagios hätte abhalten oder kurieren können. (Richard Wagner plante eine ablenkende Kaltwasserkur, als er den ›Tristan‹ in sich Gestalt zu werden drohen fühlte.) Und auf einem Skizzenblatt zum Scherzo der Hammerklaviersonate entringt sich Beethoven der Wunsch: »Ein kleines Haus allda so klein, daß man allein nur ein wenig Raum hat... Sehnsucht oder Verlangen – Befreiung oder Erfüllung.« Wie verzweifelt Beethoven während der Jahre 1816/17 war, lehrt ein Brief an Nanette Streicher. *Besserung* sieht für den Komponisten so aus: »Ich sage Ihnen nur, daß es mir besser geht; ich habe zwar diese Nacht öfters an meinen Tod gedacht, unterdessen sind mir diese Gedanken im Tage auch nicht fremd.« An Zmeskall schrieb Beethoven am 21. August 1817: »Mit Bedauern vernehme ich ihren kränklichen Zustand – was mich angeht, so bin ich oft in Verzweiflung u. möchte mein Leben endigen... Gott erbarme sich meiner, ich betrachte mich so gut wie verlohren...«

Aber Beethovens Selbstvertrauen, seiner stolzen Fähigkeit, sich des Verstandes ohne Anleitung anderer – ja gegen alle fremden Überzeugungen oder Erwartungshaltungen – zu bedienen, taten Gebrechen, Ärger und Verzweiflungen nichts an. Er notiert Ende 1816: »Nur in den seltensten Fällen andrer Menschen Rat folgen: in einer Sache, die schon überdacht ist, wem können alle Umstände so gegenwärtig sein als jemandem selbst?!« Alexander Thayer überliefert die oft zitierte Antwort, die Beethoven damals einem Bewunderer des Septetts (Opus 20) erteilte. »Ich wußte in jenen Tagen nicht zu komponieren. Jetzt, denke ich, weiß ich es.« Thayer fährt fort: »Bei dieser oder einer ähnlichen Gelegenheit sagte er: ›jetzt schreibe ich etwas Besseres‹; und bald nachher erschien die B-Dur-Sonate op. 106...«

Auch zu den »Kühnheiten« der Kammerklaviersonate hat Beethoven sich geäußert. Die erste, allgemeinere Äußerung, ein großartig bedächtiger und mutiger Künstlersatz, lautet: »Die Grenzen sind noch nicht gezogen, die sich dem Talent und dem Fleiß entgegenstellen, indem sie erklären: bis hierher und nicht weiter.« Der Verleger Artaria aber bekam unmißverständlich zu hören: »Da haben Sie eine Sonate, die den Pianisten zu schaffen machen wird, die man in fünfzig

Jahren spielen wird« – was übrigens eher eine Untertreibung war. Auch heute spielt »man« unter Pianisten die Hammerklaviersonate gewiß noch nicht wie etwas Selbstverständliches, sondern immer noch nur ausnahms- und annäherungsweise...

Notlagen provozierten nicht nur Beethovens Tapferkeit, sondern auch seinen Witz. So schrieb Beethoven in bedrängendsten privaten Klein-kram-Katastrophen (während er die so überlegen geordneten Allegro-Sätze der B-Dur-Sonate komponierte) an die hilfsbereite Nanette Streicher: »Ja, wohl ist diese ganze Haushaltung noch ohne Haltung und sieht einem Allegro di Confusione ganz ähnlich.« Als er dann dem getreuen Ferdinand Ries »die Tempos der Sonate« samt dem einzuschaltenden ersten Takt des Adagios mit monatelanger Verspä-tung nach London schickte, erbat er vom Schüler herzbewegend hei-ter Verständnis: »Verzeihen Sie die Konfusionen. Wenn Sie meine Lage kennten, würden Sie sich nicht darüber wundern, vielmehr über das, was ich hierbei noch leiste.« Bitter freilich faßt er zusammen: »Die Sonate ist in drangvollen Umständen geschrieben; denn es ist hart, beinahe um des Brotes zu schreiben; so weit habe ich es nun gebracht!«

*

Mittelpunkt, Allerheiligstes der Sonate ist ihr dritter Satz. Dies Adagio kann zwanzig Minuten dauern, so lange also wie Kopfsatz und Fuge zusammen. Der erste Satz mit satyrspielhaft folgendem kurzem Scherzo wiederum entspricht dem Finale mit seinem kurzen improvi-satorischen Vorspiel: ein kurzer vierter und ein großer fünfter Satz spiegeln mithin einen großen ersten und einen knapp vorbeihuschen-den zweiten.

Staunenerregend, ja fast erschreckend durchorganisiert sind, gleich-sam unterhalb der Riesenrelationen, in der Hammerklaviersonate auch die Motive und die thematischen Fortspinnungen. Daß die Terz ausnahmslos alle Hauptthemen der fünf Sätze prägt – sogar das Fugen-Thema, dem ein Terz-Sprung vorgeschaltet ist und das dann »auf einer abwärts gerichteten Terzreihe beruht« (Uhde) –, wurde schon wiederholt aufgezeigt. Prägnant durchformulierte Fülle des Kleinen und markant geordnete Folge des Großen erfahren eine dramatisch lebendige Vermittlung durch den vor allem die Ecksätze beherrschen-den Kontrast zwischen B-Dur und h-Moll. Erwin Ratz und Jürgen Uhde haben beschrieben, wie antithetisch B-Dur und h-Moll im ersten, zweiten und fünften Satz aufeinander bezogen sind. Alfred Brendel, der in seinem Schallplatteneinführungstext diesen unleugbaren Sachverhalt ebenfalls unterstreicht, weist auch darauf hin, daß Beethoven sich 1816 einmal »h-Moll – schwarze Tonart« notierte.

Es gibt noch einen weiteren, aufschlußreichen Beleg dafür, wie wenig eine solche Tonart-Dramaturgie beim späten Beethoven auf Zufällen beruhte. Im Dezember 1817, als Beethoven bereits die Hammerklaviersonate in Angriff genommen hatte, *veröffentlichte* er ein Lied mit dem Titel ›Resignation‹, das er in den trostlosen Monaten unmittelbar vor der Hammerklaviersonate komponiert haben muß. Dieses Lied steht in D-Dur. Auch hier illustriert beziehungsvollerweise ein »schwarzes« h-Moll die resignierenden Todesahnungen des von Beethoven besonders geschätzten Liedtextes...

Kenntnis der Entstehungsumstände, liebevolle Versenkung in Noten, Strukturzusammenhänge, Tasten, Aufführungen, Schallplatten: alles das vermag Angst, Scheu und Schaudern vor dem allzu gewaltigen Anspruch der Großen Sonate für das Hammerklavier nicht zu bannen. Kommentare und Interpretations-Interpretationen können ein wahrhaft sperriges Werk gewiß nicht freundlich verfügbar machen, zähmen, domestizieren, als übersichtlich geordnetes Kulturgut dem Bildungsgepäck hinzufügen. Man braucht das Schaudern vor diesem Werk nicht ganz und gar zu verlernen.

Nur darf Scheu nicht in Mutlosigkeit umschlagen, in Beziehungslosigkeit, ängstliche Passivität, respektvolles Sich-überfluten-Lassen. Der Komponist der Hammerklaviersonate verlangt so viel, daß selbst gute Pianisten manchmal die Nerven oder die Übersicht verlieren und zu besinnungslos arbeitenden Ton-Sklaven werden. Kommt rastlosen Interpreten in solchen Momenten das geistige Band abhanden, dann verlieren ratlose Zuhörer den Faden. Aus dem Zusammenhang gerissen, findet man in ein Werk dieses Anspruchs aber kaum so einfach wieder hinein. Im Adagio und noch viel mehr in der Fuge ist ein normaler Sterblicher übel dran, wenn es ihn an irgendeiner allzu schwierigen oder allzu undeutlich erklingenden Verlaufskurve sozusagen aus derselben getragen hat.

Einige besonders gewichtige, den Verlauf charakteristisch prägende Momente bestimmen die Entwicklung nachhaltig. Macht man sie sich bewußt, begreift man, welche Funktion diese Verdichtungen im jeweiligen Satzzusammenhang haben, dann steht dies Riesenwerk um vieles greifbarer, begreifbarer da – und Stellen, an denen erfahrungsgemäß sowohl den Interpreten wie den Hörern die Übersicht abhanden zu kommen droht, werden dann zu Richtpunkten, die einen ganzen Bezirk überschauen helfen. In der Durchführung des ersten Satzes muß der große Einspruch des »cantabile«-Themas (Notenbeispiel 410) als ein entscheidender, strukturerhellender Augenblick begriffen werden. Die Durchführung hatte mit einem Fugato angefangen: der zwischen H-Dur und h-Moll changierende (Epilog-) Gedanke wird nun ausdrucksvoller und lyrisch retardierender Kontrastmoment. Nach wildester ff-Steigerung und bremsendem Ritardando hat er etwa die Funktion, die der Durchführung des Eroica-Kopfsatzes dem (neuen) e-Moll-Thema zukommt, das dort nicht minder weit vom Eroica-Es-Dur entfernt ist wie hier das h vom b. In der Hammerklaviersonate reichen die empfindsamen, wuchernden Energien dieses Augenblicks bis tief in die Reprise hinein, die ihrerseits auch bis zum h-Moll getrieben wird (Notenbeispiel 406). Hat man diesen Zusammenhang einmal durchschaut, dann verliert der Satz nicht sein Ungeheuerliches, wohl aber seine vermeintliche Unübersichtlichkeit.

Unübersichtlich kann der in kaum drei Minuten vorbeihastende Scherzo-Satz kaum sein, wohl aber verwirrend, zumindest solange man nicht spürt, daß auch er rapider Logik folgt. Er wiederholt nämlich den Konflikt zwischen b und h demonstrativ (Notenbeispiel 417). Und er läßt die Schlußachtel des Hauptteils unauffällig durch den b-Moll-Mittelteil wandern (Notenbeispiel 415).

Themenaufstellung und Entwicklung des Adagios stellen an den Formsinn eines Hörers geringere Anforderungen als an seine Konzentrationsfähigkeit und Empfänglichkeit. Richtpunkte gibt es aber auch auf diesem unendlich sich ausdehnenden Schmerzensweg. Man muß erfassen und erfühlen, daß die von klagenden oder widerstrebenden Stimmen begleitete Wiederkehr des Hauptthemas so etwas wie eine Reprise ist (Notenbeispiel 426), und daß die von Sequenzen und Polyphonien erfüllten sechzehn Takte davor als eine Art Durchführung dieses Adagio sostenuto gelten und gehört werden können.

Nach einer anstrengenden halben Stunde tiefsinnigster Musik liegt die Gefahr ermüdeten Nicht-mehr-folgen-Könnens während der vielfältigen Umwandlungen und Varianten der Schlußfuge nahe. Im ersten Drittel erscheint der Satz noch ohne allzu große Anstrengung faßlich – ob es sich nun um die brillanten Zwischenspiele handelt oder auch um die ekstatische sforzato-Vergrößerung, die das charakteristische Fugenthema erfährt, wenn es nicht in Sechzehnteln rollt, sondern in Achteln stampft. Beträchtliche Orientierungsschwierigkeiten beginnen mit dem Einsatz der in h-Moll erscheinenden Krebsgestalt des Themas (das also Ton für Ton von hinten nach vorn vorgeführt wird: »krebs-artig« rückwärts). Diesem fahlen, zwar nicht uncharakteristischen, aber auch nicht gerade einschmeichelnden »Krebs« ist ein zart melodischer neuer cantabile-Kontrapunkt zugeordnet (Notenbeispiel 433). Wenn nun im gedrängten weiteren Verlauf die Fuge von h-Moll nach D-Dur moduliert, das Fugenthema in seiner originalen Form wie auch in Umkehrungen auftaucht (alle Intervalle erscheinen umgedreht, aus der Terz nach oben wird eine nach unten, aus einer Sekunde nach oben eine nach unten usf.), dann sind nur wenige Pianisten imstande, diese neuen Ereignisse in sinnvolle »Gestalten« oder Kontraste zu verwandeln. Diese kontrapunktische Durststrecke, die sich bei allzu kunstloser Interpretation auftut, dauert etwa 80 Takte lang, also fast zwei Minuten. Was sich da in der Musik begibt, muß man hörend *verstehen* oder es zumindest als Problem begreifen, als eilige Gestaltenfolge kapieren können, um es auch zu *überstehen*. Danach hilft und versöhnt das »zweite« Thema des Satzes, *sempre dolce*, das sich im letzten Teil des Finales majestätisch mit dem Fugengeschehen verbindet. Nur große Interpreten sind imstande, diesen Verlauf vehement zu verdeutlichen.

Aber – und eine solche Frage wagt zwar kein Mensch laut zu stellen, doch leise zwischen den Lippen wird sie jeder zerbeißen – lohnt denn überhaupt die Mühe mit so unfaßlicher, so schroff überfüllter Musik? Vornehmer formuliert: Läßt sich, was dieses Sonaten- und Kontrapunkt-Ungetüm enthält, nicht auch anderen Werken Beethovens entnehmen, die halt zugänglicher, sinnlicher, spiel- und hörbarer sind? Statt einer Antwort ein Bekenntnis: während der Vorbereitungen zu diesem Buch hat mich nichts so bewegt und ergriffen wie die Hammerklaviersonate. Die Stunden und Tage, da ich mich in dieses Werk und gerade in die leuchtend spirituelle Lebensfülle der Fuge versenkte, gehörten zu den aufregendsten, die Musik überhaupt vermitteln kann.

Die Hammerklaviersonate lehrt, was Größe ist. Und, nicht minder evident, wie sinnlos Kulturbetrieb und Krisengeschwätz sind, die von solchen Werken nichts wissen, sondern sich beim Nennen und Nachreden, beim bloßen ästhetischen oder antiästhetischen Gefuchtel befriedigen. Die Hammerklaviersonate macht auch anspruchsvoll. Von ihr berührt, wird man ungeduldig gegenüber vielem Mittelmäßigen und Mäßigen, das sich wer weiß wie aufspielt und doch nichts anderes ist als eine höhere Form der Belästigung.

Nun aber zur Sache.

Seit Carl Czerny (a.a.O., S. 66) für die Pianisten-Verlegenheiten, die der Kopfsatz der Hammerklaviersonate bereitet, die Formel fand, das Stück sei »mehr im Sinfonie-Styl« gehalten, geistert das Gerede von der allzu orchestralen Hammerklaviersonate durch die Gemüter, so als ob alles, was auf dem Klavier vollgriffig und schwierig bis unausführbar ist, darum notwendig orchestral sein müsse. Paul Badura-Skoda weist demgegenüber mit Recht darauf hin, daß die Hammerklaviersonate gerade nicht die 9. Symphonie sei, aufs Pianoforte übertragen, sondern bei aller Riesenhaftigkeit eben doch etwas Intimeres.

Nietzsche hat noch gemeint, nur eine gute Orchestrierung könne die Hammerklaviersonate retten. 1886, als Opus 106 bereits ein Menschenalter lang auf der Welt war, beklagte der Philosoph, daß dieses Werk nur im Klavierleib existiere. In ›Menschliches, Allzumenschliches‹ bezeichnete Nietzsche es als eine *schlimme Zufälligkeit*, die Beethoven zwang, »uns in manchen großen Sonaten (wie in der großen B-Dur) nur den ungenügenden Klavierauszug einer Sinfonie zu hinterlassen. Hier soll der späterkommende Künstler das Leben der Großen nachträglich zu korrigieren suchen: was zum Beispiel der tun würde, welcher, als ein Meister aller Orchesterwirkungen, uns jene, dem Klavier-Scheintode verfallene Sinfonie zum Leben erweckte.« Da irrte der musikalischste aller Philosophen. Felix von Weingartners doch gewiß zuständige Orchestrierung der Sonate klingt fast läppisch ... Die Beinahe-Unmöglichkeit, die Riesen-Anspannung und Anstrengung *eines* Interpreten gehören hier wahrlich zur Sache. So läßt sich auch bezweifeln, ob der große Frederic Lamond die Hammerklaviersonate angemessen vortrug, als er sie, wie Hugo Riemann (a.a.O., S. 296) berichtet, folgendermaßen meisterte: »Lange hat das Werk als ein Prüfstein gegolten, ob ein Pianist imstand war, das Klavier zum Dröhnen und Brüllen zu bringen, bis Frederic Lamond durch eine ganz andere Art der Auffassung dem ein Ende gemacht hat. Er hat als erster es fertiggebracht, den Schein zu wecken, daß die Sonate überhaupt gar nicht schwer ist. Seine restlose Überwindung der technischen Schwierigkeiten hat die Linienführung der Thematik in den Vordergrund gestellt und das Interesse am klaren Aufbau sieghaft durchgeführt.«

Diese Charakterisierung der Lamondschen Interpretation erregt Bewunderung, aber auch Skepsis. Selbst Unverkrampftheit kann eine Grenze sein. Wie etwa Wilhelm Backhaus Beethovens große Sonaten an manchen Abenden zu souverän meisterte, zu unerschüttert, zu »locker«, so entspricht es dem Wesen der Hammerklaviersonate wohl doch nicht, wenn ein Pianist sieghaft die, um es mit einem Modewort auszudrücken,

Strukturen vorführt und im übrigen den Anschein erweckt, *daß die Sonate überhaupt nicht schwer ist.* Da imponiert es schon mehr, zu erfahren, Liszt habe »das ganze Finale in unglaublichem Tempo gespielt, ohne die winzigste Einzelheit auszulassen«.

Beinahe unerreichliche Tempi, die den äußersten riskantesten Einsatz erzwingen, sind in dieser Sonate nicht Sache freier Wahl, sondern von Beethoven vorgeschrieben.

Wir brauchen hier nicht die quälende Diskussion über Angemessenheit, Möglichkeit oder Unmöglichkeit sämtlicher Beethovenscher Tempo-Vorschriften zu rekapitulieren, die mit Rudolf Kolischs berühmtem Aufsatz über ›Tempo and Character in Beethoven's Music‹ (a.a.O.) nicht begann und mit Peter Stadlens Aufsatz über ›Beethoven and the Metronome‹ aus dem Jahre 1967 gewiß auch nicht beendet sein wird. Martin Cooper (›Beethoven The last Decade 1817–1827‹, London 1970, S. 159 f. und 467 f.) faßt zusammen, was im Hammerklaviersonaten-Einzelfall *für* Beethovens Angaben, aber – im übrigen – *gegen* sie spricht.

Ohnehin dürfte das banale Argument, der taube Komponist habe eben doch nicht hören können, wie seine extrem schnellen oder extrem langsamen Tempi sich auf realen Instrumenten ausnehmen, in alle Ewigkeit unwiderlegbar sein. Aber was beweist es? Doch nur, daß Nachgeborene sich zutrauen müssen, auseinanderzuklauben, wo Beethoven gewußt hat, was er tut, und wo nicht...

Ohne jedes Drumherum ist bei der Hammerklaviersonate folgendes Faktum zu akzeptieren: Für diese einzige seiner Klaviersonaten hat Beethoven Metronom-Zahlen vorgeschrieben. Seine Tempo-Forderungen sind extrem rasch. Sie lassen sich aber zumindest annähernd ausführen, und zwar musikalisch durchaus sinnvoll ausführen! Man muß also im Hammerklaviersonaten-Falle davon ausgehen, daß der Komponist Vorschriften, zumindest bindende Hinweise gegeben hat, deren Befolgung möglich ist. Mithin existiert eine übergeordnete Norm. Wer aus guten oder bequemen Gründen von ihr abweicht, trägt die Beweislast.

Dies wäre die Hammerklaviersonaten-Rechtslage. Von ihr sollten auch diejenigen ausgehen, die der Ansicht sind, daß Beethoven nicht gemeint haben könne, was er (vor-)schrieb. Oder daß der Beginn des ersten Satzes eine unausgeführte Huldigungskantate auf den Widmungsträger der Hammerklaviersonate, den Erzherzog Rudolph von Österreich, zitiere (»Vivat vivat Rudolfus«), weshalb dieser Allegro-Satz im Huldigungskantaten-Tempo zu spielen sei. Oder daß, laut Hans von Bülow, nur die »Klanglosigkeit der damaligen Wiener Klaviere« die damals gegebenen Metronomisierungen rechtfertigte.

Gewiß, manche differenziert und elegisch auskomponierten dolce- oder cantabile-Modulations-Einzelheiten des ersten Satzes kämen nicht zur Wirkung, gar zum Aufblühen, wenn Beethovens Vorschrift $\downarrow$ = 138 (meint: 138 Halbe pro Minute) eisern und atemlos innegehalten würde. Doch auch darüber, ob Beethoven selber seine Tempi stets und strikt durchgehalten habe, wird nie Einigkeit herzustellen sein. Carl Czerny, der Schüler, und Anton Schindler, der Sekretär, geben einander widersprechende Auskünfte. Welches Gewicht kommt etwa folgender, oft zitierter Schindler-Konversationsheft-Bemerkung zu? »Auch bei den Proben in der Josephstadt war es schon deutlich erkennbar und vielen auffallend, daß Sie die Allegros alle langsamer haben wollten als früher ... Ein ungeheuerer Unterschied! Was tritt so alles in den Mittelstimmen heraus, was früher ganz unhörbar, oft verworren war.« Folgende Vermutung, die manche Irrtümer und Widersprüche erklären würde, liegt nahe: Beethovens Vorstellungen vom richtigen Tempo waren nicht starr. Sie änderten sich – was übrigens durchaus natürlicher ist, als wenn Beethoven ein Leben lang stets genau die gleichen Tempi vorgeschwebt hätten. Blieb er aber wenigstens während *einer* Aufführung strikt im hic et nunc gewählten Tempo? Antwort: Ja und nein. Der junge Beethoven soll seine Kompositionen »sehr launig« gespielt haben. Er »blieb jedoch meistens fest im Tacte, und trieb nur zuweilen, jedoch selten, das Tempo etwas. Mitunter hielt er in seinem *crescendo* mit *ritardando* das Tempo zurück, welches einen sehr schönen und höchst auffallenden Effekt machte.« Man weiß also, natürlich, wieder nichts ganz Gewisses ...

Gewissere Gewißheit verschafft zur Zeit der Hammerklaviersonate jener Brief an Ferdinand Ries, in dem Beethoven der Reihe nach die Tempi übermittelte, die heute in allen Urtext-Ausgaben stehen. Allerdings passierte Beethoven dabei ein Mißgeschick. Für das Fugen-Finale mit seinen Terzen- und Sexten-Sechzehntel-Passagen schrieb er nach London $\downarrow$ = 144. Und das ist nicht etwa ungeheuer rasch, sondern schlechthin absurd, gänzlich ausgeschlossen, läßt sich als Argument gegen Beethovens Metronomisierungen ausschlachten. Doch dieses Argument verkümmert zum bloßen Alibi gegenüber den Beethovenschen Ansprüchen, wenn man statt einer Absurdität einen Schreibfehler unterstellt. Beethoven meinte für die Fuge offensichtlich nicht $\downarrow$ = 144, sondern $\downarrow$ = 144 pro Minute. Das wäre zwar ein sehr, sehr scharfes Tempo, aber als – von den Urtext-Ausgaben natürlich auch so angegebener – Richtpunkt ist es keineswegs eine sinnlose, verrückte, völlig unausführbare Forderung. Artur Schnabel beginnt die Fuge durchaus in

diesem vorgeschriebenen Tempo, ja sogar eine Spur rascher (♩ = ca.
150), wird dann allerdings auch manchmal langsamer bis zum ♩ = 132.
Schnabel nimmt Beethovens Zahlen beim Wort – und sich selbst alle
notwendigen Freiheiten.

Fazit: jeder Pianist, der in der Hammerklaviersonate den Autor
Beethoven besser verstehen will, als dieser sich selber verstanden hat, und
zwar gegen Beethovens erklärten und sinnvoll ausführbaren Willen,
nimmt in Opus 106, wie gesagt, die Beweislast auf sich. (Eine Last, die
freilich ein wenig erleichtert wird durch eine Bemerkung, die Beethoven
einige Jahre später über Metronom-Angaben machte: »Mit Vergnügen
werde ich Ihnen die Tempi von Christus am Ölberg durch den
Metronom Bezeichnen, *so wankend auch noch diese Zeitbestimmung
ist.*«)

Artur Schnabel, Maurizio Pollini, Solomon, Friedrich Gulda und Charles Rosen haben im ersten Satz Beethovens Tempo-Vorschrift zu entsprechen versucht. Schnabel und Gulda wählen ein Tempo, das während der
raschesten Augenblicke circa 126–132 Halbe pro Minute ergibt –
Beethovens Forderung oder Leitidee war: 138 pro Minute. Solomon und
Charles Rosen halten beim immer noch sehr scharfen Tempo von circa
120 pro Minute. Claudio Arrau, Paul Badura-Skoda, Yves Nat, John
Ogdon und Egon Petri versuchen klare Größe mit entschiedener
Geschwindigkeit zu vereinen – sie nehmen sich zwischen 104 und 116
vor. Keine derartigen Tempo-Verpflichtungen scheinen Daniel Barenboim und Rudolf Serkin zu fühlen: sie gehen hier auf Maestoso-, auf
Espressivo-, auf Klangwunder- und auf Weltweisheits-Suche. Serkin
spielt die Halbe meist unter 100, gelegentlich unter 90. Das verändert
natürlich auch die absolute Dauer des Satzes beträchtlich. Ein Allegro-
Kopfsatz, der bei Schnabel in 8'45 und bei Gulda 9'23 vorbeistürmt,
währt bei Serkin mehr als 12 und bei Barenboim über 13 Minuten!
Serkin und Barenboim versuchen, Beethovens Allegro nicht mit Entschiedenheit und äußerstem Einsatz zu reproduzieren, sondern sie möchten es verzaubern, es in einem ganz anderen als dem vom Komponisten
gewünschten Tempo – und Ton! – erklingen lassen. Die Landschaft des
energischen B-Dur stellt sich bei Barenboim und mehr noch bei Serkin
als Elysium dar, mit sanft entzückenden Zwischenspielen.

Pianisten, die – von der Fülle verborgener Schönheiten enthusiasmiert
oder geblendet – auskomponierten Reichtum zur These dieses ersten
Satzes machen wollen, müssen freilich schönheitsbesessen gegen den
Allegro con brio-Strich spielen. Sie interpretieren nicht etwa »kritisch«
ein sonst fälschlich harmonisiertes Gebilde, sondern sie verwandeln einen

von Akzenten, Entladungen, hochdramatischen Aufschwüngen und herben Verlangsamungen durchfurchten Organismus in die Konfiguration eines sehnsüchtigen Glückes; mag der Komponist auch mit seinen wohllautenden und strahlend originellen Wandlungen etwas ganz anderes haben sagen wollen. Tönende Verlangsamung stellt sich dabei freilich weniger als Verharmlosung dar – denn als Ästhetisierung. Sensible Entrückung beruhigt den Prozeß zum Bild, den Sturm zum Traum, das Allegro zum Maestoso und das Maestoso zum Moderato.

Die wunderbar ausgehörten Achtel-Passagen mit dem mehrfach wiederholten und Wechsel zwischen kleiner und großer Sexte (*Notenbeispiel 403*, 3. und 5. Takt, jeweils auf »drei« und »vier«) trägt Rudolf Serkin – und das ist gewiß ein krasses Beispiel eigenwilliger Sinngebung – folgendermaßen vor: Sexten, die eigentlich erregt und atemlos auf schwachen Taktteilen zu erscheinen hätten, blühen bei Serkin auf. Aus der jähen Moll-Dur-Gegenüberstellung wird ein Augenaufschlag, der Flügel singt, als sei dieses Klangwunder direkt aus dem Paradies oder zumindest von Schumanns »Nußbaum« gefallen. Schönes, nostalgisches Rubato ... (aber Tempo 80 statt 138).

Bei Claudio Arrau hört man die Stelle weit rascher und aggressiver. Die gegen den Strich komponierten, herb ausgeführten Akzente tun ihre Wirkung, obwohl auch Arrau immer noch beträchtlich hinter Beethovens Tempo-Forderung zurückbleibt. Schnabel, furios rasch, steigert den Verlauf zur erregten, phantastisch inspirierten Geste. Seine Interpretation klingt hysterischer als Arraus knappe Strenge, wobei Schnabel um der Tempo-Wahrheit willen einige Gehetztheit in Kauf nimmt.

Beispiel 403

Maurizio Pollini hat die Hammerklaviersonate mehrfach und mit unterschiedlichem Gelingen öffentlich vorgetragen. Für das Tempo-Problem fand er eine beeindruckende Lösung. Beethovens Vorschrift ist für Pollini mehr und weniger als ein schulmeisterliches Gebot, alles sehr schnell zu spielen. *Mehr:* nämlich ein Prinzip vital wilder, hinreißend rascher Bewegtheit, das eben als Prinzip hinter jeder ausdrucksvollen Verlangsamung, jedem der zahlreichen vorgeschriebenen Ritardandi spürbar bleibt. Und *weniger,* weil das Tempo-Gebot aufgehoben werden kann, ohne doch aufgehoben zu sein. Indem Pollini den Eindruck rhythmischer Energie bravourös vermittelt und mit größter Inständigkeit durchhält, konstituiert er rhythmische Kraft als die unbesiegbare Idee des Satzes. Bei Pollini vermögen selbst fahle Bruchstellen und traumverlorene Meditationen den Bann des »Spute dich, Chronos« nie abzuschütteln, sein Allegro con brio-Tempo ist ein Sog, gewinnt immer und immer die Oberhand. Auch die ausdruckvollsten, nach Meditation lechzenden Augenblicke des Verweilens können, so stark wirken die von Anfang an gegebenen Impulse, den herrischen Allegro-Kontext nie verdrängen.

Das heißt aber doch: im Kosmos der raschen Hammerklaviersonaten-Sätze kommt es auf Tempo-Überschuß, auf *motorische Fallhöhe* an. Diese Formel meint nicht jene Reserve, auf die kluge Virtuosen in raschbrillanten Sätzen sowohl um des Sicherheitsrisikos als auch um der Schlußsteigerung willen Wert legen, sondern genau das Gegenteil einer solchen Reserve. Nämlich ein von vornherein derart scharfes und gewagtes und notfalls exzentrisches Grundtempo, daß Verlangsamungen nicht gleich eine Moderato- oder gar Andantino-Beruhigung erzeugen, sondern immer noch relativ rasch wirken, weil sie im Gesamtzusammenhang der Interpretation noch von der Allegro con brio-Motorik beherrscht sind.

Artur Schnabel und Pollini machen auf diese Weise Beethovens fast unmögliche Tempo-Vorschrift nicht nur möglich, sondern sinnvoll. Man spürt das ominöse $\downarrow = 138$ als Forderung, als Grund-Impuls auch dort noch durch, wo zwingende musikalische Gründe dem Interpreten eine Zurücknahme des Tempos abverlangen. Das sehr rasche Haupttempo darf — darauf kommt es entscheidend an — eben nicht eine forcierte Ausnahme sein, nach deren Absolvierung die Darbietung allmählich in ihre *gesunde Mitte* zurückschwingt, sondern es muß dominierendes Bewegungsgesetz bleiben, dem gegenüber alle Abweichungen höchstens als retardierende Momente empfunden werden, die alsbald wieder der Sog des eigentlichen Tempos ergreift.

Macht die Formel von der »motorischen Fallhöhe« nicht aus der Not — daß viele Stellen in scharfem Tempo unausführbar scheinen — eine Tugend? Das rasche Allegro soll zwar, wo immer es angeht, konstituiert, aber es braucht nicht durchgehalten zu werden... Auf diese Frage gibt Gulda Antwort, wenn er die Hammerklaviersonate öffentlich spielt. Seine Platte »dokumentiert« diese Antwort nur, ist keineswegs mit Hilfe irgendwelcher erleichternder Tricks zustandegekommen. Gulda zeigt nämlich, daß es ihm *möglich* ist, ein scharfes Tempo nahezu überall durchzuhalten, auch bei den empfindsamen Passagen (Notenbeispiel 403).

Guldas Darstellung bietet mehr als nur eine Könnerschaft höchsten Ranges. Man erlebt einen Kraftakt, der das Werk »klar« macht – der jener von Hugo Riemann beschriebenen Lamond-Interpretation ähnlich sein dürfte. Gulda zeigt nämlich: es ist möglich, die Hammerklaviersonate so zu spielen, daß sie übersichtlich, hurtig beherrscht und keineswegs allzu »schwer« klingt, auch wenn die Interpretation der Beethovenschen Tempo-Angabe sehr nahekommt!

Doch Guldas Leistung provoziert den Einwand, ob es überhaupt richtig und nötig sei, den Satz derart schnell und strikt rhythmisch hinzulegen. Wie die allzu langsamen Interpretationen eine schönheitsselige Ästhetisierung bewirken (wer Serkin oder Barenboim zuhört, muß das Stück nicht nur für durchaus spielbar, sondern für luxuriös pianistisch halten, was es nebenher tatsächlich auch noch ist), so erzielt Gulda, obwohl er alle Ritardando-Stellen ausspielt und keine dynamische Vorschrift unter den Flügel fallen läßt, eine harte Fugenlosigkeit. Die verschiedenen Dimensionen des Kopfsatzes rücken hurtig zusammen, die Konflikte scheinen eingeebnet, die Spannungen souverän kontrolliert: selbstbewußte Klarheit herrscht und selbstbewußte, dabei ganz uneitle, nämlich »objektivierende« Könnerschaft.

Alfred Brendel bietet dazu die Antithese. Im Kopfsatz der Hammerklaviersonate nimmt er sich Zeit auch für die Momente des Langsamerwerdens. Suggeriert der Satz unter Guldas Händen den Eindruck großartig bewegter, unendlicher produktiver Riesenkraft, so spürt Brendel die Grenzen des élan vital beim späten Beethoven auf. Im ersten Satz der Hammerklaviersonate stehen immerhin acht Ritardando-Vorschriften! Der Kopfsatz der Waldstein-Sonate hingegen enthielt nur eine – und der erste Satz der Appassionata auch bloß zwei. Von motorisch durchgehaltenem, selbstsicherem Schwung kann demnach in Opus 106 nur mehr bedingt die Rede sein. Riesen-Energien sind hier riesige Bremskräfte entgegengesetzt.

Die Sonate beginnt mit dem Terzsprung b-d und trompetenartigen fortissimo-Akkorden. Dann, im vierten Takt bereits, die erste Fermate. Ein piano-Gedanke, wiederum anhebend mit dem Auftakt b, wiederum zum d führend, endet im achten Takt mit einer zweiten Fermate. Danach wird der Gedanke eine Oktave höher wiederholt und im *crescendo* weitergeführt.

Nur zwanzig Takte später, nach verlöschendem ritardando-Verklingen, wiederholt die Exposition ihre Anfangs-Fanfare, freilich mit heller Wendung ins D-Dur:

Beispiel 405

In der Reprise nimmt diese Weiterführung des Anfangsschemas sich ganz anders aus (Notenbeispiel 406).

Ob der Beginn als zweimal schmetternder, klirrender Trompetenchor oder in einem großen Atem und Ansprung darzustellen sei, ist der Freiheit der Interpreten nicht völlig überlassen. Die Pedalvorschrift Beethovens, die erst vor der Fermate aufgehoben wird (Notenbeispiel 404, 4. Takt), legt zumindest nahe, was auch die Erweiterung und Steigerung des Themas selber suggeriert: nämlich die Zusammenfassung der vier

Beispiel 406

*) Dämpfungszeichen in Orig. Ausg. erst nach der
Fermate, wohl versehentlich; vgl. Takte 4 und 38.

Anfangstakte. Je weniger Pedal, desto deutlicher kommt der quasi-
orchestrale Schmetter-Effekt heraus.

»Noch 1953«, so erläutert Ursula von Rauchhaupt Wilhelm Kempffs
sehr freien Umgang mit Beethovens Pedalvorschriften, »verband Kempff
in der Hammerklaviersonate die einleitenden Akkordtakte durch das
Pedal, wie gemeißelt erklingt in der Aufnahme von 1964 dagegen dieses
Fanfarenmotiv durch den Einbruch der Pausen.« Aber – ob Pausenein-
bruch, ob nicht – bei Kempff hat dieser Unterschied während des
weiteren Verlaufs keine prägenden Folgen. Er spielt den Satz in jedem
Falle so ruhig, daß er die Ritardando-Vorschrift des Notenbeispiels 405
(sie ist auskomponiert und keineswegs mit einem *poco* versehen!) kaum
befolgen kann, weil ihm sonst gleich zu Beginn der Satz in einige ruhige
Maestoso-Blöcke auseinanderbräche.

Nur einem Pianisten scheint es bisher gelungen zu sein, im Kopfsatz der
Hammerklaviersonate alle erkennbaren Forderungen Beethovens gleich-
chermaßen zu erfüllen. Es war Artur Schnabel, der 1935 in einer
maßstabsetzenden, durchdachten und kühnen Interpretation Beethovens
Rätsel löste. Schnabel trug den Anfang nicht nur in ungemein aggres-
sivem Tempo vor, nicht nur durchpedalisiert, wie der Text es verlangt,
sondern Schnabel verhinderte auch jeden allzu sonoren Maestoso-Portal-
Effekt, indem er die *beiden* Akkorde der absteigenden Terz (Notenbeispiel 404, 2. und 4. Takt, auf »eins« und »zwei«) heftig akzentuiert
wiedergab, damit sowohl das abschließende wie auch das weiterdrängende Moment erhitzt zum Ausdruck komme. Vladimir Ashkenazy hat
Schnabel diese Wirkung abgelauscht. Aber Ashkenazy betont allzu eindeutig nur die »zwei«, er spielt ein viel stämmigeres Tempo, und er gerät
am Schluß des Satzes in Vollzugszwangsschwierigkeiten:

516

Beispiel 407

Hier, bei dieser Coda-Steigerung, kann Ashkenazy nun keinen besonderen Akzent mehr auf dem jeweils zweiten und vierten Schlag anbringen! Er muß darum unauffällig sein allzu einseitiges, originelles Konzept wieder zurücknehmen und kleinlaut betonen, wie alle betonen...

Dergleichen hatte ein Schnabel nicht nötig, dessen intellektuelle Rapidität so groß war, daß er trotz höchster Schnelligkeit mehrere Artikulations-Weisen nebeneinander vorführen konnte, ohne Verwischungen befürchten zu müssen.

Mit Alfred Brendels Konzept wäre eine solche Rapidität schwerlich vereinbar. Brendel – als wolle er illustrieren, was Fritz Cassirer bei der Äußerung vorgeschwebt haben mag, das Werk gelte »den Leiden einer Terz« –, Brendel läßt sich gleich am Anfang tiefsinnig auf die Terz ein: Den unmittelbaren Beginn (Notenbeispiel 404) spielt Brendel eher als Intervall-Feststellung, denn als Energie-Bekundung. Ruhig und klar. Nun hieße es gewiß, zuviel in Brendels Einspielung hineinzuphilosophieren, wenn man gleich aus dem Anfang wachsendes Terzen-Gras heraushören wollte. Aber dann setzt Brendel doch derart eindeutig seinen Interpretations-Weg fort, daß zumindest rückwirkend auch die Interpretation des allerersten Auftaktes in Brendels Sinn verstanden werden darf. Brendel spielt nämlich die von zwei Achteln und einer halben Note gebildete Terzbewegung (Notenbeispiel 404, nach der Fermate im 4. und erster Ton im 5. Takt) ganz ruhig und melancholisch aus. Da man die Anfangsterz ganz klar vernommen und im Ohr hat, da Brendel es sich offenbar angelegen sein läßt, diese b-d-Bewegung wie eine bewußte Rekapitulation des analogen Beginns vorzutragen, stellt sich sogleich der Eindruck *beziehungsvoller Wiederholung* und Erweiterung her. Wer aber dem Interpreten dies alles immer noch nicht glauben möchte, den zwingt Brendel sogleich mittels einer psychologisch raffinierten Wendung in den Bann der Terzen-Szenerie. Nach der zweiten Fermate (Notenbeispiel 404, 8. und 9. Takt) spielt Brendel diese – eine Oktave höher wiederholte – Achtelgebärde nämlich nicht nur leiser, sondern viel versonnener, zögernder... Als zarte Echo-Terz von allem Vorhergegangenen. Genau umgekehrt wie Gulda, der sie als Crescendo-Vorbereitung versteht.

Diese Interpretationshaltung Brendels hat weitreichende Konsequenzen. Weil die ersten 16 Takte von vielen Unterbrechungen und Spiegelungen erfüllt sind, wirken sie bei Brendel wie ein Vorspiel! Auf eine solche Möglichkeit hat bereits Gottfried Galston in seinem ›Studienbuch‹ (a.a.O., S. 11) hingewiesen: eigentlicher Beginn der Sonate sei erst ihr 17. Takt. Den Anfang bezeichnete Galston als Phantasie. Ist der Kontrast zwischen den gebrochenen Bewegungen des Beginns und der dann endlich lostobenden Allegro-Wirklichkeit so groß, wie Alfred Brendel oder auch Robert Riefling ihn darstellen, dann scheint die Musik sich tatsächlich in ein Phantasie-Vorspiel und darauf folgenden eigentlichen Anfang zu gliedern. Einem ähnlichen Phänomen begegneten wir in der Appassionata, wo die ersten 16 Takte des Kopfsatzes ja auch (und zwar ebenfalls bei besonders differenzierter Artikulation) als eine Art Vorspiel erkennbar wurden, das erst der Einsatz der *ff*-Synkopen im 17. Takt definitiv abschloß. Wie sich doch die Bilder – nämlich die Expositions-Anfänge der dramatisch gewichtigsten Beethoven-Sonaten – unter gewissen Interpretations-Umständen gleichen.

Brendels zweite, zu Beginn der Durchführung stärker betonte Tendenz ist, die Terz nicht nur zu akzentuieren, sondern nachgerade magisch aufzuladen. Wenn die Sonate am Anfang der Durchführung zu einer Beschwörung des Terz-Intervalls wird (Notenbeispiel 408, vom 3. Takt an), beginnt bei Brendel ein förmlicher Terzen-Kult. Und in einer ohnehin aus Terz-Atomen konstituierten Welt geht schließlich eine kleine Terz auf Wanderschaft.

Beispiel 408

Das führt auch zur Verschubertung einer späten Beethoven-Sonate. Indem Brendel die Terz-Vorgänge immer neu beleuchtet, spiegelt und meditiert, bewirkt er, was ein Radu Lupu in der übersichtlicheren Mondscheinsonate versuchte: nämlich die Verräumlichung Beethovenscher Entwicklungen zu Schubertschen Wanderungen.

Verräumlichung, die einen riesigen, höchst rational durchorganisierten Sonatensatz zur Musik-Landschaft macht, in der zahllose, keineswegs gleichmäßige, gleichartige oder emotional gleichwertige Gestalten, Gruppen und Tonblöcke einander folgen, entsteht bei Brendel auch als Konsequenz folgender Absicht: dieser analytische Pianist möchte in Opus 106 den Kontrast zwischen B-Dur und schwarzem h-Moll mit allen ihm nur zur Verfügung stehenden Mitteln der Artikulation und der Farbgebung vorführen. Natürlich wird – Notenbeispiel 406, 5. Takt – jeder Pianist die leisen, hohlen Fermaten zurückhaltend und die dann folgenden h-Moll-Trompeten energisch vortragen wollen. Brendel ist da insofern entschiedener, als er unmittelbar vorher keine gar zu schwungvollen Entwicklungen, die allzu viel Interesse aufbrauchen könnten, stattfinden läßt. Leer tönt bei Brendel die Quinte fis-cis der Linken – sie übertönt, was an Energie eben noch so lebendig schien. Diese pianissimo-Fermate, als Viertelnote im Ritardando vorgeschrieben, dauert bei Brendel so lange wie drei bis vier ganze Allegro-Takte. Und wenn die *ff*-Akkorde in h-Moll vorbei sind (Beispiel 406, ab Takt 7), braucht Brendel nach solchen Fermaten und Vorgängen einige Takte, bis er wieder sein Allegro-Tempo erreicht hat.

Brendels Interpretation wirft hier eine neue Frage auf: sollte Beethoven im ersten Satz der Hammerklaviersonate nicht nur Takte und Entwicklungen, Motive und Entfaltungen komponiert haben, sondern auch Blökke, Pufferzonen, Barrieren, Ritardando-Felder, leere Zwischenräume des Erstarrens und Ersterbens? Man nimmt diese Möglichkeit deshalb nicht ohne weiteres wahr, weil Beethoven, als er an der Hammerklaviersonate arbeitete, so ungeheuerlich logisch komponierte (»jetzt, denke ich, kann ich es«), daß jede Geste rational ableitbar, thematisch begründbar scheint. Nur zu leicht lassen sich ja die immer größeren F-Dur-Sprünge vor der zweiten Wiederkehr des Hauptthemas (Notenbeispiel 405, Takt 1–4), die entsprechenden Vorgänge später (Notenbeispiel 406, wo noch zwei Fermaten hinzutreten) oder die Meditationen am Durchführungsbeginn (Notenbeispiel 408) aus dem gegebenen Material ableiten.

Aber wenn Pianisten wie Brendel (der zumindest noch ein wenig die Allegro-Verpflichtung mitfühlt) oder Barenboim den ersten Satz der Hammerklaviersonate interpretieren, dann wird nicht nur an diesen Stellen, sondern auch während des Verklingens vor Schluß hörbar und fühlbar, daß ganze Blöcke des Erstarrens, Verklingens, Verstummens in dieser Allegro-Welt herumwesen.

Brendel und Barenboim machen diese Verlangsamungsblöcke, Ritardando-Strecken und Pufferzonen als Exterritoriales, dem Allegro con brio-Verlauf schwerlich Einzugemeindendes erkennbar. Das heißt: auch Pianisten, die hier ein relativ langsames Allegro wählen, demonstrieren, wie eindeutig die B-Dur-Sonate auf Tempo-Pluralismus angelegt ist, zumindest auf die Möglichkeit eines solchen Pluralismus. Was die leeren Pufferzonen indirekt nahelegen und was beim sehr scharfen Allegro kaum vermieden werden kann, führt beides zur gleichen Konsequenz: zur Formel von der motorischen Fall*höhe*, die sowohl Beethovens Allegro con brio-Vorschrift beglaubigen als auch relative Tempo-Verlangsamungen (*Fall*höhe) berücksichtigen wollte. Sie ist nicht nur vom Wie und Was aller vernünftigen oder entschieden vorschriftsfrommen Interpretationen ableitbar, sondern im Hammerklaviersonaten-Fall auch von den absichtsvoll langsamen und meditativen Darstellungen.

Im dritten Takt des Notenbeispiels 409 steht, auf »vier«, ein Auflösungszeichen. Der es-Moll-Verlauf wird dadurch ins Dur umgebogen. Zu unseren Überlegungen, denen zufolge Beethoven im Kopfsatz der Hammerklaviersonate ganze Felder, Zonen und Barrieren entworfen hat, paßt die folgende Mitteilung des Hammerklaviersonaten-Spezialisten Johannes Fischer. Fischer berichtet nämlich in seinem Aufsatz: »Zur ›Großen Sonate für das Hammerklavier B-Dur op. 106‹ von Ludwig van Beethoven« (erschienen in ›Neue Zeitschrift für Musik‹, Heft 4, Jahrgang 1972, S. 186 ff.), daß die Londoner Fassung, für deren Rehabilitierung Fischer kämpft und sich auch als Herausgeber einsetzt, hier durchweg das es-Moll beibehält! »In diesem Sinne«, schreibt Fischer, »erscheinen das Fehlen des ♮ vor dem Triller im Londoner Druck und die Anweisung Beethovens aus dem Fehlernachtrag... in einem neuen Licht... Für ihn (Beethoven) muß die ganze Stelle Takt 362–372 in (es-)Moll gestanden haben...«.

520

So wenig plausibel Fischers Anregungen, die Sonate umzustellen, also das Adagio als *zweiten* Satz folgen zu lassen, auch im Vergleich mit der von Beethoven in und für Wien publizierten Endgestalt des Werkes scheinen mögen, so offensichtlich ist es lohnend, einzelne der von Fischer akzentuierten Besonderheiten der Londoner Fassung genau zu beachten. Über diese Londoner Fassung wurde bisher gelächelt, weil eine Briefäußerung Beethovens an Ries ziemliche Gleichgültigkeit zu verraten schien.

Charles Rosens Buch ›The Classical Style‹ enthält eine bestechend dichte und überzeugende Detail-Analyse der Hammerklaviersonate (a.a.O., S. 407–437), Rosen entwickelt, inwiefern das Prinzip der absteigenden Terz als harmonisches Verlaufsgesetz unleugbar auch die Durchführung vom ersten bis zum letzten Takt prägt. Ja, Rosen geht so weit, die Hammerklaviersonate als untypisch für Beethoven zu bezeichnen, weil sie einen extremen Punkt besessenen Konzentrationswillens offenbare. Mindestens so Interessantes wie als außerordentlicher Musikschriftsteller trägt Charles Rosen als Pianist zur Erkenntnis der Hammerklaviersonate bei.

Im Hinblick auf Klangfinessen und Abtönungen mag Rosens Einspielung der B-Dur-Sonate nicht ganz den Interpretationen weltberühmter Pianisten vergleichbar sein. Er besitzt also nicht den Anschlag eines Barenboim, die glühende Größe eines Serkin, die Technik eines Gulda oder Pollini, die differenzierte Charakterisierungskunst eines Alfred Brendel. Gleichwohl ist seine übrigens auch technisch vorzügliche Einspielung ein Muster kraftvoll philosophischer Interpretation.

Obwohl Rosen ein viel rascheres Tempo wagt als viele seiner berühmteren, aber vorsichtigeren Kollegen, gelingen seinem empfindsamen Scharfsinn originelle Entdeckungen. So findet er für die große h-Moll-Abweichung des Hauptthemas und ihre *pp*-Folgen eine ganz neue Deutung. Seine Interpretation hat überdies den Vorzug, nicht unterstellen zu müssen, was andere Pianisten und Editoren (Notenbeispiel 406, 7. Takt) hier einfachheitshalber annehmen: nämlich einen Irrtum der Original-Ausgabe. Als Druckfehler gilt, daß – in der Original-Ausgabe – Beethovens Dämpfungszeichen fürs Pedal *nach* der Fermate gesetzt ist, während es sonst, in den Dur-Parallelstellen, immer *vor* den analogen Fermaten stand. Nun, Beethoven hat – wegen des Pedalisierungs-Effektes und eventueller Trompeten-Imitationswirkungen – in besagtem Zusammenhang mehrere differenzierende Phrasierungsvorschriften erlassen. Einmal ein weiterklingender Akkord im Pedal mit staccato-Punkt, einmal ein Akkord in sogleich gedämpftem Pedal, aber ohne staccato

(Notenbeispiel 404 und 405). Wenn der Komponist später (Notenbeispiel 406) eine weitere Variante der Pedalisierung einführt, dann muß das doch nicht gleich unbedingt ein Irrtum sein. So dachte offenbar der gelehrte Charles Rosen und ließ den h-Moll-Akkord, wie vorgeschrieben, eine Fermate lang im Pedal liegen; dann hob er's auf – und die anschließenden Akkorde lösten wunderbar langsam und wunderbar sinnvoll eine jener Erstarrungen, die zur Physiognomie des Hammerklaviersonaten-Kopfsatzes gehören. (Extremster Fall solchen Erstarrens: sicherlich jener wahrhaft endlose Triller, der einen ganzen Fermatentakt in Anspruch nimmt, vollkommene Ruhe und leise Bebung zugleich – Beispiel 409, 10. Takt).

Bei Rosen wird zum Ereignis, wie der h-Moll-Akkord im Pedal klingt und verklingt (Notenbeispiel 406). Die sich alsdann langsam aus dem schwarzen Bann befreienden, ins B-Dur zurücksuchenden Takte sind mehr als nur »schön«: sie schaffen wiederum eine Zone von Exterritorialität, eine Suspension des Allegro-Zusammenhangs im Namen einer umfassenderen Totalität.

Der dramatischste Augenblick, den Beethoven je dem Solo-Klavier überantwortet hat, steht am Ende der Durchführung: Auf gewaltige, auch rhythmisch vehement durchorganisierte Fortissimo-Akkorde folgt ein einsam schön ausgehörtes cantabile-espressivo (Notenbeispiel 410).

Charles Rosen weiß und macht fühlbar, um was es hier geht. In der B-Dur-Welt wird eine elegisch changierende H-Dur/Moll-Antithese entwickelt, deren Kräfte nicht nur bis zum Beginn der Reprise reichen und dort eine Fülle neuer Modulationen produzieren, sondern sogar bis zu jenem h-Moll-Augenblick der Reprise, den Rosen so tiefsinnig erschloß (Notenbeispiel 406). Nur ein Pianist, dem die Struktur des Satzes wirklich aufgegangen ist, wird den kleinen Übergang zwischen d und dis (Notenbeispiel 410, 13. Takt) mit soviel Bedeutung aufladen können und wollen, wie es Architektur, Tonarten-Folge und natürlich auch die punktuelle Gewalt des Augenblicks hier erfordern.

Diese Stelle, von deren Beziehung zur Eroica-Symphonie bereits die Rede war, ist groß und erschütternd. Groteskerweise wird ihre Bedeutung im Beethoven-Schrifttum überschattet von einem Streitfall, der bereits hier seine Schatten vorauswirft.

Offenkundig hat Beethoven sich zu Beginn des H-Dur/h-Moll-Cantabile innige Mühe gegeben, weder ein klares Dur noch gar ein entschiedenes Moll zu konstituieren. Wie man die Sache auch betrachtet – Dur- und Moll-Durchgänge wechseln ab, was übrigens für zahlreiche Bezirke nicht nur des ersten Satzes charakteristisch ist. Also: da, wo zum erstenmal

Beispiel 410

espressivo steht (18. Takt des Beispiels 410), und gleich zwei Takte
später wechselt Beethoven still besessen zwischen d und dis: der Komponist will sich eben nicht festlegen, beides gehört gleichberechtigt zum
typischen Hammerklaviersonaten-Ton, reizt aber, allzu langsam
gespielt, auch zum schubertisierenden Mißverständnis. Beim späten Beethoven versehrt das Moll nicht depressiv, hebt ein Dur genausowenig die
»dunkleren« Tönungen auf. Die Doppelung ist Ausdruck unendlicher
Fülle. Infolgedessen häufen sich auch die Streitfälle. Im vorletzten und
viertletzten Takt des Beispiels 410 spielen viele Pianisten, der Londoner
Erstausgabe folgend, ein g (also die Mollsexte), andere wiederum mit
guten Urtextgründen gis. Was ist richtig? Wenig später kommt es dann

zu jener ominösen, strittigen Überleitung. Beethoven hat da die Auflösungszeichen entweder vergessen, dann wäre a gemeint, oder nicht gesetzt, was für ais spräche... So feige es wirken mag: ich halte diese Probleme – im Hammerklaviersonaten-Zusammenhang – für Fragen zweiter Ordnung. Beethovens Schwanken ergibt sich hier aus dem großartigen, erfüllten (bitonalen?) Changieren der Sache selbst. Gewiß hat der Komponist sich im Zweifelsfall für eine Lösung entschieden (wahrscheinlich am Schluß des Beispiels 410 für g und in der Überleitungsstelle für a). Aber die hier erklingende Musik ist alles in allem doch so beschaffen, daß es darauf nicht mehr sehr ankommt. Seltsamste Hammerklaviersonaten-Konsequenz.

Wie unermüdlich Beethoven das Changieren zwischen Dur und Moll kultivierte, belegen die Achtelketten des Seitensatzes in der Reprise! Hatte während der Exposition im analogen Fall noch ungetrübtes G-Dur herrschen dürfen, so wechselt Beethoven nun zwischen Dur- und Moll-Sexte geradezu unersättlich ab. Rudolf Serkin macht bei der Interpretation dieses Teils auf eine Wahrheit aufmerksam, die seinen Kollegen entging: nicht die rechte Hand soll hier eigentlich »führend« sein, sondern die Linke! Serkin bringt die Passagen der Rechten als Begleitung der dominierenden Linken. Das macht die Stimmführung übersichtlicher; und wenn die Achtel zum Schluß in das *dolce*-Thema – drittletzter Takt des Beispiels 411 – hinübergleiten, führt *nur* die Linke diesen Übergang vor, was eindeutig erkennen läßt, daß Serkin mit seinem Linksdrall recht hat! Die unzweideutig mit crescendo-Vorschrift notierten Achtel-Viertel-Folgen der Linken (zu Beginn des Beispiels 411) scheinen keine Probleme zu bieten. Nur: alle Pianisten, denen die Gewalt der Hammerklaviersonate fremd oder unangenehm ist, lassen an diesen oder allen analogen Stellen das vorgeschriebene *cresc.* schlicht und schlecht aus. Die Stelle ist ein Test: wer hier reizende, sanft gleitende, scarlattihafte »Girlanden«-Wirkungen erreichen möchte, wird sich auch sonst mit der Gewalt des Opus 106 schwertun.

Ausdrucksfülle und Beziehungsreichtum können dazu führen, daß man beim Hören (und Beschreiben) in Einzelheiten ertrinkt und daß die einfachen Relationen verlorengehen. Einfache Größe bedarf keines Forcierens. Werden untergeordnete Artikulationsfinessen tatsächlich auch untergeordnet dargestellt, dann entsteht »Richtigkeit«, wie Backhaus sie manchmal beim späten Beethoven zum Erlebnis machte – ohne eigentlich viel mehr zu tun, als groß und sonor vorzuführen, was die Noten vorschreiben.

Beispiel 411

In noch strengerer, schneidenderer Weise nähert sich Solomon dem Satz. Er versteht es, das »Uneigentliche«, Indirekte Beethovenschen Ausdrucks ahnen zu lassen. Man spürt bei Solomon, wenn die Durchführung zunächst im pianissimo und dann endlich mit einem Es-Dur-Fugato anhebt, daß dieses Fugato – so harmlos es sich zunächst ausnimmt – eigentlich nicht es selbst ist, sondern Ausdruck eines Suchens. Eines Wartens, eines Kraftschöpfens trotz aller Geschäftigkeit. Solomon vermag das mit strenger Impassibilité anzudeuten. Er hütet sich auch davor, innerhalb des Fugatos eine chromatisch anschwellende Stelle so schwungvoll cantabel zu übertreiben, wie manche anderen Pianisten es tun, froh über jede melodische Geste, an die sie und ihre Hörer sich halten können. Selbst ein Pollini behandelt das as – a – b (im 3. und 4. Takt des Beispiels 412) und das folgende c – cis – d (im 5. und 6. Takt) so, wie Toscanini eine analoge Schwellung aus der Durchführung des ersten Satzes der 5. Symphonie auffaßte. In der Hammerklaviersonate heißt es:

Beispiel 412

Im Klavierauszug der 5. Symphonie sieht es entsprechend simpler aus.

Beispiel 413

Das Scherzo der Hammerklaviersonate läßt sich als böser Witz, als zugleich geniales und perfides Beispiel dafür bestaunen, wie der späte Beethoven selbst große Pianisten in Verlegenheit zu bringen vermag. Der Begriff »Scherzo« und auch der Satz selbst mit seinem Riesenlauf übers ganze Klavier, mit Presto-Oktaven-Gedonner, entfesseltem Humor, beziehungsreicher Modulation: scheinen da nicht Tür und Tor geöffnet für geistreiche oder gar dämonische oder auch nur einfach wilde Interpretations-Freiheiten? Kann sich hier nicht jene Virtuosen-Energie austoben, die von dem herrischen ersten Satz allzu sehr an die Kette gelegt war und die im Adagio gänzlich brachliegt?

Sollte man denken... Aber der Schein trügt. Bei Beethoven gab es bis zu dem Scherzo noch keinen Klaviersonaten-Satz, der alle Interpreten derart entmachtet, derart in die Klemme gebracht hätte. Hier fügte meines Wissens noch kein Pianist irgend etwas Wichtiges oder sehr Bemerkenswertes hinzu. Hinter diesem Scherzo blieben vielmehr alle (fast alle) zurück – und merkten es nicht einmal.

Wie das Stück im Hammerklaviersonaten-Gefüge zu verstehen sei und was es, rückwirkend, auch über den ersten Satz der Sonate zu besagen hat, macht Beethoven ohne jede Geheimniskrämerei klar. Ein Schöpfer, der sich lächelnd in den Plan, ein allmächtiger Spieler, der sich unbesorgt in die Karten gucken läßt. Wir erkennen also: wieder die Terzvernarrtheit im Aufbau des Hauptthemas. Wieder, und zwar am Schluß, der Zusammenprall zwischen dem Ton b (auch ais) und dem h – aber nicht so, daß man dergleichen angestrengt herausinterpretieren müßte, sondern als ein unverbrämtes, zwölf Takte langes Zusammen-Donnern unmittelbar vor dem Ende (Notenbeispiel 417). Wer hier nicht merkt, was Beethoven vorführt, der will entweder nichts merken oder merkt überhaupt nie etwas beim Spielen und Hören...

Alles das ist denn auch oft genug herausanalysiert worden. Das Scherzo sei »eine Parodie des ersten Satzes«, stellt Charles Rosen fest. Badura-Skoda meint, das Scherzo-Motiv mit seinen auf- und absteigenden Terzschritten *persifliere* förmlich das Hauptthema des Kopfsatzes. Die Piani-

526

sten wissen Bescheid. Parodie, Persiflage, Scherzo – dazu ein Mittelteil; anfangs subtil, mehrstimmig, später ein tänzerischer Presto-Vulkan, endlich Prestissimo-Raserei, danach rhythmisch aufgerauhte Wiederkehr des Scherzo-Themas.

Das Gemeinte liegt also auf der Hand, nur leider sehr schlecht in der Hand. Die Parodie oder Persiflage oder Scherzo-Spiegelung eines rasend raschen Allegro con brio-Kopfsatzes kann ihrerseits gewiß kein harmloses, gemütliches Genrestückchen sein. ♩. = 80, Presto, Prestissimo, Tempo 1, Presto, Tempo 1, nur eine einzige *un poco ritardando*-Vorschrift bei der Vorbereitung der wildesten Pointe des Stückes: Beethovens letztes Klaviersonaten-Scherzo hat es verdammt in sich.

Und warum holen Interpreten, die bei Chopins Scherzos oder bei Liszts ›Mephisto‹-Walzer ja auch keine Scheu kennen und mit triumphierendem Temperament den Dämonen solcher Stücke zu Leibe rücken würden – warum holen sie aus dem Beethoven-Satz so wenig heraus, auch so wenig eigene Spiel-Freiheit? Darauf gibt es zwei einander ergänzende Antworten. Einmal verlangen hier Beethovens ungemein sorgfältige und genaue Artikulations-Vorschriften, Phrasierungs-Bögen, crescendo- und decrescendo-Angaben noch im Kleinsten von den Pianisten soviel spezifisches Häkeln, unzweideutig vorgeschrieben und Erfüllung heischend, daß diese Phrasierungs-Finessen nicht nur Klein-Arbeit zu erzwingen scheinen, sondern auch Klein-Tempo. Und weil das Scherzo harmonisch reich ausgestattet ist, c-Moll-Dominanten tangiert, *pp*-Zweideutigkeiten riskiert, machen selbst Hammerklaviersonaten-Interpreten den bei ihnen sonst gewiß unmöglichen Fehler, »Leiser«-werden mit »Langsamer«-werden zu verwechseln. Eine solche Verwechslung aber wäre in diesem Scherzo höchstens dann andeutungsweise statthaft, wenn der Interpret sich von vornherein ernsthaft an Beethovens sehr hurtige Tempo-Vorschrift hielte. Aber das tut eigentlich nur, und zwar auch bloß annähernd, Friedrich Gulda, der seinerseits wiederum Rhythmus genug im Leibe hat, ein Scherzo-Piano-Diminuendo nicht zum Ritardando aufzuweichen. Doch witzig, frei, überrascht und überraschend spielt selbst Gulda das Scherzo nicht.

Wahrscheinlich reichen – zwischen der singulären Anstrengung, die der Kopfsatz nötig macht, dem gewaltigen Adagio und der Hammerklaviersonaten-Fuge – die pianistische Unternehmungslust, aber auch die seelische Konzentrationsfähigkeit und Selbstentäußerungsbereitschaft der Interpreten nicht dazu aus, auch noch dem Scherzo-Exzeß exzessive Anspannung zuteil werden zu lassen. Ein bißchen behendes Satyrspiel, ein bißchen Oktaven-Gedonner, zu mehr raffen die meisten Pianisten sich nicht auf. Nur Rudolf Serkin war an einigen Konzertabenden, man möchte sagen, glücklicherweise, unbedacht genug, gerade das Scherzo zum Interpretations-Politikum zu machen, es aus dem Geist spätromantischer Phantastik und modernistischer Barbaro-Vehemenz zu spielen – wobei er dann freilich das Adagio sostenuto genau jener Energien zu berauben schien, die er dem Scherzo bedenkenlos zugewandt hatte...

»Äußerst flüchtig und humoristisch vorzutragen«, hatte Carl Czerny noch verlangt. Aber gerade zur Flüchtigkeit entschließen sich verantwortungsbewußte Pianisten des 20. Jahrhunderts gegenüber dezidierten Komponisten-Anforderungen auch in einem Scherzo nur höchst ungern – und wo soll schon der »Humor« herkommen, wenn diese supervorsichtigen Interpreten alle mit der bösen Ahnung im Nacken spielen, daß sie eigentlich doch viel zu langsam sind?

Friedrich Gulda braucht im Hauptteil weder Alfred Cortots Kunstgriff nachzuahmen, während der punktierten Auftakte alle (vorgeschriebenen) Bindebögen wegzulassen, noch wirken seine Achtel am Phrasen-Ende so abgerissen, und übermäßig akzentuiert wie bei Wilhelm Kempff. Gulda spielt – rascher als alle anderen, geduckt und flink – den Scherzo-Hauptteil immerhin präzis aus. Ihm geraten die Unterschiede zwischen den ruhigeren c-Moll-Abweichungen mit ihren weichen Endungen (Notenbeispiel 414, letzter Takt) und den übrigen Achteln auch unmittelbar plastisch. Serkin, der die Crescendo-Forderungen temperamentvoll ausdonnert, und Paul Badura-Skoda, der das ganze Scherzo mit entschlossener Verve spielt, haben zumindest eine Alternative zum offensichtlich annähernd richtigen, wenn auch immer noch zuwenig rasch-erregten Tempo Guldas geboten.

Bei Alfred Brendel wirkt, ausnahmsweise, die frühere Einspielung dieses Satzes weit gelungener – nämlich unbefangener, frischer, virtuoser – als die spätere. Offenbar will Brendel, je älter er wird, die Bedeutung der Harmoniewechsel, der schwarzen Tonart etc. immer bewußter demonstrieren. Dabei passiert dem hochgebildeten Künstler nur eben leider, daß er gleich die »Tendenz« des Stückes darzustellen sucht, statt zunächst einmal dieses selbst.

Beispiel 414

In den b-Moll-Mittelteil hat Beethoven einen Kanon versteckt. Nachdem bereits Hans von Bülow in seiner Ausgabe diesen Sachverhalt sorgfältig beschrieben und auch als Pianist ein staunendes Publikum von dem Fund überzeugt hat, müßte besagte Kanon-Finesse eigentlich auch Gemeingut aller Pianisten sein – soweit sie überhaupt in der Lage sind, Bülows Forderung zu erfüllen: »Die Crescendos und Diminuendos dürfen in beiden Händen nicht gleichzeitig, sondern müssen in der rechten Hand stets einen Takt später, als in der linken erfolgen.«

Das alles ist schwer genug. Darum gelingt es nur wenigen Pianisten, in diesem b-Moll-Mittelteil nicht nur linke und rechte Hand selbständig zu phrasieren, sondern der fremd und ruhig wogenden Zweistimmigkeit darüber hinaus noch ein weiteres rhythmisches Leitmotiv zuzuordnen! Claudio Arrau führt stark und starr durch, daß die beiden Achtel-Oktaven, mit denen der Scherzo-Hauptteil schließt, auch ganz logisch durch den Kanon wandern. 1. und 2. Takt des Notenbeispiels 415 schließen mit (späterhin, wenn man so will, zeitlich auseinandergelegten) Unisono- Oktaven. Man begegnet ihnen in Takt 2 und 3 links, Takt 10 und 11 rechts, usw.).

Beispiel 415

Wenn man sich in diesen Mittelteil vertieft, der ja eine raffiniert simpel harmonisierte Dreiklangsmelodik entfaltet – Richard Rosenberg (a.a.O., S. 375) und noch mehr Jürgen Uhde (a.a.O., S. 417) gehen den Implikationen der kanonisch-harmonischen Entwicklung sorgfältig nach –, dann wird eine andere, zunächst alberne Assoziation zur Obsession:

William Mann hat 1961 bemerkt, es handele sich hier um einen Eroica-
ähnlichen Dreiklang, wobei er auf das Allerwelts-Es-Dur des Eroica-
Anfangs anspielt. Weil hier – in b-Moll und erst recht in Des-Dur – aber
die Dreiklangsstufen und die rhythmische Gestalt vollkommen das Eroi-
ca-Motiv imitieren, kann man, einmal auf diese Fährte gebracht, den
Kanon nur noch mit Überwindung nicht als späte Eroica-Spiegelung
hören. Stießen wir nicht in der Durchführung des Kopfsatzes der
Hammerklaviersonate auch auf eine Analogie zur Eroica? Je sonorer ein
Pianist den b-Moll-Mittelteil des Hammerklaviersonaten-Scherzos darbietet – das heißt: je weniger ihn Beethovens Bindungs- und Synkopie-
rungsvorschriften vom geraden Dreiklangsweg abbringen –, desto deutlicher wird die Analogie. Das Kopfmotiv aus der Eroica ist halt nur einfacher phrasiert, verglichen mit den raffinierten Bindungen und Bögen der
Hammerklaviersonaten-Sprache.

Beispiel 416

Das berühmte Hin und Her zwischen b/ais und h am Schluß des Scherzos müßte eigentlich allen Interpreten die Augen und Ohren dafür
öffnen, mit welchem phantastischen, humoristischen oder dämonischen
Mutwillen der ganze Satz zu verstehen wäre. Cortot spielt die beiden
letzten Oktaven, die sich endlich durchsetzen, mit grimmigem, pointiert
rechthaberischem Nachdruck. Ein »Ätsch« oder, vornehmer, ein »wir
haben doch gesiegt« klingt bei Cortot mit. Dabei handelt es sich ja, nach
lauter Viertelnoten, eigentlich um kürzere Achtel (Notenbeispiel 417, die
Oktave beim »Tempo 1« und die Oktave davor). Weil wir aber nach
wüstem Presto-Ausbruch wieder im »Tempo 1« sind, läßt sich Alfred
Cortots Freiheit, hier breiter und geistreich abschließender zu werden,
sehr wohl verteidigen.
Ob es in diesem Scherzo-Satz überhaupt so schrecklich exakt darauf
ankommt, daß immer alles ganz pedantisch vorgeführt wird, und nicht
viel mehr darauf, daß ein Interpret den Mut findet, Beethovens sehr
ernstes und wildes Scherzo mit Sinn, mit Übermut, mit Freiheit und
witziger Konsequenz zu begaben und zu erzählen? Dem Scherzo der
Hammerklaviersonate wäre zu wünschen, es möge vielleicht einmal in
den Händen eines unternehmungslustigen Virtuosen, der Chopin, Liszt,

Ravel, Bartók und Strawinsky nicht fürchtet, zum Zugabestück avancie-
ren, zur Feuerwerksnummer, die zünden muß. Dann, ohne Hammer-
klaviersonaten-Beklommenheit und mit der Freiheit zum wirkungsvollen
Effekt, könnte sich überhaupt erst herausstellen, welch ein Potential an
noch unentdeckter Musik in diesem Satyrspiel steckt.

Wie *aus dem Abgrund heraufgeholt* (Theodor W. Adorno) setzt das fis-
Moll-Adagio sostenuto (♪ = 92) Appassionato e con molto sentimento
ein; heraufgeholt durch einen Einleitungstakt, den Beethoven erst mit
vielmonatiger Verspätung seinem Schüler Ferdinand Ries nachsandte.
Daraufhin reagierte Ries folgendermaßen: »Ich gestehe, daß sich mir
unwillkürlich die Idee aufdrang: ›sollte es wirklich bei meinem lieben
alten Lehrer etwas spuken?‹ Ein Gerücht, welches mehrmals verbreitet
war. Zwei Noten zu einem so großen, durch und durch gearbeiteten
schon ein halbes Jahr vollendeten Werke nachzuschicken! Allein wie
stieg mein Erstaunen bei der Wirkung dieser zwei Noten... Ich rate
jedem Kunstliebenden, den Anfang dieses Adagios zuerst ohne, und
nachher mit diesen zwei Noten, welche nunmehr den ersten Takt bilden,
zu versuchen, und es ist kein Zweifel, daß er meine Ansicht teilen
wird.«

Aus dem Abgrund heraufgeholt erscheint eine Adagio-Melodie, wie es so
weit gespannt, so zart und bebend erfüllt von Akkord-Wiederholungen,
Rückungen und Steigerungen bei Beethoven noch keine gab. 26 Takte

dauert dieser Anfang – dann setzt eine »con grand espressione«-Melodie ein. Man kann darüber streiten, wie dieser Fortspinnungskomplex zu bezeichnen sei, als *Überleitung* zum D-Dur-Thema? Oder, seinem melodischen und emotionalen Gewicht gemäß, bereits selber als Seitensatz? Es ist eine Definitionsfrage...

Mehr als eine Definitionsfrage, nämlich Interpretations-Problem auf Leben und Tod, ist aber in diesem gewaltigsten Adagio Beethovens die Frage nach dem »Wie«. Und zwar nicht nur nach dem Wie vieler Einzelheiten – jeder Interpret dürfte hier mit allem Ernst, aller Anschlagskunst und Andacht, deren er überhaupt fähig ist, die melodische und überreiche Sprache Beethovens nachzusprechen versuchen –, sondern nach dem inneren großen Ablauf des Ganzen. Wer den Satz, gar als jüngerer Mensch, von Claudio Arrau oder Solomon oder Barenboim gehört hat, dem ist gewiß eine prägende Erfahrung zuteil geworden. Mit langsamster Gewalt stellen Arrau, Solomon und Barenboim das Adagio sostenuto dar. Barenboim verwandelt den nachgelieferten Einleitungs-Takt (siehe Notenbeispiel 418 und vgl. dazu Beispiel 234 sowie 235) in einen quasi unendlichen Vorgang. Als müsse auf das Besondere dieses Anfangs ganz besonders hingewiesen werden, benötigte Barenboim im Konzert für die zwei Töne mehr als eine Viertelminute! Dann entfaltete sich groß und ernst die Klage.

Beispiel 418

Was für ein Anfang! Wie unendlich weit dieser Satz hinausführt über schöne Traurigkeit, das hat Claudio Arrau tief berührend fixiert. Während des großen ersten Themas kommt zweimal eine G-Dur-Ausweitung vor. Das erstemal erscheint sie in der Mitte als einfache Melodie; ihr antwortet sogleich wieder fis-Moll. Diese Kadenz wird ausgesponnen. Dann meldet sich zum zweiten Male der G-Dur-Gedanke. Jetzt weithin in Oktaven (Notenbeispiel 419, Takt 2 und 3). Diesmal aber antwortet das fis-Moll nicht ruhig kadenzierend, sondern ausdrucksvoll abschließend. Die Melodie endet dann mit einem langsam abreißenden *espressivo* (Notenbeispiel 419, Takt 5 und 6).

Dieser große Schluß des Adagio-Hauptthemas kehrt im Verlauf des Satzes mehrfach wieder: in der Reprise und in der Coda. Arrau macht aus den charakteristisch verschiedenen Varianten des von Beethoven tiefsinnig erweiterten Schluß-Gedankens Stationen einer Entwicklung. In der Reprise erscheinen die – melodisch fast gleich geführten – ersten beiden Takte dieser abschließenden Wendung anders harmonisiert, in reichere, empfindsamere Farben getaucht. Vor allem der zweite Takt (Notenbeispiel 420) ist charakteristisch verändert. Auch soll alles im Ritardando erklingen; freilich nicht mehr (wie in der Exposition) *una corda*, mit Verschiebung, gespielt:

Beispiel 420

Arrau hebt die beiden Neuerungen kompromißlos und inständig hervor. Er spielt die (schmerzliche oder lyrische oder empfindsame – mit Worten ist hier wenig auszurichten) Bereicherung des G-Dur so innig und so naiv, daß die Stelle plötzlich an ein sanft-trauriges Volkslied erinnert. Das ist, unter Arraus Händen, keine abstrakte, wunderschöne G-Dur-Kurve mehr, sondern klingt wie ein Traumzitat aus einem längst verklungenen Lied: sanft, naiv, verhalten, innig. Im zweiten Gesang aus dem Liederkreis ›An die ferne Geliebte‹ kommen flüchtige G-Dur-Wendungen dieser Art vor, nicht notengetreu, nicht direkt vergleichbar, aber ein wenig verwandt dem hier Gemeinten:

Beispiel 421

Im Adagio der Hammerklaviersonate stellt diese liedhafte Bereicherung aber nur die *eine* Modifikation dar, die im Vergleich zwischen Notenbeispiel 419 und 420 auffällt. Die zweite Veränderung betrifft das Tempo. Denn sowohl G-Dur-Abweichung als auch die dann folgende fis-Moll-Kadenz sind nun in größeren Intervallen und Sprüngen gehalten — ersterben beim zweiten Male in einem *ritardando*, das schon einen Takt zuvor begann, also sechs lange Adagio-Takte ununterbrochen andauern soll!

Beethoven hat damit den Interpreten etwas Erschreckendes, Nicht-mehr-ganz-Vernünftiges überantwortet. Das träumerische Volkslied G-Dur etwas langsamer herauszubringen als die vorherigen Takte fällt den meisten nicht schwer. Aber wenn dann — Notenbeispiel 420, 3. und 4. Takt — wieder das strenge fis-Moll erscheint, ziehen viele Pianisten das Tempo ein wenig an, um erst zum Schluß ein Ritardando auszuführen. Arrau zeigt, wie wenig eine solche Glättung dem Sinn dieses Verlaufs entspricht. Sechs Takte *ritardando*, das heißt ganz eindeutig und durch keinerlei Einschränkung wie *poco rit.* abgemildert: ein jeder Takt soll langsamer erklingen als der vorhergehende. Welche Riesen-Verzögerung sich dabei ergeben muß, zumal nach der ohnehin zur Langsamkeit drängenden träumerisch innigen G-Dur-Abschweifung, läßt sich leichter errechnen – als am Klavier darstellen. Nur asketische Konzentration kann die unaufhaltsame Vereisung einer Melodie vorführen. Diese Vereisung riesenhafter großer Baß-Griffe und gewaltiger Oktav-Gesten ist hier aber komponiert! Arrau oder Solomon machen unbegreiflich, warum so viele andere Pianisten den Ablauf nicht begreifen konnten. Beide Künstler wagen eine ekstatische Verlangsamung, weil Beethoven hier ausdrücklich keine reprisenhafte Wiederholung, sondern ein Erstarren komponiert, gewollt hat...

Aber es kommt noch toller. Nach einem Kraft-Ausbruch in der Coda, der nur eben genaues Gegenteil eines Ausbruchs war, nämlich die Fesselung an einen einzigen, gellend hohen, immer erregter begleiteten Ton, setzt das fis-Moll-Hauptmotiv wieder ein. Durchaus verkürzt, reduziert. Und schon wenige Takte später erscheint ein letztes Mal die wohlbekannte G-Dur-Gestalt samt fis-Moll-Kadenz. Diesmal ohne Volksliedassoziation. Sondern so leise – *una corda* – wie zu Anfang des Satzes und zugleich so langsam wie in seiner Mitte. Im Zusammenhang mit dem rasend erregten Coda-Schluß (Notenbeispiel 422, Takt 1) und als letzte Wiederholung im Kontext dieses riesigen Adagios signalisiert diese ganz leise, ganz vom *ritardando* überschattete Wiederkehr der G-Dur-Gestalt bei Claudio Arrau das Ende einer Tragödie. Den Zusammenbruch eines Themas. Arrau führt es gespenstisch vor: der letzte ritardando-Takt vor dem *a tempo* dauert bei ihm gut doppelt so lang wie der erste. Der Musik und ihren Hörern stockt der Atem – wenn ein großer Pianist vorschweigt, was in der Hammerklaviersonate an dieser Stelle geschieht. Danach versucht Fis-Dur zu trösten (Notenbeispiel 422, die letzten beiden Takte).

Drei Adagio-Vorgänge als Protokoll eines psychologischen Ablaufs: schöpferische Interpreten wie Arrau, Solomon, Barenboim und Brendel vermögen die Sinnkurve, die Wahnsinnskurve einer solchen Entwicklung zu entdecken und nachzuzeichnen. Läßt sich aus dieser vorgeschriebenen Ritardando-Steigerung folgern, Erstarrung sei der schwarze Hintergrund dieses fis-Moll-Dramas? Oder gar: das Adagio der Hammerklaviersonate spreche mit seinen Mitteln, im Rahmen seiner Form und Anthropologie ähnliche Zustände aus, wie sie — um es mit Hilfe einer literarischen Analogie zu sagen — später von Tschechow oder Beckett gestaltet wurden...

Erstarrung? Daß der Ausgang des langsamen Hammerklaviersonaten-Satzes ein Tragödien-Ende ohne Trauermarschbeiklang sein kann, lehrt Wilhelm Kempff mit Hilfe einer tiefsinnigen Relation. Die Ritardando-Reduktion und die Erstarrung des Hauptthemas (Notenbeispiel 422) ereigneten sich nach einer leidenschaftlichen, verzweifelten Riesensteigerung in der Coda (Beispiel 422, 1. Takt, bot das Ende dieses langen *crescendos*). Kempff setzte dem sogleich, unbeteiligt, fast starr, das Hauptmotiv entgegen, als fahle, jeden Ausweg versperrende Antwort. Aber nach dem Ritardando-Verlöschen erscheint eine Fis-Dur-Melodie, der hier eine Kontrast-Funktion zugedacht sein dürfte. Diese neue Melodie wirkt tröstlich, aufhellend, ist zumindest als anderes, Nicht-Erstarrendes verstehbar. Doch: danach ertönt wieder das herbe fis-Moll-Motiv *una corda* (Notenbeispiel 423, 3. Takt). Kempff läßt dieses Motiv unbewegt, unhörbar fast, erklingen – in Kempffs früherer Einspielung aus den fünfziger Jahren geschah es am allereindrucksvollsten. Kempff zeigt: genau die gleiche, starr-strenge Gestalt, die nach dem ekstatischen Ausbruchsversuch ertönte, erscheint jetzt wieder. Noch abstrakter, noch zeichenhafter, aber unmißverständlich als dieselbe Geste, dieselbe Formel erkennbar. Weil Kempff diese Entsprechung verhalten und klar spielt, stellt sich am äußersten Ende des Adagios ein tief depressives Fazit her: gleichviel, ob leidenschaftlich wahnsinniger Tumult herrscht oder sanfter Fis-Dur-Trost — danach wartet doch immer dasselbe: die unbeweglich herbe fis-Moll-Geste. Kempff erreicht diese Wirkung, indem er den Einsatz des Themas als identische Reaktion artikuliert. Was auch vorherging, dieselbe Terzen-Gestalt antwortet. Entmutigung oder Trost werden fahl, gleichgültig...

Beispiel 423

Solomon konstituiert die immer größere Langsamkeit seiner Interpretation nicht als Konsequenz der Entwicklungs-Linien, der Ablaufskurven, der seelischen Verläufe, sondern transpsychologisch. Solomon beginnt ruhig, dann weitet sich bei ihm die Ruhe allmählich aus zum erhabenen, herben Gesetz der Sache. So sorgfältig Solomon auch phrasiert, Kontraste vermittelt, Bewegungen und Entwicklungen vorführt: in diesem Künstler muß eine Waage existiert haben, die ihn befähigte, alle diese Differenzierungen zwar durchaus deutlich zu machen, aber gegebenenfalls ganz bewußt immer nur als Zweitwichtigstes. Wichtiger war für Solomon der langsame, immer langsamere Weg. Bei den ruhigen, archaisierenden Wendungen am Schluß des Dur-Themas läßt Solomon eine Stille entstehen, die nicht als Folge von Nuancen oder »Interpretationseinfällen« beeindruckt, sondern als Ausdruck von Strenge und Größe. Archaisierende Akkorde gerinnen bei Solomon zum höchsten und einsamsten Augenblick. Kein Gefühl vergehender Zeit mehr. »Die Erde könnte unbewohnt sein« — wenn Solomon ganz ruhig, ohne den verbindlichen Schönheitssinn des ebenso langsamen Barenboim, Beethovens Akkorde aus dem Schweigen holt:

Beispiel 424

Solomons strenges Extrem und Arraus tragische Inständigkeit: solche
großen Auffassungen schaffen tiefe und prägende Eindrücke. Aber sie
dürfen nicht unempfänglich machen für alle anderen Auseinandersetzungen mit dem Adagio. Wer Arraus oder Solomons Tempo einmal ganz
mitgefühlt hat, dem wird das Adagio der Hammerklaviersonate als desto
bedeutender, desto richtiger verstanden erscheinen, je langsamer es
erklingt. Es sei ein »Mausoleum des Kollektivleids der Welt«, hat
Wilhelm von Lenz befunden. Die Riesen-Größe dieses Satzes wirkt, nach
solomonisch-arrauischer Adagio-Predigt, geradezu verharmlost und
zum Andantino verkürzt, wenn die Töne fließend oder gar bewegt
herauskommen.

Trotzdem hat sich hier wahrscheinlich eine tiefsinnige und konsequente
*Um*deutung an die Stelle der *Be*deutung des Adagio-Bildes gesetzt.
Wahrscheinlich nehmen alle Bewunderer Solomons und Arraus die stern-
lose Nacht, die diese großen Pianisten hinter Beethovens Satz entdeckt
haben, für die Farben des Bildes. (Um es wieder literarisch zu sagen:
während der sechziger Jahre waren manche Theaterleute stolz darauf,
hinter dem Shakespeareschen ›König Lear‹, auf Jean Kott vertrauend, die
Strukturen des Beckettschen ›Endspiels‹ auszumachen. Gewiß sind solche
Momente äußerster Sinnleere auch in Shakespeares Tragödie enthalten.
Nur sind sie weder mit dem Drama identisch, noch bleiben sie in seinem
Verlauf unwidersprochen.)

Welche Argumente sprechen denn gegen Arrau, Solomon und Barenboim, die den Satz manchmal weit über zwanzig Minuten dauern
ließen?

Erstens: Beethovens wiederum eindeutige und ausführbare Tempo-Vorschrift. Zweitens: der Umstand, daß auch sehr verhalten beginnende Pianisten zumindest während der Durchführung wie von selbst dem von Beethoven verlangten ♪= 96 nahekommen. Drittens: die Tatsache, daß nicht nur Friedrich Gulda und Egon Petri Beethovens Angaben ohne Abstrich und ohne offenkundige Sinnverfälschung ausführen können, sondern daß auch so adagio-fromme Hohepriester des Klaviers wie Rudolf Serkin, Wilhelm Kempff oder der unkonventionelle John Ogdon dem Beethovenschen Tempo immer noch sehr viel näher sind als Barenboims oder Solomons Adagissimo... Erste Zweifel an der »Richtigkeit« der wunderbaren Langsamen kamen mir, als ich bei Hans von Bülow die Anweisung las: »Bei Klavieren von großer Klangfülle kann das Zeitmaß noch langsamer genommen werden« (als von Beethoven vorgeschrieben). Sonst heißt es doch immer, der taube Meister habe sich die raschen Tempi nicht richtig vorstellen können wegen mangelnden Kontaktes mit der klingenden Realität. Nun wird diese Realität dazu benutzt, um auch sein Adagio-Tempo zu modifizieren: aber nicht, weil Beethoven seinen Flügel nicht hörte, sondern weil er einen »modernen Flügel« nicht kennen konnte...

Um Mißverständnissen vorzubeugen: es wäre schwachsinnig, zu verlangen, alle Pianisten sollten – gleich, welcher Typus, wie alt, in welchem Raume sie sind – Beethovens Tempo-Befehl metronomisch ausführen. Nur: Beethovens klare Vorschrift im nachprüfbaren Hammerklaviersonaten-Aufnahmefall weist doch zumindest in eine Richtung, vermittelt eine »Idee«! Der Satz ist eben nicht »Adagio sostenuto – e con molto sentimento« überschrieben, sondern vielmehr: »*Appassionato* e con molto sentimento«. Trotzdem wird er bei allzu getragenem Tempo in einen Adagio-*Monolog* verwandelt, statt als leidenschaftliche Adagio-*Ballade* vorgetragen.

Manche große Beethoven-Interpreten haben sich freilich an Beethovens Tempo-Idee zu orientieren versucht. Rudolf Serkin beginnt den Satz in schwermütig gehender Bewegung, belädt ihn mit stürmisch-ungeheuerlichen Erfahrungen, läßt ihn dann fahl ausklingen. Kempff spielt üppigzarte Fis-Dur-Sequenzen beschwingt, fast in lichtem Ton, wie unberührt von den schweren, versunkenen Alptraumbildern.

Beispiel 425

Hauptsächlich erzwangen sowohl die oft mit Chopins beredtem belcanto verglichenen *con grand' espressione*-Passagen, als auch vor allem die dramatischen Kontraste der Durchführung (Notenbeispiel 426, Takt 1–4) und die *molto espressivo* anschwellenden oder abnehmenden Umspielungen der Durchführung (Notenbeispiel 426, die letzten sechs Takte) möglicherweise sogar gegen den Adagio-*Willen* mancher Interpreten ein bewegtes, fast stürmisches Tempo. Nicht nur der oft allzu rasche Gulda, sondern auch Serkin erfüllt während der Reprise Beethovens Tempo-Vorschrift präzis. Kempff, ja sogar der wahrlich expressions-bereite Artur Schnabel spielen die Reprise nicht nur hochpathetisch, sondern verhältnismäßig bewegt und beredt (Notenbeispiel 426).
Wilhelm Backhaus eilt in der Durchführung, provoziert vom mehrfach vorgeschriebenen unmittelbaren Wechsel zwischen *tutte le corde* und *una corda* (Notenbeispiel 426, Takt 1–3) sogar ein wenig über Beethovens Tempo hinaus: er tut es offenbar, um dann nach dem »smorzando« die umspielte Wiederkehr des fis-Moll Hauptthemas – also die Reprise, die im 8. Takt des Notenbeispiels 426 beginnt – gemessener, herrischer absetzen zu können und doch nicht allzu langsam werden zu müssen. Dieser Reprisen-Beginn verlangt Bekenntniswahrheit. Arrau spielt die Metamorphose des Themas erhaben, schwer, streng (und um ein gutes Drittel langsamer als Beethovens Metronom-Vorschrift will). Arrau unterstreicht dabei die Identität des Themas, betont herb die Melodie-Noten. Und gerade nicht die schmerzvollen Akzente, die Schnabel zum Ausdrucksziel macht. Schnabel nimmt die freie Ungleichmäßigkeit der Akzente so ernst, daß die Zweiunddreißigstel wie verzweifelte Flöten, wie wüste Klagen dazwischentönen. Wenn nämlich diese von Spannungen, Nonen, Freiheiten erfüllten Zweiunddreißigstel irgend etwas um keinen Preis sein dürfen, dann ausgeglichenes, harmonisierendes, flüssiges Ornament. Arraus Langsamkeit macht fast unhörbar, daß Beethoven – letzter Takt des Beispiels 426 – die ungeheuerliche Zweiunddreißigstel-Verfremdung, die der fis-Moll-Gedanke erfährt, einen Augenblick lang sogar durch eine synkopische Begleitung verschärft...
Das Thema in unsymmetrischen Umspielungen versteckt, von ihnen fast zerrissen, darunter Baß-Akkorde, die eine gefährdete Grundierung für die Freiheiten des Soprans bieten: es ist Mühe genug und der Mühe wert, alle diese Impulse inständig herauszubringen. Rudolf Serkin und Maurizio Pollini, der die Hammerklaviersonate als Strukturalist mit flüssigem Ton angreift, versuchen noch eine dritte Linie darzustellen. Pollini konstituiert einen Zusammenhang zwischen den — sozusagen nach unten herausstechenden — tiefen Tönen der Zweiunddreißigstel-Passa-

gen. (Also beispielsweise im Takt 9 des Beispiels 426 die jeweils tiefen Sopran-Töne: a, ais, h, h, h, d). Der dabei entstehende Effekt vergrößert die Unruhe und den Unterschied zur Urform des Themas nochmals, aber er hat auch etwas zugleich Formalistisches und Zufälliges. Schnabels Tendenz, nur die jeweils ausdrucksvollsten (und nicht die — zufällig? —

tiefliegenden) Abweichungen zu betonen, wirkt zwingender. Und Guldas Absicht, spannungsvoll bewegte, herb weiterschreitende Gleichmäßigkeit zu bieten, leuchtet auch unmittelbarer ein.

Voller Respekt für die so ungemein verschiedenen Interpretationen eines Arrau und eines Schnabel, eines Solomon und eines Gulda, eines Backhaus und eines Barenboim, eines Brendel und eines Charles Rosen kommt man als Interpretations-Interpret zu einer Erfahrung, die gewiß ihrerseits interpretationsbedürftig ist. Ich möchte die folgende naive und banale Antithese nicht verschweigen: Gefühl und musikalischer Instinkt plädieren hier für die Sehr-Langsamen, Verstand und musikalische Erfahrung hingegen für die Rascheren, Leidenschaftlicheren...

Dabei bleibt immer noch offen, ob die Gewißheit, dieses Adagio müsse unendlich langsam vorgetragen werden (egal, was die bestimmt anfechtbaren Metronom-Angaben, die keineswegs eine Interpretation ersetzen, auch besagen), nicht vielleicht einfach damit zusammenhängt, daß viele große Adagio-Spieler sich für ein getragenes, erhaben langsames Tempo engagiert haben, während Pianisten, die keine eigentlichen Adagio-Interpreten sind, lieber eine raschere, unter ihren Händen zweifellos belanglosere Version wählten. Aber die dadurch nahegelegte Alternative, ob der Satz harmlos-gemäßigt oder erfüllt-langsam herauskommen soll, ist keine. Genauso gut, genauso unfair wäre die rhetorische Frage, ob weichliche Abgründlerei denn besser sei als leidenschaftlich ausdrucksstarke Spannung. Zwischen Arraus herbem Ernst und Guldas gewichtigem Gleichmaß verbirgt sich dieses fis-Moll-Adagios uneinholbare Herrlichkeit...

Der vierte Satz der Hammerklaviersonate, das Largo-Vorspiel zur Fuge (die man ebenso als fünften Satz bezeichnen kann wie als vierten, dem eine Einleitung vorausging) ist innerhalb des Sonatenrahmens so etwas wie eine offene, der Ausfüllung bedürftige Stelle. Musik, die sie selber ist und nicht sie selber, sondern nur die Frage: wie soll es weitergehen nach einem solchen Adagio? Wie kann es weitergehen, wie könnte es weitergehen...

Beethoven – und das liegt offen zutage – beantwortet diese Frage mit einer Improvisation. Einer niedergeschriebenen Fantasie. Einem Ausprobieren verschiedener Haltungen – Largo, Un poco più vivace, Tempo I, Allegro, Tempo I, Prestissimo. Einziges Gesetz: die Terzfolge. (Aber an dieses Gesetz hält sich der Komponist hier genausowenig exakt wie im langsamen Satz, wo als bestimmendes Intervall des D-Dur-Gedankens die Quarte benutzt wurde und wo der Coda-Ausbruch nicht zum »schwarzen« h-Moll zielte, sondern in fis-Moll verharrte).

542

Es fängt mit Oktaven im Pedal an, nichts als f. Diese Oktavtöne sollen *dolce* herauskommen. Diese originale *dolce*-Vorschrift hat Hans von Bülow gestört. Darum hat er sie gestrichen und ausgleichshalber eine Zeile tiefer eingefügt. Was kann ein *dolce* schon bedeuten, wenn jemand nur die Hände aufs Klavier legen und leise von unten nach oben ein paar »f« anschlagen soll.

Solomon meint: es bedeutet Träumen. Noch nicht da sein. Geistesabwesend und nur für sich selber präludieren. Auf den Einfall warten; aber das Gegenwärtige noch nicht als »Einfall« ausgeben, sondern als zartes Nichts. Darum spielt er den Anfang des vierten Satzes der Hammerklaviersonate wie ein – ja, wie ein Bar-Pianist. Falls das beleidigend ist: wie ein transzendentaler Bar-Pianist. Alle sind da, die Gäste haben allerlei überstanden, der Mann am Klavier müßte anfangen, möchte anfangen, aber er weiß noch nicht genau, wie...

Und nun wird eine Möglichkeit nach der anderen verworfen. Aus den Rudimenten einer Ges-Dur-Melodie wird nichts. H-Dur gefällig, wie am Schluß der Fantasie Opus 77? Doch lieber nicht. (Istvan Antal spielt die kurzen H-Dur-Passagen in donnerndem Forte). Dann beginnt eine Stilkopie: Allegro. Barock-Motorik in gis-Moll? Auch kein Interesse. Pianisten, die hier ratternd loslegen, als sei Beethoven bei der Sache, irren. Schnabel und Gulda spielten dieses »klassizistische« Einschiebsel weder zu rasch noch zu engagiert. Denn: der Komponist verwirft es ja nach fünf Takten. Ein letzter Anlauf. Zuerst wieder Oktaven: aber dann, so donnern es Brendel und Ogdon heraus, sprengt eine None der Linken mit störendem h den Frieden. Kraftausbruch, Fortissimo-Rausch. Und das Fugenthema ist da.

Als einen Improvisations-Vorgang etwa dieser Art haben Interpreten zwischen Istvan Antal und Dieter Zechlin, Egon Petri und Maurizio Pollini den Largo-Satz, dessen Terzen- und Tonartenfolge mannigfachen Deutungen offenstehen, vorgeführt – und im gegebenen Kontext ist das durchaus stichhaltig. Ob dabei ein Funke Humor, gar Ironie ins Spiel kommen darf? Wenn das Scherzo nach dem Allegro als Parodie verstehbar war, dann könnte diese Motiv-Beschau gewiß auch ein verträumtes, heiteres Spiel mit Mustern sein, die vorgezeigt und sogleich zurückgenommen werden. Und zwar in Form einer halb eigensinnigen, halb unkonzentrierten Meditation. Das wäre denkbar.

Denkbar schon – aber nicht *spielbar*. Musik kann hier, so wenig wie in Opus 31 Nr. 3, Witze machen, witzig sein. Nur ein wenig »abwesend« kann sie wirken, indirekt, uneigentlich.

Anders nähme sich diese Largo-Vielfalt aus, wenn man sie so verstehen wollte, wie Beethoven derartige Meditationen vor dem Finale in der 9. Symphonie oder der Sonate Opus 101 gemeint hat. Nämlich als Bilanz. Die A-Dur-Sonate ruft ihren Anfang in Erinnerung, die 9. Symphonie zitiert jeden einzelnen Satz der Reihe nach. Darauf folgt der jeweilige Entschluß zum Finale. Geht man mit diesen, von Opus 101 und Opus 125 abgeleiteten, »logischen« Erwartungen an das Largo der Hammerklaviersonate heran, dann stellt es sich nicht als Improvisation dar, sondern als tiefsinniges Kuriosum. Der Komponist läßt vor Beginn der Fuge lauter Motive Revue passieren, die er gar nicht benutzt hat. Die Hammerklaviersonate »zitiert« Nicht-Geschehenes, öffnet ihre durchrationalisierte Form, meditiert über Ereignisse, die nicht stattfanden. Wo die 9. Symphonie ihren bisherigen Verlauf logisch genau zusammenfaßt – Kopfsatz, Scherzo und Adagio sind vorbei, das Finale folgt –, an genau analoger Stelle mustert die Hammerklaviersonate Ereignisse, die nicht passierten, Motive, die auf unbekannte Zusammenhänge verweisen, vielleicht Atome aus der Fülle dessen sind, was Beethoven unfixiert gelassen hat.

Allzu lange soll in der Hammerklaviersonate freilich niemand über diese Rätsel nachsinnen. Prestissimo kommt die Fuge. Donald Francis Tovey (›A Companion to Beethoven's Pianoforte Sonatas‹, S. 234 ff.) hat die Fugen der Beethovenschen Spätzeit mit einer Analogie zu erklären versucht: Im Sonaten-Drama haben sie, laut Tovey, die Funktion einer Gerichtsszene. Und Gerichtsszenen seien erfahrungsgemäß meist die aufregendsten Passagen eines Dramas. Aber dieser, von Tovey brillant und erhellend ausgeführte Vergleich lädt auch zu einem Mißverständnis ein: zur Folgerung, in solchen Fugensätzen werde alles vor Gericht gestellt, was bisher im betreffenden Werk geschehen ist. So, als hätte Tovey Walter Benjamins gleichzeitige Einsichten über den »prozessualen Dialog« im klassischen Dramentypus für Beethoven-Fugen fruchtbar machen wollen.

Aber so meinte es Tovey nicht. Vergleichspunkt war für ihn zunächst die Einheit des Ortes. Während der Gerichtsverhandlung sind die Akteure in einem Raum versammelt. »Nichts anderes kann geschehen, und nichts anderes hat Bedeutung.« Tovey bezieht denn auch die Probleme einer weiträumig modulierenden Fuge in seinen Vergleich ein: »*The analogy of a trial may again help us to appreciate the problem of widely modulating fugue. A trial is confined to its place. For convenience of legal form the ›venue‹ may be changed, so that a mutiny on a ship in the South Seas may be alleged to have happened in Cheapside. This legal fiction is not calculated to dispel the London fogs by South Sea winds. The only kind*

of trial that can itself be an incident of travel is that in which the
explorer has earned a right to powers of summary jurisdiction. Beetho-
ven, in the finale of op. 106, is Sir Francis Drake on the Golden Hind.«
(»Die Analogie zu einem Prozeß mag uns wiederum helfen, das Problem
einer weiträumig modulierenden Fuge richtig einzuschätzen. Ein Prozeß
ist nicht von seinem Ort zu lösen. Aus formaljuristischen Gründen kann
der ›Gerichtsstand‹ geändert werden, so daß etwa eine Meuterei auf
einem Schiff in der Südsee verhandelt wird, als habe sie in Cheapside
stattgefunden. Diese Rechtsfiktion ist nicht darauf angelegt, den Londoner Nebel von Südseewinden fortblasen zu lassen. Die einzige Art von
Prozeß, die schon selbst ein Reisezwischenfall sein kann, ist die, bei der
dem Befehlshaber auf See die uneingeschränkte Rechtsprechung zuge-
kommen ist. Beethoven ist im Finale von op. 106 Sir Francis Drake an
Bord der ›Golden Hind‹.«)
Also nicht: das Gericht über die Sonate, sondern die enge, dramatische
Form der Gerichtsverhandlung fand Tovey in Fugen des späten
Beethoven ausgespielt.
Läßt sich daraus ableiten, für die Interpretation der Fuge sei weniger
philosophische Umsicht nötig als für Kopfsatz und Adagio? Gewiß, die
Argumente des Satzes stehen unzweideutig in den Noten. Die Gestalt,
die Entwicklung des Fugenthemas muß nicht erst entdeckt oder
erschlossen werden. Sie liegt offen, zumindest offener zutage! Jürgen
Uhde hat denn auch höchst übersichtlich »die thematische Entwicklung
der Fuge«, die Originalgestalt des Themas und 21 Varianten, beschrieben sowie in einer Kurve den »tonartlichen Weg der Fuge« nachge-
zeichnet (a. a. O., S. 384–464). Müssen also, grob gefragt, die vorgeschriebenen Ereignisse nur klar nacherzählt werden, im vorgeschriebenen Tempo und mit der gebotenen Deutlichkeit?
Pianisten werden bei dem »nur« wütend auflachen. Die Fuge gilt als
eines der schwersten je komponierten Klavierstücke, im richtigen
Tempo sei sie, nahezu, unausführbar. Oft schon ist über die fürchterliche
Schwierigkeit der Fuge gesprochen und geschrieben worden — viel
häufiger als über ihre strahlende Herrlichkeit, ihre im Schlußteil grandiose, donnernde, alle Einwände besiegende Brillanz.
Es stimmt also doch: In der Fuge findet ein Gerichtstag statt. Aber nicht
über die Totalität der Sonate, sondern über die Klavierkunst des Interpreten. Nur wenige Pianisten sind der Hammerklaviersonaten-Fuge
manuell gewachsen. (Man kann sie, optimistisch geschätzt, an den
Fingern jener beiden Hände abzählen, denen hier phantastische Kraft-
akte in phantastischem Tempo zugemutet werden.) Etwa die folgende

non legato-Passage (Notenbeispiel 427), die 12 Takte dauert und dann von einem Fortissimo-Baß-Einsatz des Fugenthemas weitergeführt wird, habe ich – im Konzert, auf Platten – in meinem Leben von sicherlich vierzig Pianisten gehört. Und es waren keine schlechten; nur die Größten ihres Fachs wagen sich an die größte Sonate:

Beispiel 427

Wer kann das spielen?
In fesselnd scharfem Tempo, sehr rasch, klar, durchakzentuiert und durchschaubar (von den möglicherweise statthaften, möglicherweise auch nur notlösungshaften Versuchen, die Schwierigkeiten zu umgehen mit Hilfe ruhiger Zurückhaltung oder auch bewußter majestätischer Verbreiterung, sei hier abgesehen), bemühen sich überhaupt nur Claudio Arrau, Vladimir Ashkenazy, Friedrich Gulda, Maurizio Pollini, Artur Schnabel und Solomon die Stelle zu schaffen! Allein Arrau, Ashkenazy und Gulda bewältigen sie wirklich meisterhaft. Schnabel, der das weitaus rascheste Tempo riskiert, nimmt heftige Undeutlichkeiten in Kauf; bei Solomon erlebt man ein »grau in grau« des Gelingens. Die übrigen Pianisten indessen behaupten, ganz so rasch sei es denn doch nicht nötig; es komme vielmehr auf Klarheit, Schönheit, Esprit, Größe an ...
Da war das ominöse Wort: »Klarheit«. Ein John Ogdon, ein Charles Rosen (eminent rasch!), ein Yves Nat, ein Paul Badura-Skoda, ein Wilhelm Backhaus, ein Dieter Zechlin und ein Rudolf Serkin haben, in unvergessenen Konzerten oder auf ihren Platten, zunächst einmal jenes absto-

546

ßende Tohuwabohu aus Brei und Donner vermeiden wollen und vermieden, das entsteht, wenn die Finger vor lauter Eile nicht mehr klar »denken« und präzis treffen können. Diese Interpretationen legen aber ein Fazit nahe, das der vermeintlichen interpretatorischen Problemlosigkeit des Finales widerspricht. Wie beim Kopfsatz die Formel von der motorischen Fallhöhe ein Doppeltes zu umfassen sucht, wie im Scherzo der Gegensatz zwischen Artikulations-Einzelheit und radikal freier Heftigkeit der Überwindung harrt, wie beim Adagio die Momente des Balladesken und Monologischen ineinandergefügt zu werden trachten – so ist »Klarheit« in dieser freien und expressiven Fuge nicht der Interpretations-Weisheit letzter Schluß. Wenn ein Pianist vorsichtig oder flüssig demonstriert, was der Bauherr Beethoven alles geplant und ausgeführt hat, dann büßt die Fuge viel ein. Dann schwingt ein lehrhafter Zeigefinger mit, Klavierpädagogisches spreizt sich. Was Heftigkeit sein sollte, Sieg über die bewältigte Materie, äußerste Anspannung und äußerste Fülle: das wird zur Darbietung von Musterschülerhaftigkeit, von frischäugigem Talent, von Geläufigkeitsschule, steht als Wunderkindliches im reinlichen Matrosenanzug da.

Freilich, das Gegenteil von alledem wäre auch nicht ideal. Wenn Schabel die Übersicht verliert und schmieren muß, wenn Brendel, trotz mäßigen Allegro-Tempos, weder pianistisch noch auch innerlich mitkann, wenn überforderte Pianisten entweder an allen sforzato-Vorschriften vorbeispielen, weil sie froh sind, die Noten überhaupt zu bringen und diese denn ja nicht auch noch richtig betonen können, oder wenn wieder andere, umgekehrt, aus Notentrauben einen einzigen Ton jäh entschlossen herausstechen, als ob er allein wichtig und der Rest verderblich wäre, dann steht solchen mühseligen Selbstbehauptungsversuchen zwar gewiß die erheischte »äußerste Anspannung« auf die schweißbedeckte Stirn geschrieben – aber wiederum kaum die Hammerklaviersonaten-Wahrheit.

Auch hier muß Interpretation sich genau bis an die Grenze dessen vorwagen, was mit äußerster Anspannung möglich ist. Der Pianist soll immer so viel Tempo riskieren, daß er gerade noch artikulieren kann, und er soll so souverän phrasieren, daß ihm auch ein extremes Tempo nicht den Zusammenhang zerstört.

Wer das Finale von Opus 106 auf »Nummer sicher« spielt, macht günstigstenfalls die Äußerlichkeiten einer Fuge klar. Wer das Finale von Opus 106 aber im von Beethoven befohlenen Tempo spielt (wie Schabel, der sogar rascher beginnt) – wie, annähernd, Gulda, Solomon, Ashkenazy, Arrau –, den dürfte die Anforderung des Werkes schon von selbst in kaltes oder heißes Engagement treiben. Wer sich alledem ganz entzieht, der liefert nur ein mehr oder minder schönes, interessantes Surrogat.

»Die gefürchtete Fuge hat für moderne Ohren und Virtuosenfinger viel von ihrem Schrecken verloren«, schreibt Alfred Brendel – was freilich nur sehr bedingt gilt und sicherlich nur dann, wenn man mit Brendel über Beethovens Metronomzahlen den Kopf schüttelt, »welche den Tempovorschriften so wenig angemessen sind wie der Spielbarkeit und dem Charakter der Musik«.

Der »Schrecken« scheint doch immer noch so groß, daß nur wenige Pianisten – am geistreichsten: Kempff – sich die Freiheit herausnehmen, selbst hier zu pointieren und der Vielfalt des immer neu beleuchteten Geschehens auch mit Esprit beizukommen. Immer noch ist die Angst vor »der« Fuge riesig – und selbst der wahrlich geistreiche Tovey fragte abweisend, was denn Dinge wie Witz und Urbanität, die anderswo am Platze sein mögen, mit dem Propheten Elias auf dem Berge Karmel zu schaffen hätten.

Das Fugenthema mit seinen »leiterfremden« Tönen muß den Eindruck charakteristischer Zielsicherheit, motorischer Brillanz und Energie-Fülle herstellen. Nach den riesigen Zartheiten des Adagios und den unentschiedenen Zwiespältigkeiten der Largo-Einleitung ist der Fugenbeginn – nur im großen, bewältigten Zusammenhang spürt man es – ein Augenblick beispiellos befreiter Entscheidung, Entschlußfassung, Energie-Lust.

Wenige Pianisten nehmen sich die fatale Freiheit, diesen Augenblick bloß mit halber Kraft zu bieten. John Ogdon spielt das Fugenthema so verhalten, läßt sich auch durch die lange *crescendo*-Vorschrift so wenig aus der Reserve locken, daß man seine Interpretation dahingehend deuten möchte, der Pianist wolle hier, bevor donnernde und pedalrauschende Vollgriffigkeit alle diesbezüglichen Analogien verhindert, für einen Augenblick spielerische Cembalo- oder Barock-Assoziationen herstellen. Ob nun ein solcher Einfall oder doch nur allgemeine Reserviertheit hinter Ogdons Anfang steckt: die spannungsvolle Vorbereitung und auch der Charakter dessen, was von dem ersten Fugen-Augenblick an geschieht, verweisen derartige Zurückhaltung in den Bereich unangemessener, manieristischer Effekthascherei.

Robert Riefling, dem eine bemerkenswert vitale und plastische Interpretation der Fuge gelingt, will sicherlich nicht nur geistreich sein, wenn er das Fugenthema relativ zurückhaltend vorträgt. Er läßt dabei vielmehr eine taktische Absicht, eine Steigerungsabsicht durchblicken. Aber auch das ist hier fragwürdig. Strategie, die man spürt, macht den Anfang akademisch. In der Fuge der Hammerklaviersonate muß sich zwar jeder

Pianist Steigerungsmöglichkeiten vorbehalten, aber sie dürfen nicht eine Sekunde als Energie-Rationierung erkennbar werden.

Claudio Arrau neigt gemeinhin nicht dazu, besinnungslos in einer Interpretation aufzugehen. Ein Rest demonstrativen und reservierten Gliederungswillens bleibt normalerweise spürbar während seines Spiels – man kann das, je nachdem, als Geistigkeit oder Spiritualität oder als höhere Form der Pedanterie – bezeichnen. In der Fuge der Hammerklaviersonate jedoch geht Arrau mit beeindruckendem Ingrimm aufs ganze. Das Leise kommt unverzärtelt, die Steigerungen haben klirrende Wucht, das Tempo ist sehr scharf. Und was noch bewunderungswürdiger sein mag: Arrau kann artikulieren, ohne zu opfern, er kann einen polyphonen und dynamischen Pluralismus bieten, der ans Wunderbare grenzt – ohne Verwirrung zu stiften oder die großen Linien zu unterdrücken. Am Anfang, wenn der zum Fugenthema hinzutretende Kontrapunkt noch relativ übersichtlich ist, scheint die von Arrau gebotene Totalität noch selbstverständlich.

Beispiel 428

Aber bereits hier demonstriert Arrau geisteshell und schwungvoll, worauf es ankommt! Er spielt nicht nur das Thema im Baß klar, sondern er betont (1. Takt des Beispiels 428) in der rechten Hand sowohl das sforzato, als auch das eine heftige Reibung verursachende a, vor dem auf »drei« erscheinenden b. Man hört den quasi-synkopischen Widerstand der Achtelnote a genauso deutlich wie die kräftige Bestätigung der Viertelnote b, und im nächsten Takt macht Arrau es dann mit dem fis und dem g genauso. Im letzten Takt des Beispiels 428 wird Arraus energische Gliederungskunst besonders fündig. Meisterhaft versteht er es, nicht nur wiederum dem sforzato Rechnung zu tragen, sondern gleichfalls das ges herauszumeißeln, die verminderte Septime. Diese Vielfalt ist charakteristisch für den spezifischen »Hammerklaviersonaten-Ton« – man denke an einiges im Zusammenhang mit den Notenbeispielen 410 und 411 Gesagte.

Sind Arraus Fugen-Funde selbstverständlich und keine Kunst? Nun, Barenboim oder Brendel tragen diesen Anfangsverlauf (Notenbeispiel 428) sowohl langsamer als auch viel langweiliger vor: sie fällen überdies viel durchschaubarere, einseitigere, ärmere Entscheidungen, indem Brendel hauptsächlich die Reibe-Synkope betont und Barenboim hauptsächlich die Viertelnote.

Erste große Pianisten-Anforderung ist die folgende Trillerstelle:

Beispiel 429

Wer hier, weil die Rechte sowohl trillern als auch ihre Sechzehntel-Passagen bieten muß, ein schnelles Tempo nicht produzieren oder beibehalten kann, der lasse alle Hammerklavier-Hoffnung fahren. Nicht weniger wichtig als diese Voraussetzung ist das Kunststück, währenddessen den Dezimen-Sprung der linken Hand (ein entscheidendes Konstituieren des Fugensatzes, ja des ganzen Werkes) als gespannten Zusammenhang deutlich zu machen! Arrau artikuliert das imponierend – aber nur wenige große Pianisten vermögen es ihm gleichzutun, und die meisten übrigen können es keineswegs »im Tempo«...

Wilhelm Kempff versucht, dem Satz pointierend beizukommen, ihn nicht als Kraft-Akt, sondern als Kompendium mannigfacher Gestimmtheiten, Beleuchtungs-Effekte, Temperaments-Äußerungen darzustellen. Wenn später (Notenbeispiel 430) der im Beispiel 428 zitierte Kontrapunkt in Sexten und das Fugenthema im Baß erscheint, dann läßt sich Kempff zu den Auftakt-Staccato-Punkten (Notenbeispiel 430, 3. Takt) etwas einfallen. Das heißt, er spielt sie, was kein anderer Pianist hier wagt, als beinahe schlendernde Bewegung. Wie wenn im Scherzo des großen B-Dur-Trios Opus 97 das Klavier sich schließlich auch »lässig« ins Gefecht begibt. In der Hammerklaviersonaten-Fuge (Notenbeispiel 430, 3. Takt) ist staccato vorgeschrieben. Kempff macht einen eleganten Auftakt daraus, und das *sforzato* ist bei ihm eine Art Geistesblitz, (also immer noch mehr und Richtigeres als das harmlose Allegretto, das selbst ein Alfred Brendel hier für angemessen hält:

Beispiel 430

Kempffs pointierende Kunst läßt bereits am Anfang dieser »enzyklopädisch« formen- und abwandlungsreichen Fuge das Hauptproblem hervortreten. Nämlich, um einen Ausspruch Beethovens zu zitieren, mit welchen Mitteln *die Phantasie ihr Recht behaupten* – und ein *wirklich poetisches Element* zur Anschauung gebracht werden könne.

Die Fuge ist kaum mehr als eine Pianisten- und Hörer-Folter, solange ihre verschiedenen Charaktere unenthüllt bleiben. Die Möglichkeit und Notwendigkeit charakterisierender Modifikation schließt freilich auch Versuchungen ein.

Vor allem die Versuchung, weniger aus musikalischen als aus manuellen Gründen das Tempo zu ändern. Und danach die (willkommene) Gefahr, im Anschluß an retardierende Momente nicht mehr ganz das Anfangstempo zu erreichen. Dabei versteht sich die Rückkehr zum einmal gewählten Allegro risoluto-Tempo nicht nur von selbst, sondern sie ist oft ausdrücklich komponiert.

Vor Beginn einer Ges-Dur-Episode etwa hat Beethoven nach großem *marcato*-Kraftpunkt einen *diminuendo*-Takt so harmonisch reizvoll ausgeschrieben (Notenbeispiel 431, 5. Takt), daß sich eine leichte Verzögerung, ein zarter Beleuchtungswechsel aufdrängen. Die meisten Interpreten lassen sich durchaus darauf ein. Die dann folgende Ges-Dur-Episode (sie wird später in anderen Tonarten wiederholt) hat hier einen durchaus bewußt komponierten, spielerisch eleganten, »luftigen« Charakter: auch daran lassen Hammerklaviersonaten-Interpreten keinen Zweifel. Nur: Beethoven seinerseits läßt keinen Zweifel daran, daß spätestens im 3. Takt dieser Episode (Notenbeispiel 431, 8. Takt) wieder der sforzato-Ernst des Lebens dominiert. *Crescendo*- und *sforzato*-Vorschriften konstituieren dann eben wieder die Fugen-Ordnung.

Beispiel 431

Um mit schlankem, flüssigem Spiel zu beeindrucken, befolgt selbst ein so außerordentlicher Könner wie Vladimir Ashkenazy diese *sf*-Vorschriften nicht, als stünden sie nicht da. Es fehlt Ashkenazy weder an Technik noch an Kraft, Beethovens Allegro risoluto-Vorschriften kompakt einzuhalten. Es fehlt ihm eher der Antrieb dazu. Was dieser Antrieb bewirken kann, hört man bei Arrau und bei Schnabel. Denn diese großen Beethoven-Interpreten lassen sich weder von wohlartikulierten Momenten der Zurückhaltung (die auch bei ihnen erkennbar sind) noch von Eleganz-Versuchungen dazu bestimmen, Beethovens Energie-Stöße zu ignorieren oder zu verkleinern. Arrau, der einen donnernden Stau spielt, wenn das Fugenthema vergrößert erscheint (Notenbeispiel 432, vor allem im Takt 5–7), findet immer wieder zurück zum Grundgesetz dieser Fuge, zum Allegro risoluto:

Beispiel 432

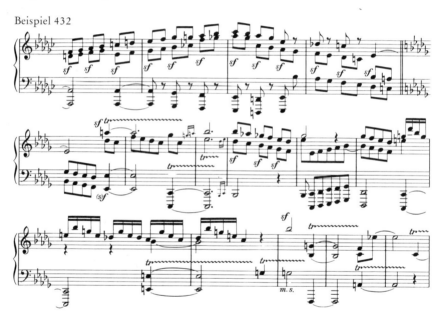

Der klirrenden Majestät eines solchen Augenblicks ist weniges vergleichbar; selbst die oft gegen das Hammerklaviersonaten-Finale ausgespielte ›Große Fuge‹ Opus 133 kennt keine kühneren Ballungen und Erfindungen. Mag sich mit der Fugenform auch der Eindruck einer kompositorischen *Rückwendung* verbinden — vom Anfang der Hammerklaviersonaten-Fuge abgesehen, holen und hören die großen Pianisten aus dem Stück viel mehr *Zukunftsmusik* heraus. Egon Petri zum Beispiel spielt diese Triller-Entfaltung (Notenbeispiel 432) mit Lisztschem Faltenwurf;

selbstbewußt, heroisierend, nicht als abstrakte Künstelei aller möglichen Umkehrungen und Reduktionen. Liszt, der die Hammerklaviersonate wohl als erster verstanden und verstehbar gemacht hat, ist keineswegs der einzige Komponist des 19. Jahrhunderts, dessen »Stil« in diesem Satz ebenso dingfest zu machen wäre wie derjenige Chopins im Adagio. Hans Richter-Haaser zum Beispiel bringt die Oktavtriller des Schlusses mit Brahmsscher Wucht, Serkin nutzt manche harmonischen Beleuchtungswechsel zum Schubertisieren aus, Yves Nat wiederum gibt Passagen und Bewegungskurven einen feurigen Schumannschen Glanz.

Nicht die zwischen Eleganz und Energie vermittelnden Episoden oder die ekstatischen Kraftpunkte stellen die eigentlich großen Orientierungspunkte dieses Satzes dar, sondern die Momente, wo Beethoven jene Tonarten-Spannungen ausbeutet, die bereits für den Kopfsatz und das Scherzo konstituierend waren. Im Fugenverlauf haben darum eine h-Moll-Episode und das später erscheinende »zweite« Thema in D-Dur eine wichtige Funktion.

In h-Moll führt Beethoven angeblich kontrapunktische Kunststücke vor, die sich fabelhaft analysieren, aber als Kunststücke, vom zuhörenden Ohr schwerlich kapieren lassen. Das Fugenthema erscheint also in Krebsgestalt, und ein melodischer neuer Kontrapunkt tritt hinzu (Notenbeispiel 433). Daß diese Episode »errechnet« sein muß, liegt auf der Hand. Nur ist es weder ein Beweis gegen noch ein Beweis für die Episode. Manche Sonatenbedenker sind freilich zu dem Schluß gekommen, Beethoven habe hier zwar Kompliziertes, aber leider keineswegs Schönes errechnet. Rosenberg (a. a. O., S. 392) fehlt die »Ungezwungenheit«. Beethovens Fugenthema weise in der Spiegelung nicht mehr die Qualität eines »Einfalls« auf. Auch Jürgen Uhde vermißt Natürlichkeit, spürt Gewaltsamkeit. Aber weil es sich um Beethoven handelt, verleiht Uhde dem Mangel zuvorkommend einen positiven Sinn: Es war ja Absicht. Beethoven *wollte* hier unattraktiv komponieren. Bei Uhde heißt es (a. a. O., S. 455): »Andererseits kommt einmal mehr Beethovens Grundformel ›Mangel wird Gewinn‹ zur Geltung, denn der Krebs will ja Negation des Themas sein, und als solche ist die merkwürdig leere Krebsform des Themas hier unübertrefflich. Auch der nun notwendige neue Kontrapunkt ist seltsam gestaltlos.«

Falls Beethoven hier tatsächlich nur Negation und Gestaltlosigkeit böte, wären die Pianisten aber sehr zu bedauern. Woher sollen im Falle sanft aufkeimender Langeweile beispielsweise die Zuhörer erschauernd wissen, daß Leere und Künstlichkeit nicht etwa ärgerlich, sondern durchaus geplant seien? Wilhelm Kempff mißtraut dem h-Moll-Satz auch. Er

Beispiel 433

macht aus gewissen Achtelnoten, die jeder andere Pianist leise antupft, Pointierungsorgien – auffällig und manieristisch (Notenbeispiel 433, im 7. Takt auf »drei«, im 8. auf »zwei«). Und er hat es sich einfallen lassen, die allmählich überhandnehmenden D-Dur-Passagen (Notenbeispiel 427, jeweils das 5. und 6. Sechzehntel) mit einem belustigenden Schleudereffekt zu spielen. Man spürt, welche Mühe sich der Künstler gibt, eine ihm sperrig vorkommende Materie irgendwie handlich und angenehm zu bieten. Und wenn das dann bei noch herberen Verläufen wirklich nicht mehr möglich ist, spielt Kempff diese Derbheiten bewußt, ja geradezu auftrumpfend häßlich aus – jemand, der schließlich sein Bestes zur Linderung des Satzes getan hat und nun ein Achselzucken kaum mehr verbergen kann...

Aber in dieser Fuge sind Pointen keine Lösungen. Alfred Brendel, Daniel Barenboim und Maurizio Pollini haben den h-Moll-Teil anders zu »retten« versucht. Nicht nur, daß sie ihn von vornherein in neuem Ton, neuer Farbe, neuem Tempo darstellen. Sondern sie deuten ihn als Entwicklung ins immer Geheimnisvollere, ja (so Barenboim) Impressionistischere. Einen Augenblick lang stellt sich fast ein Schwebezustand ein, verträumt, zart, gebunden – den erst die bewußt »non ligato« komponierten, heftig durcheinanderbrausenden Läufe beenden, mit denen (Notenbeispiel 427) alle Virtuosen dieser Welt es so entsetzlich schwer haben.

Der h-Moll-Teil mit dem rückläufigen Thema soll also nicht absichtsvoll poetisierend – und damit gewiß sentimental überfordert – beginnen, sondern sich ins immer Zartere, Leisere, Entrücktere verlieren als träumerischer Kontrast. Die sogleich wieder einsetzenden Wechselfälle polyphoner Zumutung stellen das Allegro risoluto-Klima ohnehin aufs heftigste wieder her. Strenge Interpreten, wie Solomon und Backhaus, halten auch während der h-Moll-Durchführung ihr Tempo inne — und verschenken damit einiges, weil sie nicht jene gewissen Freiheiten wagen, von denen Beethoven selber bei Fugenbeginn, wenn auch in anderem Zusammenhang, spricht: »Fuga a tre voci, con alcune licenze«.

Daß es sich trotzdem um eine nicht-romantische Fuge handelt, belegen am besten jene Momente, wo allzu empfindsame Artikulation den Verlauf plötzlich spürbar unzulässig »romantisiert« erscheinen läßt. Wird die folgende, zwischen Dur und Moll changierende, nach G-Dur kadenzierende Entwicklung relativ langsam vorgetragen, treten die jeweils ersten der vier Sechzehntel – vor allem im 2. Takt von Notenbeispiel 434 – gesanglich hervor, kommen die »leiterfremden« Töne (b, cis, es) wie dunkle Reizharmonik heraus, dann... glaubt man sich in einem Schubertschen Klavierstück. Bei Serkin tut man es an dieser Stelle:

Beispiel 434

Weil Beethoven bei dieser Entfaltung und manchem, was ihr folgt, stärkeren Wert auf die harmonischen Ergebnisse als auf lineare Selbständigkeiten, gar Rücksichtslosigkeiten gelegt zu haben scheint, kommt die Episode Barenboim entgegen. Barenboim, der übrigens keineswegs ein auffällig langsames Tempo anschlägt, möchte den Fugenkomponisten Beethoven offenbar zu allererst als Harmoniker verehren und deuten...

Wenn der letzte Satz sein ruhig-rätselhaftes zweites Thema in langsamen Vierteln entwickelt und es dann großartig mit dem Fugenthema kombiniert, können Pianisten, die imstande waren, der Beethovenschen Hammerklaviersonate und ihrer Fuge bis über alle diese Fährnisse einigermaßen Gerechtigkeit widerfahren zu lassen, ein Fazit ziehen, wie es glänzender und gewaltiger keine Beethoven-Sonate bietet. Dagegen sind die wahrlich brillanten Schlußtakte der As-Dur-Sonate Opus 110 versöhnlich harmlos, dagegen wirkt das Ende selbst der Großen Fuge durchsichtig...

Brillanz, effektsichere Steigerung, triumphale und selbstbewußte Virtuosität bewirken hier keinen Schaden, keine »Minderung« oder »Verflachung« dieser überlebensgroßen Steigerungen und tief fallenden Schatten. Wenn ein Pianist alle Noten kräftig klar und ohne mitklingende Nebentöne bringt, dann ist kraftvoll virtuose Selbstentäußerung hier durchaus statthaft. Paul Badura-Skoda hat die Vorbereitung auf ein

klirrend machtvolles *fortissimo* (Notenbeispiel 435, vorletzter Takt) als
Stretta angelegt und dabei gewiß nicht gegen den Geist der Stelle gesündigt. Badura-Skoda entwickelte regelrechte Steigerungspsychologie. Die
kantilenenartige Form des Kontrapunktes (Notenbeispiel 435, 3. Takt)
nahm er noch auffällig verlangsamt, empfindsam, durchaus *piano*. Beim
analogen Vorgang, zwei Takte später, zieht der Pianist dann mächtig
an. Wenn die Fuge während der nächsten Takte nur zweistimmig
entlangbraust, wird Badura-Skoda, wie übrigens sogar der gestrenge
Bülow erlaubt hat, exzentrisch schneller. Und wenn die Riesenspannung
dieser Energien sich dann endlich im langen *fortissimo*-Triller entlädt, ist

Beispiel 435

etwas unvergleichlich Mitreißendes passiert. Serkin, der selbst hier nicht beschleunigt, Gulda, Barenboim: bei ihnen allen wird der Flügel während der letzten drei Takte (Notenbeispiel 435) zum Ort eines donnernden, unwiderstehlichen, spirituellen und materiellen Gewitters. Arrau erzielt einen vehementen Steigerungs-Effekt, indem er den Doppeltriller langsamer ansetzt und dann erst wirbelnd ausspielt. Verglichen mit solchen »Wirkungen« ist Liszts Don-Juan-Fantaisie sozusagen beschaulich. . .

Die »Stretta« bietet noch zwei oder drei solcher orgiastischer Kraftpunkte aus Glanz und Vielstimmigkeit. Werden sie mit virtuoser Unbedenklichkeit und Effekthungrigkeit ausgespielt – selbst einen Gulda lockt der Schluß der Hammerklaviersonate aus jeder Reserve –, dann bedeutet auch die Adagio-Parodie und das Dur/Moll-Halbdunkel vor dem oktav-trillernden Aufbruch zum donnernden B-Dur-Ende keine Abschwächung mehr, keinen wirkungsvollen Einspruch, sondern nur ein wenig Dunkelheit im Spektrum fast unendlicher Energie. Die Hammerklaviersonate endet in dem äußersten *fortissimo*, mit dem sie begann. Mehr hat Beethoven dem Klavier nie mehr zugemutet und zugebilligt. Was er nach Opus 106 für Klavier komponierte, und das gilt für die drei letzten Sonaten ebenso wie für die Diabelli-Variationen, wirkt schlank und überschaubar und verbindlich: verglichen mit der Großen Sonate für das Hammerklavier.

30. SONATE

Sonate Opus 109 E-Dur (1820)

Vivace, ma non troppo – Prestissimo
Gesangvoll, mit innigster Empfindung
Andante molto cantabile ed espressivo

Maximiliane Brentano gewidmet, der Tochter von Beethovens Freunden Franz und Antonie Brentano. »Maxe« war schon einmal eine Widmung zugedacht worden. Damals klang Beethovens Widmungsbrief lustig und onkelhaft: »Für meine kleine Freundin, Maxe Brentano zu Ihrer Aufmunterung im Klavierspielen.« Sieben Jahre später schrieb Beethoven dann der Neunzehnjährigen einen herzlichen, von edlen Gefühlen überquellenden Dedikationsbrief, als er ihr Opus 109 widmete. Dem Vater gegenüber entschuldigt er sich sogar: »Ich war vorlaut, ohne anzufragen, indem ich Ihrer Nichte Maxi ein Werk von mir widmete; möchten Sie dieses als ein Zeichen meiner immerwährenden Ergebenheit für Sie und Ihre ganze Familie aufnehmen. Geben Sie aber dieser Dedikation keine üble Deutung auf irgendein Interesse oder gar auf Belohnung. Dies würde mich sehr kränken.« ...
Beethoven leistet sich den erstaunlichen Fehler, aus der Tochter eine »Nichte« zu machen. Sollte diese Verwirrung, ebenso wie der Dedikationsbrief an Maximiliane, gar die Deutung nahelegen, der zweiundfünfzigjährige Komponist habe für die hochmusikalische junge Freundin geschwärmt? Es wäre dies gewiß keine *üble Deutung*. Dann müßte auch nicht in der Schwebe bleiben, ob es sich bei den beziehungsvollen Zitaten, die aus dem ersten Satz der Sonate Opus 109 heraushörbar sind – nämlich bei dem ›Fidelio‹-Zitat (»Ich bin ja bald des Grabes Beute«, Notenbeispiel 439) und bei einem etwas vageren ›Zauberflöten‹-Zitat (»Warum bist du mit uns so spröde«, Notenbeispiel 441) –, um heiter-absichtsvolle oder um nur zufällige Anspielungen handelt.
In dieser melodieerfüllten Sonate verlangt Beethoven immer wieder *espressivo* oder *dolce*. Und der gewichtigste Satz, das Variations-Finale, soll »mit innigster Empfindung« vorgetragen werden. Folgt den Eruptionen der Hammerklaviersonate nun ein beinahe unange-

fochtenes, kaum von Herbheiten und polyphonen Kraßheiten behelligtes, lyrisches Bekenntnis? Versöhnt Opus 109 die Spannungen, die in Opus 101 noch zwischen unendlicher Melodie und heftigem Entschlossenheitskult bestanden?

Sensible Interpreten machen die E-Dur-Sonate zum Sinnbild eines immer inniger, immer sublimer, immer unumschränkter herrschenden melodischen Glückes. Selbst der streng antihermeneutische Heinrich Schenker gibt sich in seiner Analyse (Universal-Edition, Wien 1914) mild und weich, wenn er den Schluß der Sonate folgendermaßen deutet: »An Körper gleichsam schattenhafter und mit friedlich geläuterter Seele nimmt das Thema Abschied von uns und entschwebt in jenes Traumland zurück, aus dem es für eine Weile herniederstieg, um uns an seinen Wandlungen und Schicksalsprüfungen teilnehmen zu lassen.«

Kein Wunder, daß Opus 109 zu den beliebtesten, ja mehr noch, zu den meistgeliebten Sonaten des späten Beethoven gehört. Selbst das Prestissimo-Intermezzo scheint nach dem Vivace/Adagio-Anfang eher leidenschaftlich-melodisch als anarchistisch-verstörend dazwischenzufahren. Und auch die kontrapunktisch anspruchsvollen Variationen bieten keineswegs jene Orientierungsschwierigkeiten, wie sie im Finale von Opus 101, im »Allegro fugato« der Cello-Sonate Opus 102 Nr. 2 und erst recht in der Hammerklaviersonaten-Fuge zu bewältigen sind.

Jürgen Uhde hat zusammengefaßt (a.a.O., S.465 ff.), daß auch in Opus 109 die meisten Gestalten auf einer einzigen melodischen Folge basieren. Bereits im ersten Satz und darauf im Prestissimo kündige sich das Variationsthema an. Sollten die wichtigsten Motive der drei Sätze tatsächlich alle aus einer einzigen melodischen Grundgestalt abgeleitet oder ableitbar sein, so würde das nicht viel darüber besagen, wie sich diese mit Hilfe einer einzigen melodischen Reihe gewonnenen Themen und Charaktere zueinander verhalten. Philip Barford diskutiert die Möglichkeiten strukturanalytischer Erhellung von Beethoven-Sonaten in ›The Beethoven Companion‹ (London, 1971 und 1973, S. 126 ff.) Barford weist auf Einsichten von Josef Rufer, Rudolf Reti, Donald Mitchell und anderen hin; er beschäftigt sich mit der Frage der »Grundgestalten«, die er aus den letzten Sonaten überzeugend zu abstrahieren vermag, ohne doch die Prinzipien der Strukturanalyse zu verabsolutieren. (In ›Analyse und Werturteil‹, Mainz 1970, hat Carl Dalhaus sehr scharfsinnig die Tragweite, die Grenzen und den historischen Stellenwert dieser Methoden umrissen.)

Diesseits möglicher Identitäten und Grundgestalten kann in Opus 109 ein komponiertes Zweiheits-Prinzip hörbar gemacht werden. Vivace und Adagio verhalten sich im Kopfsatz kontrastierend zueinander; auch innerhalb der zweiteiligen, langsamen Variationen sind Dualismen aufspürbar. Die scheinbar dreisätzige Sonate selber bekennt sich zu verkappter Zweiteiligkeit. Denn der erste Satz und das unmittelbar folgende Prestissimo bilden eine Einheit: kein Doppelstrich trennt die beiden Stücke, wohl aber verbindet ein durchgehaltenes Pedal den letzten Akkord des Kopfsatzes mit dem Anfang des Prestissimo. Antithese zu diesem zweiteiligen Sonaten-Beginn wäre demnach die gleichfalls kontrasterfüllte Einheit der Variationen.

In seinen ›Textkritischen Untersuchungen‹ (a. a. O., S. 92) schreibt Paul Mies: »Die Klaviersonate Opus 109, Satz 1 trägt *sempre legato* schon hinter der Satzbezeichnung, dann noch in den Takten 22, 36, legato in den Takten 52, 54, 66, 69, 86, ein gutes Beispiel für Beethovens Häufung einer Bezeichnung innerhalb eines Satzes oder Werkes [...] Bezeichnungshäufung [...] ist immer ein Anzeichen für die Betonung einer bestimmten Ausdrucksssphäre.«
Sicherlich. Im ersten Satz der Sonate Opus 109 findet sich dieses gute halbe Dutzend von *legato*-Vorschriften freilich ausschließlich während der Vivace-Teile. Überhaupt kein legato ist während der Adagio-Takte vorgeschrieben, die hier für das zweite Thema einstehen. Während des Adagios hat Beethoven dafür wiederholt Staccato-Punkte gesetzt. Das Vivace schreibt mehrfach *dolce* vor – an *dolce*-Vorschriften fehlt es während der Adagio-Teile. Statt dessen mehrfach *espressivo*, was wiederum im Vivace nicht verlangt wird. Im Adagio finden sich schließlich häufig Forte-Stellen und sogar eine *fortissimo*-Steigerung. Solche Ausbrüche kennt wiederum das Vivace nicht; dynamisch ist es eher zurückhaltend ausgestattet, von einigen *sf*-Vorschriften der Durchführung abgesehen, die aber nie des Adagios *ff*-Heftigkeit erreichen.
Dieser Sachverhalt dürfte unbestreitbar sein. Warum ermöglicht er trotzdem ungemein gegensätzliche Interpretationen?
Antwort: weil er naheliegenden Erwartungshaltungen widerspricht. Unter einer melodiösen und empfindsam beredten Oberfläche hat Beethoven eine Affekt-Umkehrung vorgenommen: der schnelle Satz will gebunden, zurückhaltend und in verhaltenem dolce gespielt werden, der langsame extrovertiert, oft non-legato, voller heftiger Kontraste, rhapsodisch...

Diese Umkehrung geht vielen Pianisten so gegen den Strich, daß sie entweder das Vivace, ma non troppo nicht nur zurückhaltend nehmen, sondern auch langsam, so als bedeute *legato* stets auch *moderato*. Hans Richter-Haaser zum Beispiel, der die Verhaltenheit des Vivace-Teils und die Exaltationen des Adagios getreulich herauszubringen versucht, wählt ein derart gemäßigtes Vivace-Tempo, daß der Kontrast zwischen Vivace und Adagio nahezu unerkennbar wird.

Zu den Erwartungshaltungen und Gewohnheiten, die vom ersten Satz der Opus 109 so konsequent nicht befriedigt werden, gehört auch die Aufhebung des folgenden Junktims: wir sind gewöhnt, dynamische Steigerungen im raschen Tempo mit relativ lauten, kräftigen Steigerungen gleichzusetzen – uns aber ein crescendo im langsamen Tempo inniger, verhaltener, »ätherischer« vorzustellen. Selbst Künstler, die sonst auch Unkonventionelles wagen, halten sich an diese wahrlich nicht zwingende Regel. Sie spielen also die relativ größte Steigerung des Vivace (Notenbeispiel 441) ganz automatisch viel lauter als noch so ekstatische Ereignisse im Adagio, wo Beethoven an einer exponierten Stelle sogar *fortissimo* fordert (Notenbeispiel 436), während er am dynamischen Höhepunkt des Vivace nur *forte* (Notenbeispiel 441) verlangt. Die von manchen Interpreten mit Riesenkräften herausgepaukte Vivace-Steigerung wird nach einem *crescendo* von immerhin sechs Takten erreicht.

Denkbar leise müßte dieses crescendo ansetzen, wenn hier alles mit rechten dynamischen Dingen zugehen und nicht in einem selbstzufriedenen Bomben-Fortissimo kulminieren soll, das dann die Forte- und Fortissimo-Wendungen des Adagios in den Schatten roh und sinnlos waltender Vivace-Kräfte geraten läßt. Annie Fischer zum Beispiel donnert den Vivace-Höhepunkt heraus, als greife sie mindestens den Kopfsatz der Hammerklaviersonate an; dafür trägt sie das unmittelbar folgende, eigentlich ausdrucksvollere und lautere Adagio um so verhaltener vor. Glenn Gould hat in einem Einführungstext – und in einem Fernsehvortrag über Opus 109 – seine Bewunderung für die »Umkehrung« zum Ausdruck gebracht, die in einem Adagio-Takt stattfinde (Notenbeispiel 436, letzter Takt), der von Gould auf eine analoge Stelle des ersten Adagios bezogen und als »einmalig in Beethovens Werk« bezeichnet wird. Gould spielt das *ff* gewiß mit großer Hingebung:

Aber alle originellen Einsichten in die harmonische Kühnheit des Augenblicks haben Gould doch nicht daran gehindert, im vorhergehenden Vivace vorbehaltlos stürmisch crescendo zu spielen. Glenn Gould nimmt das Vivace nicht nur, wie vorgeschrieben, rasch, sondern auch, wie keineswegs vorgeschrieben, sehr glühend und laut. Dadurch wird das Adagio relativiert, während es doch espressiv-auftrumpfend und dynamisch vielgestaltig klingen müßte. Nicht ruhig gebunden sollen die Stimmen schreiten, sondern – wenn auch nicht manieristisch staccato – so doch zumindest detachiert, abgesetzt, deutlich isoliert. Acht Staccato-Punkte stehen hier immerhin in einem Adagio-Takt! Aber selbst ein so seriöser Pianist wie Paul Badura-Skoda versucht, diese Stelle in empfindsamem dolce herauszubringen statt in vorbehaltlos erregtem espressivo. Meist wird im ersten Satz von Opus 109 der zweite Adagio-Einsatz so abgetönt, als lasse ein ätherischer Harfenakkord mildes himmlisches Licht in geschäftige Vivace-Welten fallen. Was aber hilft eine ganze Wand voll strukturerläuternder Sekundär-Literatur, wenn im Ernstfall romantische Klischee-Vorstellungen solcher Art unsere Interpreten davon abhalten, sich und ihren Hörern klarzumachen, daß Beethoven hier dem Adagio einen objektiv größeren dynamischen Ambitus zuerkennt als dem Vivace?

Am Anfang erfüllen die meisten Interpreten immerhin dem Scheine nach Beethovens Forderungen. Das heißt, sie nehmen die einleitenden acht Vivace-Takte gar nicht recht ernst und kommen erst während des Adagios zur Sonaten-Sache. Wenn aber die *Durchführung* des Kopfmotivs – als zweiter Vivace-Teil – vorzutragen ist, wird daraus in aller und schlechter Regel der dynamische Höhepunkt des Satzes. Und der zweite große Adagio-Einspruch darf bloß noch himmlischer Kontrast sein...

Von dieser konventionellen Ausdruckshaltung haben sich Interpreten wie Wilhelm Kempff, Artur Schnabel, Friedrich Gulda und Glenn Gould einigermaßen frei gemacht; aber die konsequent adagio-expressionsgläubige Artikulation — vor allem im 1. und 2. Takt von Notenbeispiel 436 – bleibt ein Problem. Beethovens Forderung scheint allzu kühn, die Vivace-Steigerung allzu unwiderstehlich zu sein.

Dabei handelt es sich hier keineswegs um eine dynamische Marotte, der kultivierte Interpreten sich ausgleichend und vernünftig verweigern dürften. Die Sonate Opus 109 führt in ihrer Gesamtheit sowohl während des zart beginnenden und zart ausklingenden Vivace-Satzes wie auch während des still endenden Variations-Andantes den gleichen Gegensatz vor zwischen espressivo-Kraft und verhaltenem herbstlichem dolce. So lyrisch das Vivace und der Variationssatz auch anfangen und enden: während des Verlaufs wird dieser Stille dann emotionale Bewegtheit entgegengehalten.

Daß diese »Bewegtheit« im ersten Satz als Adagio-Einspruch gegen die Zartheit einer Vivace-Gestalt komponiert ist, hat ganz rückhaltlos nur Rudolf Serkin auszuspielen gewagt. Als Serkin Anfang der sechziger Jahre die Sonate Opus 109 vortrug, verwandelte er, inbrünstig und ekstatisch, die Adagio-Seitensätze in grandiose Monologe. Serkin verzauberte nichts und veredelte nichts. Forte- oder gar Fortissimo-Takte wurden zu Donnerschlägen, die dem ruhigeren und empfindsamen Vivace-Gedankengang wild dazwischenfuhren, verstörend heftig, voll unergründlich subjektiven Grimms, nachsommerspielverderberisch...

Auch Arrau gibt den Kontrast zwischen Vivace und Adagio herb wieder. Er macht ihn unübersehbar, indem er für das Vivace eine spezifische Farbe wählt: aus radikalem legato und flüssiger Verhaltenheit entsteht bei Arrau ein ganz indirekter dolce-Ton (Notenbeispiel 437). Nicht gefühllos, aber zart distanziert, nicht langsam klebrig, aber doch in äußerstem Kontrast zur üppigen, freilich selbst bei Arrau nicht hinreichend rückhaltlosen »Direktheit« des Adagio-Espressivo.

Beispiel 437

Glenn Gould und Artur Schnabel spielen aus diesem Vivace-Anfang eine unüberhörbare Vieldeutigkeits-Unruhe heraus, die zwar den Noten ohne weiteres entnommen werden kann, aber dann den übergeordneten Dualismus des Satzes ein wenig tangiert. Um die Gegensätzlichkeit zwischen Vivace und Adagio gleichwohl deutlich hervortreten zu lassen, müssen Gould und Schnabel die kontrastierenden Expressionsausbrüche des Adagios um so heftiger vortragen. Im einzelnen geht es bei dem von diesen beiden Pianisten aufgeworfenen Vieldeutigkeitsproblem um folgendes: normalerweise wird das Vivace-Motiv in der rechten Hand jambisch betont: kurz – lang, kurz – lang. Denn die erste Note ist als zu haltendes Sechzehntel notiert, die rhythmisch auffälligere, synkopisch hervorstechende zweite als punktiertes Achtel. Wenn nun Gould und Schnabel auch der ersten Note besonderen Nachdruck geben, dann machen sie das Gegenteil dessen, was hier üblich ist. Sie betonen sowohl die erste, als auch die zweite Note spürbar. Das heißt, sie artikulieren regelmäßig und gegen den Strich zugleich. Daraus hinwiederum folgt Mehrdeutigkeit. Diese während der Anfangstakte herrschende (Notenbeispiel 437, 1.–3. Takt) Doppelsinnigkeit beruhigt sich erst im dritten und vierten Takt, wenn zwei Terzen als Oberstimme kadenzierend den Vordersatz des Themas abschließen.

Gould und Schnabel lassen mithin bereits während der allerersten Anfangstakte einen Kontrast zwischen rhythmischer Vieldeutigkeit und kadenzierender Eindeutigkeit hörbar werden. Fraglich bei alledem ist nur eben, ob der erzielte Effekt den manierierten Betonungspluralismus auch rechtfertigt. Ein allen geistvollen oder romantischen Betonungsfinessen so wenig abgeneigter Pianist wie Alfred Cortot spielt hier nur die kadenzierende Wirkung der in ruhigen Viertelnoten erscheinenden Terzen aus, ohne die lebhaft eindeutige Anfangsbewegung vorher pretiöser Vieldeutigkeit geopfert zu haben.

Aber lassen wir das auch von Schenker (a. a. O., S. 26) behandelte Problem des unruhigen Anfangs getrost auf sich beruhen: der große Kontrast, der eigentliche »Sinn« des Satzes ist unter Arraus, Schnabels, Kempffs, Cortots, Guldas und Goulds Händen immer ziemlich der gleiche: empfindsam süße *(dolce)* Verhaltenheit des Vivace korrespondiert dem stürmisch akzentuierten, ausdrucksvollen *(espressivo)*, von Akzenten und jähen Wechseln durchfurchten Adagio.

In dieses Kontrastprogramm hat nun Beethoven – falls es dem alten Komponisten mit der jungen »Maxe« heiter-ernst gewesen sein sollte – zwei höchst beziehungsvolle Anspielungen hineingeheimnißt. So tief hineingeheimnißt, daß sie meines Wissens noch nie herausgelesen wurden.

Beim ›Fidelio‹-Zitat dürfte es sich um keinen Zufall, um keine nichtssagende, nicht-beabsichtigte Übereinstimmung handeln. Schließlich kannte kein Mensch auf der Welt den ›Fidelio‹ besser als der Autor von Opus 109, schließlich hatte Beethoven sich noch um 1814 mit der Herstellung der endgültigen 3. Fassung herumgequält. Im Fidelio aber singt im Terzett, der 5. Nummer des 1. Aktes, Rocco sein »Ich bin ja bald des Grabes Beute« so:

Beispiel 438

Diese Melodie und diese Worte im Ohr, kann man schwerlich die entsprechende Anspielung überhören, wenn es im ersten Satz von Opus 109 an die Adresse der Widmungsträgerin Maximiliane von Brentano heißt:

Beispiel 439

Während der für die Information entscheidenden ersten vier Töne – b, b, as, ges bei Rocco; dis, dis, cis, h in der Sonate – ist die melodische und rhythmische Übereinstimmung vollkommen. Und die geringfügigen Unterschiede während der Weiterführung sind gleichgültig, verglichen mit der charakteristischen Gesamtkurve des um eine Sexte absinkenden Verlaufs. Daniel Barenboim, der sowohl Beethovens legato-Vorschrift als auch das *crescendo* behutsam ausspielt, hebt den Zusammenhang jedenfalls so überdeutlich heraus, als wolle er das Zitat wie eine Visitenkarte auf einer Silberschüssel darbieten. Ja, Barenboim und außer ihm auch Claudio Arrau, Glenn Gould, Daniel Wayenberg spielen schon die unmittelbar vorhergehende legato-Phrase der linken Hand (unbewußt, der Logik des Melodie-Ablaufs folgend?) so eindeutig zu Roccos sentimentaler Feststellung hin, daß Maximiliane nicht zweifeln könnte, wenn sie den ›Fidelio‹ kennte.

Weniger plausibel mag die ›Zauberflöten‹-Anspielung sein. Beethoven liebte die ›Zauberflöte‹, er hat Variationszyklen über Melodien dieser Oper komponiert. Im Quintett des 2. Aktes singen die drei Damen zu Tamino: »Warum bist du mit uns so spröde?«

Beispiel 440

Wird der erste Satz von Opus 109 so leicht und flüssig phrasiert, wie von Paul Badura-Skoda, dann stellt sich eine auffällige Analogie her zwischen den kadenzierenden Bewegungen (und den dazugehörigen harmonischen Veränderungen) der 1. Dame und Beethovens Tenormelodie am Ende der Durchführung. Die erste ›Zauberflöten‹-Dame singt fünfmal nacheinander im G-Dur-Kontext den Ton d, dann führt sie einen Halbtonschritt zum cis aus, darauf einen Quint-Sprung hinauf zum g, wonach sie rasch mit der neuen Tonika-Terz fis-d schließt. Beethovens Tenorstimme im sehr durchsichtig geführten Satz läßt zunächst im E-Dur-Kontext den Quint-Ton h dominieren (trotz des fis, das nicht ins

Bild paßt, aber auch nicht allzu deutlich hörbar wird). Dann sinkt die Tenorstimme analog um eine halbe Stufe zum ais, macht analog einen Quint-Sprung hinauf zum e' und schließt rasch mit der neuen Tonika-Terz dis-h. (Es handelt sich um den 6., 7. und die erste Hälfte des 8. Taktes aus dem Notenbeispiel 441.) Vor allem der charakteristische Schluß legt hier die Mozart-Assoziation nahe. Oder handelt es sich nur um eine Allerweltsphrase? Ich möchte meine Antwort auf diese Frage keinem Leser aufdrängen. Im Zusammenhang mit dem ›Fidelio‹-Zitat scheint mir diese Beziehung naheliegend. Wer sich die Mühe macht, die beiden Zitate zu vergleichen, wird eine verschmitzte Absicht zumindest nicht ausschließen können...

Beispiel 441

Den ätherischen, zarten und empfindsamen Schluß dieses Vivace/Adagio-Satzes spielen gerade manche ältere Pianisten besonders schön. Statt selbstzufriedener Demonstration fabelhafter Anschlagskunst kommt eine Nuance des Durchbrochenen oder Gebrochenen, des – wenn man so will – Lispelnden und Fernen hinzu, etwa bei der alten Elly Ney.

Im Gegensatz zur Hammerklaviersonate hat Beethoven für Opus 109, glücklicherweise, keine Metronom-Zahlen gegeben. Sondern nur die üblichen, oft vieldeutigen, interpretierbaren und der Interpretation bedürftigen Tempo-Bezeichnungen. Die Tempo-Bezeichnung für den nun folgenden Satz ist allerdings nicht vieldeutig. Denn Beethovens Angabe »Prestissimo« läuft zwar auf keine bestimmte Schnelligkeit hinaus (Czerny schlägt ♩. = 80 vor; der brillante Jacob Lateiner beginnt den Satz sogar noch ein bißchen rascher), wohl aber in eine ganz bestimmte extreme Richtung: Alleräußerste Geschwindigkeit! So rasch, so rasend und schnell wie überhaupt möglich. Wird auch nur die geringste Reserve fühlbar, kommt es, positiv gesagt, auch nur zur Andeutung wohlverwalteten Überschusses (»Herr X. könnte es offensichtlich bestimmt noch rascher, wenn er nur wollte«), dann ist die Extrem-Forderung verletzt. Herr X. *soll wollen!* Ein technisch weniger versierter Pianist, der hier spürbar sein Äußerstes zu geben wagt, spielt den Satz immer noch »richtiger« als ein Super-Virtuose, der das Prestissimo zwar objektiv rascher bewältigt, aber dabei eben doch den Höreindruck steigerbarer Souveränität erzielt. Genau dies will der Prestissimo-Superlativ ausschließen! Der Beethovenschen Extrem-Forderung unterwirft sich bedingungsbesinnungslos nur ein einziger Pianist: Glenn Gould. Er jagt rascher als irgend jemand sonst durch die 177 Prestissimo-Takte, die er in knapp zwei Minuten bewältigt. Prestissimo ist bei Gould trotz aller Raserei kein mechanisches Herunterklappern von Etüdenläufen. Gould nimmt in Kauf, daß ihm viele piano-Kontraste als Forte-Bewegungen herauskommen, sein übergeordnetes Ziel ist: den Geist eines gehetzten, gezackten, rasenden Verlaufs zu vermitteln. Glenn Gould bleibt auch der kontrapunktischen Pointe des Satzes nichts schuldig: die Baß-Linie der ersten vier Takte (Notenbeispiel 442, Takt 1–4, links) meißelt er so deutlich heraus, daß man dieses Motiv als melodische wie rhythmische Einheit wiedererkennt, wenn es in der Mitte des Prestissimo als Durchführungs-Melodie und Objekt vielfältiger Kombinationen wiederkehrt. Das Prestissimo hebt folgendermaßen an:

Beispiel 442

In der Mitte des Satzes gerät die Baß-Linie dann in ein kontrapunktisches Spiegelkabinett:

Beispiel 443

Offenbar schwebte Beethoven kein unerbittlich starr durchgehaltenes Prestissimo-Extrem vor. Sonst hätte er nicht am Ende mehrerer *espressivo*-Stellen *a tempo* verlangt, was den Rückschluß nahelegt, daß während sehr schneller Sätze *espressivo* auch als Verlangsamung gelesen werden darf. In prestissimo-hektischer Interpretations-Rage nimmt Gould sich wenig Zeit für retardierende Momente. Aber er stürmt doch zu nervös, zu expressiv, zu absichtsvoll hysterisch durch den Satz, als daß er ihn einer Stromlinien-Motorik auslieferte, die hier nicht etwa höchste Spannung bewirken, sondern in die Langeweile geistloser Fleißarbeit umschlagen würde. Eventuelle Ritardandi deutet Gould als ein gewisses Zögern auf dem jeweils letzten Akkord der Espressivo-Intermezzi an — was diese Intermezzi zu erkennbaren Formteilen macht und die folgenden *a tempo*-Vorschriften motiviert. Der außerordentliche Erregungsgrad einer außerordentlichen Interpretation eines außerordentlichen Satzes führt dazu, daß Gould Echo-Wirkungen, *pp*-Effekte und leise Entwicklungen offenbar gar nicht pointieren will, auch wo er es vielleicht könnte. Falsche Töne braucht Gould übrigens nicht in Kauf zu nehmen, selbst bei den schwierigsten Stellen nicht. Doch den Ausfall kleiner piano-Kontraste akzeptiert er um seines Schwunges willen offenbar ohne weiteres — nur während des magisch zarten Mittelteils wird auch er (stellvertretend sozusagen für alles sonst überrollte Leise) relativ ruhiger.

Alles in allem beschwört Gould den exzentrischen Charakter dieses Satzes. Die Musik gerät ihm hier zum herben Spuk, zur archaisierenden Furioso-Gewalttat. Wie niemand sonst trachtet Gould in diesem Prestissimo nach dem Äußersten. Er wagt zu zeigen, was *prestissimo* beim späten Beethoven heißen und bedeuten kann — und läßt bedauern, daß es von ihm keine Interpretation wenigstens des Scherzos der Hammerklaviersonate gibt.

Was Gould »opfert« an dynamischen Abstufungen und melancholischen Pointierungen, das haben alle diejenigen »gerettet«, die lieber etwas vorsichtiger an den Satz herangingen, sich lieber auf Einzelheiten konzentrierten als auf die generelle Tempo-Forderung. *Prestissimo* nur als Tempo-Extrem auszulegen, so könnte eingewandt werden, das sei bereits selber eine extreme Auslegung. Auch ein Prestissimo dürfe nicht aus dem ästhetischen und stilistischen Zusammenhang entlassen werden, der um 1820 wahrscheinlich als selbstverständliche Kunst-Voraussetzung gegeben war.

An Möglichkeiten, höchste Eile darzustellen, ohne äußerste Raserei zu bieten, fehlt es gewiß nicht. Alfred Brendel findet in seiner frühen Einspielung des Satzes dafür zwei Wege: er spielte die Mittelstimme (Notenbeispiel 442, Takt 9–15) nicht neutral huschend, sondern jedesmal selbständig, mit akzentuierendem aufregendem Crescendo, so daß sie keine Füllstimmen mehr sind, sondern Ausdrucksträger. Und bei den *a tempo*-Stellen legt Brendel nicht gleich sehr rasch los, sondern er spielt ein allmählich in Prestissimo-Bewegung geratendes Anschwellen: der Effekt ist beunruhigend und faszinierend zugleich.

Kempff nimmt die kurzen Schlüsse wirklich kurz, statt sie im Pedal weiterklingen zu lassen: so verleiht er dem Satz etwas Abgerissenes, Gejagtes, obwohl er nur ein mittleres Prestissimo-Tempo (contradictio in adjecto?) wählt. Mit bewunderungswürdiger Sensibilität arbeitet Kempff nicht nur die vielen regelmäßigen Kontrapunkte und Umkehrungen heraus, sondern auch eine bemerkenswerte Abweichung. Daß die Baßbewegung – gespiegelt, dabei aber geheimnisvoll verzerrt, auch h, c, d, f, dis (!) – lauten kann (Notenbeispiel 443, 1.–4. Takt), daraus hat niemand außer Kempff ein wunderbares melodisches Ereignis zu machen gewußt... Interpreten wie der hier doch allzu langsame Arrau wollen dem von Beethoven mit phantastischer kontrapunktischer Meisterschaft komponierten Satz anscheinend nicht das *Phantastische* entreißen, sondern das *Meisterhafte*, das Gebändigte, das mächtig Archaische, das melancholisch Versonnene selbst der fliehenden Bewegung. Friedrich Gulda betont gleichfalls mehr das »Gesetz« dieses Prestissimo als dessen rasend rasche Entfaltung.

Schon während der ersten Takte (zumal im Takt 3 des Notenbeispiels 442) muß sich ein Interpret entscheiden, ob er regelmäßig die jeweilige »eins« donnernd und *ben marcato* akzentuieren oder ob er, wie Alfred Cortot es tat, überraschend den höchsten Ton der Melodielinie ausdrucksvoll pointieren soll: im 3. Takt des Notenbeispiels 442 also das auf »vier« erscheinende hohe g statt des im 4. Takt auf »eins« logischerweise zu betonenden e.

Artur Schnabel beginnt den Satz vehement, furios. Er beendet ihn auch so. Aber im Mittelteil zieht sich Schnabel nicht auf ein konventionell verhaltenes Etwas-langsamer-Werden zurück – weil *sul una corda* vorgeschrieben ist, weil die Musik immer leiser werden soll und die »sempre più piano«-Kultur da sogar in einer Fermate (Notenbeispiel 443, Entwicklung vom 1. bis zum 8. Takt) kulminiert. Sondern wie beim

Prestissimo geht Schnabel auch beim Langsamer-Werden aufs Ganze. Bei ihm erstarrt die Mitte. Riesen-Ritardando, Verdämmern, Schlaf. Dieter Zechlin wagt zwar dieses demonstrative, exzentrische Langsamer-Werden. Aber bei Zechlin ist es nur Reaktion auf ein konventionelles Prestissimo, nicht auf ein wild aggressives, spannungserfülltes Tempo wie bei Schnabel – und darum als Kontrast längst nicht so beeindruckend, so legitim. Schnabel übertreibt den Gegensatz, nimmt die im *prestissimo* beschlossene Aufforderung zur Übertreibung an, vermeidet, was hier tödlich wäre: die brave mittlere Lösung.

Gesangvoll, mit innigster Empfindung. Nichts entwaffnet im Bereich der Kunst den Beschreibenden, den Interpreten und gar den Interpretations-Interpreten so sehr wie ruhige Schönheit. Exzentrisches, Werdendes, Dramatisches, Kontrastreiches, Absichtsvolles: Prozesse, denen man nachgehen, die man nachfühlen und deren einzelne Phasen man in der Zeit entfalten kann – das alles läßt sich mehr oder minder angemessen beschreiben. Spannungsvolle, dialektisch organisierte, »logische« Kunstgebilde oder Musiksätze sind Objekte, denen sich Wahrheiten, Zusammenhänge oder Thesen durchaus entreißen lassen. Das ist eine Frage des Talents, der (Vor-)Bildung, der Methodik, des Fleißes und sogar des glücklichen Einfalls, wobei gegenüber allem Methodenstreit durchaus auch an T. S. Eliots maliziöse Bemerkung erinnert werden darf, der zufolge die einzige wirklich unfehlbare Methode darin besteht, sehr intelligent zu sein.

Aber die Herausforderung durch das Schöne? Durch namenlos Ruhiges, Erfülltes, Beglückendes? Gewiß, auch dieser Variationssatz über ein Thema, das in charakteristisch verschiedener Weise entfaltet wird und dann wiederkehrt, hat etwas von der »Geschichte« einer Melodie. Die ganze Sonate läßt sich sogar als Roman eines zarten, innigen und melodischen »Ich« verstehen, das seinen Weg durch Kontraste aller Art sucht und auch im abschließenden Variationssatz einem expressiven Dualismus ausgesetzt scheint.

Wilhelm Backhaus pflegte den Satz so zart und unendlich lang ausklingen zu lassen, daß sich der Unterschied zwischen der schließlich erreichten melodischen Erfüllung und Stille verwischte – sogar seine Schallplatten-Einspielung bewahrt diese Verklärung einer Gestalt ins Nicht-Hörbare auf. Rudolf Serkin spielte das Thema gleich am Anfang wie erfüllt von innigem Glück, seliger Gewißheit: da blieb dann den einzelnen Variationen kaum mehr übrig, als es in Ausdruckscharaktere zu zerlegen, die man alle schon zu Beginn hatte ahnen dürfen. Wenn die Melodie am Schluß noch einmal erscheint, trägt Serkin sie ganz ruhig vor, fast unbeweglich. Man weiß ja, was sie enthält. Sie bedarf keiner Verklärung mehr. Wieder andere Interpreten lassen das Thema anfangs wie ein unbeschriebenes Blatt erscheinen, um es dann von Variation zu Variation zu bereichern und am Ende heiligzusprechen ... Solche durchaus aufspürbaren und umschreibbaren Unterschiede beziehen sich aber auf Romane *über* eine schöne Melodie, eine Glücksgestalt: nicht so sehr auf das schöne Thema selbst ...

Konkreter ausgedrückt: die »Logik«, die ein Pianist in den Verlauf der Variationen, ja auch nur in die Aufstellung und Artikulation des Themas bringt, ist wichtig und wohl auch beschreibbar. Aber in einem so einsam *schönen* – um das Wort ein letztes Mal zu wiederholen – Variations-Andante ist sie nicht die entscheidende Qualität. Innigkeit, beseelte Melodie-Gebung, ruhige und atmende und zurückhaltende (um Himmels willen nicht: trivial überdeutliche, unbedrohte, gefühlvoll siegessichere) Artikulation sind hier mehr wert. Aller Richtigkeit und Genauigkeit und logischen Plausibilität kommt hier ein anderer Stellenwert zu als in Musikstücken, wo Wahrheit beinahe zusammenfällt mit dramatischer Folgerichtigkeit.

Jakob Lateiner, beispielsweise, der eminente Techniker und sorgfältige Interpret später Beethoven-Sonaten, bewältigt das Final-Thema von Opus 109 ausdrucksvoll und vorschriftsgerecht. Aber es erklingt überdeutlich, geheimnislos, wohlerzogen – und darum doch unerheblich, wohllautend-platt-korrekt. Wilhelm Kempff hingegen stellt sowohl in seiner letzten Schallplatten-Einspielung des Werkes als auch in seiner vorletzten aus den fünfziger Jahren jedesmal den Ton und die Qualität des »Poetischen« her. Dabei ließe sich zeigen, daß Kempff die Variationsmelodie in den fünfziger Jahren gegen Beethovens Vorschrift spielte. Die Variationsmelodie geht nämlich (Notenbeispiel 444, Takt 1–8), wie schon oft festgestellt wurde, im 1., 3., 5. und 7. Takt jeweils bei »zwei« aufs e. Diese Melodie könnte während der ersten acht Takte in zwei Hälften auseinanderbrechen, weil »die Harmonien in den Takten 1–8 die Wendung zur Dominante zweimal nehmen«. Um dieses Auseinanderbrechen zu verhindern, hat Beethoven absichtsvoll den 4. und 5. Takt verbunden, und zwar durch ein *crescendo*-Zeichen, das »geistige Verkettung ... erzwingt«.

Es scheint also angezeigt, die ersten beiden Takte des Themas ausgesprochen *mezza voce* zu interpretieren, dann aber aufs crescendo sowie auf den 4. *und* 5. Takt zu zielen, damit die erwünschte Einheit Gestalt werde. Das heißt: leise beginnen, beim zweiten Ansatz (in Takt drei) etwas lauter werden, nicht nur die Einzelheiten erfüllen, sondern die ganze Gestalt. Jakob Lateiner macht es so, spielt das crescendo geradezu heroisch aus – und trotzdem bleibt die »innigste Empfindung« auf der Strecke. Was Kempff in seiner früheren Einspielung tut, ist verglichen mit Lateiners wohllautender Korrektheit, offenkundig »falsch«. Kempff beginnt durchsichtiger, neutraler. Man begreift die reinen Bewegungen, vor allem der Sopran-Melodie und des Basses, der vor sich hinschreitet, als gehöre er eigentlich gar nicht dazu. Doch bei Takt drei wird Kempff nicht, wie logisch erforderlich, lauter – sondern leiser. Es ist, als traue die Melodie sich gar nicht ins H-Dur des vierten Taktes, der hier nur ganz verhaltenes Echo bleibt. Es ist, als mache sich das Thema zart unentschlossen auf seinen modulatorischen Weg. So baut Kempff die ersten acht Takte auf. Nun kann man dem Künstler dabei hundertmal falsches Verhalten im Notenverkehr vorwerfen. Das ändert nichts am Effekt. Indem Kempff sich zu der Melodie phantasievoll verhält, indem er sie nicht als direkten Modulations-Plan nachbetet, sondern aus Kontrasten und Einfällen entstehen läßt, stellt er »mit innigster Empfindung« ein Klima her, ein Faszinosum. Und das ist während solcher Andante-Wunder wichtiger als alle Schulmeisterei. Kempff selbst spielte die Sonate ein Jahrzehnt später übrigens wieder ein: und dann wohl tatsächlich korrekter. Wieder produzierte Kempff zart beschwingtes, lyrisches Glück. Aber schöner ist die (im Dynamischen) textnähere Aufnahme gewiß nicht. Entscheidend: mehr als Korrektheit macht manchmal der Ton die Musik, die Stärke der Meditation, die Fähigkeit eines Pianisten, sich selbst zuzuhören, reine Harmonien wirken zu lassen... Dann erst beginnen in einem großen langsamen Satz die Auffassungsunterschiede zu »zählen«.

Während seiner gleißendsten Augenblicke weitet sich das Variations-Andante aus Opus 109 zu einem – etwas erhaben formuliert – lyrischen Mysterium. Dem ist mit sonorer Richtigkeit gewiß genauso wenig beizukommen wie mit vorsätzlichem Edelmut, also mit jenem passiv gepflegten Anschlag, der sich gleichsam von der Bedeutung dieser Musik hat einschüchtern lassen und nun eben nur »erhaben« klingt, aber vor kleinlauter oder auch majestätischer Devotion die Fülle der Gegensätze und Charaktere verfehlt, verrät. Die bedeutendsten Interpretationen des Finales der E-Dur-Sonate haben sich dem Kontrast-Reichtum der einzelnen Variationen immer rückhaltlos gestellt. Das ist natürlich keine Frage der »absoluten« Tempi: aber abgesehen von Kempff rücken alle bedeutungsschweren Interpretationen dieses Andante doch ins sehr Ruhige. Sie verstehen es als Andante religioso, choralhaft, wie ein verkapptes Adagio. Arrau, Barenboim, Backhaus, Schnabel, der extrem starre Stephen Bishop: sie alle bewegen sich an der äußersten Langsamkeitsgrenze. Und zwar offensichtlich auch um der Variationskontrastbreite willen, also um der Möglichkeit willen, schon die 1. Variation – *molto espressivo* – ein wenig bewegter herausbringen zu können.

Nun legen die Vorschläge und Koloraturen dieser 1. Variation tatsächlich die Assoziation einer ätherischen »Gesangs-Szene« nahe – und die schein-triviale (walzer- oder leierkastenhafte) Begleitung bekräftigt diese keineswegs despektierliche Assoziation. *Molto espressivo* ist hier gewiß nicht nur »von außen« gefordert, sondern steckt tief im kunstvoll differenzierten und verzierten Ablauf dieser 16 Takte. Wo aber steht geschrieben, daß *molto espressivo* unbedingt auf Verlangsamung hinauslaufen müsse?

Romain Rolland hat darauf hingewiesen, daß die Melodiebildung zu Beginn des zweiten Themen-Teils mit einer Sequenz aus dem Eröffnungsgesang des Liederkreises ›An die ferne Geliebte‹ übereinstimme. Das Thema des Variations-Satzes aus Opus 109 lautet:

Beispiel 444

Für den Vergleich mit dem ersten Gesang aus dem Liederkreis kommt es auf die Takte 9–11 des Beispiels 444 an, sie entsprechen den Takten 1–3 aus dem nun folgenden Liederkreiszitat:

Beispiel 445

land, nach den fer - nen Trif - ten se - hend, wo ich dich, Ge - lieb - te,

fand. *Ausdrucksvoll*   Weit bin ich von dir ge -

espress.   *dim.*

Diese Analogie wäre nicht übermäßig belangvoll, wenn sie sich nicht merkwürdigerweise mit einer weiteren verknüpfte: die Takte 5 und 6 des Beispiels 445 enthalten ähnliche *espressivo*-Vorschläge (in der Klavierbegleitung des Liedes), wie sie auch in der 1. Variation aus Opus 109 eine Rolle spielen (Takt 1, 3, 5 des Beispiels 446).

Beispiel 446

Beim Vergleich zwischen Sonate und Lied fällt auch ins unbewaffnete Auge, um wieviel reicher und subtiler Beethoven das Sonatenthema durchgearbeitet hat. (Das Lied soll übrigens »Ziemlich langsam und mit Ausdruck« vorgetragen werden.) Deuten der auskomponierte Reichtum des Variationsthemas und die durch nichts abgeschwächte Forderung, ihn auszuschöpfen, nicht gleichfalls auf ein recht zurückhaltendes, vielleicht sogar getragenes Tempo? Große Beethoven-Interpreten unseres Jahrhunderts haben sich, wie gesagt, dafür entschieden: *Getragenes Tempo und möglichst große Kontraste.* Wenn etwa am Schluß der ersten Variation eine *mezza voce*-Gestalt erscheint, dann bietet Schnabel diese Variante bereits als deutlichen Gegensatz innerhalb der Variation selber dar:

Auch die zweite Variation besteht aus Kontrasten. Den Anfang hat Beethoven folgendermaßen notiert:

Beispiel 448

Diese Takte, die graziös und raffiniert zugleich klingen, sind auf mannigfache Weise interpretierbar. Glenn Gould hat sie gespielt, als handele es sich um fliegende Sechzehntel-Punkte, die sich zu einer einzigen Linie oder Stimme verbinden, welche das Thema verbirgt. Das heißt, er hat die wechselhafte Aufteilung verschiedener Zweier-Folgen in den beiden Händen nicht berücksichtigt. Arrau wiederum führt die linke Hand, die ja immer auch auf »eins« erscheint, als Haupt-Linie vor, was sehr logisch, aber auch ein wenig simpel klingt. Gulda zupft ein entzükkend pointiertes Nebeneinander zweier Linien aus dem Flügel. Schnabel betont mit allmählich wachsender Kraft das Neben- und Gegeneinander einer kunstvoll aufgelösten doppelten Linien-Führung. Dieter Zechlin schließlich verwandelt die Sechzehntel förmlich in ein Vexierspiel, ein Rebus: was »eins«, was der »Melodieton« ist, wo man sich im auf und ab der Linien gerade befindet – dies alles weiß der Künstler brillant und ohne Gewaltsamkeit zu verbergen.

Dafür, daß diese Variationen in ihrem zweiten Teil auf größere dynamische Spannungen angelegt sind, gibt es einen sehr schlichten Beweis: die rasche 3. Variation, eine Art Invention im doppelten Kontrapunkt, bietet in ihrer zweiten Hälfte plötzlich Oktaven auf, die weniger aus der Struktur dieser Variation als aus der übergeordneten Kontrast-Tendenz erklärbar sind. Die einzige objektiv nachprüfbare Tempo-Vorschrift des Satzes bezieht sich auf eine Relation. Sie steht über der 4. Variation und lautet: »etwas langsamer als das Thema«. Arrau, Barenboim und Schnabel gehen der verlangten Langsamkeit nicht nur intensiv nach, sondern steigern sie beim *sempre pp* zu Beginn des zweiten Teils. Das Ergebnis ist ungeheuerlich: was friedlich begann, wird kaum mehr verhülltes Ausdrucks-Extrem (Notenbeispiel 449, 1. Takt) und dann gewalttätigster Ausbruch:

Beispiel 449

Im Manuskript, von dem die Originalausgabe abweicht, zählte Beethoven nur die Variationen 1–4. Statt weiterer Numerierungen, wie sie unsere heutigen Ausgaben in Übereinstimmung mit der Originalausgabe bringen, waren nur die Tempo-Angaben mitgeteilt. Daraus ist zu schließen, daß Beethoven den Verlauf des Satzes nach der 4. Variation nicht mehr »nur« als Variations-Folge verstanden wissen wollte, sondern als Gesamtes. Offenbar als Vorbereitung der allerletzten Steigerung und des danach verklingenden Schlusses. Man kann das bereits der 5. Variation entnehmen, zumal wenn Glenn Gould am Flügel sitzt. Auch in der 5. Variation sind ja die Wiederholungen auskomponiert. Aber: die auskomponierte Wiederholung des zweiten Teils der 5. Variation läuft, im Gegensatz zu allen bisherigen Variationen, gerade nicht auf eine Verstärkung der dynamischen Kontraste hinaus, sondern auf eine Zurücknahme, auf kontinuierliches Leise-Werden und Leise-Bleiben! Glenn Gould, der die vorherigen Variationen sehr rasch absolviert hat und der auch das zunächst immer fesselnder von der Terz über die Sext bis zur Oktave sich ausweitende Anfangsintervall der kontrapunktischen 5. Variation mit klarer und rauschender Brillanz vorträgt, macht nun diese plötzliche Rücknahme der Stärke, dieses in die 6. Variation hineinreichende, retardierende Moment vor Beginn der allerletzten Riesensteigerung, zur sentimentalisch empfindsamen, rubatohaften Reduktion, zum sensualistischen Verwelken polyphoner Dynamik.

Beispiel 450.

Die Ruhe dieses Augenblicks, jeder fühlt es, und der Pianist weiß es, ist Ruhe vor dem Trillersturm, der sich nun langsam, aber langewährend erhebt. Glenn Gould hat die Verlangsamung schon ins Ende der polyphonen Variation hineingeholt. Kempff deutet mit Hilfe eines Ritardandos (Notenbeispiel 450, im vorletzten Takt) gleichsam die Angst der Musik vor ihrer nächsten Zukunft an.

Nicht nur die Angst der Musik. Wenn die Pianisten ernst nehmen würden, was Beethoven ihnen auferlegt am Ende der Sonate, dann wäre Opus 109 kaum die meistgespielte späte Sonate. Gewiß: der erste Satz bietet keine großen technischen Probleme, und das Prestissimo, falls man es nicht als solches spielt, sondern als e-Moll-Allegretto, ist auch, ebenso wie die ersten vier Variationen, zu bewältigen. Aber in der 5. Variation hört die Griff-Gemütlichkeit auf. Und bevor in der 6. das Thema zur Ruhe gehen darf, mutet Beethoven ihm – und dem Ausführenden – eine

578

beispiellose Überspannung zu. Es geht ja nicht nur darum, daß die rechte Hand etwas trillert, während weit darüber die Melodie erscheint und darunter Passagen ihr Wesen treiben. Ihrer Anlage, ihrem harmonischen Reichtum, ihren chromatischen Melodie-Umschreibungen und überhaupt ihrer inneren Dynamik nach ist die Trillerstelle am Schluß von Opus 109 wohl die mächtigste Trillerballung in Beethovens gesamtem Klavierwerk. Als funkelnd dissonanter Kraftausbruch geht der Schluß von Opus 109 weit hinaus über die Pianissimo-Triller aus den Schlußsätzen von Opus 53 und Opus 111 – und man übertreibt nur wenig, wenn man die letzten Seiten der E-Dur-Sonate sogar den Klangorgien eines Oliver Messiaen ähnlicher findet als dem Prestissimo der Waldstein-Sonate oder dem absichtsvoll schlichten Trillerschluß der Arietta aus Opus 111.

Die ganze, riesige Trillerstelle am Schluß von Opus 109 soll ja im Forte ertönen – und zwar in einem Forte, das durchaus Ekstase meint. Angenommen, die Zweiunddreißigstel-Passagen der linken Hand stünden allein – es sind Beethovensche Zweiunddreißigstel im Forte –, dann würde kein zurechnungsfähiger Pianist auf die Idee kommen, dergleichen wie murmelnde Läufchen zu spielen. Sondern die Passagen erklängen laut, genau akzentuiert, das jeweils erste von vier Zweiunddreißigsteln wäre betont und die Bewegung erregt. Aber es ist ja viel mehr vorgeschrieben! Über den Passagen steht ein kräftiger Triller. Er soll *stets* im Forte herauskommen und auch dann nicht leiser werden, wenn die harmonischen Verhältnisse überschaubarer scheinen. Beethoven hat ein »diminuendo« sehr wohl vorgesehen und eingezeichnet – nur eben erst ganz zum Schluß! Über raschen Passagen und einem heftig hörbaren, verwirrenden Triller müssen sich dann die Leuchtpunkte einer Forte-Melodie erheben. Keine Ausrede, kein vorschnelles Leiser- oder Langsamer-Werden, keine Zähmung der Gewalten ist hier statthaft, gültig, physisch und moralisch erlaubt. Ob Empfindsamkeit, ob Freude am Lyrisieren und Spekulieren in kluger Verbindung mit erleichternden Tricks einen Ausgleich schaffen können für die eingeebneten Hochflächen, um die mittlere Klavierspieler das Werk bemogeln? Und zwar ohne jedes schlechte Gewissen, günstigstenfalls eine Spätstil-Ausrede auf den Lippen...

Irving Kolodin spricht in seinem Beethoven-Buch (›The Interior Beethoven‹, New York 1975) die Meinung aus, Beethovens Sonaten Opus 109, 110 und 111 glichen Meditationen und Träumereien. Kolodin folgert daraus, Werke dieser Art seien Sache eines bestimmten Pianisten-Typus: Rachmaninow, Schnabel, Myra Hess, Wilhelm Backhaus ja — Horowitz eher nein. Kolodin teilt überdies mit, Horowitz habe die Ansicht geäußert, Opus 109 sei eher »for the studio« als »for the public«. Darauf angesprochen, warum der von Horowitz bewunderte Rachmaninow die Sonate gleichwohl öffentlich vorgetragen habe, zog sich Horowitz mit folgender Antwort aus der Affäre: »Um zu zeigen, daß es nicht getan werden sollte.«

Nach vielen öffentlichen Konzerten, in denen ich Opus 109 erlebt habe – ohne daß der Forte-Triller mit unverminderter Kraft hörbar, die zerfetzte Melodie erkennbar, die Bewegung der Linken kraftvoll und phantastisch gewesen wäre –, scheint die Skepsis des Wladimir Horowitz durchaus begreiflich. Aber nicht, weil diese Sonate das Scheinproblem Studiomusik/Konzertsaalmusik aufwirft, sondern weil sie so schwer ist!

Beispiel 451

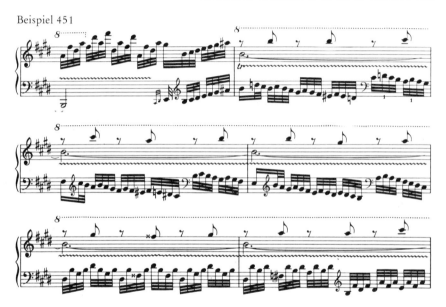

Den im Notenbeispiel 451 zitierten Takten aus der Trillerstelle der E-Dur-Sonate haben auch große Pianisten noch nie auch nur den Schatten einer besonderen Auffassung, einer klärenden Artikulation hinzufügen können – um so mehr wurde an dieser Musik gesündigt. Bereits der Lauf in beiden Händen am Schluß des ersten Taktes wird oft zum mezzoforte-Auftakt und Ausruhmoment umstilisiert. Er rauscht nicht im Forte herauf, und der Triller danach ist kaum je eine kontinuierliche, kräftige und faszinierende Wechselfolge zweier Töne, sondern verlegene Verwertung übriggebliebener Kraftreserven, harmlos diffuse Sekundreibung. Die Melodie-Spitzentöne erwecken meist bereits in den letzten beiden zitierten Takten den Anschein, nun wende sich alles zum Traulicheren, weil es doch wenigstens ein bißchen nach Moll geht. Verständlich sind diese Notlügen schon, aber doch unerlaubt, mit der klaren Forderung der Sache nicht vereinbar. Studio hin, Öffentlichkeit her: für die Bewältigung der erhitzten Hochfläche am Ende von Opus 109 wären die Hände selbst eines Wladimir Horowitz gerade kräftig genug.

31. SONATE

Sonate Opus 110 As-Dur (1821)

Moderato cantabile molto espressivo
Allegro molto
Adagio ma non troppo — Fuga Allegro ma non troppo

Von George Bernard Shaw als »schönste aller Beethoven-Sonaten« gepriesen, von Strawinsky mit dem Lob bedacht: »Die Fuge ist der Gipfel der Sonate. Ihr großes Wunder liegt in der Substanz des Kontrapunkts und entwindet sich jeder Beschreibung«, hat die As-Dur-Sonate Opus 110 auch zahlreiche musikwissenschaftliche Spezialstudien hervorgerufen. 1909 erläuterte Hermann Wetzel, auf Hugo Riemanns Spuren, den Bau der Sonate im Beethoven-Jahrbuch (S. 75 bis 154). 1914 legte Heinrich Schenker seine wohl immer noch unüberholte Einführung und Erläuterung vor (Universal-Edition), 1919 publizierte Armin Knab den Aufsatz ›Die Einheit der Beethovenschen Klaviersonate in As-Dur, op. 110‹ (nachgedruckt in Knabs Gesammelten Aufsätzen über Musik ›Denken und Tun‹, Verlag Merseburger, Berlin 1959). 1967 veröffentlichte Karl Michael Komma im Stuttgarter Ichthys-Verlag zwei kostbare Bände, nämlich das ›Faksimile nach dem Autograph‹, zusammen mit einem Beiheft ›Studien zur Geschichte und Gestalt der Handschrift, zum Textvergleich, zur Thematik und Form‹. Eine These Kommas lautet: »Op. 110 steht als ein Hauptwerk an einem Scheitelpunkt der europäischen Musikgeschichte, da es das Klassische mit dem Barocken vermählt und mit vielen Zügen auf die Romantik und den romantischen Klassizismus vorausweist.«
Da das Hauptthema des ersten Satzes unmittelbar an das Variations-Thema des Finales aus Opus 109 anzuknüpfen scheint, da Opus 110 gleichfalls als Final-Sonate bezeichnet werden kann, ist oft von einer Verwandtschaft die Rede, die Opus 109 und Opus 110 verbinde. Die beiden Sonaten entstanden ja auch in unmittelbarer Folge...
Aber die Ähnlichkeiten sind äußerlich und oberflächlich, die Unterschiede um so bedeutender und tiefgreifender. Opus 109 bietet in hochentwickelter, direkter und unmittelbarer Tonsprache die Kontraste zwischen einem expressiven Adagio und einem verhaltenen Vivace, schaltet ein exzentrisches Prestissimo zwischen und trägt dann

die Variations-Entfaltung einer E-Dur-Melodie vor. Wäre demnach die Sonate Opus 109 einem Prozeß vergleichbar, der über alle möglichen Anspielungen und Anfechtungen zu einer reinen, kantablen Gestalt führt, auf höchster kompositionstechnischer und expressiver Entwicklungsstufe, so macht die Sonate Opus 110 den *historischen* Prozeß der kompositionstechnischen Entwicklung selber – von Bach über Haydn, Mozart, Beethoven bis hin zum, wenn man so will, »Romantischen« in Beethoven – zu ihrer Sache. Opus 110 holt die Idee des Neoklassizismus, die Idee der umfunktionierenden Darstellung historischen, zitierten oder fiktiv zitierten Materials auf eine gänzlich unverspielte, ja bekenntnishafte und ergreifende Weise in den Bezirk großer Musik hinein.

Der erste Satz scheint ein Mozartsches Modell vorzutragen, der zweite auf Gassenhauerhaftes anzuspielen, der dritte Satz ein Passions-Rezitativ zu reproduzieren und danach das Gambensolo zur Alt-Arie »Es ist vollbracht« aus Bachs Johannes-Passion zu zitieren, woraufhin die Fuge bachisch beginnt und romantisch-enthusiastisch endet. Alle diese – von den Kommentatoren immer wieder hervorgehobenen und natürlich auch gelegentlich bestrittenen – Stilzitate der As-Dur-Sonate haben nichts mit den Inhalts-Zitaten und Direktheiten von Opus 109 zu tun. Das Interpretationsproblem ist hier: eine Einheit herzustellen, historisierende Unverbindlichkeit auszuschließen.

Sollen Interpreten, um dem Besonderen des Werkes Ausdruck zu verleihen, im ersten Satz das Mozartische pointieren? Im zweiten das Gassenhauerische unterstreichen? Im dritten das Bachische hervorheben? Oder sind alle diese ›historischen‹ Objekte bereits als verwandelte vorzuführen, als Vokabeln aus einem zwar älteren oder anderen Idiom, die hier gleichwohl im Tonfall der einheitsstiftenden Sprache des späten Beethoven erscheinen? Dritte Möglichkeit: Ergibt die Mischung aus historisierender Anspielung und direktem Ausdruck etwas prinzipiell Neues? Entsteht Spätstilsprache hier auf dem Wege verwandelnder Durchdringung von erfundener Musikgeschichte?

Nicht auf Opus 109 weist die As-Dur-Sonate Opus 110 zurück, sondern sie bietet, wenn Vergleiche überhaupt zur Definition helfen können, eher eine späte, aller Ironie ferne Synthese dessen, was in den Sonaten Opus 31 Nr. 2 und Opus 31 Nr. 3 anklang. Aus Opus 31 Nr. 2: die programmatische Einheit der Hauptthemen aller drei Sätze, das Rezitativ als Bestandteil abgründiger Sonaten-Ordnung. Aus Opus 31 Nr. 3: das bewußt historisierende Verfügen über ältere Formmodelle und Melodietypen.

Opus 110, »am Scheitelpunkt der europäischen Musikgeschichte« stehend, von Innigkeiten, Herrlichkeiten und gegliederten Verläufen erfüllt, von bewundernder Sekundärliteratur umzingelt: diese Sonate ist, letztes Wunder, bemerkenswert kurz. Ihre zarte Unsterblichkeit erfüllt sich in einer guten Viertelstunde.

Einige durchaus verschiedene Interpretationen des Anfangs – nämlich Barenboims vielstimmig melodische, Edwin Fischers zunächst noch zurückhaltende, Solomons wunderbar klar abgetönte, Elly Neys meditativ vorbereitende und Dieter Zechlins wohllautend auf den langen Fermatentriller hinzielende (Notenbeispiel 452, Takt 4) – machen einmal mehr ohrenfällig, wie wenig Beethovens gewiß sorgsam genaue Vorschriften eine uniforme oder auch nur eine sinnvolle Darstellung zu erzwingen vermögen. Nicht, daß bei diesen verhältnismäßig leichten Takten irgendwelche falschen Töne gespielt würden. (Fast erleichtert hört man, daß in Edwin Fischers wunderbar ausmusizierter Einspielung von 1938 auch ein unwesentlicher Patzer vorkommt.) »Fehler« macht während dieser Anfangstakte kein Pianist. Schlimmer sind nur allemal die falschen, die sinnlosen Relationen der Takte zu einander. Dieter Zechlin will am Anfang nicht zu viel geben; er spielt die As-Dur-Akkorde des ersten Taktes verhalten, wohllautend neutral, geht auch dem crescendo im dritten Takt nicht besonders intensiv nach. Wenn er dann aber im vierten Takt den Septakkord erreicht hat und den langen Fermatentriller ausführt, dann legt er sich plötzlich ins Zeug, als wolle er ein Ausdrucksdefizit ausgleichen. Ergebnis: der Triller gewinnt ein sentimentales Übergewicht, weil vorher nichts passiert war, was ein so langes Ausschwingen rechtfertigen könnte. Harmloses zerläuft endlos in einer Fermate. Das kann Barenboim nicht passieren, weil er den Anfang inbrünstig ausdrucksvoll abtönt – und dann mit dem Fermatentriller so zart expressiv anknüpft, daß die Anfangsempfindung wunderbar auszuklingen scheint und sanft weiterdrängt...

Macht ein zu geringes Ausdrucksgewicht der ersten drei Takte das komponierte Ausschwingen im vierten Takt sinnlos, so wird das im fünften Takt beginnende Motiv keineswegs sinnvoll, wenn gutwillige Interpreten da plötzlich mit Nachdruck ihr Bestes, also ihr Expressivstes geben. Manche genieren sich offenbar wegen des plötzlich so kindischen Klaviersatzes. Sie versuchen darum, die Harmlosigkeiten der linken Hand mit Bedeutung, Abwechslung, Spannung aufzuladen. Was dabei herauskommt, ist aber nicht die Rettung, sondern die Zerstörung einer möglichen Wirkung. Denn allzu gewichtige Deklamation macht die historisierende Attitüde dieser Takte unerkennbar. So souverän nämlich Beethoven die in Takt fünf (Notenbeispiel 452) beginnende Begleitung späterhin »subjektivieren«, also dem Ausdrucksniveau seiner Tonsprache angleichen wird, so offensichtlich zitiert er zunächst *Vergangenes:*

Beispiel 452

Ein halbes Jahrhundert vor der Entstehung von Opus 110 waren solche Begleitfiguren gang und gäbe. Bei Mozart heißt es, beispielsweise, zu Beginn des langsamen, auch in As-Dur stehenden Satzes aus der Sonate für Klavier und Violine KV 481, die im Dezember 1785 komponiert worden ist:

Beispiel 453

Nicht nur die auffällig simple Begleitung hat Zitat-Charakter. Auch die Melodie, die im 5. Takt des ersten Satzes von Opus 110 anhebt, auch sie ist zunächst nur eine hübsche Allerweltsmelodie, wie Beethoven sie – so oder ähnlich – schon ein paarmal in seinen Werken benutzt hat. Bei der Betrachtung der kleinen c-Moll-Sonate Opus 10 Nr. 1 stießen wir bereits auf ein solches Motiv und die dazugehörigen Alberti-Bässe (Notenbeispiel 64). Aber das liegt mittlerweile auch bereits fünfundzwanzig Jahre zurück und war schon 1796 nicht mehr ganz auf Beethovens »Höhe«, weshalb er damals die Simplizität bewußt verfremdete (nämlich den Erregungen eines heftigen Allegro con brio aussetzte). Nun, hundert Opus-Nummern später, sollte der Komponist sich nicht etwas ganz Besonderes dabei gedacht haben?

Es gibt eine Interpretation des ersten Satzes der Sonate Opus 110, die den hier angedeuteten Gegensatz zwischen Rokokohaftigkeit und ausdrucksvoller Empfindsamkeit liebevoll pointiert zum Zentrum macht. Diese Interpretation stammt von Elly Ney. Elly Ney war zeitlebens eine Beethoven-»Hohepriesterin«, auch im bedenklichen und verfänglichen Sinne des Wortes. Erstaunlich, daß ausgerechnet sie eine heitere Brechung pointiert dargeboten haben soll... Erstaunlich, aber es ist so. Elly Ney stellt das historisierende Moment nicht nur klar heraus, sondern sie forciert es, indem sie die linke Hand ohne Pedal spielt, keineswegs gebunden, sondern trockener als alle anderen Pianisten. So, als ob jemand auf einem Mozart-Klavier eine Spieldosenbegleitung imitieren wollte.

Elly Ney führt ihr artifizielles Experiment während des Satzes weiter. Wenn die eben noch so rokokohaft auftrumpfende Begleitfigur am Anfang der Durchführung mit dem Thema der *ersten* beiden Sonatentakte kombiniert wiederkehrt, dann legt Elly Ney ihre manieristische Zurückhaltung ab: sie spielt entschieden schneller, gebundener, ausdrucksvoller. Man spürt unmittelbar, daß der Ernst des Sonatenlebens eine Figur erreicht hat, die sich eben noch langsam und trocken zittrig um sich selber zu drehen schien. Diese Veränderung pointiert Elly Ney während der ersten vier Takte der Durchführung (Notenbeispiel 454, Takt 2–5).

Aber die Geschichte der stilimitierenden Begleittakte geht in der Sonate und in Elly Neys Interpretation noch weiter. In der Reprise – einer raffiniert »falschen Reprise«, die auf eine höchst gewaltsame Korrektur angewiesen ist, um später aus dem herrlich falschen ins überzeugend richtige Tonarten-Gleis zu kommen – trippelt die Begleitung bei Elly Ney womöglich noch pointierter als zu Beginn. Es ist ein sublimer Spaß. Lächeln, nicht *be*lächeln. Edwin Fischer, der die Stilkopie nur andeutete, nicht ausführte, versucht, den Verirrungen der falschen Reprise melancholische, »himmlische« Schönheiten abzugewinnen (Notenbeispiel 455, die letzten drei Takte). Elly Ney legt mehr Wert darauf, die Verbindung mit dem manieristischen rokokohaften Anfang wiederherzustellen.

Und Elly Ney bleibt in ihrem klassizistisch künstlichen Paradies. Nur wenn Beethoven die »falsche Reprise« mittels einer gewaltsamen chromatischen Rückung (Notenbeispiel 456, Takt 2 und 3) wieder ins harmonische Lot bringt, dann, während der »ritenente«-Oktaven, scheint es bei Elly Ney, als wolle der Satz sich endlich lösen vom Stilisierungsbann. Aber das

dauert nur einen Moment: beim *a tempo* (Beispiel 456, 4. Takt) erstarrt
wieder alles. Die Musik bleibt bei Elly Ney Porzellan-Puppe im Rokoko-
Kostüm.

Beispiel 456

Nun hat Beethoven mit keinem Wort vorgeschrieben, der Satz solle als absichtsvolles, heiteres oder gar ironisches Stil-Exercitium dargeboten werden. Auch der Hinweis »con amabilità« legt gewiß keine historisierende Pointierung nahe – es sei denn, man verstünde unliebenswürdigerweise bereits die Bitte um Liebenswürdigkeit als Anachronismus.

Stilisierung ist hier nicht direkt gefordert. Aber daraus läßt sich keineswegs folgern, dergleichen dürfe nicht sein. Wenn Beethoven am Ende der Diabelli-Variationen allesumgreifende Ausdeutungsversuche schließlich damit beendet, daß er den Walzer, als sei nichts gewesen, auf die Ebene eines Menuetts transponiert, dann weist er da auch nicht eigens darauf hin, daß er abschiednehmend mit einem mittlerweile fernen Thema, einem noch ferneren Stilmittel spielt. Trotzdem käme kein Interpret auf den Gedanken, das zarte »Tempo di Minuetto moderato« als direkte Charaktervariation anzugreifen.

Ganz so eindeutig liegen die Dinge im ersten Satz von Opus 110 nicht. Doch Interpretationen, die jede Stilisierungstendenz leugnen, erlauben negative Rückschlüsse. Wenn Yves Nat den Satz brillant und mit konzertanter Gebärde spielt, dann klingt die Durchführung dünn und seltsam simpel.

Unangemessen, affektiert wirkt es auch, wenn die virtuosen Zweiunddreißigstel-Passagen als elegante Kaskaden erscheinen. Drängt sich pianistische Souveränität hier auch nur um eine Spur zu konzertant oder versnobt vor, dann tönt die Komposition kindlich: Stilbeschwörung und historisierende Kunstabsicht lassen sich nur mit dem Risiko der Verharmlosung unterdrücken.

Auch das bis an die Grenze zum Unhörbaren vorangetriebene Verlöschen der Reprise bleibt beiläufig und blaß (Notenbeispiel 457), wenn es sich in direktem, naivem und bedeutungsarmem Kontext ereignet.

Solomon geht einen anderen Interpretationsweg. Er stellt den Ton großer, gefühlsscheuer Ernsthaftigkeit her: unerbittlich fest im Rhythmus, jenseits aller Pointierung. Die Pausen, die Brüche des (nur vermeintlich stets glatten, gefälligen) Verlaufs überspielt Solomon nicht. Beim crescendo kniet er sich nicht nach Art unbefangener temperamentvoller Pianisten in Passagen und Entwicklungen. Bei ihm sind auch die plötzlichen *pianos* (wie im Notenbeispiel 456, 3. und 4. Takt) stets herbe Höhepunkte – und nicht etwa Überraschungen, Sekundäreffekte. Solomons Darstellung der Durchführung (Notenbeispiel 454) ist exemplarisch – sowohl für Solomons Kunst wie auch für Beethovens Schein-Homophonie, die sich gerade in einem Spätwerk vom Range der As-

Dur-Sonate als diskrete Polyphonie enthüllt, wenn ein Solomon am Flügel sitzt. Daß Solomon nicht die punktierte Achtelnote (im 2., 4., 6., 8. Takt des Beispiels 454, jeweils auf »drei«) schwärmerisch und rubatohaft hervorhebt, wie Glenn Gould es tut, versteht sich. Aber er macht auch keinen psychologischen Kommentar aus den immer ausdrucksvolleren Passagen der linken Hand, wie immerhin Artur Schnabel es für richtig hält. Solomon isoliert statt dessen die Verläufe, er erlaubt keiner Stimme überdeutliches Dominieren oder nur angepaßte Zurückhaltung, selbst den unauffälligen Mittelstimmen nicht (während der letzten sechs Takte des Beispiels 454). Die Kunst Solomons besteht darin, daß er die einzelnen Verläufe prägnant darstellen kann, ohne laut werden zu müssen. Er konstituiert eine Mixtur aus Herbheit und Innigkeit, die den Kontrast zwischen dem *piano* und dem expressiven *crescendo* zwar nicht gerade annulliert, aber doch neutralisiert. Einen Sonatensatz, der in die Geschichte der Sonate zurückzublicken scheint, blickt Solomon seinerseits wie durch ein umgekehrtes Fernglas an. Nicht Verkleinerung oder gar Verniedlichung entsteht dabei, wohl aber Distanz, wohl aber eine Ferne, in der – so beherrscht phrasiert Solomon – die einzelnen Charaktere gleichwohl nicht zur Ausdruckseinheit zusammenrücken. Nichts drängt sich vor, und alles ereignet sich. Das Ganze hat ruhig erhabenes, nicht im mindesten erkünsteltes oder forciertes Gewicht, klingt geheimnisvoller als überschwenglichste Empfindungskurven...

Alfred Brendels jüngste Einspielung der Sonate wirkt wie eine Antithese zu Solomon (übrigens auch wie eine Selbstkorrektur, denn in seiner früheren Gesamt-Aufnahme verstand Brendel den Satz weniger ruhig und richtig). Gemeinsam ist Brendel und Solomon hier die Verhaltenheit. Aber Brendel deckt zugleich die Grenze der Solomonschen Haltung auf: die golemhafte Starrheit der Linienführung. Ruhiger Tonfall ist bei Brendel nur Ausgangspunkt, nicht Ausdrucksziel. Bei ihm kommen die crescendi und die chromatischen Passagen lebendiger, direkter, beschwingter. Der Satz ist bei Brendel keine eisige Beschwörung, sondern eine an Aufschwüngen und Kontrasten reiche Vergegenwärtigung. Brendel zelebriert die Töne nicht als Zeichen für etwas, sondern läßt sie leibhaftige Musik sein, ohne doch falsch naiv oder falsch virtuos über ihr Spezifisches hinwegzutäuschen.

Edwin Fischer greift das Stil-Exercitium an – als sei es gar keines. Seine Darstellung klingt wie selbstverständliches Musizieren mit einem zarten, melancholisch stillen Unterton – ohne die Brillanz, mit der Brendel manchmal Passagen beginnt und bremst, ohne die Rokoko-Dramaturgie von Elly Ney, ohne Solomons Propheten-Miene.

590

Aber diese emotionale Krampflosigkeit wandelt sich zum immer eindringlicheren, endlich hymnischen Bekenntnis. Schon am Durchführungsbeginn kann Fischer – der keinerlei Kontraste herausgetüftelt, Schlauheiten investiert, Virtuositäten produziert hat – die Musik mit reinstem Ernst erklingen lassen. Und die Reprise beginnt er brausend kräftig. Fischer als einziger ist imstande, die Tremolo-Steigerung der rechten Hand (Notenbeispiel 455, Takt 1 und 2) als einen erhabenen, leidenschaftlichen Übergang ritardandoverdächtig herauszubringen. Unvergleichlich träumerisch tönt er die selbstvergessene Wendung der Melodie aus dem falschen Reprisen-Dur ins ebenso zart befremdende Reprisen-Moll (Notenbeispiel 455) ab.

Edwin Fischers Aufnahme vom Jahre 1938 hält fest, was diesem As-Dur-Satz an hymnischem und pianistischem Glück innewohnt, an Zartheit, Weisheit, »amabilità«. Sechs Jahre vor Edwin Fischer hatte Artur Schnabel in seiner maßstabsetzenden (letzten) Gesamt-Einspielung den ersten Satz der As-Dur-Sonate dramatischer dargestellt: als bewegendes und bewegtes Spannungsfeld aus nervöser, schlanker Kantabilität und herb ausschweifendem Expressions-Wagnis. Welche Abgründe die sanfte Oberfläche des Satzes überdeckt, das läßt sich weder in Noten unmittelbar, noch auch den harmonisierenden Wiedergaben, noch gar den zarten Stil-Experimenten entnehmen. Beethoven wiederholt am Ende der Reprise in der rechten Hand eine Sechzehntel-Bewegung. Die Passage dauert länger als in der Exposition, vier neue Takte kommen hinzu (Notenbeispiel 457, Takt 1–4), wie suchend, von stillen Akkorden begleitet. Eine absinkende diminuendo-Bewegung, zum einzigen (!) *pp* des Satzes führend, folgt (Notenbeispiel 457, Takt 5–8). Erst danach sind wir im vertrauten As-Dur *leggiermente...*

Beispiel 457

Selten hat Artur Schnabel sich als Beethoven-Interpret der Grenze des Verstummens und Zerbrechens so ungeheuerlich zu nähern gewagt wie an dieser geisterbleichen Stelle. Man glaubt, bei Schnabel sogar den leisen, erbitterten Kampf mitzuhören, den Beethoven hier kämpfte; man erlebt die potentielle Kraft jener Takte mit, die Beethoven aus der Endfassung verworfen, herausgestrichen hat, um diese äußerste Reduktion einer Reduktion zu erreichen.

Was Schnabel hier entdeckt hat, wird dann ganz offenbar, wenn andere Pianisten die Stelle in kühlem mezzoforte vorbeiziehen lassen (Solomon), oder wenn der Zusammenhang sich spannungslos in einzelne Atome spaltet (Barenboim).

Würde es sich beim ersten Satz der As-Dur-Sonate nicht um ein so empfindliches Gleichgewicht aus zarter Stilprozedur und ebenso zarter Ausdruckstendenz handeln, dann könnten verhältnismäßig geringe Auffassungsunterschiede das Interpretationsergebnis gewiß nicht so heftig tangieren. Wird der Kopfsatz etwa von Opus 31 Nr. 1 ein wenig schneller und direkter oder ein wenig hymnischer und melodienseliger gespielt: am Stück, an dem, was es zu enthalten und zu besagen scheint, ändert sich dann weniger als hier. Die Balance ist in Opus 110 sehr delikat. Gibt es eine andere Erklärung dafür, daß die – alle Dissonanzen, Vorhalte, Moll-Wendungen mit schwermütigem Nachdruck auskostende – Interpretation der französischen Pianistin Youra Guller den As-Dur-Satz nicht nur etwas wegrückt von aller Mozart-Beschwörung, sondern gleich zum dunklen spätromantischen Brahmsschen Intermezzo umfärben kann? Vielleicht ist die Brahms-Assoziation gar nicht so abwegig: die schwermütige Evokation vergangener Stile und Formmodelle gehört durchaus zur Definition der Brahmsschen Durchdringung gegebener Sonatenformen.

Youra Guller muß sich bei ihrer Deutung des harmonisch reich ausgehörten Satzes keineswegs krampfhaft um Abweichungen bemühen. Brahms-Assoziationen stellen sich bereits her, wenn die Künstlerin den Reprisen-Ausklang (Notenbeispiel 457) nicht bloß als melodisch ästhetische Bewegung der rechten Hand versteht. Indem Youra Guller die Akkorde der linken Hand ausdrucksvoll betont (es handelt sich um die Dreiklänge und Septakkorde der linken Hand in den ersten vier Takten des Beispiels 457), verwandelt sie den vermeintlich ätherischen Spätstil-Ton in ein empfindsam-erfülltes Halbdunkel …

Klassizistisch pointierte Interpretationen lassen besonders deutlich jenes Moment hervortreten, das auch im zweiten Satz – Allegro molto – auffindbar ist: eine zugleich faszinierende und beunruhigende Absichtlichkeit. Man meint zu spüren, daß noch etwas »dahinter« steht – und weiß dann beim ersten Ton des b-Moll-Rezitativs, daß man eigentlich auf eben diese noch weit ernsteren, bedeutenderen Töne des dritten Satzes gewartet hat... Der erste Satz – und darin liegt ein weiterer beträchtlicher Unterschied zum Kopfsatz von Opus 109 – macht ja die Form, die Sonatenform geradezu demonstrativ klar. Mindestens so sinnfällig wie in Prokofieffs ›Symphonie classique‹ sind hier Exposition, Durchführung, Reprise und Coda von einander abgesetzt; die Durchführung hat Lehrbuch-Charakter, die Reprise weiß nur zu gut und informiert überdeutlich darüber, wo sie regelrecht oder »irrig« moduliert; die Coda, in der das Hauptthema abschiednehmend und moll-überschattet ein letztes Mal auftaucht, macht auch kein Geheimnis aus ihrem Da-Sein und So-Sein.

Dieser clarté korrespondiert absichtsvoll die historisierende, vieldeutige Haltung der Tonsprache. Deutet eine Wiedergabe das alles auch nur an, dann weist der Satz über sich hinaus, dann ist er nicht ein poetisch geschlossenes und voll ausklingendes Gebilde, sondern führt etwas im Schilde. Ähnliches gilt auch fürs Allegro molto. Im Gegensatz zum Prestissimo von Opus 109 beginnt dieses Quasi-Scherzo leise, und es verhallt in einem vagen *ritardando,* während das Prestissimo aus Opus 109 donnernd einsetzte und mit einer trockenen Steigerung schloß: »So, das war's.« Ganz anders der zweite Satz vom Opus 110, wo das Allegro immer wieder angefochten und das Fortissimo immer wieder gebremst erscheint.

Exegeten wie Heinrich Schenker haben ein Gerücht voller Widerwillen abgetan, das unaustilgbar von einer ordinären angeblichen Gassenhauer-Melodie in diesem As-Dur-Sonaten-Himmel berichtet. Unerschrockene Forscher behaupten nämlich, den Text »Ich bin liederlich, du bist liederlich, wir sind liederliche Leute«, der entweder aus einer Wiener Posse oder aus schlesischer Folklore stammen soll, Ton für Ton wiederzuerkennen, und zwar im Zusammenhang mit einer rhythmisch charakteristischen, tatsächlich recht wenig himmlischen oder spirituellen Wendung, die im 5. Takt des folgenden Notenbeispiels beginnt:

Beispiel 458

Angenommen, die As-Dur-Sonate habe im ersten Satz und im Finale Modelle und Stil-Zitate in ihren Bezirk gezogen, subjektiviert, verwandelt, zum Gegenstand rückwärtsblickender und vorwärtsweisender genialer Erörterung gemacht – warum sollte es denn so undenkbar oder so schmählich sein, daß wir im Allegro molto ein Zitat notfalls solcher Art zum Objekt grandiosen Scherzo-Grimms erhoben finden? Und wenn es ein fiktives Zitat, die Beschwörung eines Typus, wäre...

Charakteristisch ist in diesem Allegro molto der gebremste Schwung, der Zwiespalt zwischen Fortissimo und Ritardando. Im Beispiel 458 folgt einem drei Takte langen *ritardando* ein heftiges *ff-a tempo*, dann zwei Takte Pause. Nach der Wiederholung des Mittelteils ist eine Ritardando-Bremswirkung sogar ins Thema selber eingefügt. Pianisten, die den Satz am liebsten als eindeutiges Scherzo verstehen möchten, setzen sich über die störenden Ritardandi möglichst hinweg (Gulda). Sie erreichen damit den Eindruck kompakter Einheitlichkeit, zumal wenn sie – was bei Gulda der Fall ist – den Schwung fürs Allegro und die Brillanz für den sehr schwierigen, verwirrenden Mittelteil aufbringen. Die Frage ist nur eben, ob der Eindruck direkter Kompaktheit überhaupt hervorgerufen werden sollte. So viele Unterbrechungen, so viele ausgeschriebene Verlangsamungen, ein so verklingender Schluß...

Bei der Würdigung der Interpretationen, die das Allegro molto seitens Befugter und Unbefugter über sich ergehen lassen mußte und muß (der Mittelteil artet im leibhaftigen Konzert nicht selten zu einer konfusen Katastrophe aus, deren Würze die Kürze ist), drängt sich der Verdacht auf, daß hier ein einziges schlechtes Beispiel interpretationsgeschichtlichen Schaden angerichtet hat.

In seiner Einspielung der Beethoven-Sonaten hat nämlich der große Artur Schnabel den zweiten Satz von Opus 110 bemerkenswert schnell, aber auch sehr wüst und sehr wirr abgetan. Die Akkorde des Haupt-

themas spielte er wegwerfend und undeutlich, dafür das »ich bin liederlich« wahrlich hinreichend liederlich, ungenau. Und den Mittelteil als
furiose Angstpartie, nach deren gerade noch bravouröser und wirbelnd
rascher Erledigung sich jeder Hörer staunend betroffen fragen mußte,
was denn da musikalisch passiert sein könnte.

Schnabels schlechtes Beispiel scheint abschreckend gewirkt zu haben.
Weil er den Satz spielte, als ob er eigentlich nervös auf den Tisch hauen
wolle – geben sich seine Nachfolger jetzt nicht nur keine Blößen, sondern
beängstigend wohlerzogen. Man erlebt, etwa bei Arrau, sorgfältige Griffe, ruhiges Passagenspiel. Man hört, bei Gulda, ein brillantes, unange-
fochtenes Scherzo. Schnabels Fall hat – wenn nicht auf dem Wege über
direkte Kenntnisnahme, so als Erfahrungsgut sorgfältiger Klavierpäd-
agogik – Vorsicht provoziert. Aber damit ist dem Satz auch nicht
gedient. Selbst Glenn Gould geniert sich nicht, aus einem Beethovenschen Allegro molto (!) fromm Gavottenhaftes oder Eccossaisenhaftes
herauszuspielen, was zwar auch von Forschern aus diesem doppeltaktig
organisierten Stück herausgelesen werden konnte, aber doch Beethovens
Tempo-Vorschrift nicht annulliert. Welche Anspielungen sich auch in
der Sonate auffinden lassen: Beethovens Tempo-Angaben sind übergeordnet. Die Allegro molto-Vorschrift ändert beethovensch die zitierte
Anspielung, nicht umgekehrt! Und darum ist auch Ashkenazy auf einem
zweifellos wohlüberlegten Holzweg, wenn er, da es sich ja um eine Eccos-
saise handelt, im Gassenhauer-Zitat (Notenbeispiel 458, 6. und 8. Takt)
immer das erste Achtel heftig betont, ohne es, wie zweifelsfrei vorgeschrieben, an die jeweils vorhergehende Viertelnote zu binden.

Für den Mittelteil hat Alfred Brendel die Erklärung geäußert, auf
möglichst kleinem Raum wollte Beethoven da möglichst viele Terzen
und Quarten unterbringen. Ein Prinzip, dessen Sinn allerdings wiederum
der Erklärung bedürfte. Sei dem, wie ihm wolle: Brendel hat damit für
sich einen Hebel gefunden, das schwierige Stück nicht nur richtig,
sondern auch fesselnd, rasch und forciert vorzutragen. Endlich hört man
den flüchtigen Witz dieser Komposition, vernimmt man die jähen
Fortissimo-Akzente. Hier erhält auch die Vermutung Nahrung, daß die
jüngeren Pianisten (was einen solchen Satz betrifft) offenbar schlechthin
mehr *können* als die Älteren. Hat man die Stelle von Brendel oder
Pollini gehört, dann muß man sich über die manuellen Verlegenheiten
nicht nur einer Elly Ney, nicht nur des überschnellen Schnabel, des alten
Ernst von Dohnanyi, sondern auch von Edwin Fischer und Wilhelm
Kempff schon ein wenig wundern. Oder verlangt der Allegro molto-
Mittelteil, eine Achtel-Figur habe zierlich und in aller Ruhe ihren Weg

nach unten zu nehmen, während pittoreske Kuckucks-Terzen der linken Hand eine Gegenbewegung andeuten und plötzlich ein *ff*? Nach Brendels Interpretation ist das zumindest unwahrscheinlich.

Nun aber geschieht etwas, wofür es in Beethovens Instrumental-Musik bis zu Opus 110 kein Gegenstück gibt, weder in Symphonien, Sonaten noch Quartetten. (Am ehesten noch im ›Fidelio‹, aber das wäre eine librettobedingte Analogie.) In der Sonate Opus 110 ändert sich plötzlich der Ton, die emotionale Dringlichkeit, die Art der Sprache und des Anspruchs. Aber nicht so wie in Opus 10 Nr. 3 oder in Opus 106, wo etwas Monologisches, Tiefernstes, Unvermutetes geschieht, wenn die langsamen Sätze ihre Stimme erheben. Nicht so wie in Opus 109 oder der 9. Symphonie – wo im letzten Satz plötzlich alle Kräfte zusammengefaßt oder neue frei zu werden scheinen. In Opus 110 folgt nicht ein besonders »tiefer« langsamer oder ein besonders »dramatischer« letzter Satz, sondern die Tonlage, in der nunmehr leise oder laut, langsam oder schnell gesprochen wird, ist anders. Die Sonate scheint nicht nur anderswie, sondern auch anderswo weiterzutönen: ihr Glanz wirkt heller, ihre Trauer herber, ihr Pathos affirmativer. Was wie Kammermusik begann, wird zur Seelen-Oper großen Stils. Ein »qualitativer Sprung« findet statt, wie Beethoven ihn ein zweites Mal wohl nur noch im Streichquartett Opus 135 komponiert hat.

Wenn aber das, was mit den fast noch ins Allegro molto hineintönenden b-Moll-Adagio-Takten beginnt, nicht nur eine »Vertiefung«, sondern Verwandlung ist, wenn das »Rezitativ« vor dem »Klagenden Gesang« wirklich barock klingt und das Arioso dann in der Tat die Johannes-Passion zitiert (nämlich die Melodie der Alt-Arie »Es ist vollbracht«, eine Analogie, die auch Rosenberg, a.a.O., S. 421, und Karl Michael Komma, a.a.O., S. 73, ausführlich diskutieren und von der sich behaupten läßt, sie sei mühevoller zu verdrängen als zu erkennen), dann wäre Opus 110 ein ebenso bewunderungswürdiges wie un-proportioniertes Werk. Ein Konglomerat nicht nur ungleichartiger, sondern auch ungleichwertiger Teile.

Billig, darauf zu antworten, die ersten beiden Sätze seien »in ihrer Art« – gleichwertig. Vermag die emotionale Reichweite der ersten beiden Sätze wirklich diese Entwicklung vorzubereiten und das Bewußtsein des Hörenden zum Synthetisieren zu zwingen?

Mit diesen Überlegungen betreten wir unsicheren Boden. Schopenhauer beginnt in seinen Erörterungen »Zur Aesthetik der Dichtkunst« einmal mit dem Satz: »Meinem Gefühl zufolge (Beweise finden hier nicht statt).« Auf die fragliche Gestalt von Opus 110 bezogen, heißt das: auch

596

die analysierbare Einheit der Themen »beweist« noch keine zweifelsfreie oder qualitative »Einheit« des Werkes. Die »Ästhetische Einheit« kann doch nicht davon abhängig gemacht werden, ob eine Achtelbewegung aus dem Mittelteil des Allegro molto als freie Umkehrung einer Sechzehntelfigur des ersten Satzes deutbar ist oder nicht. (In ›Analyse und Werturteil‹, a.a.O., S. 12 und S. 47, zeigt Dahlhaus, daß anti-analytischer Irrationalismus auf hochmütig-elitären Vorurteilen beruht, daß aber die Aufdeckung verborgener Zusammenhänge Sachurteile nötig macht, die ihrerseits doch wieder von ästhetischen Entscheidungen abhängen.)

So wenig demnach die »Einheit« von Opus 110 gesichert wäre, wenn sich zeigen ließe, daß mehr oder weniger prägnante Charaktere Gemeinsamkeiten aufweisen, so riskant ist die Beziehung auf etwas so Vages wie einen *Erwartungshorizont*. Was schafft in Opus 110 welche Erwartungen? Nun, im ersten und zweiten Satz fällt folgendes auf: ein Moderato cantabile setzt Klassizität absichtsvoll ein und demonstriert bei dieser historisierenden Demonstration auch einen Überschuß an Subtilität und Empfindsamkeit. Das Allegro molto wiederum läuft merkwürdig leer aus, nachdem es über Schwung und virtuose Bizarrerie souverän verfügt hatte. Kraft einer Meisterschaft, die sie bewähren und sichtbar ostentativ einsetzen, schaffen diese beiden Sätze eine Erwartung von etwas, wovon sie trotz aller potentiellen Kraft offenbar gerade nicht handeln. Sie »weisen über sich hinaus«, aber weniger im Sinne ganzheitlicher Linien-Verlängerung als im Sinne einer Beschwörung von Erwartung: eine Tonsprache, die soviel zitieren, evozieren, verbergen kann – was mag die leisten, wenn es »ernst« wird?

Meine These, Mischung aus Vermutung und Erfahrung, ist demnach: anders als in irgendeinem aufs Finale zielenden Werk bildet sich in Opus 110 neben allem, was anfangs geschieht, beziehungsweise durch die Art, wie es geschieht, die Erwartung von etwas Besonderem. Sitzt ein bedeutender Beethoven-Interpret am Flügel (was das Rezitativ, das Arioso dolente und die Fuge aus Opus 110 betrifft, sind anscheinend keine umwerfenden Entdeckungen zu machen, die großen Darstellungen stammen halt doch wieder von Schnabel, Arrau, Solomon, von Fischer und Serkin, bei der mittleren Generation von Barenboim und Gulda), dann verwandelt sich mit den ersten b-Moll-Akkorden des Adagios diese halbbewußte Ahnung in Wirklichkeit. Man spürt: darauf lief es hinaus. Das mußte kommen. Dieser Effekt, diese *erwartete Überraschung* stellt sich nicht nur beim ersten Kennenlernen der Sonate ein, sondern bei um so innigerer Vertrautheit desto stärker.

Ein so langsames, so ruhiges, so gewichtiges Moll wie zu Anfang des letzten Satzes ist in der As-Dur-Sonate bisher noch nicht erklungen: gewiß rührt die zugleich gewaltige und leise Wirkung, die sich zu Beginn des Adagio ma non troppo einstellt, auch daher. Schnabel rät in seiner Ausgabe – und spielt dann den *una corda*-Beginn entsprechend – während der ersten Takte (des Notenbeispiels 459) zu einem *non espressivo*, was den Tönen einen herb brütenden Charakter verleiht. Arrau hält nichts vom *non espr*. Er stellt den Beginn höchst expressiv, weit langsamer und gewichtiger als Schnabel dar. Arrau gibt dabei dem höchsten Ton des ersten Taktes, dem as der rechten Hand, einen nachhallenden Akzent. Damit erreicht Arrau mehr als klagenden Ausdruck: nämlich einen Schlüssel für die schweren Rätsel, die dieser vieldiskutierte Anfang noch bietet.

Beispiel 459

Der fünfte Takt enthält die berüchtigte »Bebung«: hörbarer Fingerwechsel auf einem gehaltenen Ton, auf unseren Instrumenten nicht ausführbar. Was Beethoven möglicherweise beabsichtigte, muß also mittels einer Ersatzhandlung suggeriert werden. (Denn ein einmal angeschlagener Ton kann mit Hilfe des Fingerwechsels nicht mehr weiter beeinflußt werden.) Problem: was hat Beethoven gemeint; welche Möglichkeiten gibt es, die Meinung in Klang umzusetzen oder ein Äquivalent zu finden?

Heinrich Schenker vertritt die These, der von Beethoven selbst vorgeschriebene »Fingerwechsel 4 2 bezweckt nicht etwa ein zweimaliges Anschlagen des Tones a, sondern nur jene Art stummen Wechsels, ... der im Dienste des Ausdrucks steht«. Dieser Erläuterung Heinrich Schenkers folgt vorbehaltlos nur Rudolf Serkin, der das hohe a vierzehnmal nacheinander vorträgt, keinmal mehr, keinmal weniger, so als hätte Beethoven die Bebungen überhaupt nicht notiert.

Aber Schenker vertritt noch eine zweite These. Er beweist unwiderleglich, daß Beethoven in diesem ominösen Takt 5 unseres Notenbeispiels 459, falls man die Bogen als Bindebogen versteht, eine klare Beschleunigung ausgeschrieben hat: zuerst eine punktierte Achtelnote mit Vorschlag, dann zweimal der Längenwert von zwei Sechzehnteln, dann der Längenwert von zweimal anderthalb Sechzehnteln, dann der Längenwert von immer nur einem Sechzehntel – was Beethoven als zwei aneinandergebundene Zweiunddreißigstel notiert.

Das heißt offenkundig: der Ton a muß kontinuierlich beschleunigt und dann, wegen der ritardando-Vorschrift, kontinuierlich wieder verlangsamt werden.

Wird aber die »Bebung« als Tonwiederholung ausgeführt, dann tritt bei der Beschleunigung eine Unterbrechung ein, nämlich beim punktierten 16tel a der rechten Hand, also bei der 6. Note im 5. Takt.

Welche Wege haben nun die Beethoven-Interpreten gefunden, um mit dieser Stelle fertig zu werden? Serkins Lösung ist die klarste. Er opfert den ohnehin unausführbaren Bebungs-Wiederholungs-Effekt der Kurve: Accelerando, Crescendo, Diminuendo-Ritardando. Arrau will nichts opfern und macht deshalb einen Umweg. Er verdeutlicht von vornherein, daß die Adagio-Einleitung aus einer Folge mehrerer Kurven besteht: jedesmal crescendiertes Ansteigen zum höchsten Ton, ziemliche Dauer dieses Tones, dann langsames Absteigen. Also jedesmal eine spannungsvolle Affekt-Kurve und am Ende wartet der »Klagende Gesang«.

Jedesmal? Allerdings, im ersten Takt des Beispiels 459 ist es das von Arrau so beziehungsvoll herausgehobene as der Kurve b-f-as-ges. Und wie im Rezitativ die Tonbewegung zweimal nacheinander ansteigt, ihren Höhepunkt erreicht und wieder absinkt, läßt sich dem Druckbild entnehmen. Aber auch der ominöse 5. Takt beginnt mit einem Oktavsprung in die Höhe, crescendiert, retardiert, fällt ab. Die Kurven gleichen sich. Und sie tun es erst recht, wenn ein Arrau diesen Kurvencharakter von Anfang an ausdrucksvoll nachzieht. Wer, wie Arrau, Fischer oder Brendel, alle notierten Töne, also auch die Bebungs-Tone, getreulich ausführen will, muß freilich – was das ominöse punktierte Sechzehntel betrifft – das hier keineswegs unerlaubte Mittel der Verschleierung wählen. Erst wenn sich nicht ganz genau erkennen läßt, ob das eigentlich plötzlich längere (punktierte) Sechzehntel nur einmal oder doch zweimal ertönt ist, dann kann die komponierte Steigerung zumindest danach ebenso wie das komponierte Erschlaffen und Absinken unverschleiert herauskommen. Der problematische Adagio-Takt zerfällt mithin genaugenommen in eine Vorbereitung, ein plötzliches Anziehen bei der Zweiunddreißigstel-Notierung und ein entsprechendes Absinken nach dem zweiten Akkord der linken Hand, der als Symmetrieachse fungiert. So werden Adagio und Rezitativ zu einer immer heftigeren Demonstration expressiver Kurven! Alle drei Absichten des Komponisten scheinen unverfälscht auf einem modernen Flügel nicht ausführbar zu sein. Entweder die Kurve muß unterbrochen werden (und nach der Unterbrechung neu ansetzen), oder es müssen die gegebenen Notenwerte dadurch korrigiert werden, daß die Bebung teils ausgeführt, teils weggelassen wird. Unterbleibt die Bebung, wie bei Serkin, ganz und gar, dann können alle anderen Wünsche des Komponisten erfüllt werden.

Nach dieser Vorbereitung folgen »Arioso dolente« und Fuge. Beide Stücke erscheinen zweimal, beim zweiten Male forciert: das Arioso ermatteter und zerrissener, die Fuge stürmischer und exzentrischer, am Ende zum Kraftrausch, zur As-Dur-Synthese aus Polyphonie und Homophonie verdichtet. Adagio-Arioso und Allegro-Fuge scheinen auf jeweils extreme Wirkung angelegt. Beethoven hat trotzdem den Tempo-Vorschriften ein *ma non troppo* beigefügt. Aber was bedeutet »nicht allzu sehr«? Es bedeutet: nicht *zu* viel, um die beabsichtigte Wirkung nicht zu zerstören. Und wieviel ist »viel«?

Daniel Barenboim spielt das Arioso wie eine Adagio-Arie, die stolz und kantabel nach Erlösung verlangt. In der Fuge führt Barenboim die Kontrapunkte als melodische Geschenke vor, nicht bloß als Ausdrucksträger. Dabei achtet Barenboim trotz gemessen ruhiger Zeitmaße darauf, nie forcierte Expressivität oder Zerrissenheit vorzuführen: sein Schönheitssinn verbietet es ihm, über den Rahmen des Gebundenen, des wohllautenden Gemessenen hinauszudrängen. Barenboim begreift die ganze Sonate – nicht bloß ihren ersten Satz – als Schönheitsfeier, als Ausdruck sonorer Klassizität.

Melodiöses Engagement hat nichts zu tun mit einer Verharmlosung oder oberflächlichen Harmonisierung des Noten-Textes. Barenboim gab bereits dem Schluß des ersten Satzes einen unerwartet schmerzlichen Akzent, die letzten Takte wurden Symbol plötzlichen, rätselhaften Verstörtseins. Auch das Allegro molto hat unter Barenboims Händen etwas vergebens Drängendes – danach ist die Erlösung in Form einer unendlichen Passionsmelodie und einer mächtig gefaßten Fuge mehr als bloß Folge: nämlich zwingender Ausdruck von Folgerichtigkeit.

Artur Schnabel setzt sich über ästhetische Grenzen hinweg, die im Finale mit dem *ma non troppo* ebenso wie mit der Bezeichnung »Arioso« gegeben sein mögen. Aber er tut es nicht leichtfertig. Er entdeckt und stellt als Allerwichtigstes heraus, daß dem »Klagenden Gesang« ein Takt von Begleitakkorden vorausgeht. *Crescendo, diminuendo* und dann *piano* (Notenbeispiel 460, 1. und 2. Takt) steht da, während der harmonische Grund sich verdunkelt und vertieft. Logisch ist nichts dagegen einzuwenden, daß Schnabel die crescendo-Steigerung fast bis zum *ff* ausführt und dann übers vorgeschriebene *diminuendo* bis zum piano kommt. Jetzt fängt das Arioso nach einem Takt unstillbarer Erregtheit an – und kann darum selber zum Ausdruck nicht nur arios gemessener, sondern auch fieberhafter Klage werden.

Beispiel 460

Aber ist eine solche Deutung auch psychologisch haltbar? Nur dann, wenn diesem brodelnd erregten Beginn während der Fugen-Entwicklungen so rücksichtslose Erhitztheit und spirituelle Glut korrespondieren, wie Schnabel sie herzustellen vermag, der die Quasi-Stretta zur Explosion, zum Ausdruck stürmischster Hingerissenheit steigert.

Edwin Fischer, Backhaus, Kempff und Serkin suchen im Arioso nicht unmittelbar nach Metaphysik, sondern zunächst nach der Musik. Nach dem Liedhaften. Aus dem $^{12}/_{16}$-Takt wird bei ihnen ein kantabler $^{4}/_{8}$-Takt, bei dem jedes Achtel sich in eine Begleit-Triole aufteilt.

Nun hat Beethoven in diesem arioso dolente die Melodie mit Vorhalten, Synkopen und verminderten Septimen verhüllt. Und im zweiten Teil förmlich: *zerrissen*. Damit ist den Interpreten die Entscheidung, wie sie betonen sollen, nicht abgenommen: Brendel akzentuiert, um der Spannung und der Erregung willen, gerade die Nicht-Melodie-Töne, die

Synkopen, die Verzerrungen und Entstellungen. Da Brendel ein langsames Tempo wählt, erzielt er damit eine klagende, aber nicht hysterische Wirkung. Und wenn die Melodie im zweiten Teil des ersten Arioso unverstellter, schlichter reden darf, dann klingt das nach dem Vorangegangenen bei Brendel wahrhaft rührend. Edwin Fischer spielt das Arioso von vornherein bewegter, fließender, regelmäßiger auch. Er läßt, nach Möglichkeit, die Varianten im Halbdunkel des Ausdrucks und akzentuiert durch die Umspielungen hindurch den eigentlichen melodischen Kern. Er nimmt das »Arioso« wörtlich. Vladimir Ashkenazy versucht, in dieser gewiß historisierenden Sonate mit großer Anschlagsdisziplin beim Beginn des Arioso andeutungsweise eine Cembalo-Lautenzug-Wirkung zu erzielen. Man spürt, worauf der Pianist hinausmöchte. Aber ein wenig gekünstelt wirkt es gleichwohl – und durchhalten kann oder will Ashkenazy diese Stilisierung während des entfalteten Adagios und der getürmten Fugensteigerung dann doch nicht...

Die Wiederholung des Arioso steht in g-Moll. Sie wird von zwei Markierungen begrenzt, die nachdrücklicher als alle Vortragsanweisungen oder auskomponierten Veränderungen Signale fürs Außerordentliche setzen. Erstes Zeichen: nichts als ein leiser werdender, gebrochener Dominantseptakkord, der eine Kurve beschreibt und dann im piano verharrt (Notenbeispiel 461, 3. und 4. Takt). Die Rückung um einen halben Ton, der langsame g-Moll-Abstieg, kann von atemberaubender, von erschreckender Wirkung sein. Schnabel hat es gezeigt.

Beispiel 461

Wenn nun das Arioso-Thema zerrissener und ermatteter wiedererscheint, dann stellt Beethoven eine fast unlösbare Aufgabe. Wie können die synkopierte Melodie-Führung, größere Intervalle und auskomponierte Erregung in Einklang gebracht werden mit dem geforderten Ausdruck größerer Ermattung? Ein Kraftloser singt doch nicht verzerrter, exaltierter... Diese banale und banal-richtige Erwägung hält leider viele Interpreten davon ab, die wahnsinnsnahe Erregung darzustellen, die hier durchaus mitkomponiert ist: man hört immer nur das elegische Absinken, aber nicht die Fieberkurven – die doch wirklich keinen unlogischen Gegensatz bilden zur Vorschrift: »Ermattet«.

Beispiel 462

Youra Guller hat keine Angst davor, mitten in Beethovens Allerheiligstem übertriebener Koloratur-Vitalität gezogen zu werden: sie spielt die Stelle ekstatisch, die Linke paßt sich den exzentrischen Fiebrigkeiten der Rechten an. Ergebnis: man ahnt, was die zerrissenen Linien, wenn nur jemand den Mut faßt, ihnen ausdrucksvoll zu folgen, an potentiell-dekadenter Kraft bergen...
Ein Signal (Notenbeispiel 461) fanden wir vor der g-Moll-Arioso-Wiederholung. Das zweite beendet den Teil und leitet die Wiederholung der Fuge ein: eine Umkehrung, die Beethoven harte, von den Skizzen belegte Kompositionsarbeit bereitete. Signal für das Ende des g-Moll-Arioso und den Beginn der Schlußfuge ist eine zehnfache Akkordwiederholung auf schlechtem Taktteil im crescendo, ein gebrochener, hochgeführter G-Dur-Akkord, Gegenstück zum absteigenden g-Moll-Akkord des Anfangs-Signals. Die transmusikalische Wirkung dieser Stelle hat Strawinsky als »unerträglich langweilig« gerügt. Vielleicht hat er sie nie von Claudio Arrau gehört, der sich in diese Wiederholung mit genau der gleichen Verve stürzt, als sei der im Prestissimo-Tempo vielfach wiederholte A-Dur-Akkord zu Beginn der Fuge von Opus 106 zu donnern. Bei Arrau ist die Energie so groß und so fesselnd, daß noch die gebrochene G-Dur-Bewegung (Notenbeispiel 463, die letzten beiden Takte) einiges davon abbekommt. Folge: die Überleitung zu Beethovens Fuge klingt wie der Anfang von Wagners ›Rheingold‹. Ernst von Dohnanyi, der noch 1960, kurz vor seinem Tode, die Sonaten Opus 109 und 110 einspielte, hat hier nicht Beethovens Entschlossenheit unterstrichen, sondern Beethovens Kampf um die Umkehrung. Es ist eine winzige Nuance nur, ein Ritardando-Hinweis darauf, wie schwer sogar und gerade einem Beethoven das Komponieren werden konnte.

Beispiel 463

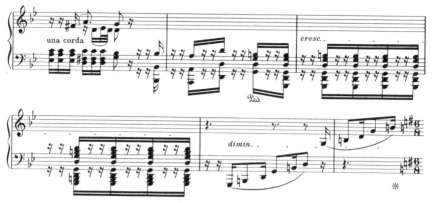

una corda
cresc..
dimin..
Ped.

Der Schlußsatz der As-Dur-Sonate läßt aber nicht nur die Spannung zwischen ekstatischem Fugenjubel und zerrissenem Arioso zu. Gulda findet für beide Teile den Tonfall ruhiger, klarer und männlicher Erhabenheit. Der rhythmischen Ausgeglichenheit seiner Linken im Arioso entspricht zügige und gewaltige Klarheit in den Fugen.

Wie im Arioso die Spannung zwischen liedhafter und expressiver Tendenz eine Entscheidung fordert, so legt Beethovens »poetische« Fuge anscheinend die Alternative nahe, entweder die großartige Konstruktion vorzuführen oder die melodischen Schönheiten auszuspielen, die donnernden Orgelwirkungen und die erhitzten Stretta-Effekte, die Beethoven auf dem Wege über die bewältigte Fuge hier erreicht. Edwin Fischer zieht zum Beispiel das Tempo leicht an, wenn das Thema zum ersten Male im Baß, und zwar in aller Fortissimo-Herrlichkeit erscheint. Beethovens Vorschrift, daß der Takt unmittelbar vor dem *ff* nur *piano* herauskommen soll, würde eine so mächtige Entfaltung, wie Edwin Fischer sie im Sinn hat, behindern. Darum spielt er (Notenbeispiel 464, 5. Takt) statt piano ruhig forte. Backhaus wird beim *ff*-Einsatz des Basses nicht schneller, sondern merklich langsamer wie ein wirkungssicherer Organist, der sich donnernd zu barocker Fülle bekennt (Notenbeispiel 464). Glenn Gould spielt die Fuge mit freier Empfindsamkeit. Er stellt den Baß-Einsatz temperamentvoll dar, wählt dann aber beim Beginn des Zwischenspiels (Notenbeispiel 464, die beiden letzten Takte) eine anmutigere Farbe und ein lyrischeres Tempo. Es klingt ungewohnt, schumannhaft, aber nicht inkonsequent.

Beispiel 464

Wenn Beethoven-Spieler die Fuge in eine durchdachte Beziehung zum Arioso zu setzen verstehen, dann ist die angemessene Darbietung der Schlußfuge hauptsächlich eine Frage der pianistischen Ausrüstung und des pianistischen Wagemutes. Beethoven hat in dieser Fuge weniger mit kontrapunktischer Gelehrsamkeit glänzen wollen als mit melodischer Unerschöpflichkeit. Die Konstruktion der Fuge ist – verglichen mit dem letzten Satz aus Opus 106 – übersichtlich, plausibel, unmittelbar. Ob der Satz mit melodisch artikulierender Einfühlung oder architektonischer Pointierung oder drängender Unbeirrbarkeit gespielt wird, ist eine Frage interpretatorischen Temperaments, wirft aber kein neues Licht auf den komponierten Sachverhalt. Nur die *meno Allegro*-Stelle vor Beginn der letzten riesigen Steigerung bietet ein kompliziertes pianistisches und intellektuelles Problem (Notenbeispiel 465).

Alfred Brendel hat den Weg für die Darstellung dieser vertrackten Mischung aus Vergrößerung und gleichzeitig erscheinender Verkleinerung des Materials gewiesen. Er wird nämlich beim Beginn der zweiten Fugenwiederholung so kraftvoll schneller und aggressiver, daß er lange vor dem *meno mosso* – also in den ersten zehn Takten des Notenbeispiels 465 – ein zügiges Tempo und einen entsprechend großen Ton zu erreichen vermag. Nun kann er beim meno mosso im Vertrauen darauf, daß die Vergrößerung des Themas als Ereignis bereits konstituiert ist, durchaus langsamer werden: der Schwung trägt weiter, die Linie zerfällt

nicht. Die raschen Notenwerte dürfen hier nicht darüber hinwegtäuschen, daß sich das Grundtempo entschieden beruhigen soll.

Glenn Gould hat sich zur Vorbereitung der meno mosso-Stelle etwas ganz Apartes ausgedacht: Die Umkehrungsfuge beginnt er rubato und legato, als *traurige Weise*. Tränenschwer beim tüfteligen g-Moll angekommen, wird Glenn Gould dort gerade nicht, wie Pianisten geringeren Talents, noch langsamer. Bei dieser neuen Durchführung des Fugenthemas erzielt er einen eleganten Überraschungseffekt. Denn er wechselt aus empfindsamem legato in ein fast kokettes staccato über, von dem er erst wieder abläßt, wenn die meno mosso-Partie ruhigere Gangart vorschreibt. Glenn Gould, der in wenige Takte schon so viele Kontraste

606

fügte, braucht die Beethovensche Langsamkeits-Lizenz nicht zu strapazieren. Technik und Geistesgegenwart und bisher vorgeführte rasche Reaktionen: alles das gestattet Glenn Gould flüssiges, kapriziöses, aber keineswegs ganz unangemessenes Fugen-Spiel. Glenn Gould gelingt auch, worum die meisten anderen Pianisten mühsam und doch vergeblich kämpfen: er kann Beethovens Vorschrift »nach und nach wieder geschwinder« wörtlich nehmen. Er muß die beiden letzten Takte nicht rhythmisch verzerren, sondern bringt sie bereits im sicheren *a tempo*. Nur so kommt die schöne, melodische Linie in den Sechzehnteln der rechten Hand (Notenbeispiel 465, letzter Takt, immer das jeweils zweite Sechzehntel: ges, e, f; f, c, b) wirklich erkennbar und rhythmisch richtig heraus.

32. SONATE

Sonate Opus 111 c-Moll (1821/22)

Maestoso – Allegro con brio ed appassionato
Arietta *Adagio molto semplice e cantabile*

Letzte Klaviersonate Beethovens, doch weder sein letztes großes Klavierwerk noch auch seine letzte Auseinandersetzung mit der Sonatenform. »Testament« gewiß – aber nur in dem Sinne, daß Beethoven hier die Charaktere bis zum Alleräußersten oder Allerreinsten rückt, entrückt.

Ist die Zweisätzigkeit der c-Moll-Sonate Problem oder Schein-Problem? Jean und Brigitte Massin lesen (›Beethoven‹, a. a. O., S. 541) aus den Skizzen eine ursprünglich dreisätzige Konzeption heraus: »Nach den Skizzen zu urteilen, hatte Beethoven die Sonate offensichtlich anders geplant: Ehe das Variationsthema der Arietta auftaucht, scheint er an eine dreisätzige Sonate gedacht zu haben, worin das jetzige Thema des ersten Satzes für den dritten Satz verwendet werden sollte.« Beethoven-Verleger Schlesinger erwartete auch Dreisätzigkeit. Berühmt wurde seine Nachfrage, ob die Sonate nur zweisätzig sei oder ob vielleicht das *Schluß-Allegro zufällig beim Notenschreiber vergessen* worden wäre …

Analytiker und Interpreten beteuern übereinstimmend, daß Opus 111 nach dem Arietta-Schluß unmöglich einen dritten Satz hätte haben können. Prod'homme (›Beethovens Klaviersonaten‹, a. a. O., S. 275) spürt – im Gegensatz zu den Massins – die intendierte Zweisätzigkeit bereits aus den Skizzen heraus.

Seit Thomas Manns Musiker-Roman ›Doktor Faustus‹ existiert, hat das Werk auch eine Art Beinamen. Opus 111 ist nämlich *die Sonate, über die Thomas Mann geschrieben hat.* Im VIII. Kapitel des ›Dr. Faustus‹ hält der Organist und Komponist Wendell Kretzschmar einen enthusiastischen, wenn auch stotternden Vortrag über die Frage: »warum Beethoven zu der Klaviersonate Opus 111 keinen dritten Satz geschrieben« habe. Thomas Mann verarbeitet da, wie er im V. Kapitel der ›Entstehung des Doktor Faustus‹ berichtet, Anregungen, die er einer »höchst instruktiven« Interpretation von Theodor W. Adorno verdankt. Was Adorno Thomas Mann im Jahre 1943 vortrug, scheint

sich weithin mit den Thesen gedeckt zu haben, die Adorno bereits 1937 im Aufsatz ›Spätstil Beethovens‹ aufgestellt hatte (wieder abgedruckt in ›moments musicaux‹, edition suhrkamp, 1964). Leider verträgt die Adorno/Thomas Mannsche Interpretation häufiges Wiederlesen nicht allzu gut. Sie ist gewiß in der Verklärung mancher Einzelheiten poetisch, aber die These wirkt doch forciert. Bei Thomas Mann heißt es, und 1947, als der Roman erschien, lasen wir mit tiefer Bewegung: »Tatsächlich sei Beethoven in seiner Mittelzeit weit subjektivistischer, um nicht zu sagen, weit ›persönlicher‹ gewesen als zuletzt; weit mehr sei er damals bedacht gewesen, alles Konventionelle, Formel- und Floskelhafte, wovon die Musik ja voll sei, vom persönlichen Ausdruck verzehren zu lassen... Das Verhältnis des späten Beethoven, etwa in den fünf letzten Klaviersonaten, zum Konventionellen sei bei aller Einmaligkeit und selbst Ungeheuerlichkeit der Formensprache ein ganz anderes, viel läßlicheres und geneigteres. Unberührt, unverwandelt vom Subjektiven trete die Konvention im Spätwerk öfters hervor, in einer Kahlheit oder, man möge sagen, Ausgeblasenheit, Ich-Verlassenheit, welche nun wieder schaurig majestätischer wirke als jedes persönliche Wagnis.«
Schöne Sätze, die aber auf die Appassionata genauso gut, wenn nicht besser passen als auf Opus 106 oder Opus 111...
Unterhalb der sichtbaren Zweiteiligkeit von Opus 111 verbirgt sich eine Dreiergliederung. Man kann bereits die Entwicklung von der gewichtigen Maestoso-Einleitung über das Allegro zum Variations-Adagio als Dreiteilung begreifen. Man kann sowohl die Einleitung selber aus drei unterschiedlichen Charakteren zusammengesetzt finden, wie auch den dann folgenden dreigeteilten Kopfsatz und die Variationen, die gleichfalls eine klare Dreiergruppierung erkennen lassen: Thema samt Variation 1–3, die Doppel-Variation 4 als riesigen Mittelteil, darauf die Synthese der letzten Variation. Beethoven unterläuft aber das ›Zweierschema‹, dem diese ›Dreierstrukturen‹ widersprechen, auch folgendermaßen: der pp-C-Dur-Schluß des ersten Satzes scheint bereits Arietta-Ruhe zu antizipieren; die Riesensteigerungen der letzten Variation wiederum werden von der Satz-Überschrift »molto semplice e cantabile« kaum mehr gedeckt, kaum noch erreicht. Da spricht die Musik durchaus im Ton eines enthusiastischen C-Dur-Finales. Erst die Coda stellt den Adagio-Frieden wieder her, auf neuer Stufe, Abschied nehmend.

Die Maestoso-Einleitung des Kopfsatzes ist eine hochkonzentrierte Folge von drei expressiven Gestalten. Die geballte Verschiedenheit dieser dreimal fünf Maestoso-Takte, eine Abfolge, deren Gliederung von den zugrundeliegenden rhythmischen Modellen geprägt ist, scheint charakteristische, auch den Interpreten selber charakterisierende Entscheidungen, Gliederungen und Tempo-Modifikationen unmittelbar zu erzwingen. Es ist ein Charakter-Test für Pianisten. Nichts deutet darauf hin, daß diese Maestoso-Takte nur Vorbereitung seien auf das Eigentliche – nämlich den Allegro con brio-Satz. Und genauso ungerechtfertigt wäre es, den ersten Satz seinerseits nur als Vorbereitung auf das Eigentlichste, nämlich die Arietta mit ihren Variationen, zu verstehen. Im Banne der transzendentalen Arietta-Ereignisse geht freilich Arturo Benedetti-Michelangeli manchmal so weit, die Sonate zu spielen, als sei im Grunde nur der zweite Satz wichtig und gewichtig, als verhielten sich die Variationen zum Maestoso-Allegro wie in Opus 110 Arioso samt Fuge zu den ersten beiden Sätzen.

Aber was weist denn darauf hin, daß der erste Satz nur Antithese sei, nur Widerstand, nur Gegen-Welt... Der leise Schluß? Die falsche Verabsolutierung der Arietta-Variationen hängt wahrscheinlich mit jener antithetischen Simplifizierung zusammen, die sich aufdrängt, wenn zwei Objektivationen einander gegenüberstehen, deren zweite gewaltig und ätherisch über alle Grenzen hinausreicht. Die möglicherweise unbewußte, ungewollte Relativierung des ersten Satzes steckt bereits in den Etiketten, die empfindsame Bewunderer für den Allegro-Moll- und Adagio-Dur-Gegensatz prägten. Mit den Worten »Widerstand« und »Ergebung« charakterisierte Wilhelm von Lenz in seinem Kritischen Katalog die beiden Sätze. Hans von Bülow nahm diese Antithetik auf und verbesserte sie fernöstlich: »Sansara – Nirvana«. Richard Wagner fühlte sich, überraschenderweise, von dieser verklärt endenden Sonate in seinen vegetarischen Auffassungen bestätigt (die sich eindringlich im ›Parsifal‹ niedergeschlagen haben und Wagners leidenschaftlichste Parteigänger damals tatsächlich vom Fleischgenuß abhielten). Nachdem Wagner 1881 die Sonate gehört hatte, rief er aus: »Das ist himmlisch... Das ist meine ganze Lehre! Der erste Satz ist der Wille in seinem Schmerz und heroischen Begehren; der andere ist der besänftigte Wille, wie der Mensch ihn haben wird, wenn er vernünftig geworden ist!« »Vegetarianer!« rief er ergänzend aus und zeigte mit der Erwähnung dieses Wortes in diesem Zusammenhang, was alles sich für ihn in diesem Begriff zusammendrängte. (Zitiert u. a. bei Prod'homme a.a.O., S. 280 f.)

Jede dieser Antithesen nimmt offenkundig Partei für den zweiten Satz:

... »wenn er vernünftig geworden ist«. Daher die Versuchung, die Sonate als Final-Sonate vorzutragen. Eine begreifliche Versuchung, obwohl Maestoso und Allegro con brio nicht im mindesten vorbereitend oder verhalten komponiert sind. Doch selbst wenn interpretierendes Gefühl sich von den Wundern der Arietta-Variationen so beeindrucken läßt, daß es diesem letzten Beethovenschen Klaviersonaten-Satz unbedingt eine ganz besondere Bedeutung einräumen möchte: stünde die Arietta nicht um so höher, je gewaltiger und gewichtiger die Konflikte wären, denen sie ihr Adagio molto semplice e cantabile entgegensetzt? Michelangelis Versuch, die Totalität des Werkes aus der Fortissimo-Sphäre herauszunehmen, die Spannungsfülle der Sonate in eine beherrschte Klangfarben-Folge zu verzaubern (eine Tendenz, die der Pianist übrigens in seiner Schallplatten-Einspielung nur andeutet, in Konzerten aber konsequent darbot), ist wohl die ästhetisierendste Möglichkeit, Opus 111 ganz aus dem Geist des zweiten Satzes zu deuten. Wilhelm Backhaus' Interpretation bietet das Gegenstück zu Michelangelis Ästhetisierung. Backhaus spielt die Sonate gleichsam »realistisch«, also ohne dem Werk irgendeinen metaphysischen oder testamentarischen Ausdruck aufprägen zu wollen. Die Maestoso-Einleitung greift Backhaus verhalten an, fast flüchtig, unerschüttert. Das Allegro zieht bei Backhaus wie ein großer, kühler con brio-Kopfsatz vorbei, und die Arietta nimmt Backhaus auffällig rasch, mit deutlichen Tempo-Schwankungen. Backhaus möchte keine Adagio-Feier veranstalten. Er läßt sich nicht auf extreme Langsamkeit ein, sondern domestiziert den Variationssatz im Geiste jener Virtuosen des 19. Jahrhunderts, die beim späten Beethoven die Gefahr eines vermeintlich blutleeren und unpianistischen Abstraktionismus durch Aktionismus bannen wollten. Darum endet bei Backhaus der langsame Satz nicht in den »transzendenten Sphären«, von denen Claudio Arrau sprach, noch weniger im von Arrau beschworenen »Zustand mystischer Ekstase«, sondern als durchaus irdisches Finale – wie ein Variationssatz, dessen Figurationen immer rascher, dessen Bewegungen immer leibhaftiger, dessen Kräfte immer größer und triumphaler herauskommen.

Die gewaltige Maestoso-Einleitung zum Allegro con brio ed appassionato drängt denkbar unterschiedliche Charaktere auf kleinstem Raum zusammen. Nach dem Vorbild französischer Ouvertüren beginnt die Einleitung mit straff punktierten Rhythmen, wenn auch ohne allen affirmativen, barocken Faltenwurf: heftig, aufgewühlt, von Oktavsprüngen und verminderten Septakkorden beherrscht.

Beispiel 466

In diesem punktiert beginnenden Maestoso gibt es die gewohnte Über-
schaubarkeit nicht mehr. Man ahnt doch in Lullys, Händels, Bachs französischen Ouvertüren oder auch beim früheren, »klassischeren« Beethoven, wie es wenigstens so ungefähr weitergehen könnte. Im Maestoso der
Sonate Opus 111 sind die Zusammenhänge versteckter und die
Kontraste heftiger. Bereits im zweiten Maestoso-Abschnitt bleibt – isoliert – einzig der punktierte Rhythmus erhalten. Statt heftiger Sprünge,
statt der *forte-* und *sf*-Akzente dominiert plötzlich eine zarte, dämmernd
ins tiefere *piano* und *sempre pp* führende Modulationsbewegung, über
deren tiefsinnige Magie das Wort »unvorhersehbar« wenig besagt: Nach
dramatischstem Beginn diffuse, mystische Fortschreitungen. Dabei muß
der Verlauf lange *sempre pp* bleiben – auch dann, wenn der Baß (Notenbeispiel 467, 4. Takt) gewichtigere Oktaven einführt. Einer analogen
Schwierigkeit begegneten wir am Beginn der Les Adieux-Sonate (Notenbeispiel 360).

Beispiel 467

Zwei fünftaktige rhythmische Modelle der Maestoso-Einleitung führen zum dritten, letzten, prägnantesten Abschnitt, zu einem Motiv, das weder von gezackten Sprüngen und punktierten Rhythmen noch von diffusen Modulationen beherrscht wird. Kadenzierend, einfach und eindrucksvoll schreitet es zur Dominante:

Beispiel 468

Übersieht man diese drei Komplexe der Maestoso-Einleitung (deren letzter über einen Baß-Triller unmittelbar zum Hauptmotiv des Allegro con brio führt), dann fällt die radikale Verschiedenheit der dreimal fünf Takte ins Auge: Diese Musik legt keinen Wert darauf, als Einheit oder als unmittelbare Entwicklung erkennbar zu werden. Man muß die Sonate schon so oft gehört und so fleißig analysiert haben wie Jürgen Uhde, um angesichts dieses komponierten Sachverhaltes zu finden: »Das ganze Maestoso ist wie aus einem Guß und es wirkt spontan wie eine Fantasie« (Uhde, a. a. O., S. 571).

Wie aus einem Guß? Nur weil punktierte Rhythmen in keineswegs homogenem Zusammenhang eine Identität andeuten? Hier hilft weder die gewohnte Symmetrie noch auch das gewohnte Weiterdrängen klarer harmonischer Verläufe. Beethoven komprimiert Konträres und unterwirft es einer übergeordneten harmonischen Logik, die wahrlich komplizierter ist als gängige musikalische Umgangssprache.

Im ersten Satz der Sonate Opus 78 stießen wir bereits auf lauter komplexe, in ihrer jeweiligen Zuordnung schwer verständliche Charaktere, die Beethoven unmittelbar miteinander verknüpft hatte. Nur sorgte in Opus 78 (siehe Notenbeispiel 350) ein verbindlich melodiöser Oberflächen-Zusammenhang dafür, daß man dieser Schwierigkeiten kaum gewahr wurde, während der alte Meister von Opus 111 gar nicht daran denkt, die Ausdrucksgegensätze der Maestoso-Einleitung freundlich parlierend zu verschleiern...

Die drei Teile der Einleitung rebellieren expressiv gegen den Gesamtzusammenhang, den sie konstituieren. Die Einzelmomente fügen sich nicht in einen absehbaren Verlauf, sondern sie stellen ihre jeweilige Eigenart exzentrisch dar. Die Kontraste erscheinen bedeutender als das Verbindende. Eine jede Gestalt muß zum reinen Ausdruck ihrer selbst gebracht werden. Eben darum hat diese Folge höchst expressiver Gestalten tatsächlich etwas von einem *Charakter-Test für Pianisten.* Jedes der drei rhythmischen Modelle, aus denen sich das Maestoso vom ersten bis zum fünfzehnten Takt zusammensetzt, ist fünf Takte lang, jedes beansprucht höchste Intensität. Aufschlußreich und aufregend ist es, zu vergleichen, welche Bedeutung und Dauer die einzelnen Interpreten den äußerlich gleich langen, doch inhaltlich so verschiedenartigen drei Komplexen zubilligen.

Für Solomon, Arrau, Barenboim und Elly Ney ist die leise, »mystische« Fortschreitung (Notenbeispiel 467) wichtiger als der »dramatische« Anfang (Notenbeispiel 466): diese Künstler werden in den zweiten fünf Takten zum Teil beträchtlich langsamer, meditativer, tiefsinniger. Solomon macht aus dem *pp* (Notenbeispiel 467) einen langen Moment strenger und herb-beeindruckender Erstarrung! Ohne weich oder weichlich-unrhythmisch zu phrasieren, holt er Tief-Geheimnisvolles aus dem Abgrund dieser Töne herauf. Er spielt sie auch in seinem Kontext viel langsamer und doppelt, ja fast dreimal langsamer (!) als Backhaus oder Michelangeli.

Backhaus und Michelangeli wollen den Verlauf der Einleitung offenbar nicht einer tiefsinnigen oder sentimentalischen Episode opfern. Sie nehmen darum (Notenbeispiel 466) den zweiten Teil sogar rascher als den ersten, zügig auf den Schluß zielend, während Solomon oder Arrau oder die alte Elly Ney den zweiten Teil nicht nur an sich »langsam« auffassen, sondern auch langsamer als den Anfang.

Schnabel versteht den zweiten Teil des Maestoso nicht langsamer, sondern sogar etwas bewegter als den Beginn. Aber für Schnabel hat das allmähliche Rascher-Werden einen übergeordneten Sinn: Schnabel spielt nämlich den dritten Einleitungs-Teil (Notenbeispiel 468), der bei den meisten Interpreten am relativ ruhigsten herauskommt, noch schneller. Man spürt, wie Schnabel (und auch Friedrich Gulda) die Einleitung, ohne sie im mindesten zu verhetzen, entschlossen auf ihr Ziel zusteuern, nämlich auf das Allegro, während Barenboim, Badura-Skoda, Youra Guller, Julius Katchen und Wilhelm Kempff den Maestoso-Beginn als einen Prozeß mit schwerem, offenem, emphatisch sich verlangsamendem Schluß auffassen.

Kaum ein Beethoven-Interpret, der hier nicht verriete, was ihm wichtig ist und wie er fühlt... Claudio Arrau bemüht sich, die punktierten Achtel- und Zweiunddreißigstel-Noten, die im dritten Teil der Einleitung einen Zusammenhang mit den ersten beiden Teilen stiften, ganz klar zu pointieren, mit Hilfe eines Ritardando sogar. Deutlichkeit schlägt dabei freilich um in Überdeutlichkeit, das Ritardando wirkt eher affektiert als notwendig. Was den Zusammenhang eigentlich hätte unterstreichen sollen, wird zur unnötig aufgeblasenen Einzelheit.

Brendel spielt den c-Moll-Akkord (Notenbeispiel 468, 2. und 4. Takt, jeweils auf »drei«), den man als lautesten erwartet, plötzlich und fahl leise. Der Eindruck ist tiefsinnig, überraschend, beklemmend.

Dem Kopf-Motiv des Allegro con brio ed appassionato (also der Tonfolge c-es-h) werden wir, irgendwo und irgendwie, in jedem der nun zu zitierenden Notenbeispiele begegnen. Und das ist kein Zufall, sondern hängt mit dem »monothematischen« Charakter des Satzes zusammen. Nicht nur analysierbar, sondern durchaus hörbar auch entwickelt sich der c-Moll-Sturm dieses Allegros aus einer einzigen, immer wieder neu abgewandelten, aber nie bis zur Unkenntlichkeit verwandelten Urzelle. Sicherlich steht das Allegro darum – formal – dem Allegro eines Brandenburgischen Konzertes näher als so dialogisch-dialektisch komponierten Stücken wie dem Kopfsatz der Hammerklaviersonate, dem Finale der Mondscheinsonate oder dem ersten Satz des c-Moll-Klavierkonzertes. Ähnlich monothematisch (also von einem einzigen Thema beherrscht) war in Beethovens Schaffen, gewiß nicht zufällig, ein anderes großes c-Moll-Stück: nämlich der erste Satz der 5. Symphonie.

Dabei dürfen wir den Streit auf sich beruhen lassen, ob der lyrische Gedanke, der in der Exposition und in der Reprise (Notenbeispiel 471) hörbar wird und eine Aufhellung der schwarzen Farbe sowie eine Verlangsamung bis zum Adagio-Tempo erzwingt, nun ein echtes, also selbständiges »zweites« Thema sei oder auch nur eine, freilich sehr weitgehende, den Ursprung vergessen machende Ableitung aus dem beinahe allgegenwärtigen Hauptmotiv. Angenommen, dieses neue Thema wäre tatsächlich ein genuines, nicht weiter ableitbares »zweites« Thema: am entschieden monothematischen Charakter des Satzes änderte sich selbst dann wenig. Denn der neuen Gestalt kommt im monothematisch tobenden Allegro immer nur Episoden-Charakter zu. Gewiß, auch in der Waldstein-Sonate wird das dort so eindringliche choralhafte »zweite« Thema (Notenbeispiel 302) in der Durchführung nicht abgehandelt. Woher also die Berechtigung, den E-Dur-Choral der Waldstein-Sonate ohne weiteres als zweites Thema anzusprechen und in Opus 111 nicht analog zu verfahren? Antwort: Weil im Kontext des Waldstein-Sonaten-Satzes der übrige Verlauf längst nicht so deutlich aus einer alles prägenden Urzelle abgeleitet scheint wie in Opus 111, deren erster Satz sich – von der zur Diskussion stehenden lyrischen Episode abgesehen – überwiegend, manisch und verbissen auf die Keimzelle c-es-h bezieht. In

Opus 111 unterbricht der Seitensatz nur zweimal kurz die Gewalt des Monothematischen. Überdies erfährt das Choralmotiv der Waldstein-Sonate nicht nur in der Exposition und in der Reprise ausschmückende Umspielungen, sondern es kehrt an entscheidender Stelle der Coda (Notenbeispiel 301) wieder.

Glenn Gould geht an die Grenze des Möglichen und noch ein paar Schritte darüber hinaus. Er spielt den Kopfsatz von Opus 111 so unmäßig und übermäßig schnell, daß der Musik gar nichts anderes übrigbleibt, als ihren monothematischen Charakter zu demonstrieren. Über Ritardando-Vorschriften und ausdrucksvolle Verlangsamungen braust Gould hinweg – nicht achtlos, sondern temperamentvoll. Er holt alle Spannung aus der immer rasenderen Entfaltung des Hauptthemas selbst, etwa aus jener von immer riesigeren Intervallen der linken Hand begleiteten Durchführungs-Steigerung des Themas (Notenbeispiel 470), die Galston in seinem ›Studienbuch‹ zur Bemerkung veranlaßte, da sperre sich ein Rachen immer weiter auf. Aber ein derart exaltiertes Tempo kann alles in allem kaum mehr erbringen als eine exaltierte Lösung. Friedrich Gulda jedoch hat – am überzeugendsten, großartig-sten 1966 im Großen Wiener Musikvereinssaal, wo er, sechsunddreißig-jährig, ein Jubiläums-Konzert gab, weil dortselbst zwanzig Jahre zuvor seine Karriere begann –, Friedrich Gulda also hat dieses Allegro con brio ed appassionato zwingend zu meistern gewußt. Er hat es mit eisenharter Grifftechnik, hellwacher rhythmischer Präzision und Empfindungskraft zur fahlen, gehetzten, aber nie überhetzten, kalt intensiven Eruption gemacht. Glücklicherweise existiert ein Schallplatten-Mitschnitt dieses Gulda-Jubiläumskonzertes vom Dezember 1966.

Als Höhepunkte der Interpretationsgeschichte von Beethovens Opus 111 wären das Maestoso, gespielt von Solomon, das Allegro appassionato, gespielt von Gulda, die Arietta-Variationen, gespielt von Arrau, zu bezeichnen. Nennt man in diesem Zusammenhang noch Artur Schnabel und Rudolf Serkin, dann wären bereits die Namen derjenigen Pianisten gefallen, die der Sonate Opus 111 gerecht zu werden vermögen und nicht nur einzelne Stellen bedeutungsvoll herausgehoben haben. (Freilich machten Edwin Fischer und Yves Nat ihre Einspielungen in einem Lebensalter, da sie den manuell technischen Anforderungen des Werkes nicht mehr ganz gewachsen sein konnten.)

Bewußtlose Virtuosität führt allerdings in Opus 111 eher zur Lächerlich-keit als zum Ziel. Nicht nur deshalb, weil flache oder sentimentale Virtuosen weder den Ingrimm des Allegros noch die herben Anstrengungen jener vielen Ritardando-Vorschriften darstellen können, die hier – wie so oft im Spätwerk – den con brio-Affekt an eine (stoische? resignierende? atemholende? keuchende?, in jedem Fall allen bloßen »Schwung« zerbrechende und kritisierende) Grenze stoßen lassen. Nur lebenslängliche Beethoven-Spieler scheinen fähig, auch im Allegro-Tempo die Begleitachtel der rechten Hand (3. Takt des Notenbeispiels 469) ohne albernes oder ironisches Staccato-Rasseln vorzutragen: also *nicht* langsamer zu werden, die Motiv-Töne *staccato* zu artikulieren und die Begleitung doch *legato* zu lassen. Staccato-Punkte für die Mittelstimme sind erst zwei Takte später vorgeschrieben, bei verlangsamtem Tempo:

Beispiel 469

Größe und leidenschaftliches Gewicht wachsen diesem Allegro zu, wenn das fahle oder wilde Feuer, zu dem Opus 111 provoziert, die Unterschiede zwischen ekstatischer Ausdrucksdringlichkeit und Piano-Durchsichtigkeit nicht wegglüht. Edwin Fischer zum Beispiel kann darauf aufmerksam machen, daß der fugato-Beginn der Durchführung – der in quasi-motorische Figuren übergeht (Notenbeispiel 470, 5. bis 7. Takt), bevor dann das Thema sich mit aller Macht durchsetzt – im Opus 111-Zusammenhang durchaus als ein knappes Barock-Zitat verstehbar ist, ähnlich wie es in der Largo-Improvisation von Opus 106 beim kurzen gis-Moll-Allegro-Einschub der Fall war.
Aber solche Episoden stilgeschichtlicher oder lyrisierender Distanzierung vom auskomponierten Allegro con brio-Toben dürfen in Opus 111 wirklich nur Episoden sein. Die vielleicht klirrendste, höchste und erregteste Zuspitzung endet in vier *sf*-Riesen-Sprüngen. Dann folgt die Wiederholung des Seitengedankens, zunächst C-Dur, danach sogleich in f-Moll und alsbald eingeholt vom immer rascheren *più allegro*. Wohlmeinende

Gliederungsabsichten verfehlen den Anfang: Schreibt Beethoven vier *sf*-Schläge nacheinander vor (Notenbeispiel 471), dann muß ein viermaliger äußerster Ausbruch produziert werden! Es klingt nicht etwa gleichförmig und grob, wenn diese Blitze über die Sonatenlandschaft fallen. Sondern es wirkt tantenhaft und anti-beethovensch, wenn sie nur als beherrschte, wohldosierte Signale mal oben, mal unten aufleuchten. (Notenbeispiel 471, 2. und 3. Takt) Den Übergang zum Seitenthema akzentuiert Istvan Antal danach mit einem schlauen, aber doch unangebrachten Trick: er setzt auf den ersten Ton des C-Dur-Gedankens (Notenbeispiel 471, vierter Takt, das hohe sforzato-g) einfachheitshalber eine lange Fermate. So wird gewiß alles ganz klar, und der Hörer vernimmt beruhigt, daß die Musik nun langsamer vonstatten gehen darf. Nur: diese überdeutliche Gliederung verführt Antal dazu, bei den vorhergehenden *sf*-Schlägen doch nicht äußerste dynamische Kraft walten zu lassen. Und sie nimmt ihm die Möglichkeit, Beethovens spätere Verlangsamungsvorschrift genau zu befolgen.

Gulda hat diese Stelle sorgfältiger gelesen und gedeutet. Er gibt bei der Episode tatsächlich erst dann im Tempo nach, wenn der Notentext es vorschreibt. Das Besondere an Guldas Interpretation liegt im Übergang zum Tempo I (Notenbeispiel 471, Takt 10 ff.). Hier erscheint ja das Episoden-Motiv plötzlich im Sonatenverlauf, nach Moll gewendet, als quasi-durchgeführtes Seitenthema. Erst eine ausführliche motorische

Steigerung stellt sodann den Allegro con brio-Zusammenhang wieder her. Wird der episodische zweite Gedanke nun nicht doch zu wichtig?

Gulda antwortet auf diese Frage mit Hilfe klug eingesetzter Klangfarben. Wenn, bei Tempo I, eine synkopische Verschiebung eintritt und das Episoden-Thema danach in f-Moll absteigt, dann trennt Gulda den bei Tempo I (Notenbeispiel 471) beginnenden Verlauf souverän ab von der bisherigen Entfaltung...

Unter seinen Händen klingt die Musik nun bereits so fahl, so starr, verhalten-dramatisch und geisterbleich, als wäre der *monothematische Bezirk* schon erreicht – obwohl doch eigentlich immer noch das Episoden-Thema erklingt. Die sich langsam in Bewegung setzende, synkopisch verfremdete und durch dazwischengeschobene Achtel pointierte sempre più allegro-Bewegung (beginnend in den beiden letzten Takten des Notenbeispiels 471) klingt freilich nicht nur bei Gulda wie das allmähliche Anfahren einer urweltlichen Opus 111-Lokomotive, wie ein mythischer ›Pacific 231‹. Dergleichen erwartet man hier eigentlich nicht, obwohl eine genaue, gar pointierte Ausführung der Beethovenschen Vorschriften diesen Effekt nur dann vermeidet, wenn der Interpret ihn bewußt ausläßt.

Die *ff* und *sf* zu erdonnernde Akkord-Zusammenfassung des Hauptthemas in der Coda des ersten Satzes bietet vielleicht grifftechnische, aber kaum »Interpretations«-Probleme. Um so mehr Rätsel gibt der leise Schluß auf, der diesem Kraftpunkt folgt und den Satz im pianissimo ausklingen läßt. Daß die Läufe der linken Hand (Notenbeispiel 472, Takt 6 ff.) an Chopins »Revolutions«-Etüde erinnern, ist wiederholt hervorgehoben worden, tut aber wenig zur Sache: denn als revolutionär oder auch als Ausdruck eines Revolutions-Zusammenbruchs kann man die Stelle, die ja weder jubelnd noch trist tönt, sondern eine leise Dur-Aufhellung herbeiführt, sowieso nicht deuten.

Yves Nat zeigt, wie dieses Ende verstehbar gemacht werden kann. Nat spielt die Passagen wie einen Nachhall, wie fernes Rauschen, wie eine auslaufende Brandung, kaum hörbar. Um so empfindsamer aber und auch im Tempo zurückhaltender trägt Nat die halben Noten der rechten Hand vor. Dabei paßt er die Mittelstimmen (im achten Takt des Beispiels 472) völlig seiner choralhaften bis träumerisch romantischen Ruhe an. Nat erzielt dabei – deutlicher noch als Michelangeli, dessen Darstellung in die gleiche Richtung geht – eine faszinierende Wirkung: der Übergang zwischen erstem und zweitem Satz verfließt. Die allzu blanke Antithetik scheint dispensiert. Zwischen Allegro con brio-Leidenschaft und Arietta-Einfachheit stellt sich eine von Beethoven gewiß nicht

direkt beabsichtigte, aber indirekt ermöglichte Verbindung her. Akkordische Ruhe, zartes Piano, am Ende C-Dur: damit sind wir ja bereits in der Arietta-Welt, auch wenn das alles noch am äußersten Ende des ersten Satzes stattfindet. Yves Nats Kunst, zwischen den vermeintlich extremen Gegensätzen einen zarten, gewiß nicht sinnlos oder aufgesetzt wirkenden Übergang herzustellen, ist beglückend und nachahmenswert.

Molto semplice e cantabile – also: sehr einfach und gesanglich – beginnt im zweiten Satz *die Musik selber zu sprechen*. Diese Umschreibung meint nicht nur Metaphorisches. Sie will auch wörtlich genommen sein. Denn: so groß ist die Ruhe des Arietta-Themas, so einfach sind seine

harmonischen Schritte, so keusch und bescheiden hält sich die Melodie an die Stufen des C-Dur (ohne sie mit allen möglichen chromatischen, komplizierten, subjektivistischen Bekundungen des Ausdrucks oder des Schmerzes zu belästigen), daß etwas Allerletztes oder Allererstes zu geschehen scheint. Der alte Beethoven »komponiert« hier nicht Musik, sondern er verbündet sich mit ihrer Sprache. Wie reich, wie unabgenützt, wie schön Töne und Akkorde klingen können – trotz allem, was ihnen in langer Geschichte auch dieser 32 Klaviersonaten widerfuhr –, dieses Unbeschreibliche wird Ereignis, wenn langsam, einfach und gesanglich die Arietta anhebt. Weil Beethoven hier die Musik-Sprache für sich sprechen läßt, darum lassen große Interpreten die einzelnen Harmonien und Akkorde des Arietta-Themas gleichsam ausklingen – als gäbe es gar keinen Zusammenhang, keinen Ursprung und kein Ziel für diese Töne, als »dienten« sie nicht nur einer Melodie, einem Variationssatz, einer Sonate, sondern seien zunächst und zuerst ganz selber da: sanft verweilend, ruhig schreitend zwischen C-Dur, angedeuteter Dominante, ausdrucksvoller Moll-Parallele...

Beethoven hat hart arbeiten müssen, bis eine Gestalt von so vollkommener, selbstverständlicher Schlichtheit fertig war. Vergleicht man das

Arietta-Thema mit einer entfernt ähnlichen, nur eben sehr viel harmloseren, ärmeren Beethoven-Melodie — etwa dem zweiten Teil der 5. Variation aus dem 1817/18 komponierten ›Air de la petite Russie‹ (Opus 107)
–, dann wird evident, daß dort der melodische Ablauf zwar dem Beginn
des zweiten Arietta-Teils entspricht; aber man spürt zugleich, wieviel
mehr Kunst in das Arietta-Thema einging:

Beispiel 473a

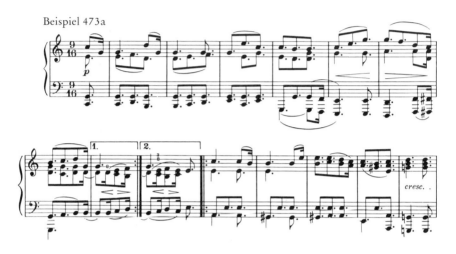

9. und 10. Takt des Arietta-Themas kommen im Beispiel 473b vor:

Beispiel 473b

Eine Adagio-Melodie, welche die Sprache der Musik und die Herrlichkeiten einfacher Harmonien und Stufen als geoffenbartes Geheimnis zu
reden beginnen läßt: das wäre die eine, schwerlich handfest definierbare
Voraussetzung dieses Variationssatzes. Die andere, mathematisch stau-
nenswert durchrationalisierte Dimension hat Heinrich Schenker (Kritische Ausgabe der letzten fünf Sonaten in der Universal-Edition, a. a. O.,
S. 51 ff.) sogar in einer Skizze veranschaulicht. Schenker weist nach, daß
Beethovens rhythmische Notierung einer präzisen Idee der Bewegungs-
steigerung dient. Diejenigen Pianisten, die sich auf solche subtilen Überlegungen vorsichtshalber gar nicht erst einlassen, um nur ja nichts von

ihrer Spontaneität und Lebendigkeit einzubüßen, riskieren unvorsichtig ein massives Mißverständnis zumindest der ersten Variation.

Denn der Irrtum liegt nahe, die anscheinend (und eben doch nur scheinbar) rhythmisch zügig bewegte erste *dolce*-Variation entschieden schneller zu spielen als das Thema. Aber den wahren Reichtum dieser Variation und ihre Funktion innerhalb der Variationenfolge machen doch nur diejenigen Interpreten deutlich, die in der Arietta ein möglichst stilles Tempo wagen und dann die erste Variation kaum (oder nur unmerklich) bewegter spielen. Je rascher die erste Variation erklingt, desto banaler wirkt sie, desto weniger scheinen die aufeinander bezogenen punktierten Achtel und Sechzehntel dem Thema etwas wissenswertes oder bereicherndes Neues hinzuzufügen. Svjatoslav Richter zum Beispiel spielt diese erste Variation in heiter-bewegtem Tempo, allegrettohaft. Damit verharmlost er sie, und bei Beginn der zweiten Variation muß er auch noch ein wenig im Tempo zurückgehen. Gelingt es jedoch einem Pianisten, die Melodie der ersten Variation in langsamem Tempo und fast absichtslosem »dolce« herauszubringen, gelingt es – dies vor allem –, die Begleitung eben nicht als »Begleitung« zu spielen, sondern als zu beredter Selbständigkeit erwachte Stimme, dann erwacht die Musik. Youra Guller und Friedrich Gulda haben deutlich gemacht, daß eine ausdrucksvoll bewegte und sorgfältig artikulierte Vielstimmigkeit, die den Baß nie bloß so nebenher mitklingen läßt, dieser *ruhigen* Variation herrliche innere Unruhe und Fülle verleiht. Ein rasches, verlegen oder neugierig auf die *interessanteren* Variationen zustrebendes Tempo läßt die Variation I dagegen eher arm und uninspiriert erscheinen.

Beispiel 474

Die von Strawinsky als »Boogie-Woogie«-Variation bezeichnete 3. Variation jazzt meist wie ein Blitz aus heiterem Himmel in die Arietta-Stille. Aber das kann nur geschehen, wenn allzu edeldenkende, priesterhafte Interpreten die Steigerungen der 2. Variation unterschätzten. Denn die 2. Variation führt ja nicht nur »vermehrte Bewegung« vor, sondern auch dramatisch getürmte Polyphonie. Zu Beginn der Variation mag das noch unerkennbar sein, weil Beethoven da nichts Antreibendes

oder Forcierendes notiert hat. Wenn freilich Alfred Brendel – Notenbeispiel 475, 2. und 3. Takt – jedes Sechzehntel der linken Hand genauso
gewichtig spielt wie die Oberstimme (und was spricht eigentlich dagegen?), dann stellt sich schon hier eine Spannung her, die einerseits an den
polyphonen Beginn der Durchführung des Kopfsatzes erinnert, andererseits die kommenden Steigerungen vorbereitet:

Beispiel 475

Auf die von Brendel produzierte Spannung zwischen Ober- und Unterstimme kommt es an. Solomon begnügt sich damit, der linken Hand
diskrete Begleitfunktion zuzubilligen; Schnabel versteht diese Takte
höchstens als ausdrucksvolle *Andeutung* des vielstimmigen und reich
ausgehörten harmonischen Schwelgens, das sogleich im Crescendo
beginnt. Darf die Variation aber bereits während ihres Anfangs aussprechen – genauer: läßt sie bereits am Anfang den Hörer wissen –, was für
potentielle Energien sich in ihr verbergen und zum Ausbruch drängen
werden, dann ist der grandiose synkopische und dynamische Kraftpunkt,
wie Vladimir Ashkenazy und Glenn Gould ihn am Ende dieser zweiten
Variation triumphal herausspielen, keine überraschende Marotte, sondern eine logische, für die Variation selber ebenso wie für den Fortgang
der Variationen gleichermaßen notwendige Verdichtung.

Beispiel 476

Die vermeintliche Einfachheit des Arietta-Themas und die ebenso vermeintliche Einfachheit der Variationen, die das Thema laut Riemann »nur figurativ umspielen, ohne eine wesentliche Eigenschaft desselben anzutasten« (Riemann, a. a. O., S. 467) konnten manche Interpreten dazu bewegen, sich in den ersten drei Variationen, die gewiß keine Charaktervariationen sind, wie Opus 109 sie bot und wie sie die Diabelli-Variationen in unendlicher Steigerung bieten werden, auf exakten Positivismus zurückzuziehen. Als sei es gar nicht nötig, hier irgendeinen Sinn zu stiften. Einer solchen Haltung liegt aber ein heftiges, überdies auch heftig langweilendes, Mißverständnis dessen zugrunde, was es mit der differenzierten – logischer Erfüllung und nachdrücklicher Beseelung durchaus bedürftigen – Natur Beethovenscher Einfachheit auf sich hat. Bleiben die Beziehungen zwischen den Variationen unentdeckt und unartikuliert, dann findet nicht einfach die »Einfachheit« des Satzes statt, sondern einfach gar nichts. Jede Musik, auch die scheinbar selbstverständliche, muß mit Sinn begabt werden – der sich so selbstverständlich, so ungesucht darstellen sollte wie nur irgendein neutralistischer Positivismus. Wenn Schnabel, zum Beispiel, die Moll-Wendung des Themas in jeder Variation wiedererkennbar genauso zu artikulieren sucht, wie er es während der Arietta tat, dann stiftet bereits die Hervorhebung der stets wiederkehrenden dunkleren Stufe bedeutungsvoll Sinn und Zusammenhang. Ein Zusammenhang stellt sich gleichfalls her, wenn Ashkenazy die zweite Variation so zu lesen und zu reproduzieren vermag, daß ihre synkopische Erhitztheit geradezu unvermeidlich den ekstatischen rhythmischen Rausch der dritten Variation entflammt.

In dieser vergleichslos brillanten Variation erscheinen die synkopischen Keckheiten der ›Pacific 231‹-Stelle aus dem Kopfsatz unendlich gesteigert (Notenbeispiel 471). Zu zeigen, daß selbst in diesem Getümmel noch – über die von Beethoven gegebenen *sf*-Markierungen hinaus – faszinierend ordnende Trompetentöne herausgefunden und herausgeschmettert werden können, hat Kempff sich nicht nehmen lassen. Er betont markant einen a-Moll-Dreiklang. Aus den Baß-Bewegungen sticht bei Kempff ein e - e - c - a -Signal heraus (Notenbeispiel 477, 3. Takt, linke Hand, der jeweils erste Ton der drittletzten [e], vorletzten [e], letzten Zweiunddreißigstel-Gruppe [c], sowie im 4. Takt des Beispiels der überhaupt *erste* Ton der linken Hand [a]. Die Wirkung ist frappierend …

Logisch hat sich die Bewegungssteigerungs-Kurve bis zu den *sf*-Explosionen dieser dritten Variation gesteigert. Aber was kann nun noch geschehen? Eine Übersteigerung der Übersteigerung wäre undenkbar. Ein nur

Beispiel 477

lyrischer, nur ruhiger Gegensatz wäre zwar Kontrast, aber auch Rück-
fall. Denn von äußerster Ruhe, die allmählich in Bewegung geriet, war ja
die Variations-Reise ausgegangen.

Auf die Frage, was denn nun überhaupt noch geschehen kann, antwortet
eine Doppelvariation. Zwei einander ergänzende und als Ganzes den
Variationsweg überraschend fortsetzende Variations-Varianten, die das
Thema in äußerster Tremolo-Tiefe oder staccato-Höhe abhandeln, steigern sich zu einer freien Durchführung, zu einer meditativen Abwand-
lungs-Folge, die ebenso geheimnisvoll wie transparent über den vom
Thema gegebenen Rahmen der zweimal achttaktigen Melodie hinweg-
tönt.

Weil die ersten drei Variationen so prononciert rhythmisch auskomponiert waren — und die vierte nun plötzlich in zartem pianissimo
beginnt, neigen viele Pianisten der Ansicht zu, die Jürgen Uhde sogar als
Beethovens »Absicht« (a. a. O., S. 603) ausgegeben hat: »Da hier keinerlei Akzente auf den ›guten‹ Taktteilen gegeben werden dürfen, kommt
für den Hörer und zuweilen auch für den Spieler binnen kurzer Frist
das Synkopenbewußtsein abhanden — und das lag gewiß in Beethovens
Absicht.«

Arrau und Wilhelm Backhaus, der ein freilich sehr viel kaltschnäuzige-
res, bewegteres Tempo anschlägt, demonstrieren, daß Beethoven schwerlich Synkopen schrieb, die dann beim Spielen nicht als solche hörbar
gemacht werden können. Beide Pianisten stellen, sei es durch sanfte
Akzentuierung der »eins«, sei es durch prägnante Rhythmisierung des

626

ganzen Verlaufs, durchaus »Synkopenbewußtsein« her. Darauf kommt es an während des jeweils ersten Teils der Doppelvariationen (teilweise zitiert im Notenbeispiel 478, Takt 1–3 oder 479, 4. Takt). Arrau hält die tiefe und dunkle Bewegung des synkopischen Verlaufs sorgfältig durch. Wie Artur Schnabel bringt er die höheren und tieferen Einsätze der rechten Hand in ein deutlich korrespondierendes Verhältnis zueinander. Weil Arrau, trotz größter Ruhe, Innigkeit und Langsamkeit das Synkopenbewußtsein aufrechtzuerhalten vermag, steigert sich in seiner Interpretation die letzte Bewegung der rechten Hand (es sind – Notenbeispiel 478, 3. Takt – die beiden Sekunden im Violinschlüssel am Ende des Taktes) zum bedeutungsschweren Übergang. Nach soviel sanft-schmerzlicher synkopischer Verhaltenheit darf endlich wieder die betonte richtige »eins« folgen: bei Arrau ein nicht weniger bewegender und erregender Augenblick als alle Fortissimo-Ekstasen vorher. Pianisten, die hier in langsamem, undifferenziertem Gemurmel die rhythmischen Grundtatsachen des 9/16-Taktes verschwinden ließen, betrügen sich und das Werk um die wunderbare Wiederherstellung einer atemberaubend lang und zart dispensierten rhythmischen Ordnung, die rätselhafterweise genau dann wieder konstituiert wird, wenn es nach Moll geht.

Beispiel 478

Man hat die große Ruhe, die tröstlich und abschiednehmend zugleich über den letzten Arietta-Variationen zu liegen scheint, oft als indirekte Antwort nicht nur auf die Moll-Gewalten des ersten Satzes der Sonate Opus 111 verstehen wollen, sondern als Gegenstück zur Verzweiflung, wie sie sich im Adagio der Hammerklaviersonate oder im Arioso dolente der As-Dur-Sonate Opus 110 aussprach. Solche Spekulationen lassen sich weder belegen noch widerlegen. Doch daß die letzten großen Sonaten eine Welt für sich sind und es darum nahelegen, nach Bezügen zwischen ihnen zu fahnden, wird auch konzedieren, wer mehr die Verschiedenheiten als die eventuellen Gemeinsamkeiten zwischen Opus 106, 109, 110 und 111 für wichtig hält.

Noch bevor die Arietta-Variationen sich zu einer hymnischen, finalehaften C-Dur-Helle steigern, zitieren sie an versteckter Stelle das Freudenmotiv der 9. Symphonie. Oder handelt es sich dabei nur, wie etwa Svjatoslav Richter meint, um einen bedeutungslosen Zufall? Immerhin: Arrau, Barenboim und Brendel lassen die Töne h - h - c - d - d - c - h - a (»Freude, schöner Götterfunken«), die in genau dieser Reihenfolge als Unterstimme der linken Hand im zweiten Takt (letzte Note) und dritten Takt des Notenbeispiels 479 zu finden sind, so deutlich hervortreten, daß die Anspielung unüberhörbar herauskommt. Bekanntlich hat Beethoven unmittelbar nach der Entstehung von Opus 111 an der 9. Symphonie gearbeitet. (Im Notenbeispiel 479, in dem sich dieses von einigen Interpreten herausgehobene »Freudenhymnus«-Zitat verbirgt, machen Pfeile auf die entscheidenden Melodietöne der linken Hand aufmerksam.)

Beispiel 479

Ist also in Opus 111 wirklich bereits der Freudenhymnus angedeutet? Für diese Annahme, diese Analogie spricht die ununterbrochene und keineswegs völlig uncharakteristische, zwei zur Melodie gehörende Tonwiederholungen getreulich zitierende Tonfolge.

Geistreich hinzugefügt, hineingeheimnißt wirkt indessen die witzige Wiederkehr des Arietta-Anfangs am Ende der vierten Variation, die Edwin Fischer da herauspointiert, und zwar genau dann, wenn die vierte Variation nicht mehr gebunden die acht Takte des Themas umschreibt, sondern sich zur freien Paraphrase steigert. Daß es sich bei dieser Stelle um einen formalen Einschnitt handelt, macht zunächst Claudio Arrau klar. Denn der erste Takt des Notenbeispiels 480 ist der achte, also eigentlich doch letzte des zweiten Variationsteils der vierten Variation. Nun müßte der bisher sorgfältig beobachteten Logik des Aufbaus nach unmittelbar die nächste Variation beginnen. Doch die vierte Variation weitet sich hier zu einer großen Coda aus. Was den veränderten Formverlauf betrifft, so bietet Claudio Arrau an dieser Stelle geradezu ein Lehrstück strukturerhellender Interpretation. Er wiederholt die beiden hohen c der linken Hand im ersten Takt des Beispiels 480 ostentativ und abschließend. Das ist im eigentlich doch gleichförmigen Verlauf sinnwidrig. Und sinnlos muß es auch jenen Hörern erscheinen, die sich gar nicht darum bemühen, den Sinn der Arrauschen Zäsur wahrzunehmen: der Pianist bremst den komponierten Fluß, indem er die Struktur erkennen läßt, über deren Grenze die Coda in diesem Augenblick hinwegfließt. Edwin Fischer demonstriert die Besonderheit dieses Augenblicks eigenwilliger. Er betont nämlich, etwas willkürlich, im 3. Takt des Notenbeispiels 480 den drittletzten Ton der linken Hand sowie den letzten Akkord und den ersten Akkord des nächsten Taktes. Auf diese Weise hört man das c zuerst lang, und dann zweimal kürzer ein g. Mitten in der Tonfülle macht sich, wie eine verborgene Stifterfigur plötzlich das c - g - g des Arietta-Anfangs bemerkbar: Im »richtigen« Rhythmus, deutlich erkennbar. Es ist ein sinnvoller, vielleicht sogar ein allzu »sinniger« Einfall, ein Artikulationstrick. Immerhin hat er dem Pianisten Adolf Drescher so gut gefallen, daß Drescher Fischers Betonungsweise ausdrucksvoll übernimmt:

Beispiel 480

Die beiden großen Beethoven-Ausgaben unserer Zeit – nämlich die Urtext-Ausgabe des Henle-Verlages und die Wiener Urtext-Ausgabe der Universal-Edition – widersprechen sich im Hinblick darauf, ob Beethoven in der 4. Variation von Opus 111 staccato-Punkte oder Keile notiert hat. Henle setzt *Punkte*, die Universal-Edition *Keile*. Es handelt sich um eine gravierende Differenz. Aber im Optischen ist sie größer als im Klanglichen. Denn in höchster Höhe, leise, von zartem Pedal verhüllt, schmilzt der Unterschied zwischen direktem und getupftem non legato, zwischen Keil-Portamento und Staccato-Pointilismus beinahe hinweg. Je nachdem, ob Interpreten die *leggiermente*-Vorschrift beim Wort nehmen oder ob sie Staccato-Strich, Staccato-Punkt und leggiermente-Anweisung nur als Umschreibung dafür verstehen, daß hier in unvergleichlicher Transparenz Allerzartestes flimmernd sich ausdrücke, schwanken die Auffassungen zwischen Artur Schnabels deutlichem Staccato und dem empfindsamen Beinahe-Legato von Claudio Arrau. Schwerlich läßt sich beim Betrachten des Autographs ganz genau entscheiden, ob Beethoven da in fliegender leggiermente-Eile schon einen relativ schwachen Strich über die Sechzehntelketten setzte oder noch einen relativ starken Punkt; ja bei manchen Interpretationen dieses sublimen Ausklingens einer Sonate, eines Sonaten-Lebenswerkes erscheint die Punkt/Keil-Differenz selber aufgehoben im zarten, bestimmten Pochen ruhig umspielter Bewegungen. Ohnehin legt Beethoven es am Ende der Arietta auf eine Synthetisierung dessen an, was in irdischer Luft als Gegensatz zu gelten hätte: ob die Mittelstimmen, die Baßbewegungen, die Akkordumschreibungen nun »polyphon« (der langsame Barenboim betont jeden Baß-Schritt als Stimmführung) oder homophon (Backhaus spielt einen rauschhafteren Oberstimmen-Hymnus) zu artikulieren seien, wird beinahe gleichgültig angesichts dieses entrückten und gewaltigen Sowohl-Als-auch. Bei der letzten großen Steigerung ist erlaubt, was Glanz verleiht: die tiefen Baß-Noten, obzwar nicht mehr allzu charakteristisch, können immer noch als fast selbständige Bewegung erscheinen, die mittleren Füllstimmen haben wie zarte Kontrapunkte begonnen und sind es nun beinahe nicht mehr, die Melodie strebt mit allergrößter Gewalt der ekstatischen None zu (Notenbeispiel 481, 6. Takt Anfang) und den hochgespannten *sf*-Akkorden danach . . .

Ein Pianist, der sich hier pedantisch für eine ganz bestimmte Haltung entscheidet und seiner Haltung die andere Ausdrucksmöglichkeit brav, vorsichtig oder umsichtig unterordnen wollte, gäbe gewiß zu wenig. Dann mag es lieber noch »swingen« wie bei Gulda oder brausen wie bei Schnabel und Gould oder allstimmig tönen wie bei Brendel und Barenboim.

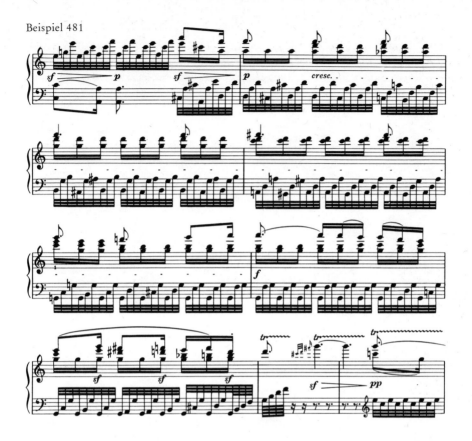

In den letzten beiden Takten des Notenbeispiels 481 hebt der zarte und gefürchtete Schlußtriller des Werkes an. Das Hauptthema, dem dieser Triller beigeordnet ist, wird bald die cis-Variante erreichen (Notenbeispiel 482, 3. und 4. Takt, jeweils zu Beginn der letzten Gruppierung, auf »sieben«). Thomas Manns »Deutung« hat diesen Augenblick berühmter gemacht als alle pianistische Einfühlung. »Mit dem vielerfahrenen Motiv, das Abschied nimmt und dabei selbst ganz und gar Abschied, zu einem Rufen und Winken des Abschieds wird, mit diesem d - g - g geht eine leichte Veränderung vor, es erfährt eine kleine melodische Erweiterung. Nach einem anlautenden c nimmt es vor dem d ein cis auf, so daß es nun nicht mehr ›Him-melsblau‹ oder ›Wie-sengrund‹, sondern ›O – du Himmelsblau‹, ›Grü-ner Wiesengrund‹, ›Leb'-mir ewig wohl‹ skandiert; und dieses hinzukommende cis ist die rührendste, tröstlichste, wehmütig versöhnlichste Handlung von der Welt. Es ist wie ein schmerzlich liebevolles Streichen über das Haar, über die Wange, ein stiller, tiefer Blick ins Auge zum letzten Mal. Es segnet das Objekt, die furchtbar umgetriebene Formung mit überwältigender Vermenschlichung, legt sie dem Hörer zum Abschied, zum ewigen Abschied so sanft ans Herz, daß ihm die Augen übergehen.« (So Thomas Mann im ›Doktor Faustus‹ über die im folgenden Notenbeispiel 482 erscheinenden Takte.)

Beispiel 482

Da tut es wenig zur Sache, daß Artur Schnabel schon im Frühjahr 1932 dieses cis wie ein Allerheiligstes hervorhob oder daß Elly Ney es im Mai 1936 fast erstarren ließ: die reinen und reichen Ereignisse dieses Arietta-Satzes haben den Moment doch immer nur zu einer zarten Schönheit unter vielen gemacht. Erst Thomas Manns Sprachgewalt hat nachschöpferisch, poetisierend und isolierend alle Welt auf diese Abschieds-Apotheose hingelenkt. Erklingt jetzt irgendwo die Opus 111 – dann geht kurz vor Schluß immer eine Bewegung durch das Publikum. Unhörbar-hörbar raunt es: »Thomas Mann«. Und die Pianisten betonen das Besondere so deutlich, als sängen sie heimlich jene Silben mit, die Thomas Mann – auch zum Gedächtnis seines Freundes Theodor *Wiesengrund* Adorno – dieser Wendung unterlegt hat.

Claudio Arrau bezieht sich in seinem Beethoven-Aufsatz (abgedruckt im Beiheft zu seiner Sonaten-Kassette) gleichfalls auf Thomas Mann – und spielt Thomas Mann. Aber er tut noch mehr. Er wagt am Ende des Satzes, in den letzten beiden Takten des Notenbeispiels 482, ein beinahe unendliches Ritardando: ein bedeutungsvolles, gewichtiges Langsamer-Werden des vertropfenden Trillers und der ohnehin ganz ruhigen Wendung. Nun weist der Satz hinüber zum großen, tragisch erstarrenden Ritardando am Ende des Hammerklaviersonaten-Adagios, das Arrau ja auch mit unbeirrbarer Deutlichkeit und Ausdrucksmacht vortrug (Notenbeispiel 422). So stellt sich eine Beziehung her zwischen schmerzlicher fis-Moll-

Klage in Opus 106 und ätherischer C-Dur-Begütigung in Opus 111. In wem stiege nicht, wenn die Arietta verklingt, endend mit einem Akkord, dessen höchster Ton als genau jenes c erkennbar wird, mit dem 1795 Beethovens 1. Klaviersonate Opus 2 Nr. 1 keck und selbstsicher begann – wem stiege da nicht die Ahnung auf, daß sich zwischen Opus 2 Nr. 1 und Opus 111 noch so manche Beziehungen und Strukturzusammenhänge, Geheimnisse und Gewißheiten verbergen?

Anhang

Diskographie

Zusammengestellt von Claus-Dieter Schaumkell
Juli 1975

Gesamtaufnahmen

Claudio Arrau	Phonogram 6747009
Wilhelm Backhaus	Decca SRK 25034-D
Paul Badura-Skoda	Intercord Z 29706-9/1-6 und Z 29707-09/7-12
Daniel Barenboim	EMI SLS 794 (ASD Köln)
Alfred Brendel	VOX VXDS 102
Friedrich Gulda	Amadeo ASY 906434/44* / AVRS 6434/44
Wilhelm Kempff	DGG 2721060 und KL 42-51
Yves Nat	EMI OVF 7303/13 (ASD Köln)
Artur Schnabel	Seraphim 6063/6 (ASD Köln)
Dieter Zechlin	Eurodisc 80262 XK

Einzelaufnahmen

Sonate Opus 2 Nr. 1 f-Moll

Claudio Arrau	Philips/Phonogram 839751/835268
Wilhelm Backhaus	Decca SXL 6097/SXL 21080-B*
Daniel Barenboim	EMI HQS 1107 (ASD Köln)
Alfred Brendel	
Friedrich Gulda	
Wilhelm Kempff	DGG LPM 18105*/138935
Solomon	EMI E 90900*/ALP 1573*
Peter Zeugin	Z BLP 5003*
	Turnabout TV 34120 DS

Sonate Opus 2 Nr. 2 A-Dur Decca KD 11004/1-2

Kurt Appelbaum	Westminster WL 5075*
Claudio Arrau	Philips/Phonogram 835267
Wilhelm Backhaus	Decca SXL 6359/SXL 21182-B*
Daniel Barenboim	EMI 1 C 053-02001

Alfred Brendel	Turnabout TV 34120 DS
Walter Gieseking	EMI QCX 10327*/Angel 35654*
Friedrich Gulda	Decca KD 11004/1-2
Wilhelm Kempff	DGG LPM 18105*/138936

Sonate Opus 2 Nr. 3 C-Dur

Claudio Arrau	Philips/Phonogram 835267
Wilhelm Backhaus	Decca SXL 21195-B*/SXL 6416*
Daniel Barenboim	EMI 1 C 053-01916
Arturo Benedetti Michelangeli	La Voce del Padrone QALP 10408*
Alfred Brendel	Turnabout TV 34121 DS
Bruno Leonardo Gelber	EMI SME 81109*
Walter Gieseking	EMI QCX 10327*/Angel 35654*
Emil Gilels	Melodia 02305-02306*
Friedrich Gulda	Decca LXT 2938*
Josef Hofmann	Everest Arc. Piano X-903 (USA-Import)
Wilhelm Kempff	DGG LPM 18079*/138936
Svjatoslav Richter	CBS BRG 72022*
Hans Richter-Haaser	EMI SMC 80876*/SAX 2561*
Arthur Rubinstein	RCA LSC 2812-B*/LSC 2812 (USA-Import)

Sonate Opus 7 Es-Dur

Claudio Arrau	Philips/Phonogram 835268
Wilhelm Backhaus	Decca SXL 21162-B*/SXL 6300*
Daniel Barenboim	EMI 1 C 053-02016
Arturo Benedetti-Michelangeli	DGG 2530197
Alfred Brendel	Turnabout TV 34121 DS
Samuel Feinberg	Melodia 06321-06322*
Wilhelm Kempff	DGG LPM 18071*/138938
Elly Ney	Colosseum 518

Sonate Opus 10 Nr. 1 c-Moll

Claudio Arrau	Philips/Phonogram 835298
Wilhelm Backhaus	Decca SXL 6097
Daniel Barenboim	EMI SME 81099*/HQS 1152 (ASD Köln)
Stephen Bishop	Philips/Phonogram 6500179
Alfred Brendel	Turnabout TV 34117 DS und Philips 6500178
Glenn Gould	CBS MS-6686 (USA-Import)/CBS 78275
Wilhelm Kempff	DGG LPM 18106*/138937
Tatjana Nikolajewa	Melodia 8933*

Sonate Opus 10 Nr. 2 F-Dur
Claudio Arrau   Philips/Phonogram 839749
Wilhelm Backhaus   Decca SXL 6097
Daniel Barenboim   EMI SME 81099*/HQS 1152 (ASD Köln)
Alfred Brendel   Turnabout TV 34117 DS
Emil Gilels   DGG 2530406
Glenn Gould   CBS MS-6686 (USA-Import)/CBS 78275
Wilhelm Kempff   DGG LPM 18106*/138937

Sonate Opus 10 Nr. 3 D-Dur
Claudio Arrau   Philips/Phonogram 835298
Vladimir Ashkenazy   Decca SAD 22138/SXL 6603
Wilhelm Backhaus   Decca SXL 6097
Daniel Barenboim   EMI SME 81099*/HQS 1152 (ASD Köln)
Alfred Brendel   Turnabout TV 34118 DS und Philips
                             6500417
Edwin Fischer   EMI 1 C 147-01674/75
Glenn Gould   CBS MS-6686 (USA-Import)/CBS 78275
Vladimir Horowitz   RCA LSC 2366 (USA-Import) und 2641302
                             AF (VH 012)
Wilhelm Kempff   DGG LPM 18019*/138937
Svjatoslav Richter   CBS 72449*/BRG 72047* und Eurodisc/
                             Melodia 80039 ZK
Solomon   EMI E 90900*/ALP 1573*
André Watts   CBS M-33074 (USA-Import)

Sonate Opus 13 c-Moll (Pathétique)
Claudio Arrau   Philips/Phonogram 6599640 und 6701007
Vladimir Ashkenazy   Decca 6.41880 AW
Wilhelm Backhaus   Decca SX-M 21184/SPA 69
Daniel Barenboim   EMI 1 C 053-50000/04 Y/1 C 053-00402
Harold Bauer   Everest Arc. Piano X-910 (USA-Import)
Stephen Bishop   Philips/Phonogram 65003135
Alfred Brendel   Turnabout STV 34396
Van Cliburn   RCA LSC 4013 (USA-Import)
György Cziffra   EMI 2 C 063-11134 (ASD Köln)
Annie Fischer   EMI C 80646*
Edwin Fischer   EMI 1 C 047-00842 M
Andor Foldes   DGG 135064/2542016
Bruno Leonardo Gelber   EMI 1 C 063-12778
Walter Gieseking   EMI 1 C 047-50520
Emil Gilels   Eurodisc/Melodia 80746 MK
Glenn Gould   CBS MS-6945/MS-7413 (USA-Import)

639

Werner Haas	Phonogram WGY 70022
Eric Heidsieck	EMI 2 C 063-10002 (ASD Köln)
Vladimir Horowitz	CBS 72180*/MS-6541 (USA-Import)
Wilhelm Kempff	DGG LPM 18019*/EPL 30245*/
	139300/2548045
Walter Klien	VOX 512530
Lili Kraus	Concert Hall MMS 2221
Ivan Moravec	Connoisseur Society S-1566 (USA-Import)
Radu Lupu	Decca SXL 6576
Elly Ney	DGG LPEM 19084* = Heliodor 2548723/
	EMI 1 C 047-29148 M/Colosseum StM 521
Svjatoslav Richter	Eurodisc/Melodia XK 80575/74597 KK
Hans-Erich Riebensahm	Elite PLPE 30032
Arthur Rubinstein	RCA LM 1908*/LSC 2654-B/LSC 4001
Rudolf Serkin	CBS 72148
Solomon	EMI 1 C 047-01478 M

Sonate Opus 14 Nr. 1 E-Dur

Claudio Arrau	Philips/Phonogram 802729
Wilhelm Backhaus	Decca SXL 21181-B*/SXL 6358*
Daniel Barenboim	EMI 1 C 053-02017
Alfred Brendel	Turnabout TV 34118 DS/Decca SPA 249
	(England-Import)
Walter Gieseking	EMI STC 91017*
Glenn Gould	CBS MS-6945/Y-30491 (USA-Import)
Tatjana Nikolajewa	Melodia 8934*
Svjatoslav Richter	CBS BRG 72022*/Philips 839525*/H 71 AX
	221

Sonate Opus 14 Nr. 2 G-Dur

Claudio Arrau	Philips/Phonogram 802729
Wilhelm Backhaus	Decca SXL 6359/SXL 21182-B*
Daniel Barenboim	EMI 1 C 053-02017
Alfred Brendel	Turnabout TV 34118 DS
György Cziffra	EMI 2 C 063-11134 (ASD Köln)
Walter Gieseking	EMI 1 C 047-01241
Glenn Gould	CBSMS-6945(USA-Import)/CBS 78275
Wilhelm Kempff	DGG LPM 18079*

Sonate Opus 22 B-Dur

Claudio Arrau	Philips/Phonogram 802742
Wilhelm Backhaus	Decca SXL 21181-B*/SXL 6359*
Daniel Barenboim	EMI 1 C 053-02000

Alfred Brendel	Turnabout TV 34119 DS
Jörg Demus	BASF HMS 30689/EMI 1 C 187-30166/67
Samuel Feinberg	Melodia 06321-06322*
Walter Gieseking	EMI Toshiba AB 8073 (Japan-Import)/Angel 35653*
Friedrich Gulda	Decca Eclipse ECS 724
Wilhelm Kempff	DGG LPM 18020*/138939
Rudolf Serkin	CBS 73266

Sonate Opus 26 As-Dur

Claudio Arrau	Philips/Phonogram 802741
Wilhelm Backhaus	Decca SXL 21065-B*/SXL 6064*
Daniel Barenboim	EMI 1 C 053-02017
Alfred Brendel	Turnabout TV 34122 DS
Walter Gieseking	EMI Toshiba AB 8073 (Japan-Import)/Angel 3-3600*
Friedrich Gulda	Decca Eclipse ECS 724
Wanda Landowska	Everest Arc. Piano X-915 (USA-Import)/ Saga 5389 (England-Import)
Elly Ney	Colosseum StM 519
Svjatoslav Richter	CBS 72023* und RCA Victrola VICS 1427
Wilhelm Kempff	DGG LPM 18076*/138935

Sonate Opus 27 Nr. 1 Es-Dur

Claudio Arrau	Philips/Phonogram 802741
Istvan Antal	Qualiton HLPX SZ 3534-b (Ungarn-Import)
Wilhelm Backhaus	Decca SXL 21195-B*/SXL 6416*
Daniel Barenboim	EMI 1 C 053-02000
Alfred Brendel	Turnabout TV 34117 DS
György Cziffra	EMI 2 C 063-11134
Bruno Leonardo Gelber	EMI SME 81109*
Walter Gieseking	EMI STC 91017*/Angel 35652*
Jörg Demus	BASF HMS 30689
Friedrich Gulda	Decca Eclipse ECS 724
Eric Heidsieck	EMI 2 C 063-10002 (ASD Köln)
Wilhelm Kempff	DGG LPM 18076*/138939
Tatjana Nikolajewa	Melodia 5918*

Sonate Opus 27 Nr. 2 cis-Moll

Geza Anda	EMI CS 1302*/SEL 1623*/C 90465*/C 50587*
Claudio Arrau	Philips/Phonogram 6599640 und 6701007 und 6833022

Wilhelm Backhaus	Decca SX 21184 M/SPA 69
Daniel Barenboim	EMI 1 C 053-00402 und 1 C 053-50000/04 Y
Alfred Brendel	Turnabout TV 34396 und Philips 6500417
Robert Casadesus	CBS S 61311
Annie Fischer	EMI C 80646*/CX 1675*/Angel 35791*
Andor Foldes	EMI SHZE 370
Gabor Gabos	Qualiton LPX 1112 (Ungarn-Import)
Walter Gieseking	EMI 1 C 047-50520/SXLP 30129 (England-Import)
Emil Gilels	EMI 1 C 063-95014 und 1 C 187-91526/Eurodisc-Melodia 86200 MK
Friedrich Gulda	Decca Eclipse ECS 720 und ND 370 und Concert Hall SMS 990
Werner Haas	Phongram WGY 700223 und 7506015
Josef Hofmann	Everest Arc. Piano X-903 (USA-Import)
Vladimir Horowitz	RCA 26.41041 AF (VH 003) und CBS 73175
Wilhelm Kempff	DGG LPM 18020*/EPL 30072*/2554001 und 2548045
Josef Lhevinne	Klavier KS-104 (USA-Import)
Radu Lupu	Decca SXL 6576
Ivan Moravec	Connoisseur Society S-1566 (USA-Import)
Elly Ney	DGG LPEM 19085* = Heliodor 2548723
Hans-Erich Riebensahm	Elite PLPE 30032
Arthur Rubinstein	RCA LSC 2654-B und LSC 4001
Rudolf Serkin	CBS 72148
Solomon	EMI 1 C 047-01478 M

Sonate Opus 28 D-Dur

Claudio Arrau	Philips/Phonogram 802742
Wilhelm Backhaus	Decca SXL 21116-B*
Daniel Barenboim	EMI 1 C 053-01916 und 1 C 053-50000/04 Y
Alfred Brendel	Turnabout TV 34119 DS
Andor Foldes	DGG 2542047
Ignaz Friedmann	Klavier KS-112 (USA-Import)
Bruno Leonardo Gelber	EMI SMC 80988
Friedrich Gulda	Decca Eclipse ECS 720
Wilhelm Kempff	DGG LPM 18055*/LPEM 19118*/139301
Dennis Matthews	EMI SX 1021*
Ivan Moravec	Connoisseur Society S-2021 (USA-Import)
Svjatoslav Richter	RCA Victrola VICS 1427
Vladimir Sofronitzki	Melodia 09145*

Sonate Opus 31 Nr. 1 G-Dur

Claudio Arrau	Philips/Phonogram 802706
Wilhelm Backhaus	Decca SXL 21194-B*/SXL 6417*
Daniel Barenboim	EMI 1 C 053-01999
Alfred Brendel	Turnabout TV 34114 DS
Glenn Gould	CBS 73230
Friedrich Gulda	Decca Eclipse ECS 725/6.41840 AG
Wilhelm Kempff	DGG LPM 18055*/138940

Sonate Opus 31 Nr. 2 d-Moll

Claudio Arrau	Philips/Phonogram 802706
Wilhelm Backhaus	Decca SXL 21064-B*/SXL 6063
Daniel Barenboim	EMI 1 C 053-50000/04 Y und HQS 1107 (ASD Köln)
Stephen Bishop	Phonogram 6500392
Alfred Brendel	Turnabout STV 34394
Andor Foldes	DGG 2542047 und Heliodor 89866
Gabor Gabos	Qualiton LPX 1112 und Hungaraton 90028
Walter Gieseking	EMI Toshiba AB 8075 (Japan-Import)/Angel 35352*
Glenn Gould	CBS 73230
Friedrich Gulda	Decca Eclipse ECS 725/6.41840 AG
Clara Haskil	Phonogram 6733002
Wilhelm Kempff	DGG LPM 18056*/138947
Elly Ney	Colosseum StM 520
Svjatoslav Richter	EMI 1 C 187-50340/41 und ASD 450 (ASD Köln)
Hans Richter-Haaser	EMI STC 80654*/SAX 2385*

Sonate Opus 31 Nr. 3 Es-Dur

Claudio Arrau	Philips/Phonogram 802730
Wilhelm Backhaus	Decca SXL 21065-B*/SXL 6064 und SXL 20090 (1.-3. Satz, Konzertmitschnitt vom 28. 6. 1969)
Mihaly Bächer	Qualiton LPX 1180 (Ungarn-Import)
Daniel Barenboim	EMI 1 C 053-01999
Stephen Bishop	Phonogram 6500392
Alfred Brendel	Turnabout TV 34114 DS
Jörg Demus	BASF HM 30673
Bruno Leonardo Gelber	EMI 1 C 063-12778
Walter Gieseking	EMI Toshiba AB 8075 (Japan-Import)/C 90530*/Angel 35352*
Glenn Gould	CBS 73230

Friedrich Gulda	Decca Eclipse ECS 725/6.41840 AG
Clara Haskil	Phonogram 6733002
Wilhelm Kempff	DGG LPM 18056*/138940
Elly Ney	Collosseum StM 520
Arthur Rubinstein	RCA LM 2311*
Solomon	EMI RLS 704 (ASD Köln)

Sonate Opus 49 Nr. 1 g-Moll

Claudio Arrau	Philips/Phonogram 802729
Wilhelm Backhaus	Decca SXL 21182-B*/SXL 6358
Daniel Barenboim	EMI SME 81047/HQS 1088 (ASD Köln)
Andor Foldes	DGG 2542047
Walter Gieseking	EMI Toshiba AB 8075 (Japan-Import)/SXLP 30129 (ASD Köln)
Friedrich Gulda	Decca LXT 2938*
Wilhelm Kempff	DGG LPM 18056*/138935
Lili Kraus	Concert Hall MMS 2221/Educo 3006 (USA-Import*)
Svjatoslav Richter	Phonogram 839524*/SAL 3456*/900076*

Sonate Opus 49 Nr. 2 G-Dur

Claudio Arrau	Philips/Phonogram 802729
Wilhelm Backhaus	Decca SXL 21181-B*/SXL 6358*
Daniel Barenboim	EMI HQS 1107 (ASD Köln)
Alfred Brendel	Turnabout TV 34111 DS
Bruno Leonardo Gelber	EMI SME 81109*
Walter Gieseking	EMI SXLP 30129 (ASD Köln)
Friedrich Gulda	Decca LXT 2938*
Wilhelm Kempff	DGG LPM 18021*/NL 32235*/138935
Svjatoslav Richter	Phonogram 839524*/Eurodisc-Melodia 85742 MK

Sonate Opus 53 C-Dur

Claudio Arrau	Philips/Phonogram 835212
Vladimir Ashkenazy	Decca 6.41880 AW
Wilhelm Backhaus	Decca SXL 21013-B*/SXL 2241
Daniel Barenboim	EMI 1 C 053-01884 und 1 C 053-50000/04 Y
Alfred Brendel	Turnabout TV 34115 DS/STV 34394
Joseph Bulva	5171-11172 (Privataufnahme)
Adolf Drescher	Master Players MP 30001/Metronome PSLP 28
Annie Fischer	EMI C 80646*
Andor Foldes	DGG Heliodor 89866

Walter Gieseking	EMI C 90314*/WCX 1055*/Angel 35024 (ASD Köln) und CBS Odyssey 32160314-E (USA-Import)
Emil Gilels	DGG 2530253
Friedrich Gulda	Decca Eclipse ECS 722
Vladimir Horowitz	RCA 26.41041 (VH 003) AF und CBS 73265
Franz Hummel	Metronome Top Classic TC-9006
Wilhelm Kempff	DGG LPM 18089*/LPEM 19118*/139301
Lili Kraus	Concert Hall MMS 2221
Jacob Lateiner	RCA LSC 3173 (USA-Import)
Radu Lupu	Decca SXL 6576
Elly Ney	Colosseum CoM 503
Hans Richter-Haaser	Philips A 00368 L*/GL 5683*
Arthur Rubinstein	RCA LM 2311-C*
Solomon	EMI HQM 1077*

Sonate Opus 54 F-Dur

Claudio Arrau	Philips/Phonogram 835380
Wilhelm Backhaus	Decca SXL 21194-B*/SXL 6417*
Daniel Barenboim	EMI 1 C 053-01999
Alfred Brendel	Turnabout TV 34114 DS
Friedrich Gulda	Decca Eclipse ECS 720
Wilhelm Kempff	DGG LPM 18089*/138940
Svjatoslav Richter	CBS BRG 72022* und RCA Victrola VICS 1478
Hans Richter-Haaser	EMI SMC 80876*/SAX 2561*
Solomon	EMI ALP 1546*

Sonate Opus 57 f-Moll

Claudio Arrau	Philips/Phonogram 835380/6599640/6701007
Vladimir Ashkenazy	Decca SAD 22138
Wilhelm Backhaus	Decca SX 21184-M/SPA 69
Daniel Barenboim	EMI 1 C 053-00402 und 1 C 053-50000/04 Y
Harold Bauer	Everest Arc. Piano X-910 (USA-Import)
Alfred Brendel	Turnabout TV 34116 DS und STV 34395 und Phonogram 6500138
Robert Casadesus	CBS 61311
Adolf Drescher	Master Players MPS 30002 und Metronome PSLP 28
Edwin Fischer	EMI 1 C 147-01674/75 M
Andor Foldes	DGG 2542016

Walter Gieseking	EMI 1 C 045-50022/25 und Angel 35024 (ASD Köln) und CBS Odyssey 32160314 E (USA-Import)
Emil Gilels	DGG 2530406
Glenn Gould	CBS MS-7413 (USA-Import)
Friedrich Gulda	Decca Eclipse ECS 721
Werner Haas	Phonogram WGY 700223
Vladimir Horowitz	RCA 2641302 AF (VH 012) und CBS 73265
Franz Hummel	Metronome Top Classic TC-9005
Wilhelm Kempff	DGG LPM 18021*/LPEM 19087*/ 139300/2726022 und Heliodor 2548045
Walter Klien	VOX 512530
Svjatoslav Klimov	Intercord/Saphir 707-05 SB
Witold Malcuzynski	EMI CX 1144*
Dennis Matthews	EMI SX 1021*
Ivan Moravec	Connoisseur Society S-2000 (USA-Import)
Elly Ney	DGG LPEM 19085* = Heliodor 2548723 und Colosseum StM 519
Josef Palenicek	Supraphon SUA 10096 (ČSSR-Import)
Svjatoslav Richter	CBS 72023* und Eurodisc-Melodia XK 80575/77301 ZK und RCA Victrola VICS 1427
Arthur Rubinstein	RCA LSC 4001 und LSC 3307 (USA-Import) und LSC 2812 (USA-Import)
Rudolf Serkin	CBS 72148

Sonate Opus 78 Fis-Dur

Claudio Arrau	Philips/Phonogram 802730
Wilhelm Backhaus	SXL 21195-B*/SXL 6416*
Daniel Barenboim	EMI 1 C 053-02001 und 1 C 053-50000/04 Y
Alfred Brendel	Turnabout TV 34116 DS und STV 34205/09 und Phonogram 6500139
Robert Casadesus	CBS 61311
Andor Foldes	DGG 2542047
Annie Fischer	EMI Angel S 35791*/CX 1675*
Friedrich Gulda	Decca Eclipse ECS 721
Wilhelm Kempff	DGG LPM 18135*/139301
Tatjana Nikolajewa	Melodia 5919*
Egon Petri	EMI 1 C 053-01561 M
Rudolf Serkin	CBS 73266

Sonate Opus 79 G-Dur
Claudio Arrau   Philips/Phonogram 802729
Wilhelm Backhaus   Decca SXL 21162-B*/SXL 6300*
Daniel Barenboim   EMI 1 C 053-02016
Alfred Brendel   Turnabout TV 34120 DS und Phonogram
                               6500417
Andor Foldes   DGG 2542014/89598
Gabor Gabos   Qualiton LPX 1112 (Ungarn-Import)
Friedrich Gulda   Decca Eclipse ECS 721
Eric Heidsieck   EMI 2 C 063-10002 (ASD Köln)
Wilhelm Kempff   DGG LPM 18135*/139301

Sonate Opus 81a Es-Dur (Les Adieux)
Claudio Arrau   Philips/Phonogram 802730
Vladimir Ashkenazy   Decca 6.41880 AW
Wilhelm Backhaus   Decca SXL 21116-B*
Daniel Barenboim   EMI SME 81047 und 1 C 053-50000/04 Y
Alfred Brendel   Turnabout STV 34395 und TV 34116 DS
Robert Casadesus   CBS 61311
Van Cliburn   RCA LSC 2931 (USA-Import)
Andor Foldes   DGG 2542016 und Heliodor 89866
Bruno Leonardo Gelber   EMI SMC 80988*/SXLP 20107 (ASD
                               Köln)/Seraphim S-60130 (ASD Köln)
Hermann Godes   PR 4 M 6045*
Friedrich Gulda   Decca KD 11004/1-2
Wilhelm Kempff   DGG LPM 18135*/EPL 30213*/138942
Svjatoslav Klimov   Intercord/Saphir 707-05 SB
Ivan Moravec   Connoisseur Society S-2021 (USA-Import)
Hans Richter-Haaser   EMI SMC 80876*/SAX 2561*
Hans-Erich Riebensahm   Elite PLPE 30032
Arthur Rubinstein   RCA LSC 2654-B
Solomon   EMI 1 C 047-01478 M

Sonate Opus 90 e-Moll
Claudio Arrau   Philips/Phonogram 835380
Wilhelm Backhaus   Decca SXL 21194-B*/SXL 6417*
Daniel Barenboim   EMI 1 C 053-0200
Alfred Brendel   Turnabout STV 34395 und TV 34116 DS
Bruno Leonardo Gelber   EMI 1 C 063-12778
Friedrich Gulda   Decca Eclipse ECS 721
Eric Heidsieck   EMI 2 C 063-10002 (ASD Köln)
Wilhelm Kempff   DGG LPM 18135*/138939
Ivan Moravec   Connoisseur Society S-2000 (USA-Import)

Svjatoslav Richter	EMI SLS 890 (ASD Köln)/Eurodisc-Melodia 85742 MK
Hans Richter-Haaser	EMI STC 80655*/SAX 2407*
Robert Riefling	Valois MB 810/812
Charles Rosen	CBS 61173 (England-Import)*/M3X-30938 (USA-Import) 73396 (England-Import)
Solomon	EMI Seraphim S-60016 (ASD Köln)

Sonate Opus 101 A-Dur

Claudio Arrau	Philips/Phonogram 835383
Wilhelm Backhaus	Decca SXL 21064-B*/SXL 6063
Daniel Barenboim	EMI 1 C 053-02016
Stephen Bishop	EMI Seraphim S-60035 (ASD Köln)
Alfred Brendel	Turnabout STV 34391/TV 34111 DS
Emil Gilels	DGG 2530253
Friedrich Gulda	Decca Eclipse ECS 722
Wilhelm Kempff	DGG LPM 18145*/138427
Hans Richter-Haaser	Phonogram A 00368 L*
Robert Riefling	Valois MB 810/812
Charles Rosen	CBS M3X-30938 (USA-Import)
Rudolf Serkin	CBS 73032
Solomon	EMI 1 C 047-01936 M/XLP 30116 (ASD Köln)

Sonate Opus 106 B-Dur (Hammerklavier)

Istvan Antal	Qualiton LPX 1125 (Ungarn-Import)
Claudio Arrau	Philips/Phonogram 802732
Vladimir Ashkenazy	Decca SXL 21174-B/SXL 6335
Wilhelm Backhaus	Decca 641907/BLK 16106*
Daniel Barenboim	EMI 1 C 053-02018 und 1 C 053-50000/04 Y
Alfred Brendel	Turnabout STV 34392/TV 34112 DS und Phonogram 6500139
Christoph Eschenbach	DGG 2530080
Wilhelm Kempff	DGG LPM 18146*/138944
John Ogdon	RCA LSC 3123*
Egon Petri	Westminster W-9350*/XWN 18747*
Hans Richter-Haaser	EMI STC 80655*/SAX 2407*
Robert Riefling	Valois MB 810/812
Charles Rosen	EMI CX 5257*/CBS 61173* (England-Import) und CBS M3X-30938 (USA-Import)
Rudolf Serkin	CBS 72883
Solomon	EMI 1 C 407-01936 M und XLP 30116 (ASD Köln)

Sonate Opus 109 E-Dur

Claudio Arrau	Philips/Phonogram 835383
Wilhelm Backhaus	Decca SXL 21117-B*
Daniel Barenboim	EMI 1 C 053-02001
Stephen Bishop	EMI Seraphim S-60035 (ASD Köln)
Alfred Brendel	Turnabout STV 34391/TV 34111 DS
Alfred Cortot	Keybord Klavier KS-110 (USA-Import)
Ernst von Dohnanyi	Everest 3109 (USA-Import)
Glenn Gould	CBS ML-5130 (USA-Import*)
Friedrich Gulda	Decca Eclipse ECS 723
Annie Fischer	EMI CX 1675*/Angel S-35791*
Wilhelm Kempff	LPM 18145*/138944
Jacob Lateiner	RCA LSC 3173 (USA-Import)
Elly Ney	Colosseum CoM 507
Hans Richter-Haaser	EMI STC 80654*/SAX 2385*
Robert Riefling	Valois MB 810/812
Charles Rosen	CBS M3X-30938 (USA-Import)

Sonate Opus 110 As-Dur

Claudio Arrau	Philips/Phonogram 835382
Vladimir Ashkenazy	Decca 6.41726 AS (SAD 22147)
Wilhelm Backhaus	Decca SXL 21162-B*/SXL 6300*
Daniel Barenboim	EMI 1 C 053-01884 und 1 C 053-50000/04 Y
Stephen Bishop	Phonogram 6500764
Alfred Brendel	Turnabout STV 34393/TV 34113 DS
John Browning	RCA LSC 2963-B*
Ernst von Dohnanyi	Everest 3109 (USA-Import)
Edwin Fischer	EMI 1 C 147-01674/75 M
Andor Foldes	DGG 2542046
Glenn Gould	CBS ML-5130 (USA-Import*)
Friedrich Gulda	Decca Eclipse ECS 723
Youra Guller	Erato STU 70797
Wilhelm Kempff	DGG LPM 18045*/138945
Jacob Lateiner	RCA LSC 3173 (USA-Import)
Elly Ney	DGG LPEM 19084* und Colosseum StM 526
Robert Riefling	Valois MB 810/812
Charles Rosen	EMI CX 5257* und CBS M3X-30938 (USA-Import)
Rudolf Serkin	CBS 73032
Solomon	EMI 1 C 047-01553 M

Sonate Opus 111 c-Moll

Istvan Antal	Qualiton HLPX SZ 3534b (Ungarn-Import)
Kurt Appelbaum	Westminster WL 5075*
Claudio Arrau	Philips/Phonogram 835382 und 6701007
Vladimir Ashkenazy	Decca 6.41726 (SAD 22147)
Wilhelm Backhaus	Decca SXL 21117-B*
Daniel Barenboim	EMI 1 C 053-50000/04 Y und SME 81047/HQS 1088 (ASD Köln)
Arturo Benedetti-Michelangeli	Decca SMD 1199
Stephen Bishop	Phonogram 6500764
Alfred Brendel	Turnabout STV 34393/TV 34113 DS und Phonogram 6500138
Adolf Drescher	Master Players MPS 30001
Edwin Fischer	EMI 1 C 147-01674/75 M
Glenn Gould	CBS ML-5130 (USA-Import*)
Friedrich Gulda	Decca Eclipse ECS 723 und Preiser SPR 3143
Youra Guller	Erato STU 70797
Hubert Harry	Armida HH 101*
Leonard Hungerford	LH 107*
Julius Katchen	Decca SXL 6373*/SAD 22036*/London 6599 (USA-Import)
Wilhelm Kempff	DGG LPM 18045*/138945
Jacob Lateiner	RCA LSC 3016-B*/SB 6823 (England-Import)
Kurt Leimer	EMI 1 C 053-28900
Elly Ney	EMI 1 C 047-29148 M und Colosseum StM 527 und 616 und Somerset 591
Josef Palenicek	Supraphon SUA 10096 (ČSSR-Import)
Robert Riefling	Valois MB 810/812
Charles Rosen	CBS M3X-30938 (USA-Import)
Solomon	EMI 1 C 047-01553 M
Pierre Souvairan	Jecklin 127 (Schweiz-Import)

Abkürzungen

ASD KÖLN	= Auslandssonderdienst der Electrola Köln
CBS	= Columbia Records USA, auch Odyssey (Billigpreis-Label der Columbia Masterworks)
Decca	= London in den USA, Eclipse (Billigpreis-Label in England)
DGG	= Deutsche Grammophon Gesellschaft (auch Heliodor)
EMI	= Electrola, Columbia, Odeon, Pathé Marconi, His Master's Voice, Angel, Seraphim, La Voce del Padrone

* = z. Zt. nicht lieferbar, aus dem Katalog gestrichen

Literatur-Hinweise

Auf benutzte Literatur, Aufsätze und Editionen wurde in der Regel während des laufenden Textes hingewiesen. Auf diese Weise konnte ein umfänglicher Fußnoten-Apparat vermieden werden. Hier werden nur die häufiger herangezogenen Titel genannt.

Badura-Skoda, Paul und Demus, Jörg: Die Klaviersonaten von Ludwig van Beethoven. F. A. Brockhaus. Wiesbaden 1970

Bekker, Paul: Beethoven. Schuster & Loeffler. Berlin 1912

The Beethoven Companion, Edited by Denis Arnold and Nigel Fortune. Faber and Faber. London 1971 and 1973

Brendel, Alfred: Form und Psychologie in Beethovens Klaviersonaten. Vortrags-Typoscript März 1969

Cooper, Martin: Beethoven The Last Decade 1817–1827 With a medical appendix by Edward Larkin. London Oxford University Press 1970

Czerny, Carl: Über den richtigen Vortrag der sämtlichen Beethovenschen Klavierwerke. Herausgegeben und kommentiert von Paul Badura-Skoda. Universal Edition 1963

Fischer, Edwin: Ludwig van Beethovens Klaviersonaten. Insel Verlag. Wiesbaden 1956

Grundmann, Herbert und Mies, Paul: Studien zum Klavierspiel Beethovens und seiner Zeitgenossen. H. Bouvier u. Co. Verlag. Bonn 1966

Kolisch, Rudolf: Tempo and Character in Beethoven's Music Part I and II in: The Musical Quarterly, April and July 1943, Schirmer, New York

Marx, Adolf Bernhard: Anleitung zum Vortrag Beethovenscher Klavierwerke, nach der Originalausgabe von 1863 neu herausgegeben von Eugen Schmitz. Bosse Verlag. Regensburg 1912

Massin, Jean und Brigitte: Beethoven. Materialbiographie, Daten zum Werk und Essay. Kindler Verlag. München 1970

Matthews, Denis: Beethoven Piano Sonatas. BBC Music Guides. London 1967

Mies, Paul: Textkritische Untersuchungen bei Beethoven. Beethovenhaus Bonn 1957. G. Henle Verlag. München-Duisburg

Nagel, Wilibald: Beethoven und seine Klaviersonaten. Zwei Bände. Hermann Beyer & Söhne. Langensalzach 1923 und 1924

Niemann, Walter: Meister des Klaviers. Schuster & Loeffler. Berlin 1919

Prod'homme, Jacques-Gabriel: Die Klaviersonaten Beethovens. Breitkopf & Härtel. Wiesbaden 1948

Reclams Klaviermusikführer. In Verbindung mit Klaus Billing und Walter Kaempfer herausgegeben von Werner Oehlmann. Band I. Stuttgart 1968

Réti, Rudolph: Thematic Pattern in Sonatas of Beethoven. Faber and Faber. London 1967

Riemann, Hugo: Ludwig van Beethovens sämtliche Klavier-Solosonaten. 3 Bände. Max Hesses Verlag. Berlin 1919 und 1920

Riezler, Walter: Beethoven. Atlantis Verlag. Zürich 1951

Rolland, Romain: Beethovens Meisterjahre. Insel Verlag. Leipzig 1930

Rosen, Charles: The Classical Style. Faber and Faber. London 1971

Rosenberg, Richard: Die Klaviersonaten Ludwig van Beethovens. 2 Bände. Urs Graf-Verlag. Olten und Lausanne 1957

Schenker, Heinrich: Erläuterungs-Ausgabe der letzten fünf Sonaten. Universal Edition. Wien 1913 ff.

Schonberg, Harold C.: Die großen Pianisten. Scherz Verlag. Bern und München 1965

Strawinsky, Igor: Von Backhaus bis Schnabel eine Fehlanzeige / Wie man die Klaviersonaten von Beethoven nicht spielen sollte. Zitiert nach: DIE WELT. Hamburg, 13. Mai 1972

Tovey, Donald Francis: A Companion to Beethoven's Pianoforte Sonatas The Associated Board of the R.A.M. and the R.C.M. London 1931

Uhde, Jürgen: Beethovens Klaviermusik. Band 2 und 3. Sonaten 1–32. Reclam-Verlag. Stuttgart 1970 und 1974

Volbach, Fritz: Erläuterungen zu den Klaviersonaten Beethovens. Verlag von P. J. Tonger. Köln 1920

Register

655